해커스 감정평가사

최동진
감정평가이론

2차 기출문제집

해커스 감정평가사
ca.Hackers.com

PREFACE

2025 해커스 감정평가사
최동진 감정평가이론
2차 기출문제집

감정평가이론은 다른 과목에 비해 기출문제 분석의 중요성이 크다.
이는 출제된 용어, 출제 의도, 채점기준 등을 통해 공부의 방향을 정할 수 있기 때문이다.

[해커스 감정평가사 최동진 감정평가이론 2차 기출문제집] 교재의 특징은 다음과 같다.

1. 감정평가사 제35회 시험부터 답안 분량이 기존 16페이지에서 20페이지로 늘어남에 따라 수험생들의 혼란이 있을 수 있다. 따라서 기존에 집필한 기출문제 분석과 답안을 전면 개정하였다. 이는 개정된 법을 반영하고, 다양한 목차와 구체적인 답안을 보여주기 위한 저자의 고집이 있었기 때문이다.

2. 저자는 실제 시험문제에서 대처할 수 있는 답안의 현출 능력 향상을 무엇보다 강조한다. 따라서 이를 활용하기 위해 예시목차와 답안 외에 강의에서는 더욱 다양한 형태로 제시할 것이다.

3. 기출문제는 예시목차와 답안을 그대로 암기하는 공부가 아니다. 다양한 문제분석을 통해 답안의 처리 기준을 마련하는 것이 중요하다. 또한, 기본서와의 연결을 통해 관련 용어나 답안의 서술이 달라지지 않도록 노력하였다.

이에 대한 노력이 수험생의 합격으로 이어지길 진심으로 바란다. 마지막으로 집필하는 과정에서 꼼꼼한 검토를 도와준 해커스 관계자분들께도 감사의 말을 전한다.

2024년 12월
저자 최동진

목차

제1편 분석편

PART 1 논점별 기출문제 분석 — 9

PART 2 회차별 기출문제 분석

제 1 회 감정평가이론 기출문제 — 51
제 2 회 감정평가이론 기출문제 — 56
제 3 회 감정평가이론 기출문제 — 61
제 4 회 감정평가이론 기출문제 — 67
제 5 회 감정평가이론 기출문제 — 73
제 6 회 감정평가이론 기출문제 — 76
제 7 회 감정평가이론 기출문제 — 80
제 8 회 감정평가이론 기출문제 — 85
제 9 회 감정평가이론 기출문제 — 89
제10회 감정평가이론 기출문제 — 94
제11회 감정평가이론 기출문제 — 99
제12회 감정평가이론 기출문제 — 104
제13회 감정평가이론 기출문제 — 108
제14회 감정평가이론 기출문제 — 113
제15회 감정평가이론 기출문제 — 118
제16회 감정평가이론 기출문제 — 123
제17회 감정평가이론 기출문제 — 129
제18회 감정평가이론 기출문제 — 134
제19회 감정평가이론 기출문제 — 138
제20회 감정평가이론 기출문제 — 143
제21회 감정평가이론 기출문제 — 148
제22회 감정평가이론 기출문제 — 152
제23회 감정평가이론 기출문제 — 157
제24회 감정평가이론 기출문제 — 161
제25회 감정평가이론 기출문제 — 165
제26회 감정평가이론 기출문제 — 169
제27회 감정평가이론 기출문제 — 174
제28회 감정평가이론 기출문제 — 179
제29회 감정평가이론 기출문제 — 184
제30회 감정평가이론 기출문제 — 188
제31회 감정평가이론 기출문제 — 192
제32회 감정평가이론 기출문제 — 196
제33회 감정평가이론 기출문제 — 200
제34회 감정평가이론 기출문제 — 205
제35회 감정평가이론 기출문제 — 212

한 번에 합격!
해커스 감정평가사
합격 시스템

강사력
업계 최고수준 교수진

교재
해커스=교재 절대공식

관리시스템
해커스만의 1:1 관리

취약 부분 즉시 해결!
교수님 질문게시판

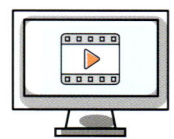
언제 어디서나 공부!
PC&모바일 수강 서비스

해커스만의
단기합격 커리큘럼

초밀착 학습관리
& 1:1 성적관리

합격생들이 소개하는 생생한 합격 후기!

해커스 선생님들 다 너무 좋으시네요.
꼼꼼하고 친절하게 잘 설명해 주셔서
수업이 즐거워요.
암기코드 감사히 보고 있습니다.
- 권*빈 합격생 -

문제풀이 하면서 고득점 팁까지
알려주셔서 듣길 잘했다는 생각이 들어요.
수업 분위기도 밝고 재미있어서 시간이
금방 가네요!
- 오*은 합격생 -

한 번에 합격! **해커스 감정평가사 ca.Hackers.com**

제2편 답안편

제 1 회 감정평가이론 기출문제 예시답안	221
제 2 회 감정평가이론 기출문제 예시답안	227
제 3 회 감정평가이론 기출문제 예시답안	233
제 4 회 감정평가이론 기출문제 예시답안	239
제 5 회 감정평가이론 기출문제 예시답안	245
제 6 회 감정평가이론 기출문제 예시답안	251
제 7 회 감정평가이론 기출문제 예시답안	257
제 8 회 감정평가이론 기출문제 예시답안	263
제 9 회 감정평가이론 기출문제 예시답안	269
제10회 감정평가이론 기출문제 예시답안	275
제11회 감정평가이론 기출문제 예시답안	281
제12회 감정평가이론 기출문제 예시답안	287
제13회 감정평가이론 기출문제 예시답안	293
제14회 감정평가이론 기출문제 예시답안	299
제15회 감정평가이론 기출문제 예시답안	305
제16회 감정평가이론 기출문제 예시답안	311
제17회 감정평가이론 기출문제 예시답안	317
제18회 감정평가이론 기출문제 예시답안	323
제19회 감정평가이론 기출문제 예시답안	329
제20회 감정평가이론 기출문제 예시답안	335
제21회 감정평가이론 기출문제 예시답안	341
제22회 감정평가이론 기출문제 예시답안	347
제23회 감정평가이론 기출문제 예시답안	353
제24회 감정평가이론 기출문제 예시답안	359
제25회 감정평가이론 기출문제 예시답안	365
제26회 감정평가이론 기출문제 예시답안	371
제27회 감정평가이론 기출문제 예시답안	377
제28회 감정평가이론 기출문제 예시답안	383
제29회 감정평가이론 기출문제 예시답안	389
제30회 감정평가이론 기출문제 예시답안	395
제31회 감정평가이론 기출문제 예시답안	401
제32회 감정평가이론 기출문제 예시답안	407
제33회 감정평가이론 기출문제 예시답안	413
제34회 감정평가이론 기출문제 예시답안	419
제35회 감정평가이론 기출문제 예시답안	425

해커스 감정평가사
ca.Hackers.com

제1편

분석편

PART 1 　논점별 기출문제 분석
PART 2 　회차별 기출문제 분석

PART 1
논점별 기출문제 분석

제1편 부동산학개론 | 제1장 부동산의 기초

제1절 복합개념

제2절 부동산의 특성

> **제1회 문제 1**
>
> 부동산(토지)의 특성이 부동산가격과 부동산시장에 작용하는 관계를 설명하고, 그에 따른 부동산 감정평가의 필요성에 대하여 논하시오. (50점)

제3절 부동산의 분류

> **제17회 문제 1**
>
> 부동산 감정평가에서 부동산의 종류는 종별과 유형의 복합개념이다. 이와 관련하여 다음 사항을 논하시오. (30점)
> 1) 부동산의 종별 및 유형의 개념과 분류목적 (10점)
> 2) 종별 및 유형에 따른 가격형성요인의 분석 (10점)
> 3) 종별 및 유형에 따른 감정평가 시 유의하여야 할 사항 (10점)

제4절 부동산의 현상과 활동

제1편 부동산학개론 | 제2장 부동산 시장

제1절 개념

제2절 효율적 시장

제3절 경기변동

> **제4회 문제 2**
>
> 부동산 경기변동의 제 국면에서 거래사례비교법을 채택할 경우의 유의점에 관하여 설명하시오. (20점)

제8회 문제 2

부동산 경기변동으로 인한 부동산 시장의 동향을 분석하고, 부동산 감정평가의 유의점을 기술하시오. (20점)

제11회 문제 6-2

복합불황에 대하여 약술하시오. (5점)

제32회 문제 1

최근 부동산시장에서 경제적, 행정적 환경변화가 나타나고 있다. 다음 물음에 답하시오. (40점)

1) 부동산시장을 공간시장(space market)과 자산시장(asset market)으로 구분할 때 두 시장의 관계를 설명하고, 부동산시장의 다른 조건이 동일할 때 시중은행 주택담보대출 이자율의 상승이 주택시장의 공간시장과 자산시장에 미치는 영향을 설명하시오. (20점)
2) 양도소득세의 상승이 부동산시장에 미치는 영향에 대해 설명하시오. (10점)
3) **3방식에 따른 감정평가를 할 때 부동산 경기변동에 따른 유의사항에 대해 설명하시오. (10점)**

제4절 부동산 시장의 균형

제5절 ★ 부동산 시장의 증권화

제10회 문제 1

부동산 유동화를 위하여 다양한 부동산증권화 방안들이 논의되고 있다. 이와 관련하여 부동산증권화의 도입배경, 원리 및 평가기법을 논하시오. (30점)

제10회 문제 2

자본시장에서 시장이자율의 상승이 부동산시장에 미치는 영향을 장·단기별로 구분하여 설명하시오. (20점)

제20회 문제 5

저금리기조가 지속되는 과정에서 주택시장에 나타날 수 있는 시장변화에 대하여 설명하시오. (10점)

제27회 문제 4

한국은행 기준금리가 지속적으로 인하되었다. 금리인하가 부동산시장에 미치는 영향에 관해 설명하시오. (10점)

제32회 문제 1

최근 부동산시장에서 경제적, 행정적 환경변화가 나타나고 있다. 다음 물음에 답하시오. (40점)

1) 부동산시장을 공간시장(space market)과 자산시장(asset market)으로 구분할 때 두 시장의 관계를 설명하고, 부동산시장의 다른 조건이 동일할 때 시중은행 주택담보대출 이자율의 상승이 주택시장의 공간시장과 자산시장에 미치는 영향을 설명하시오. (20점)
2) 양도소득세의 상승이 부동산시장에 미치는 영향에 대해 설명하시오. (10점)
3) 3방식에 따른 감정평가를 할 때 부동산 경기변동에 따른 유의사항에 대해 설명하시오. (10점)

제6절 ★★★ 부동산 시장분석

제4회 문제 3

지역분석 및 개별분석의 필요성과 그 상호관계를 설명하시오. (10점)

제6회 문제 3

표준적이용의 의의 및 특성을 최유효이용과 대비하여 설명하고 상호관계를 논하시오. (20점)

제9회 문제 6-1

부동산의 시장흡수율에 대해 약술하시오. (5점)

제10회 문제 5

감정평가에 있어 시장분석과 시장성분석의 목적과 내용을 설명하시오. (10점)

제11회 문제 2

감정평가에 있어 지역분석의 의의 및 필요성을 설명하고, 개별분석과의 상관관계를 기술하시오. (20점)

제11회 문제 6-3

주택여과현상에 대하여 약술하시오. (5점)

제12회 문제 4-4

인근지역의 Age-Cycle의 단계별 부동산 감정평가 시 유의점을 약술하시오. (10점)

제14회 문제 1

부동산평가를 위한 시장분석(market analysis)과 시장성분석(marketability analysis), 그리고 생산성분석(productivity analysis)에 대한 다음 질문에 답하시오(여기서의 생산성은 인간의 필요, 주거경제활동, 공급만족 및 쾌적성을 충족시킬 수 있는 서비스를 제공하는 부동산의 역량을 의미한다). (40점)
1) 부동산 시장분석과 시장성 분석을 비교·설명하시오.
2) 부동산의 생산성을 도시 성장 및 발전과 연계하여 설명하시오.

제16회 문제 5

인근지역의 개념, 요건 및 경계와 범위를 설명하시오. (10점)

제18회 문제 2

지역분석과 개별분석을 통하여 부동산가격이 부동산시장에서 구체화되는 과정을 설명하시오. (20점)

제24회 문제 2

시장분석(market analysis)과 지역분석(regional analysis)에 대한 다음의 물음에 답하시오. (30점)
1) 시장분석(market analysis)의 의의 및 필요성을 설명하고, 시장분석 6단계를 단계별로 설명하시오. (20점)
2) 부동산감정평가에서 행하는 지역분석(regional analysis)을 설명하고, 시장분석(market analysis)과의 관계를 설명하시오. (10점)

제29회 문제 2

다음의 제시된 자료를 참고하여 물음에 답하시오. (30점)

> 인구 1,000만의 대도시인 A시와 약 40분 거리에 있는 인구 30만 규모의 기성도시인 B도시를 연결하는 전철이 개통되었다. 전철의 개통은 B도시의 광역접근성 개선효과를 가져와 부동산시장 및 부동산가격에 변화를 줄 것으로 예상된다.

1) B도시에 새롭게 신설된 전철역세권의 지역분석에 대하여 설명하시오. (15점)
2) 전철개통으로 인한 접근성의 개선이 B도시의 유형별 부동산시장에 미치는 긍정적·부정적 효과에 대하여 설명하시오. (15점)

제7절 ★★★ 최유효이용의 분석

제3회 문제 3-2

부동산의 최유효이용의 의의에 있어 특수상황을 설명하시오. (10점)

제13회 문제 4-1

건부감가의 판단기준과 산출방법을 약술하시오. (10점)

제18회 문제 4-3

건부증가와 건부감가의 성립논리를 약술하시오. (10점)

제22회 문제 4

최유효이용에 관한 다음의 물음에 답하시오. (10점)
1) 최유효이용 판단 시 유의사항을 설명하시오. (5점)
2) 최유효이용의 장애요인을 설명하시오. (5점)

제24회 문제 1

최유효이용에 대한 다음의 물음에 답하시오. (40점)
1) **부동산감정평가에서 최유효이용의 개념과 성립요건을 설명하시오. (5점)**
2) **부동산가격판단 시 최유효이용을 전제로 판단해야 하는 이유를 설명하시오. (10점)**
3) **최유효이용의 원칙과 다른 원칙들 간의 상호관련성을 설명하시오. (10점)**
4) **부동산시장이 침체국면일 때 최유효이용의 판단 시 유의사항을 설명하시오. (15점)**

제28회 문제 1

제시된 자료를 참고하여 다음 물음에 답하시오. (40점)

> 감정평가사 甲은 감정평가사 乙이 작성한 일반상업지역 내 업무용 부동산(대지면적 : 3,000㎡, 건물 : 30년 경과된 철근콘크리트조 6층)에 대한 감정평가서를 심사하고 있다. 동 감정평가서에 따르면, 인근지역은 일반적으로 대지면적 200㎡ ~ 500㎡ 내외 2층 규모의 상업용으로 이용되고 있으며, 최근 본건 부동산 인근에 본건과 대지면적이 유사한 토지에 20층 규모의 주거 및 상업 복합용도 부동산이 신축되어 입주(점) 중에 있는 것으로 조사되어 있다. 검토결과 원가방식(면적 400㎡ 상업용 나대지의 최근 매매사례 단가를 적용한 토지가치에 물리적 감가수정만을 행한 건물가치 합산)에 의한 시산가치가 수익방식(현재 본건 계약임대료 기준)에 의한 시산가치보다 높게 산출되어 있다.

1) 심사 감정평가사 甲은 감정평가사 乙에게 추가적으로 최유효이용 분석을 요청하였는 바, 최유효이용 판단 기준을 설명하고, 구체적인 최유효이용 분석방법을 설명하시오. (20점)
2) 최유효이용에 대한 두 가지 분석 유형(방법)에 따른 결과가 다르다면, 그 이유와 그것이 의미하는 바를 설명하시오. (10점)
3) 원가방식에 의한 시산가치가 수익방식에 의한 시산가치보다 높게 산출된 것이 타당한 것인지 감정평가 원리(원칙)를 기준으로 설명하고, 올바른 원가방식 적용방법에 관하여 설명하시오. (10점)

제33회 문제 4

초과토지(excess land)와 잉여토지(surplus land)의 개념을 쓰고, 판정 시 유의사항에 대하여 설명하시오. (10점)

제1편 부동산학개론 제3장 부동산 가치

제1절 개념

제29회 문제 3

최근 토지의 공정가치 평가가 회계에 관한 감정에 해당하는지의 여부에 대한 논란이 있었다. 이와 관련하여 다음 물음에 답하시오. (20점)
1) 감정평가의 개념과 회계에 관한 감정의 개념 차이를 설명하시오. (5점)
2) 공정가치(fair value), 시장가치(market value) 및 회계상 가치(book value)를 비교·설명하시오. (15점)

제2절 가치에 관한 이론 I 입지론

제10회 문제 3
위치지대의 발생원리와 이에 영향을 주는 요인들을 설명하시오. (10점)

제11회 문제 6-1
Reilly의 소매인력의 법칙에 대하여 약술하시오. (5점)

제15회 문제 5
상업용 부동산의 입지결정요인에 대하여 설명하시오. (10점)

제19회 문제 5
상권분석에서 일반적으로 사용되는 허프(Huff)모형의 원리와 실무적용상의 장·단점을 설명하시오. (10점)

제2절 가치에 관한 이론 I 지대지가론

제2회 문제 1
부동산학의 입장에서 지대(차액지대 · Ricardian-rent)론, rent(Quasi-rent, Paretian-rent, 준rent)론 등을 재조명하여 발전 연혁과 내용을 밝히면서 과연 현실의 부동산가격이 상기 이론으로 완전히 설명되어지는가를 규명하고, 실제의 부동산 거래 시 왜 부동산 감정평가활동이 요구되는가를 상기의 지대론, rent론 등과 비교하면서 그 이론적 근거를 제시하시오. (50점)

제11회 문제 4
농경지 지대이론 중 차액지대설과 절대지대설을 각각 설명하고, 그 차이점을 기술하시오. (10점)

제8회 문제 5
도시지역에서 TOPEKA 현상을 설명하시오. (10점)

제2절 가치에 관한 이론 I 가치이론과 감정평가이론

제5회 문제 1
Marshall의 가치이론을 논하고 감정평가 3방식과의 관련성을 논급하시오. (40점)

제2절 ★★ 가치에 관한 이론 I 가치다원론

제30회 문제 2

시장가치에 대하여 다음의 물음에 답하시오. (30점)
1) '성립될 가능성이 가장 많은 가격(the most probable price)'이라는 시장가치의 정의가 있다. 이에 대해 설명하시오. (10점)
2) 부동산거래에 있어 '최고가격(highest price)'과 '성립될 가능성이 가장 많은 가격'을 비교·설명하시오. (10점)
3) 가치이론과 가치추계이론의 관계에 대하여 각 학파의 주장내용과 이에 관련된 감정평가방법별 특징을 설명하시오. (10점)

제13회 문제 3

감정평가목적 등에 따라 부동산가격이 달라질 수 있는지에 대하여 국내 및 외국의 부동산가격 다원화에 대한 견해 등을 중심으로 논하시오. (20점)

제17회 문제 2

감정평가에 있어 시장가치, 투자가치, 계속기업가치 및 담보가치에 대하여 각각의 개념을 설명하고, 각 가치개념간의 차이점을 비교한 후, 이를 가격다원론의 관점에서 논하시오. (30점)

제20회 문제 1

지상권이 설정된 토지가 시장에서 거래되고 있다. 이와 관련된 다음 물음에 답하시오. (40점)
1) 위 토지의 담보 감정평가 시 유의할 점과 감가 또는 증가요인을 설명하시오. (15점)
2) 위 토지의 보상 감정평가 시 검토되어야 할 주요 사항을 설명하시오. (10점)
3) 감정평가목적에 따라 감정평가액의 차이가 발생할 수 있는 이유를 감정평가의 기능과 관련하여 설명하시오. (15점)

제26회 문제 2

감정평가목적에 따라 감정평가금액의 격차가 큰 경우가 있다. 다음 물음에 답하시오. (30점)
1) 보상감정평가, 경매감정평가, 담보감정평가의 목적별 감정평가방법을 약술하고, 동일한 물건이 감정평가목적에 따라 감정평가금액의 격차가 큰 사례 5가지를 제시하고 그 이유를 설명하시오. (20점)
2) 주거용 건물을 신축하기 위해 건축허가를 득하여 도로를 개설하고 입목을 벌채 중인 임야를 감정평가하고자 한다. 개발 중인 토지의 감정평가방식에는 공제방

식과 가산방식이 있다. 공제방식은 개발 후 대지가격에서 개발에 소요되는 제반 비용을 공제하는 방식이고, 가산방식은 소지가격에 개발에 소요되는 비용을 가산하여 평가하는 방식이다. 두 가지 방식에 따른 감정평가금액의 격차가 클 경우 보상감정평가, 경매감정평가, 담보감정평가에서 각각 어떻게 감정평가하는 것이 더 적절한지 설명하시오. (10점)

제3절 ** 부동산 가치의 발생과 형성

제2회 문제 2

부동산가격의 형성원리를 설명하라. (30점)

제6회 문제 1

부동산가격의 발생원인을 일반재화의 가격과 비교하여 논하시오. (40점)

제8회 문제 1

부동산 가치발생요인을 분석하여 특히 상대적 희소성의 역할관계를 논술하시오. (40점)

제8회 문제 4

부동산 가격형성에 있어 개별적 제 요인 분석의 목적을 기술하시오. (10점)

제15회 문제 1

부동산 감정평가의 3방식을 이용하여 시산가액을 도출하기 위해서는 여러 단계가 필요하다. 다음에 대하여 설명하시오. (40점)
1) 부동산 가격의 구체화·개별화 단계에 대하여 설명하시오. (10점)
2) 부동산 가격수준의 단계와 내용에 대하여 설명하시오. (10점)
3) 부동산 감정평가를 위하여 구분하는 지역을 구체적으로 열거하고, 대체성, 경쟁성, 접근성과 관련 설명하시오. (10점)
4) 부동산 가격의 경제적 특성에 대하여 설명하시오. (10점)

제17회 문제 3

부동산가격형성의 일반요인은 자연적·사회적·경제적·행정적 제 요인으로 구분할 수 있다. 부동산가격형성의 행정적 요인 중 부동산거래규제의 내용에 대하여 설명하고, 거래규제가 감정평가에 미치는 영향에 대하여 설명하시오. (20점)

제21회 문제 1

부동산의 가치는 여러 가치형성요인의 상호작용에 의하여 영향을 받는 바, 가치형성요인에 관한 다음의 물음에 답하시오. (40점)

1) 다른 조건이 일정할 경우 출생률 저하, 핵가족화가 주거용 부동산 시장에 미치는 영향을 설명하고, 주거용 부동산 감정평가 시 유의사항에 대하여 논하시오. (30점)
2) 기후변화에 대한 관심이 높아지고 있는 바, 기후 변화가 부동산가치형성요인에 미칠 영향에 대하여 약술하시오. (10점)

제21회 문제 3

부동산가치에 관한 다음의 물음에 답하시오. (30점)
1) **부동산가치의 본질에 대해 설명하시오. (5점)**
2) **부동산가치의 특징 및 가치형성원리에 대하여 설명하시오. (10점)**
3) 부동산가치와 기준시점간의 관계에 대해 설명하시오. (10점)
4) 특정가격과 한정가격의 개념을 설명하시오. (5점)

제29회 문제 1

다음을 설명하고, 각각의 상호관련성에 대하여 논하시오. (40점)
1) **부동산가치 발생요인과 부동산가격 결정요인 (10점)**
2) 부동산가격 결정과정(메커니즘)과 부동산가치의 3면성 (10점)
3) 부동산가치의 3면성과 감정평가 3방식 6방법 (20점)

제4절 ★★ 부동산 가치원칙

제2회 문제 3-1

대체의 원칙과 기회비용의 원칙의 관계를 약술하시오. (10점)

제5회 문제 3-3

감정평가에서 최유효이용의 원칙이 강조되는 이론적 근거를 약술하시오. (10점)

제5회 문제 3-4

예측의 원칙을 약술하시오. (10점)

제8회 문제 3

부동산가격원칙 중 최유효이용원칙과 연관되는 원칙을 기술하시오. (20점)

제9회 문제 4

토지는 지리적 위치의 고정성으로 인하여 강한 개별성을 갖는다. 이와 관련한 부동산 가격원칙과 파생적 특징을 설명하시오. (10점)

제12회 문제 2

대체의 원칙이 감정평가과정에서 중요한 지침이 되는 이유를 부동산의 자연적 특성의 하나인 개별성과 관련하여 설명하고 이 원칙이 협의의 가격을 구하는 감정평가3방식에서 어떻게 활용되는지 기술하시오. (20점)

제16회 문제 4

감정평가사 김氏는 K은행으로부터 대상부동산에 대한 담보감정평가를 의뢰 받았다. 감정평가사 김氏는 현장조사 및 자료분석을 통하여 아래와 같은 자료를 수집하였다. 아래 대상부동산의 시장분석자료를 근거로 감정평가사 김氏가 K은행 대출담당자에게 담보가격의 결정에 대한 이론적 근거에 대해 부동산가격제원칙을 중심으로 기술하시오. (10점)

> <대상부동산>
> - 서울시 OO구 OO동 XXX-X번지 AA빌라 3층 301호 100평형
> - 대상부동산 분양예정가 : 10억원
>
> <현장조사 및 자료분석 내용>
> - 분양성 검토 : 대형 평형으로 인해 인근지역 내에서 분양성 악화가 우려됨
> - 인근지역의 표준적 이용상황 : 40 ~ 50평형
> - 인근지역의 담보평가가격수준 : 3.6억 ~ 4.5억원
> - 거래가능가격(표준적이용상황 기준) : 평형당 1,000만원

제24회 문제 1

최유효이용에 대한 다음의 물음에 답하시오. (40점)
1) 부동산감정평가에서 최유효이용의 개념과 성립요건을 설명하시오. (5점)
2) 부동산가격판단 시 최유효이용을 전제로 판단해야 하는 이유를 설명하시오. (10점)
3) **최유효이용의 원칙과 다른 원칙들 간의 상호관련성을 설명하시오. (10점)**
4) 부동산시장이 침체국면일 때 최유효이용의 판단 시 유의사항을 설명하시오. (15점)

제1편 부동산학개론 | 제4장 부동산 의사결정

제1절 ★ 부동산 투자

제4회 문제 4

다음은 감정평가에서 많이 활용되는 기본적 산식을 열거한 것이다. 각 산식에 나타난 계수의 명칭과 의미 그리고 용도 또는 적용례를 설명하시오. (각 5점)

> V : 현재가치 F : 미래가치 r : 이자율 n : 기간 a : 적립액
>
> (1) $V = F \times \dfrac{1}{(1+R)^n}$ (2) $a = V \times \dfrac{r(1+r)^n}{(1+r)^n - 1}$ (3) $F = V \times (1+R)^n$
>
> (4) $F = a \times \dfrac{(1+r)^n - 1}{r}$ (5) $V = a \times \dfrac{(1+r)^n - 1}{r(1+r)^n}$ (6) $a = F \times \dfrac{r}{(1+r)^n - 1}$

제10회 문제 6-4

수익지수법에 대하여 약술하시오. (5점)

제11회 문제 5

포트폴리오이론의 개념을 설명하고, 포트폴리오 위험과 구성 자산수와의 상관관계를 기술하시오. (10점)

제13회 문제 4-2②

Sensitivity Analysis을 약술하시오. (5점)

제14회 문제 2

부동산투자에서는 부채금융(debt loan)을 이용하여 지분에 대한 수익률을 변동시킬 수 있다. 다음 질문에 답하시오. (20점)
1) 지분에 대한 수익률(rate on equity or equity yield rate)과 자본에 대한 수익률(rate of return on capital)의 상관관계에 대하여 설명하시오.
2) 정의 지렛대효과(positive or plus leverage effect)가 나타나는 경우와 부의 지렛대효과(negative or minus leverage effect)가 나타나는 경우를 비교하여 설명하고, 중립적 지렛대효과(neutral leverage effect)는 어떤 경우에 발생하는가를 설명하시오.

제14회 문제 4

다음 질문에 답하시오. (20점)
1) 부동산 투자·개발에서의 위험(risk)과 불확실성(uncertainty)에 대하여 설명하고, 이를 검증 혹은 고려할 수 있는 방법에 대하여 설명하시오.
2) 내부수익률(Internal Rate of Return)의 장단점에 대하여 설명하시오.

제2절 부동산 금융

제12회 문제 1

최근 부동산투자회사법(일명 REITs법)이 시행되었다. 부동산투자회사제도의 의의와 제도 도입이 부동산시장에 미칠 영향에 관하여 논하시오. (20점)

제13회 문제 4-2①

Project Financing을 약술하시오. (5점)

제17회 문제 5-2

사모주식투자펀드(PEF:Private Equity Fund)를 약술하시오. (5점)

제3절 부동산 개발

제4절 부동산 관리

제5절 ★ 부동산 정책

제15회 문제 4

정부가 부동산 시장에 개입하는 이유에 대하여 설명하시오. (10점)

제20회 문제 2

공동주택 분양가상한제를 설명하고, 이 제도와 관련된 감정평가사의 역할에 대하여 논하시오. (20점)

제20회 문제 4

비주거용 부동산가격공시제도의 도입 필요성에 대하여 설명하시오. (10점)

제23회 문제 4

국토교통부의 부동산 실거래가 자료축적의 의의와 한계극복을 위한 감정평가사의 역할에 대해서 설명하시오. (10점)

제26회 문제 4

부동산 보유세율의 상승이 부동산시장에 미치는 영향을 설명하시오. (10점)

제32회 문제 1

최근 부동산시장에서 경제적, 행정적 환경변화가 나타나고 있다. 다음 물음에 답하시오. (40점)

1) 부동산시장을 공간시장(space market)과 자산시장(asset market)으로 구분할 때 두 시장의 관계를 설명하고, 부동산시장의 다른 조건이 동일할 때 시중은행 주택담보대출 이자율의 상승이 주택시장의 공간시장과 자산시장에 미치는 영향을 설명하시오. (20점)
2) **양도소득세의 상승이 부동산시장에 미치는 영향에 대해 설명하시오. (10점)**
3) 3방식에 따른 감정평가를 할 때 부동산 경기변동에 따른 유의사항에 대해 설명하시오. (10점)

제2편 감정평가론 제1장 감정평가 기초

제1절 ★★ 개념

제1회 문제 4

부동산감정평가의 기능에 대하여 약술하시오. (10점)

제11회 문제 1

감정평가와 부동산컨설팅과의 관계를 설명하고 이와 관련하여 토지유효활용을 위한 등가교환방식의 개념과 평가시 유의사항을 논하시오. (30점)

제18회 문제 3

「부동산 가격공시에 관한 법률」에 의한 표준지공시지가와 표준주택가격의 같은 점과 다른 점을 설명하시오. (20점)

제18회 문제 4-1

공적감정평가에서 복수감정평가의 필요성을 약술하시오. (10점)

제19회 문제 1

일괄감정평가방법과 관련하여, 다음을 논하시오. (40점)
1) 토지·건물 일괄감정평가에 관한 이론적 근거와 감정평가방법을 논하시오. (10점)
2) 일괄감정평가 된 가격을 필요에 의해 토지·건물가격으로 각각 구분할 경우 합리적 배분기준을 논하시오. (10점)
3) 표준주택가격의 감정평가와 관련하여,
    (1) 현행 법령상 표준주택가격의 조사·산정기준을 설명하시오. (10점)
    (2) 표준주택가격의 일괄감정평가 시 감정평가 3방식 적용의 타당성을 논하시오. (10점)

제25회 문제 3

감정평가서의 정확성을 점검하고 부실감정평가 등의 도덕적 위험을 예방하기 위하여 평가검토(Appraisal review)가 필요할 수 있다. 평가검토에 대해 설명하시오. (15점)

제29회 문제 4

감정평가의 공정성과 감정평가행위의 독립 필요성을 감정평가이론에 근거하여 설명하시오. (10점)

제30회 문제 4

부동산 가격공시와 관련한 '조사·평가'와 '조사·산정'에 대해 비교·설명하시오. (10점)

제31회 문제 1

감정평가와 관련한 다음의 물음에 답하시오. (40점)
1) 감정평가의 개념을 구체적으로 설명하고, 감정평가의 개념에 근거하여 기준가치 확정과 복수(複數)감정평가의 필요성에 관하여 각각 논하시오. (20점)
2) 시장가치와 시장가격(거래가격)의 개념을 비교하여 설명하고, 다양한 제도를 통해 시장가격(거래가격)을 수집·분석할 수 있음에도 불구하고 감정평가가 필요한 이유에 관하여 논하시오. (20점)

제32회 문제 4

'감정평가심사'와 '감정평가검토'에 대해 비교·설명하시오. (10점)

제35회 문제 3

탁상자문과 관련한 다음 물음에 답하시오.
1) 탁상자문의 개념 및 방식에 대하여 설명하시오. (10점)
2) 탁상자문과 정식 감정평가와의 차이를 설명하시오. (10점)

제2절 감정평가사의 직업윤리

제7회 문제 4

부동산 감정평가 제도의 기능과 감정평가사의 직업윤리에 관하여 설명하시오. (10점)

제16회 문제 1

감정평가사의 직업윤리가 요구되는 이론적·법률적 근거를 설명하고, 「공익사업을 위한 토지 등의 취득 및 보상에 관한 법률」(이하 "토지보상법") 제68조 제2항의 토지소유자 추천제와 관련하여 동업자간 지켜야 할 직업윤리의 중요성에 대해 논하시오. (30점)
1) 직업윤리가 강조되는 이론적 근거
2) 직업윤리가 강조되는 법률적 근거
3) 공인·전문인으로서의 직업윤리
4) 토지소유자 추천제의 의의 및 지켜야 할 직업윤리

제32회 문제 2

감정평가법인등은 감정평가관계법규 및 감정평가 실무기준에서 정하는 감정평가의 절차 및 윤리규정을 준수하여 업무를 행하여야 한다. 다음 물음에 답하시오. (30점)
1) 감정평가 실무기준상 감정평가의 절차를 설명하시오. (10점)
2) **감정평가 실무기준상 감정평가법인등의 윤리를 기본윤리와 업무윤리로 구분하고, 각각의 세부내용에 대해 설명하시오. (20점)**

제2편 감정평가론 | 제2장 부동산 시장

제1절 ★★ 감정평가의 절차

제1회 문제 2

부동산(토지)의 시산가액의 조정이 우리나라의 현실에 잘 맞는 논거를 약술하시오. (30점)

제4회 문제 1-2

3가지 감정평가방식을 병용하는 경우 각 시산가액을 조정하는 방법과 시산가액 조정 시 유의사항을 기술하시오. (20점)

제11회 문제 3

부동산감정평가 활동상 부동산의 권리분석이 중요시되고 있다. 이에 있어 부동산 권리분석의 성격과 권리분석의 대상 및 부동산 거래사고의 유형을 기술하시오. (15점)

제12회 문제 4-2

감정평가 시 기준시점의 필요성을 약술하시오. (10점)

제21회 문제 3

부동산가치에 관한 다음의 물음에 답하시오. (30점)
1) 부동산가치의 본질에 대해 설명하시오. (5점)
2) 부동산가치의 특징 및 가치형성원리에 대하여 설명하시오. (10점)
3) **부동산가치와 기준시점간의 관계에 대해 설명하시오. (10점)**
4) 특정가격과 한정가격의 개념을 설명하시오. (5점)

제25회 문제 2

근린형 쇼핑센터 내 구분점포(「집합건물의 소유 및 관리에 관한 법률」에 의한 상가건물의 구분소유부분)의 시장가치를 감정평가하려 한다. 인근에 경쟁적인 초대형 쇼핑센터가 입지하여, 대상점포가 소재한 근린형 쇼핑센터의 고객흡인력이 급격히 감소하고 상권이 위축되어 구분점포 거래가 감소하게 된 시장동향을 고려하여 다음 물음에 답하시오. (35점)

1) 대상 구분점포의 감정평가에 거래사례비교법을 적용할 경우 감정평가방법의 개요, 적용상 한계 및 수집된 거래사례의 거래조건보정(Transactional adjustmemts)에 대하여 설명하고, 그 밖에 적용 가능한 다른 감정평가방법의 개요 및 적용 시 유의할 사항에 대하여 설명하시오. (25점)
2) 적용된 각 감정평가방법에 의한 시산가액 간에 괴리가 발생되었을 경우 시산가액 조정의 의미, 기준 및 재검토할 사항에 대하여 설명하시오. (10점)

제28회 문제 2

시산가액 조정에 관한 다음 물음에 답하시오. (30점)
1) 시산가액 조정의 법적 근거에 관하여 설명하시오. (5점)
2) 시산가액 조정의 전제와 「감정평가에 관한 규칙」상 물건별 감정평가방법의 규정방식과의 관련성을 논하시오. (15점)
3) 시산가액 조정 과정에서 도출된 감정평가액을 표시하는 이론적방법에 관하여 설명하시오. (10점)

제31회 문제 1

감정평가와 관련한 다음의 물음에 답하시오. (40점)
1) 감정평가의 개념을 구체적으로 설명하고, 감정평가의 개념에 근거하여 기준가치 확정과 복수(複數)감정평가의 필요성에 관하여 각각 논하시오. (20점)
2) 시장가치와 시장가격(거래가격)의 개념을 비교하여 설명하고, 다양한 제도를 통해 시장가격(거래가격)을 수집·분석할 수 있음에도 불구하고 감정평가가 필요한 이유에 관하여 논하시오. (20점)

제32회 문제 2

감정평가법인등은 감정평가관계법규 및 감정평가 실무기준에서 정하는 감정평가의 절차 및 윤리규정을 준수하여 업무를 행하여야 한다. 다음 물음에 답하시오. (30점)
1) 감정평가 실무기준상 감정평가의 절차를 설명하시오. (10점)
2) 감정평가 실무기준상 감정평가법인등의 윤리를 기본윤리와 업무윤리로 구분하고, 각각의 세부내용에 대해 설명하시오. (20점)

제2절 ★★★
감정평가의 원칙

제34회 문제 2

감정평가와 관련한 다음 물음에 답하시오. (30점)
1) 기준가치의 중요성에 대하여 설명하고, 택지비 목적의 감정평가서에 기재할 기준가치에 대하여 논하시오. (15점)

제6회 문제 2

시장가치와 부동산가격공시에 관한 법률상 규정한 적정가격의 개념을 비교하여 논하시오. (30점)

제10회 문제 6-2

최빈매매가능가격에 대하여 약술하시오. (5점)

제15회 문제 3

부동산 감정평가는 기준에 따라 다양하게 분류될 수 있다. 다음에 대하여 설명하시오. (20점)
1) 부동산 감정평가를 체계적으로 분류하는 목적을 설명하시오. (5점)
2) 일괄감정평가, 구분감정평가, 부분감정평가 각각에 대하여 사례를 들어 설명하시오. (15점)

제19회 문제 1

일괄감정평가방법과 관련하여, 다음을 논하시오. (40점)
1) 토지·건물 일괄감정평가에 관한 이론적 근거와 감정평가방법을 논하시오. (10점)
2) 일괄감정평가 된 가격을 필요에 의해 토지·건물가격으로 각각 구분할 경우 합리적 배분기준을 논하시오. (10점)
3) 표준주택가격의 감정평가와 관련하여,
   (1) 현행 법령상 표준주택가격의 조사·산정기준을 설명하시오. (10점)
   (2) 표준주택가격의 일괄감정평가 시 감정평가 3방식 적용의 타당성을 논하시오. (10점)

제21회 문제 3

부동산가치에 관한 다음의 물음에 답하시오. (30점)
1) 부동산가치의 본질에 대해 설명하시오. (5점)
2) 부동산가치의 특징 및 가치형성원리에 대하여 설명하시오. (10점)
3) 부동산가치와 기준시점간의 관계에 대해 설명하시오. (10점)
4) **특정가격과 한정가격의 개념을 설명하시오. (5점)**

제23회 문제 1

시장가치(Market Value)에 관한 다음의 물음에 답하시오. (40점)
1) 시장가치 개념의 변천과정을 설명하시오. (20점)
2) 최근 시장가치 정의의 통계학적 의미를 최종평가가치의 표현방법과 관련하여 설명하시오. (20점)

제26회 문제 1

A법인은 토지 200m^2 및 위 지상에 건축된 연면적 100m^2 1층 업무용 건물(집합건물이 아님)을 소유하고 있다. 건물은 101호 및 102호로 구획되어 있으며, 101호는 A법인이 사무실로 사용하고 있고 102호는 B에게 임대하고 있다. 다음 물음에 답하시오. (40점)
1) **A법인이 소유한 위 부동산(토지 및 건물)을 감정평가 할 경우 감정평가 규칙에 따른 원칙적인 감정평가방법 및 근거, 해당 방법의 적정성을 논하시오. (15점)**
2) 임차인 C가 101호를 전세로 임차하기로 하였다. C는 전세금액 및 전세권 설정에 참고하기 위하여 101호 건물 50m^2만을 감정평가 의뢰하였다. 본건 감정평가의 타당성에 관해 설명하시오. (10점)
3) A법인은 토지에 저당권을 설정한 이후 건물을 신축하였으나 건물에 대해서는 저당권을 설정하지 않았다. A법인이 이자지급을 연체하자 저당권자가 본건 토지의 임의경매를 신청하였다. 이 경우 토지의 감정평가방법에 관해 설명하시오. (5점)
4) 해당 토지의 용적률은 50%이나 주변 토지의 용적률은 100%이다. A법인이 용적률 100%를 조건으로 하는 감정평가를 의뢰하였다. 조건부평가에 관해 설명하고 본건의 감정평가 가능 여부를 검토하시오. (10점)

제29회 문제 3

최근 토지의 공정가치 평가가 회계에 관한 감정에 해당하는지의 여부에 대한 논란이 있었다. 이와 관련하여 다음 물음에 답하시오. (20점)
1) 감정평가의 개념과 회계에 관한 감정의 개념 차이를 설명하시오. (5점)
2) 공정가치(fair value), 시장가치(market value) 및 회계상 가치(book value)를 비교·설명하시오. (15점)

제30회 문제 2

시장가치에 대하여 다음의 물음에 답하시오. (30점)
1) '성립될 가능성이 가장 많은 가격(the most probable price)'이라는 시장가치의 정의가 있다. 이에 대해 설명하시오. (10점)
2) 부동산거래에 있어 '최고가격(highest price)'과 '성립될 가능성이 가장 많은 가격'을 비교·설명하시오. (10점)
3) 가치이론과 가치추계이론의 관계에 대하여 각 학파의 주장내용과 이에 관련된 감정평가방법별 특징을 설명하시오. (10점)

제30회 문제 3

「감정평가에 관한 규칙」에서 감정평가 시 시장가치기준을 원칙으로 하되, 예외적인 경우 '시장가치 외의 가치'를 인정하고 있다. 그러나 현행 「감정평가에 관한 규칙」에서는 '시장가치 외의 가치'에 대한 유형 등의 구체적인 설명이 없어 이를 보정할 필요성이 있다. 감정평가 시 적용할 수 있는 구체적인 '시장가치 외의 가치'에 대해 설명하시오. (20점)

제31회 문제 1

감정평가와 관련한 다음의 물음에 답하시오. (40점)
1) 감정평가의 개념을 구체적으로 설명하고, 감정평가의 개념에 근거하여 기준가치 확정과 복수(複數)감정평가의 필요성에 관하여 각각 논하시오. (20점)
2) 시장가치와 시장가격(거래가격)의 개념을 비교하여 설명하고, 다양한 제도를 통해 시장가격(거래가격)을 수집·분석할 수 있음에도 불구하고 감정평가가 필요한 이유에 관하여 논하시오. (20점)

제31회 문제 4

「감정평가에 관한 규칙」에는 현황기준 원칙과 그 예외를 규정하고 있다. 예외 규정의 내용을 설명하고, 사례를 3개 제시하시오. (10점)

제2편 감정평가론 | 제3장 감정평가의 방식

제1절 개념

제4회 문제 1-1

감정평가는 비교방식, 원가방식, 수익방식 중에서 대상물건의 성격 또는 감정평가 조건에 따라 적정한 감정평가방식을 선택하여 결정하여야 한다. 이 경우 다음 사항에 관하여 논술하시오. (40점)

1) 각 감정평가방식의 이론적 근거를 설명하고, 이를 토대로 각 방식을 적용한 토지의 감정평가방법을 약술하시오. (20점)

제18회 문제 1

개별부동산을 감정평가 함에 있어 통계적 감정평가방법에 의한 가격이 전통적인 감정평가 3방식에 의한 가격보다 시장가치와의 차이가 크게 나타날 가능성이 있다. 그 이유를 설명하시오. (30점)

제28회 문제 1

제시된 자료를 참고하여 다음 물음에 답하시오. (40점)

> 감정평가사 甲은 감정평가사 乙이 작성한 일반상업지역 내 업무용 부동산(대지면적 : 3,000m², 건물 : 30년 경과된 철근콘크리트조 6층)에 대한 감정평가서를 심사하고 있다. 동 감정평가서에 따르면, 인근지역은 일반적으로 대지면적 200m² ~ 500m² 내외 2층 규모의 상업용으로 이용되고 있으며, 최근 본건 부동산 인근에 본건과 대지면적이 유사한 토지에 20층 규모의 주거 및 상업 복합용도 부동산이 신축되어 입주(점) 중에 있는 것으로 조사되어 있다. 검토결과 원가방식(면적 400m² 상업용 나대지의 최근 매매사례 단가를 적용한 토지가치에 물리적 감가수정만을 행한 건물가치 합산)에 의한 시산가치가 수익방식(현재 본건 계약임대료 기준)에 의한 시산가치보다 높게 산출되어 있다.

1) 심사 감정평가사 甲은 감정평가사 乙에게 추가적으로 최유효이용 분석을 요청하였는 바, 최유효이용 판단 기준을 설명하고, 구체적인 최유효이용 분석방법을 설명하시오. (20점)
2) 최유효이용에 대한 두 가지 분석 유형(방법)에 따른 결과가 다르다면, 그 이유와 그것이 의미하는 바를 설명하시오. (10점)
3) 원가방식에 의한 시산가치가 수익방식에 의한 시산가치보다 높게 산출된 것이 타당한 것인지 감정평가 원리(원칙)를 기준으로 설명하고, 올바른 원가방식 적용방법에 관하여 설명하시오. (10점)

제29회 문제 1

다음을 설명하고, 각각의 상호관련성에 대하여 논하시오. (40점)
1) 부동산가치 발생요인과 부동산가격 결정요인 (10점)
2) 부동산가격 결정과정(메커니즘)과 부동산가치의 3면성 (10점)
3) 부동산가치의 3면성과 감정평가 3방식 6방법 (20점)

제2절 원가방식

제7회 문제 2

원가법에 관하여 다음 사항을 설명하시오. (20점)
1) 다음 공식의 차이점
   가. $D_n = C \times (1-R) \times n/N$
   나. $D_n = C \times (1-R) \times (N-n')/N$
   다. $D_n = C \times (1-R) \times n/(n+n')$

   D_n : 감가누계액 C : 재조달원가 R : 내용연수 만료시의 잔가율
   N : 내용연수 n : 경과연수 n' : 장래보존연수
2) 발생감가의 의의와 구하는 방법
3) 회복 불가능한 기능적 감가의 감가액을 구하는 방법
4) 중고주택의 감정평가상 현실적 모순점

제9회 문제 3

원가법에 있어서 감가수정의 방법은 내용연수를 표준으로 하는 방법과 관찰감가법이 있다. 이러한 감가수정을 하는 이론적 근거를 관련 원칙을 들어 서술하고, 두 방법의 장단점과 실무상 양자를 병용하는 이유를 설명하시오. (20점)

제12회 문제 4-1

경제적 감가수정을 약술하시오. (10점)

제17회 문제 4

건물의 치유 불가능한 기능적 감가의 개념과 사례를 기술하고, 이 경우 감정평가시 고려해야 할 사항에 대하여 설명하시오. (10점)

제35회 문제 1

원가법에 대한 다음 물음에 답하시오.
1) 비용성의 원리에 기초한 원가법은 비용과 가치 간의 상관관계를 파악하는 것으로 가치의 본질을 원가의 집합으로 보고 있다. 이에 맞춰 재조달원가를 정의하고, 재생산원가 측면에서 재조달원가의 구성요소 및 산정방법에 대하여 설명하시오. (15점)

2) 평가목적의 감가수정과 회계목적의 감가상각을 비교하여 설명하시오. (10점)
3) 건물은 취득 또는 준공으로부터 시간의 경과나 사용 등에 따라 경제적 가치와 유용성이 감소된다. 이에 대한 감가요인을 설명하시오. (15점)

제3절 비교방식

제3회 문제 2

우리나라 토지평가방법과 거래사례비교법의 관계를 설명하시오. (30점)

제12회 문제 3

토지시장에서 발생하는 불합리한 거래사례는 감정평가 시 이를 적정하게 보정하여야 한다. 현실적으로 보정을 요하는 요인은 어떠한 것이 있으며 이에 대한 의의와 그 보정의 타당성 여부를 논하시오. (20점)

제4절 ★★★ 수익방식

제3회 문제 1

부동산감정평가의 수익환원에 관하여 다음 사항을 약술하시오. (40점)
1) 자본(수익)환원이론의 발전과정
2) 수익가액과 가격원칙과의 관계
3) 자본환원이율의 구조이론
4) 동태적 부동산시장에서의 자본환원이율의 결정방법을 논하고 감정평가에 관한 규칙에서 정한 기준에 관한 언급

제9회 문제 1

최근 부동산시장이 개방되면서 상업용 부동산의 가치 평가 방법이 수익방식으로 변화하는 추세이다. 자본환원이론의 발전과정을 설명하고, 저당지분환원법(저당 - 자기자본방법 : mortgage-equity cap italization)의 본질과 장점 및 문제점을 논술하시오. (30점)

제10회 문제 4

수익환원법을 적용함에 있어서 순수 환원이율에 추가되는 투자위험도의 유형과 반영방법에 대하여 설명하시오. (10점)

제12회 문제 4-3

자본회수율과 자본회수방법을 약술하시오. (10점)

제13회 문제 1

최근 상업용 부동산의 가치평가에서 수익방식의 적용이 중시되고 있는 바 수익방식에 대한 다음 사항을 설명하시오. (40점)
1) 수익방식의 성립근거와 유용성
2) 환원율과 할인율의 차이점 및 양자의 관계
3) 할인현금흐름분석법(DCF)의 적용 시 복귀가액의 개념 및 구체적 산정방법
4) 수익방식을 적용하기 위한 조사자료 항목을 열거하고 우리나라에서의 수익방식 적용의 문제점

제18회 문제 4-2

동적 DCF분석법과 정적 DCF분석법의 비교를 약술하시오. (10점)

제22회 문제 1

부동산의 가치는 여러 가지 요인에 의해 영향을 받기 때문에 감정평가사는 대상부동산의 개별적인 특성뿐만 아니라 정부의 정책과 부동산시장변화에 대해서도 이해할 필요가 있는 바, 다음의 물음에 답하시오. (40점)
1) 최근 전력난을 완화하기 위한 초고압 송전선로 설치가 빈번하게 발생하고 있으며 이를 둘러싼 이해관계자들의 갈등도 증폭되고 있는데, 이와 관련된 송전선로부지 보상평가방법과 송전선로 설치에 따른 '보상되지 않는 손실'에 대해 설명하시오. (15점)
2) **최근 수익형 부동산에 대한 관심이 확산되고 있는데 수익형 부동산의 특징과 그 가치형성원리에 대해 설명하시오. (15점)**
3) **수익형 부동산의 감정평가방법에 대해 설명하시오. (10점)**

제23회 문제 2

최근 수익성 부동산의 임대차시장에서는 보증부 월세가 주된 임대차 계약형태로 자리를 잡고 있다. 이 수익성 부동산을 수익환원법으로 감정평가하고자 할 때, 다음 사항에 대하여 답하시오. (30점)
1) 이 수익성 부동산의 감정평가절차에 대해서 설명하시오. (10점)
2) 보증금의 처리 방법과 문제점에 대해서 논하시오. (20점)

제27회 문제 2

감정평가사 甲은 乙주식회사가 소유한 △△동 1번지 소재 업무용빌딩과 △△동 101번지 나지상태의 토지에 대하여 재무보고목적의 감정평가를 진행하려 한다. 다음 물음에 답하시오. (30점)

1) 본건 감정평가의 기준가치는 무엇인지 그 개념에 관해 설명하고, 시장가치기준 원칙과의 관계에 관해 설명하시오. (10점)
2) 甲은 △△동 1번지 소재 업무용빌딩에 대하여 할인현금흐름분석법(discounted cash flow method)을 적용하려 한다. 이 때 적용할 할인율(discount rate)과 최종환원율(terminal capitalization rate)을 설명하고, 업무용 부동산시장의 경기변동과 관련하여 양자의 관계를 설명하시오. (15점)
3) △△동 1-1번지 토지에 대하여 공시지가기준법을 적용하여 시점수정, 지역요인 및 개별요인의 비교 과정을 거쳐 산정된 가액이 기준가치에 도달하지 못하였다고 가정할 경우 공시지가기준법에 따라 甲이 실무적으로 보정할 수 있는 방법에 관해 설명하시오. (5점)

제33회 문제 2

소득접근법에서 자본환원율을 결정하는 방법이다. 다음 물음에 답하시오. (30점)
1) 투자결합법(band of investment method)의 2가지 유형을 구분하여 쓰고, 엘우드(Ellwood)법을 비교 설명하시오. (20점)
2) 자본환원율(capitalization rate)의 조정이 필요한 이유와 조정 방법을 설명하시오. (10점)

제34회 문제 1

수익환원법에는 직접환원법과 할인현금흐름분석법(DCF법)이 있다. 다음 물음에 답하시오. (40점)
1) 직접환원법과 할인현금흐름분석법의 개념 및 가정에 대하여 비교·설명하시오. (15점)
2) 직접환원법과 할인현금흐름분석법의 투하자본 회수의 인식 및 처리방법에 대하여 비교·설명하시오. (15점)
3) 할인현금흐름분석법의 한계에 대하여 설명하고, 이를 극복하는 측면에서 확률적 할인현금흐름분석법에 대하여 설명하시오. (10점)

제5절 기타방식

제3회 문제 3-3

감정평가방법에 있어 통계적 평가방법의 의의와 활용상의 문제점을 설명하시오. (10점)

제9회 문제 4

계량적 부동산평가기법인 회귀분석(regression analysis)의 개념, 결정계수 및 유의수준에 관하여 각각 약술하시오. (10점)

제19회 문제 2

부동산가격지수와 관련하여, 다음을 설명하시오. (20점)
1) 부동산가격지수의 필요성과 기능을 설명하시오. (10점)
2) 부동산가격지수를 산정하는데 사용되는 대표적인 계량모형인 특성가격모형(Hedonic Price Model)과 반복매매모형(Repeat Sale Model)의 원리와 각각의 장·단점을 설명하시오. (10점)

제22회 문제 2

부동산 감정평가 시 다양한 감정평가방법이 있고 정확한 가치 평가를 위해서는 경제적 상황의 변화도 고려해야 할 필요가 있다. 다음의 물음에 답하시오. (30점)
1) 감정평가에 사용될 수 있는 계량적(정량적) 방법인 특성가격함수모형(Hedonic Pricing Model)에 대해 설명하고, 감정평가사의 주관적 감정평가와 비교하여 그 장·단점을 논하시오. (10점)
2) 최근의 세계경제 위기가 국내 부동산시장에 미치는 영향을 기술하고, 이러한 영향 하에서 부동산 감정평가를 할 경우 비교방식, 원가방식, 수익방식별로 유의점을 논하시오. (20점)

제23회 문제 3-1

실물옵션을 설명하시오. (10점)

제2편 감정평가론 | 제4장 유형별 감정평가

제1절 ★★★ 토지의 감정평가

제1회 문제 3

토지의 입체이용률에 대하여 약술하시오. (10점)

제3회 문제 3-2

구분지상권의 평가원리를 약술하시오. (10점)

제5회 문제 3-2

소지가격을 약술하시오. (10점)

제7회 문제 5

공중권의 이용방법과 평가방법에 관하여 설명하시오. (10점)

제10회 문제 6-1

한계심도에 대하여 약술하시오. (5점)

제16회 문제 3

「감정평가 및 감정평가사에 관한 법률」 제3조 제1항에는 "감정평가법인등이 토지를 감정평가하는 경우에는 그 토지와 이용가치가 비슷하다고 인정되는 「부동산 가격공시에 관한 법률」에 따른 표준지공시지가를 기준으로 하여야 한다."라고 규정되어 있으나 표준지 공시지가와 정상거래가격과의 격차가 있는 경우 그 밖의 요인으로 보정하고 있다. 그 밖의 요인 보정의 개념을 기술하고, 관련 법규 및 판례 등을 중심으로 그 타당성을 설명하시오. (20점)

제19회 문제 4

「부동산 가격공시에 관한 법률」, 「감정평가 및 감정평가사에 관한 법률」의 표준지 공시지가를 기준으로 평가한 보상평가가격과 적정가격, 실거래가격과의 관계를 설명하시오. (10점)

제20회 문제 1

지상권이 설정된 토지가 시장에서 거래되고 있다. 이와 관련된 다음 물음에 답하시오. (40점)
1) 위 토지의 담보 감정평가 시 유의할 점과 감가 또는 증가요인을 설명하시오. (15점)
2) 위 토지의 보상 감정평가 시 검토되어야 할 주요 사항을 설명하시오. (10점)
3) 감정평가목적에 따라 감정평가액의 차이가 발생할 수 있는 이유를 감정평가의 기능과 관련하여 설명하시오. (15점)

제20회 문제 3

일단지 감정평가에 관한 다음 물음에 답하시오. (20점)
1) 일단지의 개념과 판단 시 고려할 사항에 대하여 설명하시오. (10점)
2) 일단지 감정평가가 당해 토지가격에 미치는 영향을 설명하고, 일단지 감정평가의 사례 3가지를 서술하시오. (10점)

제22회 문제 1

부동산의 가치는 여러 가지 요인에 의해 영향을 받기 때문에 감정평가사는 대상부동산의 개별적인 특성뿐만 아니라 정부의 정책과 부동산시장변화에 대해서도 이해할 필요가 있는 바, 다음의 물음에 답하시오. (40점)

1) **최근 전력난을 완화하기 위한 초고압 송전선로 설치가 빈번하게 발생하고 있으며 이를 둘러싼 이해관계자들의 갈등도 증폭되고 있는데, 이와 관련된 송전선로부지 보상평가방법과 송전선로 설치에 따른 '보상되지 않는 손실'에 대해 설명하시오. (15점)**
2) 최근 수익형 부동산에 대한 관심이 확산되고 있는데 수익형 부동산의 특징과 그 가치형성원리에 대해 설명하시오. (15점)
3) 수익형 부동산의 감정평가방법에 대해 설명하시오. (10점)

제24회 문제 3

감정평가이론 토지 감정평가방법에는 감정평가3방식이 있으나, 감정평가 관련 법령은 토지의 경우 표준지 공시지가를 기준으로 감정평가하도록 규정하고 있다. 다음의 물음에 답하시오. (20점)

1) 토지 감정평가 시 감정평가3방식을 적용하여 감정평가한 가격과 표준지 공시지가를 기준으로 감정평가한 가격과의 관계를 설명하시오. (10점)
2) 표준지 공시지가가 시장가치를 반영하지 못하는 경우, 표준지 공시지가를 기준으로 해야 하는 감정평가에서 발생가능한 문제와 대책을 기술하시오. (10점)

제26회 문제 3

토지가 국공유화 되어 있는 국가에서 토지의 장기사용권이 거래되는 경우, 토지의 장기사용권 가치 산정방법을 감정평가3방식을 이용해 설명하시오. (20점)

제27회 문제 2

감정평가사 甲은 乙주식회사가 소유한 △△동 1번지 소재 업무용빌딩과 △△동 101번지 나지상태의 토지에 대하여 재무보고목적의 감정평가를 진행하려 한다. 다음 물음에 답하시오. (30점)

1) 본건 감정평가의 기준가치는 무엇인지 그 개념에 관해 설명하고, 시장가치기준원칙과의 관계에 관해 설명하시오. (10점)
2) 甲은 △△동 1번지 소재 업무용빌딩에 대하여 할인현금흐름분석법(discounted cash flow method)을 적용하려 한다. 이 때 적용할 할인율(discount rate)과 최종환원율(terminal capitalization rate)을 설명하고, 업무용 부동산시장의 경기변동과 관련하여 양자의 관계를 설명하시오. (15점)

3) △△동 1-1번지 토지에 대하여 공시지가기준법을 적용하여 시점수정, 지역요인 및 개별요인의 비교 과정을 거쳐 산정된 가액이 기준가치에 도달하지 못하였다고 가정할 경우 공시지가기준법에 따라 甲이 실무적으로 보정할 수 있는 방법에 관해 설명하시오. (5점)

제30회 문제 1

공기업 A는 소지를 신규취득하고 직접 조성비용을 투입하여 택지를 조성한 후, 선분양방식에 의해 주택공급을 진행하려고 하였다. 그러나 「주택공급에 관한 규칙」의 변경에 따라 후분양방식으로 주택을 공급하려고 한다. 다음의 물음에 답하시오. (40점)

1) 선분양방식으로 진행하려는 시점에서 A사가 조성한 택지의 감정평가방법을 설명하시오. (10점)
2) 상기 개발사업을 후분양방식으로 진행하면서 택지에 대한 감정평가를 실시한다고 할 경우, 최유효이용의 관점에서 감정평가방법을 제안하시오. (10점)
3) '예상되는 분양대금에서 개발비용을 공제하여 대상획지의 가치를 평가'하는 방법에서 분양대금의 현재가치 산정과 개발비용의 현재가치 산정 시 고려할 점을 설명하시오. (20점)

제31회 문제 2

토지소유자 甲은 공익사업에 토지가 편입되어 보상액 통지를 받았다. 보상액이 낮다고 느낀 甲은 보상액 산정의 기준이 된 감정평가서 내용에 의문이 있어, 보상감정평가를 수행한 감정평가사 乙에게 다음과 같은 질의를 하였다. 이에 관하여 감정평가사 乙의 입장에서 답변을 논하시오. (30점)

1) 감정평가서에는 공시지가기준법을 주방식으로 적용하여 대상토지를 감정평가하였다고 기재되어 있다. 甲은 대상토지의 개별공시지가가 비교표준지 공시지가보다 높음에도 불구하고 개별공시지가를 기준으로 감정평가하지 않은 이유에 관하여 질의하였다. (15점)
2) 甲은 비교표준지 공시지가 시장가격(거래가격)과 비교하여 낮은 수준임을 자료로 제시하면서, 거래사례비교법을 주방식으로 적용하지 않은 이유에 관하여 질의하였다. (15점)

제32회 문제 3

광평수(廣坪數) 토지란 해당 토지가 속해 있는 시장지역에서 일반적으로 사용하는 표준적 규모보다 훨씬 더 크다고 인식되는 토지로서, 최근에 대단위 아파트 단지개발 및 복합용도개발 등으로 인해 광평수 토지에 대한 감정평가가 증가하고 있다. 이와 관련한 다음 물음에 답하시오. (20점)

1) 광평수 토지면적이 해당 토지의 가치에 미치는 영향을 감가(減價)와 증가(增價)로 나누어 설명하시오. (10점)
2) 광평수 토지의 최유효이용이 단독이용(single use)인 경우 감정평가방법에 대해 설명하시오. (10점)

제34회 문제 2

감정평가와 관련한 다음 물음에 답하시오. (30점)

2) 감정평가사 甲은 한국감정평가사협회가 설치·운영하는 감정평가심사위원회의 심사위원으로서 택지비 목적의 감정평가서를 심사하고 있다. 감정평가서에 기재된 공시지가기준법상 그 밖의 요인 보정에 관한 내용은 다음의 표와 같으며, 甲은 심사결과 감정평가서의 보완이 필요하다고 판단하고 있다. 甲의 입장에서 공시지가기준법상 그 밖의 요인 보정에 있어 '지역요인 비교 내용의 적정성'에 대하여 세부 심사의견을 기술하시오. (15점)

1) 그 밖의 요인 보정치 산정 방법 : 인근지역 또는 동일수급권 내 유사지역의 가치형성요인이 유사한 감정평가사례 중 적정한 비교사례를 선정하여 비교사례기준 비교표준지의 감정평가액과 비교표준지 공시지가에 시점수정을 한 가액의 비율을 기준으로 산정함

2) 인근지역 또는 동일수급권 내 유사지역의 택지비 감정평가사례

기호	소재지 및 지번	용도지역	이용상황	도로조건	면적(㎡)	감정평가 단가(원/㎡)	기준시점
㉮	서울특별시 A구 ㄱ동 65	제3종 일반주거	아파트	광대소각	234,000	18,900,000	2022.08.20
㉯	서울특별시 B구 ㄹ동 10	제3종 일반주거	아파트	광대소각	150,000	21,000,000	2022.09.20

3) 비교사례의 선정 : 감정평가사례 중 비교표준지(A구 ㄱ동 5)와 지리적으로 근접하고 (A구와 B구는 서로 인접함), 토지이용계획 및 감정평가목적이 동일하거나 유사하여 비교가능성이 높은 기호 ㉯를 비교사례로 선정하였음
4) 시점수정치의 산정 : (감정평가서에 기재되어 있으나 생략함)

5) 지역요인의 비교

조건	항목	세항목	격차율		비교내용
			사례	표준지	
가로 조건	가로의 폭, 구조 등의 상태	폭, 포장, 보도	1.00	1.00	유사함
		계통 및 연속성			
접근 조건	도심과의 거리 및 교통시설의 상태	인근 교통시설의 편의성, 인근 교통시설의 도시중심 접근성	1.00	1.20	표준지는 사례 대비 도시철도와의 거리 및 편익시설 배치 상태에서 우세함
	상가의 배치상태	인근상가의 편의성, 인근상가의 품격			
	공공 및 편익시설의 배치상태	학교, 공원, 병원, 관공서 등			
환경 조건	기상조건, 자연환경	일조, 온도, 조망, 지반, 지질 등	1.00	1.20	표준지는 사례 대비 조망 및 획지의 상태에서 우세함
	사회환경	거주자의 직업, 학군 등			
	획지의 상태	획지의 표준적인 면적, 획지의 정연성, 주변의 이용상황 등			
	공급 및 처리시설의 상태	상수도, 하수도, 도시가스 등			
	위험 및 혐오시설	변전소 등의 유무, 특별고압선 등의 통과 유무			
	재해발생 위험성, 공해발생의 정도	홍수, 절벽붕괴, 소음, 대기오염 등			
행정적 조건	행정상의 규제정도	용도지역, 지구, 구역 등	1.00	1.00	유사함
		기타 규제			
기타 조건	기타	장래의 동향, 기타	1.00	1.00	유사함
합계			1.00	1.44	

6) 개별요인의 비교 : (감정평가서에 기재되어 있으나 생략함)
7) 그 밖의 요인 보정치의 산정 : (감정평가서에 기재되어 있으나 생략함)

제2절 건물의 감정평가

제25회 문제 1

최근 부동산시장 환경변화로 부동산감정평가에서 고려할 사항이 늘고 있다. 감정평가원리 및 방식에 대한 다음 물음에 답하시오. (40점)
1) 리모델링된 부동산에 대해 감정평가3방식을 적용하여 감정평가할 때 유의할 사항을 설명하시오. (10점)
2) **토양오염이 의심되는 토지에 대한 감정평가안건의 처리방법을 설명하시오. (15점)**
3) 공익사업을 위해 수용될 지구에 포함되어 장기 미사용 중이던 토지가 해당 공익사업의 중단으로 지구지정이 해제되었을 때, 당해 토지 및 주변부 토지에서 초래될 수 있는 경제적 손실을 부동산평가원리에 근거하여 설명하시오. (15점)

제35회 문제 4

최근 투자의사결정과 관련된 판단기준 중 지속 가능한 성장을 판단하는 종합적 개념으로 ESG가 있으며, 부동산 가치의 평가에도 영향을 미치고 있다. ESG는 환경(Environment)요인, 사회(Social)요인 및 지배구조(Govermance)의 약칭이다. ESG의 각각에 해당하는 구성요소를 설명하고, 친환경인증을 받은 건축물의 감정평가 시 고려해야 할 내용을 설명하시오.

제3절 구분소유부동산의 감정평가

제7회 문제 3

구분소유부동산의 감정평가에 대하여 다음 사항을 설명하시오. (20점)
1) 구분소유권의 특징·성립요건과 대지권(垈地權)
2) 구분소유부동산의 감정평가방법

제25회 문제 2

근린형 쇼핑센터 내 구분점포(「집합건물의 소유 및 관리에 관한 법률」에 의한 상가건물의 구분소유부분)의 시장가치를 감정평가하려 한다. 인근에 경쟁적인 초대형 쇼핑센터가 입지하여, 대상점포가 소재한 근린형 쇼핑센터의 고객흡인력이 급격히 감소하고 상권이 위축되어 구분점포 거래가 감소하게 된 시장동향을 고려하여 다음 물음에 답하시오. (35점)
1) **대상 구분점포의 감정평가에 거래사례비교법을 적용할 경우 감정평가방법의 개요, 적용상 한계 및 수집된 거래사례의 거래조건보정(Transactional adjustmemts)에 대하여 설명하고, 그 밖에 적용 가능한 다른 감정평가방법의 개요 및 적용 시 유의할 사항에 대하여 설명하시오. (25점)**
2) 적용된 각 감정평가방법에 의한 시산가액 간에 괴리가 발생되었을 경우 시산가액 조정의 의미, 기준 및 재검토할 사항에 대하여 설명하시오. (10점)

제34회 문제 4

다세대주택을 거래사례비교법으로 감정평가하기 위하여 거래사례를 수집하는 경우 거래사례의 요건과 각 요건별 고려사항에 대하여 약술하시오. (10점)

제35회 문제 2

감정평가와 관련된 다음 자료를 참고하여 물음에 답하시오.

> 1. 본건은 토지와 건물로 구성된 부동산으로 「집합건물의 소유 및 관리에 관한 법률」 시행 이전에 소유권이전등기가 되어, 현재 '건물'은 각 호수별로 등기되어 있고, '토지'의 경우도 별도로 등기되어 있음.
> 2. 본건 부동산은 1층(101호, 102호, 103호, 104호, 105호)과 2층(201호, 202호, 203호, 204호, 205호)이 각각 5개호로 구성된 상가로, 현재 건물소유자는 교회 A(101호 ~ 204호)와 개인 B[205호(교회에 임대됨)]임.
> 3. 상가 전체가 교회로 이용 중이며, 이중 202호, 203호, 204호는 교회의 부속시설로 소예배실, 성경공부방, 교회휴게실로 이용 중이고, 용도상 불가분의 관계가 있을 수 있음.
> 4. 202호는 5년 전에, 203호는 3년 전에, 204호는 1년 전에 교회 앞으로 각각 소유권이전등기가 되었고, 건물과 함께 토지 역시 일정 지분이 동시에 교회 앞으로 소유권이전등기됨.
> 5. 건물은 각 호 별로 구조상 독립성과 이용상 독립성이 유지되고 있음
> 6. 토지는 각 호 별 면적에 비례하여 적정한 지분으로 각 건물소유자들이 공유하고 있음.
> 7. 평가대상 물건은 202호, 203호, 204호이며, 평가목적은 시가참고용임.

1) 감정평가사 甲은 평가 대상물건을 개별로 감정평가하기로 결정하였다. 주어진 자료에 근거하여 감정평가사 甲이 개별평가로 결정한 이유를 설명하시오. (10점)
2) 반면, 감정평가사 乙은 평가 대상물건을 일괄로 감정평가하기로 결정하였다. 주어진 자료에 근거하여 감정평가사 乙이 일괄평가로 결정한 이유를 설명하시오. (10점)
3) 개별평가와 일괄평가의 관점에서 대상물건에 부합하는 평가방법을 설명하시오. (10점)

제4절 산림의 감정평가

제5절 과수원의 감정평가

제6절 공장재단 및 광업재단의 감정평가

제5회 문제 2
공장의 감정평가방법 (20점)

제9회 문제 6-2
가행연수의 의의와 산정방법에 대해 약술하시오. (5점)

제7절 자동차 등의 감정평가

제8절 동산의 감정평가

제9절 ★ 임대료의 감정평가

제3회 문제 3-1
계속임대료의 각 평가방법에 대한 특질과 그 문제점을 설명하시오. (10점)

제6회 문제 4
다음 용어를 간략하게 설명하시오. (10점)
1) 임대료의 기준시점
2) 임대료의 실현시점
3) 임대료의 산정기간
4) 임대료의 지불시기

제7회 문제 1
최근 부동산 시장에서 임대료의 감정평가가 점차 중요시되고 있다. 이에 있어 다음 사항을 논하시오. (40점)
1) 가액과 임대료와의 관계
2) 신규임대료와 계속임대료의 감정평가방법과 유의점
3) 부가사용료와 공익비의 차이점과 이들의 실질임대료 산정시 처리방법
4) 임대료의 시산가액 조정시 유의점

제10절 ** 무형자산의 감정평가

제9회 문제 2
기업평가에 있어 영업권 가치와 지식재산권 가치를 설명하고, 이와 관련된 발생 수익의 원천 및 평가방법을 서술하시오. (20점)

제10회 문제 6-3
자본자산가격모형(CAPM)에 대하여 약술하시오. (5점)

제28회 문제 4
영업권과 상가권리금을 비교·설명하시오. (10점)

제33회 문제 1
최근 지식재산권에 대한 관심이 높아지면서 지식재산권에 대한 감정평가 수요도 증가하고 있다. 지식재산권 감정평가와 관련하여 다음 물음에 답하시오. (40점)
1) 감정평가 실무기준상 지식재산권의 개념 및 종류, 가격자료에 대해 설명하시오. (10점)
2) 감정평가3방식의 성립 근거와 각 방식 간의 관계에 대해 설명하시오. (10점)
3) 감정평가 실무기준상 감정평가3방식에 따른 지식재산권의 평가방법을 설명하고, 각 방식 적용 시 유의사항에 대해 설명하시오. (20점)

제11절 ** 유가증권 등의 감정평가

제17회 문제 5-1
비상장주식의 평가를 약술하시오. (5점)

제19회 문제 3
향후 전자제품을 개발·생산·판매하기 위하여 설립된 비상장 영리법인인 A기업은 설립 후 자본금 전액을 기술개발에 지출하여 당해 금액을 무형자산으로 계상하였다(다른 자산·부채는 없음). 당해 기업의 주식가치를 감정평가하고자 한다. 적합한 감정평가방법 및 근거를 구체적으로 설명하고 장·단점을 설명하시오. (20점)

제21회 문제 2
비상장법인 A주식회사는 특허권을 가지고 전자제품을 제조 판매하는 공장과 임대업에 사용하는 업무용빌딩을 소유하고 있다. A주식회사는 2009년 전자제품부문에서 50억원, 임대업에서 20억원의 당기순이익을 얻었다. A주식회사의 주식을 감정평가하고자 한다. (30점)

1) 본건 감정평가와 관련하여 감정평가에 관한 규칙이 인정하는 감정평가방법 및 그 장·단점을 논하시오. (15점)
2) 감정평가에 관한 규칙에서 규정하고 있지 않은 주식 감정평가방법(양 방법을 혼합한 방법 포함)들을 예시하고, 감정평가이론의 관점에서 동 규칙외의 방법에 의한 감정평가의 타당성을 논하시오. (15점)

제24회 문제 4

부동산업을 법인형태로 영위하는 경우, 해당 법인의 주식가치 감정평가방법을 설명하시오. (10점)

제27회 문제 1

지식정보사회로의 이행 등에 따라 기업가치 중 무형자산의 비중(Portion)이 상대적으로 증가하고 있다. 「감정평가 실무기준」에 규정하고 있는 계속기업가치(going concern value)의 감정평가와 관련하여 다음 물음에 답하시오. (40점)

1) 기업가치의 구성요소를 설명하고, 기업가치의 감정평가 시 유의사항을 설명하시오. (10점)
2) 기업가치의 감정평가에 관한 이론적 배경과 감정평가방법을 설명하고, 각 감정평가방법 적용 시 유의사항 및 장단점을 설명하시오. (20점)
3) 기업가치의 감정평가에 있어서 시산가액 조정에 대하여 설명하고, 조정된 기업가치에 대한 구성요소별 배분방법에 관해 설명하시오. (10점)

제12절 가치하락분에 대한 감정평가

제16회 문제 2

「감정평가에 관한 규칙」 제25조(소음 등으로 인한 대상물건의 가치하락분에 대한 감정평가)에 환경오염이 발생한 경우의 감정평가에 대한 기준을 제시하고 있다. 토양오염이 부동산의 가치에 미치는 영향과 감정평가 시 유의사항에 대하여 설명하시오. (20점)

제25회 문제 1

최근 부동산시장 환경변화로 부동산감정평가에서 고려할 사항이 늘고 있다. 감정평가원리 및 방식에 대한 다음 물음에 답하시오. (40점)

1) 리모델링된 부동산에 대해 감정평가3방식을 적용하여 감정평가할 때 유의할 사항을 설명하시오. (10점)
2) **토양오염이 의심되는 토지에 대한 감정평가안건의 처리방법을 설명하시오. (15점)**
3) 공익사업을 위해 수용될 지구에 포함되어 장기 미사용 중이던 토지가 해당 공익사업의 중단으로 지구지정이 해제되었을 때, 당해 토지 및 주변부 토지에서 초래될 수 있는 경제적 손실을 부동산평가원리에 근거하여 설명하시오. (15점)

제27회 문제 3

사회가 발전하면서 부동산의 가치가 주위의 여러 요인에 따라 변동하게 되었는 바, 소음·환경오염 등으로 인한 토지 등의 가치하락분에 대한 감정평가와 관련하여 다음 물음에 답하시오. (20점)

1) 가치하락분 산정의 일반적인 원리와 가치하락분의 제외요인 및 포함요인에 관해 설명하고, 부동산가격 제원칙과의 연관성에 관해 논하시오. (15점)
2) 스티그마(STIGMA) 효과의 개념 및 특징에 관해 설명하시오. (5점)

제33회 문제 3

다음 자료를 참고하여 물음에 답하시오. (20점)

> <자료>
> 법원감정인인 감정평가사 甲은 손해배상(기) 사건에서 원고가 주장하는 손해액을 구하고 있다. 본 사건 부동산(제2종일반주거지역 <건폐율 60%, 용적률 200%>) 매매 당시 매수자인 원고는 부지 내에 차량 2대의 주차가 가능하다는 피고의 주장을 믿고 소유권이전을 완료하였으나, 부지 내의 공간(공지) 부족으로 현실적으로는 주차가 불가능함을 알게 되었다. 현장조사 결과 대상 건물(연와조)의 외벽과 인접부동산 담장 사이에 공간이 일부 있으나 협소하여 주차가 불가능한 것으로 나타났다.
> 기준시점 현재 대상 건물은 용적률 110%로 신축 후 50년이 경과하였으나 5년 전 단독주택에서 근린생활시설(사무소)로 용도변경 허가를 받은 후 수선을 하여 경제적 잔존내용년수는 10년인 것으로 판단되었다.
> 대상부동산의 인근지역은 기존주택지역에서 소규모 사무실로 변화하는 특성을 보이고 있고 현재 건물의 용도(이용상황)에 비추어 차량 2대의 주차공간 확보가 최유효이용에 해당한다고 조사되었다.

1) 이 사안에서 시장자료(market data)를 통하여 손해액을 구하기 위한 감정평가방법과 해당 감정평가방법의 유용성 및 한계점에 대하여 설명하시오. (10점)
2) 만일 물음 1)에서 시장자료(market data)를 구할 수 없는 경우, 적용 가능한 다른 감정평가방법들에 대하여 설명하고 이러한 접근방식을 따르는 경우 손해액의 상한은 어떻게 판단하는 것이 합리적인지 설명하시오. (10점)

제13절 ** 권리금의 감정평가

제25회 문제 4

정부에서 추진 중인 상가권리금 보호방안이 제도화될 경우 권리금 감정평가업무에 변화가 나타날 것으로 예상된다. 이에 관한 상가권리금에 대해 설명하시오. (10점)

제28회 문제 4

영업권과 상가권리금을 비교·설명하시오. (10점)

제14절 비시장재화의 감정평가

제15회 문제 2

시장가격이 없는 부동산 혹은 재화의 가치를 감정평가하는 방법에 대하여 설명하시오. (20점)

제2편 감정평가론 | 제5장 목적별 감정평가

제1절 담보 감정평가

제5회 문제 3-1

담보가격과 처분가격을 약술하시오. (10점)

제14회 문제 3

수익성 부동산의 가치는 할인된 현금흐름(discounter cash flow)와 순수익(net operating income)을 이용하여 구할 수 있고, 이 가치들은 대부기관의 담보가치 결정 기준이 된다. 다음 물음에 답하시오. (20점)
1) 두 감정평가방법으로 구한 부동산의 담보가치를 비교하여 설명하시오.
2) 담보가치의 결정에서 고려해야 할 사항들에 대하여 설명하시오.

제34회 문제 3

담보평가와 관련한 다음 물음에 답하시오. (20점)
1) 담보평가를 수행함에 있어 감정평가의 기능과 관련하여 감정평가의 공정성과 독립성이 필요한 이유를 설명하고, 감정평가의 공정성과 독립성을 확보할 수 있는 수단 3개를 제시하시오. (10점)
2) 감정평가법인이 담보목적의 감정평가서를 심사함에 있어 심사하는 감정평가사의 역할에 대하여 설명하시오. (10점)

제2절 경매 감정평가

제26회 문제 1

A법인은 토지 200m² 및 위 지상에 건축된 연면적 100m² 1층 업무용 건물(집합건물이 아님)을 소유하고 있다. 건물은 101호 및 102호로 구획되어 있으며, 101호는 A법인이 사무실로 사용하고 있고 102호는 B에게 임대하고 있다. 다음 물음에 답하시오. (40점)
1) A법인이 소유한 위 부동산(토지 및 건물)을 감정평가 할 경우 감정평가 규칙에 따른 원칙적인 감정평가방법 및 근거, 해당 방법의 적정성을 논하시오. (15점)
2) 임차인 C가 101호를 전세로 임차하기로 하였다. C는 전세금액 및 전세권 설정에 참고하기 위하여 101호 건물 50m²만을 감정평가 의뢰하였다. 본건 감정평가의 타당성에 관해 설명하시오. (10점)

3) A법인은 토지에 저당권을 설정한 이후 건물을 신축하였으나 건물에 대해서는 저당권을 설정하지 않았다. A법인이 이자지급을 연체하자 저당권자가 본건 토지의 임의경매를 신청하였다. 이 경우 토지의 감정평가방법에 관해 설명하시오. (5점)

4) 해당 토지의 용적률은 50%이나 주변 토지의 용적률은 100%이다. A법인이 용적률 100%를 조건으로 하는 감정평가를 의뢰하였다. 조건부평가에 관해 설명하고 본건의 감정평가 가능 여부를 검토하시오. (10점)

제3절 재무보고 감정평가

제27회 문제 2

감정평가사 甲은 乙주식회사가 소유한 △△동 1번지 소재 업무용빌딩과 △△동 101번지 나지상태의 토지에 대하여 재무보고목적의 감정평가를 진행하려 한다. 다음 물음에 답하시오. (30점)

1) 본건 감정평가의 기준가치는 무엇인지 그 개념에 관해 설명하고, 시장가치기준 원칙과의 관계에 관해 설명하시오. (10점)

2) 甲은 △△동 1번지 소재 업무용빌딩에 대하여 할인현금흐름분석법(discounted cash flow method)을 적용하려 한다. 이 때 적용할 할인율(discount rate)과 최종환원율(terminal capitalization rate)을 설명하고, 업무용 부동산시장의 경기변동과 관련하여 양자의 관계를 설명하시오. (15점)

3) △△동 1-1번지 토지에 대하여 공시지가기준법을 적용하여 시점수정, 지역요인 및 개별요인의 비교 과정을 거쳐 산정된 가액이 기준가치에 도달하지 못하였다고 가정할 경우 공시지가기준법에 따라 甲이 실무적으로 보정할 수 있는 방법에 관해 설명하시오. (5점)

제4절 ★ 도시정비사업과 감정평가

제13회 문제 2

최근 노후공동주택의 재건축이 사회문제로 대두되고 있는 가운데 재건축의 용적률이 핵심쟁점이 되고 있다. "토지가치의 극대화"라는 최유효이용의 관점에서 재건축의 용적률이 이론적으로 어떻게 결정되는지를 설명하고, 현실적인 용적률 규제와 주택가격의 상승이 이러한 이론적 적정 용적률에 미치는 영향을 설명하시오. (20점)

제16회 문제 6

공동주택 재건축사업의 시행 시 미동의자에 대한 매도청구 및 시가의 개념에 대해 약술하시오. (10점)

제22회 문제 3

정비사업은 도시환경을 개선하고 주거생활의 질을 높이는 것이 목적인데 그 중 주택재개발사업은 정비기반시설이 열악하고 노후·불량건축물이 밀집한 지역의 주거환경을 개선하기 위한 사업이다. 이에 관한 감정평가사의 역할이 중요한 바, 다음의 물음에 답하시오. (20점)

1) 주택재개발사업의 추진 단계별 목적에 따른 감정평가업무를 분류하고 설명하시오. (10점)
2) 종전자산(종전의 토지 또는 건축물)과 종후자산(분양예정인 대지 또는 건축물의 추산액)과의 관계를 설명하시오. (10점)

제23회 문제 3-2

정비사업의 재건축사업에 있어서 매도청구소송목적의 감정평가를 설명하시오. (10점)

제28회 문제 3

정비사업의 관리처분계획을 수립하기 위한 종후자산 감정평가에 대한 다음 물음에 답하시오. (20점)

1) 종후자산 감정평가의 기준가치에 관하여 설명하시오. (10점)
2) 종후자산 감정평가의 성격을 감정평가방식과 관련하여 설명하시오. (10점)

제31회 문제 3

A 토지는 ○○재개발사업구역에 소재하고 있다. A 토지에 대하여 재개발 사업의 절차상 종전자산의 감정평가를 하는 경우와 손실보상(현금청산)을 위한 감정평가를 하는 경우에 다음의 물음에 답하시오. (20점)

1) 각각의 감정평가에 있어 기준시점, 감정평가액의 성격 및 감정평가액 결정 시 고려할 점에 관하여 설명하시오. (10점)
2) 각각의 감정평가에 있어 재개발사업으로 인한 개발이익의 반영여부에 관하여 설명하시오. (10점)

PART 2
회차별 기출문제 분석

감정평가이론 기출문제 제1회

▌문제 1 (50점)

부동산(토지)의 특성이 부동산가격과 부동산시장에 작용하는 관계를 설명하고, 그에 따른 부동산 감정평가의 필요성에 대하여 논하시오.

Ⅰ. 문제분석

1. 배점

① 배점은 50점이다. 서술어는 <설명>과 <논하시오>이다. 따라서 각 25점씩 배분한다. 하지만 주어진 배점이 크기 때문에 <관련 개념>을 10점, <작용 관계>를 20점, <감정평가의 필요성>을 20점으로 배분하였다.
② 설명하는 부분은 <관계>를 물었다. 하지만 세부적으로 보면 2개다. 즉, <특성이 가격에 작용하는 관계>와 <특성이 시장에 작용하는 관계>를 묻고 있다. 따라서 각각 10점씩 배분하였다.
③ 논하는 부분은 <필요성>을 물었다. 구체적으로는 <부동산 감정평가의 필요성>을 물었다. 유의할 점은 수식어구다. 즉, 단순히 "부동산 감정평가의 필요성"을 묻는 것이 아니다. <그에 따른>이 가리키는 단어는 무엇인지 고민해야 한다. 바로 앞에서 물어본 <관계>다. 따라서 관계와 연결하여 각각 10점씩 배분하였다.

2. 관계

<특성이 가격에 작용하는 관계>와 <특성이 시장에 작용하는 관계>를 물었다. 목차는 논리를 직관적으로 보여준다. 따라서 구체적인 목차가 좋다. 특히 <관계>를 묻는 문제는 목차에 답이 드러나는 것이 좋다.

3. 필요성

필요성은 <관계>와 연결된다. 그리고 <감정평가의 필요성>보다 구체적인 목차가 요구된다. 감정평가의 필요성으로만 목차를 구성하면 다시 답안을 읽어봐야 내용을 알 수 있기 때문이다. 따라서 서술할 내용을 구체적으로 목차에 표현하는 것이 좋다.

4. 강평

해당 문제는 답안을 작성하는 게 매우 어렵다. 총론과 각론이 연결되는 문제이면서 감정평가의 전반적인 내용이 모두 필요하기 때문이다. 특히 답안을 작성할 때 내용이 중복되는 경우가 많다. 이에 유의하여 연습할 필요가 있다.

Ⅱ. 예시목차

1안

Ⅰ. 서론

Ⅱ. 관련 개념
  1. 자연적 특성
  2. 인문적 특성
  3. 부동산 가격
  4. 부동산 시장

Ⅲ. 작용 관계
  1. 부동산특성이 부동산가격에 작용하는 관계
    1) 고정성으로 인한 위치가격화
    2) 부증성으로 인한 고가화
    3) 개별성으로 인한 개별적 가격
    4) 용도의 다양성으로 인한 가격 다양화
    5) 영속성과 인문적 위치의 가변성으로 인한 가격 변화
  2. 부동산특성이 부동산시장에 작용하는 관계
    1) 고정성으로 인한 시장의 추상화 및 국지화
    2) 부증성으로 인한 시장의 불완전성
    3) 개별성으로 인한 개별적 시장
    4) 용도의 다양성으로 인한 대체·경쟁 시장
    5) 영속성과 인문적 위치의 가변성으로 인한 시장 변화

Ⅳ. 작용 관계에 따른 감정평가의 필요성
  1. 가격에 작용하는 관계에 따른 필요성
    1) 위치가격화에 따른 현황 감정평가
    2) 고가화에 따른 전문적인 감정평가
    3) 개별적 가격에 따른 객관적인 감정평가
    4) 가격 다양화에 따른 합리적인 감정평가
    5) 가격 변화에 따른 기준시점 감정평가
  2. 시장에 작용하는 관계에 따른 필요성
    1) 국지화에 따른 지역분석
    2) 불완전한 시장에 따른 적정한 감정평가
    3) 개별적 시장에 따른 개별 감정평가
    4) 시장 다양화에 따른 시장가치 감정평가
    5) 시장변화에 따른 동태적 시장분석

Ⅴ. 결론

2안

Ⅰ. 서론

Ⅱ. 관련 개념
  1. 자연적 특성
    1) 의의
    2) 고정성
    3) 부증성
    4) 영속성
    5) 개별성
  2. 인문적 특성
    1) 의의
    2) 용도의 다양성
    3) 분할·합병의 가능성
    4) 사회적·경제적·행정적 위치의 가변성

Ⅲ. 작용 관계
  1. 부동산특성이 부동산가격에 작용하는 관계
    1) 고정성으로 인한 위치가격화
    2) 부증성으로 인한 고가화
    3) 영속성으로 인한 교환가치와 사용가치
    4) 개별성으로 인한 개별적 가격
    5) 용도의 다양성으로 인한 가격 다양화
    6) 분할·합병의 가능성으로 인한 증분가치
    7) 인문적 위치의 가변성으로 인한 가격의 변화
  2. 부동산특성이 부동산시장에 작용하는 관계
    1) 고정성으로 인한 추상적 시장
    2) 부증성으로 인한 비탄력적 공급
    3) 영속성으로 인한 매매시장과 임대시장의 형성
    4) 개별성으로 인한 시장의 개별화
    5) 용도의 다양성으로 인한 대체·경쟁 시장
    6) 분할·합병의 가능성으로 인한 시장참가자의 제한
    7) 인문적 위치의 가변성으로 인한 시장의 변화

Ⅳ. 작용 관계에 따른 감정평가의 필요성
  1. 가격에 작용하는 관계에 따른 필요성
    1) 위치가격에 따른 지역분석
    2) 고가화에 따른 전문가에 의한 감정평가
    3) 교환과 사용·수익의 대가인 가액과 임대료
    4) 개별적 가격의 합리성 판단
    5) 가격다양화에 따른 가치다원론
    6) 증분가치에 따른 이해조정
    7) 가격변화에 따른 기준시점에 따른 감정평가
  2. 시장에 작용하는 관계에 따른 필요성
    1) 추상적 시장에 따른 정보제공
    2) 수요와 공급의 상호작용 분석
    3) 매매와 임대시장의 분석
    4) 개별적인 시장분석
    5) 대체·경쟁 시장의 분석
    6) 시장참가자의 분석
    7) 시장변화에 따른 동태적 분석

Ⅴ. 결론

문제 2 (30점)

(원 문제)
시산가액의 조정이 우리나라의 현실에 잘 맞지 않는 논거를 약술하시오.

시산가액의 조정이 우리나라의 현실에 잘 맞는 논거를 약술하시오.

Ⅰ. 문제분석

1. 배점

배점은 30점이다. 서술어는 <약술>이다. 목적어는 <논거>다. 그리고 주어는 <시산가액의 조정>이다. 가장 좋은 목차와 답안은 <논거>만으로 배점을 채우는 것이다.

2. 논거

물음은 <논거>다. 즉, 논리적 근거를 물었다. 물음에서 논거나 이유 등을 묻는 경우는 최대한 많은 논거나 이유 등을 보여주는 것이 좋다. 논거나 이유 등을 제시하는 방법은 크게 2가지다. ① 1~10까지 병렬로 보여주는 방법, ② 1~3의 분류기준을 보여주고 하위목차를 각각 보여주는 방법이 있다. 두 번째 방법은 분류기준을 보여주기 때문에 체계적으로 보일 수 있다. 문제에서는 "우리나라의 현실에"라고 되어 있다. 이를 활용하기 위해서 법, 이론, 현실(실무) 측면을 분류기준으로 잡았다. 이런 체계적인 접근은 논리의 일관성을 보여줌과 동시에 답안작성 시 중복서술을 피할 수 있게 한다.

Ⅱ. 예시목차

1안

Ⅰ. 서론

Ⅱ. 시산가액 조정의 개념
  1. 시산가액의 의의
  2. 시산가액 조정의 의의
  3. 시산가액 조정의 설득력

Ⅲ. 시산가액 조정의 논거
  1. 감정평가관계법규 측면에서의 논거
    1) 감정평가법상 논거
    2) 감칙상 논거
    3) 실무기준상 논거

  2. 감정평가이론 측면에서의 논거
    1) 감정평가 시장환경의 변화
    2) 감정평가 대상물건의 다양화
    3) 상관조정의 원리

  3. 감정평가실무 측면에서의 논거
    1) 적정한 가격 제시
    2) 합리성 향상
    3) 신뢰성 향상

Ⅳ. 결론

2안

I. 서론

II. 시산가액 조정의 개념
  1. 시산가액의 의의
  2. 시산가액 조정의 의의

III. 시산가액 조정의 논거
  1. 법적 논거
    1) 감정평가법상 논거
    2) 감칙상 논거
    3) 실무기준상 논거

  2. 이론적 논거
    1) 대상물건의 특성
    2) 자료의 신뢰성
    3) 감정평가목적
    4) 시장상황
    5) 감정평가의 수요
    6) 국제 감정평가기준
    7) 시장의 불완전성
    8) 상관조정의 원리
    9) 감정평가의 합리성
    10) 감정평가의 객관성
    11) 감정평가의 논리성
    12) 감정평가의 전문성

IV. 결론

문제 3 (10점)

토지의 입체이용률에 대하여 약술하시오.

I. 문제분석

물음은 <토지의 입체이용률>이다. **"입체이용저해율"이 아니라** "입체이용률"이다. 입체이용저해율은 입체이용률을 설명하는 과정에서 서술할 수 있다. 하지만 물음에서 벗어나 입체이용저해율만을 답하는 것은 지양한다. 직접 물어본 것은 아니기 때문이다. 그리고 감정평가 시 활용되는 물건을 설명해주면 좋다. 입체이용이 구체적으로 활용되는 예시를 보여주기 때문이다.

II. 예시목차

1안

I. 개설

II. 토지의 입체이용률
  1. 입체이용률의 개념
  2. 입체이용저해율의 개념
  3. 이론적 근거
  4. 감정평가 시 활용

2안

Ⅰ. 개설

Ⅱ. 토지의 입체이용률
  1. 개념
    1) 입체이용률
    2) 입체이용저해율
  2. 근거
    1) 법적 근거
    2) 이론적 근거
    3) 관련된 가격원칙

3. 감정평가 시 활용
    1) 구분지상권의 감정평가
    2) 구분소유권의 감정평가
    3) 일조권의 감정평가

문제 4 (10점)

부동산 감정평가의 기능에 대하여 약술하시오.

Ⅰ. 문제분석

물음은 <감정평가의 기능>이다. 기능은 어떤 작용을 하는가에 대한 것이다. 따라서 답안작성은 기능이나 역할에 초점을 두고 서술해야 한다.

Ⅱ. 예시목차

1안

Ⅰ. 개설

Ⅱ. 감정평가의 기능
  1. 정책적 기능
    1) 자원의 배분
    2) 적정한 가격형성 유도

  2. 경제적 기능
    1) 효율성 향상
    2) 이해 조정

2안

Ⅰ. 개설

Ⅱ. 감정평가의 기능
  1. 정책적 기능
    1) 의의
    2) 자원의 배분
    3) 적정한 가격형성 유도
    4) 정책의 목적 지원

  2. 경제적 기능
    1) 의의
    2) 효율성 향상
    3) 이해 조정
    4) 의사결정의 기준

감정평가이론 기출문제 **제2회**

문제 1 (50점)

부동산학의 입장에서 지대(차액지대·Ricardian-rent)론, rent(Quasi-rent, Paretian-rent, 준rent)론 등을 재조명하여 발전연혁과 내용을 밝히면서 과연 현실의 부동산 가격이 상기 이론으로 완전히 설명되어지는가를 규명하고, 실제의 부동산 거래 시 왜 부동산 감정평가활동이 요구되는가를 상기의 지대론, rent론 등과 비교하면서 그 이론적 근거를 제시하시오.

Ⅰ. 문제분석

1. 배점

해당 문제는 배점을 판단하기 어렵다. 우선 서술어는 ① 밝히면서 ② 규명하고 ③ 제시하는 것이다. 따라서 서술어마다 배점을 나눌 수 있다. 하지만 문제에서 요구하는 부분은 약간의 차이가 있다. 따라서 제시형태, 물음의 중요도 등에 따라 배점을 판단할 필요가 있다. 해당 문제는 결국 <지대론 등이 한계가 있으므로 감정평가가 필요하다>는 논리를 보고 싶은 것이다. 그러므로 이론적 근거가 설명 가능성보다는 배점이 더 필요하다. 그리고 지대론 등은 비교 과정도 거쳐야 한다. 따라서 지대론, rent론에 25점을 배분했다. 그리고 설명 가능성에 10점을 배분했다. 이론적 근거에 15점을 배분했다.

2. 발전 연혁과 내용

밝히면서 부분의 목적어는 발전 연혁과 내용이다. 그리고 지대론, rent론 등으로 범위를 제시했다. 나아가 지대론과 rent론은 괄호로 범위를 구체적으로 제시했다. 따라서 해당 부분은 제시된 부분을 포함하여 구체적으로 서술할 필요가 있다. 특히 다양한 지대론 등은 뒤의 물음과 연결된다.

3. 설명 가능성

규명하는 부분의 목적어는 <완전히 설명되어지는가>이다. 즉, <설명 가능성>이다. 그렇다면 답안은 <설명이 가능하다> 또는 <설명되지 않는다>로 서술한다. 하지만 뒤의 물음과 연결되는 것을 생각하면 방향은 정해져 있다. 이를 잡아낼 수 있는 능력이 요구된다. 즉, 해당 문제는 <설명되지 않는다>로 서술이 되어야 한다. 그래야 "설명되지 않기 때문에 감정평가가 필요하다"는 이론적 근거를 제시할 수 있기 때문이다.

4. 이론적 근거

해당 문제는 <감정평가가 필요하다>가 핵심이다. 이를 지지하기 위한 이론적 근거를 묻고 있다. 특히 "지대론 등과 비교하면서"를 주고 있으므로 지대론 등의 한계도 필요하다. 즉, 지대론 등은 한계가 있으므로 감정평가가 필요하다는 논리 구성이 필요하다. 따라서 설명 가능성 부분에서 활용한 목차와 추가적인 목차를 구성하여 접근할 필요가 있다.

Ⅱ. 예시목차

1안

Ⅰ. 서론

Ⅱ. 지대론 등의 발전연혁과 내용
   1. 지대론
      1) 차액지대
      2) Ricardian-rent
      3) 절대지대
      4) 독점지대
      5) 입지교차지대

   2. rent론
      1) Quasi-rent
      2) 입찰지대
      3) 지가이론
      4) Paretian-rent
      5) 준rent

Ⅲ. 현실 부동산가격의 설명가능성
   1. 현실 부동산가격의 의미
   2. 부동산 특성으로 인한 한계
   3. 불완전한 시장으로 인한 한계
   4. 가치의 다양성으로 인한 한계

Ⅳ. 감정평가활동이 요구되는 이론적 근거
   1. 감정평가활동의 의미
   2. 부동산 특성
   3. 불완전한 시장
   4. 가치발생요인과 가치형성요인의 상호작용성
   5. 감정평가의 공정성
   6. 가치의 3면성

Ⅴ. 결론

2안

Ⅲ. 현실 부동산가격의 설명가능성
   1. 현실 부동산가격의 의미

   2. 부동산 특성으로 인한 한계
      1) 자연적 특성으로 인한 한계
      2) 인문적 특성으로 인한 한계

   3. 불완전한 시장으로 인한 한계
      1) 비탄력적 공급
      2) 정보의 비대칭성

   4. 가치의 다양성으로 인한 한계
      1) 가치형성의 상호작용
      2) 시장상황의 다양성

Ⅳ. 감정평가활동이 요구되는 이론적 근거
   1. 감정평가활동의 의미
   2. 부동산 특성
   3. 불완전한 시장
   4. 가치발생요인과 가치형성요인의 상호작용성
   5. 감정평가의 공정성
   6. 가치의 3면성
   7. 감정평가의 합리성
   8. 감정평가의 신뢰성
   9. 감정평가의 공정성

문제 2 (30점)

부동산가격의 형성원리를 설명하라.

Ⅰ. 문제분석

1. 배점

배점은 30점이다. 물음은 <부동산가격의 형성원리>다. 관련 개념으로 5점을 배분했다. 그리고 가격의 발생과 형성, 가격수준의 형성, 구체적 가격의 형성을 대목차로 같은 배점을 배분했다. 아니면, 가격원칙을 별도의 목차로 구성하는 것도 가능하다. 이때도 같은 배점을 배분했다.

2. 형성원리

물음을 세분하면 <부동산가격의>, <형성원리>다. 부동산가격은 발생요인과 형성요인에 의해 결정된다. 그리고 가격수준과 구체적 가격에 의해 형성된다. 이를 기준으로 분류기준을 잡았다. 그리고 원리는 이론적 근거로서 가격원칙을 활용한다.

Ⅱ. 예시목차

1안

Ⅰ. 서설

Ⅱ. 관련 개념
  1. 부동산가격
  2. 형성원리의 의미

Ⅲ. 부동산가격의 형성원리
  1. 부동산가격의 발생과 형성
    1) 부동산가격의 발생
    2) 부동산가격의 형성
    3) 발생·형성과 가격원칙

  2. 가격수준의 형성
    1) 부동산가격의 지역성
    2) 가격수준의 형성
    3) 가격수준과 가격원칙

  3. 구체적 가격의 형성
    1) 부동산가격의 개별성
    2) 구체적 가격의 형성
    3) 구체적 가격과 가격원칙

Ⅳ. 결어

2안

Ⅰ. 서설

Ⅱ. 관련 개념
 1. 부동산가격
 2. 부동산가격의 발생요인
 3. 부동산가격의 형성요인
 4. 가격원칙

Ⅲ. 부동산가격의 형성원리
 1. 가격수준의 형성
  1) 지역성
  2) 지역적 차원의 발생요인
  3) 지역적 차원의 형성요인
  4) 표준적 이용
  5) 가격수준의 형성

 2. 구체적 가격의 형성
  1) 개별성
  2) 개별적 차원의 발생요인
  3) 개별적 차원의 형성요인
  4) 최유효이용
  5) 구체적 가격의 형성

 3. 형성원리와 가격원칙
  1) 예측의 원칙
  2) 변동의 원칙
  3) 대체·경쟁의 원칙
  4) 균형 및 적합의 원칙
  5) 최유효이용의 원칙

Ⅳ. 결어

▌문제 3 (20점)

다음 문제를 약술하시오.
1) 대체의 원칙과 기회비용의 원칙의 관계 (10점)
2) 구분지상권의 평가원리 (10점)

Ⅰ. 문제분석

1. 물음1

양자의 관계를 묻는 문제는 목차구성이 중요하다. 특히 목차에서 명확한 관계를 보여주면 답안을 읽지 않아도 예측할 수 있기 때문이다. 유의할 점은 비교의 형태로 서술하지 않도록 한다. <가격원칙의 관계> 문제는 분류기준으로 접근하는 것이 수월하다. 하지만 키워드를 목차로 보여주는 것이 더 좋은 방법이다.

2. 물음2

해당 문제도 <평가원리>를 물었다. 원리는 가치가 어떻게 형성되고, 관련된 가격원칙은 어떤 것이 있으며, 평가가 어떻게 이루어지는지를 보여줄 수 있다. 아니면 감정평가에 대해 구체적으로 서술할 수도 있다.

Ⅱ. 예시목차

1안

Ⅰ. (물음1) 대체의 원칙과 기회비용의 원칙의 관계
  1. 양자의 의의
  2. 양자의 관계
    1) 최유효이용 측면상 관계
    2) 외부적 측면상 관계
    3) 경제성 측면상 관계

Ⅱ. (물음2) 구분지상권의 평가원리
  1. 구분지상권의 개념
  2. 구분지상권의 평가원리
    1) 입체이용률과 입체이용저해율
    2) 구분지상권의 가치형성
    3) 구분지상권과 가격원칙
    4) 구분지상권의 감정평가

2안

Ⅰ. (물음1) 대체의 원칙과 기회비용의 원칙의 관계
  1. 의의
    1) 대체의 원칙
    2) 기회비용의 원칙

  2. 양자의 관계
    1) 최유효이용 측면상 관계
    2) 외부적 측면상 관계
    3) 경제성 측면상 관계
    4) 투자 측면상 관계
    5) 시장참가자의 선호도 측면상 관계

Ⅱ. (물음2) 구분지상권의 평가원리
  1. 개념
    1) 의의
    2) 공중권과의 차이

  2. 평가원리
    1) 구분지상권의 가치형성
    2) 구분지상권과 가격원칙
    3) 거래사례비교법
    4) 지상권 유무에 따른 방법
    5) 입체이용저해율에 따른 방법

감정평가이론 기출문제 **제3회**

▌문제 1 (40점)

부동산감정평가의 수익환원에 관하여 다음 사항을 약술하시오.
1) 자본(수익)환원이론의 발전과정
2) 수익가액과 가격원칙과의 관계
3) 자본환원이율의 구조이론
4) 동태적 부동산시장에서의 자본환원이율의 결정방법을 논하고 감정평가에 관한 규칙에서 정한 기준에 관한 언급

Ⅰ. 문제분석

1. 배점

전제는 <수익환원>이다. 그리고 소물음이 4개다. 각각 별도의 배점이 부여되지 않았다. 이런 경우 배점은 균등하게 적용한다. 즉, 물음별로 각각 10점으로 배분한다. 그리고 <수익환원>과 관련된 물음이 있다. 따라서 서와 결에는 수익환원과 관련한 내용을 서술하는 것이 좋다. 그리고 각 물음별로 개념은 서술하는 것이 좋다. 해당 문제는 모두 수익환원과 관련되어 있기 때문이다. 다만, 물음4는 현재 감정평가에 관한 규칙에서 정한 기준이 없다. 그러므로 이는 고려하지 않고 접근했다.

2. 발전과정

물음1은 <자본(수익)환원이론의 발전과정>을 물었다. 자본환원이론은 자본환원이 어떻게 이루어져 왔는지에 대한 이론을 말한다. 고전적 이론과 현대적 이론으로 구분할 수도 있다. 하지만 현재 실무기준은 자본환원방법에 대해 규정하고 있다. 따라서 이를 기준으로 접근하는 것이 좋다. 즉, 직접환원법과 할인현금흐름분석법으로 발전과정을 접근했다.

3. 관계

해당 문제는 2가지로 접근할 수 있다. 첫째, 수익가액은 그대로 놓고, 가격원칙을 세분하여 접근할 수 있다. 둘째, 수익가액과 가격원칙을 세분하여 접근할 수 있다. 목차의 구체성 측면에서는 두 번째 방법이 더 좋다. 두 번째 방법으로 목차를 구성한다면 ① 자본환원방법과 예측원칙, ② 순수익 등과 대체원칙, ③ 자본환원율과 최유효이용원칙과 같이 접근할 수 있다. 왜냐하면 물음1은 자본환원방법과 관련되고, 물음3과 물음4는 자본환원이율과 관련되기 때문이다. 즉, 수익가액은 크게 3가지로 접근할 수 있다는 점에서 연결한 것이다.

4. 구조이론

자본환원이율의 구조이론도 고전적, 현대적 이론으로 나눌 수 있다. 하지만 현재 실무기준, 물음과의 연계성 등을 고려할 때는 <환원율과 할인율>로 접근할 수 있다.

5. 결정방법

환원율과 할인율의 결정방법도 현재 실무기준으로 접근하였다. 환원율은 시장추출법을 원칙으로 한다. 할인율은 원칙적인 방법이 없다.

Ⅱ. 예시목차

1안

Ⅰ. 서론

Ⅱ. (물음1) 자본환원이론의 발전과정
  1. 자본환원이론의 의미
  2. 직접환원법
    1) 의의
    2) 발전과정

  3. 할인현금흐름분석법
    1) 의의
    2) 발전과정

Ⅲ. (물음2) 수익가액과 가격원칙과의 관계
  1. 수익가액과 가격원칙의 의미
  2. 예측·변동 측면상 관계
  3. 대체 측면상 관계
  4. 최유효이용 측면상 관계

Ⅳ. (물음3) 자본환원이율의 구조이론
  1. 자본환원이율의 의미
  2. 환원율
    1) 개념
    2) 구조

  3. 할인율
    1) 개념
    2) 구조

Ⅴ. (물음4) 자본환원이율의 결정방법
  1. 동태적 부동산시장의 의미
  2. 자본환원이율의 결정방법
    1) 환원율의 결정방법
    2) 할인율의 결정방법

Ⅵ. 결론

2안

Ⅰ. 서론

Ⅱ. (물음1) 자본환원이론의 발전과정
 1. 자본환원이론의 의미
 2. 직접환원법
  1) 의의
  2) 전통적인 직접환원법
  3) 잔여법
  4) 저당지분환원법
 3. 할인현금흐름분석법
  1) 의의
  2) 순수익 모형
  3) 현금흐름 모형
  4) 소득모형과 부동산모형

Ⅲ. (물음2) 수익가액과 가격원칙과의 관계
 1. 개념
  1) 수익가액의 의의
  2) 가격원칙의 의의
 2. 양자의 관계
  1) 예측과 변동의 관계
  2) 대체와 경쟁의 관계
  3) 수익체증과 체감의 관계
  4) 균형과 기여의 관계
  5) 최유효이용의 관계

Ⅳ. (물음3) 자본환원이율의 구조이론
 1. 자본환원이율의 의미
 2. 환원율
  1) 개념
  2) 구조
  3) 종류
  4) 조정
 3. 할인율
  1) 개념
  2) 구조
  3) 종류
  4) 산정방법

Ⅴ. (물음4) 자본환원이율의 결정방법
 1. 동태적 부동산시장의 의미
 2. 환원율의 결정방법
  1) 시장추출법 원칙
  2) 요소구성법
  3) 투자결합법
 3. 할인율의 결정방법
  1) 투자자조사법
  2) 투자결합법
  3) 시장에서 발표되는 할인율

Ⅵ. 결론

문제 2 (30점)

우리나라 토지평가방법과 거래사례비교법과의 관계를 설명하시오.

Ⅰ. 문제분석

1. 배점

배점은 30점이다. 관계를 묻는 문제 중에 가장 큰 배점이다. 그만큼 목차구성과 답안작성이 어려운 문제다. 관계로만 목차를 구성하는 것이 가장 좋다. 하지만 배점이 크기 때문에 관련 개념 등을 활용할 수 있다.

2. 관계

먼저, 우리나라 토지평가방법을 어떻게 적용할지 고민이 필요하다. <우리나라>를 법적인 측면으로 좁게 볼 수 있다. 또는 법과 이론을 모두 포함한 의미로 볼 수 있다. 선택은 목차를 많이 구성할 수 있는 것으로 하면 된다. 따라서 비교방식, 시산가액, 표준지공시지가 측면에서 분류기준을 세우고 접근하였다. 그리고 관련 개념은 우리나라 토지평가방법의 의미를 보여주고, 각각의 의의를 활용하였다. 법과 이론을 모두 포함한 의미로 접근하면 목차를 다양하게 구성할 수 있다. 공시지가기준법만으로 접근할 필요가 없기 때문이다.

II. 예시목차

1안

I. 서설

II. 우리나라 토지평가방법
  1. 우리나라 토지평가방법의 의미
  2. 공시지가기준법의 정의(감칙 제2조 제9호)
  3. 거래사례비교법의 정의(감칙 제2조 제7호)

III. 공시지가기준법과 거래사례비교법의 관계
  1. 비교방식 측면의 관계
    1) 비교방식에 속하는 관계
    2) 비교의 논리상 관계
    3) 시점수정상 관계
  2. 시산가액 측면의 관계
    1) 다른 방식에 속하는 관계
    2) 상관조정의 원리상 관계
    3) 시산가액 조정상 관계
  3. 표준지공시지가 측면의 관계
    1) 표준지공시지가의 의의
    2) 절차상 관계
    3) 가치 3면성 측면의 관계

IV. 결어

2안

I. 서설

II. 우리나라 토지평가방법
  1. 우리나라 토지평가방법의 의미
  2. 법적인 감정평가방법
  3. 이론적인 감정평가방법
  4. 거래사례비교법의 의의(감칙 제2조 제7호)

III. 토지평가방법과 거래사례비교법의 관계
  1. 공시지가기준법과 거래사례비교법의 관계
    1) 공시지가기준법의 의의(감칙 제2조 제9호)
    2) 감칙 제11조상 관계
    3) 감칙 제12조상 관계
    4) 표준지공시지가의 절차상 관계
  2. 원가법과 거래사례비교법의 관계
    1) 원가법의 의의(감칙 제2조 제5호)
    2) 비용성과 시장성의 관계
    3) 합리성 검토상 관계
    4) 비교의 논리상 관계
  3. 수익환원법과 거래사례비교법의 관계
    1) 수익환원법의 의의(감칙 제2조 제10호)
    2) 수익성과 시장성의 관계
    3) 적정성 검토상 관계
    4) 시산가액 조정상 관계

IV. 결어

문제 3 (30점)

다음 사항을 약술하시오.
1) 계속 임대료의 각 평가방법에 대한 특질과 그 문제점을 설명하시오. (10점)
2) 부동산의 최유효이용의 의의에 있어 특수상황을 설명하시오. (10점)
3) 감정평가방법에 있어 통계적 평가방법의 의의와 활용상의 문제점을 설명하시오. (10점)

Ⅰ. 문제분석

1. 물음1

계속 임대료의 <각> 평가방법을 묻고 있다. 일반적으로 계속 임대료는 4가지 방법이 있다. 이를 중심으로 특질과 문제점을 서술한다. 그 내용은 신규임대료나 감정평가와 관련한 내용도 서술하길 바란다.

2. 물음2

최유효이용의 의의는 반드시 서술되어야 한다. 또한 <특수상황>을 묻고 있다. 따라서 특수상황의 최유효이용을 목차로 보여주는 것이 좋다. 모든 특수상황을 보여줄 필요는 없다. 10점 배점에 맞게 서술하면 충분하다.

3. 물음3

해당 문제는 <의의>와 <문제점>을 묻고 있다. 유의할 점은 통계적 평가방법을 다양하게 보여줘야 한다는 것이다. 다양한 방법의 한계를 서술하면 충분하다.

Ⅱ. 예시목차

1안

Ⅰ. (물음1) 계속임대료
  1. 계속임대료의 개념
  2. 계속임대사례비교법의 특질과 문제점
  3. 이율법의 특질과 문제점
  4. 슬라이드법의 특질과 문제점
  5. 차액배분법의 특질과 문제점

Ⅱ. (물음2) 최유효이용의 특수상황
  1. 최유효이용 및 특수상황의 의미
  2. 비적법이용
  3. 단독이용
  4. 중도적이용
  5. 복합적이용

Ⅲ. (물음3) 통계적 평가방법
  1. 통계적 평가방법의 개념
  2. 활용상 문제점
    1) 노선가식평가법
    2) HPM법
    3) 옵션가치평가법
    4) 비준표에 의한 방법

2안

I. (물음1) 계속임대료
  1. 계속임대료의 개념
     1) 의의
     2) 감정평가방법

  2. 각 감정평가방법의 특질과 문제점
     1) 계속임대사례비교법
     2) 이율법
     3) 슬라이드법
     4) 차액배분법

II. (물음2) 최유효이용의 특수상황
  1. 최유효이용의 개념
     1) 의의
     2) 판단기준
     3) 최유효이용의 원칙

  2. 최유효이용의 특수상황
     1) 물리적인 특수상황
     2) 법적인 특수상황
     3) 경제적인 특수상황
     4) 최고의 수익성과 관련한 특수상황

III. (물음3) 통계적 평가방법
  1. 통계적 평가방법의 개념
     1) 의의
     2) 종류

  2. 활용상 문제점
     1) 노선가식평가법
     2) HPM법
     3) 옵션가치평가법
     4) 비준표에 의한 방법
     5) 민감도분석법

감정평가이론 기출문제 **제4회**

▌문제 1 (40점)

감정평가는 비교방식, 원가방식, 수익방식 중에서 대상물건의 성격 또는 감정평가조건에 따라 적정한 감정평가방식을 선택하여 결정하여야 한다. 이 경우 다음 사항에 관하여 논술하시오.

1) 각 감정평가방식의 이론적 근거를 설명하고, 이를 토대로 각 방식을 적용한 토지의 감정평가방법을 약술하시오. (20점)
2) 3가지 감정평가방식을 병용하는 경우 각 시산가액을 조정하는 방법과 시산가액 조정 시 유의사항을 기술하시오. (20점)

Ⅰ. 문제분석

1. 물음1

(1) 배점

물음1은 배점이 20점이다. 그리고 서술어는 2가지다. 따라서 서술어를 기준으로 10점씩 배분한다.

(2) 이론적 근거

설명하는 부분은 <이론적 근거>를 물었다. 그리고 <각> 방식으로 주어졌다. 따라서 목차구성은 방식별로 한다. 그리고 이론적 근거를 묻는 문제는 의의를 먼저 서술한다. 유의할 점은 어떤 용어가 나오더라도 의의를 모두 쓰는 것은 아니라는 점이다. 하지만 이론적 근거를 묻는 문제는 반드시 의의를 서술하도록 한다.

(3) 감정평가방법

감정평가방법을 묻는 문제는 감정평가방법으로 답해야 한다. 해당 문제는 <이를 토대로 각 방식을 적용한>이라고 주어졌다. 따라서 설명하는 부분에서 목차를 잡은 부분을 연결할 필요가 있다. 그리고 더 구체적으로 목차를 보여주는 것이 좋다. 예를 들어, <감정평가방법>보다는 <비교방식을 적용한 공시지가기준법>이 낫다.

2. 물음2

(1) 배점

물음2는 배점이 20점이다. 서술어는 1가지다. 하지만 목적어가 2가지다. 즉, <조정하는 방법>과 <조정 시 유의사항>을 물었다. 따라서 물음별로 10점씩 배분한다. 이때 유의할 점은 <시산가액 조정>이라는 주어를 직접 물은 것이 아니라는 점이다. 따라서 시산가액이나 시산가액 조정의 의의에 많은 배점은 두지 않는다.

(2) 조정방법

조정방법은 실무기준 해설서에서 가중평균법을 들고 있다. 하지만 배점상 다른 방법도 언급이 필요하다. 그리고 <조정방법>을 묻고 있다. 그러므로 어떻게 조정하는지에 대한 답을 해야 한다. 이와 관련해서 겸용방법, 산술평균법을 목차로 구성하였다.

(3) 조정 시 유의사항

유의사항을 묻는 문제는 <~점에서 유의해야 한다>와 같은 답이 서술되어야 한다. 그러므로 같은 내용이라고 하더라도 문장을 바꾸어서 서술한다. 즉, 물음에 맞게 재편집이 요구된다. 저자는 조정기준을 통해 유의사항을 서술하였다.

Ⅱ. 예시목차

1안

Ⅰ. 서론

Ⅱ. (물음1) 이론적 근거와 토지의 감정평가방법
  1. 각 감정평가방식의 이론적 근거
    1) 원가방식
    2) 비교방식
    3) 수익방식

  2. 각 감정평가방식의 토지 감정평가방법
    1) 원가방식을 적용한 가산방식 등
    2) 비교방식을 적용한 공시지가기준법 등
    3) 수익방식을 적용한 수익환원법 등

Ⅲ. (물음2) 시산가액의 조정방법과 조정 시 유의사항
  1. 시산가액 조정의 개념

  2. 시산가액의 조정방법
    1) 근거
    2) 가중평균법
    3) 주방식과 부방식 겸용방법
    4) 산술평균법

  3. 시산가액 조정 시 유의사항
    1) 대상물건의 특성
    2) 자료의 신뢰성
    3) 감정평가목적
    4) 시장상황

Ⅳ. 결론

2안

Ⅰ. 서론

Ⅱ. (물음1) 이론적 근거와 토지의 감정평가방법
   1. 각 감정평가방식의 이론적 근거
     1) 원가방식
       (1) 의의
       (2) 비용성과 생산비 가치설
     2) 비교방식
       (1) 의의
       (2) 시장성과 대체의 사고
     3) 수익방식
       (1) 의의
       (2) 수익성과 한계효용 가치설

   2. 각 감정평가방식의 토지 감정평가방법
     1) 원가방식을 적용한 가산방식 등
       (1) 조성원가법
       (2) 개발법
     2) 비교방식을 적용한 공시지가기준법 등
       (1) 공시지가기준법
       (2) 거래사례비교법
     3) 수익방식을 적용한 수익환원법
       (1) 직접환원법
       (2) 할인현금흐름분석법

Ⅲ. (물음2) 시산가액의 조정방법과 조정 시 유의사항
   1. 시산가액 조정의 개념
     1) 시산가액의 의의
     2) 시산가액 조정의 의의

   2. 시산가액의 조정방법
     1) 근거
     2) 가중평균법
     3) 주방식과 부방식 겸용방법
     4) 산술평균법
     5) 일정 비율로 조정하는 방법

   3. 시산가액 조정 시 유의사항
     1) 대상물건의 특성
     2) 자료의 양과 질
     3) 감정평가목적
     4) 시장의 수요와 공급
     5) 시장참가자의 선호도와 행태

Ⅳ. 결론

문제 2 (20점)

부동산 경기변동의 제 국면에서 거래사례비교법을 채택할 경우의 유의점에 관하여 설명하시오.

Ⅰ. 문제분석

1. 배점

배점은 20점이다. 물음은 <유의점>이다. 유의점을 묻는 문제이므로 거래사례비교법의 세부적인 내용을 설명할 필요는 없다. 그리고 그림이나 도식을 활용하는 경우는 2~3점의 배점을 활용하길 바란다.

2. 유의점

유의점을 물은 부분의 범위는 <부동산 경기변동의 국면>이다. 따라서 목차는 <국면>을 기준으로 한다. 그리고 구체적인 목차를 잡는다면 거래사례비교법을 세분하면 된다. 이는 의의나 산식을 활용할 수 있다.

Ⅱ. 예시목차

Ⅰ. 서설

Ⅱ. 거래사례비교법 적용시 유의점
  1. 부동산 경기변동의 국면
  2. 거래사례비교법의 의의(감칙 제2조 제7호)
  3. 유의점
    1) 수축국면
      (1) 수축국면의 의미
      (2) 거래사례 선정
      (3) 사정보정
    2) 확장국면
      (1) 확장국면의 의미
      (2) 시점수정
      (3) 개별요인 비교

Ⅲ. 결어

문제 3 (10점)

지역분석 및 개별분석의 필요성과 그 상호관계를 설명하시오.

Ⅰ. 문제분석

1. 배점

배점은 10점이다. 물음은 2가지다. <필요성>과 <상호관계>를 묻고 있다. 따라서 각 5점씩 배분한다.

2. 필요성

주어도 2가지라는 점에 유의한다. 즉, <필요성>을 묻는 부분은 지역분석 "및" 개별분석이다. 그러므로 ① 지역분석의 필요성, ② 개별분석의 필요성을 목차로 잡아야 한다. <필요성>을 묻는 문제는 <필요하다>, <중요하다>, <요구된다>와 같은 서술어를 활용한다.

3. 관계

"그"가 가리키는 단어는 <지역분석과 개별분석>이다. 따라서 지역분석과 개별분석의 상호관계를 묻는 문제도 필요성과 같은 목차 개수가 필요하다. ① 지역분석 및 개별분석이나 ② 시장분석 및 시장성 분석과 같은 물음은 "분석범위, 분석대상, 분석절차, 분석방법" 등을 활용할 수 있다.

Ⅱ. 예시목차

1안

Ⅰ. 지역분석과 개별분석의 개념

Ⅱ. 지역분석과 개별분석의 필요성
  1. 지역분석의 필요성
  2. 개별분석의 필요성

Ⅲ. 지역분석과 개별분석의 상호관계
  1. 분석범위상 관계
  2. 이용 및 가격상 관계

2안

Ⅰ. 지역분석과 개별분석의 개념
  1. 지역분석
  2. 개별분석

Ⅱ. 지역분석과 개별분석의 필요성
  1. 지역분석의 필요성
    1) 지역성, 지역특성의 파악
    2) 표준적이용과 가격수준의 파악
  2. 개별분석의 필요성
    1) 개별성의 파악
    2) 최유효이용과 구체적 가격의 파악

Ⅲ. 지역분석과 개별분석의 상호관계
  1. 분석 범위상 관계
  2. 분석 목적상 관계
  3. 분석 방법상 관계
  4. 분석 절차상 관계

문제 4 (30점)

다음은 감정평가에서 많이 활용되는 기본적 산식을 열거한 것이다. 각 산식에 나타난 계수의 명칭과 의미 그리고 용도 또는 적용례를 설명하시오. (각 5점)

> V : 현재가치   F : 미래가치   r : 이자율   n : 기간   a : 적립액

(1) $V = F \times \dfrac{1}{(1+R)^n}$

(2) $a = V \times \dfrac{r(1+r)^n}{(1+r)^n - 1}$

(3) $F = V \times (1+R)^n$

(4) $F = a \times \dfrac{(1+r)^n - 1}{r}$

(5) $V = a \times \dfrac{(1+r)^n - 1}{r(1+r)^n}$

(6) $a = F \times \dfrac{r}{(1+r)^n - 1}$

Ⅰ. 문제분석

소물음별로 전제에서 제시한 물음별로 목차를 구성한다. 서에서는 6개의 소물음이 결국 <6계수>이므로 <화폐의 시간가치>를 활용하면 좋다. 즉, 상위 개념을 이용하여 작성한다.

Ⅱ. 예시목차

1안

Ⅰ. 서설

Ⅱ. 각 계수의 명칭, 의미, 용도, 적용례
1. (물음1)
    1) 명칭
    2) 의미
    3) 용도
    4) 적용례
2. (물음2)
    1) 명칭
    2) 의미
    3) 용도
    4) 적용례
3. (물음3)
    1) 명칭
    2) 의미
    3) 용도
    4) 적용례
4. (물음4)
    1) 명칭
    2) 의미
    3) 용도
    4) 적용례
5. (물음5)
    1) 명칭
    2) 의미
    3) 용도
    4) 적용례
6. (물음6)
    1) 명칭
    2) 의미
    3) 용도
    4) 적용례

Ⅲ. 결어

감정평가이론 기출문제 **제5회**

▌문제 1 (40점)

Marshall의 가치이론을 논하고 감정평가 3방식과의 관련성을 논급하시오. (40점)

Ⅰ. 문제분석

1. 배점

배점은 40점이다. 서술어는 <논하고>, <논급하시오>다. 배점은 논하는 부분이 30점, 논급하는 부분이 10점으로 배분한다.

2. 가치이론

마샬의 가치이론으로만 답안을 작성하기에는 배점이 크다. 그리고 논하는 부분이기 때문에 중요한 것은 논거이다. 따라서 마샬의 가치이론이 나오게 된 배경도 서술하였다. 그리고 마샬의 가치이론은 최대한 많은 내용을 빠짐없이 서술하여야 한다. 그리고 수요와 공급 곡선을 이용한 답안은 구성하지 않았다. 물론 도표 내지 수식은 채점평에서 중요하게 서술하고 있다. 하지만 도표 내지 수식없이 충분한 내용을 전달하기 위해서 답안을 서술하였다.

3. 관련성

3방식과의 관련성을 물었다. 따라서 마샬의 가치이론 중에서 가치 3면성이나 가치추계이론의 기초가 된다는 목차도 구성하였다. 이를 근거로 논리적 연관성을 가질 수 있다.

Ⅱ. 예시목차

Ⅰ. 서론

Ⅱ. 마샬의 가치이론
  1. 가치이론의 배경
    1) 고전학파의 가치이론
    2) 한계효용학파의 가치이론
    3) 신고전학파의 가치이론

  2. 마샬의 가치이론
    1) 위치가치
    2) 최유효이용
    3) 부분시장 균형분석
    4) 수요와 공급
    5) 단기의 가격
    6) 장기의 가격
    7) 균형 가치
    8) 가치의 3면성
    9) 가치추계이론의 기초

Ⅲ. 감정평가방 3방식과의 관련성
  1. 3방식의 의미
  2. 원가방식과의 관련성
  3. 수익방식과의 관련성
  4. 비교방식과의 관련성

Ⅳ. 결론

문제 2 (20점)

공장의 감정평가방법

I. 문제분석

공장의 감정평가방법을 물었다. 따라서 <감정평가방법>에 집중한 목차구성이 필요하다. 그리고 유형별 감정평가에서 감정평가방법을 묻는 문제는 반드시 감정평가에 관한 규칙을 언급하도록 한다. 또한 <계속적인 운영을 전제로 한 경우>만 서술하는 것도 가능하다. 문제에서 특별히 전제에 대해서는 언급하지 않았고, 일반적으로는 청산을 전제로 하지 않기 때문이다. 예시답안은 청산을 전제로 한 경우도 언급해 주었다. 문제에서 범위를 특정하지 않았다면 목차 1개 정도를 활용하여 언급하는 것도 빠짐없이 서술하는 방법이 된다.

II. 예시목차

I. 서설

II. 감칙 제19조 제1항의 검토

III. 공장의 감정평가방법
  1. 계속적인 운영을 전제한 경우
    1) 개별감정평가
      (1) 토지
      (2) 건물
      (3) 기계기구
      (4) 구축물
      (5) 과잉유휴시설
      (6) 무형자산
    2) 일괄감정평가
      (1) 수익환원법의 적용
      (2) 유의사항

  2. 청산을 전제한 경우

IV. 결어

문제 3 (40점)

다음 사항을 약술하시오.
1) 담보가격과 처분가격(10점)
2) 소지가격(10점)
3) 감정평가에서 최유효이용의 원칙이 강조되는 이론적 근거(10점)
4) 예측의 원칙(10점)

Ⅰ. 문제분석

1. 물음1

배점은 10점이다. 담보가격과 처분가격을 동시에 묻고 있다. 따라서 각 5점씩 배분한다. 그리고 담보가격은 실제 대출금액과 차이가 있다. 그리고 처분가격은 실제 낙찰금액과 차이가 있다.

2. 물음2

배점은 10점이다. 소지는 조성공사가 일어나기 전의 토지다. 따라서 이와 관련된 <택지 등 조성공사 중에 있는 토지의 감정평가>를 서술하였다. 이는 출제 당시에는 기준이 없었다. 하지만 현재는 실무기준에 규정되어 있다. 따라서 실무기준을 중심으로 서술하였다.

3. 물음3

최유효이용의 원칙이 강조되는 이론적 근거는 최유효이용과 관련된다. 따라서 최유효이용의 이론적 근거를 활용하였다. 답안을 작성할 때 유의할 점은 최유효이용에 대해서만 언급하지 않아야 한다. 물음은 최유효이용이 아니라, 최유효이용의 원칙이 강조되는 근거를 물었기 때문이다.

4. 물음4

개념, 성립근거, 중요성을 기본목차로 하였다. 배점이 10점이므로 추가적인 목차 고민이 필요하다. 예시답안에서 활용한 것은 예측의 원칙이 최유효이용의 원칙을 기준으로 분류할 때 기초·토대가 된다는 점이다. 따라서 관련 원칙으로 변동의 원칙을 활용하였다.

Ⅱ. 예시목차

Ⅰ. (물음1) 담보가격과 처분가격
  1. 담보가격
    1) 개념
    2) 담보 감정평가
  2. 처분가격
    1) 개념
    2) 경매 감정평가

Ⅱ. (물음2) 소지가격
  1. 소지가격의 개념
  2. 택지 등 조성공사 중에 있는 토지의 감정평가
    1) 허가를 받아 조성 중인 토지
    2) 환지방식에 따른 사업시행지구 안의 토지
    3) 택지개발사업시행지구 안의 토지

Ⅲ. (물음3) 최유효이용의 원칙이 강조되는 이론적 근거
  1. 최유효이용의 원칙의 개념
  2. 최유효이용의 원칙이 강조되는 이론적 근거
    1) 인간의 합리성 추구
    2) 토지 할당
    3) 최유효이용의 강제

Ⅳ. (물음4) 예측의 원칙
  1. 개념
  2. 성립근거
  3. 중요성
  4. 관련 원칙

감정평가이론 기출문제 제6회

▌문제 1 (40점)

부동산가격의 발생원인을 일반재화의 가격과 비교하여 논하시오.

Ⅰ. 문제분석

1. 배점

배점이 40점이다. 물음은 <비교>다. 해당 문제는 비교 문제 중에 가장 높은 배점으로 출제되었다. 그만큼 답안작성이 어려운 문제다. 하지만 상대적으로 채점은 쉬운 문제다. 배점의 균형성, 논리의 일관성은 목차를 통해 쉽게 알아볼 수 있기 때문이다. 따라서 이런 형태의 문제는 목차구성에 시간이 필요하다. 여기서 서술할 수 있는 개념은 <효용, 상대적 희소성, 유효수요>다. 하지만 <비교>로 물어봤기 때문에 본문에는 비교의 형태로 서술이 필요하다.

2. 비교

① 비교 문제는 일반적으로 공통점과 차이점으로 목차를 구성할 수 있다. 하지만 공통점과 차이점으로만 목차를 구성하게 되면 답안을 읽어봐야 알 수 있다. 따라서 채점자의 편의를 위해서 목차에 비교의 내용이 들어가는 것이 좋다. 그리고 내용에는 유사한 점과 차이가 나는 점을 함께 서술하는 방식이면 충분하다. 해당 문제는 <① 각 개념, ② 가치형성요인과의 연결>을 활용하였다. 개념으로 배점을 채울 수 있다면 더할 나위가 없다. 하지만 해당 문제는 배점이 크다. 그러므로 연결되는 목차도 필요할 것이다. 따라서 가치발생요인과 병렬적인 위치에 있는 가치형성요인을 활용하여 연결하였다.

Ⅱ. 예시목차

Ⅰ. 서론

Ⅱ. 양자의 비교
  1. 효용성
    1) 개념상 비교
    2) 다양성 측면상 비교
    3) 소비의 성격 측면상 비교
    4) 기간 측면상 비교
    5) 가치형성요인 측면상 비교

  2. 상대적 희소성
    1) 개념상 비교
    2) 물리적 측면상 비교
    3) 지역적 측면상 비교
    4) 용도적 측면상 비교
    5) 가치형성요인 측면상 비교

  3. 유효수요
    1) 개념상 비교
    2) 구매욕구 측면상 비교
    3) 구매력 측면상 비교
    4) 변동성 측면상 비교
    5) 가치형성요인 측면상 비교

Ⅲ. 결론

문제 2 (30점)

시장가치와 부동산 가격공시에 관한 법률상 규정한 적정가격의 개념을 비교하여 논하시오.

Ⅰ. 문제분석

1. 배점

배점은 30점이다. 물음은 <개념을 비교>하는 것이다. 개념은 <의의와 내용>으로 구성되어 있다. 하지만 문제 뉘앙스를 볼 때 내용보다는 의의를 포함한 내용을 기준으로 비교하는 것이 타당하다. 따라서 주어인 시장가치와 적정가격의 정의는 반드시 조문을 명시하여 서술해야 한다.

2. 개념 비교

<개념 비교>는 일반적인 비교와는 차이가 있다. 바로 <개념> 자체에 초점이 간다는 점이다. 따라서 시장가치와 적정가격의 정의를 먼저 서술한다. 그리고 정의를 세분하여 접근하는 것이 좋다. 배점이 크기 때문에 부족한 부분은 문제에서 제시된 <법률상>이라는 용어를 활용하여 접근하였다. 즉, <부동산공시법상 규정한>이라는 부분과 대응이 될 수 있도록 시장가치는 <감정평가에 관한 규칙에서 규정한> 용어라는 점이다. 이를 <법의 목적>이라는 목차를 활용하였다. 그리고 <성격상>이라는 목차도 활용하였다. 시장가치와 적정가격의 성격은 차이가 있기 때문이다.

Ⅱ. 예시목차

Ⅰ. 서론

Ⅱ. 시장가치와 적정가격의 정의
  1. 시장가치의 정의(감칙 제2조 제1호)
  2. 적정가격의 정의(부동산공시법 제2조 제5호)

Ⅲ. 시장가치와 적정가격의 개념 비교
  1. 감정평가의 대상 측면상 비교
  2. 통상적인 시장 측면상 비교
  3. 기간 측면상 비교
  4. 공개성 및 정통성 측면상 비교
  5. 신중성 및 자발성 측면상 비교
  6. 성립될 가능성이 가장 높은 측면상 비교
  7. 가액과 가격 측면상 비교
  8. 성격상 비교
  9. 법의 목적상 비교

Ⅳ. 결론

문제 3 (20점)

표준적 이용의 의의 및 특성을 최유효이용과 대비하여 설명하고 상호관계를 논하시오.

Ⅰ. 문제분석

1. 배점
배점은 20점이다. 서술어는 <설명하고, 논하시오>다. 따라서 서술어를 기준으로 10점씩 배분한다. <의의 및 특성>을 묻고 있으므로 각 5점씩 배분한다.

2. 의의 및 특성
물음은 <의의 및 특성>이다. 하지만 <최유효이용과 대비하여> 설명하라고 주어졌다. 대비는 비교의 형태이지만 차이점을 명확히 밝히는 것이다. 따라서 차이를 중심으로 서술하였다.

3. 상호관계
상호관계를 물었다. 그러므로 어떤 목차로 연결되는지를 보여주는 것이 좋다. 양자는 용어상으로 볼 때 <이용> 측면에서 연결되어 있음은 쉽게 알 수 있다. 그 밖에 <가격>과도 밀접한 관계가 있다. 그리고 <다양성과 변동성>을 목차로 활용하였다.

Ⅱ. 예시목차

Ⅰ. 서론

Ⅱ. 표준적이용의 의의 및 특성
  1. 표준적이용의 의의
    1) 표준적이용
    2) 최유효이용과의 차이

  2. 표준적이용의 특성
    1) 표준적이용
    2) 최유효이용과의 차이

Ⅲ. 표준적이용과 최유효이용의 상호관계
  1. 다양성 측면상 상호관계
  2. 변동성 측면상 상호관계
  3. 창조적이용 측면상 상호관계
  4. 가격 측면상 상호관계

Ⅳ. 결론

문제 4 (10점)

다음 용어를 간략하게 설명하시오.
1) 임대료의 기준시점
2) 임대료의 실현시점
3) 임대료의 산정기간
4) 임대료의 지불시기

I. 예시목차

I. 개설

II. 각 용어의 개념
   1. 임대료의 기준시점
   2. 임대료의 실현시점
   3. 임대료의 산정기간
   4. 임대료의 지불시기

감정평가이론 기출문제 제7회

문제 1 (40점)

최근 부동산 시장에서 임대료의 감정평가가 점차 중요시되고 있다. 이에 있어 다음 사항을 논하시오.
1) 가액과 임대료와의 관계
2) 신규임대료와 계속임대료의 감정평가방법과 유의점
3) 부가사용료와 공익비의 차이점과 이들의 실질임대료 산정시 처리방법
4) 임대료의 시산가액 조정시 유의점

I. 문제분석

1. 물음1

배점은 10점이다. 임대료는 서론에서 설명하였다. 따라서 가액을 관련 개념으로 활용하였다. 기초가액의 개념에 나와 있는 원본가치를 활용할 수 있다. 여기서 원본과 과실의 관계를 도출할 수 있다. 그리고 교환과 용역의 대가도 영속성으로 인해 발생하는 개념에서 찾을 수 있다.

2. 물음2

배점은 10점이다. 목차구성은 2가지로 가능하다. 물음인 <감정평가방법>과 <유의사항>으로 구성할 수 있다. 아니면, 주어인 <신규임대료>와 <계속임대료>로 구성할 수 있다. 서술이 편한 것은 주어를 기준으로 하는 것이다. 감정평가방법은 규정과 이론에 따라 서술이 쉽다. 하지만 유의사항은 서술이 어렵다. 활용할 수 있는 것은 위에서 서술한 <개념>을 활용하거나 <감정평가방법>을 활용하는 것이다. 즉, 문제에서 제시된 것에 기초하여 접근하면 답안작성을 쉽게 할 수 있다.

3. 물음3

배점은 10점이다. 해당 문제는 내용을 늘리기가 어렵다. 양자의 차이점은 개념을 활용하였다. 그리고 비용 징수 부분을 고려하였다. 처리방법은 포함하는 경우와 그렇지 않은 경우로 나누어 서술하였다.

4. 물음4

가액과 임대료는 구분된다. 따라서 시산가액이라는 용어 대신에 시산임대료로 서술하였다. 단, 실제 시험에서는 주어진 용어로 쓴다.

Ⅱ. 예시목차

1안

Ⅰ. 서론

Ⅱ. (물음1) 가액과 임대료의 관계
  1. 가액의 개념
  2. 교환과 용익의 대가로서의 관계
  3. 원본과 과실로서의 관계
  4. 감정평가 과정상 관계

Ⅲ. (물음2) 신규임대료와 계속임대료
  1. 신규임대료와 계속임대료의 개념
  2. 신규임대료의 감정평가방법과 유의사항
    1) 감정평가방법
    2) 유의사항
  3. 계속임대료의 감정평가방법과 유의사항
    1) 감정평가방법
    2) 유의사항

Ⅳ. (물음3) 부가사용료와 공익비
  1. 관련 개념
  2. 부가사용료와 공익비의 차이점
    1) 전용부분과 공용부분
    2) 비용 징수
  3. 실질임대료 산정 시 처리방법
    1) 실질임대료에 포함하지 않는 경우
    2) 실질임대료에 포함하는 경우

Ⅴ. (물음4) 시산임대료 조정 시 유의점
  1. 시산임대료 조정의 의미
  2. 자료의 신뢰성 및 적정성
  3. 임대차 시장의 동향

Ⅵ. 결론

2안

Ⅴ. (물음4) 시산임대료 조정 시 유의점
  1. 시산임대료 조정의 의미
  2. 대상물건의 특성
  3. 임대료 산정의 목적
  4. 자료의 양과 질
  5. 임대시장의 동향
  6. 임대인과 임차인의 선호도 및 행태

문제 2 (20점)

원가법에 관하여 다음 사항을 설명하시오. (20점)

1) 다음 공식의 차이점
  가. $D_n = C \times (1-R) \times n/N$
  나. $D_n = C \times (1-R) \times (N-n')/N$
  다. $D_n = C \times (1-R) \times n/(n+n')$

  D_n : 감가누계액 C : 재조달원가 R : 내용연수 만료시의 잔가율
  N : 내용연수 n : 경과연수 n' : 장래보존연수

2) 발생감가의 의의와 구하는 방법
3) 회복 불가능한 기능적 감가의 감가액을 구하는 방법
4) 중고주택의 감정평가상 현실적 모순점

Ⅰ. 문제분석

1. 물음1

배점은 5점이다. 해당 문제는 특히 체계가 중요하다. 물음은 원가법 중에서, 감가수정방법 중에서, 내용연수법 중에서, 정액법 중에서, 내용연수의 조정과 연결된다. 각 공식의 명칭을 밝히는 것도 중요하다. 이는 기본문제에 해당한다. 따라서 배점에 맞춰서 서술하는 것이 중요하다.

2. 물음2

배점은 5점이다. 발생감가는 미국의 개념이다. 예시답안은 미국의 개념을 활용하지 않고, 우리나라의 개념을 이용하였다. 구하는 방법도 우리나라의 규정과 이론을 활용하였다.

3. 물음3

배점은 5점이다. 해당 문제도 기본문제이다. 하지만 대부분 수험생은 이를 간과하는 경향이 있다. 기본개념의 문제는 절대 간과하지 않아야 한다.

4. 물음4

배점은 5점이다. 중고주택은 개별로 감정평가하지만, 현실은 일체로 이루어진다는 점이 핵심이다. 그리고 건물은 정액법보다 정률법이 현실에 부합한다는 점도 언급하는 것이 좋다.

Ⅱ. 예시목차

Ⅰ. 서설

Ⅱ. (물음1) 내용연수 조정의 차이점
  1. 내용연수 조정의 개념
  2. 각 공식의 차이점

Ⅲ. (물음2) 발생감가의 의의와 구하는 방법
  1. 발생감가의 의의
  2. 발생감가를 구하는 방법

Ⅳ. (물음3) 회복 불가능한 기능적 감가의 감가액
  1. 회복 불가능한 기능적 감가의 의미
  2. 감가액을 구하는 방법

Ⅴ. (물음4) 중고주택의 감정평가상 현실적 모순점
  1. 중고주택의 감정평가
  2. 현실적 모순점

Ⅵ. 결어

문제 3 (20점)

구분소유부동산의 감정평가에 대하여 다음 사항을 설명하시오.
1) 구분소유권의 특징·성립요건과 대지권(垈地權)
2) 구분소유부동산의 감정평가방법

Ⅰ. 문제분석

1. 물음1

배점은 10점이다. 구분소유권의 특징은 주된 감정평가방법과 연결된다. 따라서 특징을 2개의 목차를 활용하였다. 특히 <일체의 효용성>과 <층별·위치별 효용성>은 중요하다.

2. 물음2

배점은 10점이다. 방법은 3가지다. 따라서 목차는 3가지로 구성할 수 있다. 4개의 목차를 구성하는 경우에는 관련 규정을 활용한다. 즉, 첫 번째 목차는 <감칙 제16조의 검토>를 활용할 수 있다. 그리고 방법은 거래사례비교법을 먼저 서술해야 한다. 원칙으로 적용하기 때문이다.

Ⅱ. 예시목차

Ⅰ. 서설	Ⅲ. (물음2) 구분소유부동산의 감정평가방법
	1. 거래사례비교법의 적용 원칙
Ⅱ. (물음1) 구분소유권의 특징, 성립요건과 대지권	2. 원가법의 적용
1. 구분소유권의 특징	3. 수익환원법의 적용
1) 일체의 효용성	
2) 층별·위치별 효용성	Ⅳ. 결어
2. 구분소유권의 성립요건과 대지권	
1) 성립요건	
2) 대지권	

문제 4 (10점)

부동산 감정평가제도의 기능과 감정평가사의 직업윤리에 관하여 설명하시오.

Ⅰ. 문제분석

배점은 10점이다. 문제는 <A와 B에 관하여> 설명하는 것이다. <관하여>라는 부분은 <관계>와 연결된다. 따라서 목차에서 <관계>가 필요하다. 특히 관계는 구체적인 목차를 제시하는 것이 득점에 유리하다.

Ⅱ. 예시목차

1안

Ⅰ. 개설
Ⅱ. 감정평가제도의 기능
Ⅲ. 감정평가사의 직업윤리
Ⅳ. 양자의 관계

2안

Ⅰ. 감정평가제도의 기능
  1. 정책적 기능
  2. 경제적 기능

Ⅱ. 감정평가사의 직업윤리
  1. 직업윤리의 개념
  2. 직업윤리의 근거

Ⅲ. 양자의 관계
  1. 사회성 및 공공성 측면의 관계
  2. 시장환경 측면의 관계

문제 5 (10점)

공중권의 이용방법과 평가방법에 관하여 설명하시오.

Ⅰ. 문제분석

배점은 10점이다. 개념, 이용방법, 감정평가방법을 답하면 된다. 이용사례 및 전망을 활용할 수도 있다. 따라서 이를 활용하여 부족한 배점을 채우는 방법도 있다.

Ⅱ. 예시목차

Ⅰ. 공중권의 개념

Ⅱ. 공중권의 이용방법
  1. 이용방법과 형태
  2. 문제점

Ⅲ. 공중권의 감정평가방법
  1. 거래사례비교법
  2. 수익환원법
  3. 공제방식

감정평가이론 기출문제 제8회

문제 1 (40점)

부동산 가치발생요인을 분석하여 특히 상대적 희소성의 역할관계를 논술하시오.

Ⅰ. 문제분석

1. 배점

배점은 40점이다. 서술어는 <분석>과 <논술>이다. 분석하는 부분은 <부동산 가치발생요인>을 물었다. 논술하는 부분은 <역할관계>를 물었다. 따라서 각 서술어와 물음에 따라 20점씩 배분한다. 해당 문제는 특히 <역할관계>를 작성하는 것이 어렵다. 내용적으로 유사한 부분이 중복될 수 있기 때문이다. 따라서 이에 유의하여 답안을 작성해야 한다.

2. 분석

가치발생요인은 효용, 상대적 희소성, 유효수요다. 후술하는 부분이 상대적 희소성과 관련되므로 상대적 희소성을 마지막 목차로 배치한다. 그럼 후술하는 부분과 논리적 연결성이 자연스럽기 때문이다. 그리고 각각의 개념 등에 대해서는 배점을 활용하여 작성할 수 있다. 이 부분도 배점을 채우기 쉽지 않다. 배점을 늘리는 방법으로 활용할 수 있는 것은 예시다. 특히 총론에서 다루는 부분은 기본서에 서술된 양이 적다. 그러므로 충분한 예시를 통해 배점을 채우는 것이 좋다.

3. 역할관계

역할관계는 목차와 답안을 작성하기 매우 어렵다. 저자가 생각한 사고의 흐름은 다음과 같다.
① 상대적 희소성은 가치발생요인 중 하나다. 따라서 다른 가치발생요인과의 관계를 생각한다.
② 가치발생요인과 대응되는 가치형성요인을 생각한다. 따라서 가치형성요인을 세분하여 일반요인, 지역요인, 개별요인으로 나누어 접근한다.
③ 가치의 발생과 형성을 생각한다.
따라서 가격수준과 구체적 가격으로 접근한다. 그리고 가치형성원리를 활용할 때는 가치원칙을 활용할 수 있다.

II. 예시목차

I. 서론

II. 부동산 가치발생요인의 분석
  1. 효용
    1) 개념
    2) 특징

  2. 유효수요
    1) 개념
    2) 특징

  3. 상대적 희소성
    1) 개념
    2) 특징

III. 상대적 희소성의 역할 관계
  1. 부동산 가치발생요인과의 관계
    1) 효용과의 관계
    2) 유효수요와의 관계
    3) 효용과 유효수요와의 작용상 관계

  2. 부동산 가치형성요인과의 관계
    1) 일반요인과의 관계
    2) 지역요인과의 관계
    3) 개별요인과의 관계

  3. 부동산 가치형성원리상 관계
    1) 가격수준에서의 역할관계
    2) 구체적 가격에서의 역할관계
    3) 가치원칙 측면에서의 역할관계

IV. 결론

문제 2 (20점)

부동산 경기변동으로 인한 부동산 시장의 동향을 분석하고, 부동산 감정평가의 유의점을 기술하시오.

I. 문제분석

1. 분석

분석하는 부분은 10점을 배분한다. 그리고 부동산 경기변동<으로 인한>이므로 대목차는 경기변동과 관련하여 잡는다. 특히 <동향>을 분석하므로 <수축과 확장>으로 목차를 잡으면 수월하다.

2. 유의점

배점은 10점이다. 경기변동과 관련하여 감정평가에서는 <감정평가방법과 시산가액 조정> 부분이 중요하다. 그 밖에 감정평가의 기초가 되는 <자료>가 중요하다. 이를 활용하여 목차를 구성하면 좋다.

Ⅱ. 예시목차

Ⅰ. 서설

Ⅱ. 부동산 경기변동으로 인한 부동산 시장의 동향
  1. 부동산 경기변동의 개념

  2. 국면별 부동산 시장의 동향
    1) 수축국면
    2) 확장국면
    3) 안정국면

Ⅲ. 부동산 감정평가의 유의점
  1. 자료검토 및 가치형성요인 분석 시 유의점

  2. 감정평가방법 적용 시 유의점
    1) 원가법 적용 시 유의점
    2) 거래사례비교법 적용 시 유의점
    3) 수익환원법 적용 시 유의점

  3. 시산가액 조정 시 유의점

Ⅳ. 결어

문제 3 (20점)

부동산가격원칙 중 최유효이용원칙과 연관되는 원칙을 기술하시오.

Ⅰ. 문제분석

해당 문제는 빈출 논점이다. 그리고 배점에 맞게 서술하면 충분하다. 모든 가격원칙을 서술할 필요는 없다.

Ⅱ. 예시목차

Ⅰ. 서설

Ⅱ. 최유효이용과 연관되는 원칙
  1. 기초·토대가 되는 원칙
    1) 변동의 원칙
    2) 예측의 원칙

  2. 내부적인 원칙
    1) 균형의 원칙
    2) 기여의 원칙
    3) 수익체증·체감의 원칙

  3. 외부적인 원칙
    1) 대체·경쟁의 원칙
    2) 적합의 원칙

Ⅲ. 결어

문제 4 (10점)

부동산 가격형성에 있어 개별적 제 요인 분석의 목적을 기술하시오.

I. 문제분석

배점은 10점이다. 물음은 <분석의 목적>이다. 하지만 <부동산 가격형성에 있어>라는 전제에 유의해야 한다. 따라서 가격형성과 관련한 내용의 서술이 먼저 있어야 한다. 그리고 가격형성을 토대로 개별요인을 연결한다. 이어서 <평가방식 적용의 유용성>을 연결 짓는다.

II. 예시목차

I. 개설	II. 분석의 목적 1. 부동산의 개별성 파악 2. 최유효이용의 파악 3. 구체적 가격의 파악 4. 감정평가방법 적용의 유용성

문제 5 (10점)

도시지역에서 TOPEKA 현상을 설명하시오.

I. 문제분석

배점은 10점이다. 하지만 해당 문제는 불의타다. 따라서 제대로 답안을 작성하는 것은 어렵다. 불의타 문제가 배점이 10점인 경우에는 관련 개념을 안다면 조금이라도 서술하는 것이 좋다. 하지만 관련 개념을 전혀 알지 못한다면, 과감히 버리는 것이 낫다. 다른 문제에 조금이라도 더 서술하는 것이 득점에 유리하다.

II. 예시목차

I. 개설	II. 토페카 현상 1. 의미 2. 특징 3. 감정평가 시 활용

감정평가이론 기출문제 제9회

문제 1 (30점)

최근 부동산시장이 개방되면서 상업용 부동산의 가치 평가 방법이 수익방식으로 변화하는 추세이다. 자본환원이론의 발전과정을 설명하고, 저당지분환원법(저당 - 자기자본방법: mortgage - equity - capitalization)의 본질과 장점 및 문제점을 논술하시오.

Ⅰ. 문제분석

1. 배점

배점은 30점이다. 서술어는 <설명>, <논술>이다. 따라서 각 15점씩 배분한다. 그리고 논술하는 부분은 <본질>, <장점>, <문제점>을 물었다. 그러므로 각 5점씩 배분한다. 이 구조에 맞추어 설명하는 부분도 3가지 목차를 기준으로 접근하면 균형이 맞을 것이다.

2. 발전과정

발전과정은 시간의 흐름에 따라 목차를 구성할 수 있다. 하지만 자본환원에 초점을 맞춘다면 그 논리를 구성하는 <자본환원방법, 자본환원율, 자본회수방법>으로 접근하는 것도 가능하다. 저자는 이를 기준으로 답안을 작성하였다.

3. 본질과 장점 및 문제점

<본질>, <장점>, <문제점> 3가지를 물었다. 따라서 물음별로 목차를 2개씩 구성하였다. 특히 저당지분환원법은 가정도 중요한 의미를 갖는다. 따라서 본질에 포함하여 목차를 구성하였다. 해당 문제는 자칫 간과할 수 있는 논점이다. 하지만 이후에도 계속 출제가 되고 있다. 이는 기본적인 논점이라는 의미다. 특히 수익방식은 빈출 파트이다. 그러므로 수익방식과 관련한 내용은 충분히 공부할 필요가 있다.

Ⅱ. 예시목차

Ⅰ. 서론

Ⅱ. 자본환원이론의 발전과정
  1. 자본환원방법
    1) 직접환원법
    2) 할인현금흐름분석법

  2. 자본환원율
    1) 환원율
    2) 할인율

  3. 자본회수방법
    1) 감가상각액으로 회수하는 방법
    2) 복귀가액으로 회수하는 방법

Ⅲ. 저당지분환원법
  1. 본질
    1) 개념
    2) 가정

  2. 장점
    1) 시장참가자의 행태에 부합
    2) 객관적 자료의 수집

  3. 문제점
    1) 투자자의 신용도에 따른 차이
    2) 주관 개입 가능성

Ⅳ. 결론

문제 2 (20점)

기업평가에 있어 영업권 가치와 지식재산권 가치를 설명하고, 이와 관련된 발생 수익의 원천 및 평가방법을 서술하시오.

Ⅰ. 문제분석

1. 배점

서술어는 <설명>과 <서술>이다. 따라서 각 10점씩 배분한다. 설명하는 부분은 <영업권 가치>와 <지식재산권 가치>다. 그러므로 각 5점씩 배분한다. 서술하는 부분은 <발생 수익의 원천> 및 <평가방법>이다. 따라서 각 5점씩 배분한다. 여기서 목차를 응용할 수 있다. 물음대로 목차를 잡으면 영업권과 지식재산권이 계속 번갈아 나오게 된다. 그러므로 혼란을 방지하고 논리적 일관성을 유지하는 형태로 목차를 구성하는 것이 좋다. 즉, <영업권 가치>를 먼저 서술하고, <지식재산권 가치>를 서술하는 방식이 나을 것 같다.

2. 영업권 가치와 지식재산권 가치

<특징>이라는 목차는 <감정평가방법>과 연결된다. 왜냐하면 특징에 따라 <주된> 감정평가방법이 달라지기 때문이다. 따라서 <개념>과 <특징>을 활용하였다. 그리고 각각의 <발생 수익의 원천>과 <감정평가방법>을 서술하였다. 유의할 점은 감정평가방법에 서술할 내용이 많다고 과도한 배점을 배분하지 않는 것이다. 목적어, 즉 물음에 따라 배점을 배분하는 것이 중요하다.

Ⅱ. 예시목차

Ⅰ. 서설

Ⅱ. 영업권 가치
  1. 개념
  2. 특징
  3. 발생 수익의 원천
  4. 감정평가방법

Ⅲ. 지식재산권 가치
  1. 개념
  2. 특징
  3. 발생 수익의 원천
  4. 감정평가방법

Ⅳ. 결어

문제 3 (20점)

원가법에 있어서 감가수정의 방법은 내용연수를 표준으로 하는 방법과 관찰감가법이 있다. 이러한 감가수정을 하는 이론적 근거를 관련 원칙을 들어 서술하고, 두 방법의 장단점과 실무상 양자를 병용하는 이유를 설명하시오.

Ⅰ. 문제분석

배점은 20점이다. 서술어는 <서술>과 <설명>이다. 따라서 각각 10점씩 배분한다. 서술하는 부분은 <이론적 근거>를 물었다. 다만, <관련 원칙을 들어>라고 제시되었다. 여기서 한 가지 기억해야 할 것은 <이론적 근거로 가격원칙을 활용>할 수 있다는 점이다. 가격원칙은 감가수정과 관련하여 연결될 수 있는 것을 서술하면 충분하다. 그리고 설명하는 부분은 <장단점>과 <병용이유>를 물었다. 따라서 각각 5점씩 배분한다.

Ⅱ. 예시목차

Ⅰ. 서설

Ⅱ. 이론적 근거
  1. 실무기준의 검토
  2. 관련 원칙
    1) 예측·변동의 원칙
    2) 균형의 원칙
    3) 적합의 원칙

Ⅲ. 장단점과 병용이유
  1. 장단점
    1) 장점
    2) 단점

  2. 병용이유
    1) 객관성 확보
    2) 합리성 확보

Ⅳ. 결어

문제 4 (10점)

토지는 지리적 위치의 고정성으로 인하여 강한 개별성을 갖는다. 이와 관련한 부동산 가격원칙과 파생적 특징을 설명하시오.

Ⅰ. 문제분석

배점은 10점이다. 전제는 <강한 개별성>을 갖는다는 것이다. 그 원인으로 <고정성>을 들고 있다. <이와 관련한>이라고 주어졌으므로 고정성보다 개별성에 주안점을 두어야 한다. 물음은 <부동산 가격원칙>과 <파생적 특징>이다. 따라서 각 5점씩 배분한다.

Ⅱ. 예시목차

Ⅰ. 고정성과 개별성의 의의

Ⅱ. 가격원칙
  1. 적합의 원칙
  2. 최유효이용의 원칙

Ⅲ. 파생적 특징
  1. 부동산 시장의 불완전성
  2. 부동산 가치의 형성

문제 5 (10점)

계량적 부동산평가기법인 회귀분석(regression analysis)의 개념, 결정계수 및 유의수준에 관하여 각각 약술하시오.

Ⅰ. 문제분석

배점은 10점이다. 그리고 물음은 3가지다. 따라서 각각을 목차로 잡는다. 그리고 개설을 활용하여 <계량적 부동산평가기법>을 설명한다.

Ⅱ. 예시목차

Ⅰ. 개설
Ⅱ. 회귀분석의 개념

Ⅲ. 결정계수
Ⅳ. 유의수준

문제 6 (10점)

다음 사항을 약술하시오.
1) 부동산의 시장흡수율(absorption rate) (5점)
2) 가행연수(稼行年數)의 의의와 산정방법 (5점)

Ⅰ. 문제분석

물음별로 배점이 5점이다. 따라서 목차는 2~3개로 구성한다. 가행연수의 산정방법은 산식으로 표현할 수도 있다. 하지만 산식만으로 배점을 채우는 것은 쉽지 않다. 따라서 풀어서 서술하는 것으로 배점을 활용했다.

Ⅱ. 예시목차

Ⅰ. (물음1) 시장흡수율
  1. 개념
  2. 분석 내용

Ⅱ. (물음2) 가행연수의 의의와 산정방법
  1. 광업재단의 감정평가
  2. 가행연수의 의의
  3. 가행연수의 산정방법

감정평가이론 기출문제 제10회

▌문제 1 (30점)

부동산 유동화를 위하여 다양한 부동산 증권화 방안들이 논의되고 있다. 이와 관련하여 부동산 증권화의 도입배경, 원리 및 평가기법을 논하시오.

Ⅰ. 문제분석

1. 배점

배점은 30점이다. 서술어는 <논하시오>다. 목적어는 <도입배경>, <원리>, <평가기법> 3가지를 물었다. 따라서 목적어를 기준으로 10점씩 배분한다. 다만, 저자는 원리와 평가기법을 큰 목차로 합쳤다. 다양한 증권화 중 자산유동화증권, 주택저당채권, 리츠를 중심으로 서술하기 때문이다. 이는 배점에 맞춰서 3가지를 선택한 것이다. 따라서 <원리>와 <평가기법>은 같은 배점이 유지되도록 하위목차를 구성하였다.

2. 도입배경

제도의 도입배경은 결국 제도를 도입하여 효과를 이루고자 하는 것이다. 그러므로 앞으로 <도입배경>이 출제되는 경우에 활용할 수 있다. 해당 문제와 관계없이 활용할 수 있는 목차는 기능과 연결할 수 있다. 따라서 <자원의 배분>, <형평성>과 같은 정책적 목적과 <시장의 활성화>, <효율성>, <시장참가자의 행태>와 같은 경제적 목적을 활용할 수 있다.

3. 원리 및 평가기법

3가지 수단을 활용하였다. <원리>는 각각의 개념을 먼저 서술한다. 그리고 각각이 어떻게 이루어지는지를 설명한다. <평가기법>은 개념과 관련 규정을 활용하였다. <증권>과 <채권>이라는 개념과 감칙 및 실무기준을 활용하였다. 그리고 리츠는 <현금흐름>을 중심으로 서술하였다. 구체적인 서술이 어렵다면 다양한 <평가기법>을 서술하는 것이 좋다. 이때 3방법 외에도 다른 기법을 활용하면 좋을 것이다.

Ⅱ. 예시목차

Ⅰ. 서론

Ⅱ. 부동산 증권화의 도입배경
  1. 부동산시장의 증권화
  2. 다양한 투자기회 제공
  3. 부동산 거래의 활성화
  4. 원활한 자금조달

Ⅲ. 부동산 증권화의 원리 및 평가기법
  1. 자산유동화증권(ABS)
    1) 원리
    2) 평가기법

  2. 주택저당채권(MBS)
    1) 원리
    2) 평가기법

  3. 리츠(REITs)
    1) 원리
    2) 평가기법

Ⅳ. 결론

문제 2 (20점)

자본시장에서 시장이자율의 상승이 부동산시장에 미치는 영향을 장·단기별로 구분하여 설명하시오.

Ⅰ. 문제분석

자본시장과 관련된 요인이 출제되는 경우에는 4사분면 모형을 활용하면 답안작성이 쉽다. 저자는 <경기변동>이나 <4사분면 모형>을 활용할 수 있는 문제는 그래프를 항상 활용하려고 한다. 물음은 <영향>이다. 특히 <부동산시장에 미치는 영향>은 빈출이다. 이런 문제는 2가지 방법으로 접근할 수 있다. 첫째, <시장>을 세분할 수 있다. 둘째, <주어>를 세분할 수 있다. 해당 문제는 <시장이자율의 상승>이다. 따라서 두 번째 방법은 적용이 어렵다. 만약, <시장이자율>로 출제되었다면 <상승>과 <하락>으로 세분할 수 있다. <부동산시장>을 세분하면 해당 문제처럼 <자산시장>과 <공간시장>으로 접근하거나, <매매시장>과 <임대시장>으로 접근할 수 있다. 다른 목차구성도 가능하다. 하지만 이 2가지 방식을 기본으로 하면 목차구성이 직관적이다.

Ⅱ. 예시목차

Ⅰ. 서설

Ⅱ. 시장이자율 상승이 부동산시장에 미치는 영향
  1. 4사분면 모형의 검토

  2. 자산시장에 미치는 영향
    1) 단기
    2) 장기

  3. 공간시장에 미치는 영향
    1) 장기
    2) 단기

Ⅲ. 결어

문제 3 (10점)

위치지대의 발생 원리와 이에 영향을 주는 요인들을 설명하시오.

Ⅰ. 문제분석

배점은 10점이다. 물음은 <발생원리>와 <영향을 주는 요인> 2가지다. 따라서 물음대로 목차를 구성한다. 각 물음을 기준으로 세부목차를 작성하는 것이 더 좋다. 하지만 해당 문제의 내용은 양을 늘리기가 어렵다. 따라서 <그래프>를 활용하였다. 그리고 도시토지에 적용이 어려움이 있기 때문에 <한계>라는 목차를 활용하였다.

Ⅱ. 예시목차

Ⅰ. 개설	Ⅲ. 영향을 주는 요인
Ⅱ. 위치지대의 발생원리	Ⅳ. 위치지대의 한계

문제 4 (10점)

수익환원법을 적용함에 있어서 순수환원이율에 추가되는 투자위험도의 유형과 반영방법에 대하여 설명하시오.

Ⅰ. 문제분석

배점은 10점이다. 해당 문제는 <순수환원이율>이라는 용어가 처음 출제되었다. 기출문제에서 새로운 용어는 항상 유의해야 한다. <순수환원이율>은 현재 실무기준상 <환원율>을 의미한다. 즉, 자본환원율 중에 환원율만을 의미하는 것이다. 하지만 환원이율 중에 순수환원이율만을 의미하는 것으로 해석한다면 환원율 중에 <무위험률>만을 의미하는 것으로 보인다. 어느 쪽이든 이에 대한 설명을 먼저 해줄 필요가 있다. 후자로 접근하는 경우에는 투자위험도의 유형은 위험성, 비유동성, 관리의 난이성, 자금의 안정성으로 처리한다. 그리고 반영방법은 가감하거나 비율을 반영하는 방법으로 가능하다. 또는 정성적인 방법이나 정량적인 방법도 가능한 목차다.

Ⅱ. 예시목차

1안

Ⅰ. 개설

Ⅱ. 투자위험도의 유형
  1. 체계적 위험
  2. 비체계적 위험

Ⅲ. 투자위험도의 반영방법
  1. 환원율을 조정하는 방법
  2. 확률을 이용하는 방법

2안

Ⅰ. 개설

Ⅱ. 투자위험도의 유형
  1. 위험성
  2. 비유동성
  3. 관리의 난이성
  4. 자금의 안전성

Ⅲ. 투자위험도의 반영방법
  1. 가산하는 방법
  2. 공제하는 방법
  3. 비율을 적용하는 방법
  4. 조정하는 방법

▌문제 5 (10점)

감정평가에 있어 시장분석과 시장성분석의 목적과 내용을 설명하시오.

Ⅰ. 문제분석

배점은 10점이다. 서술어는 <설명>이다. 물음은 <목적>과 <내용>이다. 따라서 각 5점씩 배분한다. 여기에 주어가 <시장분석>과 <시장성분석>이므로 각 2.5점씩 배분한다. 주어의 반복을 피하고자 <시장분석>과 <시장성분석>을 대목차로 잡는다.

Ⅱ. 예시목차

Ⅰ. 개설

Ⅱ. 시장분석의 목적과 내용
  1. 목적
  2. 내용

Ⅲ. 시장성분석의 목적과 내용
  1. 목적
  2. 내용

문제 6 (20점)

다음의 용어에 대하여 약술하시오.
1) 한계심도
2) 최빈매매가능가격
3) 자본자산가격모형(CAPM)
4) 수익지수법

Ⅰ. 문제분석

배점은 20점이다. 따라서 각 5점씩 배분한다. 목차는 <개념>은 모두 잡는다. 그리고 관련 내용 중 감정평가와 관련된 것으로 잡는다.

Ⅱ. 예시목차

Ⅰ. (물음1) 한계심도
  1. 개념
  2. 한계심도의 판단 등

Ⅱ. (물음2) 최빈매매가능가격
  1. 개념
  2. 시장가치의 개념상 활용

Ⅲ. (물음3) 자본자산가격모형(CAPM)
  1. 개념
  2. 산정방법

Ⅳ. (물음4) 수익지수법
  1. 개념
  2. NPV법과 분석결과가 다른 경우

감정평가이론 기출문제 제11회

문제 1 (30점)

감정평가와 부동산컨설팅과의 관계를 설명하고 이와 관련하여 토지유효활용을 위한 등가교환방식의 개념과 평가 시 유의사항을 논하시오.

Ⅰ. 문제분석

1. 배점

서술어를 기준으로 하면, 설명하는 부분이 15점, 논하는 부분이 15점이다. 해당 문제는 목적어를 기준으로 하는 방법을 보여주기 위해 3가지 물음에 따라 10점씩 배분하였다.

2. 관계

만약 15점을 배분할 경우에는 예시목차 2안을 활용한다. 관계를 다양하게 보여주는 것이 중요하다.

3. 감정평가 시 유의사항

<감정평가 시 유의사항>을 묻는 문제는 <절차>를 이용하면 쉽게 접근할 수 있다. 다만, 구체적인 물음일수록 구체적인 답이 요구된다. 예를 들어, 해당 문제의 경우 ① 권리관계 확정 ② 객관적인 공사비 추계 ③ 토지소유자와 개발업자의 기여도 등을 활용할 수 있다.

Ⅱ. 예시목차

1안

Ⅰ. 서론

Ⅱ. 감정평가와 부동산컨설팅의 관계
  1. 감정평가와 부동산컨설팅의 의의
  2. 양자의 관계
    1) 의사결정의 지원 관계
    2) 분석범위상 관계
    3) 기준가치상 관계

Ⅲ. 등가교환방식의 개념과 감정평가 시 유의사항
  1. 등가교환방식의 개념
    1) 토지의 유효한 활용
    2) 등가교환방식의 의의
    3) 등가교환방식의 유형
    4) 등가교환방식의 특징

  2. 감정평가 시 유의사항
    1) 기준시점 결정 시 유의사항
    2) 대상물건 확정 시 유의사항
    3) 자료수집 및 정리 시 유의사항
    4) 가치형성요인 분석 시 유의사항
    5) 감정평가방법의 선정 및 적용 시 유의사항

Ⅳ. 결론

2안

Ⅱ. 감정평가와 부동산컨설팅의 관계
  1. 감정평가와 부동산컨설팅의 의의
    1) 감정평가의 의의(감정평가법 제2조 제2호)
    2) 부동산컨설팅의 의의

  2. 양자의 관계
    1) 의사결정의 지원 관계
    2) 범위상 관계
    3) 목적상 관계
    4) 절차상 관계
    5) 성격상 관계

문제 2 (20점)

감정평가에 있어 지역분석의 의의 및 필요성을 설명하고, 개별분석과의 상관관계를 기술하시오.

Ⅰ. 문제분석

1. 배점
설명하는 부분에 10점, 기술하는 부분에 10점을 배분한다.

2. 의의 및 필요성
필요성을 묻는 부분은 <상관관계>와 연결된다. 따라서 상관관계의 목차를 먼저 생각하고, 연결되는 목차를 구성할 필요가 있다.

3. 상관관계
지역분석과 개별분석은 빈출 논점이다. 특히 관계를 묻는 문제가 다수 출제되었다. 목차는 <범위, 방법, 절차, 이용, 가격>을 활용할 수 있다. 이는 시장분석과 시장성분석에도 활용할 수 있다.

Ⅱ. 예시목차

Ⅰ. 서설

Ⅱ. 지역분석의 의의 및 필요성
  1. 의의
  2. 필요성
    1) 지역성의 파악
    2) 지역특성 및 지역변화의 파악
    3) 표준적이용의 파악
    4) 가격수준의 파악

Ⅲ. 개별분석과의 상관관계
  1. 개별분석의 의의
  2. 지역분석과 개별분석의 상관관계
    1) 분석범위상 관계
    2) 이용측면상 관계
    3) 가격측면상 관계
    4) 절차상 관계

Ⅳ. 결어

문제 3 (15점)

부동산 감정평가 활동상 부동산의 권리분석이 중요시되고 있다. 이에 있어 부동산권리분석의 성격과 권리분석의 대상 및 부동산 거래사고의 유형을 기술하시오.

Ⅰ. 문제분석

<성격, 대상, 유형>을 물었다. 즉, 3가지를 물었으므로 각 5점씩 배분한다. 권리분석의 대상은 소유권과 소유권 외의 권리로 구분할 수 있다. 부동산 거래사고의 유형은 법률적, 경제적, 기술적, 유통적 측면으로 나타낼 수 있다. 이는 <부동산 거래사고의 실태와 법·제도적 개선방안에 관한 연구>를 이용했다. 그 밖에 <① 고의 ② 과실 ③ 중대 ④ 명백>으로 활용할 수 있다. 이는 법규에서 활용하는 내용이다.

Ⅱ. 예시목차

Ⅰ. 서설

Ⅱ. 권리분석의 성격
  1. 사회성과 공공성
  2. 객관성과 신뢰성

Ⅲ. 권리분석의 대상
  1. 소유권
  2. 소유권 외의 권리

Ⅳ. 부동산 거래사고의 유형
  1. 법률적 거래사고
  2. 경제적 거래사고

Ⅴ. 결어

문제 4 (10점)

농경지 지대이론 중 차액지대설과 절대지대설을 각각 설명하고, 그 차이점을 기술하시오.

Ⅰ. 문제분석

제2회 문제 1에서도 출제된 논점이다. 단, 설명하는 것에 그치지 않고 차이점을 묻고 있다. 큰 배점으로 출제된 논점은 작은 배점으로 출제되는 경향이 있다. 그리고 <차이점>을 물었으므로 이를 구체적으로 보여줄 필요가 있다.

Ⅱ. 예시목차

Ⅰ. 차액지대설과 절대지대설
  1. 차액지대설
  2. 절대지대설

Ⅱ. 양자의 차이점
  1. 비옥도
  2. 한계지
  3. 지대의 성격

문제 5 (10점)

포트폴리오 이론의 개념을 설명하고, 포트폴리오 위험과 구성 자산 수와의 상관관계를 기술하시오.

Ⅰ. 문제분석

배점은 10점이다. 설명하는 부분이 5점, 기술하는 부분이 5점으로 배분한다. 해당 논점은 상관관계가 정해져 있다. 따라서 그래프를 활용하여 보충적으로 배점을 확보할 필요가 있다. 이론은 내용 외에 다양한 목차를 구성할 수 있는 수단이 필요하다.

Ⅱ. 예시목차

Ⅰ. 포트폴리오 이론의 개념
  1. 의의
  2. 체계적 위험과 비체계적 위험
  3. 상관계수에 따른 분석

Ⅱ. 포트폴리오 위험과 구성 자산 수와의 상관관계
  1. 양자의 상관관계
  2. 상관관계의 그래프

문제 6 (15점)

다음의 용어에 대하여 약술하시오.
1) Reilly의 소매인력의 법칙
2) 복합불황(複合不況)
3) 주택여과현상(住宅濾過現象)

I. 문제분석

1. 물음1

소매인력의 법칙은 해당 개념을 설명하고, <그래프>를 이용할 수도 있다. 하지만 해당 논점은 그래프를 준비하는 수험생이 많지는 않을 것이다. 따라서 소매인력의 법칙이 속한 <상업입지의 개념>을 활용하여 예시답안을 작성하였다.

2. 물음2

복합불황의 개념과 <파생 현상>으로 예시답안을 작성하였다. 파생 현상 대신에 <복합불황의 원인>으로 처리해도 좋다.

3. 물음3

주택여과현상은 <하향 여과와 상향 여과>로 구분할 수 있다. 그 밖에 <주택시장에 미치는 영향>으로 목차를 구성할 수 있다.

II. 예시목차

I. (물음1) 소매인력의 법칙
  1. 상업입지의 개념
  2. 소매인력의 법칙

II. (물음2) 복합불황
  1. 개념
  2. 파생 현상

III. (물음3) 주택여과현상
  1. 개념
  2. 하향 여과
  3. 상향 여과

감정평가이론 기출문제 제12회

문제 1 (20점)

최근 부동산투자회사법(일명 REITs법)이 시행되었다. 부동산 투자회사 제도의 의의와 제도 도입이 부동산시장에 미칠 영향에 관하여 논하시오.

I. 문제분석

물음은 <의의>와 <영향>이다. 따라서 10점씩 배분한다. 다만, <의의>를 묻는 부분은 개념으로 이해할 필요가 있고, <제도>와 관련되어 있다. 그러므로 개념에 해당 제도의 <배경, 목적, 효과, 취지, 역할> 등을 포함하여 서술할 필요가 있다. <부동산시장에 미칠 영향>은 부동산시장을 세분하여 접근할 수도 있고, 영향을 세분하여 접근할 수 있다. 부동산시장을 세분하면 <자산시장과 공간시장>이 해당 문제에서는 적합하다. 영향을 세분하면 <긍정적>, <부정적>으로 접근할 수 있다. 하지만 해당 문제는 <제도 도입>과 관련되므로 긍정적인 부분을 서술할 필요가 있다. 결론에서 부정적인 부분을 언급하면 좋다. 예시목차와 답안은 한 단계를 더 나아가 작성하였다. 즉, 제도 도입과 영향을 <연결>하여 서술하였다.

II. 예시목차

I. 서론

II. 부동산 투자회사 제도
  1. 의의
  2. 제도 도입
    1) 배경
    2) 목적
    3) 효과

III. 부동산시장에 미칠 영향
  1. 부동산시장의 개념
  2. 영향
    1) 부동산거래의 활성화
    2) 수요 증가
    3) 공급 증가
    4) 수익 극대화

IV. 결론

문제 2 (20점)

대체의 원칙이 감정평가과정에서 중요한 지침이 되는 이유를 부동산의 자연적 특성의 하나인 개별성과 관련하여 설명하고 이 원칙이 협의의 가격을 구하는 감정평가 3방식에서 어떻게 활용되는지 기술하시오.

I. 문제분석

해당 문제는 논리의 전개를 작성하는 것이 매우 어렵다. 대체성과 개별성은 반대의 개념이기 때문이다. 따라서 논리는 목차에서 구체적으로 보여줄 필요가 있다. 배점은 서술어를 기준으로 <설명>하는 부분에 10점, <기술>하는 부분에 10점을 배분하였다.

II. 예시목차

I. 서론

II. 대체의 원칙이 중요한 이유
  1. 대체의 원칙과 개별성의 개념
  2. 중요한 이유
    1) 대체 가능성
    2) 용도 경쟁
    3) 최유효이용

III. 3방식에서의 활용
  1. 협의의 가격을 구하는 3방식의 의미
  2. 활용
    1) 원가법
    2) 거래사례비교법
    3) 수익환원법

IV. 결론

문제 3 (20점)

토지시장에서 발생하는 불합리한 거래사례는 감정평가 시 이를 적정하게 보정하여야 한다. 현실적으로 보정을 요하는 요인은 어떠한 것이 있으며 이에 대한 의의와 그 보정의 타당성 여부를 논하시오.

I. 문제분석

해당 문제는 2가지로 접근할 수 있다. 첫째, <시장가치 개념>을 적용할 수 있다. 둘째, <다양한 보정요인>을 보여주고 설명할 수 있다. 예시목차와 답안은 첫 번째 방법을 적용하였다. 이는 무난하게 처리하는 방법이다. 두 번째 방법은 다양한 보정요인을 목차로 구체적으로 보여줄 수 있다. 두 번째 방법을 적용하는 경우에는 해당 목차에 대한 설명과 타당성 검토에 대한 설명이 함께 들어가야 한다. 그리고 보정의 필요성에서는 부동산시장이 불완전경쟁시장이라는 점을 반드시 언급하도록 한다.

Ⅱ. 예시목차

1안

Ⅰ. 서론

Ⅱ. 관련 개념
  1. 사정보정
  2. 시장가치(감칙 제2조 제1호)

Ⅲ. 각 보정의 의의와 타당성 검토
  1. 시장의 통상성
    1) 의의
    2) 타당성

  2. 공개기간의 충분성
    1) 의의
    2) 타당성

  3. 당사자의 정통성
    1) 의의
    2) 타당성

  4. 거래의 자연성
    1) 의의
    2) 타당성

Ⅳ. 결론

2안

Ⅱ. 보정을 요하는 요인

Ⅲ. 각 보정의 의의와 타당성 검토
  1. 보정의 필요성
    1) 불합리한 거래사례의 발생
    2) 시장가치(감칙 제2조 제1호)

  2. 각 보정의 의의와 타당성
    1) 정보 부재
    2) 부당한 압력
    3) 비정상적인 금융조건
    4) 우연적 개발이익
    5) 투기성 거래
    6) 사업제한
    7) 친인척 간의 거래

문제 4 (40점)

다음 사항을 약술하시오. (각 10점)
1) 경제적 감가수정
2) 감정평가 시 기준시점의 필요성
3) 자본회수율과 자본회수방법
4) 인근지역의 Age-Cycle의 단계별 부동산 감정평가 시 유의점

Ⅰ. 문제분석

1. 물음1

경제적 감가수정의 위치를 밝혀주기 위해서는 <감가수정의 의의>가 필요하다. 목차 1개를 활용한다. 그리고 내용은 예시목차와 답안을 활용하면 충분하다.

2. 물음2

기준시점의 필요성은 부동산 특성, 부동산시장, 부동산 가치 등의 <변동성>과 관련된다. 이를 중심으로 다양한 목차를 보여줄 수 있다. 그밖에 감정평가목적에 따라 소급평가나 기한부평가도 가능하다.

3. 물음3

자본회수율과 자본회수방법을 묻고 있으므로 <배점의 균형성>에 유의한다.

4. 물음4

<각> 단계별로 주어졌기 때문에 단계별로 목차를 구성하여 답안을 작성한다. 유의할 점은 내용을 서술할 때 거래사례비교법이나 원가법 등에만 국한되지 않도록 한다. 물음은 <감정평가 시 유의점>이기 때문이다.

Ⅱ. 예시목차

Ⅰ. (물음1) 경제적 감가수정
  1. 감가수정의 의의(감칙 제2조 제12호)
  2. 경제적 감가수정
    1) 필요성
    2) 발생원인
    3) 감가수정방법
    4) 감정평가 시 유의사항

Ⅱ. (물음2) 감정평가 시 기준시점의 필요성
  1. 기준시점의 개념
  2. 기준시점의 필요성
    1) 부동산특성의 변화
    2) 부동산시장의 변화
    3) 감정평가목적의 다양성
    4) 책임소재의 명확화

Ⅲ. (물음3) 자본회수율과 자본회수방법
  1. 자본회수율
    1) 개념
    2) 적용과 종류
  2. 자본회수방법
    1) 감가상각액으로 회수하는 방법
    2) 복귀가액으로 회수하는 방법

Ⅳ. (물음4) Age-Cycle의 단계별 부동산 감정평가 시 유의점
  1. 인근지역 생애주기의 개념
  2. 단계별 감정평가 시 유의점
    1) 성장기
    2) 성숙기
    3) 쇠퇴기
    4) 천이기
    5) 악화기

감정평가이론 기출문제 제13회

문제 1 (40점)

최근 상업용 부동산의 가치평가에서 수익방식의 적용이 중시되고 있는 바 수익방식에 대한 다음 사항을 설명하시오.
1) 수익방식의 성립근거와 유용성
2) 환원율과 할인율의 차이점 및 양자의 관계
3) 할인현금흐름분석법(DCF)의 적용 시 복귀가액의 개념 및 구체적 산정방법
4) 수익방식을 적용하기 위한 조사자료 항목을 열거하고 우리나라에서의 수익방식 적용의 문제점

Ⅰ. 문제분석

1. 서와 결

① 서는 문제에서 제시된 <상업용 부동산>, <수익방식>의 개념을 이용할 수 있다. 하지만 각 물음은 다른 개념을 토대로 묻고 있다. 따라서 수익방식은 물음1에서 활용한다. <상업용 부동산>과 <수익성 부동산>은 일치하지 않을 수도 있다. 따라서 문제에서 <제시된 용어>를 그대로 활용하길 바란다. 상업용 부동산은 <수익성>이 핵심이다. 따라서 이를 토대로 수익방식이 연결된다. 그러므로 서에서 상업용 부동산과 수익추구를 서술하였다.
② 결은 물음1~3에서 수익방식에 대해서, 물음4는 문제점까지 물어보았으므로 <종합적으로 언급>하는 게 좋다. 즉, 수익방식이 중요하나 아직 자료 등이 미비하다는 뉘앙스로 작성한다.

2. 물음1

성립근거와 유용성을 물었으므로 각 5점씩 배분한다. 배점의 균형성은 지금까지 계속 강조했다. 성립근거는 <수익성>도 추가할 수 있다. 유용성은 수익방식의 <장점>으로 접근한다. 그밖에 수익과 위험은 밀접한 관련이 있으므로 <위험의 반영>을 활용했다.

3. 물음2

차이점과 관계를 물었으므로 각 5점씩 배분한다. 다만, 차이점과 관계는 다른 물음이므로 같은 내용을 활용하더라도 <서술방식>은 달라야 함에 유의한다. 예시목차에서 활용한 것은 반대로 적용할 수도 있다. 이때 서술방식은 다르다. 차이점은 <~에서 차이가 있다>이고, 관계는 <~에서 관련된다. 연결된다. 관계가 있다>이다.

4. 물음3

개념과 산정방법을 물었으므로 각 5점씩 배분한다. 산정방법은 수험생들이 유사하게 작성한다. 개념에서 의의 외에 어떤 내용을 쓸지 고민이 필요하다. 저자는 <성립 논리>를 활용하였다.

5. 물음4

열거와 문제점을 물었으므로 각 5점씩 배분한다. 조사자료 항목을 열거하는 것이므로 다양한 자료를 보여주는 게 좋다. 목차는 <수익>, <비용>으로 할 수도 있다. 그밖에 <자본환원방법>, <자본환원율>로 할 수도 있다. 문제점은 연결된 물음이 <조사자료>이므로 이를 반드시 활용하는 게 좋다.

Ⅱ. 예시목차

Ⅰ. 서설

Ⅱ. (물음1) 수익방식의 성립근거와 유용성
  1. 수익방식 및 수익환원법의 의의

  2. 성립근거
    1) 자본환원의 논리
    2) 화폐의 시간가치

  3. 유용성
    1) 상대적 유용성
    2) 위험의 반영

Ⅲ. (물음2) 환원율과 할인율의 차이점 및 관계
  1. 환원율 및 할인율의 의의

  2. 양자의 차이점
    1) 기간 및 적용
    2) 조정여부

  3. 양자의 관계
    1) 구조상 관계
    2) 산정방법상 관계

Ⅳ. (물음3) 복귀가액의 개념 및 산정방법
  1. 할인현금흐름분석법의 의의

  2. 개념
    1) 의의
    2) 성립논리

  3. 산정방법
    1) 내부추계법
    2) 외부추계법

Ⅴ. (물음4) 조사자료 항목 및 수익방식 적용의 문제점
  1. 조사자료
    1) 수익과 비용
    2) 환원율과 할인율

  2. 문제점
    1) 자료의 신뢰성
    2) 자료의 양

Ⅵ. 결어

문제 2 (20점)

최근 노후 공동주택의 재건축이 사회문제로 대두되고 있는 가운데 재건축의 용적률이 핵심 쟁점이 되고 있다. "토지 가치의 극대화"라는 최유효이용의 관점에서 재건축의 용적률이 이론적으로 어떻게 결정되는지를 설명하고, 현실적인 용적률 규제와 주택가격의 상승이 이러한 이론적 적정 용적률에 미치는 영향을 설명하시오.

Ⅰ. 문제분석

1. 서와 결

① 서는 문제에서 제시된 <재건축>, <최유효이용>, <용적률>의 개념을 활용할 수 있다. 이는 본문에서 서술할 것인지에 따라 달라진다. 해당 문제는 <재건축의 용적률>이 주된 논점이므로 <재건축사업의 의의>를 서에서 작성하였다.
② 결은 이론상 용적률과 현실상 용적률이 다르다는 점을 언급하였다. 문제에서 <이론과 현실>에 대한 제시가 있었기 때문이다.

2. 결정방법

<최유효이용의 관점>으로 주어졌다. <어떻게 결정되는지>를 목차로 표현하면 <결정방법>이다. 따라서 최유효이용의 개념을 보여주고, 결정방법은 이를 토대로 작성하였다.

3. 영향

<용적률 규제>와 <주택가격 상승>이 제시되었다. 따라서 각 5점씩 배분한다. <영향>을 물었으므로 <긍정적>, <부정적>으로 나누어서 접근하였다. 한쪽의 방향으로만 서술하는 것도 가능하다. 예를 들어, 규제는 긍정적으로, 가격상승은 부정적으로 서술할 수 있다.

Ⅱ. 예시목차

Ⅰ. 서설

Ⅱ. 용적률의 결정방법
  1. 최유효이용의 개념

  2. 결정방법
    1) 합법성
    2) 합리성
    3) 최대 수익성

Ⅲ. 적정 용적률에 미치는 영향
  1. 용적률 규제가 미치는 영향
    1) 긍정적 영향
    2) 부정적 영향

  2. 주택가격 상승이 미치는 영향
    1) 긍정적 영향
    2) 부정적 영향

Ⅳ. 결어

문제 3 (20점)

감정평가목적 등에 따라 부동산가격이 달라질 수 있는지에 대하여 국내 및 외국의 부동산가격 다원화에 대한 견해 등을 중심으로 논하시오.

Ⅰ. 문제분석

1. 서와 결

① 서는 가치다원론의 개념을 설명한다. 그리고 물음은 <달라질 수 있는지>를 물었다. 따라서 달라질 수 있는 견해와 달라지지 않는다는 견해로 서술할 수 있다. 하지만 해당 논점은 가치다원론을 <인정하는 견해만> 보여주는 것이 출제 의도에 부합할 것이다. 다양한 견해를 묻고 있고, 현재 규정 및 이론상 인정하는 것이 다수이기 때문이다.

② 결은 가치다원론이 <필요>함을 강조한다. 다만, 우리나라는 아직 <구체적인 규정>이 외국보다 미흡함을 언급하면서 마무리하면 좋다.

2. 가치 다원론

<견해 등을 중심으로>라고 제시되어 있다. 따라서 <견해>에 10점을 배분하고, <등>에 10점을 배분하였다. <등>에 해당하는 내용은 <이론적 근거>를 활용하였다. 우리나라는 아직 법적인 규정이 미흡하기 때문이다. 따라서 <견해> 부분은 외국의 규정을 중심으로 설명하는 게 자연스럽다.

Ⅱ. 예시목차

Ⅰ. 서론

Ⅱ. 국내 및 외국의 견해
   1. 우리나라
   2. 국제평가기준
   3. 미국
   4. 일본

Ⅲ. 가치다원론의 이론적 근거
   1. 가치형성요인의 다양성
   2. 감정평가의 객관성
   3. 의뢰목적에 부응
   4. 감정평가 기능의 발전

Ⅳ. 결론

문제 4 (20점)

다음 사항을 약술하시오.
1) 건부감가의 판단기준과 산출방법
2) 용어설명
   ① Project Financing
   ② Sensitivity Analysis

Ⅰ. 문제분석

1. 물음1

건부감가의 개념을 먼저 설명한다. 그리고 판단기준과 산출방법에 각 5점씩 배분한다. 미국은 건부증가나 감가의 개념이 존재하지 않는다. 건물가치는 토지에 기여하는 가치로 보기 때문이다. 따라서 전체 부동산 가치에서 최유효이용의 토지가치를 차감하여 구할 수 있다. 하지만 우리나라와 일본은 건물가치는 토지가 아니라, 복합부동산에 기여하는 가치로 본다. 따라서 전체 부동산 가치에서 건물가치를 차감하여 구할 수 있다.

2. 물음2

프로젝트 금융과 민감도 분석의 개념을 묻고 있다. 각 5점씩 배분한다. <개념>, <특징>, <장단점> 등을 활용하여 답안을 작성했다.

Ⅱ. 예시목차

Ⅰ. (물음1) 건부감가의 판단기준과 산출방법	Ⅱ. (물음2) 용어 설명
1. 건부감가의 개념	1. 프로젝트파이낸싱 　1) 개념 　2) 특징 　3) 장단점
2. 판단기준 　1) 최유효이용 여부 　2) 나지화의 난이도	
3. 산출방법 　1) 최유효이용 차이 　2) 철거비와 잔재가치	2. 민감도분석 　1) 개념 　2) 수익률에 영향을 미치는 요인 　3) 한계

감정평가이론 기출문제 제14회

문제 1 (40점)

부동산평가를 위한 시장분석(market analysis)과 시장성분석(marketability analysis), 그리고 생산성 분석(productivity analysis)에 대한 다음 질문에 답하시오(여기서의 생산성은 인간의 필요, 주거 경제활동, 공급 만족 및 쾌적성을 충족시킬 수 있는 서비스를 제공하는 부동산의 역량을 의미한다). (40점)
1) 부동산 시장분석과 시장성 분석을 비교·설명하시오.
2) 부동산의 생산성을 도시 성장 및 발전과 연계하여 설명하시오.

Ⅰ. 문제분석

1. 물음1

물음은 <비교>다. 따라서 <공통점>과 <차이점>을 충분히 보여주어야 한다. 시장분석과 시장성 분석은 기본 논점이다. 하지만 이를 <비교>로 서술하는 건 쉽지 않다. 특히 공통점을 작성하는 게 어렵다. 예시목차와 답안은 다양한 목차구성과 답안작성을 보여주고자 했다. 유사한 논점으로 <지역분석과 개별분석>이 있다. 즉, 지역분석과 개별분석을 비교하는 문제로 출제할 수 있다.

2. 물음2

해당 문제는 배점을 채우기 매우 어려운 문제다. 우선, 생산성의 개념을 쓸 때는 문제에서 <주어진 것>을 활용한다. 알고 있는 의의가 있더라도 주어진 것을 먼저 활용한다. 여러 번 강조했던 내용이다. 그리고 도시의 성장 및 발전과 <연계>하여 라고 제시되었다. 따라서 이를 기준으로 목차를 구성할 수 있다. 예시목차에서 <시기별>로 작성한 부분을 참고하길 바란다. 그리고 생산성은 효용이고, 효용은 용도에 따라 다양하다. 따라서 이를 활용하여 <용도별>로 작성하였다. 그밖에 생산성의 의미를 문제에서 제시한 것으로 목차를 구성할 수 있다. <인간의 필요>, <주거 경제활동>, <공급 만족>, <쾌적성> 등이 있다. 제14회 수석 목차는 <개설 / 생산성이 높아지는 경우-단기, 장기 / 생산성이 낮아지는 경우-단기, 장기 / 부동산의 생산성과 도시공간구조이론과 관계>였다.

Ⅱ. 예시목차

Ⅰ. 서설

Ⅱ. (물음1) 시장분석과 시장성분석의 비교
  1. 양자의 개념
    1) 부동산 시장분석
    2) 부동산 시장성분석

  2. 양자의 비교
    1) 공통점
      (1) 최유효이용의 확인
      (2) 상호작용
      (3) 자료수집
      (4) 동태적 분석
    2) 차이점
      (1) 목적
      (2) 범위
      (3) 절차
      (4) 방법
      (5) 수단

Ⅲ. (물음2) 부동산의 생산성
  1. 부동산의 생산성
    1) 개념
    2) 특징

  2. 생산성과 도시의 성장·발전
    1) 도시의 성장·발전
    2) 용도별
      (1) 주거용
      (2) 상업용
      (3) 업무용
      (4) 산업용
    3) 시기별
      (1) 2차 산업시대
      (2) 3차 산업시대
      (3) 4차 산업시대
      (4) 최근

Ⅳ. 결어

▌문제 2 (20점)

부동산투자에서는 부채금융(debt loan)을 이용하여 지분에 대한 수익률을 변동시킬 수 있다. 다음 질문에 답하시오. (20점)
1) 지분에 대한 수익률(rate on equity or equity yield rate)과 자본에 대한 수익률(rate of return on capital)의 상관관계에 대하여 설명하시오.
2) 정의 지렛대효과(positive or plus leverage effect)가 나타나는 경우와 부의 지렛대효과(negative or minus leverage effect)가 나타나는 경우를 비교하여 설명하고, 중립적 지렛대효과(neutral leverage effect)는 어떤 경우에 발생하는가를 설명하시오.

Ⅰ. 문제분석

1. 물음1

해당 문제는 배점을 채우기가 어렵다. 특히 <상관관계>로 출제되었지만, 답이 정해져 있다. 따라서 배점을 채우기 위해서 <구체적인 예시>를 활용하였다.

2. 물음2

해당 물음도 배점을 채우기 어렵다. 특히 <비교>로 출제되었지만, <나타나는 경우>를 물었다. 따라서 <구체적인 예시>를 활용하여 배점을 채우고, 비교에서도 활용했다.

Ⅱ. 예시목차

Ⅰ. 서설

Ⅱ. (물음1) 지분수익률과 자본수익률의 상관관계
   1. 지분수익률과 자본수익률의 개념
      1) 지분수익률
      2) 자본수익률
   2. 양자의 상관관계
      1) 예시
      2) 상관관계

Ⅲ. (물음2) 지렛대효과
   1. 개념
   2. 정의 지렛대효과와 부의 지렛대효과의 비교
      1) 지렛대효과의 발생
      2) 예시
      3) 비교
   3. 중립적 지렛대효과의 발생

Ⅳ. 결어

■ 문제 3 (20점)

수익성 부동산의 가치는 할인된 현금흐름(discounter cash flow)와 순수익(net operating income)을 이용하여 구할 수 있고, 이 가치들은 대부기관의 담보가치 결정 기준이 된다. 다음 물음에 답하시오.
1) 두 감정평가방법으로 구한 부동산의 담보가치를 비교하여 설명하시오.
2) 담보가치의 결정에서 고려해야 할 사항들에 대하여 설명하시오.

Ⅰ. 문제분석

1. 서와 결

① 서는 문제에서 제세된 <수익성 부동산>, <현금흐름>, <순수익>, <담보가치> 등을 활용할 수 있다. 물음1과 물음2에 공통된 단어는 <담보가치>다. 따라서 <담보가치>, <담보감정평가>를 활용하는 게 좋다. 그리고 <현금흐름>을 이용하여 구하는 게 <할인현금흐름분석법>이고, <순수익>을 이용하여 구하는 게 <직접환원법>이다. 두 방법을 포함하는 개념은 <수익환원법>이다. 그래서 이를 활용하였다.
② 결은 담보가치는 다양한 사항을 고려하지만, 채무자의 신용상태 등은 고려하지 않는다고 서술하였다. 즉, <고려하지 않는 부분>도 언급하였다.

2. 물음1

담보가치이지만, <두> 방법을 <비교>하는 문제다. 따라서 공통점과 차이점으로 서술하였다.

3. 물음2

<담보가치 결정에서 고려해야 할 사항들>을 물었다. 따라서 <담보가치>와 관련된 내용이 중심이 될 수 있다. 하지만 전제와 물음1에서 <수익성 부동산>이라고 제시되었다. 그러므로 <수익성>에 대한 내용이 함께 필요하다. 예시목차에서는 <수익성>을 활용했고, 그밖에는 내용에 서술하였다.

II. 예시목차

I. 서설

II. (물음1) 담보가치의 비교
  1. 두 감정평가방법의 개념

  2. 양자의 비교
    1) 공통점
      (1) 수익성
      (2) 자본환원의 논리
    2) 차이점
      (1) 자본환원율
      (2) 자본회수방법

III. (물음2) 고려사항
  1. 수익성
  2. 환가성
  3. 담보 적격성
  4. 협약
  5. 제시외물건

IV. 결어

문제 4 (20점)

다음 질문에 답하시오.
1) 부동산투자·개발에서의 위험(risk)과 불확실성(uncertainty)에 대하여 설명하고, 이를 검증 혹은 고려할 수 있는 방법에 대하여 설명하시오.
2) 내부수익률(Internal Rate of Return)의 장단점에 대하여 설명하시오.

I. 문제분석

1. 물음1

배점은 10점이다. 설명하는 서술어가 2개이므로 각 5점씩 배분한다. <개념>은 위험, 불확실성, 종류로 서술하였다. 그리고 검증 혹은 고려방법은 다양하다. 배점에 맞춰 3가지를 서술하였다. 예시목차 외에 <위험조정률, ENPV, 시뮬레이션 분석> 등이 있다.

2. 물음2

내부수익률의 개념을 목차 1개로 활용하였다. 그리고 장단점은 5점씩 배분한다. 해당 물음은 기본적인 내용이 적다. 따라서 <배점을 늘려서> 서술할 필요가 있다.

Ⅱ. 예시목차

Ⅰ. (물음1) 위험과 불확실성
  1. 개념
    1) 위험
    2) 불확실성
    3) 종류

  2. 검증 혹은 고려할 수 있는 방법
    1) 보수적인 예측
    2) 평균-분산 결정법
    3) 포트폴리오

Ⅱ. (물음2) 내부수익률의 장단점
  1. 내부수익률의 개념

  2. 장점
    1) 화폐의 시간가치 반영
    2) 부채금융의 위험성 고려

  3. 단점
    1) 가치가산원리의 미적용
    2) 비현실적인 가정
    3) 기타

감정평가이론 기출문제 제15회

문제 1 (40점)

부동산 감정평가의 3방식을 이용하여 시산가액을 도출하기 위해서는 여러 단계가 필요하다. 다음에 대하여 설명하시오. (40점)
1) 부동산가격의 구체화·개별화 단계에 대하여 설명하시오. (10점)
2) 부동산 가격수준의 단계와 내용에 대하여 설명하시오. (10점)
3) 부동산 감정평가를 위하여 구분하는 지역을 구체적으로 열거하고, 대체성, 경쟁성, 접근성과 관련 설명하시오. (10점)
4) 부동산가격의 경제적 특성에 대하여 설명하시오. (10점)

Ⅰ. 문제분석

1. 서와 결

① 서는 물음1~4에서 공통된 <부동산가격>을 활용했다. 그리고 전제에서 <단계>는 <절차>를 의미하기도 한다. 따라서 감정평가의 절차를 활용하여 <지역분석과 개별분석>을 녹여서 서술할 필요가 있다.
② 결은 물음1~4를 <정리>하거나 <연결>한다. 나아가 서에서 언급한 지역분석과 개별분석이 감정평가에서 <중요함>을 강조하였다.

2. 물음1

물음1과 물음2는 연결된다. 따라서 목차도 연결되는 게 좋다. 물음2에서 <단계와 내용>이라고 물어보았으므로 물음1의 형식도 맞췄다. <개별분석>과 관련한 내용을 구체화·개별화 단계에 녹여 쓰는 게 중요하다. 다른 방법으로는 구체화·개별화 단계를 <절차>로 활용할 수 있다. 이런 경우 목차는 <기본적 사항의 확정>, <대상물건의 확인>, <자료수집 및 정리>, <자료검토 및 가치형성요인의 분석>, <감정평가방법의 선정 및 적용> 등으로 할 수 있다. 다만, 이렇게 처리할 경우 물음2와의 연결성이나 균형성이 아쉬울 수 있다.

3. 물음2

물음2는 물음1과 연결한다. 다만, 가격수준을 물어봤으므로 여기에 초점을 둔다. 즉, <지역분석>과 관련한 내용을 녹여 쓰는 게 필요하다.

4. 물음3

감정평가의 대상이 되는 지역은 인근지역, 유사지역, 동일수급권이다. 따라서 해당 <의의>를 서술했다. 그리고 관련 지역으로 대체성, 경쟁성, 접근성을 각각 물었기 때문에 <각각> 서술하였다. 유의할 점은 인근지역,

유사지역, 동일수급권의 개념을 물은 게 아니라는 점이다. 즉, 개념을 서술하고 말 것이 아니라, <관련성>을 보여주는 게 중요하다.

5. 물음4

부동산가격의 <경제적 특성>을 물었다. 즉, <부동산가격의 특성>은 일반적인 내용이다. 다만, 부동산가격은 이미 경제적 개념이 포함되어 있으므로 활용할 수는 있다. 예시목차와 답안은 일반적인 부동산가격의 특성을 활용하지는 않았다.

Ⅱ. 예시목차

Ⅰ. 서설

Ⅱ. (물음1) 부동산가격의 구체화·개별화 단계
  1. 구체화·개별화 단계의 의미
  2. 구체화·개별화 단계의 내용
    1) 개별성
    2) 개별요인의 분석
    3) 최유효이용의 판정
    4) 부동산가치의 결정

Ⅲ. (물음2) 가격수준의 단계와 내용
  1. 가격수준 단계의 의미
  2. 가격수준 단계의 내용
    1) 지역성
    2) 일반요인의 분석과 지역지향성
    3) 지역요인의 분석
    4) 표준적이용의 판정
    5) 감정평가 시 활용

Ⅳ. (물음3) 감정평가의 대상지역
  1. 개념
    1) 인근지역(감칙 제2조 제13호)
    2) 유사지역(감칙 제2조 제14호)
    3) 동일수급권(감칙 제2조 제15호)
  2. 관련 지역
    1) 대체성
    2) 경쟁성
    3) 접근성

Ⅴ. (물음4) 부동산가격의 경제적 특성
  1. 지역성
  2. 개별성
  3. 대체·경쟁성
  4. 변동성
  5. 다양성

Ⅵ. 결어

문제 2 (20점)

시장가격이 없는 부동산 혹은 재화의 가치를 감정평가하는 방법에 대하여 설명하시오.

Ⅰ. 문제분석

물음은 <감정평가방법>이다. 하지만 비시장재화는 감칙 등에서 규정한 것이 없다. 따라서 <다양한> 감정평가 방법을 보여주는 게 좋다. 특히 감정평가방법은 <대상물건의 특성>에 따라 <주된> 감정평가방법이 달라진다. 그러므로 비시장재화의 개념을 설명할 때 <특징>을 언급할 필요가 있다. 그리고 다양한 감정평가방법은 전통적인 3방식이 한계가 있으므로 <기타 방법>을 활용할 수 있다.

Ⅱ. 예시목차

Ⅰ. 서설

Ⅱ. 비시장재화
  1. 개념
  2. 특징

Ⅲ. 감정평가방법
  1. 시장성이 없는 경우
    1) 조건부가치측정법(CVM법)
    2) 비용편익분석법(CBA법)
    3) 특성가격함수모형법(HPM법)

  2. 시장성이 제한된 경우
    1) 원가법
    2) 수익환원법
    3) 실물옵션가치평가법(ROPM법)

Ⅳ. 결어

▌ 문제 3 (20점)

부동산 감정평가는 기준에 따라 다양하게 분류될 수 있다. 다음에 대하여 설명하시오.
1) 부동산 감정평가를 체계적으로 분류하는 목적을 설명하시오. (5점)
2) 일괄감정평가, 구분감정평가, 부분감정평가 각각에 대하여 사례를 들어 설명하시오. (15점)

Ⅰ. 문제분석

1. 서와 결

① 서는 전제에 제시된 <기준에 따라>를 활용했다. 즉, 기준을 보여주고, 물음2는 개별감정평가의 예외에 하므로 <원칙>을 서술하였다.
② 결은 <원칙을 강조>하고, 예외의 적용에 <유의>하는 방향으로 서술하였다.

2. 물음1

감정평가의 체계적인 분류는 결국 감정평가를 <원활하게> 하기 위함이다. 이는 각론에서 키워드로 활용되는 <공정성>, <객관성>, <합리성>, <신뢰성> 등이 있다. 이는 감정평가에 관한 규칙이나 실무기준 등을 제정한 목적이기도 하다.

3. 물음2

<각각>에 대하여 <사례>를 들어 설명하라고 하였다. 따라서 제시된 대로 따른다. 목차도 <각각>, 사례도 <각각> 답안을 작성하였다. 사례는 여러 가지를 보여줄 수도 있고, 하나의 사례를 구체적으로 보여줄 수도 있다. 답안작성을 <쉽게> 할 수 있는 것으로 선택할 수 있다.

Ⅱ. 예시목차

Ⅰ. 서설

Ⅱ. (물음1) 분류목적
  1. 감정평가의 공정성과 객관성
  2. 감정평가의 합리성과 신뢰성

Ⅲ. (물음2) 일괄감정평가 등
  1. 개별물건기준 원칙
  2. 일괄감정평가
    1) 의의(감칙 제7조 제2항)
    2) 사례

  3. 구분감정평가
    1) 의의(감칙 제7조 제3항)
    2) 사례

  4. 부분감정평가
    1) 의의(감칙 제7조 제4항)
    2) 사례

Ⅳ. 결어

문제 4 (10점)

정부가 부동산시장에 개입하는 이유에 대하여 설명하시오.

Ⅰ. 문제분석

개설은 <부동산시장의 의의>, <시장실패> 등을 활용할 수 있다. <이유>를 물었으므로 다양한 목차로 보여주는 게 좋다. 2가지 예시목차를 구성하여 제시하였다.

Ⅱ. 예시목차

1안

Ⅰ. 개설

Ⅱ. 이유
  1. 규모의 경제
  2. 정보의 비대칭
  3. 공공재
  4. 외부효과

2안

Ⅰ. 개설

Ⅱ. 이유
  1. 시장실패
  2. 이유
    1) 시장실패의 치유
    2) 효율적 이용
    3) 공공복리의 실현

문제 5 (10점)

상업용 부동산의 입지결정요인에 대하여 설명하시오.

I. 문제분석

개설은 <입지>, <상업지>, <상권> 등을 활용할 수 있다. <입지결정요인>을 물었으므로 다양한 <요인>을 보여주는 게 좋다. 이는 <구체적인 요인>일수록 득점에 유리하다.

II. 예시목차

I. 개설	II. 결정요인
	1. 인구 및 구매력
	2. 접근성
	3. 시장점유율
	4. 주차공간 및 쾌적성

감정평가이론 기출문제 **제16회**

▌문제 1 (30점)

감정평가사의 직업윤리가 요구되는 이론적·법률적 근거를 설명하고, 「공익사업을 위한 토지 등의 취득 및 보상에 관한 법률」(이하 "토지보상법") 제68조 제2항의 토지소유자 추천제와 관련하여 동업자 간 지켜야 할 직업윤리의 중요성에 대해 논하시오.
1) 직업윤리가 강조되는 이론적 근거
2) 직업윤리가 강조되는 법률적 근거
3) 공인·전문인으로서의 직업윤리
4) 토지소유자 추천제의 의의 및 지켜야 할 직업윤리

Ⅰ. 문제분석

1. 서와 결

① 서는 물음1~4에 공통된 <직업윤리>의 개념을 서술하였다. 그리고 물음3과 물음4를 연결하여 직업윤리가 <중요함>을 강조했다. 물음이 <직업윤리의 중요성>이기 때문이다.
② 결은 직업윤리의 <중요성을 강조>하였다.

2. 물음1~4

배점이 30점인데, 물음이 4개다. 배점의 균형성을 위해 7.5점을 배분하였다. 그리고 물음1과 물음2는 대부분 수험생이 서술할 수 있는 내용이다. 하지만 물음3과 물음4는 물음1과 물음2의 내용과 중복되지 않게 서술하는 게 어렵다. 따라서 목차도 구분할 필요가 있다. 물음3은 공인과 전문인의 개념을 활용하여 <공정성>, <전문성>을 서술했다. 물음4는 토지보상법의 <목적>을 활용하고, 토지소유자 추천제의 <취지>를 활용하였다.

Ⅱ. 예시목차

Ⅰ. 서론

Ⅱ. (물음1) 이론적 근거
   1. 감정평가의 사회성·공공성
   2. 전문자격사로서의 소양
   3. 외부환경의 변화

Ⅲ. (물음2) 법률적 근거
   1. 감정평가법
   2. 감칙
   3. 실무기준

Ⅳ. (물음3) 공인·전문인으로서의 직업윤리
   1. 공인 및 전문인의 의미
   2. 공인·전문인으로서의 직업윤리
      1) 공정성
      2) 합리성
      3) 전문성

Ⅴ. (물음4) 토지소유자 추천제 등
   1. 토지소유자 추천제의 의의
   2. 동업자 간 지켜야 할 직업윤리
      1) 공공복리의 증진
      2) 재산권의 보호
      3) 과다 경쟁 방지

Ⅵ. 결론

문제 2 (20점)

「감정평가에 관한 규칙」 제25조(소음 등으로 인한 대상물건의 가치하락분에 대한 감정평가)에 환경오염이 발생한 경우의 감정평가에 대한 기준을 제시하고 있다. 토양오염이 부동산의 가치에 미치는 영향과 감정평가 시 유의사항에 대하여 설명하시오.

Ⅰ. 문제분석

1. 영향

가치에 미치는 영향은 <하락>이다. 따라서 <가치하락분의 발생>을 먼저 서술하였다. 그리고 가치하락분의 개념을 활용하여 <직접적>, <간접적>인 영향을 서술하였다. 그밖에 <장기간>을 활용하여 <시간에 따른 영향>을 서술하였다. 즉, 개념을 활용하여 <하락>과 연결하였다.

2. 유의사항

<감정평가 시 유의사항>을 물었다. 따라서 <절차>를 활용할 수 있다. 그리고 가치하락분은 감정평가방법이 다른 대상물건과 차이가 있다. 따라서 감정평가방법에 중점을 두고 서술할 수 있다. 이때는 <거래사례비교법>, <수익환원법>, <원가법> 외에 <조건부가치측정법>, <특성가격함수모형법>, <비용편익분석법> 등을 활용할 수 있다.

Ⅱ. 예시목차

Ⅰ. 서설

Ⅱ. 부동산 가치에 미치는 영향
  1. 가치하락분의 발생
  2. 직접적인 영향
  3. 간접적인 영향
  4. 시간에 따른 영향

Ⅲ. 감정평가 시 유의사항
  1. 기본적사항의 확정시 유의사항
  2. 가치형성요인의 분석시 유의사항
  3. 전후비교법 적용시 유의사항
  4. 분리합산법 적용시 유의사항
  5. 감정평가액의 결정시 유의사항

Ⅳ. 결어

▌문제 3 (20점)

「감정평가 및 감정평가사에 관한 법률」 제3조 제1항에는 "감정평가법인등이 토지를 감정평가하는 경우에는 그 토지와 이용가치가 비슷하다고 인정되는 「부동산 가격공시에 관한 법률」에 따른 표준지공시지가를 기준으로 하여야 한다."라고 규정되어 있으나 표준지공시지가와 정상거래가격과의 격차가 있는 경우 그 밖의 요인으로 보정하고 있다. 그 밖의 요인 보정의 개념을 기술하고, 관련 법규 및 판례 등을 중심으로 그 타당성을 설명하시오.

Ⅰ. 문제분석

1. 개념

기술하는 부분에서 개념을 묻고 있으므로 10점을 배분하였다. 전제에서 <표준지공시지가와 정상거래가격과의 격차>를 제시하였다. 따라서 이는 타당성에 활용하였다. 그리고 <보정하고 있다>라고 제시되었으므로 개념에서 <필요성>으로 활용하였다. 그밖에 <의의>, <방법>, <결정>은 예시목차와 답안에서 활용하였다. 그리고 <취지>, <목적>, <근거> 등도 가능하다. 다만, 해당 문제에서 <근거>는 타당성과 관련되므로 후술하였다.

2. 타당성

설명하는 부분에서 타당성을 묻고 있으므로 10점을 배분했다. 해당 논점의 타당성은 <타당하다>로 결론이 있다. 따라서 다양한 <근거>가 필요하다. 특히 <법, 이론적> 측면에서 다양한 근거를 보여줄 필요가 있다. 그래서 <관계법규>, <판례>는 법적 측면, <목적>, <시장가치>는 이론적 측면에서 답안을 작성하였다.

Ⅱ. 예시목차

Ⅰ. 서론

Ⅱ. 개념
  1. 의의
  2. 필요성
  3. 방법
  4. 결정

Ⅲ. 타당성
  1. 관계 법규
  2. 판례
  3. 목적
  4. 시장가치

Ⅳ. 결론

문제 4 (10점)

감정평가사 김氏는 K은행으로부터 대상부동산에 대한 담보감정평가를 의뢰받았다. 감정평가사 김氏는 현장조사 및 자료 분석을 통하여 아래와 같은 자료를 수집하였다. 아래 대상부동산의 시장분석자료를 근거로 감정평가사 김氏가 K은행 대출담당자에게 담보가격의 결정에 대한 이론적 근거에 대해 부동산 가격 제원칙을 중심으로 기술하시오.

<대상부동산>
- 서울시 OO구 OO동 XXX-X번지 AA빌라 3층 301호 100평형
- 대상부동산 분양예정가 : 10억원

<현장조사 및 자료분석내용>
- 분양성 검토 : 대형 평형으로 인해 인근지역 내에서 분양성 악화가 우려됨
- 인근지역의 표준적 이용상황 : 40~50평형
- 인근지역의 담보평가가격수준 : 3.6억 ~ 4.5억원
- 거래가능가격(표준적이용상황 기준) : 평형당 1,000만원

Ⅰ. 문제분석

해당 문제는 사례형 문제다. 따라서 문제에서 제시된 자료를 기초로 사안을 포섭하는 답안이 요구된다. 물음은 <담보가격의 결정에 대한 이론적 근거>다. 이론적 근거는 <부동산가격 제원칙>을 중심으로 기술하라고 했다. 따라서 다른 문제에서 <이론적 근거>를 묻는 경우 <가격원칙>을 활용할 수 있다는 점을 기억한다. 또한, 사례형 문제는 제시된 사항을 충분히 활용해야 한다. <분양성>, <표준적 이용상황>, <담보평가 가격수준>, <거래 가능 가격> 등은 해당 문제에서 활용할 수 있는 자료다. 따라서 이를 목차로 활용할 수도 있다. 다만, 가격원칙을 중심으로 서술하라고 제시되었으므로 가격원칙을 목차로 활용하였다. 따라서 목차는 가격원칙으로 하고, 내용은 위의 제시사항을 반영하였다. 개설은 <담보감정평가>, <가격원칙>의 개념을 활용할 수

있다. 그밖에 문제에서 제시된 <사실관계의 정리>, <논점의 정리> 등을 활용하여 사안이 어떤 상황인지 언급하는 것도 좋은 방법이다.

Ⅱ. 예시목차

Ⅰ. 개설

Ⅱ. 이론적 근거
  1. 적합의 원칙 검토
  2. 수요·공급의 원칙 검토
  3. 최유효이용의 원칙 검토

문제 5 (10점)

인근지역의 개념, 요건 및 경계와 범위를 설명하시오.

Ⅰ. 문제분석

문제에서 제시된 <개념>, <요건>, <경계와 범위>를 배분했다. 경계와 범위는 목차로 구분할 수 있지만, 내용상 구분이 불필요하므로 함께 처리했다.

Ⅱ. 예시목차

Ⅰ. 인근지역의 개념
  1. 의의(감칙 제2조 제13호)
  2. 특징

Ⅱ. 인근지역의 요건
  1. 용도적 동질성
  2. 지역요인의 공유

Ⅲ. 인근지역의 경계와 범위
  1. 개념
  2. 유의사항

문제 6 (10점)

공동주택 재건축사업의 시행 시 미동의자에 대한 매도청구 및 시가의 개념에 대해 약술하시오.

I. 문제분석

개설은 <재건축사업의 의의>를 활용하였다. 매도청구와 시가는 5점씩 배분하였다. 매도청구는 <개념>, <유형>을 활용하였다. 그밖에 <대상자>, <감정평가>, <매도청구권> 등을 활용할 수 있다. 재건축사업에서 시가는 <판례>를 활용할 수 있다.

II. 예시목차

I. 개설

II. 매도청구
  1. 개념
  2. 유형

III. 시가의 개념
  1. 의의
  2. 유의사항

감정평가이론 기출문제 **제17회**

▌문제 1 (30점)

부동산 감정평가에서 부동산의 종류는 종별과 유형의 복합개념이다. 이와 관련하여 다음 사항을 논하시오.
1) 부동산의 종별 및 유형의 개념과 분류목적 (10점)
2) 종별 및 유형에 따른 가격형성요인의 분석 (10점)
3) 종별 및 유형에 따른 감정평가 시 유의하여야 할 사항 (10점)

Ⅰ. 문제분석

1. 서와 결

① 해당 논점은 사실 일본 감정평가 기준에 의한 것이다. 우리나라는 일본과 미국의 감정평가에 영향을 받아 규정 등이 마련되었기 때문이다. 따라서 일본 기준에 의한 내용으로 답안을 작성할 수 있다. 하지만 예시목차와 답안은 우리나라의 규정을 기초로 작성하였다.
② 서는 <감정평가의 의의>, <복합개념> 등을 활용할 수 있다. 결은 종별과 유형의 <중요성>을 강조했다. 그리고 우리나라는 종별과 유형에 관한 <규정이 없다>는 점을 언급하였다.

2. 물음1

종별과 유형의 개념은 <의의>, <판정>, <중요성>을 활용했다. 일본 기준에 따른 경우의 내용은 종별은 <지역 종별>과 <토지 종별>로, 유형은 <택지>와 <건물 및 부지>로 서술할 수 있다.

3. 물음2

가치형성요인의 개념을 활용할 수 있다. 그리고 부족한 배점은 관련된 <지역분석과 개별분석의 상호작용>을 활용하였다. 종별은 지역분석, 유형은 개별분석과 관련되기 때문이다.

4. 물음3

<감정평가 시 유의사항>을 물었으므로 <절차>를 활용하였다. 답안을 작성할 때는 <종별과 유형에 대한 언급>을 해주는 게 좋다.

Ⅱ. 예시목차

Ⅰ. 서론

Ⅱ. (물음1) 개념과 분류목적
 1. 개념
  1) 의의 및 판정
  2) 중요성

 2. 분류목적
  1) 객관성
  2) 합리성

Ⅲ. (물음2) 가치형성요인의 분석
 1. 가치형성요인의 개념
 2. 일반요인의 분석

 3. 지역요인의 분석
 4. 개별요인의 분석
 5. 지역분석과 개별분석의 상호작용

Ⅳ. (물음3) 감정평가 시 유의사항
 1. 대상물건의 확인시 유의사항
 2. 자료수집 및 정리시 유의사항
 3. 감정평가방법의 선정 및 적용시 유의사항
 4. 감정평가액의 결정시 유의사항

Ⅴ. 결론

문제 2 (30점)

감정평가에 있어 시장가치, 투자가치, 계속기업가치 및 담보가치에 대하여 각각의 개념을 설명하고, 각 가치개념 간의 차이점을 비교한 후, 이를 가격다원론의 관점에서 논하시오.

Ⅰ. 문제분석

1. 서와 결

① 서는 <기준가치>를 활용했다. 감정평가는 기준가치를 기준으로 하기 때문이다. 그리고 가격다원론이 인정되는 것을 먼저 밝혀주었다.
② 결은 가격다원론의 <필요성>을 강조했다. 그리고 아직 <구체적인 규정>은 미흡다는 점을 언급했다.

2. 차이점

<각 가치개념 간>의 차이점을 물었다. 따라서 제시된 4가지의 가치개념을 모두 활용하면 <6개의 목차>로 구성할 수 있다. 내용을 작성하는 게 어려운 경우에는 <시장가치>를 기준으로 목차를 구성할 수 있다.

3. 가격다원론

가격다원론의 근거로 일반적인 목차를 활용했다. 다만, 내용은 위에서 제시된 4가지 가치개념을 언급할 필요가 있다. 그밖에 <다양성>을 중심으로 목차를 구성할 수 있다. 이런 경우는 <기준가치측면의 다양성>, <감정평가목적상 다양성>, <감정평가조건상 다양성> 등을 활용할 수 있다.

Ⅱ. 예시목차

Ⅰ. 서론

Ⅱ. 각 개념
1. 시장가치
2. 투자가치
3. 계속기업가치
4. 담보가치

Ⅲ. 가치개념 간의 차이점
1. 시장가치와 투자가치의 차이점
2. 시장가치와 계속기업가치의 차이점
3. 시장가치와 담보가치의 차이점
4. 투자가치와 계속기업가치의 차이점
5. 투자가치와 담보가치의 차이점
6. 계속기업가치와 담보가치의 차이점

Ⅳ. 가격다원론의 필요성
1. 가격다원론의 의의
2. 가격다원론의 근거
   1) 가치형성요인의 다양성
   2) 감정평가의 객관성
   3) 의뢰목적에 부응
   4) 감정평가 기능의 발전

Ⅴ. 결론

▌ 문제 3 (20점)

부동산가격형성의 일반요인은 자연적·사회적·경제적·행정적 제 요인으로 구분할 수 있다. 부동산가격형성의 행정적 요인 중 부동산거래규제의 내용에 대하여 설명하고, 거래규제가 감정평가에 미치는 영향에 대하여 설명하시오.

Ⅰ. 문제분석

1. 서와 결

① 서는 문제에서 제시된 용어를 활용할 수 있다. <가치형성요인>, <일반요인>, <행정적 요인> 등을 활용할 수 있다. 거래규제의 개념은 본문에서 활용하는 게 낫다.
② 결은 거래규제 외에 <다른 규제>를 언급했다. <소유 제한>, <이용 제한>, <개발이익 환수나 개발손실 보상>, <주택공급>, <주거복지> 등이 있다.

2. 거래규제

해당 물음은 10점의 배점을 채우기 쉽지 않다. 거래규제는 정부가 시장에 개입하는 수단이다. 여기에 기반하여 <시장실패>를 활용했다. 그리고 <직접>, <간접> 수단을 활용했다.

3. 감정평가에 미치는 영향

<감정평가 시 유의사항>과 마찬가지로 <절차>를 활용할 수 있다. 그밖에 <긍정적인 영향>, <부정적인 영향>도 가능하다. 이런 경우 각각 2개의 세부목차가 필요하다.

Ⅱ. 예시목차

Ⅰ. 서설

Ⅱ. 거래규제의 내용
  1. 개념
    1) 의의
    2) 시장실패의 치유

  2. 종류
    1) 직접 규제
    2) 간접 규제

Ⅲ. 감정평가에 미치는 영향
  1. 대상물건의 확인에 미치는 영향
  2. 자료수집 및 정리에 미치는 영향
  3. 가치형성요인 분석에 미치는 영향
  4. 감정평가방법의 선정 및 적용에 미치는 영향
  5. 감정평가액의 결정에 미치는 영향

Ⅳ. 결어

문제 4 (10점)

건물의 치유 불가능한 기능적 감가의 개념과 사례를 기술하고, 이 경우 감정평가 시 고려해야 할 사항에 대하여 설명하시오.

Ⅰ. 문제분석

개설은 <감가수정의 의의>를 활용했다. <치유 불가능한 기능적 감가>의 개념은 <기능적 감가>, <치유 불가능한>을 설명하면 충분하다. 감정평가 시 고려사항은 <발생 여부>, <치유 가능성>, <이중 감가> 등을 서술하였다.

Ⅱ. 예시목차

Ⅰ. 개설

Ⅱ. 개념과 사례
  1. 개념
  2. 사례

Ⅲ. 고려사항
  1. 발생여부
  2. 이중감가와 치유가능성

문제 5 (10점)

다음 사항을 약술하시오.
1) 비상장주식의 평가 (5점)
2) 사모주식투자펀드(PEF : Private Equity Fund) (5점)

Ⅰ. 예시목차

Ⅰ. (물음1) 비상장주식의 감정평가	Ⅱ. (물음2) 사모주식투자펀드(PEF)
1. 비상장주식의 개념	1. 개념
2. 자료의 수집 및 정리	2. 종류
3. 감정평가방법	3. 특징

감정평가이론 기출문제 **제18회**

▌문제 1 (30점)

개별부동산을 감정평가함에 있어 통계적 감정평가방법에 의한 가격이 전통적인 감정평가 3방식에 의한 가격보다 시장가치와의 차이가 크게 나타날 가능성이 있다. 그 이유를 설명하시오.

Ⅰ. 문제분석

1. 서와 결
① 서는 <감정평가>, <시장가치 기준>, <3방법과 통계적 방법>을 중심으로 서술하였다. 그밖에 차이가 나는 <이유>를 물었기 때문에 몇 가지 이유를 제시하는 방법도 가능하다.
② 결은 차이가 날 수 있지만, <양자를 병용>하는 것이 감정평가의 신뢰성을 높일 수 있음을 언급했다.

2. 이유
<이유>를 묻는 문제는 <다양한 이유>를 최대한 <많이> 보여주는 게 좋다. 이때 중요한 것은 알고 있는 지식을 나열하는 게 아니다. 알고 있는 지식을 활용하여 이유에 맞게 <재편집>하는 것이 중요하다. 물어본 것에 답하는 형식이 필요하기 때문이다. 차이 나는 이유는 크게 2가지 측면으로 접근하였다. <3방법의 유용성>, <통계적 감정평가방법의 한계>다.

Ⅱ. 예시목차

Ⅰ. 서론

Ⅱ. 관련 개념
  1. 시장가치(감칙 제2조 제1호)
  2. 통계적 감정평가방법
  3. 감정평가 3방식

Ⅲ. 이유
  1. 3방법의 유용성
    1) 가치 3면성의 반영
    2) 가치발생요인의 상호관련성
    3) 가치형성요인의 상호관련성
    4) 경제적 가치의 판정

  2. 통계적 감정평가방법의 한계
    1) 부동산시장의 불완전성
    2) 부동산의 개별성
    3) 통계모형의 적절성
    4) 자료의 신뢰성

Ⅳ. 결론

문제 2 (20점)

지역분석과 개별분석을 통하여 부동산가격이 부동산시장에서 구체화되는 과정을 설명하시오.

Ⅰ. 문제분석

해당 논점은 빈출이다. 따라서 기본내용은 대동소이하다. 하지만 문제에서 제시된 용어에 따라 답안작성이 달라진다. 해당 문제는 <지역분석과 개별분석>이라는 용어와 <가격이 구체화되는 과정>이 결합한 것이다. 따라서 <가격의 구체화>에 중심을 두고 지역분석과 개별분석의 내용을 녹여 쓰는 게 중요하다.

Ⅱ. 예시목차

Ⅰ. 서설

Ⅱ. 지역분석을 통한 가격수준의 형성
 1. 지역분석의 개념
 2. 지역성
 3. 지역요인
 4. 표준적이용
 5. 가격수준의 형성

Ⅲ. 개별분석을 통한 구체적 가격의 형성
 1. 개별분석의 개념
 2. 개별성
 3. 개별요인
 4. 최유효이용
 5. 가격의 구체화

Ⅳ. 결어

문제 3 (20점)

「부동산 가격공시에 관한 법률」에 의한 표준지공시지가와 표준주택가격의 같은 점과 다른 점을 설명하시오.

Ⅰ. 문제분석

<같은 점과 다른 점>은 <비교>다. 따라서 각각을 같은 배점으로 서술하였다. 목차는 <주체, 절차, 형식, 내용>을 활용할 수 있다. 그 밖에 부동산공시법에 있는 <조문>을 활용하여 목차를 구성할 수 있다. 예시목차와 답안은 이를 모두 활용했다.

Ⅱ. 예시목차

Ⅰ. 서설

Ⅱ. 양자의 의의
  1. 표준지공시지가
  2. 표준주택가격

Ⅲ. 양자의 비교
  1. 같은 점
    1) 주체 및 공시시점
    2) 적정가격
    3) 참작사항

  2. 다른 점
    1) 주체
    2) 절차
    3) 효력

Ⅳ. 결어

문제 4 (40점)

다음 사항을 약술하시오.
1) 공적 감정평가에서 복수감정평가의 필요성 (10점)
2) 동적 DCF분석법과 정적 DCF분석법의 비교 (10점)
3) 건부증가와 건부감가의 성립논리 (10점)

Ⅰ. 문제분석

1. 물음1

<필요성>을 물었으므로 다양한 <근거>를 보여주는 게 좋다. 특히 <공적> 감정평가와 관련되므로 <공익>, <객관성>, <공정성>, <형평성> 등을 활용했다.

2. 물음2

공통점은 <DCF법>을 활용했다. 다만, 예시목차와 답안은 다양한 형태를 보여주기 위해 간결한 형태로 작성했다. 차이점은 <동적>인 것과 <정적>인 것으로 활용했다.

3. 물음3

성립논리를 설명하기 위해 <개념>, <예시>, <처리> 등을 활용했다.

Ⅱ. 예시목차

Ⅰ. (물음1) 복수감정평가의 필요성
  1. 공적 감정평가의 개념
  2. 복수 감정평가의 필요성
    1) 객관성
    2) 재산권 보호
    3) 사회성과 공공성
    4) 형평성

Ⅱ. (물음2) 동적 DCF법과 정적 DCF법의 비교
  1. 양자의 개념
    1) 동적 DCF법
    2) 정적 DCF법

  2. 공통점
    1) 자본환원의 논리
    2) 자본회수
    3) 투자자의 행태

  3. 차이점
    1) 불확실성의 반영방법
    2) 할인율
    3) 변동성

Ⅲ. (물음3) 건부증가와 건부감가의 성립논리
  1. 건부증가
    1) 개념
    2) 예시
    3) 비적법이용

  2. 건부감가
    1) 개념
    2) 효용의 반영
    3) 처리방법

감정평가이론 기출문제 제19회

문제 1 (40점)

일괄감정평가방법과 관련하여, 다음을 논하시오.
1) 토지·건물 일괄감정평가에 관한 이론적 근거와 감정평가방법을 논하시오. (10점)
2) 일괄감정평가 된 가격을 필요에 의해 토지·건물가격으로 각각 구분할 경우 합리적 배분 기준을 논하시오. (10점)
3) 표준주택가격의 감정평가와 관련하여,
    (1) 현행 법령상 표준주택가격의 조사·산정기준을 설명하시오. (10점)
    (2) 표준주택가격의 일괄감정평가 시 감정평가 3방식 적용의 타당성을 논하시오. (10점)

Ⅰ. 문제분석

1. 서와 결

① 서는 전제에 제시된 <일괄감정평가>를 활용했다. 이하의 물음도 모두 관련되어 있으므로 <의의>를 활용했다.
② 결은 일괄감정평가 시 <근거>, <3방식 병용>을 강조하였다. 물음1~3을 연결하여 정리한 것이다.

2. 물음1

이론적 근거는 일괄감정평가의 의의에서 찾을 수 있다. <일체로 거래되거나>, <용도상 불가분의 관계가 있는 경우>다. 그리고 감정평가방법은 3방법을 모두 활용할 수 있다. 하지만 물음3-2에서도 활용될 수 있으므로 <2가지 방법>만 서술했다.

3. 물음2

합리적 <배분 기준>은 배점을 채우기 쉽지 않다. 배분은 크게 <비율>과 <공제> 방식으로 할 수 있다. 배점을 위해 <토지>와 <건물>로 구분하여 공제방식을 활용했다.

4. 물음3

① 물음3-1은 출제 당시에는 <조사·평가>였으나, 현재는 <조사·산정>이므로 이를 기준으로 작성했다. <표준주택가격 조사·산정 기준>에 근거하여 서술했다.
② 물음3-2는 표준주택가격의 <도입 취지>를 활용했다. <과세의 형평성>이 문제 되기 때문이다. 저자는 3방식이 모두 <타당>하다고 서술했다. 하지만 <원가법>은 타당성이 부족하다고 서술할 수 있다.

Ⅱ. 예시목차

Ⅰ. 서론

Ⅱ. (물음1) 일괄감정평가
  1. 이론적 근거
    1) 일체 거래 관행
    2) 용도상 불가분의 관계

  2. 감정평가방법
    1) 거래사례비교법
    2) 수익환원법

Ⅲ. (물음2) 합리적 배분기준
  1. 일괄감정평가액의 배분

  2. 배분기준
    1) 비율방식
    2) 토지가액의 공제방식
    3) 건물가액의 공제방식

Ⅳ. (물음3) 표준주택가격
  1. (물음3-1) 조사·산정기준
    1) 적정가격 기준
    2) 실제용도 기준
    3) 사법상 제한상태 배제 상정
    4) 공법상 제한상태 기준
    5) 두 필지 이상에 걸쳐 있는 주택가격의 산정
    6) 필지의 일부가 대지인 주택가격의 산정
    7) 용도혼합 주택가격의 산정

  2. (물음3-2) 3방식 적용의 타당성
    1) 표준주택가격의 도입 취지
    2) 거래사례비교법의 타당성
    3) 수익환원법의 타당성
    4) 원가법의 타당성

Ⅴ. 결론

■ 문제 2 (20점)

부동산가격지수와 관련하여, 다음을 설명하시오.
1) 부동산가격지수의 필요성과 기능을 설명하시오. (10점)
2) 부동산가격지수를 산정하는데 사용되는 대표적인 계량모형인 특성가격모형(Hedonic Price Model)과 반복매매모형(Repeat Sale Model)의 원리와 각각의 장·단점을 설명하시오. (10점)

Ⅰ. 문제분석

1. 서와 결

① 서는 <부동산가격지수와 관련하여>라고 제시되었으므로, <개념>을 활용했다. <의의와 종류>를 서술했다.
② 결은 부동산가격지수의 <한계>를 언급하면서 다른 자료의 <활용>과 <감정평가의 필요성>을 활용했다.

2. 물음1

필요성은 <지수>이기 때문에 <자료>와 관련되고, 자료는 <정보제공>을 목적으로 한다. 그리고 감정평가 시 <활용>을 서술하여 감정평가와의 <관련성>도 서술하였다.

3. 물음2

반복매매모형은 모를 수 있는 개념이다. 힌트는 문제와 개념에서 찾는다. 먼저, 문제에서 <대표적인 계량모형>이라고 제시하였다. 따라서 반복매매모형도 계량모형이라는 점을 알 수 있다. 또한, <반복>, <매매>라는 개념을 활용할 수 있다. 따라서 부동산이 <반복해서 거래가 일어난다>는 특성을 활용했다.

Ⅱ. 예시목차

Ⅰ. 서설

Ⅱ. (물음1) 부동산가격지수
  1. 필요성
    1) 정보 제공
    2) 감정평가 시 활용

  2. 기능
    1) 경제적 기능
    2) 정책적 기능

Ⅲ. (물음2) 계량모형의 원리와 장단점
  1. 특성가격모형
    1) 원리
    2) 장단점

  2. 반복매매모형
    1) 원리
    2) 장단점

Ⅳ. 결어

문제 3 (20점)

향후 전자제품을 개발·생산·판매하기 위하여 설립된 비상장 영리법인인 A기업은 설립 후 자본금 전액을 기술개발에 지출하여 당해 금액을 무형자산으로 계상하였다(다른 자산·부채는 없음). 당해 기업의 주식가치를 감정평가하고자 한다. 적합한 감정평가방법 및 근거를 구체적으로 설명하고 장·단점을 설명하시오.

Ⅰ. 문제분석

1. 서와 결

① 서는 A기업의 주식가치를 어떻게 접근할 것인지에 대해 서술했다. 사례형 문제에서 <상황>을 설명하는 방식으로 서술한 것이다. 해당 문제는 <비영리법인의 주식가치>이므로 <비상장주식>을, <무형자산>만 계상된 상황이므로 이를 기준으로 접근했다.
② 결은 A기업의 주식가치는 <무형자산>을 기준으로, 무형자산은 <수익환원법>이 적합하다는 것을 서술했다.

2. 방법 및 근거, 장단점

설명하는 서술어가 2개다. 따라서 서술어를 기준으로 10점씩 배분해야 한다. 하지만 해당 문제는 <방법 및 근거>와 <장·단점>을 물었다. 따라서 방법은 <목차>로 보여주고 <적용과 근거>, <장·단점>을 나누어서 서술했다. 배점의 균형성은 유지하면서 주어를 기준으로 목차를 응용하였다.

Ⅱ. 예시목차

Ⅰ. 서설

Ⅱ. A기업의 감정평가
  1. 관련 규정의 검토

  2. 수익환원법
    1) 적용 및 근거
    2) 장·단점

  3. 거래사례비교법
    1) 적용 및 근거
    2) 장·단점

  4. 원가법
    1) 적용 및 근거
    2) 장·단점

Ⅲ. 결어

문제 4 (10점)

「부동산 가격공시에 관한 법률」, 「감정평가 및 감정평가사에 관한 법률」의 표준지공시지가를 기준으로 평가한 보상평가가격과 적정가격, 실거래가격과의 관계를 설명하시오.

Ⅰ. 문제분석

각 가격의 <의의>를 활용하여 관계를 나타낼 수 있다. 따라서 각 가격의 의의를 먼저 서술했다. 그리고 각 가격과의 관계를 서술했다.

Ⅱ. 예시목차

Ⅰ. 각 가격의 의의
  1. 보상평가가격
  2. 적정가격
  3. 실거래가격

Ⅱ. 각 가격과의 관계
  1. 보상평가가격과 적정가격의 관계
  2. 보상평가가격과 실거래가격의 관계
  3. 적정가격과 실거래가격의 관계

문제 5 (10점)

상권분석에서 일반적으로 사용되는 허프(Huff)모형의 원리와 실무적용상의 장·단점을 설명하시오.

I. 문제분석

허프모형은 개념에서 살펴볼 때 <소매인력법칙과 분기점 모형>을 응용했다. 따라서 허프모형의 원리는 이를 설명하여 보여줄 수 있다. 다른 방법으로는 산식을 이용할 수 있다. <매장면적>, <거리>를 설명할 수 있다. 그리고 <시장점유율>의 산식을 구체적으로 보여주는 방법이 있다.

II. 예시목차

I. 개설

II. 허프모형의 원리
   1. 소매인력법칙
   2. 분기점 모형

III. 허프모형의 실무적용상 장단점
   1. 장점
   2. 단점

감정평가이론 기출문제 **제20회**

▌문제 1 (40점)

지상권이 설정된 토지가 시장에서 거래되고 있다. 이와 관련된 다음 물음에 답하시오.
1) 위 토지의 담보 감정평가 시 유의할 점과 감가 또는 증가요인을 설명하시오. (15점)
2) 위 토지의 보상 감정평가 시 검토되어야 할 주요 사항을 설명하시오. (10점)
3) 감정평가목적에 따라 감정평가액의 차이가 발생할 수 있는 이유를 감정평가의 기능과 관련하여 설명하시오. (15점)

Ⅰ. 문제분석

1. 서와 결

① 서는 <지상권이 설정된 토지>가 전제에 주어졌으므로 이에 대한 <의의>를 활용했다. 그리고 물음3이 핵심이므로 <같은 물건>이라도 목적에 따라 감정평가액이 차이가 날 수 있다는 점을 먼저 밝혔다.
② 결은 서에서 서술한 내용을 강조하였다.

2. 물음1

담보감정평가의 개념에서 의의 외에 <목적>을 밝혀줄 필요가 있다. 물음3에서 목적에 따라 감정평가액이 차이가 나는 이유를 물었기 때문이다. 유의할 점과 감가 또는 증가요인의 배점은 같다. 이때 <감가 또는 증가요인>은 각각을 목차로 구성할 수 있다. 하지만 <증가요인>은 서술이 어렵다. 그리고 일반적으로 지상권이 설정된 토지는 <감가>된다. 따라서 다양한 감가 <요인>을 보여주는 형태로 서술하였다.

3. 물음2

보상감정평가의 개념도 의의 외에 <목적>을 서술했다. 그리고 보상감정평가는 법률에 근거한다. 따라서 지상권이 설정된 토지도 <관련 규정>을 밝혀줬다. 그 밖에 <보상대상이 아닌 경우, 완전소유권>과 관련한 내용을 서술했다. 물음1에서 <감가요인>과 <증가요인>으로 목차를 구성했다면 이를 기준으로 접근할 수 있다.

4. 물음3

<기능과 관련하여>라고 주어졌다. 따라서 목차는 다양한 <기능>을 보여준다. 그리고 내용은 물음1과 물음2를 활용하면서, 그 외에 다양한 사항을 보여주는 게 좋다.

Ⅱ. 예시목차

Ⅰ. 서설

Ⅱ. (물음1) 지상권이 설정된 토지의 담보 감정평가
  1. 담보감정평가의 개념

  2. 유의할 점
    1) 환가성
    2) 지상권의 제한정도
    3) 저당권자가 설정한 경우

  3. 감가 또는 증가요인
    1) 건축 및 시설제한
    2) 권리 제한
    3) 장래 기대이익의 상실

Ⅲ. (물음2) 지상권이 설정된 토지의 보상 감정평가
  1. 보상감정평가의 개념

  2. 검토사항
    1) 토지보상법 시행규칙의 검토
      (1) 제29조의 검토
      (2) 제28조의 검토

    2) 기타
      (1) 보상대상이 아닌 경우
      (2) 완전소유권

Ⅳ. (물음3) 감정평가액의 차이가 나는 이유
  1. 가치다원론의 개념

  2. 정책적 기능
    1) 자원의 배분
    2) 적정한 가격형성 유도
    3) 정당한 보상

  3. 경제적 기능
    1) 시장의 효율성 향상
    2) 의사결정의 기준
    3) 이해조정

Ⅴ. 결어

문제 2 (20점)

공동주택 분양가상한제를 설명하고, 이 제도와 관련된 감정평가사의 역할에 대하여 논하시오.

Ⅰ. 문제분석

1. 서와 결

서는 정책과 관련하여 <정부가 시장에 개입하는 이유>, <시장실패>를 활용했다. 결은 분양가상한제가 문제점을 가지므로 감정평가사의 <역할>이 중요하고, 특히 높은 수준의 <직업윤리>가 요구됨을 강조했다.

2. 분양가상한제

제도를 물었으므로 <의의>, <취지>, <효과>, <성격>, <문제점> 등을 서술할 수 있다. 특히 해당 문제는 <이 제도와 관련된>이라고 제시되었다. 따라서 문제점이나 한계를 언급하고, 감정평가사가 이를 지원하는 역할을 할 수 있다는 내용을 연결하는 게 좋다.

3. 감정평가사의 역할

분양가상한제에서 <택지비의 감정평가>를 먼저 밝힌다. 모든 택지비를 감정평가하는 게 아니기 때문이다. 그리고 감정평가사의 역할로 정책적, 경제적 기능을 활용했다. 그 밖에 해당 문제는 <직업윤리>도 언급이 필요하다. 감정평가사가 분양가상한제를 지원하는 역할을 하기 때문이다.

Ⅱ. 예시목차

Ⅰ. 서론

Ⅱ. 분양가상한제
  1. 의의(주택법 제57조 제1항)
  2. 취지
  3. 문제점
  4. 분양가격 산정방식

Ⅲ. 감정평가사의 역할
  1. 택지비 감정평가
  2. 정책적 역할
  3. 경제적 역할
  4. 직업윤리

Ⅳ. 결론

▌문제 3 (20점)

일단지 감정평가에 관한 다음 물음에 답하시오.
1) 일단지의 개념과 판단 시 고려할 사항에 대하여 설명하시오. (10점)
2) 일단지 감정평가가 당해 토지가격에 미치는 영향을 설명하고, 일단지 감정평가의 사례 3가지를 서술하시오. (10점)

Ⅰ. 문제분석

1. 서와 결

서는 일단지와 관련하여 <일괄감정평가의 의의>, <개별감정평가의 의의>를 활용했다. 개별물건기준 원칙의 <예외>가 일괄감정평가이기 때문이다. 결은 예외의 적용에 주의가 필요하다고 서술했다.

2. 물음1

개념은 <의의>, <용도상 불가분의 관계 판단>을 활용했다. 의의에서 용도상 불가분의 관계가 중요하기 때문이다. 고려사항은 <소유자>, <지목>, <일시적 이용상황>, <인정시점>을 활용했다. 이는 <일단으로 이용 중인 토지>에서 실무기준에 근거하였다.

3. 물음2

토지가격에 미치는 영향은 영향만 보면, <긍정적>, <부정적>으로 접근할 수 있다. 하지만 일단지는 가치형성에 긍정적으로 작용하는 경우가 대부분이다. 부정적으로 작용하는 경우에는 개별로 할 수 있기 때문이다. 따라서 긍정적인 영향을 중심으로 개념을 활용하여 <합리성>, <타당성>으로 서술했다. 사례는 <3가지>를 물었으므로 반드시 3가지를 서술한다.

Ⅱ. 예시목차

Ⅰ. 서설

Ⅱ. (물음1) 일단지
  1. 개념
    1) 의의
    2) 용도상 불가분의 관계 판단

  2. 고려사항
    1) 소유자 및 지목
    2) 일시적 이용상황 및 인정시점

Ⅲ. (물음2) 일단지 감정평가
  1. 토지가격에 미치는 영향
    1) 합리성
    2) 타당성

  2. 사례
    1) 2필지 이상의 토지에 하나의 건축물이 있는 경우
    2) 골프장용지
    3) 개발단계의 나지

Ⅳ. 결론

문제 4 (10점)

비주거용 부동산가격공시제도의 도입 필요성에 대하여 설명하시오.

Ⅰ. 문제분석

현재 비주거용 부동산가격공시제도는 부동산공시법에 포함되어 있다. 관련 제도의 도입은 관련 법률의 목적과 직접 관련되어 있다. 따라서 해당 제도를 모른다고 했을 때는 근거 규정의 <목적>을 활용하여 서술하는 게 좋다.

Ⅱ. 예시목차

Ⅰ. 개설

Ⅱ. 도입 필요성
  1. 가격공시의 일원화
  2. 적정 가격의 형성
  3. 과세의 형평성
  4. 평가체계의 정립

문제 5 (10점)

저금리 기조가 지속되는 과정에서 주택시장에 나타날 수 있는 시장변화에 대하여 설명하시오.

Ⅰ. 문제분석

주택시장의 <의의>를 먼저 밝힌다. 그리고 이를 활용하여 주택시장을 <매매시장과 임대시장>으로 구분하여 접근했다. 또한, 세부목차는 기간에 따라 <단기와 장기>로 구분하였다. 그밖에 활용할 수 있는 목차는 <자산시장과 공간시장>, <수요와 공급> 등이 있다.

Ⅱ. 예시목차

Ⅰ. 개설

Ⅱ. 주택시장의 변화
  1. 매매시장
    1) 단기
    2) 장기
  2. 임대시장
    1) 단기
    2) 장기

감정평가이론 기출문제 **제21회**

문제 1 (40점)

부동산의 가치는 여러 가치형성요인의 상호작용에 의하여 영향을 받는바, 가치형성요인에 관한 다음의 물음에 답하시오.
1) 다른 조건이 일정할 경우 출생률 저하, 핵가족화가 주거용 부동산시장에 미치는 영향을 설명하고, 주거용 부동산 감정평가 시 유의사항에 대하여 논하시오. (30점)
2) 기후변화에 대한 관심이 높아지고 있는바, 기후변화가 부동산 가치형성요인에 미칠 영향에 대하여 약술하시오. (10점)

I. 문제분석

1. 서와 결

① 서는 문제에서 제시된 <부동산 가치>, <가치형성요인>을 활용할 수 있다. 그리고 물음1과 물음2를 연결하여 가치형성요인의 변화가 미치는 영향에 대해 <전반적인 서술>을 하는 방법이 있다.
② 결은 사회적 요인의 변화는 결국 다른 가치형성요인에도 영향을 미치고, 부동산시장, 부동산 가치, 감정평가에 <모두 영향>을 미치고 있음을 밝힐 수 있다. 그 밖에 전제에서 제시된 <상호작용>을 강조하며 마무리할 수 있다.

2. 물음1

물음1은 다양한 목차가 가능하다. 먼저, 출생률 저하와 핵가족화의 의미를 서술할 필요가 있다. 이를 <수요와 공급>으로 보여줄 수도 있고, 사회적 요인으로 <다른 가치형성요인>에 영향을 미칠 수도 있다. 또한, <가치발생요인>과의 관련성을 통해서도 보여줄 수도 있다. 예시목차와 답안은 다양한 형태를 보여주면서 배점의 균형성을 고려하여 작성하였다. 그리고 감정평가 시 유의사항은 <절차>로 목차를 구성하되, 내용은 <주거용 부동산>과 관련한 서술이 필요하다. 그 밖에 가치형성요인을 세부적으로 <일반요인, 지역요인, 개별요인>으로 보여줄 수도 있다.

3. 물음2

물음2는 물음이 <가치형성요인>에 미칠 <영향>이므로 범위가 제시되었다. 개념을 중심으로 접근하면 <일반요인, 지역요인, 개별요인>으로, 내용을 중심으로 접근하면 <사회적 요인, 경제적 요인, 행정적 요인>으로도 가능하다.

Ⅱ. 예시목차

Ⅰ. 서론

Ⅱ. (물음1) 영향 및 감정평가 시 유의사항
  1. 출생률 저하, 핵가족화의 의미

  2. 주거용 부동산시장에 미치는 영향
    1) 시장참가자의 선호 변화
    2) 수요의 변화
    3) 공급의 변화
    4) 경제적 요인의 변화
    5) 행정적 요인의 변화

  3. 주거용 부동산 감정평가시 유의사항
    1) 대상물건의 확정 및 확인시 유의사항
    2) 자료수집 및 분석시 유의사항
    3) 자료검토 및 가치형성요인 분석시 유의사항
    4) 감정평가방법의 선정 및 적용시 유의사항
    5) 시산가액 조정시 유의사항
    6) 감정평가액의 결정시 유의사항

Ⅲ. (물음2) 영향
  1. 기후 변화의 의미

  2. 가치형성요인에 미칠 영향
    1) 일반요인
    2) 지역요인
    3) 개별요인

Ⅳ. 결론

■ 문제 2 (30점)

비상장법인 A주식회사는 특허권을 가지고 전자제품을 제조 판매하는 공장과 임대업에 사용하는 업무용 빌딩을 소유하고 있다. A주식회사는 2009년 전자제품부문에서 50억 원, 임대업에서 20억 원의 당기순이익을 얻었다. A주식회사의 주식을 감정평가하고자 한다.
1) 본건 감정평가와 관련하여 감정평가에 관한 규칙이 인정하는 감정평가방법 및 그 장·단점을 논하시오. (15점)
2) 감정평가에 관한 규칙에서 규정하고 있지 않은 주식 감정평가방법(양 방법을 혼합한 방법 포함)들을 예시하고, 감정평가이론의 관점에서 동 규칙 외의 방법에 의한 감정평가의 타당성을 논하시오. (15점)

Ⅰ. 문제분석

1. 서와 결

① 서는 A주식회사의 <상황>을 활용할 수 있다. 사례형 문제는 관련 개념을 서술하는 것보다 사실관계 등이 <어떤 의미인지>를 밝혀주는 게 좋다. 이를 토대로 본문에서 서술할 방향을 미리 제시할 수 있기 때문이다.
② 결은 A주식회사의 특성 등으로 인해 <다양한> 감정평가방법을 활용하는 게 좋다고 서술했다. 물음1과 물음2의 뉘앙스를 볼 때, 여러 방법을 활용하여 감정평가의 <객관성>을 높이는 게 낫기 때문이다.

2. 물음1

현재 감칙은 <자기자본가치법만>을 규정하고 있다. 따라서 이를 기준으로 예시답안을 작성했다. 과거 규정과 다르므로 배점이 부족할 수 있다. 하지만 자기자본가치법을 구체적으로 서술하는 방법으로 부족한 배점을 채웠다. 그리고 A주식회사의 경우 자기자본가치법을 세분하여 <보통주가치법>을 활용했다.

3. 물음2

물음2는 <감정평가이론의 관점에서>라고 제시했다. 따라서 <다양한> 방법을 보여주는 게 좋다. 괄호에서 <양 방법을 혼합한 방법 포함>은 현재 감칙에는 존재하지 않는다. 하지만 상증세법과 관련한 내용을 활용할 수 있다. 비상장주식의 감정평가는 빈출 논점이므로 그 활용에 대해 다양하게 알고 있어야 한다. 그 밖에 상대가치평가법, 수익가치평가법, 혼합법, 주당가치를 직접 산정하는 방법 등이 있다.

Ⅱ. 예시목차

Ⅰ. 서론

Ⅱ. (물음1) 감정평가방법 및 장단점
  1. 감칙 제24조 제1항 제2호의 검토

  2. 자기자본가치법
    1) 기업가치의 감정평가
    2) 자기자본가치의 산정

  3. 장단점
    1) 장점
    2) 단점

  4. A주식회사

Ⅲ. (물음2) 다른 방법 및 타당성
  1. 혼합법
    1) 적용
    2) 타당성

  2. 상대가치평가법
    1) 적용
    2) 타당성

  3. 수익가치평가법
    1) 적용
    2) 타당성

Ⅳ. 결론

문제 3 (30점)

부동산가치에 관한 다음의 물음에 답하시오.
1) 부동산가치의 본질에 대해 설명하시오. (5점)
2) 부동산가치의 특징 및 가치형성원리에 대하여 설명하시오. (10점)
3) 부동산가치와 기준시점 간의 관계에 대해 설명하시오. (10점)
4) 특정가격과 한정가격의 개념을 설명하시오. (5점)

Ⅰ. 문제분석

1. 서와 결

① 서는 전제에서 주어진 <부동산가치>를 활용할 수 있다. 하지만 해당 문제는 물음1~4를 고려하면 <연결성>을 보여주는 것이 낫다. 설명하는 문제이므로 핵심적인 <키워드>를 서술할 필요가 있다.

② 결은 부동산가치를 언급하면서 <감정평가 시 유의사항> 등을 서술할 수 있다. 또는 물음1~4에서 언급한 <키워드>를 강조할 수 있다.

2. 물음1

<본질>은 본래의 성질을 말한다. 물음2에서의 <특징>과 구별한다. 부동산은 <경제재이자 사회재·공공재>임을 활용할 수 있다. 이를 기반으로 부동산 가치형성원리도 달라질 수 있다.

3. 물음2

부동산가치의 특징은 다양하게 서술할 수 있다. 하지만 <물음1>과의 연결성, <가치형성원리>와의 연결성을 고려해야 한다. 따라서 지역성, 개별성, 다양성, 변동성 등을 활용할 수 있다. 또한, 가치형성원리는 본질과 연결하여 <수요와 공급>에 의한 원리, <가치발생요인과 가치형성요인>에 의한 원리, <가격수준과 구체적 가격>에 의한 원리 등을 활용할 수 있다.

4. 물음3

부동산가치와 기준시점 간의 관계는 <변동성>이다. 하지만 배점이 10점이므로 다양한 관점을 보여줄 필요가 있다. 따라서 저자는 기준시점을 세분하여 <현재, 과거, 미래>로 접근하였다. 그 밖에 기준시점의 <필요성>을 활용할 수 있다. 이는 <책임소재의 명확화>, <부동산가치의 변동성>, <장래편익> 등으로 나타낼 수 있다.

5. 물음4

해당 개념은 일본 감정평가기준에 의한 것이다. 기출문제는 일본과 미국에 의한 기준이 자주 출제되는 사실을 알 수 있다. 하지만 현재는 실무기준이 제정되었다. 따라서 우리나라 규정을 우선 알고 있어야 한다.

Ⅱ. 예시목차

Ⅰ. 서설

Ⅱ. (물음1) 부동산가치의 본질
 1. 경제재로서의 본질
 2. 사회재·공공재로서의 본질

Ⅲ. (물음2) 부동산가치의 특징 및 가치형성원리
 1. 부동산가치의 특징
  1) 지역성
  2) 다양성과 변동성
 2. 가치형성원리
  1) 가격수준의 형성
  2) 구체적 가격의 형성

Ⅳ. (물음3) 부동산가치와 기준시점 간의 관계
 1. 기준시점의 개념
 2. 양자의 관계
  1) 현재 기준상 관계
  2) 과거 기준상 관계
  3) 미래 기준상 관계

Ⅴ. (물음4) 특정가격과 한정가격의 개념
 1. 특정가격
 2. 한정가격

Ⅵ. 결어

감정평가이론 기출문제 제22회

문제 1 (40점)

부동산의 가치는 여러 가지 요인에 의해 영향을 받기 때문에 감정평가사는 대상부동산의 개별적인 특성뿐만 아니라 정부의 정책과 부동산시장변화에 대해서도 이해할 필요가 있는바, 다음의 물음에 답하시오.
1) 최근 전력난을 완화하기 위한 초고압 송전선로 설치가 빈번하게 발생하고 있으며 이를 둘러싼 이해관계자들의 갈등도 증폭되고 있는데, 이와 관련된 송전선로부지 보상평가방법과 송전선로 설치에 따른 '보상되지 않는 손실'에 대해 설명하시오. (15점)
2) 최근 수익형 부동산에 대한 관심이 확산되고 있는데 수익형 부동산의 특징과 그 가치형성원리에 대해 설명하시오. (15점)
3) 수익형 부동산의 감정평가방법에 대해 설명하시오. (10점)

I. 문제분석

1. 서와 결

① 서는 <전제>를 활용했다. <여러 가지 요인>, <대상부동산의 개별적인 특성>, <정부의 정책>, <부동산시장변화> 등이 제시되었다. 이는 물음과 연결된다. 따라서 위의 사항들이 감정평가 시 반영될 필요가 있다.
② 결은 부동산 가치는 <여러 요인>의 영향을 받으므로 감정평가 시 고려한다고 서술했다.

2. 물음1

원 문제는 <선하지>다. 현재 규정은 <송전선로부지>이므로 이를 기준으로 문제를 수정했다. 보상평가는 법정평가이므로 <관련 규정>을 반드시 작성하는 게 좋다. 따라서 목차를 <감정평가관계법규의 검토>로 활용했다. 그리고 보상평가방법은 규정에 따라 2가지로 서술했다. 보상되지 않는 손실은 규정에 없는 것을 서술했다. <간접손실>, <보정률에서 고려하지 못하는 요인>, <무단사용> 등이 있다.

3. 물음2

수익형 부동산의 특징은 <수익성>, <다양성>, <변동성>을 활용했다. 특히 <수익성>은 수익형 부동산의 이용목적이므로 답안에 활용했다. 그리고 <가치형성원리>는 <자본환원의 논리>와 <가격수준과 구체적 가격의 형성>을 활용했다. 가치형성원리는 출제된 논점이다. 따라서 이를 활용하되, 내용은 수익형 부동산과 관련된 것으로 서술했다.

4. 물음3

<감정평가방법>을 물었다. 따라서 <3방법>을 활용했다. 그리고 수익형 부동산의 특징과 가치형성원리를 연결하기 위해 <시산가액의 조정>을 활용했다.

Ⅱ. 예시목차

Ⅰ. 서설

Ⅱ. (물음1) 송전선로부지의 보상평가방법 등
1. 감정평가관계법규의 검토
2. 송전선로부지의 보상평가방법
   1) 지상 공간의 한시적 사용을 위한 감정평가
   2) 지상 또는 지하 공간의 사실상 영구적 사용을 위한 감정평가
3. 송전선로 설치에 따른 보상되지 않는 손실
   1) 가치하락분
   2) 타인토지의 무단사용

Ⅲ. (물음2) 수익형 부동산의 특징과 가치형성원리
1. 수익형 부동산의 개념
2. 수익형 부동산의 특징
   1) 수익성
   2) 다양성
   3) 변동성

3. 가치형성원리
   1) 자본환원의 논리
   2) 가격수준의 형성
   3) 구체적 가격의 형성

Ⅳ. (물음3) 수익형 부동산의 감정평가방법
1. 수익환원법의 적용
2. 거래사례비교법의 적용
3. 원가법의 적용
4. 시산가액의 조정

Ⅴ. 결어

문제 2 (30점)

부동산 감정평가 시 다양한 감정평가방법이 있고 정확한 가치평가를 위해서는 경제적 상황의 변화도 고려해야 할 필요가 있다. 다음의 물음에 답하시오.
1) 감정평가에 사용될 수 있는 계량적(정량적) 방법인 특성가격함수모형(Hedonic Pricing Model)에 대해 설명하고, 감정평가사의 주관적 감정평가와 비교하여 그 장·단점을 논하시오. (10점)
2) 최근의 세계 경제 위기가 국내 부동산시장에 미치는 영향을 기술하고, 이러한 영향 하에서 부동산 감정평가를 할 경우 비교방식, 원가방식, 수익방식별로 유의점을 논하시오. (20점)

Ⅰ. 문제분석

1. 서와 결

① 서는 <전제>를 활용했다. <경제적 상황의 변화>는 물음2의 <세계 경제 위기>와 관련된다. 그리고 <다양한> 감정평가방법은 물음1의 <특성가격함수모형>과 <주관적 감정평가>와 관련된다. 따라서 경제적 상황의 변화에 대응하기 위해서는 다양한 감정평가방법의 활용이 필요하다.
② 결은 서에서 활용한 내용을 강조했다.

2. 물음1

설명하고 논하는 문제다. 따라서 <개념>을 5점, <장·단점>을 5점으로 배분했다. 목차는 2개씩 서술할 수도 있지만, 예시목차와 답안은 다양한 형태를 보여주기 위해 3개씩 구성하여 제시했다.

3. 물음2

서술어를 기준으로 <영향>에 10점, <유의점>에 10점을 배분하였다. <부동산시장에 미치는 영향>은 시장을 세분하여 보여줄 수 있다. <세계경제위기>는 거시적 관점이고 부동산시장과 자본시장을 연결하는 <이자율이나 수익률>과 관련된다. 따라서 <공간시장과 자산시장>을 기준으로 서술하였다. 감정평가 시 유의점은 <방식별로> 제시되었으므로 각각을 목차로 구성하였다. 여기에 다양한 형태를 보여주기 위해 6개의 목차를 활용하였다. 이런 경우 내용은 3~4줄로 서술하는 게 배점에 맞다.

Ⅱ. 예시목차

Ⅰ. 서론

Ⅱ. (물음1) 특성가격함수모형
  1. 개념
    1) 의의
    2) 특징
    3) 가치추정 논리
  2. 주관적 감정평가와 비교한 장·단점
    1) 주관적 감정평가의 의미
    2) 장점
    3) 단점

Ⅲ. (물음2) 세계경제위기와 감정평가
  1. 국내 부동산시장에 미치는 영향
    1) 부동산시장의 개념
    2) 공간시장에 미치는 영향
      (1) 수요
      (2) 공급
    3) 자산시장에 미치는 영향
      (1) 수요
      (2) 공급

  2. 감정평가 시 유의점
    1) 비교방식
      (1) 사례선정
      (2) 사정보정
    2) 원가방식
      (1) 재조달원가
      (2) 감가수정
    3) 수익방식
      (1) 순수익이나 현금흐름
      (2) 환원율

Ⅳ. 결론

문제 3 (20점)

정비사업은 도시환경을 개선하고 주거생활의 질을 높이는 것이 목적인데 그 중 주택재개발사업은 정비기반시설이 열악하고 노후·불량건축물이 밀집한 지역의 주거환경을 개선하기 위한 사업이다. 이에 관한 감정평가사의 역할이 중요한바, 다음의 물음에 답하시오.
1) 주택재개발사업의 추진 단계별 목적에 따른 감정평가 업무를 분류하고 설명하시오. (10점)
2) 종전자산(종전의 토지 또는 건축물)과 종후자산(분양예정인 대지 또는 건축물의 추산액)과의 관계를 설명하시오. (10점)

Ⅰ. 문제분석

1. 서와 결

① 서는 재개발사업의 <의의>를 활용하였다. 전제에서 제시된 주택재개발사업의 의의는 현재 규정과 맞지 않으므로 예시답안은 이를 수정하여 작성하였다.
② 결은 재개발사업의 <목적>, 물음2의 종전자산과 종후자산 감정평가의 <중요성>을 강조하였다.

2. 물음1

추진 <단계별>로 목차를 구성한다. 그리고 단계별로 감정평가 업무를 설명하면 충분하다.

3. 물음2

양자는 <비례율>과 <분담금> 측면에서 관련된다. 따라서 이를 기준으로 목차와 답안을 작성하였다.

Ⅱ. 예시목차

Ⅰ. 서설

Ⅱ. (물음1) 단계별 감정평가 업무
  1. 사업시행인가 전

  2. 관리처분계획인가 전
    1) 종전자산과 종후자산의 감정평가
    2) 국공유재산의 처분을 위한 감정평가
    3) 토지등의 수용 등에 따른 감정평가

  3. 관리처분계획인가 후

Ⅲ. (물음2) 종전자산과 종후자산의 관계
  1. 양자의 의의

  2. 양자의 관계
    1) 비례율 산정상 관계
    2) 분담금 결정상 관계

Ⅳ. 결어

문제 4 (10점)

최유효이용에 관한 다음의 물음에 답하시오.
1) 최유효이용 판단 시 유의사항을 설명하시오. (5점)
2) 최유효이용의 장애요인을 설명하시오. (5점)

Ⅰ. 문제분석

개설은 최유효이용의 <의의>, <판단>을 서술했다. 판단을 기준으로 물음1에서 유의사항을 물었기 때문이다. 장애요인은 예시목차와 답안 외에 물음1과 연결하여 서술할 수 있다. 예를 들어, <물리적 장애요인, 법적 장애요인, 경제적 장애요인, 최대수익성의 장애요인>으로 서술할 수 있다.

Ⅱ. 예시목차

Ⅰ. 개설

Ⅱ. (물음1) 최유효이용 판단 시 유의사항
  1. 물리적 가능성 및 법적 가능성
  2. 경제적 타당성 및 최대수익성

Ⅲ. (물음2) 최유효이용의 장애요인
  1. 부동산시장의 불완전성
  2. 정부의 행정적 규제

감정평가이론 기출문제 제23회

▌문제 1 (40점)

시장가치(Market Value)에 관한 다음의 물음에 답하시오.
1) 시장가치 개념의 변천과정을 설명하시오. (20점)
2) 최근 시장가치 정의의 통계학적 의미를 최종평가가치의 표현방법과 관련하여 설명하시오. (20점)

Ⅰ. 문제분석

1. 서와 결

① 서는 <시장가치의 개념>이 어떻게 변했는지에 대하여 서술하였다. 이는 물음1과 관련된다. 또한, 물음2에서 시장가치의 <정의>에서 통계학적 의미를 물어봤으므로 관련이 있다.
② 결은 시장가치 개념이 변화했고, 시장가치 외의 가치 <규정이 마련>되어야 함을 서술했다.

2. 물음1

해당 물음은 배점이 20점임에도 서술할 수 있는 내용이 적다. 특히, 과거의 개념도 필요하므로 준비한 수험생은 많지 않다. 예시목차와 답안은 출제 의도를 분석하여 관련 내용을 배점에 맞게 구체적으로 서술했다. 하지만 실제 시험에서 예시답안처럼 작성은 어려울 것이다. 이에 대한 대처는 강평에서 언급하겠다.

3. 물음2

해당 물음도 20점의 배점을 채우기 어렵다. 물음을 쪼개어 <통계학>, <최종평가가치의 표현방법>, <통계학적 의미>로 서술했다. 물음1에서 시장가치 개념의 변화를 연결한 부분은 <최고가격 논의>다.

Ⅱ. 예시목차

Ⅰ. 서설

Ⅱ. (물음1) 시장가치 개념의 변천과정
  1. 정상시가
  2. 정상가격
    1) 의의
    2) 정상시가와의 차이
    3) 적정가격의 반영
    4) 적정가격과 정상가격
      (1) 적정가격의 의의(부동산공시법 제2조 제5호)
      (2) 적정가격과의 동일성 여부
  3. 시장가치
    1) 의의(감칙 제2조 제1호)
    2) 정상가격과의 차이
    3) 변경의 취지

Ⅲ. (물음2) 시장가치 정의의 통계학적 의미
  1. 통계학
    1) 개념
    2) 평균
    3) 중위치
    4) 최빈치
  2. 최종평가가치의 표현방법
    1) 감정평가액의 표시
    2) 점추정
    3) 구간추정
  3. 시장가치 정의의 통계학적 의미
    1) 최고가격 논의
    2) 최빈치로서의 의미
    3) 점추정과 구간추정에서의 의미

Ⅳ. 결어

문제 2 (30점)

최근 수익성 부동산의 임대차시장에서는 보증부 월세가 주된 임대차 계약형태로 자리를 잡고 있다. 이 수익성 부동산을 수익환원법으로 감정평가하고자 할 때, 다음 사항에 대하여 답하시오.
1) 이 수익성 부동산의 감정평가 절차에 대해서 설명하시오. (10점)
2) 보증금의 처리방법과 문제점에 대해서 논하시오. (20점)

Ⅰ. 문제분석

1. 서와 결

① 서는 전제에서 제시된 <수익성 부동산>, <보증부 월세>, <수익환원법> 등을 활용할 수 있다. 물음1~2에서 활용할 의의는 서에서 서술하지 않는다. 저자는 <수익성 부동산>, <임대차 계약형태>를 활용했다.
② 결은 수익환원법에서 <보증금과 월세>가 중요하다고 강조하고, 보증금과 관련된 문제가 있으므로 감정평가 시 주의가 필요하다고 서술했다.

2. 물음1

상당수의 수험생은 해당 물음에 대해 <일반적인> 감정평가 절차로 서술했다. 하지만 물음을 보면 <이 수익성 부동산>의 감정평가 절차를 물었고, 전제는 <이 수익성 부동산을 "수익환원법"으로 감정평가하고자 할 때>로 제시되었다. 따라서 <수익환원법의 감정평가절차>를 서술할 필요가 있다.

3. 물음2

보증금의 처리방법은 <보증금 운용이익>으로 처리하는 것과 <보증금 전액>을 수익이나 비용으로 처리하는 게 있다. 이를 모두 활용하여 예시목차와 답안을 작성했다. 그리고 문제점도 처리방법과 연결하여 처리한 것과 그 외의 부분으로 처리했다. 배점을 고려할 때 <다양하게> 보여줄 필요가 있기 때문이다.

Ⅱ. 예시목차

Ⅰ. 서론

Ⅱ. (물음1) 수익성 부동산의 감정평가절차
 1. 수익환원법의 적용
 2. 자본환원방법의 결정
 3. 자본환원율의 결정
 4. 순수익 등의 산정

Ⅲ. (물음2) 보증금의 처리방법과 문제점
 1. 보증금의 개념

 2. 보증금의 처리방법
  1) 보증금 운용이율을 적용하는 방법
   (1) 안전이율의 적용
   (2) 시장이자율의 적용
   (3) 전월세 전환율의 적용
  2) 수익과 비용으로 처리하는 방법

 3. 문제점
  1) 보증금 운용이율의 결정
   (1) 안전이율
   (2) 시장이자율
   (3) 전월세 전환율
  2) 부동산가치와 보증금과의 상관성
  3) 보증금과 월세의 적정 비율

Ⅳ. 결론

문제 3 (20점)

다음 사항을 설명하시오.
1) 실물옵션 (10점)
2) 정비사업의 재건축사업에 있어서 매도청구 소송목적의 감정평가 (10점)

Ⅰ. 문제분석

1. 물음1

해당 물음은 출제했던 논점이다. 그리고 단순 개념을 묻는 문제라도 감정평가나 부동산 관련하여 서술할 필요가 있다. 감정평가사 자격시험이기 때문이다. 따라서 <기본개념>과 <감정평가 시 유용성>을 중심으로 서술하는 것이 좋다.

2. 물음2

<정비사업의 재건축사업에 있어서>는 도시정비법 제64조의 매도청구 감정평가와 관련된다. 따라서 해당 부분만 답안에 서술했다. <감정평가>와 관련된 것이므로 감정평가 시 <u><논점이 되는 부분></u>을 중심으로 서술했다. 특히 <시가>는 판례도 있으므로 답안에 활용할 필요가 있다.

Ⅱ. 예시목차

Ⅰ. (물음1) 실물옵션
  1. 개념
    1) 의의
    2) 유형

  2. 유용성
    1) NPV법과 IRR법의 한계
    2) 부동산의 실물옵션 적용 가능성
    3) 실물옵션에 대한 투자의사결정

Ⅱ. (물음2) 매도청구 소송의 감정평가
  1. 개념

  2. 기준시점

  3. 시가의 의미
    1) 개발이익의 반영
    2) 판례
    3) 영업손실 등

문제 4 (10점)

> 국토교통부의 부동산 실거래가 자료축적의 의의와 한계극복을 위한 감정평가사의 역할에 대해서 설명하시오.

Ⅰ. 문제분석

물음은 <자료축적의 의의>와 <감정평가사의 역할>이다. 하지만 <한계극복을 위한>이라고 제시되었으므로 <u><자료축적의 한계></u>를 목차로 구성할 필요가 있다. 그리고 한계극복을 <위한>이므로 이와 연결한 감정평가의 <역할>을 답안에 작성했다.

Ⅱ. 예시목차

Ⅰ. 개설

Ⅱ. 실거래가 자료축적의 의의

Ⅲ. 한계극복을 위한 감정평가사의 역할
  1. 실거래가 자료축적의 한계
    1) 자료의 신뢰성
    2) 사정개입 가능성

  2. 감정평가의 역할
    1) 실거래가의 적정성 검토
    2) 의사결정의 기준 제시

감정평가이론 기출문제 제24회

▎문제 1 (40점)

최유효이용에 대한 다음의 물음에 답하시오.
1) 부동산 감정평가에서 최유효이용의 개념과 성립요건을 설명하시오. (5점)
2) 부동산가격판단 시 최유효이용을 전제로 판단해야 하는 이유를 설명하시오. (10점)
3) 최유효이용의 원칙과 다른 원칙들 간의 상호관련성을 설명하시오. (10점)
4) 부동산시장이 침체국면일 때 최유효이용의 판단 시 유의사항을 설명하시오. (15점)

Ⅰ. 문제분석

1. 서와 결

① 서는 소물음과 관련하여 최유효이용이 감정평가에서 어떻게 <활용>되는지 등을 서술했다.
② 결은 최유효이용은 감정평가에서 <중요>하며, 계속해서 <변한다>는 점을 강조했다.

2. 물음1

개념과 성립요건을 물었다. 성립요건은 4가지로 설명할 수 있다. 배점이 5점이므로 <줄여서> 서술할 필요가 있다.

3. 물음2

최유효이용의 <이론적 근거>를 활용할 수 있다. 그 밖에 배점과 물음3과의 연결성을 고려하여 <최유효이용의 원칙>을 활용했다. 다른 목차로 활용할 수 있는 건 <1. 용도의 다양성과 용도 경쟁, 2. 부동산 거래의 가격판단, 3. 부동산가격과 용도의 상호관계> 등이 있다.

4. 물음3

최유효이용원칙을 기준으로 <기초토대, 내부적, 외부적> 측면으로 구분할 수 있다. <배점의 균형성>을 고려하여 2개씩 목차를 세분했다.

5. 물음4

물음4가 문제1에서 가장 중요하다. 물음1~3은 결국 물음4를 묻기 위한 것이다. 따라서 최유효이용의 <개념, 성립요건, 판단, 가격원칙> 등을 <침체국면>이라는 상황에 맞추어 서술할 필요가 있다.

Ⅱ. 예시목차

Ⅰ. 서설

Ⅱ. (물음1) 최유효이용의 개념과 성립요건
　1. 최유효이용의 개념
　2. 성립요건
　　1) 물리적, 법적 가능성
　　2) 경제적 타당성, 최대 수익성

Ⅲ. (물음2) 최유효이용을 전제로 판단해야 하는 이유
　1. 인간의 합리성 추구
　2. 토지 할당
　3. 최유효이용의 강제
　4. 최유효이용의 원칙에 부합

Ⅳ. (물음3) 최유효이용의 원칙과의 상호관련성
　1. 기초·토대
　　1) 예측의 원칙
　　2) 변동의 원칙

　2. 내부적 측면
　　1) 균형의 원칙
　　2) 기여의 원칙
　3. 외부적 측면
　　1) 적합의 원칙
　　2) 수요·공급의 원칙

Ⅴ. (물음4) 최유효이용의 판단 시 유의사항
　1. 침체국면의 의미
　2. 유의사항
　　1) 법적 가능성
　　2) 경제적 타당성
　　3) 최대 수익성
　　4) 중도적이용
　　5) 투기적이용

Ⅵ. 결어

문제 2 (30점)

시장분석(market analysis)과 지역분석(regional analysis)에 대한 다음의 물음에 답하시오.
1) 시장분석(market analysis)의 의의 및 필요성을 설명하고, 시장분석 6단계를 단계별로 설명하시오. (20점)
2) 부동산 감정평가에서 행하는 지역분석(regional analysis)을 설명하고, 시장분석(market analysis)과의 관계를 설명하시오. (10점)

Ⅰ. 문제분석

1. 서와 결

① 서는 <부동산시장에 대한 분석>이 필요한 <이유>를 서술했다. 결국, 시장분석과 지역분석은 감정평가에서 기초가 되는 <자료>로 활용되기 때문이다.
② 결은 시장분석과 지역분석은 <최유효이용>을 판정하기 위한 <과정>임을 밝히고, 자료의 <한계>가 있으므로 감정평가 시 유의할 필요가 있음을 서술했다.

2. 물음1

의의 및 필요성을 물었다. <의의>는 의의만 서술할 수 있다. 하지만 의의는 <개념>을 묻는 것이기도 하다. 따라서 <배점의 균형성>을 고려하여 같은 배점으로 서술했다.

3. 물음2

양자의 관계는 처음 출제된 논점이다. 각 분석의 <내용>을 토대로 <목차>를 접근할 수 있다.

Ⅱ. 예시목차

Ⅰ. 서설

Ⅱ. (물음1) 시장분석
  1. 의의 및 필요성
    1) 의의
      (1) 시장분석
      (2) 분석 수준
      (3) 한계
    2) 필요성
      (1) 경제재의 특성 반영
      (2) 가치형성과정의 특성 반영
      (3) 시장 및 시장참가자의 특성 반영

  2. 시장분석 6단계
    1) 생산성 분석
    2) 시장획정
    3) 수요분석
    4) 공급분석
    5) 균형분석
    6) 포착률 예측

Ⅲ. (물음2) 지역분석 등
  1. 지역분석
    1) 의의
    2) 필요성

  2. 지역분석과 시장분석의 관계
    1) 목적상 관계
    2) 범위상 관계

Ⅳ. 결어

▌문제 3 (20점)

감정평가이론 토지 감정평가방법에는 감정평가 3방식이 있으나, 감정평가 관련 법령은 토지의 경우 표준지공시지가를 기준으로 감정평가하도록 규정하고 있다. 다음의 물음에 답하시오.
1) 토지 감정평가 시 감정평가 3방식을 적용하여 감정평가한 가격과 표준지공시지가를 기준으로 감정평가한 가격과의 관계를 설명하시오. (10점)
2) 표준지공시지가가 시장가치를 반영하지 못하는 경우, 표준지공시지가를 기준으로 해야 하는 감정평가에서 발생 가능한 문제와 대책을 기술하시오. (10점)

Ⅰ. 문제분석

1. 서와 결

① 서는 <전제>에서 제시된 것을 활용했다. 즉, <감정평가 관계법규>와 <감정평가 이론> 측면을 제시했다. 그 밖에 표준지공시지가의 <문제점> 등을 언급하면서 시작할 수 있다.
② 결은 법과 이론을 <병용>하자는 점을 강조했다.

2. 물음1

관련 <규정>을 먼저 서술하고 전제를 활용하였다. 왜냐하면 물음2와도 연결되기 때문이다. 그리고 <관계>는 다양한 측면을 보여줬다. 이는 기출문제 <제3회 문제2>를 활용할 수 있다.

3. 물음2

표준지공시지가가 시장가치를 반영하지 못하는 경우이다. 즉, 공시지가기준법이 아니라, 표준지공시지가에 대한 문제다. 따라서 <그 밖의 요인 보정>을 활용할 수 있다. 그 밖에 기출문제에서 그 밖의 요인 보정 논점이 출제될 경우 언급되었던 <시산가액 조정>을 활용했다. 이를 놓친 수험생이 많았다.

Ⅱ. 예시목차

Ⅰ. 서론

Ⅱ. (물음1) 시산가액 간의 관계
  1. 감정평가법 제3조 및 감칙 제14조의 검토

  2. 관계
    1) 감칙 제12조 측면
    2) 가치 3면성 측면
    3) 표준지공시지가 측면

Ⅲ. (물음2) 발생 가능한 문제와 대책
  1. 발생 가능한 문제
    1) 적정가격과 시장가치의 차이
    2) 현실화율

  2. 대책
    1) 그 밖의 요인 보정
    2) 시산가액 조정

Ⅳ. 결론

문제 4 (10점)

> 부동산업을 법인형태로 영위하는 경우, 해당 법인의 주식 가치 감정평가방법을 설명하시오.

Ⅰ. 문제분석

부동산업을 법인형태로 영위하는 것은 부동산 관련 유·무형자산을 보유하며 부동산 매매·개발·중개업 등을 운영하는 법인이다. 문제에서 <상장유무>는 제시되지 않았으므로 이를 모두 검토한다. <감정평가방법>을 물었으므로 이를 중심으로 서술하였다.

Ⅱ. 예시목차

Ⅰ. 개설

Ⅱ. 주식가치 감정평가방법
  1. 상장주식
    1) 거래사례비교법
    2) 비상장주식의 감정평가방법 준용

  2. 비상장주식
    1) 자기자본가치법
    2) 보통주 가치법
    3) 상증세법 시행령 제54조에 의한 방법

감정평가이론 기출문제 **제25회**

문제 1 (40점)

최근 부동산 시장 환경변화로 부동산 감정평가에서 고려할 사항이 늘고 있다. 감정평가원리 및 방식에 대한 다음 물음에 답하시오.
1) 리모델링 된 부동산에 대해 감정평가 3방식을 적용하여 감정평가할 때 유의할 사항을 설명하시오. (10점)
2) 토양오염이 의심되는 토지에 대한 감정평가안건의 처리방법을 설명하시오. (15점)
3) 공익사업을 위해 수용될 지구에 포함되어 장기 미사용 중이던 토지가 해당 공익사업의 중단으로 지구지정이 해제되었을 때, 당해 토지 및 주변부 토지에서 초래될 수 있는 경제적 손실을 부동산평가원리에 근거하여 설명하시오. (15점)

Ⅰ. 문제분석

1. 서와 결

① 서는 다양한 부동산시장의 환경변화가 감정평가에 어떤 영향을 미치는지를 <물음과 관련>하여 서술했다.
② 결은 시장의 환경변화를 감정평가에 잘 반영하기 위해서는 <기준과 원리>가 요구된다고 서술했다.

2. 물음1

리모델링의 개념을 먼저 서술했다. 예시답안은 건축법상 개념과 주택법상 개념을 활용했다. 그리고 각 방식별로 유의사항을 <리모델링과 연결>하여 답안을 작성할 필요가 있다. 방식별로 세부 목차를 나누었지만, 나누지 않고 서술하는 것도 가능하다. 목차를 나누는 것보다 리모델링과 연결하여 서술했는지가 중요하다.

3. 물음2

<감정평가안건의 처리방법>을 물었으므로 <절차>를 활용했다. 그리고 <토양오염과 연결>하여 답안을 작성했다. 특히, 토양오염이 의심되는 토지는 대상물건의 확정, 감정평가조건, 기준시점 등에 따라 감정평가액이 달라질 수 있으므로 서술이 필요하다. 또한, 가치하락분은 주된 감정평가방법이 없으므로 시산가액의 조정이 중요하다.

4. 물음3

<부동산평가원리>를 <가치원칙>으로 접근했다. 이는 기존에 출제된 문제에 기반했다. 가치원칙은 다양하게 서술할 수 있다. 예시목차 외에 접근하는 방법은 <경제적 손실>을 <용도의 다양성>과 연결할 수 있다. 즉, <주거용, 상업용, 공업용 등>으로 목차를 잡아서 서술할 수 있다. 이 경우에도 당해 토지와 주변부 토지는 다르게 서술할 필요가 있다.

Ⅱ. 예시목차

Ⅰ. 서설

Ⅱ. (물음1) 리모델링 부동산 감정평가시 유의사항
  1. 리모델링의 개념

  2. 원가방식 적용시 유의사항
    1) 재조달원가
    2) 감가수정

  3. 비교방식 적용시 유의사항
    1) 사례선정
    2) 가치형성요인 비교

  4. 수익방식 적용시 유의사항
    1) 순수익 등
    2) 자본환원율

Ⅲ. (물음2) 토양오염이 의심되는 토지
  1. 토양오염의 개념
  2. 감정평가안건의 처리방법
    1) 대상물건의 확정
    2) 기준시점
    3) 감정평가조건
    4) 관련 전문가에 대한 자문 등
    5) 가치형성요인의 분석
    6) 감정평가방법의 선정 및 적용
    7) 감정평가액의 결정

Ⅳ. (물음3) 당해 토지 및 주변부 토지의 경제적 손실
  1. 경제적 손실

  2. 당해 토지
    1) 예측·변동의 원칙
    2) 최유효이용의 원칙

  3. 주변부 토지
    1) 적합의 원칙
    2) 외부성의 원칙

Ⅴ. 결어

문제 2 (35점)

근린형 쇼핑센터 내 구분점포(「집합건물의 소유 및 관리에 관한 법률」에 의한 상가건물의 구분소유부분)의 시장가치를 감정평가하려 한다. 인근에 경쟁적인 초대형 쇼핑센터가 입지하여, 대상 점포가 소재한 근린형 쇼핑센터의 고객흡인력이 급격히 감소하고 상권이 위축되어 구분점포 거래가 감소하게 된 시장 동향을 고려하여 다음 물음에 답하시오. (35점)
1) 대상 구분점포의 감정평가에 거래사례비교법을 적용할 경우 감정평가방법의 개요, 적용상 한계 및 수집된 거래사례의 거래조건보정(Transactional adjustmemts)에 대하여 설명하고, 그 밖에 적용 가능한 다른 감정평가방법의 개요 및 적용 시 유의할 사항에 대하여 설명하시오. (25점)
2) 적용된 각 감정평가방법에 의한 시산가액 간에 괴리가 발생되었을 경우 시산가액 조정의 의미, 기준 및 재검토할 사항에 대하여 설명하시오. (10점)

Ⅰ. 문제분석

1. 서와 결

해당 문제는 본문에 충분한 배점을 활용하기 위해 서와 결을 간단히 서술했다.

2. 물음1

서술어를 기준으로 배점을 먼저 나눴다. 그리고 물음을 그대로 배점에 적용했다. 여기서 중요한 것은 <구분점포>와 <시장 동향>이다. 문제에서 상황을 제시했기 때문이다. 따라서 기본적인 내용은 <규정과 개념>을 활용했고, 세부 목차의 내용에 <사실관계>를 포섭하여 서술했다.

3. 물음2

3가지를 물었기 때문에 같은 배점으로 서술했다. 또한, 목차는 기본적인 것으로 잡았으나, 내용은 문제에서 제시된 <상황>과 연결하였다.

Ⅱ. 예시목차

Ⅰ. 서설

Ⅱ. (물음1) 구분점포의 감정평가방법
 1. 구분점포의 개념
  1) 의의(집합건물법 제1조의2 제1항)
  2) 요건

 2. 거래사례비교법의 적용
  1) 개요
   (1) 감칙 제16조의 검토
   (2) 거래사례비교법의 의의(감칙 제2조 제7호)
  2) 적용상 한계
   (1) 사례선정
   (2) 가치형성요인 비교
  3) 거래조건보정
   (1) 의의
   (2) 사안의 경우

 3. 수익환원법의 적용
  1) 개요
   (1) 감칙 제12조 제1항의 검토
   (2) 수익환원법의 의의(감칙 제2조 제10호)
  2) 적용시 유의사항
   (1) 순수익등
   (2) 자본환원율

 4. 원가법의 적용
  1) 개요
  2) 적용시 유의사항

Ⅲ. (물음2) 시산가액 조정
 1. 의미
  1) 시산가액 조정의 의의
  2) 시산가액 조정의 필요성

 2. 기준
  1) 대상물건의 특성
  2) 자료의 신뢰성

 3. 재검토 사항
  1) 시산가액의 합리성
  2) 시장상황

Ⅳ. 결어

문제 3 (15점)

감정평가서의 정확성을 점검하고 부실감정평가 등의 도덕적 위험을 예방하기 위하여 평가검토(Appraisal review)가 필요할 수 있다. 평가검토에 대해 설명하시오.

Ⅰ. 문제분석

평가검토를 전체적으로 물었다. 따라서 <개념, 목적, 종류, 기능, 한계> 등을 활용하여 답안을 작성했다.

Ⅱ. 예시목차

Ⅰ. 개설

Ⅱ. 평가검토
  1. 개념
    1) 의의
    2) 심사와의 구별

  2. 목적
    1) 일관성과 정확성
    2) 위험의 관리

  3. 종류
    1) 현장검토와 탁상검토
    2) 총괄검토

  4. 기능
  5. 한계

문제 4 (10점)

정부에서 추진 중인 상가권리금 보호 방안이 제도화될 경우 권리금 감정평가 업무에 변화가 나타날 것으로 예상된다. 이에 관한 상가권리금에 대해 설명하시오.

Ⅰ. 문제분석

해당 문제는 상가임대차법이 시행되기 전에 출제된 것이다. 따라서 예시목차와 예시답안은 현재 시행되고 있는 <상가임대차법>을 근거로 작성했다. 개념을 서술하는 문제이므로 <의의, 종류, 조사 및 확인사항, 감정평가방법> 등으로 전체적인 내용이 들어가도록 작성했다.

Ⅱ. 예시목차

Ⅰ. 개설

Ⅱ. 상가권리금
  1. 의의(상가임대차법 제10조의3 제1항)
  2. 종류
  3. 조사 및 확인사항
  4. 감정평가방법

감정평가이론 기출문제 제26회

문제 1 (40점)

A법인은 토지 200m² 및 위 지상에 건축된 연면적 100m² 1층 업무용 건물(집합건물이 아님)을 소유하고 있다. 건물은 101호 및 102호로 구획되어 있으며, 101호는 A법인이 사무실로 사용하고 있고 102호는 B에게 임대하고 있다. 다음 물음에 답하시오.

1) A법인이 소유한 위 부동산(토지 및 건물)을 감정평가할 경우 감정평가 규칙에 따른 원칙적인 감정평가방법 및 근거, 해당 방법의 적정성을 논하시오. (15점)
2) 임차인 C가 101호를 전세로 임차하기로 하였다. C는 전세금액 및 전세권 설정에 참고하기 위하여 101호 건물 50m²만을 감정평가 의뢰하였다. 본건 감정평가의 타당성에 관해 설명하시오. (10점)
3) A법인은 토지에 저당권을 설정한 이후 건물을 신축하였으나 건물에 대해서는 저당권을 설정하지 않았다. A법인이 이자 지급을 연체하자 저당권자가 본건 토지의 임의경매를 신청하였다. 이 경우 토지의 감정평가방법에 관해 설명하시오. (5점)
4) 해당 토지의 용적률은 50%이나 주변 토지의 용적률은 100%이다. A법인이 용적률 100%를 조건으로 하는 감정평가를 의뢰하였다. 조건부평가에 관해 설명하고 본건의 감정평가 가능 여부를 검토하시오. (10점)

I. 문제분석

1. 서와 결

서는 물음1~4를 볼 때 <감정평가원칙과 예외>에 대한 문제임을 강조하였다. 특히 개별물건기준 원칙과 현황기준 원칙과 관련된다. 결은 예외의 적용에 유의하자고 언급했다.

2. 물음1

복합부동산에 대한 감정평가다. 이는 개별물건기준 원칙에 따른다. 따라서 토지와 건물로 각각 감정평가한다. 이를 중심으로 목차와 사안을 포섭하여 서술했다. 충분한 사실관계가 없으므로 원칙을 따라야 한다는 결론으로 일관되게 작성하였다.

3. 물음2

부분감정평가로 개별감정평가의 예외이다. 타당성은 부분감정평가의 <의의를 활용>하여 접근했다. 또한, 전세금액의 감정평가도 서술했다. 이 부분은 답안작성이 어려운 부분이다.

4. 물음3

제시외건물이 존재하므로 정상적으로 평가할 수 있는지에 대한 문제이다. 이는 민법과 관련된다. 해당 문제도 구체적인 답안작성이 어렵다. 실제 감정서는 나지 상정가액과 제한을 고려한 가액을 모두 기재한다.

5. 물음4

<개념>을 활용하여 배점을 채울 수 있다. 또한, <관련 규정>을 활용했다. 그리고 주어진 사실관계를 포섭하여 답안을 작성했다. 다만, 충분한 사실관계가 제시되지 않았으므로 <나누어서> 검토하는 방법을 활용했다.

Ⅱ. 예시목차

Ⅰ. 서론

Ⅱ. (물음1) 복합부동산의 감정평가방법
  1. A법인의 부동산 감정평가
    1) 개별물건기준 원칙(감칙 제7조 제1항)
    2) 사안의 경우

  2. 토지의 감정평가
    1) 공시지가기준법의 적용
    2) 적정성

  3. 건물의 감정평가
    1) 원가법의 적용
    2) 적정성

Ⅲ. (물음2) 본건 감정평가의 타당성
  1. 부분감정평가의 타당성
    1) 의의(감칙 제7조 제4항)
    2) 타당성
      (1) 특수한 목적
      (2) 합리적인 이유

  2. 전세금액 감정평가의 타당성
    1) 전세금액의 감정평가
    2) 타당성

Ⅳ. (물음3) 제시외건물이 소재하는 토지의 감정평가방법
  1. 임의경매 감정평가
  2. 사안의 경우

Ⅴ. (물음4) 조건부 감정평가의 가능성
  1. 조건부 감정평가의 개념
    1) 의의(감칙 제6조 제2항)
    2) 감칙 제6조 제2항 및 제3항

  2. 사안의 경우
    1) 감칙 제6조 제2항의 검토
    2) 감칙 제6조 제3항의 검토
      (1) 적법성이 없는 경우
      (2) 적법성이 있는 경우

Ⅵ. 결론

문제 2 (30점)

감정평가목적에 따라 감정평가금액의 격차가 큰 경우가 있다. 다음 물음에 답하시오.
1) 보상감정평가, 경매감정평가, 담보감정평가의 목적별 감정평가방법을 약술하고, 동일한 물건이 감정평가목적에 따라 감정평가금액의 격차가 큰 사례 5가지를 제시하고 그 이유를 설명하시오. (20점)
2) 주거용 건물을 신축하기 위해 건축허가를 득하여 도로를 개설하고 입목을 벌채 중인 임야를 감정평가하고자 한다. 개발 중인 토지의 감정평가방식에는 공제방식과 가산방식이 있다. 공제방식은 개발 후 대지가격에서 개발에 소요되는 제반비용을 공제하는 방식이고, 가산방식은 소지가격에 개발에 소요되는 비용을 가산하여 평가하는 방식이다. 두 가지 방식에 따른 감정평가금액의 격차가 클 경우 보상감정평가, 경매감정평가, 담보감정평가에서 각각 어떻게 감정평가하는 것이 더 적절한지 설명하시오. (10점)

Ⅰ. 문제분석

1. 서와 결

① 서는 전제에서 제시된 <감정평가목적>를 활용했다. 목적에 따라 감정평가금액의 격차가 발생하는 이유 등을 묻는 문제이기 때문이다.
② 결은 <동일한> 대상물건이라도 <목적>에 따라 감정평가액이 달라질 수 있음을 강조했다. 물음1과 물음2를 포함하는 결론이다.

2. 물음1

3가지 목적별 감정평가를 <약술>하라고 했으므로 3개의 목차를 구성했다. 그리고 <사례 5가지>를 제시하고 <이유>를 물었으므로 목차를 사례로 내용에 이유를 작성했다. 여기서 핵심은 <동일한 물건>이다. 즉, 같은 물건이라도 목적에 따라 <처리가 어떻게 달라지는지>를 구체적으로 보여줄 필요가 있다.

3. 물음2

각 목적에 적절한 <근거>를 활용하여 답안을 작성했다. 근거는 사실 각 감정평가의 <목적>이다. 목적에 따라 <대상물건의 확정>이 달라지는 것이다. 이를 구체적으로 답안에 작성했다.

Ⅱ. 예시목차

Ⅰ. 서설

Ⅱ. (물음1) 목적별 감정평가방법 등
  1. 목적별 감정평가방법
    1) 보상평가
    2) 경매평가
    3) 담보평가

  2. 감정평가금액의 격차가 큰 사례와 이유
    1) 도로
    2) 도시계획시설에 저촉된 토지
    3) 지상권이 설정된 토지
    4) 제시외건물이 소재하는 토지
    5) 타인점유부분이 있는 토지
    6) 주거용건축물

Ⅲ. (물음2) 공제방식과 가산방식
  1. 입목을 벌채 중인 임야의 감정평가
  2. 보상평가
  3. 경매평가
  4. 담보평가

Ⅳ. 결어

문제 3 (20점)

토지가 국·공유화되어 있는 국가에서 토지의 장기사용권이 거래되는 경우, 토지의 장기사용권 가치 산정 방법을 감정평가 3방식을 이용해 설명하시오.

Ⅰ. 문제분석

1. 서와 결

서는 장기사용권의 <개념>을 활용했다. 결은 <사용권>과 소유권의 <차이>에 유의해서 감정평가해야 함을 강조했다.

2. 장기사용권 가치 산정방법

<권리에 대한 가치>다. 이를 가액과 임대료로 혼동하지 않도록 주의가 필요하다. 따라서 지상권 등의 가치를 감정평가하는 방법을 활용할 수 있다. 또한, 각 방법의 개념을 활용하여 <장기사용권>을 포섭하여 서술할 필요가 있다. <3방식>을 이용하라고 제시되었기 때문에 이를 대목차로 잡는다.

Ⅱ. 예시목차

Ⅰ. 서설

Ⅱ. 토지의 장기사용권 가치 산정방법
  1. 원가방식
    1) 개념
    2) 원가법
      (1) 의의(감칙 제2조 제5호)
      (2) 장기사용권의 경우

  2. 비교방식
    1) 개념
    2) 거래사례비교법
      (1) 의의(감칙 제2조 제7호)
      (2) 장기사용권의 경우

  3. 수익방식
    1) 개념
    2) 수익환원법
      (1) 의의(감칙 제2조 제10호)
      (2) 장기사용권의 경우

Ⅲ. 결어

▌문제 4 (10점)

부동산 보유세율의 상승이 부동산시장에 미치는 영향을 설명하시오.

Ⅰ. 문제분석

매매시장과 임대시장으로 구분하여 서술했다. 그밖에 단기와 장기로 구분하거나, 수요와 공급으로 구분하여 서술할 수 있다. 또한, 매도인과 매수인, 임대인과 임차인으로 구분하는 것도 가능하다. <u><부동산시장에 미치는 영향></u>은 <주어>에 따라 다양하게 접근할 수 있다.

Ⅱ. 예시목차

Ⅰ. 개설

Ⅱ. 부동산시장에 미치는 영향
  1. 부동산시장의 개념
  2. 매매시장에 미치는 영향
  3. 임대시장에 미치는 영향

감정평가이론 기출문제 제27회

문제 1 (40점)

지식정보사회로의 이행 등에 따라 기업가치 중 무형자산의 비중(Portion)이 상대적으로 증가하고 있다. 「감정평가 실무기준」에 규정하고 있는 계속기업가치(going concern value)의 감정평가와 관련하여 다음 물음에 답하시오.
1) 기업가치의 구성요소를 설명하고, 기업가치의 감정평가시 유의사항을 설명하시오. (10점)
2) 기업가치의 감정평가에 관한 이론적 배경과 감정평가방법을 설명하고, 각 감정평가방법 적용 시 유의사항 및 장단점을 설명하시오. (20점)
3) 기업가치의 감정평가에 있어서 시산가액 조정에 대하여 설명하고, 조정된 기업가치에 대한 구성요소별 배분 방법에 관해 설명하시오. (10점)

Ⅰ. 문제분석

1. 서와 결

① 서는 <기업가치의 개념, 계속기업가치의 의미>를 활용했다. 문제에서 <전제>된 내용을 기준으로 접근했다.
② 결은 역시 전제에서 제시된 <무형자산의 비중>을 강조했고, 계속기업가치가 아닌 <청산>을 전제로 할 수 있는 내용도 서술했다.

2. 물음1

기업가치의 구성요소는 <자산가치로 접근하는 방법>과 <자본의 조달방법으로 접근하는 방법>이 있다. 그밖에 <3방식에 의한 접근방법>이 있다. 따라서 자산과 자본으로 먼저 설명하고, 물음2의 이론적 배경에서 3방식에 의한 접근방법을 서술했다. 또한, 기업가치의 감정평가시 유의사항은 <실무기준>에 따르면, <전문성, 객관성, 비밀유지>를 서술할 수 있다. 하지만 <구성요소와 관련>해서 물어보았기 때문에 이를 연결하여 <무형자산의 상대적 비중>과 <자기자본의 상대적 비중>을 활용했다.

3. 물음2

이론적 배경은 자산 및 자본 접근법의 한계가 있으므로 <3방식에 의한 접근>이 필요하다고 서술했다. 이는 감정평가방법이 3방식으로 접근하기 때문이다. 기업가치의 감정평가에 대한 이론적 배경만을 물었다면, <가치전제, 접근방식, 평가대상> 등을 활용할 수 있다.

4. 물음3

시산가액 조정의 의의를 먼저 설명하고, 계속기업가치의 핵심인 수익성과 관련하여 <수익가액에 가중치>를 부여할 수 있다고 설명했다. 또한, <배분 방법>을 물었으므로 <공제법, 비율법>을 활용했다.

Ⅱ. 예시목차

Ⅰ. 서설

Ⅱ. (물음1) 기업가치의 감정평가
  1. 기업가치의 구성요소
    1) 자산합계법
    2) 자본합계법

  2. 감정평가시 유의사항
    1) 무형자산의 상대적 비중
    2) 자기자본의 상대적 비중

Ⅲ. (물음2) 기업가치의 감정평가방법
  1. 이론적 배경
    1) 자산 및 자본 접근법의 한계
    2) 3방식에 의한 접근법의 필요성

  2. 감정평가방법
    1) 감칙 제24조 제3항 등의 검토
    2) 수익환원법
      (1) 적용
      (2) 유의사항
      (3) 장단점
    3) 거래사례비교법
      (1) 적용
      (2) 유의사항
      (3) 장단점
    4) 원가법
      (1) 적용
      (2) 유의사항
      (3) 장단점

Ⅳ. (물음3) 시산가액 조정 등
  1. 시산가액 조정
    1) 의의
    2) 수익가액의 가중치

  2. 구성요소별 배분 방법
    1) 공제법
    2) 비율법

Ⅴ. 결어

문제 2 (30점)

감정평가사 甲은 乙주식회사가 소유한 △△동 1번지 소재 업무용 빌딩과 △△동 101번지 나지 상태의 토지에 대하여 재무보고목적의 감정평가를 진행하려 한다. 다음 물음에 답하시오.

1) 본건 감정평가의 기준가치는 무엇인지 그 개념에 관해 설명하고, 시장가치기준 원칙과의 관계에 관해 설명하시오. (10점)
2) 甲은 △△동 1번지 소재 업무용 빌딩에 대하여 할인현금흐름분석법(discounted cash flow method)을 적용하려 한다. 이 때 적용할 할인율(discount rate)과 최종환원율(terminal capitalization rate)을 설명하고, 업무용 부동산시장의 경기변동과 관련하여 양자의 관계를 설명하시오. (15점)
3) △△동 1-1번지 토지에 대하여 공시지가기준법을 적용하여 시점수정, 지역요인 및 개별요인의 비교 과정을 거쳐 산정된 가액이 기준가치에 도달하지 못하였다고 가정할 경우 공시지가기준법에 따라 甲이 실무적으로 보정할 수 있는 방법에 관해 설명하시오. (5점)

Ⅰ. 문제분석

1. 서와 결
① 서는 문제에서 제시된 <재무보고 감정평가>의 <의의>를 활용했다.
② 결은 원칙이 있고, <예외의 적용>에 주의가 필요하다고 마무리했다.

2. 물음1
기준가치의 개념을 설명하고, 본건은 <재무보고목적>이므로 <공정가치>가 기준가치임을 밝혔다. 그리고 공정가치의 <개념>을 설명했다. 그리고 시장가치기준 원칙과의 관계는 <원칙과 예외의 관계>에 해당하므로 이를 서술했다.

3. 물음2
할인율과 최종환원율의 개념을 먼저 설명했다. 그리고 양자의 관계는 제시된 상황이 <업무용 부동산시장의 경기변동>이므로 이를 기준으로 작성했다. 따라서 목차는 <확장시>, <수축시>로 나타나고, 내용은 <업무용 부동산>을 중심으로 서술했다.

4. 물음3
보정방법은 <그 밖의 요인 보정>과 <다른 방법에 의한 합리성 검토>가 있다.

Ⅱ. 예시목차

Ⅰ. 서설

Ⅱ. (물음1) 본건의 감정평가의 기준가치 등
  1. 본건 감정평가의 기준가치
    1) 기준가치
    2) 공정가치의 개념

  2. 시장가치기준 원칙과의 관계
    1) 시장가치기준 원칙
    2) 공정가치와 시장가치의 관계

Ⅲ. (물음2) 할인율과 최종환원율
  1. 할인현금흐름분석법의 의의

  2. 할인율과 최종환원율의 개념
    1) 할인율
    2) 최종환원율

  3. 할인율과 최종환원율의 관계
    1) 업무용 부동산시장의 경기변동
    2) 확장시 관계
    3) 수축시 관계

Ⅳ. (물음3) 보정방법
  1. 그 밖의 요인 보정
  2. 합리성 검토

Ⅴ. 결어

문제 3 (20점)

사회가 발전하면서 부동산의 가치가 주위의 여러 요인에 따라 변동하게 되었는바, 소음·환경오염 등으로 인한 토지 등의 가치하락분에 대한 감정평가와 관련하여 다음 물음에 답하시오.
1) 가치하락분 산정의 일반적인 원리와 가치하락분의 제외요인 및 포함요인에 관해 설명하고, 부동산 가격 제원칙과의 연관성에 관해 논하시오. (15점)
2) 스티그마(STIGMA) 효과의 개념 및 특징에 관해 설명하시오. (5점)

Ⅰ. 문제분석

1. 서와 결
① 서는 가치하락분에 대한 감칙 <규정> 등을 언급했다.
② 결은 스티그마가 가치하락분에 <어떻게 반영>되는지를 언급했다.

2. 물음1
<개념>을 설명하는 문제에 물어본 것을 각각 목차로 잡고, 논하는 부분에 <가격 제원칙과의 연관성>을 서술했다.

3. 물음2
<개념>과 <특징>을 각각 목차로 잡아 서술했다.

Ⅱ. 예시목차

Ⅰ. 서론

Ⅱ. (물음1) 가치하락분
  1. 가치하락분의 개념
    1) 의의
    2) 가치하락분 산정의 일반적인 원리
    3) 가치하락분의 제외요인 및 포함요인

  2. 부동산 가격원칙과의 연관성
    1) 예측 및 변동의 원칙
    2) 기여 및 균형의 원칙
    3) 최유효이용의 원칙

Ⅲ. (물음2) 스티그마 효과
  1. 개념
  2. 특징

Ⅳ. 결론

문제 4 (10점)

한국은행 기준금리가 지속적으로 인하되었다. 금리 인하가 부동산시장에 미치는 영향에 관해 설명하시오.

Ⅰ. 문제분석

4사분면 모형에 의해서만 설명할 수도 있다. 이때는 <그래프>를 활용하는 것이 득점에 유리하다. 예시목차와 답안은 <자산시장과 공간시장>, <수요와 공급>을 모두 보여줄 수 있도록 작성했다.

Ⅱ. 예시목차

Ⅰ. 개설

Ⅱ. 부동산시장에 미치는 영향
  1. 4사분면 모형의 검토
    1) 자산시장
    2) 공간시장

  2. 수요와 공급의 검토
    1) 수요
    2) 공급

감정평가이론 기출문제 제28회

문제 1 (40점)

제시된 자료를 참고하여 다음 물음에 답하시오.

> 감정평가사 甲은 감정평가사 乙이 작성한 일반상업지역 내 업무용 부동산(대지면적 : 3,000m², 건물 : 30년 경과된 철근콘크리트조 6층)에 대한 감정평가서를 심사하고 있다. 동 감정평가서에 따르면, 인근지역은 일반적으로 대지면적 200m² ~ 500m² 내외 2층 규모의 상업용으로 이용되고 있으며, 최근 본건 부동산 인근에 본건과 대지면적이 유사한 토지에 20층 규모의 주거 및 상업 복합용도 부동산이 신축되어 입주(점) 중에 있는 것으로 조사되어 있다. 검토결과 원가방식(면적 400m² 상업용 나대지의 최근 매매사례 단가를 적용한 토지가치에 물리적 감가수정만을 행한 건물가치 합산)에 의한 시산가치가 수익방식(현재 본건 계약임대료 기준)에 의한 시산가치보다 높게 산출되어 있다.

1) 심사 감정평가사 甲은 감정평가사 乙에게 추가적으로 최유효이용 분석을 요청하였는바, 최유효이용 판단 기준을 설명하고, 구체적인 최유효이용 분석방법을 설명하시오. (20점)
2) 최유효이용에 대한 두 가지 분석 유형(방법)에 따른 결과가 다르다면, 그 이유와 그것이 의미하는 바를 설명하시오. (10점)
3) 원가방식에 의한 시산가치가 수익방식에 의한 시산가치보다 높게 산출된 것이 타당한 것인지 감정평가 원리(원칙)를 기준으로 설명하고, 올바른 원가방식 적용방법에 관하여 설명하시오. (10점)

Ⅰ. 문제분석

1. 서와 결

서는 사안이 최유효이용 분석이 제대로 이루어지지 않은 것을 서술했다. 결은 최유효이용 분석이 중요함을 강조했고, 올바른 감정평가방법을 적용하자고 강조했다.

2. 물음1

최유효이용의 일반적인 판단기준을 먼저 서술했다. 그리고 <사안의 경우>를 포섭하여 서술했다. 최유효이용의 분석 방법은 <나지 상태인 경우>, <개량물이 있는 상태인 경우>로 나누어 서술했다. 나지 상태인 경우 <분할이용>과 <단독이용>을 서술했다.

3. 물음2

최유효이용 분석 결과가 다른 이유는 크게 2가지다. 개량물이 있는 상태는 전환비용이 들고, 중도적이용 등의 특수상황의 최유효이용이 발생할 수 있기 때문이다. 그밖에 건부감가도 답안에 서술했다.

4. 물음3

감정평가원리(원칙)은 원리에 집중하면 이론적 근거인 <가격원칙>을 활용할 수 있다. 한편, 감칙 규정에 있는 감정평가원칙에 집중하면 <시장가치기준 원칙, 현황기준 원칙, 개별물건기준 원칙>으로 서술할 수 있다. 예시 목차와 답안은 감칙 규정을 근거로 작성했다.

II. 예시목차

I. 서설

II. (물음1) 최유효이용 분석방법
  1. 최유효이용의 판단 기준
    1) 최유효이용의 의의
    2) 판단기준
      (1) 물리적 가능성
      (2) 법적 가능성
      (3) 경제적 타당성
      (4) 최대 수익성
    3) 사안의 경우
  2. 최유효이용의 분석 방법
    1) 최유효이용 분석의 의의
    2) 나지 상태인 경우
      (1) 개념
      (2) 분할이용
      (3) 단독이용
    3) 개량물이 있는 상태인 경우
      (1) 개념
      (2) 현황
      (3) 철거 후 신축

III. (물음2) 최유효이용분석 결과가 다른 이유
  1. 분석결과가 다른 경우
  2. 분석결과가 다른 이유
    1) 전환비용
    2) 중도적이용
    3) 건부감가

IV. (물음3) 적산가액의 타당성 등
  1. 적산가액의 타당성
    1) 감정평가원칙의 반영
    2) 수익가액의 합리성 결여
  2. 올바른 원가방식의 적용방법
    1) 토지
    2) 건물

V. 결어

문제 2 (30점)

시산가액 조정에 관한 다음 물음에 답하시오.
1) 시산가액 조정의 법적 근거에 관하여 설명하시오. (5점)
2) 시산가액 조정의 전제와 「감정평가에 관한 규칙」상 물건별 감정평가방법의 규정방식과의 관련성을 논하시오. (15점)
3) 시산가액 조정 과정에서 도출된 감정평가액을 표시하는 이론적 방법에 관하여 설명하시오. (10점)

Ⅰ. 문제분석

1. 서와 결

서는 <시산가액 조정의 의의>를 활용했다. 결은 시산가액 조정에서 추가적으로 <검토할 사항>을 언급하였다.

2. 물음1

법적 근거는 감칙 제12조가 필요하다.

3. 물음2

문제를 제대로 이해하고 접근할 필요가 있다. <조정의 전제>와 <규정방식>의 <관련성>을 물었다. 따라서 조정의 전제가 무엇인지, 규정방식이 무엇인지를 먼저 서술할 필요가 있다. 서술한 내용을 바탕으로 <관련성>을 답해야 한다.

4. 물음3

이론적 표시방법은 <점추정>과 <구간추정>이 있다. 배점을 고려할 때, 감정평가액의 표시에 대한 <개념>을 활용하여 서술했다.

Ⅱ. 예시목차

Ⅰ. 서론

Ⅱ. (물음1) 시산가액 조정의 법적 근거
  1. 감칙 제12조 제1항
  2. 감칙 제12조 제2항
  3. 감칙 제12조 제3항

Ⅲ. (물음2) 양자의 관련성
  1. 시산가액 조정의 전제
  2. 물건별 감정평가방법의 규정방식
  3. 양자의 관련성
    1) 대상물건의 특성 등
    2) 가치 3면성
    3) 합리성

Ⅳ. (물음3) 감정평가액의 표시방법
  1. 감정평가액의 결정 및 표시
    1) 의의
    2) 최종 감정평가액의 표시

  2. 표시방법
    1) 점추정
    2) 구간추정

Ⅴ. 결론

문제 3 (20점)

정비사업의 관리처분계획을 수립하기 위한 종후자산 감정평가에 대한 다음 물음에 답하시오.
1) 종후자산 감정평가의 기준가치에 관하여 설명하시오. (10점)
2) 종후자산 감정평가의 성격을 감정평가방식과 관련하여 설명하시오. (10점)

I. 문제분석

1. 서와 결

서는 정비사업의 <의의>를 활용했다. 결은 실무상 종후자산의 기준가치는 시장가치로 하고 있다는 점을 언급하면서 규정을 마련할 필요가 있다고 마무리했다.

2. 물음1

시장가치인지, 시장가치 외의 가치인지에 대한 논의가 있는 문제다. 하지만 물음2에서 <감정평가의 성격>과 관련하여 물었으므로 시장가치 외의 가치를 검토할 때 그 <성격과 특징>과 관련되므로 <시장가치 외의 가치>를 기준으로 접근했다.

3. 물음2

<비용성과 시장성>이 중요한 문제다. 배점과 가치 3면성 측면에서 <수익성>까지 활용하여 답안에 서술했다.

II. 예시목차

I. 서설

II. (물음1) 종후자산 감정평가의 기준가치
   1. 종후자산 감정평가의 개념
   2. 종후자산 감정평가의 기준가치
      1) 기준가치의 의의(감칙 제2조 제3호)
      2) 감칙 제5조 제1항의 검토
      3) 감칙 제5조 제2항의 검토
      4) 감칙 제5조 제3항의 검토

III. (물음2) 종후자산 감정평가의 성격
   1. 비용성
   2. 시장성
   3. 수익성

IV. 결어

문제 4 (10점)

영업권과 상가권리금을 비교·설명하시오.

Ⅰ. 문제분석

비교 문제는 유사점과 차이점을 구분하여 서술해야 한다.

Ⅱ. 예시목차

Ⅰ. 양자의 의의	Ⅱ. 양자의 비교
1. 영업권	1. 유·무형
2. 권리금(상가임대차법 제10조의3 제1항)	2. 법적보호
	3. 감정평가방법
	4. 한계

감정평가이론 기출문제 제29회

문제 1 (40점)

다음을 설명하고, 각각의 상호관련성에 대하여 논하시오.
1) 부동산 가치발생요인과 부동산 가격결정요인 (10점)
2) 부동산가격 결정과정(메커니즘)과 부동산 가치의 3면성 (10점)
3) 부동산 가치의 3면성과 감정평가 3방식 6방법 (20점)

I. 문제분석

1. 서와 결

서는 <가치와 가격>이 구별됨을 강조했다. 결은 물음1~3을 <연결>하여 정리했다.

2. 물음1

<가치 발생요인>과 <가격 결정요인>을 구분해야 한다. 그리고 <상호관련성>에서 이를 연결했다.

3. 물음2

가격결정과정은 <가격>이라는 용어, 괄호에 <메커니즘>이라는 용어를 볼 때 수요와 공급에 의한 균형가격의 과정을 말한다. 상호관련성은 수요와 공급에 의한 가격이 가치의 형성과정과도 연결되고, 이를 가격수준과 구체적 가격으로도 나타낼 수 있음을 활용했다. 가격수준과 구체적 가격을 수요와 공급으로 설명하는 것도 가능하다.

4. 물음3

개념을 설명하는 부분과 상호관련성을 논하는 부분의 배점이 <균형 있게> 작성될 필요가 있다. 따라서 각 <방법>의 개념을 충분히 설명하고, 상호관련성도 <방법>을 적용하여 <구체적으로 작성>했다.

Ⅱ. 예시목차

Ⅰ. 서론

Ⅱ. (물음1) 가치발생요인과 가격결정요인
  1. 가치발생요인과 가격결정요인
    1) 부동산 가치발생요인
    2) 부동산 가격결정요인

  2. 상호관련성
    1) 수요측면
    2) 공급측면

Ⅲ. (물음2) 가격결정과정과 가치의 3면성
  1. 가격결정과정과 가치의 3면성
    1) 부동산 가격결정과정
    2) 부동산 가치의 3면성

  2. 상호관련성
    1) 수요와 공급
    2) 가격수준과 구체적가격

Ⅳ. (물음3) 가치의 3면성과 3방식 6방법
  1. 3방식 6방법
    1) 원가방식
      (1) 원가법(감칙 제2조 제5호)
      (2) 적산법(감칙 제2조 제6호)

    2) 비교방식
      (1) 거래사례비교법(감칙 제2조 제7호)
      (2) 임대사례비교법(감칙 제2조 제8호)
    3) 수익방식
      (1) 수익환원법(감칙 제2조 제10호)
      (2) 수익분석법(감칙 제2조 제11호)

  2. 상호관련성
    1) 비용성
      (1) 원가법과의 관련성
      (2) 적산법과의 관련성
    2) 시장성
      (1) 거래사례비교법과의 관련성
      (2) 임대사례비교법과의 관련성
    3) 수익성
      (1) 수익환원법과의 관련성
      (2) 수익분석법과의 관련성

Ⅴ. 결론

문제 2 (30점)

다음의 제시된 자료를 참고하여 물음에 답하시오.

> 인구 1,000만의 대도시인 A시와 약 40분 거리에 있는 인구 30만 규모의 기성도시인 B도시를 연결하는 전철이 개통되었다. 전철의 개통은 B도시의 광역접근성 개선효과를 가져와 부동산시장 및 부동산가격에 변화를 줄 것으로 예상된다.

1) B도시에 새롭게 신설된 전철역세권의 지역분석에 대하여 설명하시오. (15점)
2) 전철개통으로 인한 접근성의 개선이 B도시의 유형별 부동산시장에 미치는 긍정적·부정적 효과에 대하여 설명하시오. (15점)

Ⅰ. 문제분석

1. 서와 결

서는 <광역 교통망>이 부동산시장과 부동산가격에 미치는 <영향이 크다>는 점을 강조했다. 결은 서에서 언급한 것을 강조하고, 감정평가시 지역분석 등이 중요함을 강조했다.

2. 물음1

지역분석의 <개념>은 간략히 서술했다. 문제는 지역분석의 일반론을 묻는 것이 아니기 때문이다. 따라서 지역분석의 일반적인 목차를 활용하되, <구체적인 내용>은 <사안의 경우>를 활용했다. 문제에서 제시된 <사실관계>를 토대로 대상지역, 표준적이용, 가격수준을 목차로 잡았다. 특히 여기서 판정된 표준적이용은 물음2에서 <유형별> 부동산시장의 목차와 연결했다.

3. 물음2

부동산시장과 접근성에 대한 <개념>을 먼저 서술했다. 그리고 물음1에서 판정된 표준적이용을 토대로 <주거용>과 <상업용>으로 구분했다. 이때 긍정적인 효과와 부정적인 효과는 <구체적으로> 작성했다.

II. 예시목차

I. 서설

II. (물음1) 전철 역세권의 지역분석
   1. 지역분석의 개념
      1) 의의
      2) 필요성

   2. 전철 역세권의 지역분석
      1) 대상지역
      2) 표준적이용
      3) 가격수준

III. (물음2) 부동산시장에 미치는 효과
   1. 관련 개념
      1) 부동산시장
      2) 접근성

   2. 주거용 부동산시장에 미치는 효과
      1) 긍정적 효과
      2) 부정적 효과

   3. 상업용 부동산시장에 미치는 효과
      1) 긍정적 효과
      2) 부정적 효과

IV. 결어

문제 3 (20점)

최근 토지의 공정가치 평가가 회계에 관한 감정에 해당하는지의 여부에 대한 논란이 있었다. 이와 관련하여 다음 물음에 답하시오.
1) 감정평가의 개념과 회계에 관한 감정의 개념 차이를 설명하시오. (5점)
2) 공정가치(fair value), 시장가치(market value) 및 회계상 가치(book value)를 비교·설명하시오. (15점)

I. 문제분석

1. 서와 결

서는 문제에서 <제시된 논란>을 활용했다. 참고로 이는 대법원 2015.11.27. 선고(2014도191판결)와 관련이 있다. 결은 감정평가는 공인회계사가 아닌, <감정평가사만>이 할 수 있음을 강조했다.

2. 물음1

<차이>를 물었다. 따라서 비교처럼 유사점을 언급할 필요는 없다. 배점이 적으므로 <핵심만> 기술할 필요가 있다.

3. 물음2

각 가치의 <개념>을 먼저 서술했다. 그리고 3가지의 개념을 비교하라고 했으므로 <각각>을 목차로 구분했다. 그밖에 일정한 기준을 목차로 보여주고 내용을 서술할 때 공통점과 차이점을 서술하는 방법도 가능하다.

Ⅱ. 예시목차

Ⅰ. 서설

Ⅱ. (물음1) 개념 차이
  1. 양자의 개념
    1) 감정평가
    2) 회계에 관한 감정
  2. 양자의 차이
    1) 목적
    2) 법적 근거 및 직무

Ⅲ. (물음2) 가치의 비교
  1. 각 가치의 개념
    1) 공정가치
    2) 시장가치(감칙 제2조 제1호)
    3) 회계상 가치
  2. 비교
    1) 공정가치와 시장가치
    2) 공정가치와 회계상 가치
    3) 시장가치와 회계상 가치

Ⅳ. 결어

▌문제 4 (10점)

감정평가의 공정성과 감정평가행위의 독립 필요성을 감정평가이론에 근거하여 설명하시오.

Ⅰ. 문제분석

<감정평가이론>에 근거한다는 것은 이론적으로 감정평가가 필요한 것과 관련된다. 이는 감정평가의 <기능이나 역할>을 활용하여 작성할 수 있다. 또한, 감정평가의 <필요성>을 연결하여 서술할 수 있다. 중요한 것은 <공정성>과 <독립성>이 필요한 <논거>를 작성해야 한다는 것이다.

Ⅱ. 예시목차

Ⅰ. 개설

Ⅱ. 감정평가의 공정성과 감정평가행위의 독립 필요성
  1. 사회성과 공공성
  2. 거래의 특수성
  3. 시장의 불완전성
  4. 가치형성의 상호작용성

감정평가이론 기출문제 제30회

문제 1 (40점)

공기업 A는 소지를 신규취득하고 직접 조성비용을 투입하여 택지를 조성한 후, 선분양방식에 의해 주택공급을 진행하려고 하였다. 그러나 「주택공급에 관한 규칙」의 변경에 따라 후분양방식으로 주택을 공급하려고 한다. 다음의 물음에 답하시오.
1) 선분양방식으로 진행하려는 시점에서 A사가 조성한 택지의 감정평가방법을 설명하시오. (10점)
2) 상기 개발사업을 후분양방식으로 진행하면서 택지에 대한 감정평가를 실시한다고 할 경우, 최유효이용의 관점에서 감정평가방법을 제안하시오. (10점)
3) '예상되는 분양대금에서 개발비용을 공제하여 대상 획지의 가치를 평가'하는 방법에서 분양대금의 현재가치 산정과 개발비용의 현재가치 산정 시 고려할 점을 설명하시오. (20점)

I. 문제분석

1. 서와 결

서는 택지의 <개념>을 언급하고, 택지의 <감정평가방법>을 중심으로 살펴본다고 서술했다. 결은 감정평가 실무기준에 있는 <택지개발촉진법상 택지개발사업시행지구 안에 있는 토지>를 언급했다.

2. 물음1

선분양방식의 <개념>을 먼저 서술했다. 그리고 택지의 감정평가방법과 관련하여 <실무기준>을 서술하고, 각 <감정평가방법>을 서술했다. 공제방식은 물음2와 물음3과 관련되므로 여기서는 생략했다.

3. 물음2

후분양방식에서 최유효이용의 관점에서 <제안>하는 것이고, 물음3의 배점과 제시된 용어를 볼 때 <공제방식>을 활용하는 것이 합리적이라고 보였다. 이를 제안하면서 <개념, 종류, 사안의 경우>로 나누어 서술했다.

4. 물음3

<다양한 목차>를 보여주는 것이 득점에 유리하다. 예시목차와 답안은 기본서에 있는 내용을 나누어 서술했다.

Ⅱ. 예시목차

Ⅰ. 서설

Ⅱ. (물음1) 택지의 감정평가방법
1. 선분양방식의 개념
2. A사가 조성한 택지의 감정평가방법
   1) 감정평가 실무기준의 검토
   2) 공시지가기준법
   3) 거래사례비교법
   4) 가산방식

Ⅲ. (물음2) 감정평가방법의 제안
1. 후분양방식의 개념
2. 감정평가방법의 제안
   1) 최유효이용의 개념
   2) 공제방식
      (1) 개념
      (2) 종류
      (3) 사안의 경우

Ⅳ. (물음3) 현재가치 산정 시 고려할 점
1. 분양대금의 현재가치
   1) 분양단가의 시점
   2) 분양계약시점 및 분양대금 입금시기
   3) 분양단가, 흡수율 등의 상호관련성
   4) 개발계획의 수립

2. 개발비용의 현재가치
   1) 개발비용의 산정
   2) 수급인의 적정이윤
   3) 이자비용 및 개발업자의 적정이윤
   4) 세금 등

Ⅴ. 결어

문제 2 (30점)

시장가치에 대하여 다음의 물음에 답하시오.
1) '성립될 가능성이 가장 많은 가격(the most probable price)'이라는 시장가치의 정의가 있다. 이에 대해 설명하시오. (10점)
2) 부동산거래에 있어 '최고가격(highest price)'과 '성립될 가능성이 가장 많은 가격'을 비교·설명하시오. (10점)
3) 가치이론과 가치추계이론의 관계에 대하여 각 학파의 주장내용과 이에 관련된 감정평가방법별 특징을 설명하시오. (10점)

Ⅰ. 문제분석

1. 서와 결

서는 시장가치 개념이 변화함에 따라 <논란>이 있었다는 점을 언급했다. 결은 과거부터 현재까지 변화된 시장가치 개념 등을 <이해>해야 객관적인 감정평가가 가능하다는 점을 강조했다.

2. 물음1

물음1은 물음2에서 서술하지 않을 내용으로 배점을 채워야 함에 유의한다. 따라서 <통계학적 의미>를 다양하게 보여주고 <최빈치>를 도출하는 과정으로 서술했다.

3. 물음2

양자의 개념은 과거에는 다르다는 견해가 많았지만, 현재는 같다는 견해가 많다. 이를 활용하여 <변화>를 먼저 서술하고, 과거에는 <차이점>을 중심으로 현재는 <공통점>을 중심으로 서술했다.

4. 물음3

가치이론과 가치추계이론은 상호 <연결>된다. 이를 토대로 감정평가 3방식이 정립되었다.

Ⅱ. 예시목차

Ⅰ. 서설

Ⅱ. (물음1) 성립될 가능성이 가장 많은 가격
  1. 시장가치의 정의(감칙 제2조 제1호)
  2. 성립될 가능성이 가장 많은 가격의 의미
    1) 평균치
    2) 중위치
    3) 최빈치
    4) 최빈매매가격

Ⅲ. (물음2) 양자의 비교
  1. 시장가치 개념의 변화
    1) 과거 AI의 시장가치
    2) 현재 AI의 시장가치

  2. 양자의 비교
    1) 공통점
    2) 차이점

Ⅳ. (물음3) 감정평가방법별 특징
  1. 가치이론과 가치추계이론의 관계
  2. 고전학파와 원가방식
  3. 한계효용학파와 비교방식
  4. 신고전학파와 수익방식

Ⅴ. 결어

문제 3 (20점)

「감정평가에 관한 규칙」에서 감정평가 시 시장가치기준을 원측으로 하되, 예외적인 경우 '시장가치 외의 가치'를 인정하고 있다. 그러나 현행 「감정평가에 관한 규칙」에서는 '시장가치 외의 가치'에 대한 유형 등의 구체적인 설명이 없어 이를 보정할 필요성이 있다. 감정평가 시 적용할 수 있는 구체적인 '시장가치 외의 가치'에 대해 설명하시오.

Ⅰ. 문제분석

문제에서 제시된 사항은 <예외적인 경우>에 시장가치 외의 가치를 인정하고 있다는 점, <유형 등의 구체적인 설명이 없어>, <보정할 필요성>이 있다는 점이다. 이에 대한 답안을 작성하지 않는 경우가 많았다. 따라서 <물어본 내용>을 토대로 목차와 답안을 작성했다.

Ⅱ. 예시목차

Ⅰ. 서설	3. 감칙 제5조 제3항
	4. 유형 등
Ⅱ. 시장가치 외의 가치	1) 외국의 시장가치 외의 가치 유형
1. 개념	2) 감칙 규정의 문제점
2. 감칙 제5조 제2항	3) 규정 마련의 필요성
1) 법령에 다른 규정이 있는 경우	
2) 의뢰인이 요청한 경우	Ⅲ. 결어
3) 사회통념상 필요하다고 인정되는 경우	

문제 4 (10점)

부동산 가격공시와 관련한 '조사·평가'와 '조사·산정'에 대해 비교·설명하시오.

Ⅰ. 문제분석

<비교>이므로 차이만을 서술하는 것이 아니라, <유사점과 차이점>을 모두 서술할 필요가 있다. <관련 규정>을 토대로 목차를 잡을 수 있다.

Ⅱ. 예시목차

Ⅰ. 개설	2. 차이점
	1) 주체
Ⅱ. 양자의 비교	2) 절차
1. 유사점	
1) 목적	
2) 기준	

감정평가이론 기출문제 제31회

문제 1 (40점)

감정평가와 관련한 다음의 물음에 답하시오.
1) 감정평가의 개념을 구체적으로 설명하고, 감정평가의 개념에 근거하여 기준가치 확정과 복수(複數) 감정평가의 필요성에 관하여 각각 논하시오. (20점)
2) 시장가치와 시장가격(거래가격)의 개념을 비교하여 설명하고, 다양한 제도를 통해 시장가격(거래가격)을 수집·분석할 수 있음에도 불구하고 감정평가가 필요한 이유에 관하여 논하시오. (20점)

Ⅰ. 문제분석

1. 서와 결

서는 감정평가가 중요한 <역할>을 하고 있음을 언급했다. 결은 감정평가에 의한 시장가치가 <필요>함을 강조했다.

2. 물음1

감정평가의 개념을 구체적으로 물었다. 논하는 부분을 고려하지 않는다면, 감정평가와 관련된 다양한 내용을 쓸 수 있다. 그러나 <감정평가의 개념에 근거하여>라고 제시되었다. 따라서 기준가치 확정과 복수감정평가의 필요성과 <관련한> 개념을 어떻게 보여줄 것인지에 대한 고민이 필요하다. 나아가 물음2에서 감정평가의 <필요성>과도 연결되면 좋다. 따라서 <기능>, <목적>, <다양성>을 목차에서 활용했다. 기능과 목적은 복수감정평가와 연결하고, 다양성은 기준가치의 확정과 연결하였다. 그리고 감정평가의 필요성에서 시장가격의 한계와 함께 가치의 다양성을 활용했다.

3. 물음2

시장가치와 시장가격의 <개념을 비교>하는 것은 <시장가치와 적정가격의 개념을 비교>하는 문제와 접근이 같다. 즉, 의의를 <세분하여> 접근할 수 있다. 또한, <다양한 제도를 통해>라고 제시되었으므로 <실거래가신고제>를 활용했다. 그리고 시장가격의 <한계>를 언급해야 감정평가의 <필요성>과 연결할 수 있다.

Ⅱ. 예시목차

Ⅰ. 서론

Ⅱ. (물음1) 감정평가의 개념 등
  1. 감정평가의 개념
    1) 의의(감정평가법 제2조 제2호)
    2) 기능
    3) 감정평가목적
    4) 가치의 다양성
  2. 기준가치 확정의 필요성
    1) 기준가치의 개념
    2) 필요성
      (1) 시장가치기준 원칙의 필요성
      (2) 가치의 다양성에 의한 필요성
  3. 복수감정평가의 필요성
    1) 복수감정평가의 개념
    2) 필요성
      (1) 감정평가의 공정성
      (2) 감정평가의 객관성

Ⅲ. (물음2) 시장가치와 시장가격의 개념 등
  1. 개념 비교
    1) 개념
      (1) 시장가치(감칙 제2조 제1호)
      (2) 시장가격(거래가격)
    2) 비교
      (1) 시장의 통상성
      (2) 거래 기간과 공개
      (3) 당사자의 정통성과 거래의 자발성
      (4) 가액과 가격
  2. 감정평가의 필요성
    1) 시장가격의 한계
    2) 사회성과 공공성
    3) 거래의 특수성
    4) 시장의 불완전성
    5) 의사결정의 기준

Ⅳ. 결론

문제 2 (30점)

토지소유자 甲은 공익사업에 토지가 편입되어 보상액 통지를 받았다. 보상액이 낮다고 느낀 甲은 보상액 산정의 기준이 된 감정평가서 내용에 의문이 있어, 보상감정평가를 수행한 감정평가사 乙에게 다음과 같은 질의를 하였다. 이에 관하여 감정평가사 乙의 입장에서 답변을 논하시오.

1) 감정평가서에는 공시지가기준법을 주방식으로 적용하여 대상토지를 감정평가하였다고 기재되어 있다. 甲은 대상토지의 개별공시지가가 비교표준지 공시지가보다 높음에도 불구하고 개별공시지가를 기준으로 감정평가하지 않은 이유에 관하여 질의하였다. (15점)
2) 甲은 비교표준지 공시지가가 시장가격(거래가격)과 비교하여 낮은 수준임을 자료로 제시하면서, 거래사례비교법을 주방식으로 적용하지 않은 이유에 관하여 질의하였다. (15점)

Ⅰ. 문제분석

1. 서와 결

서는 보상감정평가의 <개념>을 활용했다. 결은 보상감정평가의 <목적>을 강조하면서 甲주장이 <타당하지 않다>고 강조했다.

2. 물음1

먼저 표준지공시지가와 개별공시지가의 <의의>를 서술했다. 그리고 표준지공시지가 적용이 타당한 이유와 개별공시지가 적용이 타당하지 않은 이유로 구분하여 서술했다. 이때 <헌법 제23조 제3항, 토지보상법 제70조 제1항>을 활용했고, 개별공시지가와는 <목적과 기준>이 다르다고 했다.

3. 물음2

물음2도 물음1과 같은 방식으로 접근했다. 그리고 공시지가기준법 적용이 타당한 이유는 <토지보상법 제67조 제2항, 그 밖의 요인 보정>을 활용했다. 또한, 거래사례비교법 적용이 타당하지 않은 이유는 <시장가격의 한계>와 <정상거래가격의 반영>을 활용했다.

Ⅱ. 예시목차

Ⅰ. 서론

Ⅱ. (물음1) 질의에 대한 이유
   1. 개념
      1) 표준지공시지가(부동산공시법 제3조 제1항)
      2) 개별공시지가(부동산공시법 제10조 제1항)
   2. 표준지공시지가 적용이 타당한 이유
      1) 헌법 제23조 제3항
      2) 토지보상법 제70조 제1항
   3. 개별공시지가 적용이 타당하지 않은 이유
      1) 목적
      2) 기준

Ⅲ. (물음2) 질의에 대한 이유
   1. 개념
      1) 시장가격
      2) 거래사례비교법(감칙 제2조 제7호)
   2. 공시지가기준법 적용이 타당한 이유
      1) 토지보상법 제67조 제2항
      2) 그 밖의 요인 보정
   3. 거래사례비교법 적용이 타당하지 않은 이유
      1) 시장가격의 한계
      2) 정상거래가격의 반영

Ⅳ. 결론

문제 3 (20점)

A 토지는 ○○재개발 사업구역에 소재하고 있다. A 토지에 대하여 재개발사업의 절차상 종전자산의 감정평가를 하는 경우와 손실보상(현금청산)을 위한 감정평가를 하는 경우에 다음의 물음에 답하시오.
1) 각각의 감정평가에 있어 기준시점, 감정평가액의 성격 및 감정평가액 결정 시 고려할 점에 관하여 설명하시오. (10점)
2) 각각의 감정평가에 있어 재개발사업으로 인한 개발이익의 반영여부에 관하여 설명하시오. (10점)

Ⅰ. 문제분석

서는 재개발사업의 <개념>을 활용하고, 결은 종전자산과 손실보상의 감정평가가 <다르다>는 점을 언급했다. 물음1과 물음2는 물음에 따라 목차를 잡고 답안을 작성하면 배점이 충분하다.

Ⅱ. 예시목차

Ⅰ. 서설

Ⅱ. (물음1) 종전자산 및 손실보상의 감정평가
  1. 종전자산의 감정평가
    1) 개념
    2) 기준시점
    3) 성격
    4) 고려할 점
  2. 손실보상의 감정평가
    1) 개념
    2) 기준시점
    3) 성격
    4) 고려할 점

Ⅲ. (물음2) 개발이익의 반영여부
  1. 개발이익의 개념

  2. 개발이익의 반영여부
    1) 종전자산 감정평가
      (1) 종전자산 감정평가의 목적
      (2) 개발이익 반영
    2) 손실보상(현금청산)의 감정평가
      (1) 손실보상 감정평가의 목적
      (2) 개발이익 배제

Ⅳ. 결어

▎문제 4 (10점)

「감정평가에 관한 규칙」에는 현황기준 원칙과 그 예외를 규정하고 있다. 예외 규정의 내용을 설명하고, 사례를 3개 제시하시오.

Ⅰ. 문제분석

개설은 현황기준 원칙과 감정평가조건의 <개념>을 설명했다. 그리고 예외 규정의 내용으로 <감칙 제6조 제2항>을 설명하면서 사례를 각각 제시했다. 예외 규정은 <감칙 제6조 제3항>도 있으므로 추가로 설명했다.

Ⅱ. 예시목차

Ⅰ. 개설

Ⅱ. 현황기준 원칙의 예외
  1. 감칙 제6조 제2항의 검토
    1) 법령에 다른 규정이 있는 경우
    2) 의뢰인이 요청하는 경우
    3) 사회통념상 필요하다고 인정되는 경우
  2. 감칙 제6조 제3항의 검토

감정평가이론 기출문제 제32회

문제 1 (40점)

최근 부동산시장에서 경제적, 행정적 환경변화가 나타나고 있다. 다음 물음에 답하시오.
1) 부동산시장을 공간시장(space market)과 자산시장(asset market)으로 구분할 때 두 시장의 관계를 설명하고, 부동산시장의 다른 조건이 동일할 때 시중은행 주택담보대출 이자율의 상승이 주택시장의 공간시장과 자산시장에 미치는 영향을 설명하시오. (20점)
2) 양도소득세의 상승이 부동산시장에 미치는 영향에 대해 설명하시오. (10점)
3) 3방식에 따른 감정평가를 할 때 부동산 경기변동에 따른 유의사항에 대해 설명하시오. (10점)

Ⅰ. 문제분석

1. 서와 결

서는 물음1~3에서 공통적으로 활용할 수 있는 부동산시장의 <개념>을 활용했다. 결은 물음1~3과 관련하여 감정평가시 <주의>가 필요하다고 정리했다.

2. 물음1

공간시장과 자산시장의 <개념>을 먼저 서술했다. 그리고 <관계>를 물었는데, 이는 4사분면 모형을 이용할 수 있다. 예시목차와 답안은 <연결고리>를 중심으로 서술했다. 또한, 시장에 미치는 <영향>은 이자율상승의 <의미>를 밝혀주면서, <4사분면 모형>으로 설명했다.

3. 물음2

물음2는 <양도소득세>의 상승과 관련된다. 즉, 세금과 관련되므로 <매매시장과 임대시장>으로 활용하였다. 여기서도 자산시장과 공간시장으로 서술할 수 있다. 이때는 양도소득세 상승은 부동산 수요를 억제하는 것과 관련하여 작성할 수 있다.

4. 물음3

해당 문제는 <3방식>을 중심으로 서술할 수도 있고, 경기변동을 세분하며 <확장국면>과 <수축국면>으로 서술할 수도 있다. 내용은 <구체적으로> 작성해야 좋은 점수를 얻을 수 있다.

Ⅱ. 예시목차

Ⅰ. 서설

Ⅱ. (물음1) 공간시장과 자산시장
  1. 개념
    1) 공간시장
    2) 자산시장

  2. 관계
    1) 부동산 건설 산업의 역할
    2) 부동산 자산가치의 결정
    3) 부동산 시스템의 반응고리

  3. 이자율 상승이 시장에 미치는 영향
    1) 이자율 상승의 의미
    2) 자산시장에 미치는 영향
      (1) 2사분면
      (2) 3사분면
    3) 공간시장에 미치는 영향
      (1) 4사분면
      (2) 1사분면

Ⅲ. (물음2) 부동산시장에 미치는 영향
  1. 양도소득세의 개념

  2. 매매시장에 미치는 영향
    1) 단기
    2) 장기

  3. 임대시장에 미치는 영향
    1) 단기
    2) 장기

Ⅳ. (물음3) 감정평가시 유의사항
  1. 경기변동의 개념

  2. 감정평가시 유의사항
    1) 원가방식 적용시 유의사항
    2) 비교방식 적용시 유의사항
    3) 수익방식 적용시 유의사항
    4) 시산가액 조정시 유의사항

Ⅴ. 결어

▌문제 2 (30점)

감정평가법인등은 감정평가관계법규 및 감정평가 실무기준에서 정하는 감정평가의 절차 및 윤리규정을 준수하여 업무를 행하여야 한다. 다음 물음에 답하시오.
1) 감정평가 실무기준상 감정평가의 절차를 설명하시오. (10점)
2) 감정평가 실무기준상 감정평가법인등의 윤리를 기본윤리와 업무윤리로 구분하고, 각각의 세부내용에 대해 설명하시오. (20점)

Ⅰ. 문제분석

1. 서와 결

서는 감정평가의 절차와 윤리의 <개념>을 활용했다. 결은 절차와 윤리를 <준수>함을 강조했다.

2. 물음1,2

해당 문제는 <실무기준>을 근거로 물었다. 따라서 <규정의 내용>을 충실하게 작성하는 것이 중요하다.

Ⅱ. 예시목차

Ⅰ. 서설

Ⅱ. (물음1) 감정평가의 절차
 1. 감정평가 의뢰와 수임
 2. 기본적 사항의 확정(감칙 제9조 제1항)
 3. 처리계획 수립
 4. 대상물건 확인(감칙 제10조)
 5. 자료수집 및 정리
 6. 자료검토 및 가치형성요인의 분석
 7. 감정평가방법의 선정 및 적용
 8. 감정평가액의 결정 및 표시

Ⅲ. (물음2) 감정평가법인등의 윤리
 1. 기본윤리
  1) 품위유지
  2) 신의성실
   (1) 부당한 감정평가의 금지
   (2) 자기계발
   (3) 자격증 등의 부당한 사용의 금지
  3) 청렴
  4) 보수기준 준수
 2. 업무윤리
  1) 의뢰인에 대한 설명 등
  2) 불공정한 감정평가 회피
  3) 비밀준수 등 타인의 권리 보호

Ⅳ. 결어

▌문제 3 (20점)

광평수(廣坪數) 토지란 해당 토지가 속해 있는 시장지역에서 일반적으로 사용하는 표준적 규모보다 훨씬 더 크다고 인식되는 토지로서, 최근에 대단위 아파트 단지개발 및 복합용도개발 등으로 인해 광평수 토지에 대한 감정평가가 증가하고 있다. 이와 관련한 다음 물음에 답하시오.
1) 광평수 토지면적이 해당 토지의 가치에 미치는 영향을 감가(減價)와 증가(增價)로 나누어 설명하시오. (10점)
2) 광평수 토지의 최유효이용이 단독이용(single use)인 경우 감정평가방법에 대해 설명하시오. (10점)

Ⅰ. 문제분석

1. 서와 결

서는 광평수 토지의 <개념>을 활용했다. 결은 광평수 토지로서 <초과토지와 잉여토지>에 대해 언급했다.

2. 물음1

<실무기준>을 검토하면서, <규모와 가치의 관계>를 활용했다. 물음을 활용할 수 있는 목차이다. 그리고 <감가>와 <증가>로 문제에서 제시된 사항을 따라 목차를 잡고 서술했다. 감가는 <분할이용>과 관련되고, 증가는 <단독이용>과 관련이 있다.

3. 물음2

<단독이용>인 경우를 전제하므로 물음1에서 <증가>와 관련이 있다. 이를 기준으로 <감정평가방법>을 물었으므로, <다양한> 방법을 설명했다.

Ⅱ. 예시목차

Ⅰ. 서설

Ⅱ. (물음1) 토지의 가치에 미치는 영향
  1. 감정평가 실무기준의 검토
  2. 영향
    1) 규모와 가치의 관계
    2) 감가
    3) 증가

Ⅲ. (물음2) 광평수토지의 감정평가방법
  1. 단독이용의 의미
  2. 단독이용시 광평수토지의 감정평가방법
    1) 공시지가기준법
    2) 거래사례비교법
    3) 공제방식

Ⅳ. 결어

문제 4 (10점)

'감정평가심사'와 '감정평가검토'에 대해 비교·설명하시오.

Ⅰ. 문제분석

출제 당시에는 검토 규정이 없었으나, 현재 규정에는 있으므로 이를 기준으로 예시목차와 답안을 작성했다. <비교>이므로 공통점과 차이점으로 서술했다.

Ⅱ. 예시목차

Ⅰ. 개설

Ⅱ. 양자의 비교
  1. 개념
    1) 감정평가심사
    2) 감정평가검토

  2. 비교
    1) 공통점
    2) 차이점

감정평가이론 기출문제 제33회

문제 1 (40점)

최근 지식재산권에 대한 관심이 높아지면서 지식재산권에 대한 감정평가 수요도 증가하고 있다. 지식재산권 감정평가와 관련하여 다음 물음에 답하시오.
1) 감정평가 실무기준상 지식재산권의 개념 및 종류, 가격자료에 대해 설명하시오. (10점)
2) 감정평가 3방식의 성립 근거와 각 방식 간의 관계에 대해 설명하시오. (10점)
3) 감정평가 실무기준상 감정평가 3방식에 따른 지식재산권의 평가방법을 설명하고, 각 방식 적용 시 유의사항에 대해 설명하시오. (20점)

Ⅰ. 문제분석

1. 서와 결

서는 지식재산권의 <중요성>이 커지고 있음을 활용했다. 이는 <감정평가의 수요 증가>와 관련된다. 결은 지식재산권의 특성으로 인해 <다양한> 감정평가방법을 활용함을 강조했다.

2. 물음1

3가지를 물었으므로 같은 배점으로 배분했다. 이는 <실무기준상>으로 주어졌으므로 실무기준을 토대로 작성했다.

3. 물음2

일반적인 3방식의 성립근거와 관계보다 <지식재산권 감정평가와 관련하여>로 전제에서 제시되었으므로 지식재산권과 관련한 내용을 서술하는 게 좋다.

4. 물음3

<실무기준상>으로 주어졌으므로 역시 실무기준을 토대로 작성했다. 또한, <유의사항>도 방법과 관련하여 서술된 내용을 목차로 구분하여 서술했다.

Ⅱ. 예시목차

Ⅰ. 서설

Ⅱ. (물음1) 지식재산권의 개념
  1. 개념
    1) 의의
    2) 특징

  2. 종류
    1) 산업재산권
    2) 저작권

  3. 가격자료
    1) 거래사례, 비용자료, 시장자료
    2) 수익자료 등

Ⅲ. (물음2) 3방식의 성립근거와 각 방식간의 관계
  1. 3방식의 의미
  2. 비용성과 원가방식
  3. 시장성과 비교방식
  4. 수익성과 수익방식

Ⅳ. (물음3) 지식재산권의 감정평가방법
  1. 관련 규정의 검토

  2. 수익환원법
    1) 적용
      (1) 현금흐름을 할인하거나 환원하는 방법
      (2) 기술기여도법
    2) 유의사항
      (1) 현금흐름
      (2) 기술기여도

  3. 거래사례비교법
    1) 적용
      (1) 지식재산권의 거래사례가 있는 경우
      (2) 실시료율법
    2) 유의사항
      (1) 사례선정
      (2) 실시료율

  4. 원가법
    1) 적용
      (1) 감가액을 공제하는 방법
      (2) 제작이나 취득비용을 시점수정하는 방법
    2) 유의사항
      (1) 감가요인
      (2) 시점수정

Ⅴ. 결어

문제 2 (30점)

소득접근법에서 자본환원율을 결정하는 방법이다. 다음 물음에 답하시오.
1) 투자결합법(band of investment method)의 2가지 유형을 구분하여 쓰고, 엘우드(Ellwood)법을 비교·설명하시오. (20점)
2) 자본환원율(capitalization rate)의 조정이 필요한 이유와 조정 방법을 설명하시오. (10점)

Ⅰ. 문제분석

1. 서와 결

서는 소득접근법이 <수익환원법>을 의미한다고 밝혔다. 그리고 직접환원법과 관련한 <자본환원율>의 개념을 활용했다. 결은 환원율의 <결정>에 <유의>해야 한다고 정리했다.

2. 물음1

투자결합법은 물음에서 제시된 <물리적>, <금융적>으로 구분하여 서술했다. 그리고 엘우드법과의 <비교>는 비교의 형태로 서술했다.

3. 물음2

조정과 관련하여 물음에서 제시된 <이유>와 <조정방법>을 각각 서술했다.

Ⅱ. 예시목차

Ⅰ. 서설

Ⅱ. (물음1) 투자결합법 등
  1. 투자결합법
    1) 개념
    2) 물리적 투자결합법
      (1) 개념
      (2) 내용
    3) 금융적 투자결합법
      (1) 개념
      (2) 내용
  2. 엘우드법과의 비교
    1) 엘우드법의 개념
      (1) 의의
      (2) 가정
    2) 공통점
      (1) 자본환원율의 적용
      (2) 자본의 회수
    3) 차이점
      (1) 보유기간
      (2) 가치변동

Ⅲ. (물음2) 자본환원율의 조정
  1. 조정의 필요성
    1) 순수익의 종류
    2) 순수익의 증감
    3) 부동산가치의 증감

  2. 조정 방법
    1) 순수익 증감에 따른 조정
    2) 투자위험도에 따른 조정
    3) 인플레이션에 대한 조정

Ⅳ. 결어

문제 3 (20점)

다음 자료를 참고하여 물음에 답하시오.

> <자료>
> 법원감정인인 감정평가사 甲은 손해배상(기) 사건에서 원고가 주장하는 손해액을 구하고 있다.
> 본 사건 부동산(제2종일반주거지역 <건폐율 60%, 용적률 200%>) 매매 당시 매수자인 원고는 부지 내에 차량 2대의 주차가 가능하다는 피고의 주장을 믿고 소유권이전을 완료하였으나, 부지 내의 공간(공지) 부족으로 현실적으로는 주차가 불가능함을 알게 되었다.
> 현장조사 결과 대상 건물(연와조)의 외벽과 인접부동산 담장 사이에 공간이 일부 있으나 협소하여 주차가 불가능한 것으로 나타났다.
> 기준시점 현재 대상 건물은 용적률 110%로 신축 후 50년이 경과하였으나 5년 전 단독주택에서 근린생활시설(사무소)로 용도변경 허가를 받은 후 수선을 하여 경제적 잔존내용년수는 10년인 것으로 판단되었다.
> 대상부동산의 인근지역은 기존주택지역에서 소규모 사무실로 변화하는 특성을 보이고 있고 현재 건물의 용도(이용상황)에 비추어 차량 2대의 주차공간 확보가 최유효이용에 해당한다고 조사되었다.

1) 이 사안에서 시장자료(market data)를 통하여 손해액을 구하기 위한 감정평가방법과 해당 감정평가방법의 유용성 및 한계점에 대하여 설명하시오. (10점)
2) 만일 물음 1)에서 시장자료(market data)를 구할 수 없는 경우, 적용 가능한 다른 감정평가방법들에 대하여 설명하고 이러한 접근방식을 따르는 경우 손해액의 상한은 어떻게 판단하는 것이 합리적인지 설명하시오. (10점)

Ⅰ. 문제분석

1. 서와 결

서는 <가치하락분>과 관련하여 <감칙 제25조>를 언급했다. 결은 손해액의 <다양한> 감정평가방법을 언급했다.

2. 물음1

시장자료의 해석이 필요하다. 이는 물음2와 관련된다. 따라서 물음2에서 <다른 감정평가방법들>로 제시되었으므로 물음1은 거래사례비교법만을 기준으로 작성했다.

3. 물음2

물음2는 최소한 <2개 이상>의 다른 감정평가방법들을 설명할 필요가 있다. 또한, <배점의 균형성>을 볼 때 손해액의 상한 판단에 대해서도 같은 배점으로 서술할 필요가 있다. 이때 주어진 <사실관계 등>을 토대로 답안에 <구체적>으로 작성했다.

Ⅱ. 예시목차

Ⅰ. 서설

Ⅱ. (물음1) 손해액의 감정평가방법
  1. 시장자료를 구할 수 있는 경우

  2. 손해액의 감정평가방법
    1) 거래사례비교법
    2) 사안의 경우

  3. 해당 감정평가방법의 유용성 및 한계점
    1) 유용성
    2) 한계점

Ⅲ. (물음2) 손해액의 다른 감정평가방법 등
  1. 시장자료를 구할 수 없는 경우

  2. 손해액의 다른 감정평가방법
    1) 수익환원법
    2) 원가법

  3. 손해액 상한의 판단방법
    1) 수익성
    2) 비용성

Ⅳ. 결어

문제 4 (10점)

초과토지(excess land)와 잉여토지(surplus land)의 개념을 쓰고, 판정 시 유의사항에 대하여 설명하시오.

Ⅰ. 문제분석

규모가 과대한 토지는 초과토지와 잉여토지로 나누어 설명할 수도 있다. 이를 먼저 언급하고, 개념과 유의사항을 서술했다.

Ⅱ. 예시목차

Ⅰ. 개설

Ⅱ. 초과토지와 잉여토지
  1. 개념
    1) 초과토지
    2) 잉여토지

  2. 판정 시 유의사항
    1) 적정면적
    2) 합병 가능성

감정평가이론 기출문제 제34회

문제 1 (40점)

수익환원법에는 직접환원법과 할인현금흐름분석법(DCF법)이 있다. 다음 물음에 답하시오.
1) 직접환원법과 할인현금흐름분석법의 개념 및 가정에 대하여 비교·설명하시오. (15점)
2) 직접환원법과 할인현금흐름분석법의 투하자본 회수의 인식 및 처리방법에 대하여 비교·설명하시오. (15점)
3) 할인현금흐름분석법의 한계에 대하여 설명하고, 이를 극복하는 측면에서 확률적 할인현금흐름분석법에 대하여 설명하시오. (10점)

Ⅰ. 문제분석

1. 서와 결

서는 제시된 <수익환원법>을 활용하여 <개념>을 서술했다. 결은 두 방법이 <원칙과 예외>로 적용되는 것을 언급했다.

2. 물음1

개념과 가정을 묻고 있으므로 이를 구분하여 각각 비교했다. 같은 내용이 <중복되지 않도록> 서술하는 것이 중요하다.

3. 물음2

두 방법에 따라 투하자본을 회수하는 것이 달라지므로 물음1과 <중복되는 내용이 없도록> 서술할 필요가 있다.

4. 물음3

<한계>를 묻고, <극복>하는 측면으로 물었으므로 연결하는 목차구성이 필요하다. 불확실성을 극복하기 위한 <동적 DCF법>과 단일 시나리오를 극복하기 위한 <민감도분석법>을 활용했다.

Ⅱ. 예시목차

Ⅰ. 서설

Ⅱ. (물음1) 두 방법의 개념 및 가정 비교
  1. 의의
    1) 직접환원법
    2) 할인현금흐름분석법

  2. 개념 비교
    1) 공통점
    2) 차이점

  3. 가정 비교
    1) 공통점
    2) 차이점
      (1) 성격
      (2) 기간

Ⅲ. (물음2) 투하자본의 회수 비교
  1. 투하자본 회수의 인식
    1) 직접환원법
    2) 할인현금흐름분석법

  2. 투하자본 회수의 처리방법
    1) 자본회수율
      (1) 개념
      (2) 직선법
      (3) 연금법
      (4) 상환기금법
    2) 복귀가액
      (1) 개념
      (2) 내부추계법
      (3) 외부추계법

Ⅳ. (물음3) DCF법의 한계 및 확률적 DCF법
  1. DCF법의 한계
    1) 불확실성의 한계
    2) 시나리오의 한계

  2. 확률적 DCF법
    1) 개념
    2) 동적 DCF법
    3) 민감도분석법

Ⅴ. 결어

문제 2 (30점)

감정평가와 관련한 다음 물음에 답하시오.

1) 기준가치의 중요성에 대하여 설명하고, 택지비 목적의 감정평가서에 기재할 기준가치에 대하여 논하시오. (15점)
2) 감정평가사 甲은 한국감정평가사협회가 설치·운영하는 감정평가심사위원회의 심사위원으로서 택지비 목적의 감정평가서를 심사하고 있다. 감정평가서에 기재된 공시지가기준법상 그 밖의 요인 보정에 관한 내용은 다음의 표와 같으며, 甲은 심사결과 감정평가서의 보완이 필요하다고 판단하고 있다. 甲의 입장에서 공시지가기준법상 그 밖의 요인 보정에 있어 '지역요인 비교 내용의 적정성'에 대하여 세부 심사의견을 기술하시오. (15점)

> 1) 그 밖의 요인 보정치 산정 방법 : 인근지역 또는 동일수급권 내 유사지역의 가치형성요인이 유사한 감정평가사례 중 적정한 비교사례를 선정하여 비교사례기준 비교표준지의 감정평가액과 비교표준지 공시지가에 시점수정을 한 가액의 비율을 기준으로 산정함
> 2) 인근지역 또는 동일수급권 내 유사지역의 택지비 감정평가사례
>
> | 기호 | 소재지 및 지번 | 용도 지역 | 이용 상황 | 도로 조건 | 면적(m²) | 감정평가단가 (원/m²) | 기준 시점 |
> |---|---|---|---|---|---|---|---|
> | ㉮ | 서울특별시 A구 ㄱ동 65 | 제3종 일반주거 | 아파트 | 광대 소각 | 234,000 | 18,900,000 | 2022. 08.20 |
> | ㉯ | 서울특별시 B구 ㄹ동 10 | 제3종 일반주거 | 아파트 | 광대 소각 | 150,000 | 21,000,000 | 2022. 09.20 |
>
> 3) 비교사례의 선정 : 감정평가사례 중 비교표준지(A구 ㄱ동 5)와 지리적으로 근접하고(A구와 B구는 서로 인접함), 토지이용계획 및 감정평가목적이 동일하거나 유사하여 비교가능성이 높은 기호 ㉯를 비교사례로 선정하였음
> 4) 시점수정치의 산정 : (감정평가서에 기재되어 있으나 생략함)

5) 지역요인의 비교

조건	항목	세항목	격차율 사례	격차율 표준지	비교내용
가로조건	가로의 폭, 구조 등의 상태	폭, 포장, 보도	1.00	1.00	유사함
		계통 및 연속성			
접근조건	도심과의 거리 및 교통시설의 상태	인근 교통시설의 편의성, 인근 교통시설의 도시중심 접근성	1.00	1.20	표준지는 사례 대비 도시철도와의 거리 및 편익시설 배치 상태에서 우세함
	상가의 배치상태	인근상가의 편의성, 인근상가의 품격			
	공공 및 편익시설의 배치상태	학교, 공원, 병원, 관공서 등			
환경조건	기상조건, 자연환경	일조, 온도, 조망, 지반, 지질 등	1.00	1.20	표준지는 사례 대비 조망 및 획지의 상태에서 우세함
	사회환경	거주자의 직업, 학군 등			
	획지의 상태	획지의 표준적인 면적, 획지의 정연성, 주변의 이용상황 등			
	공급 및 처리 시설의 상태	상수도, 하수도, 도시가스 등			
	위험 및 혐오시설	변전소 등의 유무, 특별고압선 등의 통과 유무			
	재해발생 위험성, 공해발생의 정도	홍수, 절벽붕괴, 소음, 대기오염 등			
행정적조건	행정상의 규제정도	용도지역, 지구, 구역 등	1.00	1.00	유사함
		기타 규제			
기타조건	기타	장래의 동향, 기타	1.00	1.00	유사함
합계			1.00	1.44	

6) 개별요인의 비교 : (감정평가서에 기재되어 있으나 생략함)
7) 그 밖의 요인 보정치의 산정 : (감정평가서에 기재되어 있으나 생략함)

Ⅰ. 문제분석

1. 서와 결

서는 택지비의 감정평가 <개념>을 활용했다. 결은 택지비 감정평가는 공적 목적이므로 <규정을 준수>하여야 한다는 점을 강조했다.

2. 물음1

기준가치의 중요성은 <법적>, <이론적>인 측면에서 서술했다. 감칙 규정과 가치의 다양성과 관련된다. 택지비 감정평가의 기준가치는 관련 지침 등을 볼 때는 시장가치를 원칙으로 한다. 그러나 시장가치 외의 가치를 기준으로 할 수 있다는 견해도 있으므로 <근거>를 서술하는 것이 중요하다.

3. 물음2

<지역요인 비교 내용의 적정성>을 물었다. 따라서 <격차율>에 대해 먼저 서술할 수 있다. 그리고 <재검토>와 관련하여 <사례선정>, <격차율의 합계치> 등을 활용했다. 재검토를 활용하기 어려운 경우에는 <접근조건>과 <환경조건>을 세분하여 서술하는 것도 가능하다.

Ⅱ. 예시목차

Ⅰ. 서론

Ⅱ. (물음1) 기준가치
  1. 중요성
    1) 기준가치의 의의(감칙 제2조 제3호)
    2) 법적 측면
    3) 이론적 측면

  2. 택지비 감정평가의 기준가치
    1) 시장가치의 의의(감칙 제2조 제2호)
    2) 시장가치기준 원칙(감칙 제5조 제1항)
    3) 시장가치 외의 가치
      (1) 감칙 제5조 제2항
      (2) 감칙 제5조 제3항
    4) 사안의 경우

Ⅲ. (물음2) 지역요인
  1. 개념
    1) 지역요인
    2) 지역요인의 비교

  2. 비교 내용의 적정성
    1) 격차율 산정의 적정성
      (1) 접근조건
      (2) 환경조건
    2) 재검토의 적정성
      (1) 사례선정
      (2) 합계치

Ⅳ. 결어

문제 3 (20점)

담보평가와 관련한 다음 물음에 답하시오.
1) 담보평가를 수행함에 있어 감정평가의 기능과 관련하여 감정평가의 공정성과 독립성이 필요한 이유를 설명하고, 감정평가의 공정성과 독립성을 확보할 수 있는 수단 3개를 제시하시오. (10점)
2) 감정평가법인이 담보목적의 감정평가서를 심사함에 있어 심사하는 감정평가사의 역할에 대하여 설명하시오. (10점)

I. 문제분석

1. 서와 결
서는 담보감정평가의 <개념>을 활용했다. 결은 <신뢰성 있는> 감정평가를 위해 심사 등을 통한 공정성과 독립성을 확보해야 함을 강조했다.

2. 물음1
일반적인 감정평가의 기능을 서술하는 것이 아니다. <담보> 감정평가와 관련하여 서술할 필요가 있다. 또한, 물음2와 관련하여 <심사>를 활용하고, 심사와 유사한 <검토>도 언급했다.

3. 물음2
심사 감정평가사가 담보감정평가에서 어떤 역할을 하는지를 서술했다. 특히, 이는 감정평가심사의 <목적>과 관련되므로 이를 활용했다.

II. 예시목차

I. 서설

II. (물음1) 감정평가의 공정성과 독립성
  1. 공정성과 독립성의 필요성
    1) 금융시장의 건전성
    2) 담보물의 환가성과 안정성
    3) 의사결정의 기준

  2. 공정성과 독립성의 확보 수단
    1) 감정평가관계법규 및 협약
    2) 감정평가의 검토 및 심사
    3) 직업윤리

III. (물음2) 심사 감정평가사의 역할
  1. 감정평가의 신뢰성
  2. 의사결정의 근거
  3. 금융기관의 위험관리
  4. 감정평가의 질적 발전

IV. 결어

문제 4 (10점)

다세대주택을 거래사례비교법으로 감정평가하기 위하여 거래사례를 수집하는 경우 거래사례의 요건과 각 요건별 고려사항에 대하여 약술하시오.

Ⅰ. 문제분석

거래사례비교법 전체가 아니라, <거래사례>에 집중할 필요가 있다. 또한, <다세대주택>을 제시하였으므로 이를 기준으로 <구체적인> 서술이 필요하다.

Ⅱ. 예시목차

Ⅰ. 개설

Ⅱ. 거래사례의 요건과 각 요건별 고려사항
   1. 거래사례의 요건

2. 요건별 고려사항
   1) 사정보정
   2) 시점수정
   3) 위치적·물적 유사성

감정평가이론 기출문제 **제35회**

문제 1 (40점)

원가법에 대한 다음 물음에 답하시오.
1) 비용성의 원리에 기초한 원가법은 비용과 가치 간의 상관관계를 파악하는 것으로 가치의 본질을 원가의 집합으로 보고 있다. 이에 맞춰 재조달원가를 정의하고, 재생산원가 측면에서 재조달원가의 구성요소 및 산정방법에 대하여 설명하시오. (15점)
2) 평가목적의 감가수정과 회계목적의 감가상각을 비교하여 설명하시오. (10점)
3) 건물은 취득 또는 준공으로부터 시간의 경과나 사용 등에 따라 경제적 가치와 유용성이 감소된다. 이에 대한 감가요인을 설명하시오. (15점)

Ⅰ. 문제분석

1. 서와 결

서는 문제에서 제시된 <원가법>을 활용하여 개념을 서술했다. 결은 재조달원가와 감가수정의 <중요성>을 강조했다.

2. 물음1

물음에서 제시된 <범위>에 유의해야 한다. <비용성>을 언급하고, <재생산원가> 측면에서만 서술할 필요가 있다. 구성요소는 표준적 건설비와 통상적 부대비용으로 처리했다. 산정방법은 직접법과 간접법으로 활용했다. 세부 목차로 나누어서 접근할 수도 있다.

3. 물음2

비교목차의 <기준>을 잡아서 충분한 배점을 활용할 필요가 있다. 목적, 방법, 감가요인, 적용 범위, 기준, 내용연수 등을 활용했다.

4. 물음3

시간의 경과나 사용 <등>으로 되어 있고, <경제적 가치와 유용성>이 감소한다고 하였으므로 <모든 감가요인>을 서술할 필요가 있다. 따라서 물리적, 기능적, 경제적 감가요인으로 나누어서 서술했다.

Ⅱ. 예시목차

Ⅰ. 서설

Ⅱ. (물음1) 재조달원가
  1. 정의
    1) 의의
    2) 재생산원가의 의미

  2. 구성요소
    1) 표준적 건설비
    2) 통상적 부대비용

  3. 산정방법
    1) 직접법
    2) 간접법

Ⅲ. (물음2) 감가수정과 감가상각의 비교
  1. 개념
  2. 목적상 비교
  3. 방법 및 감가요인상 비교
  4. 적용범위상 비교
  5. 기준 및 내용연수상 비교

Ⅳ. (물음3) 감가요인
  1. 감가요인의 개념
  2. 물리적 감가요인
    1) 의의
    2) 내용

  3. 기능적 감가요인
    1) 의의
    2) 내용

  4. 경제적 감가요인
    1) 의의
    2) 내용

Ⅴ. 결어

문제 2 (30점)

감정평가와 관련된 다음 자료를 참고하여 물음에 답하시오.

> 1. 본건은 토지와 건물로 구성된 부동산으로 「집합건물의 소유 및 관리에 관한 법률」시행 이전에 소유권이전등기가 되어, 현재 '건물'은 각 호수별로 등기되어 있고, '토지'의 경우도 별도로 등기되어 있음.
> 2. 본건 부동산은 1층(101호, 102호, 103호, 104호, 105호)과 2층(201호, 202호, 203호, 204호, 205호)이 각각 5개호로 구성된 상가로, 현재 건물소유자는 교회 A(101호 ~ 204호)와 개인 B[205호(교회에 임대됨)]임.
> 3. 상가 전체가 교회로 이용 중이며, 이중 202호, 203호, 204호는 교회의 부속시설로 소예배실, 성경공부방, 교회휴게실로 이용 중이고, 용도상 불가분의 관계가 있을 수 있음.
> 4. 202호는 5년 전에, 203호는 3년 전에, 204호는 1년 전에 교회 앞으로 각각 소유권이전등기가 되었고, 건물과 함께 토지 역시 일정 지분이 동시에 교회 앞으로 소유권이전등기됨.
> 5. 건물은 각 호 별로 구조상 독립성과 이용상 독립성이 유지되고 있음.
> 6. 토지는 각 호 별 면적에 비례하여 적정한 지분으로 각 건물소유자들이 공유하고 있음.
> 7. 평가대상 물건은 202호, 203호, 204호이며, 평가목적은 시가참고용임.

1) 감정평가사 甲은 평가 대상물건을 개별로 감정평가하기로 결정하였다. 주어진 자료에 근거하여 감정평가사 甲이 개별평가로 결정한 이유를 설명하시오. (10점)
2) 반면, 감정평가사 乙은 평가 대상물건을 일괄로 감정평가하기로 결정하였다. 주어진 자료에 근거하여 감정평가사 乙이 일괄평가로 결정한 이유를 설명하시오. (10점)
3) 개별평가와 일괄평가의 관점에서 대상물건에 부합하는 평가방법을 설명하시오. (10점)

Ⅰ. 문제분석

1. 서와 결

서는 개별물건기준 <원칙>을 서술했다. 원칙과 예외에 대한 내용도 언급했다. 결은 특별한 사정이 없는 한 <원칙을 준수>하고, <예외의 적용에 주의>가 필요하다고 서술했다.

2. 물음1

<주어진 자료>에 근거하라고 했다. 따라서 자료를 적극적으로 활용할 필요가 있다. 그리고 개별감정평가가 타당한 <근거>를 목차로 제시했다. 이때 자료7에서 <대상물건>은 202호, 203호, 204호로 주어져 있으므로 <토지와 건물>로 접근하지 않도록 주의가 필요하다.

3. 물음2

<주어진 자료>에 근거하라고 했으므로 역시 자료를 기준으로 목차를 작성했다. 다만, 일괄감정평가는 물음3에서 타당성이 없다고 서술할 것이므로 결정<할 수 있다> 정도로 서술했다.

4. 물음3

<관점에서>라고 했으므로 먼저, 물음1과 물음2를 활용하여 <개별감정평가의 타당성>을 목차로 잡았다. 그리고 물음2에서 일괄감정평가의 근거로 제시한 것을 <반박>하여 개별감정평가의 타당성을 강조했다. 그리고 물음은 <평가방법>이므로 여기에 집중한 서술을 할 필요가 있다. 그러므로 개별감정평가로 호별로 하되, 거래사례비교법, 수익환원법, 원가법을 활용했다.

Ⅱ. 예시목차

Ⅰ. 서론

Ⅱ. (물음1) 개별평가의 결정 이유
  1. 개별감정평가의 개념

  2. 결정 이유
    1) 개별 등기(자료1)
    2) 개별 거래(자료4)
    3) 독립성(자료5,6)

Ⅲ. (물음2) 일괄평가의 결정 이유
  1. 일괄감정평가의 개념

  2. 결정 이유
    1) 소유자의 동일성(자료2)
    2) 용도상 불가분의 관계(자료3)
    3) 일체의 거래 가능성(자료7)

Ⅳ. (물음3) 대상물건의 평가방법
  1. 개별감정평가의 타당성

  2. 대상물건의 감정평가방법
    1) 거래사례비교법
    2) 수익환원법
    3) 원가법

Ⅴ. 결론

문제 3 (20점)

탁상자문과 관련한 다음 물음에 답하시오.
1) 탁상자문의 개념 및 방식에 대하여 설명하시오. (10점)
2) 탁상자문과 정식 감정평가와의 차이를 설명하시오. (10점)

Ⅰ. 문제분석

1. 서와 결
서는 탁상자문이 <문제가 되는 사항>을 제기했다. 결은 <규정 등>을 마련할 필요가 있다고 정리했다.

2. 물음1
개념은 <의의>와 <절차>를 서술했다. 절차 외에 <특징 등>을 서술할 수 있다. 방식은 <문서>와 <구두>를 활용했다.

3. 물음2
<차이>를 물어보았으므로 목차에서 제시하는 것이 좋다. 실지조사, 법적 책임 등을 기준으로 작성했다.

Ⅱ. 예시목차

Ⅰ. 서설

Ⅱ. (물음1) 탁상자문의 개념 및 방식
  1. 개념
    1) 의의
    2) 절차
  2. 방식
    1) 문서 방식
    2) 구두 방식

Ⅲ. (물음2) 탁상자문과 정식 감정평가의 차이
  1. 대상물건의 확인(감칙 제10조)
  2. 법적 책임
  3. 기타

Ⅳ. 결어

문제 4 (10점)

최근 투자의사결정과 관련된 판단기준 중 지속 가능한 성장을 판단하는 종합적 개념으로 ESG가 있으며, 부동산 가치의 평가에도 영향을 미치고 있다. ESG는 환경(Environment)요인, 사회(Social)요인 및 지배구조(Govermance)의 약칭이다. ESG의 각각에 해당하는 구성요소를 설명하고, 친환경인증을 받은 건축물의 감정평가 시 고려해야 할 내용을 설명하시오.

Ⅰ. 문제분석

문제에서 제시된 3가지 구성요소를 각각 설명하고, 감정평가 시 고려사항에서는 <가치형성요인이나 감정평가 방법>을 중심으로 서술할 수 있다.

Ⅱ. 예시목차

Ⅰ. 개설

Ⅱ. ESG의 구성요소
  1. 환경요인
  2. 사회요인
  3. 지배구조요인

Ⅲ. 친환경 건축물의 감정평가시 고려사항
  1. 원가법 적용시 고려사항
  2. 거래사례비교법 적용시 고려사항
  3. 수익환원법 적용시 고려사항

해커스 감정평가사
ca.Hackers.com

제2편

답안편

회차별 기출문제 예시답안

감정평가이론 기출문제 **제1회** 예시답안

[제1회 문1] 50점

Ⅰ. 서론

부동산(토지)은 자연적 특성과 인문적 특성을 가진다. 자연적 특성은 부동산시장에서 수요와 공급에 의한 가격형성을 어렵게 한다. 인문적 특성은 이를 완화하는 역할을 한다. 그럼에도 불구하고 적정한 부동산 가격은 파악이 어렵다. 따라서 토지등의 경제적 가치를 판정하여 그 결과를 가액으로 표시하는 감정평가가 필요하다. 이하에서는 부동산 특성이 부동산가격과 부동산시장에 어떻게 작용하는지를 살펴보면서, 왜 감정평가가 필요한지에 대해 구체적으로 검토한다.

Ⅱ. 관련 개념

1. 자연적 특성

자연적 특성이란 부동산이 본질적으로 갖는 물리적 특성을 말한다. 즉, 부동산은 물리적인 면에서 가치가 일반 경제재와는 다른 특성을 지닌다. 따라서 고정적, 불변적, 경직적인 성질을 지닌다. 이러한 자연적 특성은 일반적으로 고정성, 부증성, 영속성, 개별성 등이 있다.

2. 인문적 특성

인문적 특성이란 부동산과 인간과의 관계에서 나타나는 특성을 말한다. 즉, 인문적 특성은 인간이 부동산으로부터 영향을 주고 받음으로써 발생하는 특성이다. 따라서 가변적, 신축적인 성질을 지닌다. 인문적 특성은 일반적으로 용도의 다양성, 분할·합병의 가능성, 사회적·경제적·행정적 위치의 가변성 등이 있다.

3. 부동산가격

부동산가격이란 부동산 시장에서 매수자와 매도자가 합의한 거래금액이다. 그러나 부동산은 경제재로서의 가치와 사회재·공공재로서의 가치를 동시에 지닌다. 따라서 부동산이 지닌 본질적인 가치는 거래금액과 일치하지 않을 수도 있다. 그러므로 이하에서는 부동산가격이 부동산가치를 포함하는 의미로 접근하여 살펴본다.

4. 부동산시장

부동산시장이란 부동산 거래를 위해 매도인과 매수인이 만나는 장이다. 또는 수요와 공급을 통해 경쟁적 이용에 의한 공간배분 및 토지이용패턴을 결정하는 부동산 가격결정의 공간이라고도 한다. 따라서 시장참가자나 시장상황에 따라 부동산가격은 달라진다.

Ⅲ. 작용 관계

1. 부동산특성이 부동산가격에 작용하는 관계

1) 고정성으로 인한 위치가격화

고정성은 위치가 물리적으로 고정되어 있는 것을 말한다. 부동산(토지)은 위치가 고정되어 있기 때문에 주위환경의 영향을 직접 받는다. 긍정적인 외부효과는 부동산가격을 높게 만들고, 부정적인 외부효과는 부동산가격을 낮게 만든다. 즉, 고정성으로 인해 부동산가격은 위치가격을 갖는다.

2) 부증성으로 인한 고가화

부증성이란 물리적인 양을 늘릴 수 없다는 것이다. 즉, 자본이나 노동을 투입하더라도 절대량은 늘릴 수 없다는 의미다. 따라서 제한된 부동산을 이용하고자 하는 사람들 사이에 경쟁이 발생한다. 특히 좋은 위치를 가진 부동산은 경쟁이 치열하다. 경쟁이 치열할수록 부동산가격은 더 높게 형성된다. 즉, 부증성으로 인해 고가화된다.

3) 개별성으로 인한 개별적 가격

개별성이란 물리적으로 동일한 토지는 존재하지 않는다는 특성이다. 따라서 일물일가의 법칙이 적용되지 않는다. 그 결과 부동산 상품 간에는 완전한 대체가 어렵다. 그러므로 부동산가격은 개별적으로 형성된다.

4) 용도의 다양성으로 인한 가격 다양화

용도의 다양성이란 토지를 다양한 용도로 이용할 수 있다는 특성이다. 즉, 토지는 물리적으로 완전한 대체가 어렵지만 용도적으로 대체가 가능하다. 하지만 대체가 가능하더라도 시장참가자 간에는 어떤 용도로 이용할지에 대한 경쟁이 발생한다. 그 결과 부동산가격은 용도에 따라 다양하게 나타난다.

5) 영속성과 인문적 위치의 가변성으로 인한 가격변화

영속성이란 시간 경과 등에 의해 물리적으로 소멸되지 않는다는 특성이다. 따라서 부동산가격은 장래 편익의 현재가치로 나타난다. 한편, 인문적 위치의 가변성이란 사회적, 경제적, 행정적 위치에 따라 부동산가격이 변한다는 특성이다. 그 결과 부동산가격은 끊임없이 변화한다.

2. 부동산특성이 부동산시장에 작용하는 관계
 1) 고정성으로 인한 시장의 추상화 및 국지화
　　　부동산시장은 고정성으로 인해 추상화된다. 부동산은 그 자체가 이동할 수 없고 권리로 유통되기 때문이다. 또한 부동산시장은 고정성으로 인해 국지화된다. 즉, 고정성으로 인해 부동산시장은 지리적 공간을 수반한다. 따라서 임장활동과 정보활동이 요구된다.

 2) 부증성으로 인한 시장의 불완전성
　　　부증성은 부동산 공급을 비탄력적으로 만든다. 비탄력적 공급은 희소성을 증가시킨다. 이로 인해 수요 경쟁이 발생한다. 그 결과 부동산시장은 불완전성을 갖는다. 이는 부동산가격이 적정하게 형성되는 것을 방해한다. 하지만 용도의 다양성으로 인해 시장의 불완전성이 완화되기도 한다.

 3) 개별성으로 인한 개별적 시장
　　　개별성은 부동산시장을 개별적으로 형성되게 한다. 특히 시장참가자의 선호도와 행태가 개별적일수

록 부동산시장의 개별화를 심화시킨다. 그 결과 부동산시장은 수요와 공급이 원활하게 작용하지 않는다.

 4) 용도의 다양성으로 인한 대체·경쟁 시장
　　　용도의 다양성은 개별성을 완화시킨다. 즉, 물리적인 측면에서 개별적인 시장이 용도적인 측면에서 대체가 가능하거나 경쟁이 발생할 수 있는 시장으로 가능하게 한다. 상업용 시장, 주거용 시장, 공업용 시장 등은 유사한 용도 간에 경쟁이 가능하다.

 5) 영속성과 인문적 위치의 가변성으로 인한 시장변화
　　　부동산시장은 영속성으로 인해 소유와 사용이 분리된다. 그 결과 부동산시장은 매매시장과 임대시장으로 나타난다. 또한 부동산시장은 사회적, 경제적, 행정적 위치의 가변성으로 인해 계속해서 변화한다. 그 결과 시장참가자는 현재뿐만 아니라 미래의 변화를 고려하여 의사를 결정한다.

Ⅳ. 작용 관계에 따른 감정평가의 필요성
 1. 가격에 작용하는 관계에 따른 감정평가의 필요성

 1) 위치가격화에 따른 현황 감정평가
　　　부동산가격은 고정성으로 인해 주위환경의 영향을 받아 형성된다. 따라서 현재의 이용상황과 주위환경에 대한 조사가 필요하다. 이는 감정평가 시 현황을 기준으로 할 것이 요구된다. 즉, 감정평가는 기준시점에서의 대상물건의 이용상황 및 공법상 제한을 받는 상태를 기준으로 한다.

 2) 고가화에 따른 전문적인 감정평가
　　　부동산은 경제에 큰 영향을 미치는 고가의 재화다. 따라서 부동산을 대상으로 의사결정을 할 때는 신중할 필요가 있다. 의사결정은 투자, 개발, 금융, 관리, 정책 등 다양하다. 따라서 합리적인 의사결정을 위해서는 경제적 가치의 전문가인 감정평가사에 의해 이루어질 필요가 있다.

 3) 개별적 가격에 따른 객관적인 감정평가
　　　개별성으로 인해 부동산가격은 개별적으로 형성된다. 따라서 매도자와 매수자 간에 특별한 사정이나 동기 등이 반영될 수 있다. 또한 정보의 비대칭성으로 인해 당사자 사이에 이해가 충돌할 수 있다. 따라서 개별적인 동기 등을 배제하고 이해

를 조절하기 위해 객관적인 감정평가가 필요하다.

 4) 가격 다양화에 따른 합리적인 감정평가
　　　용도의 다양성으로 인해 부동산가격은 다양하게 나타난다. 특히 어떤 용도로 이용할 것인지에 대한 판단은 시장참가자의 선호도와 행태 등에 따라 달라진다. 따라서 일반적이고 표준적인 기준에 따라 합리적으로 판단할 필요가 있다. 감정평가는 충분한 자료를 토대로 합리적으로 이루어진다. 그러므로 감정평가는 반드시 필요하다.

 5) 가격변화에 따른 기준시점 감정평가
　　　영속성과 인문적 위치의 가변성으로 인하여 부동산가격은 끊임없이 변화한다. 따라서 어느 시점을 기준으로 부동산가격을 판단할지가 어렵다. 감정평가는 대상물건의 감정평가액을 결정하는 기준이 되는 날짜인 기준시점을 기준으로 한다. 즉, 객관적인 기준을 제시하고 있다.

2. 시장에 작용하는 관계에 따른 감정평가의 필요성
 1) 국지화에 따른 지역분석
　　　부동산시장은 고정성으로 인해 지역마다 다르게

형성되어 있다. 이는 지역마다 부동산 가격수준도 다르다는 것을 의미한다. 따라서 지역의 표준적인 이용과 가격수준을 파악할 필요가 있다. 이를 위해서 지역분석을 통한 감정평가가 필요하다. 지역분석은 부동산 가치를 판단하기 위한 근거로 활용되기 때문이다.

2) 불완전한 시장에 따른 적정한 감정평가

부동산시장은 비탄력적 공급으로 인해 불완전한 형태를 지닌다. 그 결과 적정한 부동산가격을 파악하는 것이 쉽지 않다. 특히 경쟁이 치열한 부동산일수록 가격을 파악하는 것은 더욱 어렵다. 따라서 객관적인 근거를 통해 합리적인 의사결정을 위해서는 적정한 감정평가가 요구된다.

3) 개별적 시장에 따른 개별 감정평가

부동산시장은 개별적으로 형성된다. 따라서 대상물건마다 개별로 감정평가할 필요가 있다. 이는 감칙 제7조 제1항에 근거한다. 즉, 대상물건의 특성을 토대로 개별적인 시장을 파악하여 감정평가가 이루어진다. 그러므로 감정평가는 필수적으로 요구된다.

4) 시장다양화에 따른 시장가치 감정평가

부동산시장은 용도의 다양성으로 인해 다양하게 나타난다. 따라서 다양한 시장상황에 맞는 객관적인 경제적 가치를 판단할 필요가 있다. 이를 위해서는 시장가치를 기준으로 하는 감정평가가 요구된다. 이는 감칙 제5조 제1항에 근거하여 시장가치를 원칙으로 감정평가한다.

5) 시장변화에 따른 동태적 시장분석

부동산시장은 영속성과 인문적 위치의 가변성으로 끊임없이 변한다. 특히 매매시장과 임대시장은 다양한 형태로 변하고 있다. 또한 시장참가자들의 선호와 행태도 급격하게 변하고 있다. 따라서 이를 예측하고 대응하기 위해서는 동태적인 시장분석을 통한 감정평가가 필요하다.

Ⅴ. 결론

부동산은 자연적, 인문적 특성으로 인해 시장이 불완전하다. 그 결과 적정한 가격을 파악하는 것이 어렵다. 따라서 객관적이고 공정한 감정평가가 필수적으로 요구된다. 이를 통해 시장참가자들은 합리적인 의사결정을 할 수 있기 때문이다. 〈끝〉

[제1회 문2] 30점

Ⅰ. 서론

감정평가는 관련 법령 등에 근거하여 이루어진다. 이는 공정하고 객관적인 감정평가를 하기 위함이다. 시산가액 조정은 공정하고 객관적인 감정평가를 위해 필요한 절차이다. 시산가액 조정은 대상물건의 특성, 자료의 신뢰성, 시장상황, 감정평가 목적 등을 고려하여 이루어지기 때문이다. 따라서 우리나라의 현실에 부합하는 중요한 절차이다. 이하에서는 시산가액 조정의 논거에 대해 감정평가관계법규, 감정평가이론, 실무적 측면에서 구체적으로 살펴본다.

Ⅱ. 시산가액 조정의 개념

1. 시산가액의 의의

시산가액이란 대상물건의 감정평가액을 결정하기 위해 어느 하나의 감정평가방법을 적용하여 산정한 가액을 말한다.

2. 시산가액 조정의 의의

시산가액 조정이란 주된 감정평가방법을 적용하여 산정한 시산가액을 다른 방법으로 산출한 시산가액과 비교한 결과, 합리성이 없다고 판단되는 경우 시산가액을 조정하여 감정평가액을 결정하는 것을 말한다.

3. 시산가액 조정의 설득력

시산가액 조정은 지역성과 개별성의 관계, 자료의 신뢰성 등에 따라 설득력의 우열이 생긴다. 설득력의 판단은 지역분석과 개별분석의 적절성, 감정평가방법 적용 시 자료의 신뢰성 등에 의한다.

Ⅲ. 시산가액 조정의 논거

1. 감정평가관계법규 측면에서의 논거

1) 감정평가법상 논거

감정평가법 제3조 제2항에서는 감정평가법인등이 「주식회사 등의 외부감사에 관한 법률」에 따른 재무제표 작성 등 기업의 재무제표 작성에 필요한 감정평가와 담보권의 설정·경매 등 대통령령으로 정하는 감정평가를 할 때에는 해당 토지의 임대료, 조성비용 등을 고려하여 감정평가할 수 있다고 규정하고 있다. 즉, 다른 방법으로 산출한 시산가액과 비교하는 과정을 거친다. 그러므로 시산가액 조정은 필요하다.

2) 감칙상 논거

감칙 제12조 제3항에서는 시산가액의 합리성 검토 결과 주된 방법에 따라 산출한 시산가액의 합리성이 없다고 판단되는 경우에는 주된 방법 및 다른 방법으로 산출한 시산가액을 조정하여 감정평가액을 결정할 수 있다고 규정한다. 즉, 시산가액 조정에 대한 직접적인 근거가 된다. 따라서 시산가액 조정은 법령에 부합하고 있다.

3) 실무기준상 논거

실무기준에서는 시산가액조정이 감칙과 동일하게 규정되어 있다. 다만, 시산가액조정의 방법까지 구체적으로 규정하고 있다. 즉, 감정평가목적, 대상물건의 특성, 수집한 자료의 신뢰성, 시장상황 등을 종합하여 각 시산가액에 적절한 가중치를 부여하여 감정평가액을 결정하도록 한다. 따라서 우리나라의 현실에 부합하는 논거가 된다.

2. 감정평가이론 측면에서의 논거

1) 감정평가 시장 환경의 변화

감정평가 시장은 부동산과 자본시장의 통합화, 부동산 금융의 발전, 부동산 경기변동, 부동산 정책의 변동 등 끊임없이 변화하고 있다. 이에 발맞춰 시장참가자는 다양한 요구를 하고 있다. 또한 국제평가기준도 시산가액 조정을 규정하고 있다. 여기에 부합하기 위해서는 시산가액 조정이 필요하다. 즉, 시산가액 조정은 감정평가의 합리성과 신뢰성을 높일 수 있는 근거가 된다.

2) 감정평가 대상물건의 다양화

감정평가의 대상이 되는 토지등은 사회·경제 구조의 변화로 인하여 점점 다양해지고 있다. 그 결과 대상물건의 특성도 더욱 다양해지고 있다. 따라서 다양한 감정평가의 수요에 부합하기 위해서는 시산가액 조정이 요구된다. 시산가액 조정은 다양한 수요를 반영하기 위해 정량적, 정성적인 방법을 고려하기 때문이다.

3) 상관조정의 원리

상관조정의 원리란 가치 3면성이 부동산 가치형성과정에서 상호 연결되어 있으므로 시산가액을 조정해야 한다는 것이다. 즉, 부동산 시장은 불완전성, 자료의 미비 등으로 각 시산가액은 유용성과 한계를 지닌다. 그러므로 시산가액 조정은 한계를 보완하여 최종 감정평가액을 결정하기 위해 필요하다.

3. 감정평가실무 측면에서의 논거

1) 적정한 가격 제시

부동산 시장은 불완전경쟁시장이다. 따라서 대상물건이 갖는 경제적 위치를 판단할 필요가 있다. 즉, 불완전한 부동산시장에서 발생하는 가격의 왜곡을 바로잡아야 한다. 그 결과 대상물건이 갖는 사회적, 경제적 위치를 적절히 지적해야 한다. 시산가액 조정은 감정평가에서 최종 감정평가액을 결정하기 전의 절차이다. 그러므로 시산가액 조정은 우리나라의 현실에 부합한다.

2) 합리성 향상

시산가액 조정은 논리적인 근거에 기반한다. 각 시산가액의 한계를 보완하기 위해서는 논리적 기술이 필요하기 때문이다. 이는 합리적인 의사결정을 위해서 반드시 필요하다. 예를 들어, 경기침체가 지속되는 경우 비교방식은 자료의 신뢰성이 떨어진다. 이런 경우 원가방식 등을 통해 합리성을 지지할 근거가 요구된다. 이를 위해서는 시산가액 조정이 필수적이다.

3) 신뢰성 향상

시산가액 조정은 각 시산가액의 유용성을 반영한다. 특히 대상물건의 특성, 자료의 신뢰성 등은 시산가액 조정에 큰 영향을 미친다. 시산가액 조정은 가중치를 부여하여 최종 감정평가액을 결정하기 때문이다. 따라서 가중치를 판단하는 전문적인 경험과 시장상황의 판단 등은 감정평가의 신뢰성과 직결된다. 그러므로 시산가액 조정은 우리나라의 현실에 부합하고 있다.

Ⅳ. 결론

시산가액 조정은 감정평가관계법규, 감정평가이론, 실무적 측면에서 우리나라의 현실에 부합한다. 이는 감정평가의 신뢰성과 합리성을 높이는 중요한 절차이다. 특히 시산가액을 조정할 때 가중치를 부여하는 과정이 중요하다. 이때 정량적, 정성적인 방법으로써 실물옵션이나 회귀분석, 민감도분석 등 다양한 방법을 활용할 필요가 있다. 이는 감정평가의 객관성을 높여주기 때문이다. 〈끝〉

[제1회 문3] 10점

Ⅰ. 개설

토지는 소유권의 대상이 되는 땅을 말한다. 민법 제212조에서 토지의 소유권은 정당한 이익이 있는 범위 내에서 토지의 상하에 미친다고 하고 있다. 이와 관련하여 토지의 입체이용률에 대해 구체적으로 살펴본다.

Ⅱ. 토지의 입체이용률

1. 입체이용률의 개념

입체이용률이란 토지의 지표를 기준으로 지상 또는 지하 공간의 이용가치 비율을 말한다. 이는 대상토지의 최유효이용 상태를 상정하여 지상, 지표, 지하 공간의 이용가치를 나타낸 것이다. 이용가치는 지표 부근이 가장 높다. 그리고 이용가치는 지표면에서 멀어짐에 따라 감소한다.

2. 입체이용저해율의 개념

입체이용저해율이란 토지의 지상 또는 지하 공간을 이용함으로써 해당 토지의 이용이 저해되는 정도에 따른 적정한 비율을 말한다. 즉, 입체이용률을 반대 방향에서 바라본 개념이다. 이는 토지에 기존 건물이 있는 경우와 그렇지 않은 경우에 따라 차이가 있다.

3. 이론적 근거

입체이용률은 최유효이용의 원칙과 수익체증·체감의 법칙 등을 근거로 한다. 최유효이용의 원칙이란 부동산 가치는 최유효이용을 전제로 파악되는 가치를 표준으로 하여 형성된다는 것이다. 수익체증·체감의 원칙이란 부동산 단위투자당 수익은 체증하다가 체감한다는 원칙이다. 입체이용률은 토지의 최유효이용 상태를 상정한다. 그리고 토지의 이용가치는 지표면에서 멀어질수록 감소하기 때문이다.

4. 감정평가 시 활용

입체이용률과 입체이용저해율은 감정평가에서 활용된다. 감정평가는 최유효이용을 전제로 이루어진다. 따라서 이론적 근거에도 부합하고 있다. 입체이용률과 입체이용저해율은 소송, 보상, 사용료 등 다양한 감정평가목적에도 활용된다. 또한 구분지상권, 구분소유권, 송전선로부지, 지하철도 등 다양한 대상물건에도 활용된다. 〈끝〉

[제1회 문4] 10점

Ⅰ. 개설

감정평가의 기능이란 감정평가가 수행하는 작용을 말한다. 즉, 감정평가 활동이 어떤 분야에서 수행하는 작용을 의미한다. 부동산 감정평가는 일반적으로 정책적 기능과 경제적 기능을 가진다. 이하에서 이를 중심으로 살펴본다.

Ⅱ. 감정평가의 기능

1. 정책적 기능

1) 자원의 배분

감정평가의 정책적 기능은 객관적이고 공정한 경제적 가치를 판정하여 정책달성을 지원하는 역할을 말한다. 감정평가는 부동산 등의 자원이 합리적이고 공평하게 배분될 수 있게 도와준다. 부동산은 사회재이자 공공재의 본질을 갖고 있기 때문이다.

2) 적정한 가격형성 유도

감정평가는 공정하고 객관적으로 경제적 가치를 판정한다. 부동산은 자연적 특성 등으로 부동산 시장이 불완전하다. 그 결과 수요와 공급에 의한 균형가격의 성립이 어렵다. 따라서 감정평가는 적정한 가격이 형성될 수 있도록 도와주는 역할을 한다.

2. 경제적 기능

1) 효율성 향상

감정평가의 경제적 기능은 인간의 경제적 활동을 지원하는 역할을 말한다. 부동산시장은 불완전하기 때문에 기능이 효율적이지 못한 경우가 많다. 감정평가는 효율적인 시장이 되도록 지원한다. 예를 들어, 시장의 합리적인 정보 등을 제공하여 효율성을 높인다.

2) 이해 조정

부동산은 다양한 시장참가자들의 이해가 대립한다. 예를 들어, 토지를 어떤 용도로 이용할 것인지, 주거용으로 이용한다면 몇 층의 건물을 지을 것인지, 분양을 할 것인지 등이 있다. 감정평가는 공정하고 객관적인 기준에 의해 이루어진다. 따라서 다양한 이해를 조정하여 합리적인 의사결정을 할 수 있도록 도와준다. 〈끝〉

〈이 하 여 백〉

[제2회 문1] 50점

Ⅰ. 서론

부동산학은 부동산 문제로 인해 나타나는 부동산 현상을 해결하고 바람직한 부동산 활동을 전개하기 위한 학문이다. 감정평가활동은 부동산 활동 중 하나이다. 지대론 등은 농경사회에서 부동산현상 등을 설명하기 위한 이론이다. 하지만 사회는 계속해서 변화해 왔다. 따라서 변화하는 현상을 설명하기 위해 이론이 발전해왔다. 그럼에도 불구하고 사회·경제적 환경변화는 더 빠르게 이루어지고 있다. 그 결과 지대론 등만으로는 현실의 부동산가격을 설명하는 데 한계가 있다. 그러므로 이를 보완하고 지원하기 위해 감정평가활동이 필수적으로 요구된다. 이하에서는 지대론 등을 살펴보고, 왜 감정평가활동이 필요한지를 구체적으로 살펴본다.

Ⅱ. 지대론 등의 발전연혁과 내용

1. 지대론

1) 차액지대

리카르도는 지대를 생산물을 얻기 위해 토양의 힘으로 지주에게 지불되는 부분이라고 하였다. 그리고 지대의 크기는 우등지와 열등지의 생산성 차이에 의해 결정된다고 하였다. 우등지와 열등지는 비옥도와 위치에 있어 생산력의 차이가 있기 때문이다. 또한 리카르도는 차액지대가 성립하는 조건으로 토지가 제한되어야 하고, 수확체감의 법칙이 작용해야 한다고 하였다.

2) Ricardian-rent

리카디안 지대는 토지를 이용하기 위해 지불해야 하는 최소한의 대가를 초과하는 지대를 말한다. 이때 지대가 '0'이 되는 토지를 한계지라고 한다. 하지만 이는 토지의 위치를 고려하지 못하고, 비옥도 자체가 아닌 비옥도 차이에만 중점을 두는 등의 한계가 있다.

3) 절대지대

절대지대는 토지소유자의 소유에서 지대가 발생한다는 것이다. 즉, 최열등지라도 지대를 가진다. 이는 토지의 비옥도와는 아무 관계가 없다. 따라서 절대지대는 생산비의 일부를 구성하고 토지를 소유함으로써 발생한다.

4) 독점지대

독점지대는 토지의 수요는 많은 데 비해 공급이 독점되어 지대가 발생한다는 것이다. 이는 토지에서 발생하는 생산물의 가격에 따른 독점적 초과이윤이 있다. 또한 토지 수요의 제한으로 생산과 공급이 수요를 따라가지 못해 발생하는 독점적 초과이윤이 있다. 이러한 독점적 초과이윤이 지대를 이룬다.

5) 입지교차지대

입지교차지대는 시장으로부터의 거리 차이가 생산물 수송비 절약분만큼의 지대를 발생시킨다는 것이다. 즉, 시장으로부터 거리가 생산물가격을 결정하고, 그 생산물가격의 차이가 지대를 발생한다는 의미이다. 지대가 '0'이 되는 지점을 이윤한계점 또는 생산한계점이라 한다.

2. rent론

1) Quasi-rent

Quasi-rent는 농경사회에서 상공업생산사회로 산업구조가 변화하면서 나타난 개념이다. 도시지역의 지가이론은 농경지의 지대론만으로 설명하기에는 한계가 있기 때문이다. 즉, Quais-rent는 토지의 영속성과 고정자산의 내구성을 유사한 의미로 접근한다. 따라서 토지의 비옥도가 주는 가치는 내구성이 주는 가치로 가격으로 인식한다. 그 결과 가치와 가격을 같다고 본다.

2) 입찰지대

입찰지대는 도심으로부터의 거리에 따라 가장 높은 지대를 지불할 수 있는 금액이 지대라는 것이다. 즉, 지대는 해당 토지의 지대 입찰과정에서 토지이용자가 지불할 수 있는 최대 금액이다. 입찰지대곡선의 기울기는 산업에 따라 달라진다.

3) 지가이론

재화의 가치는 수요측면에서 단기적으로 효용에 의해, 공급측면에서 장기적으로 생산비에 의해 영향을 받는다. 도시지역에서 토지는 위치가치가 곧 토지가격이라고 한 것이다. 즉, 위치가치는 수송비와 판매비의 절약액, 생산물의 가격상승분 등이 포함되어 있다고 한다.

4) Paretian-rent

파레토지대란 전용수입이 전용비용을 초과해서 지불된 소득을 말한다. 이때 전용비용이란 어떤 생산요소가 다른 용도로 전환되지 않도록 현재의 용도에서 반드시 지불할 최소한의 금액을 의미한다. 전용수입은 받는 사람의 입장에서의 금액을 말한다. 즉, 파레토지대는 평균적인 자본재의 귀속 소득을 초과하는 부분을 일컫는다.

5) 준rent

준지대는 생산을 위하여 사람이 만든 기계나 기구들로부터 얻는 소득을 말한다. 마샬이 의미하는 준지대란 일시적으로 토지의 성격을 가지는 토지 이외의 생산요소에 귀속되는 소득, 즉 일시적으로 지대의 성격을 가지는 소득을 의미한다. 마샬은 토지 이외의 고정생산요소에 귀속되는 소득은 단기에 있어서 지대의 성격을 갖는다. 하지만 장기에 있어서는 비용의 성격을 갖는다고 한다. 왜냐하면 해당 생산요소의 공급량과 이를 변화시키는 요인에 의해 달라지기 때문이다.

Ⅲ. 현실 부동산가격의 설명가능성

1. 현실 부동산가격의 의미

현실 부동산가격이란 부동산시장에서 매도자와 매수자가 상호 합의한 거래금액을 의미한다. 사회가 발전하면서 지대·지가이론도 변화하고 있다. 특히 가치와 가격은 동일하다고 볼 수 없다. 부동산은 자연적 특성으로 인해 불완전한 시장이 형성된다. 그 결과 부동산가격은 일반 경제재와는 다르게 나타난다. 즉, 현실의 부동산가격은 기존의 지대·지가이론만으로 설명하기에는 한계가 있다.

2. 부동산 특성으로 인한 한계

부동산은 일반 재화와는 본질적으로 다른 자연적 특성이 있다. 자연적 특성은 일반적으로 고정성, 부증성, 영속성, 개별성 등이 있다. 그리고 부동산과 인간과의 관계에 의한 인문적 특성이 있다. 인문적 특성은 일반적으로 용도의 다양성, 사회적·경제적·행정적 위치의 가변성 등이 있다. 이러한 특성으로 인해 부동산가격은 다양하게 나타난다. 따라서 하나의 요인으로만 설명하려는 지대·지가이론은 현실의 부동산가격을 설명할 수 없다.

3. 불완전한 시장으로 인한 한계

부동산시장은 부동산특성으로 인해 불완전성을 가진다. 즉, 효율적인 완전경쟁시장이 아니다. 이는 일반 경제재처럼 수요와 공급에 의해 가격이 형성되지 않는다는 것이다. 특히 부동산은 다양한 시장참가자의 선호와 끊임없는 환경의 변화를 직접 받는다. 예를 들어, 최근 IT기술의 발달은 토지의 이용을 집약적으로만 하게 하지 않는다. 따라서 지대·지가론만으로 현실의 부동산가격은 완전히 설명할 수 없다.

4. 가치의 다양성으로 인한 한계

부동산가치는 다양한 발생요인과 형성요인에 의해 결정된다. 가치발생요인은 부동산이 경제적 가치를 갖게 하는 요인과 요인 간의 상호작용을 말한다. 가치형성요인은 대상물건의 경제적 가치에 영향을 미치는 일반요인, 지역요인 및 개별요인 등을 말한다(감칙 제2조 제4호). 따라서 현실의 부동산가격은 과거 사회의 이론인 지대·지가론만으로는 설명할 수 없다.

Ⅳ. 감정평가활동이 요구되는 이론적 근거

1. 감정평가활동의 의미

감정평가활동이란 감정평가를 하여 부동산 활동 주체의 의사결정을 지원하는 일체의 활동을 말한다. 감정평가는 토지등의 경제적 가치를 판정하여 그 결과를 가액으로 표시하는 것을 말한다(감정평가법 제2조 제2호). 이하에서는 부동산 거래 시 왜 감정평가활동이 필요한지에 대해 살펴본다.

2. 부동산 특성

지대·지가론에서는 생산성 등에 중심을 두고 가격과 가치를 동일하게 본다. 하지만 부동산은 자연적 특성과 인문적 특성 등으로 가격과 가치를 다르게 본다. 특히 사회성과 공공성은 부동산의 소유나 이용을 제한한다. 그 결과 부동산 거래도 제한을 받는다. 그러므로 객관적인 감정평가활동이 요구된다. 감정평가는 과거의 지대·지가론과 달리 정책적·경제적 기능을 수행하기 때문이다. 따라서 부동산 거래 시 감정평가활동이 필요하다.

3. 불완전한 시장

부동산시장은 불완전경쟁시장이다. 따라서 시장의 기능은 효율적이지 못하다. 특히 정보의 비대칭성은 거래 당사자 사이에서 이루어지는 합리적인 거래를 방해한다. 또한 정보비용을 지불하고서라도 초과이윤을 얻으려는 시장참가자들이 늘어난다. 지대·지가론은 초과이윤을 다룬다는 점에서는 감정평가활동과 유사하다. 하지만 초과이윤을 인식하는 시장참가자들의 행태를 반영하지 못한다. 따라서 감정평가활동은 시장의 효율성을 지원하기 위해서 반드시 필요하다.

4. 가치발생요인과 가치형성요인의 상호작용성

지대·지가론은 수익과 비용측면에서 가격을 인식한다. 하지만 부동산가치는 가치발생요인과 가치형성요인의 상호작용에 의해 결정된다. 가치발생요인은 효용, 상대적 희소성, 유효수요 등이 있다. 가치형성요인은 내용적 측면에서 자연적, 사회적, 경제적, 행정적 요인 등이 있다. 즉, 부동산가치는 다양한 가치발생요인과 가치형성요인의 상호작용에 의해 결정된다. 그러므로 이를 반영하기 위해서는 감정평가활동이 필요하다.

5. 감정평가의 공정성

부동산 거래는 매도인과 매수인의 상호 합의가 필요하다. 즉, 매도인과 매수인의 협상력에 따라 부동산 가격이 달라질 수 있다는 의미이다. 하지만 지대·지가론은 이를 설명할 수 없다. 그리고 현재 사회에서도 경기상황에 따른 협상력을 판단하기 어렵다. 따라서 공정하고 객관적인 기준이 요구된다. 즉, 공정한 거래를 위해 기준이 될 수 있는 감정평가활동이 필수적으로 요구된다.

6. 가치의 3면성

지대·지가론은 일반적으로 비용성에 근거한다. 하지만 현실의 부동산가격은 시장성, 수익성, 비용성 등을 모두 반영한다. 감정평가는 이러한 가치의 3면성을 반영하여 이루어진다. 부동산 거래는 시장참가자가 인식하는 가치를 반영한다. 따라서 이를 모두 고려하기 위해서는 감정평가활동이 필요하다.

Ⅴ. 결론

부동산은 경제적 가치가 큰 재화이다. 따라서 시대의 변화에 따라 부동산 가격도 달라지고 있다. 즉, 다양한 부동산 현상과 활동이 나타난다. 따라서 과거의 지대·지가론만으로 현실의 부동산가격이 달라지는 이유를 설명할 수 없다. 그러므로 공정하고 객관적이 감정평가활동이 요구된다. 〈끝〉

[제2회 문2] 30점

Ⅰ. 서설

부동산가격은 부동산 고유의 특성으로 인하여 단순한 수요·공급의 원리에 의해 결정되지 않는다. 부동산가격은 다양한 발생요인과 형성요인에 의해 결정된다. 그리고 부동산가격의 메커니즘은 정태적 요인에서 동태적 요인으로, 확실성 요인에서 불확실성 요인으로, 내부성 요인에서 외부성 요인으로 변화하고 있다. 따라서 부동산가격은 부동산시장에서 어떻게 형성되고 유지되는지에 대해 일정한 법칙성을 가지고 있다. 그러므로 부동산가격원칙에 대한 이해도 필요하다. 이하에서 관련 내용을 구체적으로 살펴본다.

Ⅱ. 관련 개념

1. 부동산가격

부동산가격은 부동산 시장에서 매수자와 매도자가 합의한 거래금액이다. 하지만 부동산가격은 부동산 고유의 특성으로 인해 거래금액만을 의미하지는 않는다. 즉, 부동산가격은 부동산가치의 발생요인과 형성요인과의 상호작용, 가격수준과 구체적 가격과의 상호작용, 가격원칙 등에 의해 결정된다.

2. 형성원리의 의미

부동산가격의 형성원리는 부동산가격이 어떻게 발생하고 형성되는지에 관한 것과 부동산 가격원칙이 부동산 가격에 어떻게 작용하는지에 관한 것을 의미한다. 그러므로 이하에서 부동산가격의 형성원리는 가격의 발생과 형성, 가격수준과 구체적 가격, 가격원칙 측면에서 살펴본다.

Ⅲ. 부동산가격의 형성원리

1. 부동산가격의 발생과 형성

1) 부동산가격의 발생

부동산가격의 발생은 가격발생요인에 따라 나타난다. 가격발생요인이란 부동산이 경제적 가치를 갖게 하는 근본적 요인 및 그들 간의 작용관계를 말한다. 이는 효용성, 상대적 희소성, 유효수요가 있다. 효용성이란 부동산을 사용함으로써 인간이 얻게 되는 쾌적성 등을 말한다. 상대적 희소성이란 인간의 욕망에 비해 양적·질적 측면에서 상대적으로 희소하다는 것을 말한다. 유효수요란 구매의사와 지불능력을 갖춘 수요를 말한다.

2) 부동산가격의 형성

부동산가격의 형성은 가치형성요인에 따라 나타난다. 가치형성요인이란 대상물건의 경제적 가치에 영향을 미치는 일반요인, 지역요인 및 개별요인 등을 말한다. 일반요인이란 대상물건이 속한 전체 사회에서 대상물건의 이용과 가격수준 형성에 전반적으로 영향을 미치는 일반적인 요인을 말한다. 지역요인이란 대상물건이 속한 지역의 가격수준 형성에 영향을 미치는 자연적·사회적·경제적·행정적 요인을 말한다. 개별요인이란 대상물건의 구체적 가격에 영향을 미치는 대상물건의 고유한 개별요인을 말한다.

3) 발생·형성과 가격원칙

부동산가격의 발생과 형성은 예측의 원칙 및 변동의 원칙과 연결된다. 예측의 원칙이란 부동산가격은 끊임없이 변하기 때문에 요인의 추이나 동향에 대한 예측을 해야 한다는 것이다. 변동의 원칙이란 부동산 현상과 활동, 가치형성과정의 요인 등은 시간에 따라 변하므로 부동산 가치도 그에 따라 변한다는 것이다. 즉, 부동산가격의 발생과 형성은 예측과 변동에 따라 달라지므로 이를 고려해야 한다.

2. 가격수준의 형성

1) 부동산가격의 지역성

부동산가격의 지역성이란 부동산이 자연적·인문적 특성을 공유하는 다른 부동산과 함께 하나의 지역을 구성하고 그 지역 및 지역 내 타부동산과 의존, 보완, 협동, 대체, 경쟁의 관계를 통하여 사회적, 경제적, 행정적 위치가 결정된다는 특성을 말한다.

2) 가격수준의 형성

부동산은 지역성에 의해 해당 지역의 표준적이용과 가격수준이 형성된다. 즉, 지역요인은 일반요인의 지역지향성으로 인해 일반요인이 지역적 차원으로 축소되어 영향을 받는다. 그리고 해당 지역은 지역요인의 영향으로 지역특성을 지닌다. 그 결과 해당 지역의 표준적이용과 가격수준으로 나타나는 것이다. 가격수준은 지역의 표준적 이용에 따른 표준적이고 평균적인 가격의 범위를 의미한다.

3) 가격수준과 가격원칙

부동산의 가격수준은 부동산의 고정성과 부동산가격의 지역성으로 인해 대체·경쟁의 원칙과 관련된다. 대체의 원칙이란 부동산 가격은 대체·경쟁 관계에 있는 유사한 부동산 또는 다른 재화의 영향을 받아 형성된다는 것이다. 경쟁의 원칙이란 일반재화처럼 초과이윤을 얻기 위한 시장참가자들의 경쟁에 의해 가격이 형성된다는 것이다. 즉, 가격수준은 끊임없는 대체·경쟁 관계속에서 나타나는 것이다.

3. 구체적 가격의 형성

1) 부동산가격의 개별성

부동산가격의 개별성이란 부동산의 개별성으로 인하여 가치형성요인이 개별적으로 나타나므로 부동산가격도 개별적으로 나타난다는 것이다. 따라서 부동산가격은 개별적이고, 구체적으로 나타난다.

2) 구체적 가격의 형성

부동산은 부동산가격의 개별성에 의해 대상 부동산의 최유효이용과 구체적 가격이 형성된다. 대상 부동산의 최유효이용은 대상 부동산이 속한 지역의 표준적이용과 가격수준의 영향을 받는다. 그리고 대상 부동산의 개별요인에 따라 구체적 가격이 형성된다.

3) 구체적 가격과 가격원칙

대상 부동산의 구체적 가격은 최유효이용의 원칙과 관련된다. 최유효이용의 원칙이란 부동산 가격은 최유효이용을 전제로 파악되는 가치를 표준으로 하여 형성된다는 원칙이다. 이때 최유효이용이란 객관적으로 보아 양식과 통상의 이용능력을 가진 사람이 부동산을 합법적이고 합리적이며 최고·최선의 방법으로 이용하는 것을 말한다. 즉, 구체적 가격은 최유효이용의 원칙에 따라 판단한다.

Ⅳ. 결어

감정평가는 경제적 가치를 판정하는 과정이다. 따라서 부동산가격이 어떻게 발생하고 형성되는지, 시장에서 어떤 규칙성을 갖는지를 파악해야 한다. 즉, 부동산가격의 형성원리를 제대로 이해하고 있어야 바람직한 감정평가활동이 이루어진다. 〈끝〉

[제2회 문3] 20점

Ⅰ. (물음1) 대체의 원칙과 기회비용의 원칙의 관계

1. 양자의 의의

대체의 원칙이란 부동산 가치는 대체·경쟁관계에 있는 유사한 부동산 또는 다른 재화의 영향을 받아 형성된다는 원칙이다. 기회비용의 원칙이란 부동산 가치는 어떤 대안을 선택함으로써 포기한 다른 대안 중 가장 큰 비용인 기회비용을 반영하여 형성된다는 원칙이다.

2. 양자의 관계

1) 최유효이용 측면상 관계

부동산 가치는 최유효이용을 전제로 파악되는 가치를 표준으로 하여 형성된다. 최유효이용이란 객관적으로 보아 양식과 통상의 이용능력을 가진 사람이 부동산을 합법적이고 합리적이며 최고·최선의 방법으로 이용하는 것을 말한다. 대체의 원칙과 기회비용의 원칙은 최유효이용을 전제로 파악되는 가치를 표준으로 한다. 따라서 양자는 최유효이용 측면에서 연결되는 관계가 있다.

2) 외부적 측면상 관계

최유효이용의 원칙을 기준으로 가격원칙은 기초·토대가 되는 원칙, 내부적 원칙, 외부적 원칙으로 분류할 수 있다. 외부적 원칙은 대체원칙, 경쟁원칙, 외부성원칙, 적합원칙, 수요·공급원칙, 기회비용원칙이 있다. 따라서 대체의 원칙과 기회비용의 원칙은 최유효이용의 원칙을 기준으로 외부적 측면에서 연결되는 관계가 있다.

3) 경제성 측면상 관계

자본시장은 경제성에 따라 운영된다. 따라서 투자기회는 항상 새로운 투자기회를 기다리고 있다. 새로운 투자기회를 선택하는 과정에서 희생된 기회비용은 부동산 가치의 결정에 영향을 미친다. 또한 대체의 현상은 부동산 사이, 지역 사이, 부동산과 다른 투자대안 사이에 나타난다. 따라서 양자는 경제성 측면에서 선택과 포기의 과정으로 연결되는 관계가 있다.

Ⅱ. (물음2) 구분지상권의 평가원리

1. 구분지상권의 개념

구분지상권이란 지하 또는 지상의 공간을 상하의 범위를 정하여 건물 기타 공작물을 소유하기 위한 지상권의 목적으로 설정된 권리다(민법 제289조의2). 이 경우 설정행위로써 지상권의 행사를 위해 토지의 사용을 제한할 수 있다. 이때 지상권이란 타인의 토지에 건물 기타 공작물이나 수목을 소유하기 위해 그 토지를 사용하는 권리를 말한다.

2. 구분지상권의 평가원리

1) 입체이용률과 입체이용저해율

입체이용률이란 토지의 지표를 기준으로 지상 또는 지하 공간의 이용가치 비율을 말한다. 이는 대상 토지의 최유효이용 상태를 상정하여 각 공간의 이용가치를 나타낸 것이다. 입체이용저해율이란 토지의 지상 또는 지하 공간을 이용함으로써 해당 토지의 이용이 저해되는 정도에 따른 적정한 비율을 말한다. 구분지상권은 입체이용률과 입체이용저해율을 활용하여 감정평가한다.

2) 구분지상권의 가치형성

구분지상권은 지상 또는 지하 공간의 일부분만을 사용할 수 있는 권리다. 따라서 구분지상권자, 토지소유자, 구분지상권설정자 등의 권리 사이에 토지의 사용·수익에 경합이 발생한다. 그러므로 구분지상권의 가치는 구분지상권 설정지의 가치를 기초로 권리설정 범위에 있는 권리이익의 내용에 따라 형성된다. 그리고 구분지상권 가치는 설정 부분의 효용이 설정되지 않은 부분의 이용을 제한함에 따라 결정된다.

3) 구분지상권과 가격원칙

구분지상권 가치는 기여의 원칙 및 균형의 원칙과 관련된다. 기여의 원칙이란 부동산 가치는 부동산을 구성하는 각 요소가 가치에 기여하는 공헌도의 영향을 받아 결정된다는 것이다. 따라서 구분지상권은 지상 또는 지하 공간이 가치에 기여하는 공헌도에 따라 가치가 나타난다. 또한 구분지상권은 지표, 지상, 지하 공간의 이용가치는 균형을 이루고 있다.

4) 구분지상권의 감정평가

구분지상권의 감정평가는 구분지상권이 설정되지 않은 가액에 입체이용저해율을 이용하여 구할 수 있다. 그리고 구분지상권의 거래사례가 있는 경우에는 사례를 비교하여 구할 수 있다. 〈끝〉

〈이 하 여 백〉

[제3회 문1]40점

Ⅰ. 서론

수익방식이란 수익환원법 및 수익분석법 등 수익성의 원리에 기초한 감정평가방식을 말한다(감칙 제11조 제3호). 이때 수익성은 어느 정도의 수익이나 효용을 얻을 수 있는지를 의미한다. 이는 자본환원의 논리에 근거한다. 따라서 수익환원은 시장참가자가 판단하는 수익성을 가치에 어떻게 반영할지가 핵심이다. 이하에서는 수익환원을 감정평가에서 어떻게 반영할지에 대해 살펴본다.

Ⅱ. (물음1) 자본(수익)환원이론의 발전과정

1. 자본환원이론의 의미

자본환원이론은 자본환원이 어떻게 이루어져 왔는지에 대한 이론을 의미한다. 이때 자본환원은 대상이 창출하는 수익을 토대로 대상의 가치를 추계하는 것이다. 자본환원은 크게 직접환원법과 할인현금흐름분석법으로 이루어져 있다. 이하에서는 이를 중심으로 각각의 발전과정을 살펴본다.

2. 직접환원법

1) 의의

직접환원법이란 단일기간의 순수익을 적절한 환원율로 환원하여 대상물건의 가액을 산정하는 방법을 말한다.

2) 발전과정

전통적인 직접환원법은 직접법, 직선법, 연금법, 상환기금법 등으로 발전했다. 직접법은 순수익을 환원율로 환원하는 방법이다. 이후 자본회수와 관련하여 직선법, 연금법, 상환기금법 등으로 나타났다. 한편, 잔여환원법의 논리도 등장했다. 이는 토지와 건물로 구성된 물리적 잔여법, 지분과 저당으로 구성된 금융적 잔여법으로 발전했다. 이후 지분, 가치증감 등을 고려한 저당지분환원법으로 발전하기에 이르렀다.

3. 할인현금흐름분석법

1) 의의

할인현금흐름분석법이란 대상물건의 보유기간에 발생하는 복수기간의 순수익과 보유기간 말의 복귀가액에 적절한 할인율을 적용하여 현재가치로 할인한 후 더하여 대상물건의 가액을 산정하는 방법을 말한다.

2) 발전과정

할인현금흐름분석법은 현금흐름을 어떻게 접근할지에 따라 발전했다. 즉, 현금흐름을 순수익, 세전 현금흐름, 세후 현금흐름 등에 따라 접근하고 있다. 그 밖에 소득모형이나 부동산모형도 일종의 할인현금흐름분석법이다. 이후에는 동적인 옵션도 고려하는 등으로 발전하고 있다.

Ⅲ. (물음2) 수익가액과 가격원칙과의 관계

1. 수익가액과 가격원칙의 의미

수익가액이란 수익환원법에 따라 산정된 가액을 말한다. 가격원칙이란 부동산가격(가치)이 어떻게 형성되고 유지되는가에 관하여 일정한 법칙성을 추출하여 부동산평가활동의 지침으로 삼으려는 하나의 행위기준을 말한다. 즉, 부동산 가격(가치) 형성과정에서 나타나는 법칙성을 의미한다.

2. 예측·변동 측면상 관계

예측의 원칙이란 부동산 가치는 끊임없이 변하기 때문에 요인의 추이나 동향에 대한 예측을 해야 한다는 원칙이다. 변동의 원칙이란 부동산 현상과 활동, 가치형성과정의 요인 등은 시간에 따라 변하므로 부동산 가치도 그에 따라 변한다는 원칙이다. 수익가액은 시장참가자의 효용과 행태 등에 따라 계속해서 변한다. 즉, 자본환원을 인식하는 사회환경의 변화에 따라 가치가 달라진다. 따라서 양자는 예측과 변동 측면에서 연결된다.

3. 대체 측면상 관계

대체의 원칙이란 부동산 가치는 대체·경쟁 관계에 있는 유사한 부동산 또는 다른 재화의 영향을 받아 형성된다는 것이다. 자본환원을 인식하는 시장참가자들의 효용은 대체·경쟁 관계에 따라 달라진다. 즉, 더 큰 수익을 창출하는 효용은 대체·경쟁을 통해 결정된다. 특히 유사성을 비교하는 과정에서 대체현상이 달라진다. 따라서 양자는 대체 측면에서 상호 연결된다.

4. 최유효이용 측면상 관계

최유효이용의 원칙이란 부동산 가치는 최유효이용을 전제로 파악되는 가치를 표준으로 하여 형성된다는 원칙이다. 최유효이용이란 객관적으로 보아 양식과 통상의 이용능력을 가진 사람이 부동산을 합법적이고 합리적이며 최고, 최선의 방법으로 이용하는 것이다. 즉, 최고의 수익을 창출하는 이용으로 부동산가치가 결정된다. 따라서 양자는 최유효이용 측면에서 밀접하게 연결된다.

Ⅳ. (물음3) 자본환원이율의 구조이론

1. 자본환원이율의 의미

자본환원이율이란 대상물건의 기대수익을 현재시점의 가치로 변환시켜주는 이율이다. 수익방식에서 사용하는 자본환원이율은 환원율과 할인율로 구분한다.

2. 환원율

1) 개념

환원율이란 대상이 창출한 단일기간의 순수익과 대상물건의 가액의 비율을 말한다. 즉, 환원율은 순수익을 가치로 자본화하는 비율을 의미한다. 환원율은 장래 수익에 영향을 미치는 요인의 변동예측과 예측에 수반한 불확실성 등을 포함한다. 또한 환원율은 대상물건의 지역, 용도, 유형, 상태 등에 따라 다양하게 나타난다.

2) 구조

환원율은 자본수익률과 자본회수율로 나타낼 수 있다. 자본수익률은 투자위험에 대한 보상을 말한다. 자본회수율은 투하자본의 회수를 말한다. 즉, 자본회수율은 감가상각으로 자본을 회수하는 비율로 상각률이라고도 한다. 한편, 환원율은 무위험률과 위험할증률로 나타낼 수도 있다. 무위험률은 위험이 내포되지 않은 수익률을 의미한다. 따라서 순수이율이라고도 한다.

3. 할인율

1) 개념

할인율이란 미래의 현금흐름을 현재의 가치로 변환하는 비율을 말한다. 이는 현재의 투하자본과 미래 수익의 현재가치를 같게 만드는 내부수익률이기도 하다. 할인율은 대체성이 있는 자산의 수익률, 금융시장의 환경, 거시경제 변수 등을 고려해야 한다.

2) 구조

할인율은 운영수익률과 자본수익률로 나타낼 수 있다. 운영수익률은 보유기간 발생하는 현금흐름을 현재의 가치로 변환하는 것이다. 자본수익률은 보유기간 말 복귀가액을 현재의 가치로 변환하는 것이다. 한편, 할인율은 대상물건의 구성에 따라 물리적, 금융적 측면으로 나타낼 수도 있다. 물리적 측면은 토지와 건물로, 금융적 측면은 지분과 저당으로 나타낼 수 있다.

Ⅴ. (물음4) 자본환원이율의 결정방법 등

1. 동태적 부동산시장의 의미

동태적 부동산시장이란 부동산시장이 외부환경이나 시장참가자들의 행태 등이 끊임없이 변화하면서 움직이는 시장을 의미한다. 따라서 자본환원이율의 결정방법도 변화하는 환경에 따라 객관적이고 합리적인 방법으로 결정하게 된다.

2. 자본환원이율의 결정방법

1) 환원율의 결정방법

환원율은 실무기준에 의하면 시장추출법을 원칙으로 한다. 시장추출법은 대상물건과 유사한 최근의 거래사례 등으로부터 환원율을 추출하는 방법을 말한다. 그리고 환원율을 검토 및 조정하는 방법으로 요소구성법, 투자결합법, 유효총수익승수에 의한 방법, 시장에서 발표된 환원율에 의한 방법 등이 있다. 동태적 부동산시장에서는 시장추출법을 원칙으로 다른 방법에 의해 합리성을 검토하여 결정할 수 있다.

2) 할인율의 결정방법

할인율은 실무기준에 의하면 원칙적인 방법이 없다. 실무기준에는 투자자조사법, 투자결합법, 시장에서 발표된 할인율에 의한 방법 등이 있다. 투자자조사법은 시장에 참가하고 있는 투자자 등을 대상으로 직접 조사하는 방법이다. 투자결합법은 대상물건의 구성비율에 따라 산정하는 방법이다. 동태적 부동산시장에서는 시장변화에 발맞추어 투자자조사법을 기준으로 결정할 수 있다.

Ⅵ. 결론

수익환원은 자본환원, 순수익 등의 산정, 자본환원이율이 핵심이다. 특히 동태적 부동산시장에서는 다양한 시장참가자들의 효용이 끊임없이 변화한다. 따라서 감정평가 시 수익환원에 대한 이해가 필수적이다.

〈끝〉

[제3회 문2] 30점

Ⅰ. 서설

현재 감정평가법 제3조 제1항에 의하면 "감정평가법인등이 토지를 감정평가하는 경우에는 그 토지와 이용가치가 비슷하다고 인정되는 부동산 공시법에 따른 표준지공시지가를 기준으로 하여야 한다."고 규정하고 있다. 또한 감칙 제14조에 의하면 "감정평가법인등은 법 제3조 제1항 본문에 따라 토지를 감정평가할 때에는 공시지가기준법을 적용해야 한다."고 규정하고 있다. 그러므로 우리나라 토지평가방법을 어떻게 접근할지를 살펴보고, 관련 내용을 구체적으로 살펴본다.

Ⅱ. 우리나라 토지평가방법

1. 우리나라 토지평가방법의 의미

토지의 감정평가방법은 법적인 방법과 이론적인 방법으로 분류할 수 있다. 법적인 방법은 감정평가법 및 감칙에 따라 공시지가기준법을 의미한다. 이론적인 방법은 거래사례비교법, 조성원가법, 개발법, 토지잔여법 등이 있다. 문제는 우리나라의 토지평가방법과 거래사례비교법의 관계를 묻고 있다. 따라서 법적인 공시지가기준법과 이론적인 거래사례비교법으로 양자의 관계를 살펴본다.

2. 공시지가기준법의 정의(감칙 제2조 제9호)

공시지가기준법이란 감정평가의 대상이 된 토지와 가치형성요인이 같거나 비슷하여 유사한 이용가치를 지닌다고 인정되는 표준지의 공시지가를 기준으로 대상토지의 현황에 맞게 시점수정, 지역요인 및 개별요인 비교, 그 밖의 요인의 보정을 거쳐 대상토지의 가액을 산정하는 감정평가방법을 말한다.

3. 거래사례비교법의 정의(감칙 제2조 제7호)

거래사례비교법이란 대상물건과 가치형성요인이 같거나 비슷한 물건의 거래사례와 비교하여 대상물건의 현황에 맞게 사정보정, 시점수정, 가치형성요인 비교 등의 과정을 거쳐 대상물건의 가액을 산정하는 감정평가방법을 말한다.

Ⅲ. 공시지가기준법과 거래사례비교법과의 관계

1. 비교방식 측면의 관계

1) 비교방식에 속하는 관계

비교방식이란 거래사례비교법, 임대사례비교법 등 시장성의 원리에 기초한 감정평가방식 및 공시지가기준법을 말한다. 즉, 감칙 제11조 제2호에서는 공시지가기준법과 거래사례비교법은 모두 비교방식에 포함된다. 따라서 양자는 모두 시장성을 근거로 하고 있다.

2) 비교의 논리상 관계

공시지가기준법과 거래사례비교법은 모두 비교의 논리를 갖는다. 공시지가기준법은 지역요인 및 개별요인 비교를 한다. 그리고 그 밖의 요인의 보정을 할 때도 비교의 과정을 거친다. 거래사례비교법은 가치형성요인 비교 등의 과정을 거친다. 가치형성요인은 일반요인, 지역요인, 개별요인이 있다. 따라서 양자는 비교라는 논리를 가진다는 점에서 연결된다.

3) 시점수정상 관계

시점수정이란 사례물건의 거래시점과 대상물건의 기준시점이 불일치할 경우 사례가격을 거래시점의 가격수준에서 기준시점의 가격수준으로 정상화하는 작업을 말한다. 공시지가기준법은 공시기준일을 기준으로, 거래사례비교법은 거래시점을 기준으로 한다. 대상토지는 기준시점을 기준으로 한다. 따라서 양자는 기준시점까지의 시점수정을 거친다는 측면에서 관련된다.

2. 시산가액 측면의 관계

1) 다른 방식에 속하는 관계

공시지가기준법과 거래사례비교법은 시산가액의 합리성을 검토할 때 다른 방식에 속하는 관계가 있다. 이는 감칙 제12조 제2항에 근거한다. 즉, 주된 방법을 적용하여 산정한 가액과 다른 방법으로 합리성을 검토할 때 양자는 다른 방식에 속한 것으로 본다. 토지는 주된 방법이 감칙 제14조에 따라 공시지가기준법이다.

2) 상관조정의 원리상 관계

상관조정의 원리란 가치 3면성이 가치형성과정에서 연결되어 있으므로 각 시산가액을 조정하여야 한다는 것이다. 토지는 자연적 특성 등으로 인해 불완전한 시장의 성격을 가진다. 따라서 공시지가기준가액과 비준가액은 각각 유용성과 한계를 지닌다. 그러므로 양자는 상관의 원리상 상호 연결되어 있다.

3) 시산가액 조정상 관계
시산가액 조정이란 주된 방법을 적용하여 산정한 시산가액을 다른 방법으로 산출한 시산가액과 비교한 결과, 합리성이 없다고 판단되는 경우 시산가액을 조정하여 감정평가액을 결정하는 것이다. 토지는 공시지가기준법을 주된 방법으로 한다. 하지만 거래사례비교법이 합리성이 없다고 판단되는 경우 시산가액을 조정하게 된다. 따라서 양자는 시산가액 조정 측면에서 상호 연결된다.

3. 표준지공시지가 측면의 관계
1) 표준지공시지가의 의의
표준지공시지가란 토지이용상황이나 주변환경, 그 밖의 자연적·사회적 조건이 일반적으로 유사하다고 인정되는 일단의 토지 중에서 선정한 표준지에 대하여 매년 공시기준일 현재의 단위면적당 적정가격이다(부동산공시법 제3조 제1항).

2) 절차상 관계
표준지공시지가는 적정가격으로 구하게 된다. 이때 적정가격은 거래사례비교법 등을 활용하여 구한다. 그리고 표준지공시지가는 공시지가기준법에 활용된다. 따라서 양자는 표준지공시지가를 기준으로 절차상 연결되는 관계가 있다.

3) 가치 3면성 측면의 관계
표준지공시지가는 가치 3면성을 고려한 적정가격이다. 공시지가기준법은 표준지공시지가를 기준으로 하므로 가치 3면성이 반영된 가치다. 거래사례비교법은 시장성의 원리에 기초한다. 하지만 거래사례비교법에 의한 시산가액은 시장성뿐만 아니라 비용성, 수익성을 모두 고려하여 결정한다. 즉, 양자는 가치 3면성 측면에서 논리상 연결된다.

Ⅳ. 결어
토지는 법적인 공시지가기준법 외에도 이론적인 감정평가방법이 다양하다. 그리고 전통적인 3방법 이외에도 HPM법, CVM법 CBA법, ROPM법 등도 활용할 수 있다. 이는 주된 방법의 합리성을 검토하고 지지하는 수단으로 활용된다. 따라서 현재 우리나라의 법적 감정평가방법인 공시지가기준법 외에도 다른 감정평가방법을 규정하는 것이 필요하다. 〈끝〉

[제3회 문3] 30점
Ⅰ. (물음1) 계속임대료
1. 계속임대료의 개념
계속임대료란 기존의 임대차 계약을 갱신한 경우의 임대료를 말한다. 이때 임대료는 임대차 계약에 기초한 대상물건의 사용대가로서 지급하는 금액을 말한다. 감정평가는 신규임대료를 기준으로 한다. 신규임대료는 처음 이루어지는 임대차 계약의 임대료를 말한다. 따라서 계속임대료는 신규임대료와 성격 등이 차이가 있다.

2. 계속 임대사례비교법의 특질과 문제점
임대사례비교법은 대상과 유사한 임대사례를 비교하여 구한다. 따라서 임대차 계약의 특약, 계속임대료의 기간, 임대료의 지급형태, 관리비의 납부형태 등이 유사한 사례선정이 중요하다. 계속임대사례비교법은 계약의 갱신과 관련된다. 따라서 계약의 성격이 유사한 임대사례를 찾는 것이 어려운 문제가 있다.

3. 이율법의 특질과 문제점
이율법이란 기준시점 기초가액에 계속 임대료의 기대이율을 곱한 후 기준시점 필요제경비를 더하여 구하는 방법이다. 계속임대사례를 찾는 것이 어려운 경우에는 이율법을 활용할 수 있다. 하지만 계약임대료는 계약감가 등의 반영이 문제될 수 있다. 특히 기초가액을 구할 때 계약감가가 반영된 용익가치는 구하기 어렵다. 또한 계약의 특수성을 고려한 기대이율을 적용하는 것도 문제된다.

4. 슬라이드법의 특질과 문제점
슬라이드법은 전기 임대료에 슬라이드지수를 곱하거나 전기 순임대료에 슬라이드지수를 곱한 후 기준시점 필요제경비를 더하여 구하는 방법이다. 이는 갱신이라는 성격을 고려하여 전기 임대료나 순임대료를 활용하는 것이다. 하지만 객관적인 슬라이드지수를 구하는 것이 어렵다.

5. 차액배분법의 특질과 문제점
차액배분법이란 전기 임대료에 기준시점 신규임대료에서 전기임대료를 공제한 금액에 일정 비율을 배분한 것을 더하여 구하는 방법이다. 따라서 계약갱신으로 인한 차액을 반영하고 있다. 하지만 객관적인 일정 비율을 적용하는 것이 어렵다.

Ⅱ. (물음2) 최유효이용의 특수상황

1. 최유효이용 및 특수상황의 의미

최유효이용이란 객관적으로 보아 양식과 통상의 이용능력을 가진 사람이 부동산을 합법적이고, 합리적이며, 최고·최선의 방법으로 이용하는 것을 말한다. 특수상황이란 대상부동산의 현실적인 이용상황이 이론적인 최유효이용의 조건을 충족하지는 못하지만, 현재 이용상황에서 그 유용성이 극대화되어 최유효이용을 판정할 수 있는 상황을 의미한다.

2. 비적법이용

법적 측면에서 특수상황의 최유효이용은 비적법이용이 있다. 비적법이용이란 과거에는 적법하게 이용되던 부동산이 현재에는 적법하지 않은 이용을 말한다. 이는 법이 허용하지 않는 불법적이용과 구별된다. 따라서 비적법이용은 규제 변경으로 기득권 보호 차원에서 법이 허용한 이용이다. 그러므로 비적법이용인 상태를 계속 유지할 수 있다.

3. 단독이용

합리적 측면에서 특수상황의 최유효이용은 단독이용이 있다. 단독이용이란 인근지역의 용도와 전혀 다름에도 최유효이용이 되는 이용을 말한다. 단독이용의 판정은 시장수요와의 관계에서 파악한다. 즉, 당해 용도에 대한 인근지역 내 충분한 수요가 있다면 주변의 표준적 이용과 일치하지 않더라도 최유효이용이 된다.

4. 중도적이용

최선의 이용 측면에서 특수상황의 최유효이용은 중도적이용이 있다. 중도적이용이란 가까운 장래에 새로운 최유효이용이 도래할 것으로 예상될 때 대기과정에 있는 이용이다. 최유효이용은 여러 잠재적 이용 중에 비교우위를 극대화하거나 비교열위를 극소화하는 방안이다. 따라서 중도적이용은 비교열위를 극소화하는 방안으로 최유효이용이다.

5. 복합적이용

최고의 이용 측면에서 특수상황의 최유효이용은 복합적이용이 있다. 복합적이용이란 하나의 부동산이 여러 용도로 할당되어 최고의 효용을 발휘하는 이용이다. 따라서 복합적이용은 최고의 수익을 창출하는 이용으로 최유효이용이다.

Ⅲ. (물음3) 통계적 평가방법

1. 통계적 평가방법의 개념

통계적 평가방법이란 대상물건을 감정평가함에 확률 또는 통계 등을 활용하여 이루어지는 방법을 말한다. 통계적 평가방법은 노선가식평가법, 특성가격함수모형법, 옵션가치평가법, 비준표법 등이 있다.

2. 활용상 문제점

1) 노선가식평가법

노선가식평가법이란 특정한 가로에 접하고 있는 접근성이 유사한 단지를 바탕으로 표준획지와 노선가를 기준으로 보정하는 방법이다. 하지만 획지는 개별성이 강하다. 따라서 표준획지와 노선가의 선정이 어렵다. 또한 깊이가격체감률, 측면노선영향가산율, 삼각지보정률 등의 객관적인 파악이 어렵다.

2) HPM법

특성가격함수모형법은 회귀방정식을 적용하여 가치를 구하는 방법을 말한다. 회귀방정식은 회귀분석을 기초로 부동산 가치형성요인을 영향변수로 하여 산정한다. 하지만 HPM법은 변수설정이 어려운 문제가 있다. 그리고 부동산 가치의 3면성을 반영하는데 한계가 있다. 뿐만 아니라 시장환경의 변화 등을 고려할 수 없는 문제가 있다.

3) 옵션가치평가법

옵션가치평가법은 미래에 특정 자산을 약정한 가격에 매매할 수 있는 권리인 옵션으로 가치를 평가하는 방법이다. 이항옵션 가격결정모형과 블랙숄즈 가격결정모형은 각각 이항분포와 정규분포에 따른다. 하지만 이는 자산의 가격이 연속적으로 변하지 않고, 옵션의 권리를 순간적으로 행사할 수 없는 등의 한계를 가지고 있다.

4) 비준표에 의한 방법

비준표에 의한 방법이란 비준표에 의해 가격을 결정하는 방법이다. 이는 정해진 기준에 따라 빠르게 활용할 수 있다. 하지만 대상물건의 특성, 시장상황 등은 반영하지 못한다. 즉, 정성적인 요인을 고려할 수 없다는 한계가 있다. 〈끝〉

〈이 하 여 백〉

감정평가이론 기출문제 **제4회** 예시답안

[제4회 문1] 40점

Ⅰ. 서론

감정평가 3방식이란 대상물건의 경제적 가치를 측정하는 원가방식, 비교방식, 수익방식 등을 말한다. 3방식은 비용성, 시장성, 수익성이라는 가치 3면성의 원리에 기초한다. 감정평가의 대상이 되는 물건은 대상물건의 특성, 감정평가목적, 자료의 신뢰성, 시장상황 등에 따라 주된 감정평가방법이 달라진다. 이는 감칙 제14조에서 제26조까지 규정하고 있다. 그리고 다른 감정평가방법에 의해 합리성을 검토하고, 시산가액을 조정할 수 있다. 이하에서 관련 내용을 구체적으로 살펴본다.

Ⅱ. (물음1) 이론적 근거와 토지의 감정평가방법

1. 각 감정평가방식의 이론적 근거

1) 원가방식

원가방식이란 원가법 및 적산법 등 비용성의 원리에 기초한 감정평가방식을 말한다(감칙 제11조 제1호). 원가방식은 자산의 본질을 원가의 집합으로 본다. 즉, 어느 정도의 비용이 투입되어야 만들 수 있는지를 생각한다. 따라서 공급 측면에서 비용과 가치의 상호관계를 파악한다. 이는 고전학파의 생산비 가치설에 근거를 두고 있다. 따라서 재조달원가의 파악과 감가수정을 적절히 할 수 있을 때 유용하다. 하지만 재생산이 불가능한 토지 등에는 적용이 어렵다.

2) 비교방식

비교방식이란 거래사례비교법, 임대사례비교법 등 시장성의 원리에 기초한 감정평가방식 및 공시지가기준법을 말한다(감칙 제11조 제2호). 비교방식은 얼마에 시장에서 거래될 수 있는지를 생각한다. 또한 사례물건의 가치를 대상물건의 가치로 대체하는 사고에 기초한다. 따라서 이해가 쉽고 객관적이며 설득력이 높다. 하지만 거래사례가 없거나 특별한 거래 동기가 있는 경우 등에는 신뢰성이 떨어진다.

3) 수익방식

수익방식이란 수익환원법 및 수익분석법 등 수익성의 원리에 기초한 감정평가방식을 말한다(감칙 제11조 제3호). 수익방식은 어느 정도의 수익이나 효용을 얻을 수 있는지를 생각한다. 즉, 수요의 측면에서 수익·효용과 가치의 관계를 파악한다. 이는 한계효용학파의 한계효용가치설에 근거한다. 그리고 수익방식은 자본환원의 논리에 근거한다. 즉, 수익을 많이 창출할수록 가치가 크다고 인식한다.

2. 각 감정평가방식의 토지 감정평가방법

1) 원가방식을 적용한 가산방식 등

원가방식을 적용한 토지의 감정평가방법으로는 가산방식과 공제방식 등이 있다. 가산방식은 소지가액에 개발비용을 더하여 대상 토지의 가치를 구하는 방식이다. 이는 토지를 가공하여 부가가치를 창출한다는 점에서 원가방식의 사고를 바탕으로 한다. 공제방식은 예상되는 분양대금에서 개발비용을 공제하여 대상 토지의 가치를 구하는 방식이다. 이는 비용성, 시장성, 수익성을 혼용하는 방법이다.

2) 비교방식을 적용한 공시지가기준법 등

비교방식을 적용한 토지의 감정평가방법으로는 공시지가기준법과 거래사례비교법 등이 있다. 공시지가기준법이란 감정평가의 대상이 된 토지와 가치형성요인이 같거나 비슷하여 유사한 이용가치를 지닌다고 인정되는 표준지의 공시지가를 기준으로 대상토지의 현황에 맞게 시점수정, 지역요인 및 개별요인 비교, 그 밖의 요인의 보정을 거쳐 대상토지의 가액을 산정하는 감정평가방법을 말한다(감칙 제2조 제9호). 거래사례비교법이란 대상토지와 가치형성요인이 같거나 비슷한 물건의 거래사례와 비교하여 대상토지의 현황에 맞게 사정보정, 시점수정, 가치형성요인 비교 등의 과정을 거쳐 대상물건의 가액을 산정하는 감정평가방법을 말한다(감칙 제2조 제7호).

3) 수익방식을 적용한 수익환원법

수익방식을 적용한 토지의 감정평가방법으로는 수익환원법 등이 있다. 수익환원법은 대상토지가 장래 산출할 것으로 기대되는 순수익이나 미래의 현금흐름을 환원하거나 할인하여 대상토지의 가액을 산정하는 감정평가방법을 말한다(감칙 제2조 제10호). 이는 자본환원방법에 따라 직접환원법이나 할인현금흐름분석법 중에서 감정평가목적이나 대상토지에 적절한 방법을 선택하여 적용한다.

Ⅲ. (물음2) 시산가액의 조정방법과 조정 시 유의사항

1. 시산가액 조정의 개념

시산가액 조정이란 주된 방법을 적용하여 산정한 시산가액을 다른 방법으로 산출한 시산가액과 비교한 결과, 합리성이 없다고 판단되는 경우 시산가액을 조정하여 감정평가액을 결정하는 것을 말한다. 토지는 공시지가기준법을 주된 방법으로 한다. 그리고 거래사례비교법, 원가법, 수익환원법 등으로 합리성을 검토한다.

2. 시산가액의 조정방법

1) 근거

시산가액 조정은 감칙 제12조에 근거한다. 제1항은 주된 방법을 적용하는 규정이다. 제2항은 다른 방법으로 산출한 시산가액과 비교하여 합리성을 검토하는 규정이다. 제3항은 합리성이 없다고 판단되는 경우에 시산가액을 조정하여 감정평가액을 결정할 수 있도록 하고 있다. 감정평가 실무기준 등에는 구체적인 조정방법 등이 있다.

2) 가중평균법

가중평균법은 대상물건의 특성, 감정평가목적, 자료의 신뢰성, 시장상황 등에 따라 각 시산가액에 가중치를 부여하는 방법을 말한다. 이는 감정평가 실무기준 등에 근거한다. 가중평균법은 정량적인 방법과 정성적인 방법을 모두 고려하는 방법이다. 예를 들어, 비교방식에 50%, 원가방식에 20%, 수익방식에 30%를 부여하는 것은 정량적인 수치가 들어감과 동시에 비율은 판단에 의해 이루어진다.

3) 주방식과 부방식 겸용방법

주방식과 부방식 겸용방법은 시산가액의 상하 범위를 검토한 후 가장 적합한 방식에 중점을 두고 다른 방식을 부수적으로 하여 시산가액을 조정하는 방법이다. 즉, 감칙 제12조의 주된 방법 및 다른 방법과는 다른 방법이다. 이때 시산가액의 상하 범위는 반드시 가장 높은 금액과 가장 낮은 금액을 의미하는 것은 아니다.

4) 산술평균법

산술평균법은 각 시산가액을 더하여 산술평균하는 방법을 말한다. 즉, 산출된 시산가액의 개수만큼 단순히 나누는 방법이다. 따라서 산술평균법은 대상물건의 특성, 감정평가목적, 시장상황 등을 반영하지 못한다. 그러므로 감정평가에서는 해당 방법은 적용하지 않는다.

3. 시산가액 조정시 유의사항

1) 대상물건의 특성

시산가액은 대상물건의 특성에 따라 주된 감정평가방법이 달라진다. 따라서 대상물건의 특성 등을 비교하여 시산가액을 조정함에 유의한다. 예를 들어, 거래사례비교법은 시장이 없거나 거래빈도가 낮은 경우에는 적합하지 않다. 이때 시산가액 조정은 거래사례비교법에 가중치를 두지 않는다.

2) 자료의 신뢰성

시산가액 조정은 자료의 양적·질적 측면에서 달라진다. 감정평가의 정확성은 비교요소의 개수, 비교 부동산의 수, 보정량 등에 따라 달라진다. 그러므로 충분한 양의 자료와 정확한 자료를 확보해야 함에 유의한다. 따라서 시산가액 조정은 자료의 신뢰성이 높은 방식에 가중치를 더 부여할 수 있다.

3) 감정평가목적

시산가액 조정은 감정평가목적에 따라 달라진다. 감정평가액은 의뢰인의 목적에 맞게 활용되기 때문이다. 예를 들어, 담보 감정평가는 안정적인 채권을 회수함에 목적이 있다. 그러므로 대출금 회수가 확실한 시산가액에 가중치를 부여할 수 있다.

4) 시장상황

시산가액 조정은 시장상황에 따라서도 달라짐에 유의한다. 시장상황은 부동산 시장의 상황 뿐만 아니라 시장참가자의 선호도와 행태 등을 포함하는 의미다. 예를 들어, 특정 지역의 부동산이 임대료 관행에 따라 거래된다면 수익가액에 가중치를 부여할 수 있다.

IV. 결론

감정평가방식은 저마다의 특징과 유용성, 한계 등을 지니고 있다. 따라서 상관·조정의 원리에 따라 감정평가방식은 상관성을 지닌다. 그러므로 다양한 감정평가방법을 적용함으로써 객관적인 감정평가액을 도출할 수 있다. 이 과정에서 특히 다른 방법에 의한 시산가액의 합리성이 없다고 판단되는 경우 시산가액을 조정하여 감정평가액을 결정할 수 있다. 〈끝〉

[제4회 문2]20점

Ⅰ.서설

부동산 경기변동이란 확장 및 수축국면이 반복되어 나타나는 현상을 말한다. 부동산 경기는 일반 경기변동에 비해 후순환적이다. 그리고 부동산 경기는 확장국면이 천천히 진행되고 수축국면이 빠르게 진행된다. 또한 부동산 경기는 고정성으로 인해 국지성을 지닌다. 이하에서 관련 내용을 살펴본다.

Ⅱ.거래사례비교법 적용시 유의점

1.부동산 경기변동의 국면

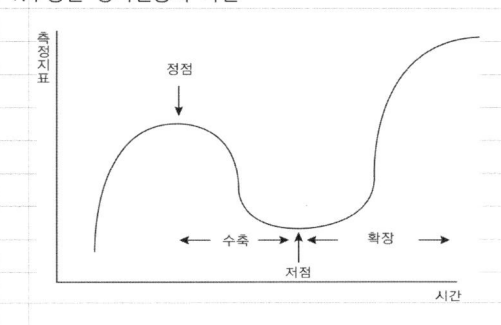

2.거래사례비교법의 의의(감칙 제2조 제7호)

거래사례비교법이란 대상물건과 가치형성요인이 같거나 비슷한 물건의 거래사례와 비교하여 대상물건의 현황에 맞게 사정보정, 시점수정, 가치형성요인 비교 등의 과정을 거쳐 대상물건의 가액을 산정하는 감정평가방법을 말한다.

3.유의점

1)수축국면

(1)수축국면의 의미

수축국면은 그래프에서 정점에서 저점까지의 구간이다. 수축국면에는 수요와 공급이 감소한다. 그리고 가격이 하락하고 소비가 감소하여 화폐가치는 상승한다. 즉, 수축국면은 부동산 경기의 불황을 의미한다.

(2)거래사례 선정

수축국면은 거래사례 선정에 유의한다. 왜냐하면 경기가 불황인 시기에는 거래 빈도가 떨어지기 때문이다. 그리고 과거의 거래사례가격은 새로운 거래가격의 상한선이 된다. 따라서 수축국면에서는 신뢰성 있는 자료가 뒷받침되는 거래사례를 선정함에 유의해야 한다.

(3)사정보정

사정보정이란 거래사례에 특수한 사정이나 개별적 동기가 반영되어 있거나 거래 당사자가 시장에 정통하지 않은 등 수집된 거래사례의 가격이 적절하지 못한 경우에 그러한 사정이 없었을 경우의 적절한 가격수준으로 정상화하는 작업이다. 수축국면은 불황을 고려할 때 급매 등의 특수한 사정이나 개별적 동기가 반영될 수 있다. 따라서 사정보정에 유의해야 한다.

2)확장국면

(1)확장국면의 의미

확장국면은 그래프에서 저점에서 정점까지의 구간이다. 확장국면에는 수요와 공급이 증가한다. 그리고 가격이 상승하고 소비가 증가하여 화폐가치는 하락한다. 즉, 확장국면은 부동산 경기의 호황을 의미한다.

(2)시점수정

시점수정이란 사례물건의 거래시점과 대상물건의 기준시점이 불일치할 경우 사례가격을 거래시점의 가격수준에서 기준시점의 가격수준으로 정상화하는 작업을 말한다. 확장국면은 거래가 활발하다. 그 결과 거래시점에 따라 가격변동이 클 수 있다. 따라서 시점수정에 유의해야 한다. 거래시점과 기준시점의 차이가 클수록 가격변동률이 과도하게 나타날 수 있기 때문이다.

(3)개별요인 비교

개별요인의 비교란 거래사례와 대상물건의 가치형성에 영향을 미치는 개별적인 상태, 조건 등의 요인을 비교하여 대상물건의 최유효이용을 판정하고 대상물건의 개별·구체적 가치에 미치는 영향의 정도를 파악하는 것이다. 확장국면은 개별요인 비교에 유의해야 한다. 왜냐하면 확장국면은 대상물건의 최유효이용을 판단할 때 최고의 수익성에 민감하기 때문이다.

Ⅲ.결어

부동산 경기변동은 시장성, 비용성, 수익성 등에 영향을 미친다. 따라서 다른 감정평가방법을 채택할 경우도 주의가 필요하다. 〈끝〉

[제4회 문3] 10점

I. 지역분석과 개별분석의 개념

지역분석이란 지역 내 표준적 이용, 가격수준, 변동추이를 판정하는 것이다. 따라서 지역분석은 대상지역, 지역요인, 표준적이용, 가격수준을 파악하는 과정을 거친다. 개별분석이란 지역분석을 통해 판정된 내용을 기초로 대상물건의 최유효이용을 판정하는 것이다. 따라서 개별분석은 대상물건의 확정, 개별요인, 최유효이용의 판정, 구체적 가격에 영향을 미치는 정도를 파악하는 과정을 거친다.

II. 지역분석과 개별분석의 필요성

1. 지역분석의 필요성

지역분석은 지역성, 지역특성, 지역의 변화, 인근지역의 상대적 위치 파악, 최유효이용의 판정방향 제시 등을 위해 필요하다. 즉, 지역분석은 대상물건이 어떤 지역에 속하는지, 그 지역은 어떤 특성을 가지는지, 그 특성은 지역 내 표준적 이용과 가격형성에 어떤 영향을 미치는지를 파악할 필요가 있다.

2. 개별분석의 필요성

개별분석은 개별특성, 대상물건의 변화, 최유효이용의 판정, 구체적 가격 파악 등을 위해 필요하다. 즉, 개별분석은 대상물건을 확정하고, 개별요인을 분석하여 최유효이용을 판정하고 구체적 가격에 미치는 영향의 정도를 파악할 필요가 있다.

III. 지역분석과 개별분석의 상호관계

1. 분석범위상 관계

지역분석은 거시적 관점에서 전반적인 특성과 동향에 대한 분석이 이루어진다. 개별분석은 이를 토대로 개별 특성과 동향에 대한 분석이 이루어진다. 따라서 지역분석과 개별분석은 분석범위를 결정하고 가치형성과정을 밝히는 과정으로서 상호관계가 있다.

2. 이용 및 가격상 관계

표준적이용은 지역분석을 통해 판정한다. 그리고 최유효이용은 표준적이용을 토대로 개별분석을 통해 판정한다. 한편, 가격수준은 지역분석을 토대로 이루어진다. 그리고 구체적 가격은 가격수준을 토대로 개별분석을 통해 판단하게 된다. 따라서 지역분석과 개별분석은 밀접하게 관련된다. 〈끝〉

[제4회 문4] 30점

I. 서설

화폐의 시간가치란 현재 소유하고 있는 현금이 미래에 수취하게 될 현금보다 큰 가치를 가진다는 것이다. 현재 소유하고 있는 현금은 리스크가 없다. 하지만 미래에 수취하게 될 현금은 인플레이션, 구매력, 투자수익 등에 불확실성을 가지고 있다. 이하에서는 화폐의 시간가치를 산정하는 6계수에 대하여 살펴본다.

II. 각 계수의 명칭, 의미, 용도, 적용례

1. (물음1)

1) 명칭

해당 계수의 명칭은 일시금의 현재가치계수다. 현재가치를 줄여서 현가라고도 한다.

2) 의미

일시금의 현가계수란 n년 뒤 a원의 현재시점 가치는 a원의 몇 배가 되는지를 나타내는 계수이다. 이는 복리현가율의 의미가 있다.

3) 용도

일시금의 현가계수는 미래에 획득할 금액을 특정한 기간 동안 할인율을 적용하여 현재가치로 전환하는 용도이다.

4) 적용례

예를 들어, 10년 뒤 퇴직할 때 일시불로 받을 퇴직금의 현재가치는 얼마인지 산정할 수 있다.

2. (물음2)

1) 명칭

해당 계수의 명칭은 저당상수이다.

2) 의미

저당상수란 현재 a원을 만들기 위해 n년간 매년 적립해야 하는 금액은 a원의 몇 배가 되는지를 나타내는 계수이다.

3) 용도

저당상수는 원리금 균등상환방식으로 자금을 대출한 경우 매월 상환할 금액을 산정하는 용도이다.

4) 적용례

예를 들어, 주택구입자금을 위해 5억을 대출한 경우 매월 갚아야 하는 원금과 이자의 합계액이 얼마인지 산정할 수 있다.

3. (물음3) 일시금의 내가계수

1) 명칭

해당 계수의 명칭은 일시금의 미래가치계수이다. 미래가치를 내가라고도 한다.

2) 의미

일시금의 내가계수는 현재 a원을 적립해 놓았을 때 n년 후의 가치는 a원의 몇 배가 되는지를 나타내는 것이다.

3) 용도

0차연도의 현재가치는 이자를 발생시킨다. 이 이자는 추가적인 이자를 획득하기 위하여 재투자될 수 있다. 이때 미래의 일정시점에 결과적으로 얻게 되는 미래가치를 산출하는 용도이다.

4) 적용례

예를 들어, 현재 5억인 주택이 매년 5%씩 가격이 상승한다고 가정한다. 이때 할인율이 10%라면 10년 후의 주택가격은 $5억 \times (1+0.05)^{10}$으로 산정할 수 있다.

4. (물음4) 연금의 내가계수

1) 명칭

해당 계수의 명칭은 연금의 미래가치계수이다. 미래가치는 내가라고도 한다.

2) 의미

연금의 내가계수란 n년간 매년 a원씩 적립할 때 n년 뒤 합계가 a원의 몇 배가 되는지를 나타내는 것이다.

3) 용도

연금은 일정기간 동안에 동일 금액을 연속적으로 납부하는 것이다. 따라서 연금의 미래가치는 특정한 이율과 기간에 산출하는 용도이다.

4) 적용례

예를 들어, 정년퇴직자가 매월 연금형태로 받는 퇴직금을 일정 기간 적립한 후에 달성되는 금액을 산정할 수 있다.

5. (물음5) 연금의 현가계수

1) 명칭

해당 계수의 명칭은 연금의 현재가치계수이다. 현재가치는 줄여서 현가라고도 한다.

2) 의미

연금의 현가계수란 n년간 매년 a원씩 적립할 때 현재 시점에서 적립액의 합계가 a원의 몇 배가 되는지를 나타내는 계수이다.

3) 용도

연금의 현가계수는 연속적으로 발생하는 동일한 지불액을 현재가치로 할인하기 위한 용도이다.

4) 적용례

예를 들어, 10년 동안 매달 받을 연금 대신 현재 시점에서 받을 일시금을 산정하는 경우에 연금의 현가계수를 활용할 수 있다.

6. (물음6) 감채기금계수

1) 명칭

해당 계수의 명칭은 감채기금계수이다.

2) 의미

감채기금계수란 n년 뒤 a원을 만들기 위해 매년 적립해야 하는 금액은 a원의 몇 배가 되는지를 나타내는 것이다.

3) 용도

감채기금계수는 특정한 이율과 기간을 기준으로 미래가치에 도달하기 위해 필요한 정기적인 금액 산출하기 위한 용도이다.

4) 적용례

예를 들어, 퇴직 후 목돈을 마련하기 위해 매달 부어야 할 적금을 산정할 수 있다.

Ⅲ. 결어

감정평가에서는 6계수 외에도 K계수, J계수 등도 활용된다. 이는 감정평가의 객관성을 확보하기 위한 도구로서 활용된다. 〈끝〉

〈이 하 여 백〉

감정평가이론 기출문제 **제5회** 예시답안

[제5회 문1] 40점

Ⅰ. 서론

가치이론이란 재화의 가치를 결정하는 요인은 무엇이고, 그 가치는 어떻게 결정되고 유지되는가에 대한 이론을 말한다. 마샬은 고전학파와 한계효용학파의 가치이론을 통합하였다. 이는 현대 가치이론의 기초를 형성하고 있다. 특히 감정평가의 기초가 되는 3방식의 토대가 된다. 따라서 마샬의 가치이론은 감정평가 3방식과 밀접하게 관련된다. 그러므로 마샬의 가치이론이 어떻게 성립되었고, 그 내용은 무엇이며 3방식과 어떻게 연결되는지를 이해할 필요가 있다. 이하에서 구체적으로 살펴본다.

Ⅱ. 마샬의 가치이론

1. 가치이론의 배경

1) 고전학파의 가치이론

고전학파의 가치이론은 중농주의 사상을 발전시켜 생산비용이 가치를 결정한다는 것이다. 즉, 재화의 가치는 그 재화를 생산하는데 얼마만큼 비용이 투입되었는가를 반영한다고 한다. 그리고 재화의 효용과 생산비가 상호 대응되고 그만큼의 가치를 지닌다고 가정한다. 이를 가정된 효용이라고 한다. 따라서 재화의 가치는 생산비에 의해 결정된다는 것이다. 즉, 공급과 비용을 강조하고 있다.

2) 한계효용학파의 가치이론

한계효용학파의 가치이론은 재화의 가치는 한계효용에 의해 결정된다고 한다. 즉, 투입된 생산비가 아니라 추가로 제공되는 효용이 가치에 기여하는 정도에 따라 가치가 결정된다고 한다. 다만, 생산비와 가치는 상관관계가 있는 것이지, 인과관계가 있는 것은 아니라는 것이다. 효용은 시장에서 수요자들의 반응에 의해 결정된다고 한다. 따라서 수요와 가격을 강조하고 있다.

3) 신고전학파의 가치이론

신고전학파의 가치이론은 고전학파의 공급·비용과 한계효용학파의 수요·가격을 통합하였다. 마샬은 이러한 통합에 결정적 기여를 하였다. 그리고 마샬은 '수요와 공급은 마치 가위의 양날처럼 가치결정에 있어서 결코 분리될 수 없는 것'이라고 하였다. 즉, 수요원리와 공급원리 간의 조정에 있어 시간의 역할이 중요하다고 강조했다.

2. 마샬의 가치이론

1) 위치가치

마샬은 도시토지에 있어 위치의 가치가 곧 토지의 가격이라고 하였다. 즉, 위치의 가치는 생산물 판매시장까지의 수송비 절약에 의해 주로 나타난다. 그리고 위치의 가치에는 판매비용의 절약액, 수요 증대에 의한 생산물의 가격상승분, 도시근교의 생산성이 높은 농업에의 전환가능성 등이 포함되어 있다. 이러한 위치의 가치는 경제발전에 따라 변한다.

2) 최유효이용

마샬은 최유효이용을 주장하였다. 공업용지의 가치는 비용의 절약에, 소매용 상업지는 매출액의 증가에 있다고 하였다. 그리고 기업용 토지의 가치는 최유효이용에서 얻어지는 것으로 기대수익 중 토지에 귀속되는 부분을 평균이자율로 자본환원한 가격이라고 하였다. 즉, 마샬은 도시토지는 위치에 따라 초과이윤의 차이가 생긴다고 하였다.

3) 부분시장 균형분석

부분시장 균형분석은 다른 조건이 동일한 경우 개별시장 하나만의 균형만을 분석하는 것이다. 일반시장 균형분석은 여러 시장의 상호작용을 통해 동시적인 균형을 분석하는 것이다. 마샬은 일반시장 균형분석은 상호작용을 분석함에 어려움이 있으므로 부분시장 균형분석을 통해 가격을 설명한다.

4) 수요와 공급

수요는 재화나 용역에 대한 구매욕구를 의미한다. 수요량이란 일정 기간 동안 구입하려는 재화나 용역에 대한 양을 말한다. 공급이란 공급주체가 일정 기간 동안에 판매하고자 하는 욕구를 의미한다. 공급량이란 일정 기간 동안 판매하려는 양을 의미한다. 이러한 수요와 공급을 통해 수요곡선과 공급곡선이 나타난다. 그 결과로 균형 가격에 대한 설명을 할 수 있게 된다.

5) 단기의 가격

단기란 기존의 생산시설이 확장되지 않을 정도의 짧은 시간을 의미한다. 공급조건이 주어져 있을 때 재화의 가치는 시장에서 사람들이 기꺼이 지불하려는 가격에 의해 결정된다. 따라서 공급곡선은 수직으로 나타나고, 수요가 증가하는만큼

가격이 상승하게 된다. 즉, 단기에는 시장이나 수요의 힘이 재화의 가치에 영향을 미치게 된다.

6) 장기의 가격

장기란 기존의 생산시설 외에 새로운 시설이 추가되고 새로운 공급자가 시장에 진입할 정도의 긴 시간을 의미한다. 장기에는 시간의 범위가 확장되어 생산양식이 변화하게 되면 상황이 달라진다. 이는 기간이 길어질수록 생산비가 공급에 미치는 영향이 커지는 것을 의미한다. 따라서 장기에는 비용과 가치가 일치되는 경향이 있게 된다. 즉, 수요가 증가하더라도 공급가격은 상승하지 않게 된다.

7) 균형 가치

마샬은 '시장의 힘은 가격과 생산비가 일치하는 점에서 균형을 이루게 한다. 즉 효용과 수요요인들은 주어진 시장의 한정된 기간 내에서 작용한다. 단기적으로 공급은 상대적으로 고정되어 있고 가치는 수요의 함수이다. 그러나 장기적으로 비용과 공급요인들이 고려되어야 한다. 즉, 생산의 흐름과 양상은 시간의 경과와 더불어 변화할 수 있다.

따라서 완전경쟁시장에서는 궁극적으로 가격, 비용, 가치가 등가가 될 것이다.'라고 주장하였다.

8) 가치의 3면성

가치의 3면성은 감정평가의 기초가 되는 원리다. 비용성은 어느 정도의 비용이 투입되어야 만들 수 있는 가에 대한 것이다. 수익성은 대상물건을 이용함으로써 어느 정도 수익을 얻을 수 있는 가에 대한 것이다. 시장성은 어느 정도 가격으로 시장에서 거래되고 있는 가에 대한 것이다. 마샬은 이러한 가치 3면성의 뼈대를 마련하였다.

9) 가치추계이론의 기초

가치추계이론은 대상물건의 가치를 추계하는 원리나 방법에 대한 이론이다. 이는 가치이론을 바탕으로 하고 있다. 즉, 가치가 무엇에 의해 결정되는지에 관한 이론적 근거에 따라 가치추계이론의 본질이 달라지는 것이다. 따라서 마샬의 가치이론은 가치추계이론의 기초가 된다. 비용성은 공급측면에서, 수익성은 수요측면에서, 시장성은 균형측면에서 연결되기 때문이다.

Ⅲ. 감정평가 3방식과의 관련성

1. 3방식의 의미

감정평가 3방식이란 대상물건의 경제적 가치를 측정하는 원가방식, 비교방식, 수익방식 등을 말한다. 이는 마샬의 가치이론을 기반으로 한다. 완전경쟁시장에서는 3면 등가의 원리가 적용될 수 있다. 하지만 부동산 시장은 불완전경쟁시장이다. 그러므로 3면 등가의 원리가 적용될 수 없다. 그 결과 가치 3면성에 기초한 3방식은 병용과 조정이 필요하다.

2. 원가방식과의 관련성

원가방식이란 원가법 및 적산법 등 비용성의 원리에 기초한 감정평가방식이다(감칙 제11조 제1호). 따라서 마샬이 주장한 장기적 관점에서 비용과 공급요인들이 고려되는 부분과 연결된다. 즉, 공급측면에서 비용과 가치의 상호관계를 파악한다. 그러므로 대상물건의 재조달원가를 파악하고 감가수정을 적절히 할 수 있을 때 유용하다.

3. 수익방식과의 관련성

수익방식이란 수익환원법 및 수익분석법 등 수익성의 원리에 기초한 감정평가방식이다(감칙 제11조 제3호). 따라서 마샬이 주장한 효용과 수요요인들이 고려되는 부분과 연결된다. 즉, 수요측면에서 효용·수익과 가치의 관계를 파악한다. 그러므로 수익을 토대로 가치를 추계하는 자본환원의 논리와 관련된다.

4. 비교방식과의 관련성

비교방식이란 거래사례비교법, 임대사례비교법 등 시장성의 원리에 기초한 감정평가방식 및 공시지가기준법을 말한다(감칙 제11조 제2호). 따라서 마샬이 주장한 단기적 관점에서 가치는 수요의 함수이고, 장기적으로 균형 가치가 된다는 점과 관련된다. 즉, 수요와 공급에 의해 균형가격이 결정된다는 것이다.

Ⅳ. 결론

마샬은 이처럼 가치 3면성과 연결되어 감정평가 3방식의 논리적 근거를 마련하였다. 따라서 마샬의 가치이론을 검토하는 것은 현재의 감정평가에서 이론적으로 의미가 있다. 〈끝〉

[제5회 문2]20점

Ⅰ.서설
　공장이란 영업을 하기 위하여 물품의 제조, 가공, 인쇄, 촬영, 방송 또는 전기나 가스의 공급 목적에 사용하는 장소를 말한다(공장저당법 제2조 제1호). 공장재단은 공장에 속하는 일정한 기업용 재산으로 구성되는 일단의 기업재산으로서 공장저당법에 따라 소유권과 저당권의 목적이 되는 것을 말한다(공장저당법 제2조 제2호). 이하에서 공장의 감정평가방법을 구체적으로 살펴본다.

Ⅱ.감칙 제19조 제1항의 검토
　감정평가법인등은 공장재단을 감정평가할 때에 공장재단을 구성하는 개별 물건의 감정평가액을 합산하여 감정평가해야 한다. 다만, 계속적인 수익이 예상되는 경우 등 제7조 제2항에 따라 일괄하여 감정평가하는 경우에는 수익환원법을 적용할 수 있다.

Ⅲ.공장의 감정평가방법
1.계속적인 운영을 전제한 경우
　1)개별감정평가

(1)토지
　토지는 일반적인 토지의 감정평가방법을 준용한다. 공장의 토지는 일반적으로 다수의 필지가 공업용 등 하나의 이용상황으로 이용되는 경우가 많다. 따라서 현실적인 이용상황의 판단과 관련하여 적법성, 합리성, 전환가능성 등이 중요하다. 또한 일단지 여부, 규모의 적정성 등을 고려해야 한다.

(2)건물
　건물은 일반적인 건물의 감정평가방법을 준용한다. 공장의 건물은 생산공정에 따라 규모, 배치, 부대설비 등이 달라진다. 따라서 구조, 층고, 시공의 자재, 기둥의 크기 등을 고려해야 한다.

(3)기계기구
　기계기구는 원가법을 적용해야 한다. 하지만 대상물건과 현상, 성능 등이 비슷한 동종물건의 적절한 거래사례를 통해 시가를 파악할 수 있다면 거래사례비교법으로 감정평가할 수 있다.

(4)구축물
　구축물은 원가법을 적용해야 한다. 구축물이 주된 물건의 부속물로 이용 중인 경우에는 주된 물건에 대한 기여도 및 상관관계 등을 고려하여 주된 물건에 포함하여 감정평가할 수 있다.

(5)과잉유휴시설
　과잉유휴시설은 전용이 가능하다면 정상적으로 감정평가한다. 정상평가는 전환 후의 용도, 전환비용, 시차 등을 고려한다. 전용이 불가능한 과잉유휴시설은 해체처분가액으로 감정평가한다. 이때 해체, 철거, 운반 등에 드는 비용을 고려한다.

(6)무형자산
　무형자산은 영업권, 지식재산권 등의 감정평가방법을 준용한다. 즉, 수익환원법을 적용한다. 다만, 수익환원법을 적용하는 것이 적절하지 않은 경우에는 다른 감정평가방법을 적용할 수 있다.

2)일괄감정평가
(1)수익환원법의 적용
　계속적인 수익이 예상되는 경우에는 수익환원법을 적용하여 일괄감정평가한다. 현금흐름의 추정은 재무상태표 등을 바탕으로 장래 시장상황 등을 고려한다. 그리고 자본환원율은 동종 유사공장의 수익 등을 바탕으로 결정한다.

(2)유의사항
　순수익은 정상적인 상각 전 순수익만을 의미한다. 따라서 초과 순수익이 적용되는 경우에는 과대평가될 수 있음에 유의한다. 그리고 수익가액에는 수익에 기여하지 못하는 과잉유휴시설은 고려하지 않도록 유의한다.

2.청산을 전제한 경우
　청산을 전제로 공장을 감정평가할 때는 전용가능성을 검토한다. 다른 용도로 전환이 가능한 경우에는 전환 후 용도를 전제한 가치에서 전환비용 등을 고려하여 감정평가한다. 전환이 불가능한 경우에는 청산, 해체, 철거 등에 소요되는 비용을 고려한 매각처분가액으로 감정평가한다.

Ⅳ.결어
　공장은 다양한 물건으로 구성된다. 따라서 감정평가 시 대상물건의 확정과 그에 따른 감정평가방법을 적용함에 유의한다.　　　　　　　　〈끝〉

[제5회 문3] 40점

I. (물음1) 담보가격과 처분가격

1. 담보가격

1) 개념

담보가격은 담보물건에 대한 경제적 가치를 말한다. 이는 경제적 가치를 판정하는 감정평가에 의해 이루어진다. 그리고 담보가격은 실제 대출금액과는 차이가 있다. 실제 대출금액은 채무자의 신용상태, 금리, 대출기간, 상환방법 등에 따라 달라지기 때문이다. 즉, 담보가격은 실제 대출금액을 산정하기 위한 기준이 되는 가치다.

2) 담보 감정평가

담보 감정평가란 금융기관 등이 대출을 하거나 채무자가 대출을 받기 위하여 의뢰하는 담보물건에 대한 감정평가를 말한다. 채무자는 담보를 제공하고 대출 등을 받아 채무상환의 의무를 지닌 자를 말한다. 따라서 담보 감정평가는 안정적인 채권회수를 목적으로 한다. 그러므로 담보 감정평가는 보수적이고 안정적인 성격을 지닌다. 특히 담보는 관계 법규와 협약서를 준수하여 이루어진다.

2. 처분가격

1) 개념

처분가격은 대상물건을 기준시점 현재 매각하기 위한 가치를 말한다. 따라서 처분 시 적정한 매각가격을 산정하기 위한 감정평가가 필요하다. 처분가격은 경매나 공매 등의 과정을 통해서도 이루어진다. 따라서 처분가격은 실제 낙찰된 가격과는 차이가 있다. 낙찰가격은 경매나 공매 등의 과정을 통해 유찰이 될 수 있기 때문이다. 일반적으로 유찰은 법사가격보다 낮아진다.

2) 경매 감정평가

경매는 주로 담보권의 실행 또는 채권의 회수를 목적으로 법원에 의한 사적 소유권의 재설정과정이다. 따라서 경매 감정평가는 해당 집행법원이 경매의 대상이 되는 물건의 경매에서 최저매각가격을 결정하기 위한 감정평가다. 즉, 최저매각가격을 산정하기 위한 목적이다. 따라서 처분가격은 담보가격 및 담보감정평가와 관련된다. 민사집행법은 최저매각가격을 규정하여 공정한 경매가 이루어지도록 하고 있다.

II. (물음2) 소지가격

1. 소지가격의 개념

소지가격은 소지상태의 경제적 가치를 말한다. 소지는 택지 등 조성공사가 일어나기 전의 토지를 말한다. 따라서 조성공사 중에 있는 토지의 감정평가와 관련된다. 그 결과 소지가격은 조성공사의 상태에 따라 달라진다. 이하에서는 실무기준에서 규정한 기준을 중심으로 구체적으로 살펴본다.

2. 택지 등 조성공사 중에 있는 토지의 감정평가

1) 허가를 받아 조성 중인 토지

농지·산림전용허가나 형질변경허가를 받아 택지 등으로 조성 중인 토지는 조성 중인 상태대로 가격이 형성되어 있는지에 따라 달라진다. 조성 중인 상태대로 가격이 형성되어 있는 경우에는 비교방식 등을 통해 감정평가한다. 즉, 공시지가기준법, 거래사례비교법 등으로 구할 수 있다. 하지만 조성 중인 상태대로 가격이 형성되어 있지 않은 경우에는 원가방식을 적용할 수 있다. 따라서 가산방식(조성원가법)이나 공제방식(개발법) 등으로 감정평가할 수 있다.

2) 환지방식에 따른 사업시행지구 안의 토지

도시개발법상 환지방식에 따른 사업시행지구 안의 토지는 환지예정지로 지정된 경우인지에 따라 달라진다. 환지예정지로 지정된 경우에는 환지예정지의 위치, 확정예정지번, 면적, 성숙도 등을 고려한다. 다만, 환지면적이 권리면적보다 큰 경우로서 청산금이 납부되지 않은 경우에는 권리면적을 기준으로 한다. 환지예정지로 지정 전인 경우에는 종전 토지의 위치, 지목, 면적, 이용상황 등을 기준으로 감정평가한다.

3) 택지개발사업시행지구 안의 토지

택지개발촉진법상 택지개발사업시행지구 안의 토지는 확정예정지번이 부여된 경우인지에 따라 달라진다. 확정예정지번이 부여된 경우에는 개발사업 예정지의 위치, 확정예정지번, 면적, 성숙도, 해당 택지의 지정용도 등을 고려한다. 확정예정지번이 부여되기 전인 경우에는 종전 토지의 위치, 면적, 형상, 이용상황 등을 기준으로 공사의 진행 정도 등을 고려하여 감정평가한다. 용도지역이 변경된 경우에는 변경된 용도지역을 기준으로 한다.

Ⅲ.(물음3)최유효이용의 원칙이 강조되는 이론적 근거

1. 최유효이용의 원칙의 개념

최유효이용의 원칙이란 부동산의 가치는 최유효이용을 전제로 파악되는 가치를 표준으로 하여 형성된다는 원칙이다. 이때 최유효이용이란 객관적으로 보아 양식과 통상의 이용능력을 가진 사람이 부동산을 합법적이고 합리적이며 최고·최선의 방법으로 이용하는 것을 말한다. 최유효이용은 물리적으로 가능하고 법적으로 허용되며 경제적으로 타당한 이용 중에서 최대의 수익성을 기준으로 판정한다.

2. 최유효이용의 원칙이 강조되는 이론적 근거

1) 인간의 합리성 추구

부동산은 지리적 위치의 고정성과 부증성으로 인해 제한된 자원을 효율적으로 이용해야 한다. 경제 주체가 되는 인간은 합리성을 추구한다. 토지는 여러 가지의 용도에 제공될 수 있다는 용도의 다양성을 지닌다. 따라서 합리성을 추구하는 과정에서 다양한 용도 중에 가장 합리적인 이용을 선택하려고 한다. 그러므로 이에 부합하는 최유효이용의 원칙이 강조된다.

2) 토지 할당

부동산은 용도의 다양성으로 인해 다양한 용도 간에 대체·경쟁이 발생한다. 인간은 합리성을 추구하기 때문에 대체·경쟁이 가능한 이용 중에서 최대의 수익을 얻을 수 있는 용도로 이용하고자 한다. 그 결과 자유경쟁 시장메커니즘은 수익을 극대화할 수 있는 용도에 토지자원을 할당하게 된다. 따라서 최유효이용을 전제로 파악되는 가치를 표준으로 하는 최유효이용의 원칙이 강조된다.

3) 최유효이용의 강제

부동산은 영속성으로 인해 악화성, 비가역성, 지속성 등의 문제를 가진다. 악화성은 한번 잘못 이용하면 악화되기 쉬운 것이다. 비가역성은 원상회복이 어려운 것을 말한다. 지속성은 지속적으로 문제가 유지되는 것이다. 그 결과 부동산은 사회성과 공공성이 강조된다. 따라서 부동산은 각종 규제가 생겨난다. 부동산은 규제로 인해 이용 등이 제한된다. 그러므로 합법적인 측면에서 최유효이용이 강제된다. 즉, 최유효이용의 원칙은 최유효이용의 강제를 근거로 중요하다.

Ⅳ.(물음4)예측의 원칙

1. 개념

예측의 원칙이란 부동산 가치가 끊임없이 변하기 때문에 요인의 추이나 동향에 대한 예측을 해야 한다는 원칙이다. 즉, 부동산 가치형성요인, 지역특성, 가격수준은 계속해서 변하기 때문에 부동산 가치도 변한다. 그러므로 감정평가를 할 때는 가치형성요인 등의 추이나 지역특성과 가격수준 등의 동향에 대한 예측을 해야 한다는 것이다.

2. 성립근거

부동산은 사회적·경제적·행정적 위치의 가변성을 가진다. 사회적 위치의 변화는 주위 환경의 변화 등으로 부동산 수요가 변하는 것이다. 경제적 위치의 변화는 소득증감 등으로 부동산 수요와 공급상황, 유용성이 변하는 것이다. 행정적 위치의 변화는 정부 규제 변화 등으로 인해 부동산의 상대적 위치가 변하는 것이다. 즉, 위치의 가변성은 부동산 가치의 형성요인과 발생요인 등이 변함에 따라 달라진다. 그러므로 이를 예측하고 대응하기 위해서는 예측의 원칙이 필요하다.

3. 중요성

부동산 가치는 장래에 대상부동산이 창출할 것으로 기대되는 이익의 현재가치 합으로 나타낼 수 있다. 따라서 장래의 수익성 등을 예측하고, 이를 반영하여 감정평가액을 산정하게 된다. 장래 기대이익은 부동산을 둘러싼 환경의 변화로 끊임없는 변화의 과정에 있다. 그러므로 부동산의 객관적인 가치를 파악하기 위해서는 장래에 대한 예측이 중요하다. 이러한 장래의 사회적·경제적 가치형성요인의 추이나 수요·공급상황은 과거의 추이나 상태에 작용한 요인을 조사·분석하여 파악해야 한다.

4. 관련 원칙

예측의 원칙은 최유효이용의 원칙을 기준으로 분류할 때 기초·토대가 되는 원칙이다. 기초·토대가 되는 원칙은 예측의 원칙 외에 변동의 원칙이 있다. 변동의 원칙은 부동산 현상과 활동, 가치형성과정의 요인 등은 시간에 따라 변하므로 부동산 가치도 그에 따라 변한다는 것이다. 따라서 변동의 원칙은 예측의 원칙과 밀접한 관련이 있다.

〈끝〉

〈이 하 여 백〉

감정평가이론 기출문제 **제6회** 예시답안

[제6회 문1] 40점

Ⅰ. 서론

부동산가격의 발생원인이란 부동산이 경제적 가치를 갖게 하는 요인과 요인 간의 상호작용을 말한다. 일반재화는 효용, 희소성, 수요를 통해 가격이 발생한다. 부동산은 효용, 상대적 희소성, 유효수요를 통해 가격이 발생한다. 즉, 일반재화와 유사하면서 차이가 있다. 이는 부동산이 일반재화의 경제재이면서 부동산 고유의 특성을 갖고 있기 때문이다. 그 결과 부동산가격의 발생원인은 부동산 가치형성요인과도 밀접하게 관련되어 있다. 이하에서 관련 내용을 중심으로 살펴본다.

Ⅱ. 양자의 비교

1. 효용성

1) 개념상 비교

일반재화의 효용이란 인간의 욕구나 필요를 만족시킬 수 있는 재화의 능력을 말한다. 반면, 부동산의 효용이란 부동산을 이용함으로써 인간이 얻게 되는 쾌적성, 수익성 등을 의미한다. 따라서 양자는 인간의 욕구나 필요를 만족시키는 점은 유사하다. 그러나 부동산을 이용한다는 점에서 개념상 차이가 있다.

2) 다양성 측면상 비교

부동산의 효용성과 일반재화의 효용은 모두 이를 누리기 위한 인간의 활동에 의해 발생한다. 그러나 일반재화는 주로 하나의 용도 또는 목적으로만 이용하게 된다. 반면, 부동산은 영속성과 용도의 다양성으로 인해 다양한 효용성을 지닌다. 예를 들어, 주거용은 쾌적성, 상업용은 수익성, 공업용 또는 산업용은 생산성 등의 효용을 지닌다.

3) 소비의 성격 측면상 비교

일반재화는 시장참가자들이 취득해서 소비하는 행위 자체로 만족을 느끼는 향유적 소비의 성격을 지닌다. 그러나 부동산은 시장참가자들이 투자자산으로 인식하여 취득하고 보유하는 행위를 통해 만족을 느끼는 보유적 소비의 성격을 지닌다. 즉, 양자는 취득하는 행위에서 만족을 느낀다는 점은 유사하다. 하지만 부동산은 보유 행위를 지닌다는 점에서 차이가 있다.

4) 기간 측면상 비교

일반재화와 부동산의 효용은 모두 일정한 기간을 통해 이루어진다. 하지만 일반재화의 효용은 1회 내지 단기간의 사용을 통해 소멸하게 된다. 반면, 부동산의 효용성은 일반재화보다 비교적 장기간의 사용을 통해 소멸하게 된다. 즉, 양자는 모두 소멸한다는 점에서는 유사하다. 하지만 부동산은 영속성으로 인해 일반재화보다 장기간에 걸쳐 이루어진다는 점에 차이가 있다.

5) 가치형성요인 측면상 비교

가치형성요인은 대상물건의 경제적 가치에 영향을 미치는 일반요인, 지역요인 및 개별요인 등을 말한다(감칙 제2조 제4호). 일반재화의 효용과 부동산의 효용은 경제적 측면에서는 유사하다. 하지만 부동산의 효용은 자연적, 사회적, 행정적 요인과 관련하여 일반재화와 차이가 있다. 특히 부동산은 사회재이자 공공재이므로 부동산을 이용함에 있어 제한을 받는다.

2. 상대적 희소성

1) 개념상 비교

일반재화의 희소성이란 인간의 욕구에 비해 수나 양이 부족한 상태를 말하는 것이다. 그러나 부동산의 상대적 희소성은 부동산에 대한 수요에 비해 공급이 부족하다는 것을 의미한다. 여기서 상대적이라는 의미는 부동산의 공급이 물리적, 지역적, 용도적 측면에서 부족하다는 것이다. 따라서 양자는 부족하다는 측면에서 유사하다. 하지만 부동산은 상대적이라는 측면에서 차이가 있다.

2) 물리적 측면상 비교

일반재화는 인간의 욕구에 따라 공급이 부족할 수 있다. 공급이 부족한 일반재화는 즉각적으로 생산을 통해 양을 늘릴 수 있다. 하지만 부동산은 고정성과 부증성으로 인해 즉각적인 생산이 어렵다. 즉, 공급이 비탄력적이다. 그러므로 양자는 모두 공급이 부족할 수 있다는 점에서는 유사하다. 하지만 부동산 공급은 물리적으로 제한된다. 그 결과 부동산의 희소성은 일반재화보다 상대적으로 심화되어 나타난다는 점에 차이가 있다.

3) 지역적 측면상 비교

일반재화는 일반적으로 생산과 이동이 자유롭다.

하지만 부동산(토지)은 지리적 위치의 고정성으로 인해 이동이 자유롭지 않다. 그 결과 부동산은 지역성을 가진다. 그러므로 부동산의 상대적 희소성은 부동산이 위치한 지역의 특성과 시장참가자의 선호도 및 행태 등에 따라 다양하다. 따라서 일반재화의 희소성보다 부동산의 희소성이 심화되어 나타난다.

4) 용도적 측면상 비교

일반재화는 일반적으로 하나의 효용을 지닌다. 하지만 부동산은 용도의 다양성으로 인해 다양한 효용을 지닌다. 그 결과 시장참가자들은 부동산을 이용할 때 합리적인 의사결정을 하고자 경쟁이 발생한다. 즉, 양자는 경쟁이 발생한다는 측면에서는 유사하다. 하지만 부동산은 다양한 용도 중에서 최고의 수익을 창출하고자 한다는 점에서 희소성이 일반재화보다 강하게 나타난다.

5) 가치형성요인 측면상 비교

일반재화와 부동산은 모두 저축, 소비, 물가, 임금 등과 같은 경제적 요인이 작용한다. 하지만 부동산은 인구, 교육, 거래관행 등이 사회적 요인과

토지이용규제, 세금의 규제, 거래의 규제 등 행정적 요인도 작용한다. 따라서 부동산은 가치형성과정에서 희소성이 일반재화보다 크게 나타난다는 점에 차이가 있다.

3. 유효수요

1) 개념상 비교

일반재화의 수요란 어떤 재화를 일정한 가격으로 사려고 하는 욕구 또는 이를 충족시키는 재화의 양을 의미한다. 그러나 부동산에서의 유효수요는 고가성으로 인하여 단순한 구매욕구에 그치지 않는다. 즉, 실질적인 구매력을 수반하는 수요이다. 일반재화도 구매력은 필요하다. 하지만 부동산은 일반재화보다 고가의 상품이다. 따라서 충분한 지불능력이 없는 수요는 가격에 영향을 미치지 못한다. 즉, 부동산의 수요는 유효한 구매력이 뒷받침이 되어야 한다는 점에서 일반재화와 다르다.

2) 구매욕구 측면상 비교

일반재화와 부동산은 모두 효용성을 지니고 있다. 따라서 양자는 구매욕구의 대상이 된다는 점에서 유사하다. 하지만 시장참가자들은 가격이 높은 재

파일수록 수요가 더 크게 작용한다. 예를 들어, 핸드폰보다는 자동차, 자동차보다는 집을 더 사고 싶어 한다. 따라서 부동산은 일반재화보다 고가의 상품이므로 구매욕구가 더 크게 작용한다.

3) 구매력 측면상 비교

일반재화와 부동산 모두 구매력이 필요한 재화이다. 하지만 부동산은 고가성으로 인해 실질적인 구매력이 요구된다. 즉, 일반재화를 사고자 하는 시장참가자들의 효용보다 부동산을 사고자 하는 시장참가자들의 효용이 더 크다. 그러므로 실제 지불능력이 뒷받침되는 수요만이 부동산 가격에 영향을 미친다. 따라서 부동산은 유효수요라는 점에서 일반재화와 다르다.

4) 변동성 측면상 비교

일반재화의 수요는 공급에 영향을 미치고 공급은 즉시 반응하여 가격을 변화시킨다. 즉, 일반재화의 가격은 시장참가자들의 선호와 행태 변화 등에 따라 즉시 변화한다. 하지만 부동산은 수요가 변한다고 하더라도 공급이 비탄력적이다. 그 결과 부동산 가격은 즉시 변화하지 않는다. 그러므로

양자는 수요변화에 따라 공급과 가격에 영향을 미친다는 점에서는 유사하다. 하지만 부동산은 고가성으로 인해 공급과 가격에 영향을 미치는 시간이 일반재화보다 오래 걸린다는 점에 차이가 있다.

5) 가치형성요인측면상 비교

일반재화와 부동산은 모두 개별특성 및 상태에 따라 가격이 달라진다. 하지만 일반재화의 가격은 가격수준과 구체적 가격이 지역에 따라 달라지지 않는다. 부동산의 가격은 지역성으로 인해 가격수준과 구체적 가격이 지역에 따라 달라진다. 즉, 부동산은 부동산이 속한 지역의 가격수준의 형성에 영향을 미치는 지역요인 등에 따라 가격이 달라진다는 점에 차이가 있다.

Ⅲ. 결론

부동산은 경제재이자 사회재·공공재이다. 따라서 부동산 가격은 일반재화의 가격처럼 수요와 공급에 의해 발생하면서, 일반재화와는 다르게 발생하기도 한다. 그러므로 부동산만이 갖는 발생원인에 대한 이해가 중요하다.

〈끝〉

[제6회 문2] 30점

Ⅰ. 서론

기준가치는 감정평가의 기준이 되는 가치를 말한다(감칙 제2조 제3호). 현재 감칙에서는 기준가치로 시장가치를 원칙으로 하고 있다. 즉, 감칙 제5조 제1항에서는 대상물건에 대한 감정평가액은 시장가치를 기준으로 결정하도록 하고 있다. 하지만 부동산공시법에서는 '적정가격'이라는 용어를 사용하고 있다. 따라서 시장가치와 적정가격의 개념에 대한 이해가 요구된다. 그러므로 이하에서 양자를 비교하여 살펴본다.

Ⅱ. 시장가치와 적정가격의 정의

1. 시장가치의 정의(감칙 제2조 제1호)

시장가치란 감정평가의 대상이 되는 토지등이 통상적인 시장에서 충분한 기간 동안 거래를 위하여 공개된 후 그 대상물건의 내용에 정통한 당사자 사이에 신중하고 자발적인 거래가 있을 경우 성립될 가능성이 가장 높다고 인정되는 대상물건의 가액을 말한다.

2. 적정가격의 정의(부동산공시법 제2조 제5호)

적정가격이란 토지, 주택 및 비주거용 부동산에 대하여 통상적인 시장에서 정상적인 거래가 이루어지는 경우 성립될 가능성이 가장 높다고 인정되는 가격을 말한다.

Ⅲ. 시장가치와 적정가격의 개념 비교

1. 감정평가의 대상 측면상 비교

적정가격의 감정평가 대상은 토지, 주택 및 비주거용부동산이다. 시장가치의 감정평가 대상은 토지등을 말한다. 양자는 토지, 주택 및 비주거용 부동산을 대상으로 한다는 점에서는 유사하다. 하지만 시장가치는 이외에 산림, 과수원, 공장, 자동차, 건설기계, 선박, 항공기, 동산, 임대료, 광업권, 어업권, 영업권 등, 주식, 채권, 기업가치, 소음등으로 인한 가치하락분 등도 대상이 된다는 점에서 차이가 있다.

2. 통상적인 시장 측면상 비교

적정가격과 시장가치는 모두 통상적인 시장이라는 점에서 같다. 통상적인 시장이란 불완전경쟁시장에서 거래가 이루어질 수 있는 시장을 의미한다. 부동산시장은 부동산특성으로 인해 불완전경쟁시장의 성격을 지닌다. 즉, 통상적인 시장은 부동산을 포함하여 시장의 진입과 출입이 자유롭고, 시장참가자가 특별한 동기를 갖지 않으며 거래에 제약을 받지 않는 시장을 의미한다.

3. 기간 측면상 비교

시장가치는 '충분한 기간 동안'이라는 기간을 개념에서 명시하고 있다. 하지만 적정가격은 개념에서 기간을 명시하진 않는다. 즉, 양자는 기간의 명시 여부에 따라 차이가 있다. 시장가치에서 충분한 기간이란 해당 부동산이 기준시점 이전부터 일정한 기간 시장에 거래를 위해 출품된 기간 또는 부동산 시장을 구성하는 제반 요건 및 상황, 거래 당사자가 대상물건에 충분히 인지할 수 있는 정도의 시간을 의미한다.

4. 공개성 및 정통성 측면상 비교

시장가치는 '거래를 위하여 공개된 후 그 대상물건의 내용에 정통한'이라는 요건이 있다. 하지만 적정가격은 이러한 요건이 없다. 즉, 양자는 공개성과 정통성 측면에서 차이가 있다. 시장가치에서 공개성과 정통성은 시장참가자가 시장의 상황에 충분히 인지하고 자기의 이익을 위해 사려 깊게 거래 활동을 한다는 것을 의미한다. 즉, 거래를 성립시키기 위해 필요한 통상의 지식과 정보를 구하는 것을 의미한다.

5. 신중성 및 자발성 측면상 비교

시장가치는 '당사자 사이에 신중하고 자발적인 거래가 있을 경우'를 전제한다. 하지만 적정가격은 이를 전제하지 않는다는 점에 차이가 있다. 신중하고 자발적인 거래라는 것은 특별한 제약이나 거래동기를 갖지 않는 상태에서 자발적인 의사에 의해 거래가 이루어진다는 것을 의미한다. 즉, 자발적인 거래의사를 필요조건으로 함으로써 징발이나 기타 강제적인 수단에 의한 거래에서 발생되는 가격은 배제한다는 것이다.

6. 성립될 가능성이 가장 높은 측면상 비교

시장가치와 적정가격은 모두 성립될 가능성이 가장 높다고 인정되는 것을 가지고 있다. 성립될 가능성이 가장 높다고 인정된다는 것은 확률의 의미를 내포하고 있다. 이는 거래가 가능한 가격 중에서 가장 빈도수가 높은 거래가격을 의미한다. 즉,

가장 높은 거래가격을 의미하거나 거래가격의 평균금액을 의미하는 것은 아니다. 따라서 양자는 모두 최빈치의 개념을 가지고 있다.

7. 가액과 가격 측면상 비교

시장가치에서는 '가액'을, 적정가격에서는 '가격'을 규정하고 있다. 양자는 감정평가에 의해 화폐 금액으로 표시된다는 점에서 유사하다. 하지만 용어가 가지는 의미는 차이가 있다. 즉, 이론상 가격은 교환거래에서 매수자와 매도자가 상호 합의한 거래금액이다. 가액은 감정평가에서 교환의 대가인 교환가치를 화폐액으로 표시한 것이다. 하지만 감칙과 부동산공시법에서 활용되는 의미는 유사하다고 볼 수 있다.

8. 성격상 비교

시장가치는 현실가치의 성격을 가진다. 하지만 적정가격은 당위가치의 성격을 가진다. 현실가치는 불완전한 부동산 시장에서 성립되는 것이다. 하지만 당위가치는 정책적·행정적 목적에 의해 성립되는 개념이다. 즉, 이론적으로 시장이 균형을 이루었을 때의 적정한 가격을 의미한다. 따라서 현실의 불완전한 경쟁시장에서 성립하는 현실가치와는 성격상 차이가 있다.

9. 법의 목적상 비교

부동산공시법은 부동산의 적정한 가격형성과 각종 조세·부담금 등의 형평성을 도모하고 국민경제의 발전에 이바지함을 목적으로 한다. 감칙은 감정평가법인등이 감정평가를 할 때 준수해야 할 원칙과 기준을 규정함을 목적으로 한다. 따라서 양자는 경제발전에 이바지하는 목적은 유사하다. 하지만 부동산공시법은 적정한 가격형성과 형평성을 도모한다. 따라서 감정평가의 원칙과 기준을 도모하는 감칙과는 차이가 있다.

IV. 결론

감칙의 시장가치와 부동산공시법의 적정가격은 유사하면서 다른 점을 지니고 있다. 따라서 감정평가 관계법규에 따라 감정평가목적에 맞는 기준가치를 사용하여야 한다. 왜냐하면 감정평가목적 등에 따라 감정평가액은 다양하게 나타날 수 있기 때문이다. 〈끝〉

[제6회 문3] 20점

I. 서론

부동산은 지리적 위치의 고정성으로 인해 다른 부동산과 함께 일정한 지역을 구성한다. 그리고 그 지역은 지역특성에 따라 부동산을 이용하려는 시장참가자들의 선호도와 행태가 달라진다. 그 결과 표준적인 이용과 최유효이용이 일치하지 않을 수 있다. 이는 가격수준과도 밀접하게 관련된다. 이하에서 관련 내용을 살펴본다.

II. 표준적이용의 의의 및 특성

1. 표준적이용의 의의

1) 표준적이용

표준적이용이란 대상부동산이 소재한 인근지역 내 개별부동산을 시장참가자들이 일반적이고 평균적으로 사용하는 것을 말한다. 이러한 표준적이용은 개별부동산의 최유효이용이 모여 이루어진다. 따라서 표준적으로 이용하는 부동산의 가격수준은 개별적으로 이용하는 부동산의 구체적 가격들로 형성된다.

2) 최유효이용과의 차이

최유효이용이란 객관적으로 보아 양식과 통상의 이용능력을 가진 사람이 대상물건을 합법적이고 합리적이며 최고, 최선의 방법으로 이용하는 것이다. 따라서 개별부동산의 최유효이용은 지역 내 표준적인 이용과 일치하지 않을 수 있다. 표준적 이용은 지역적 차원에서 일반적이고 평균적인 이용이기 때문이다.

2. 표준적이용의 특성

1) 표준적이용

표준적이용은 지역성, 지역특성, 변동성을 지닌다. 지역성은 부동산이 다른 부동산과 함께 지역을 구성하고 그 지역과 상호보완관계를 맺으며 사회적, 경제적, 행정적 위치를 갖는 것을 말한다. 지역특성은 지역성으로 인해 지역마다 다른 지역과 구별되는 특성을 말한다. 그리고 지역 내 표준적이용은 지역사회의 변화에 따라 변하는 특성이 있다. 이는 지역시장의 수급동향, 시장참가자의 선호도 및 행태의 변화 등에 따라 달라진다.

2) 최유효이용과의 차이

최유효이용은 개별성과 다양성을 지닌다. 개별성

은 지역성의 영향을 받음과 동시에 개별부동산의 개별요인이 갖는 특성을 말한다. 다양성은 지역특성에도 불구하고 시장참가자의 선호도와 변화에 따라 다양한 용도로 이용되는 것을 의미한다. 그리고 최유효이용은 표준적이용과 일치하지 않는 경우에도 발생할 수 있다.

Ⅲ. 표준적이용과 최유효이용의 상호관계
1. 다양성 측면상 상호관계
표준적이용은 지역성과 지역특성으로 인해 지역마다 다양한 특성을 지닌다. 최유효이용은 개별성과 다양성으로 인해 개별부동산마다 다양한 특성을 지닌다. 즉, 표준적이용과 최유효이용은 다양성 측면에서 서로 연결되어 있다.

2. 변동성 측면상 상호관계
최유효이용은 사회·경제환경의 변화에 따라 시장 참가자들의 선호도가 변하면서 달라진다. 그리고 표준적이용은 최유효이용의 변화에 따라 달라진다. 표준적이용은 최유효이용의 집약적 이용이기 때문이다. 따라서 양자는 변동성 측면에서 서로 영향을 주고 받는 관계가 있다.

3. 창조적이용 측면상 상호관계
창조적이용이란 통상적인 이용이 아닌 다른 이용을 통하여 부동산의 유용성을 증대시키는 것을 말한다. 이러한 창조적이용의 침입은 새로운 최유효이용이 생기게 한다. 창조적이용의 계승이 이루어지면 다시 표준적이용이 되게 한다. 즉, 창조적이용의 측면에서 표준적이용과 최유효이용은 서로 연결되는 관계가 있다.

4. 가격 측면상 상호관계
표준적이용의 가격수준은 최유효이용의 구체적인 가격들이 모여서 형성된다. 즉, 개별부동산의 개별 구체적 가격이 모여 지역적 차원에서 가격수준을 이룬다. 따라서 표준적이용과 최유효이용은 가격 측면에서도 서로 밀접하게 관련되어 있다.

Ⅳ. 결론
표준적이용과 최유효이용은 이용과 가격측면에서 서로 밀접하게 관련되어 있다. 이는 표준적이용과 최유효이용의 개념과 연결된다. 따라서 양자의 개념을 제대로 이해할 필요가 있다. 〈끝〉

[제6회 문4] 10점
Ⅰ. 개설
임대료란 임대차 계약에 기초한 대상물건의 사용대가로서 지급하는 금액을 말한다. 이때 임대료는 사용료를 포함한다. 이하에서 임대료의 시점과 관련한 용어에 대해 살펴본다.

Ⅱ. 각 용어의 개념
1. (물음1) 임대료의 기준시점
기준시점이란 대상물건의 감정평가액을 결정하는 기준이 되는 날짜를 말한다(감칙 제2조 제2호). 임대료는 임대 기간 동안에 발생한다. 일반적으로 임대료 산정기간은 기초시점을 기점으로 한다. 따라서 임대료의 기준시점은 임대개시시점이다. 즉, 임대료를 산정하는 기간의 초일이 된다.

2. (물음2) 임대료의 실현시점
임대료의 실현시점이란 대상 물건의 사용·수익의 대가가 실제 실현되는 시점을 의미한다. 임대료는 일반적으로 월세의 형태로 지급된다. 임대료가 월세로 지급되는 경우에는 기간 말일인 월말에 이루어지는 것이 일반적이다. 따라서 임대료의 실현시점은 월말이 된다. 하지만 임대료는 계약조건 등에 따라 다양하게 나타날 수 있다.

3. (물음3) 임대료의 산정기간
임대료의 산정기간이란 임대계약의 조건 등에 따라 임대료를 계산하는 기간을 의미한다. 일반적으로 임대 계약기간이 임대료 산정기간이 된다. 통상적으로 산정기간은 1년을 기준으로 한다. 하지만 주택임대차보호법 등과 같이 최단 임대기간이 법으로 명시되어 있는 경우에는 이를 임대료 산정기간으로 적용할 수 있다.

4. (물음4) 임대료의 지불시기
임대료의 지불시기란 실제 임대료를 지불하는 시기를 말한다. 이는 임대료의 실현시점과 달리 임차인이 임대인에게 임대료를 지불하는 시점을 의미한다. 임대료는 월납, 분기납, 전액 보증금 형태의 지급 등 다양한 시기에 지급될 수 있다. 그러므로 기준이 되는 월납을 중심으로 개별 계약조건을 고려하여 판단한다. 〈끝〉

〈이 하 여 백〉

감정평가이론 기출문제 **제7회** 예시답안

[제7회 문1]40점

Ⅰ.서론

임대료란 임대차 계약에 기초한 대상물건의 사용대가로서 지급하는 금액을 말한다. 우리나라는 전세, 보증부 월세, 월세 등의 다양한 임대 형태가 있다. 따라서 부동산 시장에서는 임대료의 감정평가가 중요하다. 임대료의 감정평가는 신규임대료와 실질임대료를 기준으로 한다. 임대료의 감정평가방법은 감칙 제22조에 따라 임대사례비교법을 원칙으로 적용한다. 그리고 적산법, 수익분석법등으로 합리성을 검토하여 시산가액을 조정한다. 이하에서 관련 내용을 구체적으로 살펴본다.

Ⅱ.(물음1)가액과 임대료의 관계

1.가액의 개념

가액이란 감정평가에서 시장가치를 의미한다. 시장가치란 감정평가의 대상이 되는 토지등이 통상적인 시장에서 충분한 기간 동안 거래를 위하여 공개된 후 그 대상물건의 내용에 정통한 당사자 사이에 신중하고 자발적인 거래가 있을 경우 성립될 가능성이 가장 높다고 인정되는 대상물건의 가액을 말한다(감칙 제2조 제1호).

2.교환과 용익의 대가로서의 관계

부동산은 영속성으로 인해 교환가치와 사용가치로 경제적 가치를 구할 수 있다. 교환의 대가인 교환가치는 가액으로 표시한다. 이는 내용연수 전 기간에 걸쳐 산정한다. 사용·수익의 대가인 사용가치는 임대료로 표시한다. 이는 사용·수익의 기간인 임대차 기간에 걸쳐 산정한다. 따라서 동일한 물건도 계약의 대상과 내용에 따라 동시에 존재할 수 있다. 즉, 가액과 임대료는 교환과 용익의 대가로서 상호 관련된다.

3.원본과 과실로서의 관계

기초가액이란 적산법을 적용하여 적산임대료를 구하는 데 기초가 되는 대상물건의 원본가치를 의미한다. 이때 원본가치는 임대 대상물건의 시장가치를 의미한다. 임대료는 임대차 계약에 기초한 대상물건의 사용대가로서 지급되는 금액이므로 원본가치의 과실에 해당한다. 따라서 가액과 임대료는 원본과 과실로서 상호 관계가 있다.

4.감정평가 과정상 관계

시장가치는 적산가액, 비준가액, 수익가액으로 구한 각 시산가액을 합리성을 검토하여 최종 감정평가액으로 결정한다. 이때 수익가액은 대상물건이 장래 산출할 것으로 기대되는 순수익이나 미래의 현금흐름을 환원하거나 할인하여 대상물건의 가액을 산정하는 수익환원법으로 구한다. 순수익이나 미래의 현금흐름은 임대료로 구할 수 있다. 즉, 가액과 임대료는 감정평가 과정에서 상호 영향을 주고 받는 관계가 있다.

Ⅲ.(물음2)신규임대료와 계속임대료

1.신규임대료와 계속임대료의 개념

신규임대료란 처음 이루어지는 임대차 계약의 임대료를 말한다. 계속임대료란 기존의 임대차 계약을 갱신한 경우의 임대료를 말한다. 계속임대료는 임대차 계약이 계약기간 등에 따라 새롭게 체결할 수도 있고, 기존 계약을 유지 또는 변경할 수 있기 때문에 다양하게 나타날 수 있다.

2.신규임대료의 감정평가방법과 유의사항

1)감정평가방법

신규임대료는 감칙 제22조에 따라 임대사례비교법을 적용하는 것이 원칙이다. 그리고 감칙 제12조에 따라 적산법, 수익분석법 등을 적용하여 합리성을 검토할 수 있다. 다른 방법에 의한 임대료가 합리성이 결여된 경우에는 시산임대료를 조정할 수 있다.

2)유의사항

임대료는 임대차 계약의 특수성에 유의해야 한다. 임대차 계약은 임대목적물, 목적물의 사용범위와 방법, 임대료 형태 및 지급시기, 전대차 가능성 등에 따라 다양하게 이루어지기 때문이다. 특히 사용·수익의 조건은 임대 관행, 보증금과 월세의 비율, 관리비 납부 형태 등에 유의해야 한다.

3.계속임대료의 감정평가방법과 유의사항

1)감정평가방법

계속임대료는 계약의 특수성으로 인해 계속 임대사례비교법, 이율법, 슬라이드법, 차액배분법 등을 적용할 수 있다. 계속 임대사례비교법은 계속 임대사례의 선정이 중요하다. 그리고 이율법 등은 계속 임대료의 특성과 관련하여 기대이율, 슬라이드지수, 차액배분에 따라 달라진다.

2) 유의사항
계속임대료는 임대료의 개별성에 유의해야 한다. 계속임대료는 신규임대료와 달리 임대시장의 상황, 시장참가자의 임대관행, 임차인의 사정 등에 따라 통상적인 임대료 수준과 달라질 수 있기 때문이다. 특히 이율법은 계속 임대료의 기대이율을, 슬라이드법은 슬라이드지수를, 차액배분법은 일정비율을 적용할 때 주의가 필요하다.

Ⅳ. (물음3) 부가사용료와 공익비

1. 관련 개념
실질임대료란 임대료 산정 기간 동안에 임대인에게 귀속되는 모든 경제적 대가를 말한다. 이는 순임대료와 임대차 등을 계속하기 위해 통상 필요한 경비들의 합으로 구성된다. 부가사용료는 임대 시 통상 전용부분과 관련된 비용을 말한다. 공익비는 임대 시 통상 공용부분과 관련된 비용을 말한다.

2. 부가사용료와 공익비의 차이점

1) 전용부분과 공용부분
전용부분은 임차인이 임대차 계약에 의해 단독으로 사용하는 공간을 의미한다. 예를 들어, 현관문, 거실, 방, 테라스 등의 공간이다. 공용부분은 임차인들이 공동으로 사용하는 공간을 의미한다. 예를 들어, 부대시설, 복리시설, 커뮤니티공간 등이 있다. 즉, 부가사용료와 공익비는 사용하는 공간에 차이가 있다.

2) 비용 징수
부가사용료는 전기, 가스, 수도, 냉방, 난방비 등이 있다. 이러한 부가사용료는 임차인이 직접 공급자에게 지불하지 않고 건물의 대주에게 지불한다. 하지만 공익비는 임차인이 직접 공급자에게 지불한다. 공익비는 수도광열비, 위생비, 공공시설비, 안전관리비 등이 있다.

3. 실질임대료 산정 시 처리방법

1) 실질임대료에 포함하지 않는 경우
부가사용료는 전용부분, 공익비는 공용부분과 관련된다. 따라서 부가사용료와 공익비는 실비적·생활비적 성격을 갖는다. 그러므로 일반적으로 실질임대료에 포함하지 않는다. 즉, 실질임대료 산정 시 별도의 처리를 하지 않는다.

2) 실질임대료에 포함하는 경우
초과 징수된 부가사용료와 공익비는 임대인이 얻는 경제적 대가에 해당한다. 이는 명목상 임대인이 임대료의 인상이 곤란한 경우에 실질적인 임대료를 상승시키기 위해 활용된다. 따라서 부가사용료와 공익비가 초과 징수된 경우에는 실질임대료에 포함하여 처리하게 된다.

Ⅴ. (물음4) 시산임대료 조정 시 유의점

1. 시산임대료 조정의 의미
시산임대료 조정이란 주된 방법을 적용하여 산정한 시산임대료를 다른 방법으로 산출한 시산임대료와 비교한 결과, 합리성이 없다고 판단되는 경우 시산임대료를 조정하여 감정평가액을 결정하는 것을 의미한다.

2. 자료의 신뢰성 및 적정성
임대차 계약의 자료는 임대차의 개별성으로 인하여 신뢰성과 그 적정성에 유의하여야 한다. 자료는 시산임대료 조정시 합리성을 검토하는 기초가 되기 때문이다. 특히 임대차 계약의 자료를 파악할 때 임대면적과 위치, 임대료의 지급형태, 관리비의 납부형태, 지불시기와 임대차 조건, 전·월세의 비율 등에 유의하여야 한다. 이는 계약서의 확인과 이중계약서의 존재 여부, 탐문조사 및 유사물건의 실지조사 등에 의할 수 있다.

3. 임대차시장의 동향
임대차시장은 임대형태, 관련제도, 시장참가자의 선호도 등이 변함에 따라 계속해서 변화한다. 따라서 시산임대료 조정은 임대차시장의 동향을 파악해야 함에 유의한다. 특히 부동산정책은 경기 상황에 따라 급격히 달라질 수 있다. 하지만 임대료는 계약의 지행성 등으로 인해 정책의 반영이 즉시 이루어지지 않을 수 있다. 따라서 임대료수준은 계약임대료, 계약조건, 임대형태 등에 따라 다르다. 그러므로 시산임대료 조정 시 개별성 반영에 유의해야 한다.

Ⅵ. 결론
임대료는 임대차 계약의 개별성이 강하다. 그러므로 임대료 감정평가는 계약내용, 임대관행 등에 대한 분석이 중요하다. 〈끝〉

[제7회 문2] 20점

Ⅰ. 서설

원가법이란 대상물건의 재조달원가에 감가수정을 하여 대상물건의 가액을 산정하는 감정평가방법을 말한다(감칙 제2조 제5호). 이하에서 원가법과 관련하여 살펴본다.

Ⅱ. (물음1) 내용연수 조정의 차이점

1. 내용연수 조정의 개념

내용연수의 조정이란 감가의 개별성을 반영하기 위해 내용연수를 조정하는 것을 말한다. 물음에서 '가'는 실제경과연수법, '나'는 유효연수법, '다'는 미래수명법이라 한다.

2. 각 공식의 차이점

실제경과연수법은 경제적 내용연수에서 실제 경과한 연수만큼 감가수정하는 방법이다. 이는 내용연수를 조정하지 않는 방법이다. 유효연수법은 내용연수는 고정하고 경과연수는 내용연수와 장래보존연수를 비교하여 산정하는 방법이다. 반면, 미래수명법은 내용연수는 고정하지 않고, 경과연수와 장래보존연수의 합으로 조정하는 방법이다.

Ⅲ. (물음2) 발생감가의 의의와 구하는 방법

1. 발생감가의 의의

발생감가는 미국에서 사용하는 개념이다. 우리나라는 감가수정액, 감가누계액과 유사하다. 감가수정이란 대상물건에 대한 재조달원가를 감액하여야 할 요인이 있는 경우에 물리적 감가, 기능적 감가 또는 경제적 감가 등을 고려하여 그에 해당하는 금액을 재조달원가에서 공제하여 기준시점에 있어서의 대상물건의 가액을 적정화하는 작업을 말한다(감칙 제2조 제12호).

2. 발생감가를 구하는 방법

발생감가는 시장에서 추출하여 구한다. 우리나라는 감가수정방법으로 구할 수 있다. 감가수정방법은 자료의 출처가 대상물건인지에 따라 직접법과 간접법으로 구분한다. 직접법에는 내용연수법, 관찰감가법 등이 있다. 간접법에는 분해법, 시장추출법, 임대료손실환원법 등이 있다. 우리나라도 객관적인 시장추출법을 중심으로 산정할 필요가 있다.

Ⅳ. (물음3) 회복 불가능한 기능적 감가의 감가액

1. 회복 불가능한 기능적 감가의 의미

기능적 감가란 효용상실 등에 따른 감가를 말한다. 회복이 불가능하다는 것은 물리적이나 경제적으로 치유가 불가능하다는 것을 의미한다. 경제적으로 치유가 불가능하다는 것은 치유비용이 가치증가분을 초과하여 경제적 타당성이 없다는 것을 의미한다. 따라서 치유가 필요없게 된다.

2. 감가액을 구하는 방법

치유가 불가능한 부족설비는 가치손실액에서 신축비용을 차감하여 구한다. 치유가 불가능한 대체설비는 기존항목의 재조달원가에서 발생감가액을 차감한 후 가치손실액을 더한 뒤 신축비용을 차감하여 구한다. 치유가 불가능한 과잉설비는 기존항목의 재조달원가에서 발생감가액을 차감한 후 가치손실액을 더하여 구한다. 여기서 발생감가액에는 물리적 감가가 포함된다. 이는 이중감가를 방지하기 위한 것이다.

Ⅴ. (물음4) 중고주택의 감정평가상 현실적 모순점

1. 중고주택의 감정평가

중고주택은 토지와 건물로 개별감정평가한다. 이는 감칙 제7조 제1항에 근거한다. 이때 토지는 감칙 제14조에 따라 공시지가기준법을 적용하는 것을 원칙으로 한다. 건물은 감칙 제15조에 따라 원가법을 적용하는 것을 원칙으로 한다. 이때 감가수정은 정액법을 기준으로 한다.

2. 현실적 모순점

중고주택은 현실에서 거래할 때 건물가격을 별도로 계산하지 않고 토지에 화체하여 거래하는 관행이 있다. 즉, 토지와 건물은 일체로 거래된다. 따라서 감정평가관계법규와 일치하지 않는 모순이 있다. 그리고 건물은 현실에서는 신축 초기에 감가가 더 크게 이루어진다. 즉, 매기 일정하게 감가가 이루어지지 않는다. 따라서 정액법과 일치하지 않는 모순이 있다.

Ⅵ. 결어

원가법은 재조달원가와 감가수정의 파악이 중요하다. 특히 감가수정은 적산가액의 신뢰성과 직결된다. 따라서 감가수정은 시장의 객관적인 자료와 현실의 거래 관행 등을 고려해야 한다. 그러므로 원가법을 적용할 때는 감가수정에 유의해야 한다.

〈끝〉

[제7회 문3] 20점

Ⅰ. 서설

구분소유부동산이란 「집합건물의 소유 및 관리에 관한 법률」에 따라 구분소유권의 대상이 되는 건물부분과 그 대지사용권을 말한다. 구분소유권이란 구분건물 또는 구분점포를 목적으로 하는 소유권을 말한다(집합건물법 제2조 제1호). 이하에서 관련 내용을 살펴본다.

Ⅱ. (물음1) 구분소유권의 특징·성립요건과 대지권

1. 구분소유권의 특징

1) 일체의 효용성

구분소유권은 건물부분과 그 대지사용권이 일체의 효용성을 갖는다. 건물부분은 전유부분과 공용부분으로 이루어져 있다. 전유부분은 구분소유권의 목적인 건물부분을 말한다. 공용부분은 전유부분 외의 건물부분 등을 말한다. 즉, 전유부분, 공용부분, 대지사용권은 일체성을 가진다. 그 결과 구분소유권의 거래는 일체로 이루어진다.

2) 층별·위치별 효용성

구분소유권은 공간에 따라 층별, 위치별 효용성을 가진다. 층별 효용은 건물의 층별에 따른 효용의 차이를 말한다. 위치별 효용은 동일층 내 위치에 따른 효용의 차이를 말한다. 이는 시장참가자의 선호도 등에 따라 효용이 달라지기 때문이다. 그 결과 구분소유부동산은 층과 위치에 따라 가치가 달라진다.

2. 구분소유권의 성립요건과 대지권

1) 성립요건

구분소유권의 성립요건은 독립성과 구분행위가 있어야 한다. 독립성은 구조상 독립성과 이용상 독립성을 말한다. 구분행위는 구분소유부동산을 구분소유권의 객체로 하려는 의사표시를 말한다. 구분행위는 구분소유부동산의 객관적·물리적인 측면에서 완성이 되어야 한다. 대법원은 구분의사가 아직 등록이나 등기되지 않더라도 완성된 시점에 구분의사가 객관적으로 표시되면 성립한다고 한다.

2) 대지권

대지권이란 구분건물에 집합건물법 제2조 제6호의 대지사용권으로서 건물과 분리하여 처분할 수 없는 것을 말한다(부동산등기법 제40조 제3항). 이때 대지사용권이란 구분소유자가 전유부분을 소유하기 위하여 건물의 대지에 대하여 가지는 권리를 말한다(집합건물법 제2조 제6호).

Ⅲ. (물음2) 구분소유부동산의 감정평가방법

1. 거래사례비교법의 적용원칙

구분소유부동산은 감칙 제16조에 따라 구분소유권의 대상이 되는 건물부분과 그 대지사용권을 일괄하여 감정평가한다. 이는 구분소유권이 일체성을 갖기 때문이다. 그리고 감칙 제7조 제2항에 따라 일괄하여 감정평가할 때는 거래사례비교법을 적용해야 한다. 이때 가치형성요인 비교는 층별·위치별 효용을 반영해야 한다. 효용에 따라 가치가 달라지기 때문이다.

2. 원가법의 적용

구분소유부동산을 원가법으로 감정평가할 때는 토지와 건물 전체의 가격을 구한 후 층별·위치별 효용비율을 적용하여 구한다. 층별 효용비율은 층별 효용에 따른 가격 격차의 비율을 말한다. 위치별 효용비율은 위치별 효용에 따른 가격 격차의 비율을 말한다. 그 밖에 지가배분율을 활용할 수 있다. 지가배분율은 토지의 가치를 위치적으로 파악하여 배분한 비율이다.

3. 수익환원법의 적용

수익환원법은 대상물건이 장래 산출할 것으로 기대되는 순수익이나 미래의 현금흐름을 환원하거나 할인하여 대상물건의 가액을 산정하는 감정평가방법을 말한다(감칙 제2조 제10호). 구분소유부동산의 순수익이나 미래의 현금흐름은 인근지역에 소재한 구분소유권을 기준으로 한다. 이때 순수익등은 일체의 효용성과 층별·위치별 효용을 반영해야 한다.

Ⅳ. 결어

구분소유부동산은 최근 아파트, 연립주택, 다세대, 오피스텔, 지식산업센터 등으로 더욱 다양해지고 있다. 따라서 구분소유부동산의 감정평가는 점점 중요해지고 있다. 특히 일체성과 층별·위치별 효용은 일반적인 토지·건물과 다른 특성이다. 그러므로 구분소유부동산의 감정평가 시 그 특성을 반영할 때 주의가 필요하다. 〈끝〉

[제7회 문4] 10점

I. 개설

감정평가제도의 기능은 감정평가가 수행하는 작용을 의미한다. 정책적 기능은 감정평가가 공적 측면에서 안정성을 수행하는 것이다. 경제적 기능은 사적 측면에서 효율성을 수행하는 것이다. 감정평가사의 직업윤리란 감정평가사가 감정평가 활동을 수행할 때 지켜야 할 규정과 행위규범 등을 말한다. 이하에서 관련 내용을 살펴본다.

II. 감정평가제도의 기능

감정평가는 부동산 등의 자원이 합리적이고 공평하게 배분될 수 있게 도와준다. 부동산은 사회재이자 공공재의 본질을 갖기 때문이다. 그리고 감정평가는 공정하고 객관적으로 가치를 판정한다. 따라서 불완전한 부동산 시장에서의 거래가 적정하게 이루어질 수 있도록 유도한다. 또한 감정평가는 용도적 측면에서 대체가능성과 정보를 제공한다. 즉, 부동산 시장이 효율적으로 작동할 수 있도록 도와준다. 뿐만 아니라, 감정평가는 거래질서의 확립과 유지에도 기여한다.

III. 감정평가사의 직업윤리

감정평가사의 직업윤리는 감정평가법, 감정평가에 관한 규칙, 감정평가 실무기준 등에 근거한다. 특히 실무기준에는 기본윤리와 업무윤리로 구분하여 구체적인 내용을 규정하고 있다. 기본윤리는 품위유지, 신의성실, 청렴, 보수기준 준수가 있다. 신의성실에는 부당한 감정평가의 금지, 자기계발, 자격증 등의 부당한 사용의 금지가 포함된다. 업무윤리는 의뢰인에 대한 설명 등, 불공정한 감정평가 회피, 비밀준수 등 타인의 권리 보호가 있다.

IV. 양자의 관계

감정평가의 주된 대상은 부동산이다. 부동산은 사회성과 공공성을 지닌다. 따라서 감정평가의 정책적 기능이 올바르게 작용해야 하고, 직업윤리가 강조된다. 그리고 감정평가는 시장의 기능이 잘 작용할 수 있도록 도와주고, 시장환경의 변화에 대응하기 위해서 전문적인 지식과 판단이 요구된다. 따라서 외부환경의 변화에 대응하기 위한 직업윤리가 중요하다. 그러므로 기능과 직업윤리는 상호 밀접한 관련이 있다. 〈끝〉

[제7회 문5] 10점

I. 공중권의 개념

공중권이란 지표상의 공중공간을 이용하고 지배할 수 있는 권리를 말한다. 공중권은 법적으로 인정되지 않고 당사자 간의 계약과 같은 절차에 따른다. 현재 우리나라는 민법의 지상권에 포함시켜 다루고 있다. 이는 개발권리를 매각하는 양도가능개발권과는 차이가 있다.

II. 공중권의 이용방법

1. 이용방법

공중권은 토지의 소유권을 일정한 높이에서 수평면으로 잘라 이용하지 않는 공간을 이용하는 방법이 있다. 그 밖에 공중권은 이용하지 않는 공간을 인근으로 이전시켜 이용하는 방법도 있다.

2. 문제점

공중권은 권리관계가 불분명하다. 따라서 대지에 대한 소유권의 공유지분이 없을 수 있다. 그러므로 공중권은 등기가 되지 않는 문제가 있다. 그 결과 우리나라는 현재 민법의 지상권에 포함시켜 다루고 있다.

III. 공중권의 감정평가방법

1. 거래사례비교법

공중권은 소유권과 별도로 가치를 지닌다. 따라서 공중권은 시장지역 내에 거래사례가 존재할 수 있다. 이러한 경우 공중권의 감정평가는 거래사례비교법을 적용할 수 있다. 다만, 공중권만의 거래사례가 없는 경우에는 적용이 어렵다.

2. 수익환원법

공중권이 시장자료가 없는 경우에는 수익환원법을 적용할 수 있다. 수익환원법은 공중권이 설정되지 않은 토지에 대한 소유권의 순수익에서 공중권이 설정된 토지에 대한 소유권의 순수익을 차감하여 적정 환원율로 환원하여 구할 수 있다. 다만, 적정 환원율을 산정하는 것이 어려울 수 있다.

3. 공제방식

공중권은 공제방식을 적용할 수 있다. 이는 대체토지 매수금액에서 공사비 등을 차감한 후 추가이익을 더하여 구할 수 있다. 다만, 추가이익을 얼마나 반영할 것인지에 한계가 있다. 〈끝〉

〈이하여백〉

감정평가이론 기출문제 **제8회** 예시답안

[제8회 문1]40점

Ⅰ.서론

부동산 가치발생요인이란 부동산이 경제적 가치를 갖게 하는 요인과 요인 간의 상호작용을 말한다. 부동산은 경제재이다. 따라서 부동산 가치는 수요와 공급의 경제원리에 의해 발생한다. 또한 부동산 가치는 부동산 특성으로 인해 경제재와 다른 가치형성원리에 의해서도 발생한다. 따라서 부동산 가치발생요인은 가치형성요인에 의해 영향을 주고 받는다. 일반적으로 부동산 가치발생요인은 효용, 상대적 희소성, 유효수요가 있다. 그러므로 이하에서 이를 중심으로 살펴본다. 특히 상대적 희소성은 어떤 역할을 하는지에 대해 구체적으로 검토한다.

Ⅱ.부동산 가치발생요인의 분석

1.효용

1)개념

효용이란 인간의 욕구를 만족시켜 줄 수 있는 능력이다. 부동산은 용도적 측면에서 다양한 효용이 나타난다. 주거용 부동산의 효용은 쾌적성에 있다. 특히 위치, 향, 일조, 조망 등의 쾌적성은 시장참가자들이 중요하게 생각하는 것이다. 상업용 부동산의 효용은 수익성에 있다. 특히 층, 위치, 임대료수준, 수익률 등은 수익성과 직결된다. 공공용 부동산의 효용은 공익성에 있다.

2)특징

효용은 시장참가자의 선호도와 행태, 시장의 수급 동향, 경기변동 등에 따라 끊임없이 변한다. 쾌적성은 최근 조망, 프라이버시, 공원이나 호수와의 접근성, 백화점과의 거리, 대형병원과의 거리 등이 중요하다. 수익성은 최근 독점계약, 임대료수준 시세차익, 권리금 등이 중요하다. 즉, 부동산의 효용은 사회·경제 환경의 변화에 따라 계속해서 변하는 특징이 있다.

2.유효수요

1)개념

수요는 재화를 구매하려는 욕구다. 일반적인 재화는 구매력과 구매의사가 필요하다. 하지만 부동산은 일반재화보다 고가의 상품이다. 따라서 일반재화보다 실질적인 구매력이 요구된다. 즉, 부동산의 수요는 유효수요만을 의미한다. 단순한 구매의사 만으로는 수요로 인정되지 않는다. 그러므로 부동산 가치는 유효수요에 의해 영향을 받는다.

2)특징

실질적인 구매력은 타인자본에 의한 것도 포함된다. 즉, 대출을 이용할 수 있다. 부동산은 고가성을 지니므로 일반적으로 타인자본을 활용한다. 따라서 채무자의 신용상태, 기준금리, 시장금리, 경기상황, 보유자산 등에 영향을 받는다. 그리고 유효수요는 부동산의 가격수준에 의해서도 영향을 받는다.

3.상대적 희소성

1)개념

희소성은 인간의 욕구에 비해 재화의 양이 부족한 것이다. 부동산은 지역적·용도적 관점에서 일반재화보다 희소성이 심화된다. 여기에는 수요에 비해 공급이 부족하다는 의미도 포함된다. 이때 공급은 물리적 공급만을 의미하지 않는다. 공급은 경제적 공급의 의미를 포함한다. 경제적 공급이란 물리적으로 공급된 부동산을 효율적으로 이용함으로써 경제적 측면에서 효용을 증가시키는 것이다.

2)특징

토지는 부증성으로 인해 일반재화보다 양이 부족하다. 특히 우리나라는 토지를 이용할 수 있는 면적이 부족하다. 따라서 토지의 수요는 물리적 측면에서 한계가 있다. 그러므로 토지는 사회적·경제적 측면의 수요가 요구된다. 즉, 토지의 희소성은 물리적 측면만을 고려해서는 안 된다. 그 결과 부동산의 희소성은 일반재화보다 더 심화되어 나타나는 특징이 있다.

Ⅲ.상대적 희소성의 역할관계

1.부동산 가치발생요인과의 관계

1)효용과의 관계

부동산의 효용은 용도적 측면에서 다양하다. 따라서 부동산을 이용하려는 시장참가자는 다양한 용도로 이용하려고 한다. 그 결과 부동산을 어떤 용도로 이용할 것인지에 대해 경쟁이 발생한다. 부동산 용도는 경쟁에 의해 더 많은 시장참가자들이 원하는 이용으로 결정된다. 이때 상대적 희소성은 시장참가자가 많을수록 심화된다. 그 결과 부동산 가치는 증가한다. 즉, 상대적 희소성은 효용을 추구하는 과정에서 심화되어 부동산 가치를 발생게 한다.

2) 유효수요와의 관계
시장참가자는 부동산 가치가 더 크게 발휘될 수 있는 용도로 이용하려고 한다. 그 결과 경쟁이 심해질수록 상대적 희소성은 심화된다. 상대적 희소성이 심화될수록 유효수요가 중요해진다. 부동산 가치가 올라갈수록 실질적인 구매력이 뒷받침되어야 하기 때문이다. 즉, 자기자본과 타인자본을 이용하여 구매력을 갖춘 시장참가자만이 시장에 참여할 수 있다. 그 결과 부동산 시장은 양극화가 나타난다. 양극화가 심해질수록 상대적 희소성은 더 크게 작용한다.

3) 효용과 유효수요와의 작용상 관계
가치발생요인은 요인 간의 상호작용이 나타난다. 따라서 상대적 희소성은 효용과의 관계와 유효수요와의 관계가 일어난다. 뿐만 아니라, 효용과 유효수요와의 상호작용에서도 상대적 희소성은 관련된다. 즉, 효용이 커질수록 유효수요에서 실질적인 구매력은 더 필요해진다. 이때 상대적 희소성은 효용과 유효수요와의 작용에서 더 크게 작용하게

된다. 또한 상대적 희소성이 커질수록 효용과 유효수요도 커진다. 즉, 가치발생요인 간의 상호작용은 끊임없이 일어나게 된다.

2. 부동산 가치형성요인과의 관계
1) 일반요인과의 관계
일반요인은 대상물건이 속한 전체 사회에서 대상물건의 이용과 가격수준 형성에 전반적으로 영향을 미치는 일반적인 요인을 말한다. 이는 내용적인 측면에서 자연적, 사회적, 경제적, 행정적 요인으로 구분한다. 상대적 희소성은 자연적, 사회적, 경제적, 행정적 요인에 따라 달라진다. 예를 들어, 토지이용의 규제가 심할수록 상대적 희소성은 더 크게 나타난다.

2) 지역요인과의 관계
지역요인은 대상물건이 속한 지역의 가격수준의 형성에 영향을 미치는 자연적, 사회적, 경제적, 행정적 요인을 말한다. 즉, 일반요인의 상호결합에 의해 지역적 차원으로 축소된 상태를 말한다. 이때 상대적 희소성은 지역마다 다른 양상을 보인다. 즉, 효용과 유효수요가 많은 지역에서는 상대적

희소성이 심화된다. 하지만 효용과 유효수요가 적은 지역에서는 상대적 희소성이 완화된다.

3) 개별요인과의 관계
개별요인은 대상물건의 구체적 가격에 영향을 미치는 대상물건의 고유한 개별요인을 말한다. 부동산은 일정한 지역 차원에서 가격수준을 형성하고, 이를 고려하여 개별부동산의 구체적 가격이 형성된다. 따라서 상대적 희소성은 대상물건의 개별특성에 따라 심화되거나 완화되어 나타난다. 특히 위치는 고정성으로 인해 상대적 희소성과 밀접한 관련이 있다.

3. 부동산 가치형성원리상 관계
1) 가격수준에서의 역할관계
가격수준은 지역 내 표준적으로 이용하는 부동산들의 평균적인 가격을 의미한다. 따라서 상대적 희소성이 심한 지역은 가격수준이 높게 나타난다. 반면, 상대적 희소성이 심하지 않은 지역은 가격수준이 낮게 나타난다.

2) 구체적 가격에서의 역할관계

구체적 가격은 최유효이용으로 이용하는 개별부동산의 개별적인 가격을 의미한다. 따라서 상대적 희소성은 최유효이용에 따라 구체적인 가격이 달라진다. 이때 최유효이용이란 객관적으로 보아 양식과 통상의 이용능력을 가진 사람이 대상토지를 합법적이고 합리적이며 최고, 최선의 방법으로 이용하는 것이다.

3) 가치원칙 측면에서의 역할관계
상대적 희소성은 특히 수요·공급의 원칙과 관련된다. 수요·공급의 원칙이란 부동산도 일반재화처럼 수요와 공급에 의해 가격이 결정되고, 그 가격은 다시 수요와 공급에 영향을 미친다는 원칙이다. 따라서 부동산 가치는 수요 측면에서 효용과 유효수요가 관련되고, 공급 측면에서 상대적 희소성과 관련된다. 그 결과 상대적 희소성은 수요·공급의 원칙과 밀접한 관계가 있다.

Ⅳ. 결론
부동산 가치는 가치발생요인과 가치형성요인 등의 상호작용을 통해 결정된다. 그러므로 각 요인에 대한 충분한 이해가 필요하다. 〈끝〉

[제8회 문2]20점

Ⅰ.서설

부동산시장이란 부동산이 거래되고, 가격이 결정되는 지리적 공간을 의미한다. 따라서 부동산시장도 다른 시장과 마찬가지로 일정한 변동주기를 갖는 것이 일반적이다. 그러나 부동산시장은 부동산특성으로 인하여 불완전경쟁시장을 가지므로 경기변동에 따른 현상이 다른 시장과 다르게 나타난다. 이하에서 구체적으로 살펴본다.

Ⅱ.부동산 경기변동으로 인한 부동산시장의 동향

1.부동산 경기변동의 개념

부동산 경기변동이란 확장 및 수축국면이 반복되어 나타나는 현상을 말한다. 부동산 시장분석은 수요와 공급의 상호관계가 대상물건의 가치에 어떤 영향을 미치는가를 조사·분석하는 것이다. 따라서 부동산시장의 동향은 부동산 경기변동과 관련이 있다. 그러므로 이하에서 경기변동의 국면별로 부동산 시장의 동향을 검토한다.

2.국면별 부동산 시장의 동향

1)수축국면

수축국면은 부동산 시장이 후퇴, 하락하는 국면이다. 따라서 부동산 거래는 줄어들고, 거래가격은 떨어진다. 즉, 과거의 거래가격은 새로운 거래가격의 기준이 되거나 상한선이 된다. 부동산 거래가 줄어들면서 신규 개발도 줄어든다. 또한 공실이 증가하면서 수익성도 떨어진다.

2)확장국면

확장국면은 부동산 시장이 회복, 상승하는 국면이다. 따라서 부동산 거래는 증가하고, 거래가격은 올라간다. 즉, 과거의 거래가격은 새로운 거래가격의 기준이 되거나 하한선이 된다. 부동산 거래가 늘면서 신규 개발도 늘어난다. 또한 건축허가의 신청이 늘고, 공실이 감소하면서 수익성은 점차 높아진다.

3)안정국면

안정국면은 부동산 시장이 가벼운 상승을 유지하거나 변하지 않는 국면이다. 따라서 과거의 거래가격은 신뢰할 수 있는 자료가 된다. 특히 중심상업지역의 상업용 건물이나 위치가 좋은 적정 규모의 주거용 건물은 안정적이다.

Ⅲ.부동산 감정평가의 유의점

1.자료검토 및 가치형성요인 분석 시 유의점

부동산 시장에서 수집하는 자료는 경기변동에 따라 달라진다. 즉, 자료의 양이나 신뢰성 등이 차이가 난다. 따라서 감정평가 시 자료검토에 유의한다. 그리고 가치형성요인도 경기변동에 따라 달라진다. 예를 들어, 인구가 유입되면 부동산 수요가 늘어 그 지역의 부동산 가격을 상승시킬 수 있다. 따라서 경기변동에 따라 가치형성요인의 분석을 객관적으로 해야 함에 유의한다.

2.감정평가방법 적용 시 유의점

1)원가법 적용 시 유의점

재조달원가는 기준시점 현재 신축원가를 구한다. 따라서 경기변동에 따라 원가를 보정할 때 유의해야 한다. 그리고 개발 전 토지가격은 지목전환에 따른 효용 배분에 유의해야 한다.

2)거래사례비교법 적용 시 유의점

거래사례는 경기변동에 따라 정당성을 판단함에 유의해야 한다. 특히 기준시점에 가까운 사례를 많이 수집해야 한다. 그리고 경기변동에 따라 개별적 동기 등이 달라지므로 사정보정에 유의해야 한다.

3)수익환원법 적용 시 유의점

수익가액은 경기변동에 따라 큰 차이가 날 수 있음에 유의한다. 수축국면에서 수익가액은 비준가액을 검증하는 수단으로 활용할 수 있다. 특히 수익성이 낮은 부동산은 환원율을 적용할 때 주의가 필요하다.

3.시산가액 조정 시 유의점

시산가액 조정은 경기변동에 따라 가중치 판단에 유의한다. 경기변동에 따라 자료의 채택 여부와 신뢰성, 각 시산가액의 유용성과 한계, 비교의 적절성 등이 달라지기 때문이다.

Ⅳ.결어

부동산 경기변동은 부동산 시장의 수요와 공급상황과 직접적으로 관련된다. 따라서 감정평가 시 경기변동에 따라 달라지는 점을 반영해야 함에 유의해야 한다. 〈끝〉

[제8회 문3]20점

Ⅰ.서설

부동산 가격원칙이란 부동산 가치가 시장에서 어떻게 형성되고 유지되는지에 관해 일정한 법칙성을 도출한 것이다. 최유효이용의 원칙은 부동산 가치는 최유효이용을 전제로 파악되는 가치를 표준으로 형성된다는 원칙이다. 이때 최유효이용은 객관적으로 보아 양식과 통상의 이용능력을 가진 사람이 부동산을 합리적이고 합법적이며 최고·최선의 방법으로 이용하는 것을 말한다.

Ⅱ.최유효이용원칙과 연관되는 원칙

1.기초·토대가 되는 원칙

1)변동의 원칙

변동의 원칙은 부동산 현상과 활동, 가치형성과정의 요인 등은 시간에 따라 변하므로 부동산 가치도 그에 따라 변한다는 원칙이다. 최유효이용은 사회·경제 환경의 변화에 따라 변한다. 그러므로 최유효이용을 전제로 파악되는 가치도 변한다. 따라서 최유효이용의 원칙은 가격원칙의 기초가 되는 변동의 원칙과 관련된다.

2)예측의 원칙

예측의 원칙이란 부동산 가치가 끊임없이 변하기 때문에 요인의 추이나 동향에 대한 예측을 해야 한다는 원칙이다. 부동산 가치가 변할 때 최유효이용도 변할 수 있다. 따라서 최유효이용의 원칙도 부동산을 둘러싼 요인의 추이나 동향에 대한 예측이 반영되어야 한다. 그러므로 예측의 원칙은 최유효이용의 원칙에서 기초·토대가 된다.

2.내부적인 원칙

1)균형의 원칙

균형의 원칙은 부동산 가치가 최고로 되기 위해서는 내부구성요소들이 적절한 균형을 이루고 있어야 한다는 원칙이다. 부동산은 내부적으로 다양한 요소가 복합적으로 구성되어 있다. 따라서 균형이 성립되어야 최유효이용이 될 수 있다. 그러므로 최유효이용의 원칙과 내부적으로 관련되어 있다.

2)기여의 원칙

기여의 원칙이란 부동산 가치는 부동산을 구성하는 각 요소가 가치에 기여하는 공헌도의 영향을 받아 결정된다는 원칙이다. 부동산은 내부적인 구성요소가 전체에 기여하는 정도가 큰 이용을 선택해야 최유효이용이 될 수 있다. 왜냐하면 기여도에 따라 추가 투자의 적정성을 판단할 수 있기 때문이다. 그러므로 기여의 원칙은 최유효이용의 원칙과 내부적으로 연관된다.

3)수익체증·체감의 원칙

수익체증·체감의 원칙이란 부동산 단위투자당 수익은 체증하다가 체감한다는 원칙이다. 즉, 한계비용과 한계수입이 일치하는 수준에서 부동산 가치가 최대로 된다는 것이다. 부동산 가치가 최대로 되는 이용이 최유효이용이다. 그러므로 수익체증·체감의 원칙은 최유효이용의 원칙과 내부적인 측면에서 연관된다.

3.외부적인 원칙

1)대체·경쟁의 원칙

대체의 원칙이란 부동산 가치는 대체·경쟁 관계에 있는 유사한 부동산 또는 재화의 영향을 받아 형성된다는 원칙이다. 경쟁의 원칙이란 일반재화처럼 초과이윤을 얻기 위한 시장참가자들의 경쟁에 의해 가치가 형성된다는 원칙이다. 최유효이용은 부동산을 최고·최선의 방법으로 이용하고자 한다. 그 과정에서 용도 경쟁이 일어나고 대체가 발생한다. 따라서 대체·경쟁의 원칙은 최유효이용의 원칙과 외부적인 측면에서 관련된다.

2)적합의 원칙

적합의 원칙이란 부동산 효용이 최고로 발휘되기 위해서는 부동산 이용방법이 주위환경에 적합해야 한다는 원칙이다. 적합성은 사회적, 경제적, 행정적 측면에서 판단한다. 그리고 부동산이 속한 지역의 표준적이용과의 적합성도 고려된다. 최유효이용은 물리적, 법적, 경제적 타당성을 판단한다. 그러므로 적합의 원칙은 최유효이용의 원칙과 외부적 관점에서 연관된다.

Ⅳ.결어

부동산은 고유한 특성으로 인해 시장이 불완전하다. 따라서 부동산 가치는 감정평가를 통해 객관적으로 판단해야 한다. 그러므로 일정한 법칙성에 근거한 가격원칙이 중요하다. 특히 최유효이용의 원칙은 가격원칙의 기준이 되므로 중요하다. 〈끝〉

[제8회 문4] 10점

Ⅰ. 개설

부동산 가격형성이란 지역성에 따라 가격수준이 나타나고 개별성에 따라 개별적·구체적 가격이 나타나는 것을 의미한다. 개별요인이란 대상물건의 구체적 가격에 영향을 미치는 대상물건의 고유한 개별적 요인을 말한다. 따라서 개별요인의 분석은 개별성, 최유효이용, 구체적 가격 등을 파악하기 위해 필요하다.

Ⅱ. 분석의 목적

1. 부동산의 개별성 파악

개별성이란 부동산은 물리적으로 동일한 것이 없다는 것이다. 그 결과 부동산 가격도 개별적으로 형성된다. 따라서 부동산의 구체적 가격은 부동산이 가진 개별성을 파악하는 것에서부터 출발한다. 개별성을 파악하기 위한 개별요인은 자연적, 사회적, 경제적, 행정적 요인 등이 있다.

2. 최유효이용의 파악

부동산 가격형성은 표준적이용과 최유효이용을 토대로 한다. 최유효이용은 객관적으로 보아 양식과 통상의 이용능력을 가진 사람이 부동산을 합법적이고 합리적이며 최고·최선의 방법으로 이용하는 것을 말한다. 따라서 대상 부동산의 개별요인분석은 최유효이용을 통해 이루어진다.

3. 구체적 가격의 파악

부동산 가격형성은 표준적이용을 통한 가격수준을 파악하고 최유효이용을 통한 구체적 가격을 통해 나타난다. 개별요인분석을 토대로 이루어진 구체적 가격들은 지역적 차원에서 가격수준을 이룬다. 따라서 개별요인분석은 구체적 가격과 가격수준의 토대가 된다. 그러므로 개별요인의 분석은 매우 중요하다.

4. 감정평가방법 적용의 유용성

개별요인의 분석은 대상 부동산의 감정평가방법을 적용할 때 유용하다. 대상물건의 특성에 따라 주된 감정평가방법이 달라지기 때문이다. 따라서 토지와 건물로 이루어진 부동산은 개별요인 분석이 중요하다. 특히 토지는 위치, 접면도로, 형상, 지세 등의 요인에 따라 가치가 크게 차이날 수 있다.

〈끝〉

[제8회 문5] 10점

Ⅰ. 개설

지가구배란 도심에서 외곽으로 나갈수록 단위거리 당 가격수준의 하락정도를 의미한다. 일반적으로 지가구배는 도시규모와 상관성을 갖는다. 즉, 대도시는 일반적으로 포물선형이다. 하지만 소도시는 대도시의 포물선형과는 차이가 있다. 이하에서 소도시와 관련한 토페카현상을 구체적으로 살펴본다.

Ⅱ. 토페카현상

1. 의미

토페카현상이란 소도시지역의 중심지는 폭발적으로 가격수준이 높고 외곽으로 조금만 나가면 가격수준이 급격히 낮아지는 현상을 의미한다. 즉, 지가구배가 급경사가 되는 것을 말한다. 이는 미국 토페카 지역을 대상으로 한 노스의 실증적연구에 의한 것이다. 따라서 일반적인 대도시의 지가구배와는 차이가 있다.

2. 특징

대도시의 경우 외곽으로 갈수록 지가구배는 완만하게 된다. 이는 교통 인프라가 구축되어 인구분산이 이루어지고 대체될 수 있는 토지의 이용이 늘어나기 때문이다. 하지만 소도시는 이와 달리 대체될 수 있는 토지의 이용이 제한적이다. 따라서 소도시의 중심지는 대도시의 중심지보다 집약적으로 이용한다. 그리고 소도시의 중심지에서 멀어질수록 대도시의 중심지에서 멀어지는 것보다 가격이 급격하게 떨어지게 되는 것이다.

3. 감정평가 시 활용

대도시의 지가구조와 소도시의 지가구조는 전혀 다르게 나타난다. 따라서 감정평가는 대도시와 소도시로 구분하여 이루어져야 한다. 특히 지역분석은 인근지역의 확정, 지역요인의 분석 등이 요구된다. 그러므로 소도시는 대도시보다 인근지역의 범위가 작다. 또한 가격수준의 변화 양상도 달라진다. 따라서 자료의 수집 및 정리, 가치형성요인의 분석도 달라진다. 즉, 대상부동산이 소도시에 있는 경우에는 유사한 규모의 소도시에 있는 유사 부동산을 찾는 것이 중요하다.

〈끝〉

〈이 하 여 백〉

[제9회 문1]30점

Ⅰ.서론

자본환원이란 수익을 토대로 가치를 추계하는 것이다. 즉, 자본환원이론은 부동산으로부터 예상되는 장래 기대수익을 환원 또는 할인하여 현재 시점의 가액을 산정하는 방법에 대한 이론적 논의를 말한다. 이는 사회·경제적 환경의 변화에 따라 시장참가자의 선호도 및 행태가 변화하고, 그에 따른 감정평가 논리의 변화를 가져왔다. 이하에서 자본환원이론의 발전과정과 자본환원방법의 발전과정 중 저당지분환원법에 대해 살펴본다.

Ⅱ.자본환원이론의 발전과정

1.자본환원방법

1)직접환원법

직접환원법은 단일기간의 순수익을 적정한 환원율로 환원하여 대상물건의 가액을 산정하는 방법이다. 직접환원법은 다시 전통적 직접환원법과 잔여환원법으로 구분한다. 전통적 직접환원법은 직접법, 직선법, 연금법, 상환기금법 등이 있다. 잔여환원법은 물리적 잔여법과 금융적 잔여법 등이 있다. 그 밖에 저당지분환원법이 있다.

2)할인현금흐름분석법

할인현금흐름분석법은 대상물건의 보유기간에 발생하는 복수 기간의 순수익(현금흐름)과 보유기간 말의 복귀가액에 적절한 할인율을 적용하여 현재가치로 할인한 후 더하여 대상물건의 가액을 산정하는 방법이다. 이는 순수익 모형, 세전 현금흐름 모형, 세후 현금흐름 모형, 소득모형, 부동산모형 등이 있다.

2.자본환원율

1)환원율

환원율은 대상이 창출할 단일기간의 순수익과 대상 물건의 가액의 비율을 말한다. 즉, 환원율은 순수익을 가치로 자본화하는 비율을 의미한다. 이는 안정화된 소득에 적용되는 수익률이다. 안정화된 소득은 한 해의 소득이나 여러 해의 평균소득을 의미한다. 환원율은 장래 수익에 영향을 미치는 요인의 변동 예측과 예측에 수반한 불확실성 등을 포함한다.

2)할인율

할인율이란 복수기간의 순수익과 보유기간 말의 복귀가액을 기준시점 현재가치로 할인하는데 적용되는 이율이다. 즉, 미래의 수익을 현재가치로 변환하는 비율이다. 이는 현재의 투하자본과 미래수익의 현재가치를 같게 만드는 내부수익률이다. 할인율은 운영수익률과 자본수익률로 나타낼 수 있다.

3.자본회수방법

1)감가상각액으로 회수하는 방법

감가상각액으로 자본을 회수하는 방법은 자본회수율을 이용하는 방법이다. 자본회수율은 매기 회수해야 하는 자본의 크기를 나타내는 비율이다. 즉, 매기 일정액을 회수하고 회수액에 대한 원리금 합계가 기말의 회수액과 같게 되는 비율이다. 따라서 자본회수율은 직선법, 연금법, 상환기금법 등으로 구분할 수 있다.

2)복귀가액으로 회수하는 방법

복귀가액으로 자본을 회수하는 방법은 보유기간 말 처분하는 금액 등으로 자본을 회수하는 방법이다. 이는 저당지분환원법, 할인현금흐름분석법 등이 있다. 복귀가액은 보유기간 말 대상물건의 매도를 통해 얻게 되는 순매도액을 말한다. 이는 보유기간 만료 시 소유자가 받을 수 있는 가치의 예측이다.

Ⅲ.저당지분환원법의 본질과 장점 및 문제점

1.본질

1)개념

저당지분환원법이란 부동산으로부터 발생하는 매기 지분수익, 원금상환에 따른 지분형성분, 기말 가치증감분 등을 고려한 환원율로 환원하는 방법이다. 저당지분환원법에서 투하자본은 보유기간 중 현금흐름과 보유기간 말 복귀가액에 의해 회수한다. 이는 레버리지를 이용하는 시장참가자들의 투자행태를 반영한 방법이다.

2)가정

시장참가자는 타인자본을 이용하여 매입하고, 전형적인 기간 동안 부동산을 보유한다. 그리고 부동산으로부터 발생하는 수익은 매기 지분수익, 원금상환에 따른 지분형성분, 보유기간 말 가치증감분으로 구성된다고 가정한다. 또한 시장참가자는 지분수익과 보유기간 말 가치증감을 고려하여 의사를 결정한다고 가정한다.

2. 장점
 1) 시장참가자의 행태에 부합
  저당지분환원법은 시장참가자의 전형적인 행태를 잘 반영하고 있다. 즉, 부동산을 매매하거나 임대차하고 담보부 융자를 받는 투자자들의 일반적인 행태와 일치한다. 그리고 투자자들이 대상 부동산의 가치를 추계하는 방식이 일치한다. 또한 전형적인 보유기간의 순수익을 추계하기 때문에 부동산 가치 추계의 정확성이 높다는 장점을 가진다.

 2) 객관적 자료의 수집
  저당지분환원법은 과거부터 사용된 연금법의 논리를 발전시킨 것이다. 그리고 저당지분환원법에서 필요한 자료는 시장에서 객관적으로 수집이 가능하다. 따라서 저당지분환원법으로 감정평가를 할 경우 감정평가의 객관성과 신뢰성을 높일 수 있다는 장점이 있다.

3. 문제점
 1) 투자자의 신용도에 따른 차이
  저당지분환원법은 기준금리, 시중금리, 대출비율, 융자조건, 투자자의 신용상태 등에 따라 수익률이 달라진다. 그 결과 수익가액도 달라질 수 있다. 수익가액은 시장가치다. 따라서 투자자의 신용상태 등에 따라 달라지는 것이 아니다. 또한 대출규제 등의 부동산 정책에 따라서도 달라지지 않는다. 그러므로 저당지분환원법의 적용에 한계가 있다.

 2) 주관 개입 가능성
  저당지분환원법은 지분수익률, 지분형성분, 기말 가치증감분 등을 추계하는 과정에서 주관이 개입될 수 있다. 또한 환원율은 순수익 등을 안정화시키기 위해 조정할 수 있다. 이 과정에서 J계수나 K계수 등이 활용된다. 그 결과 가치를 왜곡하는 결과가 나타날 수 있다는 문제가 있다.

Ⅳ. 결론
 저당지분환원법은 시장참가자의 행태를 잘 반영하면서 주관이 개입될 수 있는 한계가 있다. 따라서 저당지분환원법은 이후 할인현금흐름분석법으로 발전하게 된다. 〈끝〉

[제9회 문2] 20점
Ⅰ. 서설
 무형자산이란 물리적 실체는 없지만 식별할 수 있는 비화폐성자산을 말한다(기업회계기준서 제1038호). 기업평가에서 무형자산은 그 비중이 날로 증가하고 있다. 특히 영업권과 지식재산권은 무형자산에서 차지하는 비중이 크다. 그러므로 영업권과 지식재산권의 감정평가는 중요하다.

Ⅱ. 영업권 가치
 1. 개념
  영업권이란 대상기업이 경영상의 유리한 관계 등 배타적 영리 기회를 보유하여 같은 업종의 다른 기업들에 비하여 초과이익을 확보할 수 있는 능력으로서 경제적 가치가 있다고 인정되는 권리를 말한다. 영업권은 초과이익의 개념과 구성요소들의 결합작용에 의해 생성된 개념이다.

 2. 특징
  영업권은 종속성, 누적성, 총체성, 지속성, 수익상관성 등을 가진다. 종속성은 영업권이 기업과 분리할 수 없다는 것이다. 누적성은 시간이 지남에 따라 기업의 경영과 함께 가치가 상승한다는 것이다. 총체성은 영업권 가치는 사업 전체의 결과물이라는 것이다. 지속성은 영업권 가치는 장기에 걸쳐 형성된다는 것이다. 수익상관성은 영업권 가치는 기업의 수익성과 양의 상관성이 있다는 것이다.

 3. 발생 수익의 원천
  영업권은 기업이나 기업의 어떤 권리, 또는 다른 자산에서 별도로 인식되지 않는 자산 집합을 이용함으로써 발생하는 미래의 모든 경제적 이익이다. 이는 기업이 창출하는 모든 경제적 이익의 가치를 초과하는 잔여 가치다. 또한 기업의 유·무형자산 등이 유기적으로 결합하여 현재와 미래의 경제적 이익을 발생시킨다.

 4. 감정평가방법
  영업권은 수익환원법을 주된 방법으로 적용한다. 수익환원법은 대상기업의 영업 관련 기업가치에서 영업 투하자본을 차감하는 방법이나 초과이익을 할인하거나 환원하는 방법 등으로 구한다. 그 밖에 거래사례비교법, 원가법 등으로 합리성을 검토하여 최종 감정평가액을 결정한다.

Ⅲ. 지식재산권 가치

1. 개념

지식재산권이란 특허권·실용신안권·디자인권·상표권 등 산업재산권 또는 저작권 등 지적창작물에 부여된 재산권에 준하는 권리를 말한다(실무기준). 또는 지식재산권은 법령 또는 조약 등에 따라 인정되거나 보호되는 지식재산에 관한 권리를 말한다(지식재산 기본법 제3조 제3호).

2. 특징

지식재산권은 독점성, 다양성 등을 가진다. 산업재산권이나 저작권은 특허법 등에 따라 해당 권리를 독점적으로 이용할 수 있다. 그 결과 지식재산권은 배타적인 기간이 존재한다. 그리고 지식재산권은 산업재산권과 저작권마다 강한 개별성을 갖는다. 따라서 지식재산권은 다양한 권리를 갖게 된다.

3. 발생 수익의 원천

지식재산권은 다양한 요인에 의해 수익이 발생한다. 특허권은 기술적·경제적 유효성, 존속기간, 효력과 계약관계, 수용여부, 질권설정여부 등에 따라 달라진다. 상표권은 라이센스 계약에 따른 수익과 실시료율, 소송여부, 상표의 보호범위 등에 따라 달라진다. 그리고 저작권은 창작연월일, 공표여부, 저작인격권, 저작재산권과 양도, 실연자의 권리 등에 따라 달라진다. 즉, 수익은 다양한 권리의 독점성에 의해 발생한다.

4. 감정평가방법

지식재산권도 수익환원법을 주된 방법으로 적용한다. 수익환원법은 현금흐름을 할인하거나 환원하는 방법과 기술기여도법 등으로 구한다. 그리고 지식재산권만의 거래사례를 비준하는 방법, 실시료율에 의한 방법 등의 거래사례비교법을 적용할 수 있다. 그 밖에 감가액을 공제하거나 제작이나 취득비용을 시점수정하는 원가법을 적용할 수 있다.

Ⅳ. 결어

영업권과 지식재산권은 무형자산이다. 무형자산은 경제적 가치를 판정하는 것이 어렵다. 따라서 무형자산의 특징과 수익이 어떻게 발생하는지를 이해해야 한다. 즉, 영업권과 지식재산권의 감정평가는 그 특징과 발생 수익의 원천을 파악하는 것이 중요하다. 〈끝〉

[제9회 문3] 20점

Ⅰ. 서설

내용연수법이란 대상물건의 특성에 따라 감가액을 구하는 방법이다. 관찰감가법은 대상물건의 실태를 직접 조사하여 감가액을 구하는 방법이다. 두 방법은 감가의 개별성에 따라 유용성과 한계를 지닌다. 이하에서 관련 내용을 구체적으로 살펴본다.

Ⅱ. 이론적 근거

1. 실무기준의 검토

감가수정을 할 때에는 경제적 내용연수를 기준으로 한 정액법, 정률법 또는 상환기금법 중에서 대상물건에 가장 적합한 방법을 적용하여야 한다. 이것이 적절하지 아니한 경우에는 물리적·기능적·경제적 감가요인을 고려하여 관찰감가 등으로 조정하거나 다른 방법에 따라 감가수정할 수 있다.

2. 관련 원칙

1) 예측·변동의 원칙

예측의 원칙이란 부동산 가치가 끊임없이 변하기 때문에 요인의 추이나 동향에 대한 예측을 해야 한다는 원칙이다. 변동의 원칙이란 부동산 현상과 활동, 가치형성과정의 요인 등은 시간에 따라 변하므로 부동산 가치도 그에 따라 변한다는 원칙이다. 내용연수법과 관찰감가법은 계속해서 변화하는 대상물건의 상태를 반영한다. 따라서 두 방법은 예측·변동의 원칙을 근거로 한다.

2) 균형의 원칙

균형의 원칙이란 부동산 가치가 최고가 되기 위해서는 내부 구성요소들이 적절한 균형을 이루고 있어야 한다는 원칙이다. 내용연수법과 관찰감가법은 대상물건의 상태를 반영하는 과정에서 구성요소들이 균형을 이루어야 한다. 즉, 감가수정의 과정에서 균형의 원칙은 이론적 근거로 활용된다.

3) 적합의 원칙

적합의 원칙이란 부동산 효용이 최고로 발휘되기 위해서는 부동산 이용방법이 주위환경에 적합해야 한다는 원칙이다. 내용연수법과 관찰감가법은 주위환경과 비교하여 감가의 양태를 반영해야 한다. 따라서 적합의 원칙은 두 방법의 감가수정과 관련하여 근거가 된다.

Ⅲ. 장단점과 병용이유
1. 장단점
1) 장점
내용연수법은 경제적 내용연수를 기준으로 하므로 적용이 간편하고 객관적이다. 관찰감가법은 대상물건의 실태를 구체적으로 조사하여 물리적, 기능적, 경제적 감가요인을 파악한다. 그러므로 외관상 관찰할 수 없는 하자도 감가수정에 반영할 수 있다. 즉, 관찰감가법은 감가의 개별성을 잘 반영한다는 장점이 있다.

2) 단점
내용연수법은 감가의 개별성을 반영하기 어렵다. 특히 개별성이 강한 대상물건은 감가의 양태가 표준적인 물건과 다르다. 관찰감가법은 주관이 개입될 수 있다. 대상물건의 구체적인 실태를 반영하는 과정에서 감정평가사의 정성적인 판단이 들어가기 때문이다. 즉, 감정평가의 객관성을 확보하는 것이 어려울 수 있다.

2. 병용이유
1) 객관성 확보
내용연수법과 관찰감가법은 각각 장단점을 가지고 있다. 즉, 두 방법은 상대적인 유용성과 한계를 지니고 있다. 그러므로 객관적인 경제적 가치를 판정하기 위해서는 두 방법을 병용해야 한다. 즉, 두 방법을 병용하면 감정평가의 공정성과 객관성을 확보할 수 있다.

2) 합리성 확보
내용연수법과 관찰감가법은 감정평가의 합리성과 신뢰성을 확보할 수 있으므로 병용해야 한다. 내용연수법은 감가의 객관성을, 관찰감가법은 감가의 개별성을 잘 반영한다. 따라서 두 방법을 병용하면 시장에서 설득력을 가지게 된다. 그러므로 양자를 병용하는 것이 합리적이다.

Ⅳ. 결어
감가수정의 방법으로 내용연수법과 관찰감가법뿐만 아니라 분해법, 시장추출법, 임대료손실환원법 등 감정평가이론상 가능한 다양한 방법을 병용해야 한다. 다양한 방법을 병용하면 감정평가의 객관성과 합리성이 높아지기 때문이다. 〈끝〉

[제9회 문4] 10점
Ⅰ. 지리적 위치의 고정성과 개별성의 의의
지리적 위치의 고정성이란 위치가 물리적으로 고정되어 있다는 특성이다. 개별성이란 물리적으로 동일한 토지는 존재하지 않는다는 특성이다.

Ⅱ. 가격원칙
1. 적합의 원칙
적합의 원칙이란 부동산 효용이 최고로 발휘되기 위해서는 부동산 이용방법이 주위환경에 적합해야 한다는 원칙이다. 적합성은 사회적, 경제적, 행정적 측면에서 판단한다. 그리고 개별성은 시장참가자의 선호도와 행태 등을 반영한다. 즉, 개별성은 부동산 효용을 반영하는 것이다. 그러므로 개별성은 적합의 원칙과 관련된다.

2. 최유효이용의 원칙
최유효이용의 원칙이란 부동산 가치는 최유효이용을 전제로 파악되는 가치를 표준으로 하여 형성된다는 원칙이다. 최유효이용은 개별성을 반영하여 부동산을 합법적이고 합리적이며 최고·최선의 방법으로 이용하게 된다.

Ⅲ. 파생적 특징
1. 부동산 시장의 불완전성
부동산은 고정성과 개별성으로 인해 시장의 기능을 방해한다. 즉, 부동산 시장은 고정성과 개별성으로 인해 일반재화처럼 수요와 공급에 의한 균형가격의 성립이 어렵다. 그 결과 부동산 시장은 불완전 경쟁시장의 성질을 갖는다. 그러므로 시장의 진입과 탈퇴가 자유롭지 못하게 된다. 특히 강한 개별성을 갖는 물건일수록 시장참가자가 제한되는 특징이 있다.

2. 부동산 가치의 형성
부동산은 고정성과 개별성으로 인해 그 가치가 지역적 차원의 가격수준과 개별적 차원의 구체적 가격으로 나타난다. 즉, 부동산 가치는 표준적이용에 의한 지역성과 최유효이용에 의한 개별성을 갖는다. 그리고 고정성과 개별성으로 인해 주위환경과의 관계와 영향도 고려해야 한다. 따라서 감정평가 시 지역분석과 개별분석이 필요하다. 즉, 고정성과 개별성은 감정평가 시 지역분석과 개별분석의 토대가 되는 특징이 있다. 〈끝〉

[제9회 문5]10점

Ⅰ.개설

계량적 부동산평가기법이란 확률이나 통계모형 등의 계량적인 기법을 부동산 감정평가에 적용하는 것을 의미한다. 이는 전통적인 감정평가 3방식과 함께 이용된다. 계량적 부동산평가기법에는 회귀분석법을 이용한 특성가격함수모형법, 노선가식평가법, 옵션가치평가법, 간이타당성 분석법, 민감도 분석법 등이 있다.

Ⅱ.회귀분석의 개념

회귀분석법이란 독립변수와 종속변수의 상호관계를 찾아 일반화시키는 방법이다. 일반적으로 계량적 부동산평가기법에서는 다중 회귀분석과 선형 회귀분석을 이용한다. 다중 회귀분석이란 여러 개의 독립변수와 종속변수의 관계를 분석하는 방법이다. 선형 회귀분석이란 회귀모형에서 계수들이 선형관계에 있도록 회귀식을 구성하여 분석하는 방법이다. 그 밖에 단순 회귀분석법, 비선형 회귀분석법 등이 있다.

Ⅲ.결정계수

결정계수란 독립변수가 종속변수를 얼마나 정확하게 설명해줄 수 있는지를 나타내는 지표다. 이는 다중 회귀분석에서 통계치를 분석할 때 활용된다. 일반적으로 결정계수는 R-Squared로 표시한다. 결정계수는 0에서 1사이의 값을 갖는다. 결정계수의 값이 높을수록 정확성이 올라간다. 그리고 독립변수의 수가 증가할수록 올라간다. 따라서 중요하지 않은 독립변수의 수를 단순히 증가시키지 않도록 유의한다.

Ⅳ.유의수준

유의수준이란 오류의 가능성을 의미한다. 통계치를 분석할 때 T-검증은 회귀계수가 유의수준에서 통계학적으로 의미가 있는지를 확인한다. 양측검증은 회귀계수가 0인지 아닌지를 판별하는 것이다. 단측검증은 회귀계수가 0보다 큰지 작은지를 판별하는 것이다. 회귀계수가 0으로 판명된 경우는 독립변수로 선택한 특성이 부동산 가치에 영향을 미치지 않는다는 것을 의미한다. 따라서 유의수준은 다중 회귀분석에서 통계치를 분석할 때 T-검증 과정에서 활용된다. 〈끝〉

[제9회 문6]10점

Ⅰ.(물음1)시장 흡수율

1.개념

시장 흡수율은 시장에서 공급된 부동산이 단위시간 동안 시장에서 흡수되는 비율을 말한다. 흡수율 분석은 흡수율이나 흡수기간 등을 통해 부동산의 수요와 공급을 조사하는 것이다. 흡수기간은 공급된 부동산이 시장에서 임대·분양 등 완전히 흡수될 때까지 걸리는 시간이다. 이때 과거의 흡수율을 그대로 차용하지 않도록 유의한다.

2.분석 내용

흡수율은 부동산 시장의 추세를 파악하는 데 지표가 된다. 이론적으로 지역성장률에 수요패러미터를 점유율을 곱하여 산정한다. 미국처럼 자료가 풍부하고 시장상황이 안정되어 있는 경우에는 부동산업계 종사자들이 직접 일정기간 동안의 변동량을 조사하여 공표한다. 그리고 흡수율 분석은 장래 지역의 변화와 매매 및 임대가능성을 분석하고 예측한다. 이를 토대로 감정평가 시 시장성분석에 활용된다.

Ⅱ.(물음2)가행연수의 의의와 산정방법

1.광업재단의 감정평가

광업재단을 감정평가할 때는 수익환원법을 적용해야 한다. 수익환원법을 적용할 때는 대상 광산의 생산 규모와 생산시설을 전제로 한 가행연수 동안의 순수익을 환원한 금액에서 장래 소요될 기업비를 현가화한 총액을 공제하여 구한다.

2.가행연수의 의의

가행연수란 개발대상 광산에 대하여 기술적·경제적으로 개발할 수 있는 기간을 말한다. 이는 광업재단이나 광업권의 감정평가에서 수익환원법을 적용할 때 활용된다.

3.가행연수의 산정방법

가행연수의 산정방법은 확정 가채매장량과 추정 가채매장량을 합하여 연간 채광가능 매장량으로 나누어 산정한다. 확정 가채매장량과 추정 가채매장량은 확정광량과 추정광량에 가채율을 곱하여 산정한다. 〈끝〉

〈이 하 여 백〉

감정평가이론 기출문제 **제10회** 예시답안

[제10회 문1] 30점

Ⅰ. 서론

부동산 증권화란 부동산 저당채권을 자본시장에서 유통시키기 위해 유가증권을 발행하는 과정을 말한다. 부동산 유동화는 부동산 자산을 현금과 같이 유동성이 높은 형태로 바꾸는 것을 의미한다. 즉, 부동산 증권화는 부동산 유동화 수단 중 하나이다. 따라서 유동성은 자본시장과 부동산시장을 연결하는 역할을 한다. 그러므로 부동산 증권화는 감정평가 시 중요하다. 이하에서 관련 내용을 살펴본다.

Ⅱ. 부동산 증권화의 도입배경

1. 부동산시장의 증권화

부동산시장의 증권화는 부동산시장과 자본시장이 통합되어 진행되는 것을 의미한다. 부동산 자산은 유동성이 낮은 상품이다. 따라서 유동성을 높이기 위해 부동산시장은 이자율을 매개변수로 하여 자본시장과 연결된다. 즉, 증권화란 금융시장에서 증권을 이용한 자금조달과 운영이 확대되는 현상을 의미한다. 따라서 부동산 자산과 부채를 증권화하게 된 것이다.

2. 다양한 투자기회 제공

부동산 자산 및 부채를 증권화하는 것은 자본시장의 투자자들에게 넓은 투자기반과 다양한 대체투자수단을 선택할 수 있는 기회를 부여한다. 그리고 증권화는 다양한 투자기회를 제공함으로써 투자에 따른 위험을 분산시켜주게 된다. 따라서 이를 활용하기 위해 부동산 증권화를 도입하였다.

3. 부동산 거래의 활성화

부동산 증권화는 유동성을 높여 거래를 활성화시키기 위해 도입되었다. 부동산은 고가성을 지니므로 유동성이 낮기 때문에 시장참가자가 제한되어 있다. 하지만 증권화는 유동성을 높여 다양한 시장참가자가 진입할 수 있게 된다. 따라서 부동산 거래가 활성화되기를 기대한다.

4. 원활한 자금조달

부동산 증권화는 유동화를 통해 자금조달을 원활하게 하기 위해 도입되었다. 이는 부동산시장과 자본시장을 통합하면서 건전한 투자환경을 조성하기 위함이다. 그리고 증권화는 안정적인 현금흐름을 가져올 수 있다. 따라서 자금조달과 운영이 원활하게 돌아갈 수 있기를 기대한다.

Ⅲ. 부동산 증권화의 원리 및 평가기법

1. 자산유동화증권(ABS)

1) 원리

자산유동화증권이란 특정 자산으로부터 발생하는 현금흐름을 기반으로 하여 발행되는 증권을 말한다. 증권은 기업이나 금융기관 등이 보유한 자산을 표준화하고 특정 조건별로 집합하여 발행한다. 상환은 증권을 발행한 후 기초자산의 현금흐름을 이용한다. 특수목적기구(SPV)는 유동화의 역할을 한다. 이 중 주식회사 또는 유한회사의 형태를 갖는 회사를 특수목적회사(SPC)라고 한다. SPC는 특정 자산을 매각하고, 이를 담보로 증권을 발행하여 유통하는 것이다. 여기서 발생한 수익은 증권의 원리금, 배당금 등으로 지급한다.

2) 평가기법

자산유동화증권은 매기의 순수익 즉, 현금흐름을 예상해야 한다. 따라서 자산유동화증권의 감정평가는 수익환원법을 적용한다. 이때 실무기준에 따르면 부동산의 증권화 관련한 감정평가 등 매기의 순수익을 예상해야 하는 경우에는 할인현금흐름분석법(DCF법)을 원칙으로 하고 직접환원법으로 그 합리성을 검토하도록 하고 있다. 따라서 자산유동화증권은 수익환원법 중 할인현금흐름분석법을 원칙으로 적용한다.

2. 주택저당증권(MBS)

1) 원리

주택저당증권은 주택저당채권(Mortgage)을 기초로 발행되는 증권이다. 즉, 금융기관이 주택 매입자에게 빌려준 주택저당채권을 유동화회사에게 양도하고, 유동화회사는 주택저당채권을 일반 투자자에게 발행한다. 그 결과 자금이 일반 투자자에서 유동화회사를 거쳐 은행에 들어가는 구조다. 주택 소유자가 주택담보대출을 받고, 금융기관이 주택저당채권을 취득하는 시장은 1차 저당시장이라 한다. 그리고 금융기관이 취득한 주택저당채권을 모아 한국주택금융공사가 저당풀을 기반으로 증권을 발행하면 투자자들이 이를 사고파는 시장이 2차 저당시장이다.

2) 평가기법

주택저당증권은 주택저당채권을 기초로 한다. 즉, 채권으로부터 수익이 발생한다. 따라서 감칙 제24조의 규정을 준용할 수 있다. 즉, 채권으로부터 회수가 가능할 것으로 예상되는 수익을 현가화하는 수익환원법을 적용할 수 있다. 이때 할인율은 저당이자율, 조기상환율, 시장이자율 등을 고려하여 적용한다. 그리고 주택저당채권이 거래되는 시장에서는 이를 기준으로 거래사례비교법을 적용할 수 있다.

3. 리츠(REITs)

1) 원리

리츠란 다수의 투자자로부터 자금을 보아 부동산 및 부동산 관련 증권 등에 투자, 운영하고 그 수익을 투자자에게 돌려주는 부동산 간접투자기구인 주식회사를 말한다. 리츠는 부동산 간접 투자 기회를 제공하고, 건설시장의 활성화를 도모하며, 부동산 산업의 발전을 도모하기 위한 것이다. 리츠는 운용대상이 부동산이지만, 자본시장에서 주식을 통해 자금을 모집하고 운용수익을 배당하는 금융상품이다.

2) 평가기법

리츠는 수익환원법 중 할인현금흐름분석을 적용할 수 있다. 리츠의 현금흐름은 배당가능한 현금을 통해 구한다. 먼저, 운영자금수입을 구한다. 운영자금수입은 리츠총수입에서 리츠운영비용, 감가상각 및 이연상각비용, 이자비용을 차감한 후, 부동산감가상각비용을 더하고 부동산 판매순수입을 차감한다. 이는 자본지출, 임대수입의 균등화를 위한 조정 등을 거쳐 운영자금수입을 조정한다. 그리고 비정기적인 자본지출을 차감하여 배당가능한 현금을 구하게 된다.

IV. 결론

부동산 증권화는 자본시장과 부동산시장의 통합화를 통해 유동화를 높인다. 유동화 수단은 프로젝트 파이낸싱, 부동산펀드 등으로 더욱 다양해지고 있다. 따라서 급변하는 부동산 시장의 변화에 발맞추어 합리적인 감정평가가 요구되고 있다. 그러므로 다양한 감정평가기법을 활용하여 설득력 있는 감정평가가 필요하다. 특히 현금흐름은 증권화의 핵심이므로 이에 대한 분석이 중요하다. 〈끝〉

[제10회 문2] 20점

I. 서설

부동산시장은 거래를 위하여 매도인과 매수인이 서로 만나는 장이다. 따라서 부동산 투자를 목적으로 시장에 참여하는 투자자는 부동산시장만을 대상으로 하지 않는다. 즉, 투자자는 부동산과 대체·경쟁관계가 있는 자본시장의 동향과 전망 등을 고려한다. 특히 시장이자율은 부동산시장과 자본시장을 연결하는 매개변수다. 그러므로 시장이자율의 변화는 부동산시장에 큰 영향을 미친다.

II. 시장이자율 상승이 부동산시장에 미치는 영향

1. 4사분면 모형의 검토

4사분면 모형은 공간시장과 자산시장의 작동과 장기 균형에 대해 설명하는 모형이다. 1,4사분면은 공간시장이다. 2,3사분면은 자산시장이다. 시장이자율상승은 2사분면의 기울기인 자본환원율을 시계방향으로 움직이게 한다. 자본환원율은 자본투자에 대한 요구수익률이다. 따라서 4사분면 모형을 활용하여 시장이자율 상승이 부동산시장에 미치는 영향을 살펴본다. 그래프는 다음과 같다.

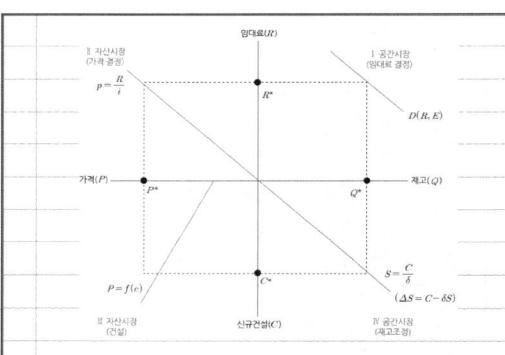

2. 자산시장에 미치는 영향

1) 단기

자산시장은 부동산 자체에 대한 수요와 공급에 의해 가격이 결정되는 시장이다. 자본환원율은 부동산시장의 외부요소인 금융자산이 거래되는 자본시장의 이자율과 수익률에 기초하여 결정된다. 따라서 시장이자율이 상승하면 부동산 투자위험이 커진다. 그러므로 2사분면의 기울기는 시계방향으로 움직인다. 그 결과 단기적으로 자산가격은 하락하게 된다.

2) 장기

시장이자율 상승은 2사분면의 기울기를 변화시켜 단기적으로 자산가격이 떨어지게 하였다. 이는 장기적으로 건설물량이 감소하는 효과를 가져온다. 자산가격이 하락하는 지점은 3사분면의 기울기인 건설곡선과 만난다. 그리고 건설곡선과 만나는 점을 신규로 건설되는 연간 건설량과 연결하면, 기존보다 떨어지는 것을 알 수 있다. 즉, 부동산가격이 하락하면 새롭게 건설되는 부동산 공급이 줄어든다는 의미다.

3. 공간시장에 미치는 영향
  1) 장기

공간시장은 공간서비스에 대한 수요와 공급에 의해 임대료가 결정되는 시장이다. 공간서비스에 대가인 임대료가 결정되므로 임대시장이라고도 한다. 3사분면의 변화는 4사분면에 영향을 미친다. 4사분면의 기울기는 신규 건설량을 연평균으로 나눈 것이다. 이는 부동산의 장기 재고량으로 전환된다. 재고량의 변동은 신규건설량에서 감가상각률을 적용한 재고감소량을 공제한 것과 같다. 즉, 3사분면에서 줄어든 건설량은 4사분면에서 기존재고의 감

가상각이나 멸실에 의해 재고량이 감소한다.

  2) 단기

1사분면의 곡선은 수요곡선이다. 횡축은 부동산 공간의 물리적 재고량이다. 종축은 단위면적당 연간 임대료이다. 따라서 공간시장의 재고량이 수요곡선과 만나는 지점에서 임대료가 결정된다. 그러므로 4사분면에서 줄어든 재고량은 단기적으로 1사분면에서 임대료를 상승시킨다. 하지만 재고량이 줄어들면서 신규공급량과 재고량이 일치하는 수준에서는 더 이상 변하지 않는다. 즉, 4사분면 모형에서 새로운 균형점이 나타난다.

Ⅲ. 결어

자본시장에서 시장이자율의 상승은 단기적으로 부동산가격의 하락을 가져올 수 있다. 하지만 시장이자율 상승은 부동산가격에 영향을 미치는 다양한 요인들 중 하나이다. 따라서 현실의 부동산시장에서는 4사분면 모형으로는 설명되지 못하는 현상이 나타난다. 그러므로 부동산시장에 미치는 영향은 장·단기별로 상호작용성도 함께 검토해야 할 것이다. 〈끝〉

[제10회 문3] 10점

Ⅰ. 개설

지대란 일정한 기간 동안 토지소유자의 소득으로 귀속되는 토지서비스 수익을 말한다. 위치지대는 입지교차지대라고도 하고 튀넨이 주장하였다. 이하에서 위치지대의 발생원리와 영향에 대해 구체적으로 살펴본다.

Ⅱ. 위치지대의 발생원리

위치지대는 시장으로부터의 거리 차이가 생산물 수송비 절약분만큼의 지대를 발생시킨다는 이론이다. 즉, 시장으로부터의 거리가 생산물의 가격을 결정하고, 그 생산물의 가격 차이가 지대를 발생한다는 의미다. 자본과 노동에 대한 비용은 생산비에 포함되어 있다고 본다. 따라서 생산물의 가격과 생산비용의 차이에서 교통비를 뺀 것이 위치지대가 된다. 따라서 도심에 가까울수록 지대를 감당할 수 있는 집약농업이 위치하게 된다.

Ⅲ. 영향을 주는 요인

위치지대에 영향을 주는 요인은 토지의 위치, 생산비용, 교통비용 등이 있다. 생산한계점은 지대가 0이 되는 지점이다. 이때 적용되는 기울기는 생산물의 종류나 농업의 유형에 따라 달라진다. 즉, 집약농업은 기울기가 높고 조방농업은 기울기가 낮다. 그 결과 도심에 가까울수록 기울기가 높다. 교통비용은 기울기를 변화시킨다. 생산비용의 변화는 기울기 자체를 변화시킨다. 그래프는 다음과 같다.

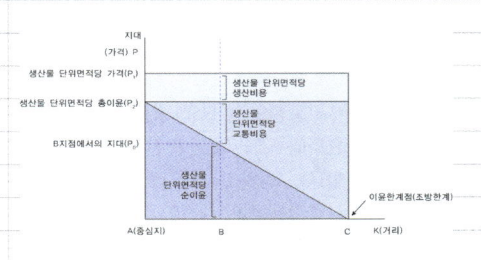

Ⅳ. 위치지대의 한계

위치지대는 농경지 지대이론이다. 따라서 도시토지에서 나타나는 현상을 설명하기에는 한계가 있다. 도시는 교통수단의 발달 등으로 접근성의 양상이 다양하게 나타나기 때문이다. 〈끝〉

[제10회 문4] 10점

Ⅰ. 개설

수익환원법이란 대상물건이 장래 산출할 것으로 기대되는 순수익이나 미래의 현금흐름을 환원하거나 할인하여 대상물건의 가액을 산정하는 감정평가방법을 말한다(감칙 제2조 제10호). 순수환원이율은 대상이 창출한 단일기간의 순수익과 대상물건의 가액의 비율을 말한다. 환원율은 장래 수익에 영향을 미치는 요인의 변동 예측과 예측에 대한 위험이 반영된다.

Ⅱ. 투자위험도의 유형

1. 체계적 위험

체계적 위험이란 분산이 불가능한 위험을 말한다. 즉, 회피를 할 수 없는 위험이다. 예를 들어, 전쟁, 자연재해 등과 같이 예측할 수 없는 위험이 있다. 따라서 환원율에서 이러한 위험은 반영이 어렵다.

2. 비체계적 위험

비체계적 위험이란 분산이 가능한 위험을 말한다. 즉, 회피를 할 수 있는 위험이다. 예를 들어, 시장이나 운영 등의 사업위험, 인플레이션위험, 법적위험, 유동성위험 등과 같이 예측할 수 있는 위험이 있다. 그러므로 환원율은 이러한 위험을 예측하고 반영해야 한다. 투자위험도의 반영방법은 비체계적 위험을 중심으로 검토한다.

Ⅲ. 투자위험도의 반영방법

1. 환원율을 조정하는 방법

첫째, 환원율을 조정하여 위험을 반영할 수 있다. 조정방법으로는 위험할증률을 더하거나 뺄 수 있다. 그리고 순수익 증감 등에 따른 일정비율을 적용하여 조정할 수 있다. 그 밖에 인플레이션율을 증감하여 조정하거나 간이로 타당성을 분석하여 조정하는 방법 등이 있다.

2. 확률을 이용하는 방법

둘째, 확률을 이용하여 위험을 반영할 수 있다. 이는 이항분포나 정규분포와 같은 확률분포를 이용할 수 있다. 그리고 분석 단계별로 가정한 변수들에 대한 위험의 정도를 대응하는 민감도분석을 이용할 수 있다. 그 밖에 게임이론이나 시뮬레이션 분석 등을 이용하는 방법 등이 있다. 〈끝〉

[제10회 문5] 10점

Ⅰ. 개설

시장분석이란 대상부동산에 대한 시장지역을 획정하고 가치에 영향을 줄 수 있는 시장상황을 연구하는 것이다. 시장성분석은 대상부동산의 매매나 임대가능성을 분석하는 것이다. 이하에서 양자를 구체적으로 살펴본다.

Ⅱ. 시장분석의 목적과 내용

1. 목적

시장분석은 부동산의 수요와 공급상황을 파악하기 위해서 필요하다. 그리고 부동산은 다른 부동산과 일정한 지역을 구성하고 그 지역에 속한 다른 부동산과의 상호작용성을 가진다. 따라서 시장분석은 부동산 가치형성과정의 상호작용성을 파악하기 위해 필요하다.

2. 내용

부동산의 수요와 공급을 파악하기 위해서는 다양한 시장별로 시장참가자의 행태를 분석해야 한다. 부동산시장은 용도, 규모, 지역 등에 따라 달라지기 때문이다. 그러므로 시장분석은 시장참가자의 효용을 파악하고, 시장을 획정하며, 수요와 공급 분석과 그 상호작용을 통해 포착률을 예측하는 과정을 거친다.

Ⅲ. 시장성분석의 목적과 내용

1. 목적

시장성분석은 특정부지나 부동산 자체의 특성을 파악하기 위해 필요하다. 시장분석을 통해서 지역의 상태나 변화는 예측할 수 있다. 하지만 지역의 모습과 구체적인 부동산의 모습은 일치하지 않을 수 있다. 그러므로 시장분석을 구체화한 시장성분석이 요구된다.

2. 내용

시장분석은 시장 전반의 수요와 공급 상황을 분석한다. 하지만 시장성분석은 시장분석을 기초로 시장의 차별화와 세분화가 이루어진다. 특히 흡수율 분석은 흡수율이나 흡수기간 등을 통해 대상부동산의 수요와 공급을 조사한다. 그러므로 대상부동산의 매매나 임대가능성을 구체적으로 분석하고 예측하는 과정을 거친다. 〈끝〉

[제10회 문6] 20점

Ⅰ. (물음1) 한계심도

1. 개념

한계심도란 토지소유자의 통상적 이용행위가 예상되지 않고 지하시설물을 따로 설치하는 경우에도 일반적인 토지이용에 지장이 없을 것으로 판단되는 깊이를 말한다. 관계법령에서는 고층시가지는 40m, 중층시가지는 35m, 저층시가지 및 주택지는 30m, 농지 및 임지는 20m로 규정하고 있다. 즉, 한계심도는 지상공간이나 지하공간의 이용과 관련되어 있다.

2. 한계심도의 판단 등

한계심도는 물리적·법적·경제적 관점에서 판단해야 한다. 특히 경제적 관점의 판단은 수익한계점을 초과하여 수익이 감소할 것으로 예측되는 지점을 기준으로 한다. 그리고 한계심도는 입체이용의 원리에 근거한다. 따라서 지하사용료의 감정평가에 활용된다. 이는 한계심도 내인 경우와 한계심도를 초과하는 경우에 따라 달라짐에 유의한다. 한계심도를 초과하는 경우에는 가치에 미치는 영향이 적어진다.

Ⅱ. (물음2) 최빈매매가능가격

1. 개념

최빈매매가능가격이란 매매가 가능한 가격 중에서 최빈치에 해당하는 가격을 의미한다. 최빈치란 빈도가 가장 많은 수치를 의미한다. 따라서 평균치, 중위치와는 구별되는 개념이다. 특히 최빈치는 매매사례 중에서 가장 높은 가격을 의미하지 않는다. 과거 논란이 있었으나, 현재는 성립될 가능성이 가장 많은 가격과 동일한 의미를 가진다.

2. 시장가치의 개념상 활용

시장가치란 감정평가의 대상이 되는 토지등이 통상적인 시장에서 충분한 기간 동안 거래를 위하여 공개된 후 그 대상물건의 내용에 정통한 당사자 사이에 신중하고 자발적인 거래가 있을 경우 성립될 가능성이 가장 높다고 인정되는 대상물건의 가액을 말한다(감칙 제2조 제1호). 이때 "성립될 가능성이 가장 높다고 인정되는"이라는 부분은 최빈치가 활용되고 있다. 즉, 통계학적 확률 개념에 해당한다.

Ⅲ. (물음3) 자본자산가격모형(CAPM)

1. 개념

자본자산가격모형이란 투자자가 기업에 자기자본을 투자한 대가로 요구하는 수익률이다. 이는 일반적으로 의결권이 있는 보통주의 자본비용을 말한다. 자본비용이란 자금 사용에 대한 대가로 부담하는 비용을 말한다. 자본비용을 측정하기 위해서는 재무상태표의 우변 항목을 검토한다. 그 결과 요구수익률로서 할인율 등으로 이용하는 것이 가중평균 자본비용이다.

2. 산정방법

자본자산가격모형은 무위험자산의 수익률, 시장위험프리미엄, 체계적 위험을 이용하여 구할 수 있다. 시장위험프리미엄은 투자대상에 투자함으로써 가지게 되는 투자위험에 대한 보상이다. 체계적 위험은 개별수익률이 시장수익률의 변동에 따라 얼마나 민감하게 반응하는지를 나타낸 것이다. 체계적 위험이 1보다 크면 시장수익률에 비해 개별수익률의 변화가 큰 것을 의미한다. 그 밖에 부채를 사용하는 기업과 그렇지 않은 기업에 따라서도 체계적 위험은 달라진다.

Ⅳ. (물음4) 수익지수법

1. 개념

수익지수법이란 현금유입의 현재가치 합계와 현금유출의 현재가치 합계의 비를 통해 타당성을 판단하는 방법을 말한다. 수익지수는 가치가산의 원리가 성립하지 않는다. 투자 대안의 상대적인 수익성만을 나타낼 뿐 부의 극대화를 반영하는 것은 아니기 때문이다. 수익지수가 1보다 큰 대안을 선택한다. 즉, 현금흐름의 비율로 투자를 판단하는 논리다.

2. NPV법과 분석결과가 다른 경우

수익지수법은 투자규모를 고려하지 못하기 때문에 NPV법과 분석결과가 다를 수 있다. 이러한 경우에는 가중평균 수익지수(WAPI)를 활용할 수 있다. 가중평균 수익지수란 여러 투자 안에 함께 투자할 때 각 투자 안의 수익지수를 투자금액의 비중에 따라 가중평균한 값을 말한다. 가중평균 수익지수를 이용하면 NPV법과 분석결과가 일치한다.

〈끝〉

〈이 하 여 백〉

감정평가이론 기출문제 **제11회** 예시답안

[제11회 문1] 30점

Ⅰ. 서론

부동산 활동은 인간이 부동산을 대상으로 전개하는 관리적 측면의 여러 행위나 태도 등을 말한다. 감정평가와 부동산컨설팅은 다양한 부동산 활동 중 하나이다. 그리고 감정평가와 부동산컨설팅은 시장참가자의 의사결정을 지원하는 역할을 한다. 이하에서 관련 내용을 살펴본다.

Ⅱ. 감정평가와 부동산컨설팅과의 관계

1. 감정평가와 부동산컨설팅의 의의

감정평가란 토지등의 경제적 가치를 판정하여 그 결과를 가액으로 표시하는 것을 말한다(감정평가법 제2조 제2호). 부동산컨설팅이란 고객이 의뢰한 부동산에 대한 정보 등의 서비스에 대해 용역을 제공하는 행위를 말한다.

2. 양자의 관계

1) 의사결정의 지원 관계

감정평가와 부동산컨설팅은 부동산 활동으로서 의사결정을 지원하는 역할을 한다는 점에서 관계를 갖고 있다. 감정평가는 부동산의 경제적 가치정보를 제공하여 의사결정의 기준을 제시한다. 부동산컨설팅은 부동산을 대상으로 투자, 관리, 금융 등에 대한 의사결정을 원활하게 할 수 있도록 도와준다. 특히 부동산의 적정가격을 판단하여 합리적인 의사결정에 기여한다.

2) 분석범위상 관계

감정평가와 부동산컨설팅은 대상부동산의 경제적 가치를 분석한다는 점에서 상호 관련된다. 감정평가는 주로 경제적 가치를 분석한다. 하지만 부동산컨설팅은 경제적 가치 외에 개발여부, 투자여부, 관리의 지속여부 등 다양한 분석을 포함한다. 따라서 부동산컨설팅은 감정평가를 포함하는 관계가 있다.

3) 기준가치상 관계

기준가치란 감정평가의 기준이 되는 가치를 말한다(감칙 제2조 제3호). 감정평가는 시장가치를 기준으로 한다. 부동산컨설팅은 일반적으로 시장가치 외의 가치를 기준으로 한다. 따라서 양자는 기준가치 측면에서 원칙과 예외의 관계가 있다.

Ⅲ. 등가교환방식의 개념과 감정평가 시 유의사항

1. 등가교환방식의 개념

1) 토지의 유효한 활용

토지의 유효한 활용이란 객관적으로 보아 양식과 통상의 이용능력을 가진 사람이 대상 토지를 합법적이고 합리적이며 최고, 최선의 방법으로 이용하는 것을 말한다. 토지의 유효한 활용방식은 자기개발방식, 등가교환방식, 신탁방식, 건설협력금 차입방식, 공동빌딩방식, 사업수탁방식, 차지방식 등이 있다.

2) 등가교환방식의 의미

등가교환방식이란 토지소유자가 토지를 제공하고 개발업자가 공사비를 부담하여 건물을 건축한 후, 토지가치와 건축비용에 따라 지분을 나눠 갖는 방식을 말한다. 즉, 개발업자가 신축한 건물의 일부를 토지소유자에 인도하고, 나머지 지분은 분양 또는 임대를 통해 투자금을 회수하고 이윤을 갖는 방식이다.

3) 등가교환방식의 유형

등가교환방식은 양도 범위에 따라 2가지 유형으로 구분한다. 부분양도방식은 토지소유자가 개발업자에게 지분 일부를 양도하고, 개발업자로부터 그에 해당하는 건물 일부를 양도받는 방식이다. 전부양도방식은 토지소유자가 개발업자에게 토지 전부를 양도하고, 개발업자로부터 그에 해당하는 건물 일부와 토지의 공유지분을 양도받는 방식이다.

4) 등가교환방식의 특징

토지소유자는 건축비용, 건축허가 등의 과정없이 건물을 소유할 수 있다. 개발업자는 토지의 매입비용없이 개발할 수 있다. 따라서 등가교환방식은 토지소유자와 개발업자 모두 이익을 얻는다. 하지만 당사자 간의 이해가 충돌하거나 권리관계가 복잡하게 나타날 수 있다.

2. 감정평가 시 유의사항

1) 기준시점 결정 시 유의사항

기준시점이란 대상물건의 감정평가액을 결정하는 기준이 되는 날짜를 말한다(감칙 제2조 제2호). 토지와 건물가격은 시점에 따라 달라진다. 등가교환방식은 매입일자, 신축일자, 분양일자 등에 따라 차이가 난다. 따라서 감정평가 시 의뢰인과 기준시점을 확정할 필요가 있음에 유의한다.

2) 대상물건 확정 시 유의사항
대상물건의 확정은 감정평가를 위한 대상물건의 소재, 범위, 권리관계 등을 확정하는 것이다. 등가교환방식은 토지가치와 건축비용에 따라 공유관계가 달라진다. 따라서 개발 전 토지가치, 공사비, 개발 후 건물의 위치 등을 확정함에 유의한다.

3) 자료수집 및 정리 시 유의사항
자료수집 및 정리란 대상물건의 물적사항, 권리관계, 이용상황에 대한 분석 및 감정평가액 산정을 위해 필요한 확인자료, 요인자료, 사례자료 등을 수집하고 정리하는 절차를 말한다. 등가교환방식은 건축비용에 따라 토지소유자와 개발업자의 지분이 달라진다. 따라서 객관적인 공사비를 추계할 수 있는 자료를 수집하고 정리함에 유의한다.

4) 가치형성요인 분석 시 유의사항
가치형성요인이란 대상물건의 경제적 가치에 영향을 미치는 일반요인, 지역요인 및 개별요인 등을 말한다(감칙 제2조 제4호). 등가교환방식은 투자비율에 따라 건물면적 등이 정해진다. 하지만 배분받는 부분은 층, 위치에 따라 가치가 다르다. 따라서 배분받는 부분의 가치형성요인 분석에 유의한다. 이는 토지소유자와 개발업자의 상대적 이익과 관련되기 때문이다.

5) 감정평가방법의 선정 및 적용 시 유의사항
감정평가방법의 선정 및 적용이란 감정평가방식 중 하나 이상의 감정평가방법을 선정하고 대상물건의 시산가액을 도출하는 과정이다. 등가교환방식은 토지소유자와 개발업자의 이익을 객관적으로 배분해야 한다. 따라서 이익의 기초가 되는 토지가치는 감칙 제14조에 따른 공시지가기준법 외에 다른 감정평가방법을 통해 충분한 합리성을 검토할 수 있도록 주의가 필요하다.

Ⅳ. 결론
토지의 유효한 활용은 결국 합리적인 의사결정을 위함이다. 따라서 합리적인 의사결정을 위해서는 감정평가와 부동산컨설팅을 모두 활용하는 것이 객관성을 높일 수 있다. 〈끝〉

[제11회 문2] 20점

Ⅰ. 서설
부동산은 지역성으로 인해 지역마다 특성을 가진다. 특히 용도적 지역에 따라 지역특성이 상이하므로 가격에 미치는 영향이 달라진다. 따라서 감정평가 시 지역분석과 개별분석은 반드시 필요한 절차이다. 이하에서 구체적으로 살펴본다.

Ⅱ. 지역분석의 의의 및 필요성
1. 의의
지역분석이란 지역 내 표준적 이용, 가격수준, 변동추이 등을 판정하는 것이다. 즉, 대상부동산이 어떤 지역에 존재하는지, 그 지역이 어떤 특성을 갖는지, 그 특성은 지역 내 부동산 이용형태와 가치형성에 어떤 영향을 미치는지를 분석하고 판정하는 것이다.

2. 필요성
1) 지역성의 파악
지역성이란 부동산이 다른 부동산과 함께 특정 지역을 구성하고 그 지역과 상호의존·보완 관계에 있으며, 그 지역 내 다른 부동산과 협동, 대체, 경쟁 등의 상호관계를 통해 사회적, 경제적, 행정적 위치를 차지하게 되는 특성이다. 따라서 지역성을 파악하기 위해서는 지역분석이 필요하다.

2) 지역특성 및 지역변화의 파악
지역특성은 각 지역마다 다른 지역과 구별되는 특성을 말한다. 그리고 부동산이 속한 지역은 사회의 변화에 따라 변한다. 따라서 지역특성과 지역변화를 파악하기 위해서는 지역분석이 필요하다.

3) 표준적이용의 파악
표준적이용은 대상부동산이 속한 인근지역 내 개별부동산의 일반적이고 평균적인 이용상황을 말한다. 지역분석은 대상부동산이 속한 지역의 용도적 동일 또는 유사성을 파악하는 과정이다. 따라서 표준적이용을 파악하기 위해서는 지역분석이 필요하다.

4) 가격수준의 파악
가격수준은 그 지역의 평균적인 가격대를 말한다. 지역분석은 표준적이용과 함께 가격수준을 파악하기 위해 필요하다.

Ⅲ. 개별분석과의 상관관계

1. 개별분석의 의의

개별분석이란 지역분석을 통해 판정된 내용을 기초로 대상부동산의 최유효이용을 판정하는 것이다. 즉, 대상부동산의 개별요인을 분석하고, 개별요인이 대상부동산의 이용과 가치에 어떤 영향을 미치는지를 분석한다.

2. 지역분석과 개별분석의 상관관계

1) 분석범위상 관계

지역분석은 대상부동산이 속한 지역을 분석한다. 개별분석은 대상부동산 자체를 분석한다. 즉, 지역분석은 거시적 관점에서 지역특성과 동향을 파악하고, 개별분석은 미시적 관점에서 개별특성과 변화를 파악한다. 감정평가는 미시적, 거시적 범위를 종합적으로 검토한다. 따라서 양자는 종합적인 범위를 분석하는 과정에서 상호 연결된다.

2) 이용측면상 관계

지역분석은 표준적이용을 파악한다. 개별분석은 최유효이용을 파악한다. 표준적이용은 최유효이용을 토대로 한다. 즉, 개별부동산의 최유효이용이 모여 평균적인 이용상황이 된다. 따라서 양자는 상호 밀접하게 관련된다.

3) 가격측면상 관계

지역분석은 표준적이용을 토대로 가격수준이 형성된다. 개별분석은 최유효이용을 토대로 개별·구체적인 가격이 형성된다. 일반적으로 개별부동산은 평균적인 가격수준을 크게 벗어나지 않는다. 따라서 양자는 가격의 범위측면에서 상호 연결된다.

4) 절차상 관계

지역분석은 개별분석을 토대로 이루어진다. 그리고 개별분석은 지역분석을 토대로 이루어진다. 일반적으로 지역분석은 개별분석에 선행한다. 따라서 양자는 절차상 선행·후행하는 관계가 있다.

Ⅳ. 결어

지역분석과 개별분석은 부동산의 경제적 가치를 판정하는 과정에서 중요하다. 부동산은 고정성, 지역성, 개별성을 갖기 때문이다. 따라서 감정평가 시 지역분석과 개별분석은 반드시 필요하다.

〈끝〉

[제11회 문3] 15점

Ⅰ. 서설

감정평가는 토지등의 경제적 가치를 판정하여 그 결과를 가액으로 표시하는 것이다(감정평가법 제2조 제2호). 권리분석은 소유권 및 기타 권리관계의 존부와 내용을 분석하는 것이다. 경제적 가치는 권리분석에 따라 달라진다. 따라서 감정평가 시 권리분석은 반드시 필요하다.

Ⅱ. 권리분석의 성격

1. 사회성과 공공성

사회성이란 공평하게 배분되어야 하는 것을 말한다. 공공성이란 합리적으로 배분되어야 하는 것을 말한다. 부동산은 사회성과 공공성을 지닌다. 따라서 부동산의 권리분석은 사회에 미치는 영향이 크다. 그러므로 부동산의 권리분석도 사회성과 공공성을 지닌다.

2. 객관성과 신뢰성

부동산의 권리분석은 객관성과 신뢰성을 바탕으로 한다. 권리분석은 등기 이후의 권리관계를 사후적으로 분석하는 활동이다. 분석과정에서 권리관계가 부동산의 경제적 가치에 미치는 영향을 판단한다. 따라서 권리분석은 객관적인 자료에 근거하고, 신뢰할 수 있는 분석이 요구된다. 따라서 권리분석은 객관성과 신뢰성을 갖는다.

Ⅲ. 권리분석의 대상

1. 소유권

소유권은 목적물을 전면적으로 지배하는 절대적인 권리를 말한다. 소유자는 법률의 범위 내에서 그 소유물을 사용, 수익, 처분할 권리가 있다(민법 제211조). 토지의 소유권은 정당한 이익있는 범위내에서 토지의 상하에 미친다(민법 제212조). 권리분석은 이러한 소유권을 대상으로 한다.

2. 소유권 외의 권리

소유권 외의 권리란 토지의 소유권에 설정되어 있는 제한물권 또는 채권을 의미한다. 여기에는 일정한 목적을 위해 타인의 토지를 사용, 수익하는 것을 내용으로 하는 용익물권과 목적물의 교환가치 취득을 목적으로 하는 담보물권 등이 있다. 권리분석은 이러한 소유권 외의 권리도 대상으로 한다.

Ⅳ. 부동산 거래사고의 유형

1. 법률적 거래사고

법률적 거래사고는 부동산과 관련된 공·사법적 측면에서 문제가 되는 유형의 사고다. 여기에는 권리의 취득이 불가능한 경우, 인수가 불가능한 경우, 이용이 불가능한 경우, 등기사항전부증명서상의 표시면적과 실제면적이 다른 경우, 공용징수나 징발의 대상이 된 부동산의 취득, 부적법한 건물의 취득 등이 있다.

2. 경제적 거래사고

경제적 거래사고는 부동산 거래 시 매매가격이 합리적이지 못하고 일방의 과다한 손실을 보는 경우다. 이는 부동산 시장의 특성에 기인한다. 예를 들어, 시장의 국지성, 거래의 비공개성, 시장의 비표준성과 비조직성, 수요와 공급 조절의 어려움 등이 있다.

Ⅴ. 결어

권리분석은 부동산 거래사고와 직결된다. 따라서 권리분석의 성격과 대상 등을 고려하여 객관적인 분석이 요구된다. 〈끝〉

[제11회 문4] 10점

Ⅰ. 차액지대설과 절대지대설

1. 차액지대설

차액지대설은 자본과 노동을 사용하여 획득되는 생산물량 사이의 차액이 지대라는 리카르도의 이론이다. 토지는 비옥도와 위치에 따라 우등지와 열등지가 있고, 이 차액이 지대라고 한다. 차액지대가 성립하기 위해서는 토지가 제한되고 수확체감의 법칙이 작용하며, 비옥도나 위치가 달라야 한다고 한다.

2. 절대지대설

절대지대설은 토지소유자의 소유에서 지대가 발생한다는 이론이다. 즉, 최열등지라도 지대를 가진다. 이 지대는 토지의 비옥도와는 아무 관계가 없다. 따라서 절대지대는 생산비의 일부를 구성하고 토지를 소유함으로써 발생한다. 이는 토지소유자가 갖는 독점적 지위인 토지에 대한 소유권에 따라 발생하는 소득을 의미한다.

Ⅱ. 양자의 차이점

1. 비옥도

차액지대는 비옥도에 따라 지대가 차이가 난다고 본다. 토지의 비옥도는 생산이 가능한 경영적 독점을 의미한다. 절대지대는 비옥도에 따라 지대가 차이나지 않는다고 본다. 즉, 절대지대는 소유권에 의해 지대가 발생한다는 점에 차이가 있다.

2. 한계지

차액지대는 소유자의 노력과 관계없이 한계지에서 결정된 생산물가격과 한계지와의 생산성의 차이로 인한 소득이므로 불로소득으로 본다. 반면에 절대지대는 소유권에 기인한 소득이므로 불로소득이나, 한계지에서도 지대를 지불한다는 점에서 차이가 있다.

3. 지대의 성격

차액지대는 지대의 성격을 잉여로 본다. 하지만 절대지대는 지대의 성격을 비용으로 본다는 점에 차이가 있다. 잉여는 생산물의 가격에 의해 지대가 결정된다고 본다. 비용은 지대에 의해 생산물의 가격이 결정된다고 보는 관점이다. 즉, 양자는 지대의 성격을 다르게 보고 있다. 〈끝〉

[제11회 문5] 10점

Ⅰ. 포트폴리오 이론의 개념

1. 의의

포트폴리오 이론이란 여러 개의 투자 대상에 자금을 분산하여 투자하는 것이다. 즉, 포트폴리오는 1개의 투자 대상에 집중했을 때 발생할 수 있는 위험을 제거하는 방법이다.

2. 체계적 위험과 비체계적 위험

체계적 위험이란 포트폴리오 위험 중 분산투자로 줄일 수 없는 위험을 말한다. 체계적 위험에는 시장위험, 인플레이션위험, 금융위험 등이 있다. 비체계적 위험이란 포트폴리오 위험 중 분산투자로 줄일 수 있는 위험을 말한다. 즉, 회피가 가능한 위험이다.

3. 상관계수에 따른 분석

상관계수는 두 자산의 수익률 방향을 나타내는 계수다. 상관계수가 -1인 경우에는 완전한 음의 상관계수라고 한다. 예를 들어, A의 수익률이 3%만큼 늘어날 때 B의 수익률이 3%만큼 줄어드는 것을 의미한다. 이러한 경우 위험의 감소 효과가 최대로 나타난다. 즉, 수익률이 증가하면서 위험이 감소하는 효과가 있다.

Ⅱ. 포트폴리오 위험과 구성 자산 수와의 상관관계

1. 양자의 상관관계

포트폴리오 위험은 구성 자산 수가 증가할수록 줄어든다. 즉, 위험의 감소 효과가 커진다. 체계적 위험은 회피가 불가능하다. 따라서 구성 자산 수가 증가하면 포트폴리오 전체 위험 중에서 비체계적 위험이 감소한다는 것을 의미한다.

2. 상관관계의 그래프

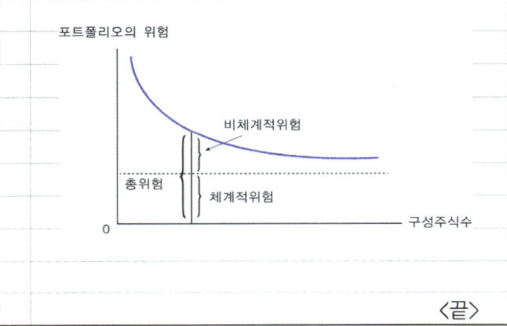

〈끝〉

[제11회 문6] 15점

Ⅰ. (물음1) Reilly의 소매인력의 법칙

1. 상업입지의 개념

입지란 부동산이 점하고 있는 위치이다. 입지선정은 부동산 현상과 활동을 분석하여 부동산 용도에 적합한 입지조건을 찾는 일련의 행위이다. 상업입지는 수익조건 등이 중요하다. 충분한 수익성을 줄 수 있는 조건은 주변의 인구구조, 소득수준, 고객의 구매패턴, 교통의 접근성, 가로조건, 상권형태 및 규모 등이 있다.

2. 소매인력의 법칙

소매인력의 법칙이란 도시 규모와 거리를 통해 상권의 범위를 확정하기 위한 이론이다. 상권이란 대상 부동산이 흡인할 수 있는 실질적 규모의 소비자가 존재하는 권역이다. 즉, 상업활동이 가능한 지역적 조건을 지닌 공간을 의미한다. 각 점포가 미치는 상권의 범위는 점포가 포함된 도시의 인구에 비례하고 거리의 제곱에 반비례한다. 이를 통해 두 도시 사이에 있는 도시에서 각 도시로 향할 흡인력을 구하게 된다.

Ⅱ. (물음2) 복합불황

1. 개념

복합불황이란 경제가 장기 침체에 빠지는 상태를 말한다. 구체적으로 살펴보면 먼저, 부동산시장에 자산디플레이션 현상이 발생하면 부동산가격은 떨어진다. 부동산가격이 담보대출금액보다 떨어지면 금융기관은 더 이상 자금 대출이 어렵게 된다. 그 결과 가계와 기업이 도산되고 실물 경제가 악화된다. 이는 다시 자산가치가 하락하는 원인이 된다.

2. 파생현상

경기가 장기적으로 침체되면, 정부는 이를 극복하기 위해 저금리정책 등을 시행한다. 저금리정책은 부동산시장에 유동성을 증가시키지만, 부동산버블을 만들기도 한다. 그 결과 정부는 금리를 다시 상승하려고 한다. 그럼 부동산버블은 붕괴되면서 자산가치는 하락하고, 기업의 투자와 가계의 소비는 위축된다. 그리고 고용이 줄면서 실업이 증가한다. 즉, 복합불황은 다양한 원인과 결과에 의해 복합적으로 나타난다.

Ⅲ. (물음3) 주택여과현상

1. 개념

주택여과현상은 주택의 이용계층이 변화하는 것을 말한다. 주택여과현상은 주거의 이동, 침입, 천이, 계승, 생애주기 등과 관련된다.

2. 하향 여과

하향 여과란 소득이 높은 계층의 가구가 다른 주택으로 이동하여 발생하는 공가를 소득이 낮은 계층의 가구가 이용하게 되는 것을 말한다. 따라서 소득이 높은 계층의 가구가 주도하므로 능동적 전환이라고도 한다. 이는 소득이 높은 계층의 가구가 신축이나 학군지 등의 수요에 의해 나타난다.

3. 상향 여과

상향 여과란 소득이 낮은 계층의 가구가 다른 주택으로 이동하여 발생하는 공가를 소득이 높은 계층의 가구가 이용하게 되는 것을 말한다. 예를 들어 재개발이나 재건축 등으로 개발이 예상되는 경우 현재 수입으로 거주를 계속 하기 어려운 계층의 가구가 이동하게 되는 것이다. 따라서 수동적 전환이라고도 한다.

〈끝〉

〈이 하 여 백〉

감정평가이론 기출문제 **제12회** 예시답안

[제12회 문1]20점

Ⅰ. 서론

부동산투자회사는 1997년 외환위기 이후 기업들의 보유 부동산 유동화를 통한 기업구조조정을 촉진하기 위해 부동산투자회사법을 제정하여 도입되었다. 이는 자본시장과 부동산시장의 증권화를 위한 ABS와 MBS를 보완하기 위함이다. 이하에서 관련 내용을 구체적으로 살펴본다.

Ⅱ. 부동산투자회사제도의 의의와 제도 도입

1. 의의

부동산투자회사란 자산을 부동산에 투자하여 운용하는 것을 주된 목적으로 설립된 회사로서 자기관리 부동산투자회사, 위탁관리 부동산투자회사, 기업구조조정 부동산투자회사를 말한다(부동산투자회사법 제2조 제1호). 즉, 부동산투자회사는 다수의 투자자로부터 자금을 모아 부동산 및 부동산 관련 증권 등에 투자, 운영하고 그 수익을 투자자에게 돌려주는 부동산 간접투자기구인 주식회사를 의미한다.

2. 배경

우리나라는 외환위기 이후 기업구조조정 부동산에 전문적으로 투자하여 기업의 구조조정을 촉진하고 재무구조를 개선하기 위해 도입되었다. 그리고 개발사업에 필요한 자금을 조달할 수 있도록 도입된 것이다.

3. 목적

부동산투자회사는 일반인에게 부동산 간접투자기회를 제공하기 위함이다. 그리고 투기적인 부동산시장을 건전한 투자시장으로 전환하여 부동산가격을 안정화하기 위해서 도입되었다. 또한, 부동산투자회사는 건설시장의 활성화를 도모하고 부동산산업을 발전시키기 위한 목적이 있다.

4. 효과

부동산투자회사는 부동산업의 대형화와 선진화를 통해 경쟁력을 확보하기 위한 것이다. 그리고 전문적인 부동산투자는 건전한 자산운영으로 탈세를 예방하기 위한 것이다. 또한, 소액 투자의 기회를 제공하고, 자본시장의 활성화를 기대하기 위한 것이다.

Ⅲ. 부동산시장에 미칠 영향

1. 부동산시장의 개념

부동산시장이란 부동산 거래를 위해 매도인과 매수인이 만나는 장이다. 그리고 부동산시장은 수요공급을 통해 경쟁적 이용에 의한 공간배분 및 토지이용패턴을 결정하는 부동산의 교환 및 가격결정의 공간이기도 하다.

2. 영향

1) 부동산거래의 활성화

부동산투자회사는 주식, 채권 등에 편중된 투자대안을 부동산까지 고려할 수 있게 한다. 즉, 투자자는 다양한 포트폴리오를 구성하여 위험을 분산시킬 수 있다. 그 결과 부동산시장에서 거래를 활성화시킬 수 있다.

2) 수요 증가

부동산시장은 부동산의 고가성으로 인해 시장참가자들의 진입과 탈퇴가 자유롭지 않다. 부동산투자회사는 소액으로 투자가 가능할 수 있게 한다. 그 결과 부동산시장은 진입장벽이 낮아질 수 있다. 따라서 부동산시장의 수요는 증가할 수 있다.

3) 공급 증가

부동산시장은 부동산의 부증성 등으로 인해 공급이 비탄력적이다. 부동산투자회사는 부동산을 공급하는 건설업체의 자금조달을 도와준다. 따라서 부동산개발과 금융을 활성화시킬 수 있다. 그 결과 부동산시장의 공급이 증가할 수 있다.

4) 수익 극대화

부동산 투자수익률은 운영수익률과 자본수익률로 구성된다. 부동산투자회사는 안정적인 운영수익을 얻을 수 있고, 보유기간 말 처분을 통해 자본수익을 얻을 수 있다. 따라서 투자자는 부동산시장에서 수익을 극대화할 수 있다.

Ⅳ. 결론

부동산투자회사는 부동산시장과 자본시장에 긍정적인 효과를 기대하고 도입되었다. 하지만 부동산투자회사는 세제 감면이 줄어들면 경쟁력이 약해진다. 그리고 전문성 요건이나 부동산 처분 금지 기간에 대한 한계도 있다. 따라서 이를 보완할 수 있는 제도적 장치도 요구된다. 〈끝〉

[제12회 문2]20점

Ⅰ. 서론

부동산가격은 독자적으로 형성되는 것이 아니라 대체부동산의 가격 또는 대체재화의 가격과 상관관계를 가지고 형성된다. 따라서 감정평가 시 대체의 원칙은 중요하게 작용한다. 이하에서 관련 내용을 구체적으로 살펴본다.

Ⅱ. 대체의 원칙이 중요한 지침이 되는 이유

1. 대체의 원칙과 개별성의 개념

대체의 원칙이란 부동산 가치는 대체·경쟁 관계에 있는 유사한 부동산 또는 다른 재화의 영향을 받아 형성된다는 원칙이다. 개별성이란 물리적으로 동일한 부동산은 존재하지 않는다는 특성이다. 따라서 개별성과 대체성이 어떻게 연결되는지를 중심으로 이하에서 살펴본다.

2. 중요한 이유

1) 대체 가능성

개별성은 물리적인 측면에서 대체성을 제한한다. 하지만 용도의 다양성은 대체성의 제한을 완화시킨다. 용도의 다양성은 토지를 다양한 용도로 이용할 수 있는 특성이기 때문이다. 따라서 인간이 토지를 이용하면서 용도적 측면에서 개별성이 완화되어 대체가 가능해진다.

2) 용도 경쟁

대체성이 인정되면 유사부동산 간에는 상호 경쟁이 발생한다. 인간은 토지이용을 통해 효용을 증진시키려고 하기 때문이다. 즉, 효용이 같다면 가격이 낮은 부동산을, 가격이 같다면 효용이 높은 부동산을 선택하려고 한다. 따라서 경쟁은 부동산의 가격에 영향을 미친다.

3) 최유효이용

최유효이용은 객관적으로 보아 양식과 통상의 이용능력을 가진 사람이 대상토지를 합법적이고 합리적이며 최고, 최선의 방법으로 이용하는 것이다. 즉, 인간은 합리성을 추구하기 때문에 대체·경쟁이 가능한 이용 중에서 최대의 수익을 얻을 수 있는 용도로 이용하고자 한다. 감정평가는 최유효이용을 전제로 한다. 따라서 감정평가 시 대체의 원칙은 중요한 지침이 된다.

Ⅲ. 3방식에서의 활용

1. 협의의 가격을 구하는 감정평가 3방식의 의미

3방식이란 원가방식, 비교방식, 수익방식을 말한다. 이때 협의의 가격을 구하는 3방식은 가액을 구하는 것을 의미한다. 따라서 가액을 구하는 3방법은 원가법, 거래사례비교법, 수익환원법을 의미한다. 이하에서 이를 중심으로 살펴본다.

2. 활용

1) 원가법

건물의 재조달원가는 직접법과 간접법으로 구한다. 간접법은 건물신축단가표, 유사거래사례 등으로 대상과 구조, 설계 등의 개별요인을 비교한다. 이때 대체의 원칙이 활용된다. 그리고 감가수정도 대상과 사례의 감가양태를 비교한다. 감가양태는 물리적인 측면 외에 기능적, 경제적인 측면도 고려한다. 따라서 대체성이 중요하므로 대체의 원칙이 활용된다.

2) 거래사례비교법

거래사례는 대상과 가치형성요인 등이 유사한 사례를 선정한다. 즉, 대상물건의 경제적 가치에 영향을 미치는 일반요인, 지역요인, 개별요인 등의 유사성은 대체의 원칙에 따라 판단한다. 이는 시장참가자의 선호도와 행태, 지역특성의 유사성, 개별물건의 유사성 등에 따라 달라진다. 따라서 대체의 원칙은 비준의 논리 과정에서 활용된다.

3) 수익환원법

순수익이나 현금흐름은 대상과 대체가 가능한 사례와 비교한다. 이때 수익의 구조, 현금흐름의 발생과정 등이 유사한 사례를 선정한다. 따라서 대체의 원칙이 중요하게 활용된다. 또한, 환원율이나 할인율은 시장참가자의 효용, 시장의 불확실성 등을 고려한다. 이때 대체의 원칙은 기회비용 측면에서 중요한 역할을 한다. 특히 시장에서 발표되는 환원율이나 할인율은 대체성이 중요하다.

Ⅳ. 결론

대체성은 결국 최유효이용과 관련된다. 감정평가는 최유효이용을 전제로 객관적이고 합리적으로 이루어진다. 따라서 대체의 원칙은 감정평가 과정에서 중요한 지침이 된다. 〈끝〉

[제12회 문3]20점

Ⅰ. 서론

거래사례비교법이란 대상물건과 가치형성요인이 같거나 비슷한 물건의 거래사례와 비교하여 대상물건의 현황에 맞게 사정보정, 시점수정, 가치형성요인 비교 등의 과정을 거쳐 대상물건의 가액을 산정하는 감정평가방법을 말한다(감칙 제2조 제7호). 현실적으로 보정을 요하는 요인은 사정보정을 의미하므로 이하에서 구체적으로 살펴본다.

Ⅱ. 관련 개념

1. 사정보정

사정보정이란 거래사례에 특수한 사정이나 개별적 동기가 반영되어 있거나 거래당사자가 시장에 정통하지 않은 등 수집된 거래사례의 가격이 적절하지 못한 경우에 그러한 사정이 없었을 경우의 적절한 가격수준으로 정상화하는 작업을 말한다.

2. 시장가치(감칙 제2조 제1호)

시장가치란 감정평가의 대상이 되는 토지등이 통상적인 시장에서 충분한 기간 동안 거래를 위하여 공개된 후 그 대상물건의 내용에 정통한 당사자 사이에 신중하고 자발적인 거래가 있을 경우 성립될 가능성이 가장 높다고 인정되는 대상물건의 가액을 말한다.

Ⅲ. 각 보정의 의의와 타당성검토

1. 시장의 통상성

1) 의의

시장의 통상성이란 일반적으로 거래가 이루어지는 현실의 경쟁시장을 의미한다. 즉, 이해당사자 간에 이루어지는 거래는 통상적이지 못하다는 것을 의미한다.

2) 타당성

이는 거래의 목적이나 이해당사자의 이해에 따라 거래가격이 높거나 낮을 수 있다. 예를 들어, 계열사 간의 거래나 친인척 간의 거래 등이 있다. 따라서 거래목적 등을 조사하여 적절한 가격수준으로 보정할 필요가 있다.

2. 공개기간의 충분성

1) 의의

공개기간의 충분성이란 거래를 위해 시장에 출품된 기간이 충분해야 한다는 것을 의미한다. 즉, 매도인과 매수인의 사정으로 인해 급매 등과 같이 충분한 기간 동안 공개되지 못한 상태에서 성립된 거래를 말한다.

2) 타당성

이는 매도인과 매수인의 사정 등으로 인해 거래가격이 적절하지 못한 경우이다. 따라서 그러한 사정이 없었을 경우의 적절한 가격수준으로 정상화할 필요가 있다.

3. 당사자의 정통성

1) 의의

당사자의 정통성이란 매도인과 매수인이 대상물건에 대해 충분한 정보를 갖고 있어야 한다는 것이다. 즉, 매도인과 매수인이 거래대상 부동산이나 시장상황에 정통하지 못해 거래가격이 왜곡된 경우를 말한다.

2) 타당성

이는 대상물건이 창출할 이익이나 효용성에 대한 판단이 제대로 이루어지지 않은 것이다. 따라서 충분한 정보가 없는 상태에서 이루어진 거래는 보정하는 것이 타당하다.

4. 거래의 자연성

1) 의의

거래의 자연성이란 매도인과 매수인의 자유로운 의사에 의해 이루어지는 거래를 의미한다. 즉, 경매, 공매 등에 의한 거래, 특수한 이용을 전제한 거래, 부동산가격 이외의 금액이 포함된 거래 등은 포함되지 않는다.

2) 타당성

이는 거래사례의 가격이 적절하지 못한 경우에 해당한다. 특히 영업상 장소의 한정이나 합병을 통한 가치 증대 등은 일반적인 거래보다 높은 가격수준으로 거래될 수 있다. 따라서 정상적인 거래가격 수준으로 보정하는 것이 타당하다.

Ⅳ. 결론

보정요인은 불합리한 거래사례를 제거하기 위해 필요하다. 다만, 보정요인이 없는 사례를 선정하는 것이 더 중요하다. 〈끝〉

[제12회 문4]40점

I.(물음1)경제적 감가수정

1.감가수정의 의의(감칙 제2조 제12호)
감가수정이란 대상물건에 대한 재조달원가를 감액하여야 할 요인이 있는 경우에 물리적 감가, 기능적 감가 또는 경제적 감가 등을 고려하여 그에 해당하는 금액을 재조달원가에서 공제하여 기준시점에 있어서의 대상물건의 가액을 적정화하는 작업을 말한다.

2.경제적 감가수정

1)필요성
경제적 감가수정은 비용성에 기초한 원가법을 적용할 때 필요하다. 경제적 감가는 외부적 요인에 의해 발생하는 가치의 손실분이다. 따라서 재조달원가에 감액할 요인 있는 경우에 해당한다. 그러므로 대상물건의 가액을 적정화하기 위해서는 경제적 감가수정이 필요하다.

2)발생원인
경제적 감가는 주위환경과의 부적합, 인근지역의 쇠퇴, 시장성의 감퇴, 기타 경제적인 하자 등에 의해 발생한다. 예를 들어, 대상부동산이 속한 인근지역이 주거용에서 상업용으로 변화하고 있는데 대상부동산을 주거용으로 계속 이용하는 것은 적절하지 않을 수 있다.

3)감가수정방법
경제적 감가수정은 첫째, 시장추출법으로 구할 수 있다. 이는 총 감가액을 감가요인별로 구분하여 산정한다. 둘째, 임대료손실환원법으로 구할 수 있다. 즉, 외부적 요인으로 인한 임대료손실을 자본환원하여 산정한다. 셋째, 대쌍비교법으로 구할 수 있다. 즉, 경제적 감가요인을 갖고 있는 부동산과 그렇지 않은 부동산을 비교하여 그 차이로 구한다.

4)감정평가 시 유의사항
경제적 감가수정은 외부적인 요인에 의해 발생한다. 따라서 경제적 감가수정은 토지와 건물에 모두 반영해야 한다. 이때 토지와 건물은 개별물건기준 원칙에 따른다. 그러므로 건물을 감정평가할 때는 토지에 대한 경제적 감가수정이 중복되지 않도록 유의해야 한다.

II.(물음2)감정평가 시 기준시점의 필요성

1.기준시점의 개념
기준시점이란 대상물건의 감정평가액을 결정하는 기준이 되는 날짜를 말한다(감칙 제2조 제2호). 이는 대상물건의 가격조사를 완료한 날짜로 한다. 다만, 기준시점을 미리 정하였을 때에는 그 날짜에 가격조사가 가능한 경우에만 기준시점으로 할 수 있다(감칙 제9조 제2항).

2.기준시점의 필요성

1)부동산특성의 변화
부동산은 사회적·경제적·행정적 위치의 가변성을 지닌다. 사회적·경제적·행정적 위치가 변함에 따라 부동산의 수요, 공급, 유용성 등이 변한다. 그 결과 부동산가치는 계속해서 달라진다. 그러므로 부동산의 경제적 가치를 판정하는 감정평가는 기준이 되는 날짜가 필요하다.

2)부동산시장의 변화
부동산시장은 시장참가자의 선호, 행태, 시장상황, 정책 등에 따라 끊임없이 변한다. 따라서 부동산시장을 분석하여 표준적이용과 최유효이용을 파악할 필요가 있다. 감정평가는 최유효이용을 전제로 파악되는 가치를 판정한다. 그러므로 최유효이용의 전제가 되는 기준시점이 필요하다.

3)감정평가목적의 다양성
감정평가목적은 의뢰인이 감정평가의뢰를 통해 달성하고자 하는 목적을 말한다. 감정평가목적에 따라 대상물건, 기준가치, 감정평가방법 등이 달라진다. 특히 목적에 따라 소급평가나 기한부평가가 이루어지기도 한다. 소급평가는 과거를 기준으로, 기한부평가는 미래를 기준으로 한다. 그러므로 목적에 맞는 기준시점이 필요하다.

4)책임소재의 명확화
기준시점은 책임소재를 분명하게 위해 필요하다. 감정평가는 기준시점을 기준으로 대상물건을 확정하고 자료를 수집하여 최종 감정평가액을 결정하기 때문이다. 따라서 고의나 중대한 과실없이 객관적으로 해당 시점에 적절한 감정평가를 하였다는 것을 입증할 수 있다.

III.(물음3)자본회수율과 자본회수방법

1. 자본회수율
　1) 개념
　　자본회수율은 매기 회수해야 하는 자본의 크기를 나타내는 비율을 말한다. 이는 상각자산이 시간이 지남에 따라 가치가 감소하므로 그 자산의 가치가 만료되는 경우 투자한 자금이 소멸하기 때문에 회수하기 위한 것이다. 자본회수율은 투하자본을 경제적 내용연수가 만료되는 날까지 모두 회수한다고 가정한다. 이는 현금흐름, 보유기간, 재투자의 가정 등에 따라 적절한 회수율을 구하게 된다.

　2) 적용과 종류
　　환원율은 대상이 창출한 단일기간의 순수익과 대상물건의 가액의 비율을 말한다. 이러한 환원율은 자본수익률과 자본회수율로 구성된다. 자본수익률은 투자위험에 대한 보상을 의미한다. 따라서 자본회수율은 안정적인 원리금을 회수하는 의미에서 적용되는 것이다. 자본회수율은 직선법, 연금법, 상환기금법 등이 있다. 직접법은 자본회수율을 고려하지 않는 방법임에 유의한다.

2. 자본회수방법

　1) 감가상각액으로 회수하는 방법
　　감가상각액으로 자본을 회수하는 방법은 자본회수율을 이용하는 방법이다. 매기 일정액을 회수하고 회수액에 대한 원리금 합계가 보유기간 말의 회수액과 같게 되는 비율이 자본회수율이기 때문이다. 직선법은 순수익이 일정하게 감소하고 잔존 내용연수까지 보유하며 재투자를 고려하지 않는다. 연금법과 상환기금법은 순수익이 일정하게 감소하는 것은 같다. 다만, 연금법은 동종사업에 동종수익률로 재투자한다고 가정함에 차이가 있다.

　2) 복귀가액으로 회수하는 방법
　　복귀가액으로 자본을 회수하는 방법은 보유기간 말에 처분하는 금액을 이용하는 방법이다. 구체적으로는 저당지분환원법, 할인현금흐름분석법 등이 있다. 할인현금흐름분석법은 대상물건의 보유기간에 발생하는 복수기간의 순수익과 보유기간 말의 복귀가액에 적절한 할인율을 적용하여 현재가치로 할인한 후 더하여 대상물건의 가액을 산정하는 방법을 말한다.

Ⅳ. (물음4) Age-Cycle 단계별 감정평가 시 유의점

1. 인근지역 생애주기의 개념
　　인근지역 생애주기란 지역이 시간의 흐름에 따라 일정한 주기를 갖는 것을 말한다. 이때 인근지역이란 감정평가의 대상이 된 부동산이 속한 지역으로서 부동산의 이용이 동질적이고 가치형성요인 중 지역요인을 공유하는 지역을 말한다(감칙 제2조 제13호).

2. 단계별 감정평가 시 유의점
　1) 성장기
　　성장기는 지역이 처음으로 형성되어 발전되는 시기다. 따라서 새로 입주하는 주민들은 교육 및 소득수준이 높고, 비교적 젊은 세대가 많다는 특징이 있다. 그러므로 투기현상이 일어나기 쉽다. 따라서 감정평가 시 사례선정에 유의한다.

　2) 성숙기
　　성숙기는 지역이 안정화되는 시기다. 지역의 기능도 자리가 잡혀간다. 따라서 지가가 비교적 안정적인 특징이 있다. 그러므로 감정평가 시 과도한 프리미엄이 반영되지 않도록 유의한다.

　3) 쇠퇴기
　　쇠퇴기는 지역이 쇠퇴하는 시기다. 건물은 노후되고, 지가가 낮아지며, 필터링 현상이 나타나는 특징이 있다. 그러므로 감정평가 시 하향여과가 나타나는 지역인지, 재개발 등으로 상향여과가 나타나는 지역인지 등을 파악함에 유의한다.

　4) 천이기
　　천이기는 지역의 과도기다. 필터링 현상이 본격적으로 나타나는 특징이 있다. 고소득층의 전출과 저소득층의 전입이 활발하다. 감정평가 시 일시적인 필터링 현상에 따라 거래량이 증가할 수 있으므로 지역분석에 유의한다.

　5) 악화기
　　악화기는 지역이 슬럼화되기 직전의 시기다. 따라서 거래가 거의 이루어지지 않는 특징이 있다. 그러므로 감정평가 시 시장성과 수익성의 파악에 유의한다. 악화기의 지역은 재개발 등이 이루어지지 않는 한 시장성과 수익성이 거의 없을 것이기 때문이다.　〈끝〉

〈이　하　여　백〉

[제13회 문1] 40점

Ⅰ. 서설

상업용 부동산이란 이용목적이 상가, 매장용 등 수익성을 추구하는 부동산을 의미한다. 따라서 상업용 부동산의 시장참가자는 운영수익과 자본수익에 관심이 높다. 그 결과 감정평가 시 수익방식에 대한 중요성이 커지고 있다. 이하에서 관련 내용을 구체적으로 살펴본다.

Ⅱ. (물음1) 수익방식의 성립근거와 유용성

1. 수익방식 및 수익환원법의 의의

수익방식이란 수익환원법 및 수익분석법 등 수익성의 원리에 기초한 감정평가방식을 말한다(감칙 제11조 제3호). 이때 수익환원법은 대상물건이 장래 산출할 것으로 기대되는 순수익이나 미래의 현금흐름을 환원하거나 할인하여 대상물건의 가액을 산정하는 감정평가방법을 말한다(감칙 제2조 제10호).

2. 성립근거

1) 자본환원의 논리

수익방식은 어느 정도의 수익이나 효용을 얻을 수 있는지를 생각한다. 이는 자본환원의 논리에 근거한다. 자본환원이란 수익을 토대로 가치를 추계하는 것이다. 즉, 수익방식은 수익을 많이 창출할수록 가치가 크다는 논리에 근거한다.

2) 화폐의 시간가치

부동산 가치는 장래 기대되는 수익을 현재가치로 표시한다. 이는 수익을 가치로 바꾸는 환원과 미래를 현재로 바꾸는 할인의 개념이 활용된다. 화폐의 시간가치는 현재 소유하고 있는 현금이 미래에 수취할 현금보다 큰 가치를 지닌다는 것이다. 그러므로 수익방식은 화폐의 시간가치를 근거로 한다.

3. 유용성

1) 상대적 유용성

수익방식은 상업용 부동산을 감정평가하는 경우 수익성을 추구하고 자본환원의 논리에 기초하므로 다른 방식보다 상대적으로 유용하다. 원가방식과 비교방식은 수익률이나 자본환원의 사고방식을 반영할 수 없기 때문이다.

2) 위험의 반영

상업용 부동산은 수익성을 추구한다. 수익은 위험과 비례관계가 있다. 따라서 위험은 감정평가 시 반영되어야 한다. 수익방식은 순수익이나 현금흐름 환원율이나 할인율 등에 위험을 반영한다. 그러므로 수익방식은 다른 방식보다 유용하다.

Ⅲ. (물음2) 환원율과 할인율의 차이점 및 관계

1. 환원율과 할인율의 의의

환원율이란 대상이 창출한 단일기간의 순수익과 대상물건의 가액의 비율을 말한다. 할인율이란 복수기간의 순수익과 보유기간 말의 복귀가액을 기준시점 현재가치로 할인하는 데 적용되는 이율을 말한다.

2. 양자의 차이점

1) 기간 및 적용

환원율은 단일기간에 적용된다. 하지만 할인율은 복수기간에 적용된다는 점에 차이가 있다. 그리고 환원율은 일정한 율을 단일기간에 적용한다. 반면, 할인율은 복수의 기간별로 다르게 적용할 수 있다는 점에 차이가 있다.

2) 조정여부

환원율은 환원율을 조정하여 위험을 반영한다. 즉, 순수익이나 가치가 변동할 위험, 투자위험도에 따른 위험, 인플레이션에 대한 위험 등은 환원율에 증감하여 반영한다. 하지만 할인율은 순수익이나 현금흐름, 복귀가액 등에 위험을 반영한다. 따라서 할인율은 조정하지 않음에 차이가 있다.

3. 양자의 관계

1) 구조상 관계

환원율은 자본수익률과 자본회수율로 구성된다. 자본회수율은 감가상각으로 자본을 회수하는 비율이다. 할인현금흐름분석법은 복귀가액 등으로 자본을 회수한다. 그러므로 복귀가액 등이 변하지 않는다면, 환원율과 할인율을 일치할 수 있다.

2) 산정방법상 관계

환원율은 시장추출법을 원칙으로 구한다. 그밖에 검토·조정하는 방법은 요소구성법, 투자결합법, 시장에서 발표되는 환원율에 의한 방법 등이 있다. 할인율은 원칙적인 방법이 없다. 하지만 환원율처럼 투자결합법이나 시장에서 발표되는 할인율에 의한 방법으로 구할 수 있다. 즉, 양자는 산정방법에서 유사한 관계가 있다.

Ⅳ. (물음3) 복귀가액의 개념 및 산정방법

1. 할인현금흐름분석법(DCF법)의 의의
할인현금흐름분석법이란 대상물건의 보유기간에 발생하는 복수기간의 순수익과 보유기간 말의 복귀가액에 적절한 할인율을 적용하여 현재가치로 할인한 후 더하여 대상물건의 가액을 산정하는 방법을 말한다.

2. 개념

1) 의의
복귀가액이란 보유기간 말 대상물건의 매도를 통해 얻게 되는 순매도액을 말한다. 복귀가액은 보유기간 만료 시 소유자가 받을 수 있는 가치의 예측이다. 복귀가액은 순수익, 세전현금흐름, 세후현금흐름에 따라 달라진다.

2) 성립논리
복귀가액은 소유자가 부동산을 일정한 기간 보유하고 처분하는 관행을 토대로 성립한다. 시장참가자는 처분을 통해 매매차익을 얻으려고 하기 때문이다. 그리고 장래 기대수익을 현재가치로 할인하기 위해서 화폐의 시간가치가 근거로 활용된다.

3. 산정방법

1) 내부추계법
내부추계법이란 보유기간 경과 후 초년도의 순수익을 추정하여 최종 환원율로 환원한 후 매도비용을 공제하여 산정하는 방법을 말한다. 이때 최종환원율은 보유기간 중의 순수익에 적용되는 환원율보다 높게 형성되는 경우가 많다. 왜냐하면, 최종환원율은 장기위험프리미엄, 성장률, 소비자물가상승률 등을 고려하기 때문이다.

2) 외부추계법
외부추계법이란 부동산 가치와 여러 변수의 관계, 과거의 가치성장률 등을 고려하여 보유기간 말의 복귀가액을 산정하는 방법이다. 이때 과거의 성장추세로부터 복귀가액을 산정할 경우 성장률, 인플레이션의 관계 등에 유의해야 한다.

Ⅴ. (물음4) 조사자료 항목 및 수익방식 적용의 문제점

1. 조사자료

1) 수익과 비용
수익을 파악할 수 있는 자료로 당해 부동산의 임대차 계약내역서, 임대료 입출금 통장거래 내역서, 유사 상업용 부동산의 매출액 자료 등을 수집한다. 비용 관련 자료는 보험계약서, 과세신고서, 관리업체와의 관리운영계약서, 관리비 등의 납부형태 자료, 기타 비용 영수증 등에 관한 것이 있다.

2) 환원율과 할인율
환원율 또는 할인율에 관련된 조사자료로는 유사부동산의 가격과 수익에 관한 자료, 분양가 자료, 금융기관의 금리지표, 시장이자율, 시장동향에 관한 분석 보고서, 시장참가자의 선호 수익률, 지역별 부동산 임대료 및 수익률 동향, 임대수익률과 자본수익률 등이 있다.

2. 문제점

1) 자료의 신뢰성
수익방식에 필요한 자료는 수집하기 어렵다. 왜냐하면, 임대차계약서, 통장의 거래 내역, 매출액 등은 공개를 꺼려하기 때문이다. 특히 세금과 관련된 자료는 시장참가자가 민감하다. 그러므로 객관적인 자료를 수집하는 것이 어렵다. 자료를 수집하더라도 그 신뢰성에 문제가 있을 수 있다. 따라서 수익방식을 적용할 때 문제가 될 수 있다.

2) 자료의 양
우리나라는 신뢰할 수 있는 자료의 양이 적다. 즉, 객관적인 기초 자료가 미비한 실정이다. 특히 투자수익률 통계자료, 지역별 임대수익률과 자본수익률 등은 수익방식에서 중요하게 활용된다. 하지만 아직 우리나라는 충분한 데이터베이스가 체계적이지 않다. 그리고 구체적인 규정도 미흡한 실정이다. 따라서 수익방식을 적용할 때 문제가 된다.

Ⅵ. 결어
수익방식은 수익을 창출하는 수익성 부동산에 모두 활용된다. 이는 시장참가자의 행태에 부합하는 방식이기 때문이다. 하지만 우리나라는 자료나 체계적인 규정이 미흡한 실정이다. 따라서 신뢰할 수 있는 자료를 지속적으로 발표하고, 규정 등을 마련할 필요가 있다. 〈끝〉

[제13회 문2]20점

Ⅰ.서설

재건축사업이란 정비기반시설은 양호하나 노후·불량건축물에 해당하는 공동주택이 밀집한 지역에서 주거환경을 개선하기 위한 사업을 말한다(도시정비법 제2조 제2호 제다목). 재건축사업에서 용적률은 사업의 수익성과 직결된다. 이하에서 관련 내용을 살펴본다.

Ⅱ.용적률의 결정방법

1.최유효이용의 개념

최유효이용이란 객관적으로 보아 양식과 통상의 이용능력을 가진 사람이 부동산을 합법적이고 합리적이며 최고·최선의 방법으로 이용하는 것을 말한다. 이러한 최유효이용은 물리적·합법적·합리적 이용이 가능한 대안 중에서 최고의 수익성을 창출하는 이용으로 판정하게 된다.

2.결정방법

1)합법성

용적률은 대지면적에 대한 건물 연면적의 비율이다. 용적률의 결정은 물리적으로 건축이 가능해야 하고, 법적으로 허용되는 범위를 먼저 판단한다. 즉, 지반과 지질 등을 고려하여 국토의 계획 및 이용에 관한 법률, 건축법 등에 근거하여 결정한다.

2)합리성

토지는 용도의 다양성으로 인해 경쟁이 발생한다. 경쟁은 시장참가자의 선호도와 행태, 시장상황 등에 따라 달라진다. 재건축사업은 시장참가자의 효용과 비용에 의해 달라진다. 특히 분담금이나 분양가 등의 수익성에 민감하다. 용적률은 수익성과 직결된다. 그러므로 재건축사업의 용적률 결정은 합리성에 의해 결정된다.

3)최대 수익성

토지가치의 극대화라는 최유효이용의 관점은 결국 최대 수익성을 창출하는 이용으로 결정하는 것이다. 용적률이 올라갈수록 한계효용은 줄고, 한계비용은 늘어난다. 결국 최대 수익성은 한계효용과 한계비용이 일치하는 지점에 나타난다. 즉, 재건축사업에서 용적률은 합법적이고 합리적인 대안 중에서 최대 수익성을 내는 것으로 결정한다.

Ⅲ.적정 용적률에 미치는 영향

1.용적률 규제가 미치는 영향

1)긍정적 영향

용적률은 토지를 효율적으로 이용하기 위해 용도지역별로 최대한도의 범위를 국토계획법에서 규정하고 있다. 용적률 규제는 도시공간의 입체화, 토지의 효율적 이용, 쾌적한 도시의 환경조성, 균형있는 도시발전 등을 위해서이다. 재건축사업은 도시환경을 개선하고 주거생활의 질을 높이기 위함이다. 따라서 용적률 규제는 공익을 위해 긍정적인 영향을 미친다.

2)부정적 영향

재건축사업은 공익뿐만 아니라 사익도 추구한다. 따라서 개발업자, 건설업자, 조합원 등의 수익도 중요하다. 하지만 용적률 규제는 최대 수익을 제한한다. 그 결과 토지가치의 극대화라는 최유효이용의 관점을 방해한다. 그밖에 주택시장을 왜곡시켜 후생손실이 초래될 수도 있다. 따라서 용적률 규제는 적정 용적률에 부정적인 영향을 미친다.

2.주택가격 상승이 미치는 영향

1)긍정적 영향

주택가격 상승은 시장참가자의 효용이 늘어난다는 의미다. 효용이 늘면 수익은 증가한다. 따라서 재건축사업에서 적정 용적률은 높아질 수 있다. 그러므로 주택가격 상승은 적정 용적률에 긍정적인 영향을 미친다.

2)부정적 영향

주택가격 상승은 재건축사업에서 비용을 증가시킨다. 즉, 토지가치의 극대화라는 측면에서 한계비용이 늘어난다. 비용이 늘면 수익은 낮아진다. 따라서 재건축사업에서 적정 용적률은 낮아질 수 있다. 그러므로 주택가격 상승은 적정 용적률에 부정적인 영향을 미친다.

Ⅳ.결어

적정 용적률은 이론상 최유효이용의 관점에서 판단한다. 하지만 부동산은 불완전경쟁시장이므로 정책의 변화, 시장참가자의 선호도 변화 등에 따라 용적률이 달라질 수 있다. 따라서 재건축사업에서 용적률은 동태적인 시장분석 등이 요구된다.

〈끝〉

[제13회 문3] 20점

I. 서론

가치다원론이란 부동산 가치는 감정평가목적 등에 따라 다양하게 나타날 수 있다는 이론이다. 이는 같은 대상물건이라도 감정평가목적, 감정평가조건, 기준시점 등에 따라 감정평가액이 달라진다는 것을 의미한다. 이하에서 가치다원론이 지지되는 이유를 중심으로 살펴본다.

II. 국내 및 외국의 견해

1. 우리나라

우리나라는 감칙 제5조 제1항에서 시장가치기준원칙과 동조 제2항에서 시장가치외의 가치를 규정하고 있다. 그리고 토지를 감정평가 할 때도 감칙 제14조에서 공시지가기준법을 원칙으로 하면서 감칙 제12조에서 다른 방법에 의한 합리성 검토와 시산가액 조정을 규정하고 있다. 따라서 가치다원론에 대해 인정하고 있다. 다만, 시장가치외의 가치의 종류 등에 대해서는 구체적으로 규정하고 있지 않다.

2. 국제평가기준

IVS는 IVS정의 가치기준과 기타가치기준으로 규정하고 있다. 가치기준에는 시장가치, 시장임료, 공평가치, 투자가치, 결합가치, 청산가치 등이 있다. 기타가치기준에는 공정가치, 공정시장가치, 법령·규칙에 의한 공정가치 등이 있다. 즉, 국제평가기준도 다양한 가치를 인정하고 있다.

3. 미국

미국은 기준가치인 시장가치를 중심으로 청산가치, 보험가치, 과세가치, 사용가치 등 다양한 가치 개념을 정립하고 있다. 또한, USPAP에서는 시장가치 외의 가치로 할 경우 그 정의와 출처를 명시하도록 요구할 뿐 의뢰인의 요청에 의한 감정평가사의 자율적 선택에 위임하고 있다.

4. 일본

일본의 경우 가격의 종류에 대해 정상가격 이외에도 특정가격, 특수가격, 한정가격 등을 규정하고 있다. 이 중에서 정상가격은 시장가치를 일컫는다. 그리고 비시장가치는 특정가격, 특수가격, 한정가격으로 분류하고 있다.

III. 가치다원론의 이론적 근거

1. 가치형성요인의 다양성

부동산은 가치형성요인이 다양하다. 가치형성요인이란 대상물건의 경제적 가치에 영향을 미치는 일반요인, 지역요인 및 개별요인 등을 말한다(감칙 제2조 제4호). 가치형성요인은 감정평가목적 등에 따라 달라진다. 그 결과 부동산 가치는 다양하게 나타날 수 있다.

2. 감정평가의 객관성

가치다원론은 감정평가의 객관성을 높일 수 있다. 감정평가목적 등에 따라 유형화함으로써 감정평가의 안정성을 제고시킬 수 있기 때문이다. 그리고 구체적인 감정평가를 하는 과정에서 가치다원론을 활용하면 설득력이 높아진다. 부동산가치는 시장상황, 시장참가자의 선호도와 행태 등에 따라 계속해서 변화하기 때문이다.

3. 의뢰목적에 부응

감정평가는 의뢰인의 목적 등에 따라 유용한 정보를 제공한다. 의뢰인은 다양한 목적 등에 따른 결과를 요구한다. 따라서 가치다원론은 다양한 목적 등에 부합하는 결과물을 제시해줄 수 있다. 나아가 가치다원론은 공익과 사익의 조화를 추구할 수 있는 근거가 된다.

4. 감정평가 기능의 발전

감정평가는 그 목적 등에 따라 다양한 가치로 나타낼 수 있다. 감정평가는 정책적, 경제적 기능 등의 기능을 수행하기 때문이다. 즉, 부동산의 효율적인 이용, 이해관계인의 이해조정, 정당한 보상, 합리적인 과세 등에 따라 부동산가치는 달라진다. 나아가 가치다원론은 다양한 감정평가 수요에 대응하고, 업무영역을 확대시키는 근거가 된다.

IV. 결론

가치다원론은 감정평가목적 등에 따라 부동산가치가 달라질 수 있는 근거가 된다. 하지만 감정평가의 가치기준이 달라지는 것은 아님에 유의한다. 감정평가는 공정하고 객관적인 기준에 따라 이루어지기 때문이다. 우리나라는 외국과 달리 시장가치외의 가치에 대한 구체적인 규정이 미흡하다. 따라서 이에 대한 보완이 요구된다. 〈끝〉

[제13회 문4]20점

Ⅰ.(물음1)건부감가의 판단기준과 산출방법

1.건부감가의 개념

건부감가란 건부지가 되면 토지가격이 낮아진다는 것이다. 즉, 같은 토지라도 나지상태일 때 가격이 더 높다는 의미다. 왜냐하면, 일반적으로 시장참가자들은 다양한 용도로 이용이 가능한 상태인 나지를 선호하기 때문이다. 건부지는 어떤 형태로든 최유효이용을 하기 위한 추가적인 노력이 필요하기 때문에 감가가 발생한다는 것이다.

2.판단기준

1)최유효이용 여부

최유효이용이란 객관적으로 보아 양식과 통상의 이용능력을 가진 사람이 대상토지를 합법적이고 합리적이며 최고, 최선의 방법으로 이용하는 것을 말한다. 건부감가는 대상토지가 최유효이용인지 여부를 판단하여 결정한다. 즉, 건부지인 현재 상태에서의 토지가치와 나지인 최유효이용 상태의 토지가치를 비교하여 판단한다.

2)나지화의 난이도

나지화의 난이도란 건부지인 현재 상태에서 건물을 철거하여 나지로 바꾸는 것이 용이한 정도를 말한다. 즉, 건물이 노후화되거나 부적합하여 철거하는 것이 합리적이라고 판단되는 경우이다.

3.산출방법

1)최유효이용의 차이

먼저, 건부지인 현재 상태에서의 대상토지에 귀속하는 순수익을 환원하여 토지가치를 구한다. 그리고 최유효이용 상태에서의 대상토지에서 산출되는 순수익을 환원하여 토지가치를 구한다. 양자의 차이가 건부감가액이 된다. 한편, 건부지인 전체 부동산 가치에서 건물가치를 차감하여 건부감가액을 구할 수도 있다.

2)철거비와 잔재가치

건물을 철거하는 것이 합리적이라고 판단되면, 철거비와 철거 후 잔재가치를 비교하여 건부감가액을 구할 수 있다. 잔재가치를 초과하는 철거비가 있는 경우에는 이 비용이 건부감가액으로 산정될 수 있다.

Ⅱ.(물음2)용어설명

1.(물음2-1)Project Financing

1)개념

프로젝트 금융이란 특정 프로젝트에서 발생할 것으로 예상되는 현금흐름을 담보로 하여 자금을 조달하는 것을 말한다. 우리나라에서 PF는 통상 개발사업의 인허가 작업이 종료된 후 착공이 들어가는 시점에서 실행되는 대출을 의미한다.

2)특징

프로젝트 금융은 비소구성을 갖는다. 비소구성이란 프로젝트 금융의 부채상환 의무가 사업주에게 전가되지 않는 것을 말한다. 비소구성으로 인해 조달자금은 사업주의 부채로 인식되지 않는다. 이를 부외 금융이라 한다. 그밖에 프로젝트 금융은 참여자 간에 위험이 배분되는 특징이 있다.

3)장단점

프로젝트 금융은 사업주 입장에서 자기자본이 적게 든다. 또한 대출기관 입장에서는 금리가 높아 수익성이 높다. 하지만 다양한 이해관계인의 이해가 대립하여 절차가 지연될 수 있다.

2.(물음2-2)Sensitivity Analysis

1)개념

민감도분석은 분석 단계별로 가정한 각 변수들에 대한 위험의 정도를 고려하여 대응하는 분석이다. 이는 변수들의 조건을 달리하여 시나리오를 작성하고 상황별로 투자의 결과를 예측해서 분석한다. 따라서 민감도 분석은 투자수익률에 영향을 미치는 요인을 판별하여 위험을 최소화할 수 있다.

2)수익률에 영향을 미치는 요인

복귀가액의 변화는 수익률에 큰 영향을 미치지 않는다. 하지만 보유기간의 변화, 환원율의 변화, 할인율의 변화는 큰 영향을 미친다. 특히 환원율과 할인율은 매우 민감한 요인이다.

3)한계

민감도분석은 변수 간에 상호 관련성을 무시한다. 또한, 변수들의 낙관치, 기대치, 비관치 등에 대한 확률분포를 알 수 없고, 투입변수에 대한 결과치를 분석하는데 그친다는 한계가 있다. 〈끝〉

〈이 하 여 백〉

감정평가이론 기출문제 **제14회** 예시답안

[제14회 문1]40점
Ⅰ.서설
　　감정평가는 토지등의 경제적 가치를 판정하여 그 결과를 가액으로 표시하는 것을 말한다(감정평가법 제2조 제2호). 특히 부동산 감정평가는 부동산이 지닌 고정성 등으로 인해 부동산 시장을 분석하는 것이 중요하다. 그러므로 이하에서는 부동산 시장에 대한 분석을 구체적으로 살펴본다.

Ⅱ.(물음1)부동산 시장분석과 시장성분석
　1.양자의 개념
　　1)부동산 시장분석
　　　부동산 시장분석이란 대상 부동산에 대한 시장지역을 획정하고, 가치에 영향을 줄 수 있는 시장상황을 연구하는 것이다. 시장상황은 시장의 수요와 공급이 어떻게 작용하는지에 관한 것이다.

　　2)부동산 시장성분석
　　　부동산 시장성분석이란 대상부동산의 매매나 임대가능성을 분석하는 것이다. 이는 대상부동산과 경쟁부동산의 임대료 수준, 흡수율, 시장지역의 수요와 공급 등을 파악하여 이루어진다.

　2.양자의 비교
　　1)공통점
　　　(1)최유효이용의 확인
　　　　시장분석과 시장성분석은 결국 대상부동산의 최유효이용을 확인하기 위한 목적이다. 최유효이용이란 객관적으로 보아 양식과 통상의 이용능력을 가진 사람이 대상부동산을 합법적이고 합리적이며 최고, 최선의 방법으로 이용하는 것이다.

　　　(2)상호작용
　　　　시장분석과 시장성분석은 모두 수요와 공급의 상호작용을 파악하여 대상부동산 가치에 미치는 영향을 파악하기 위한 것이다. 또한, 시장지역의 가격수준이 수요와 공급에 어떤 영향을 미치는지도 조사하고 분석한다.

　　　(3)자료수집
　　　　시장분석과 시장성분석은 모두 시장자료를 수집하고 검토한다. 시장자료는 거래사례, 분양사례, 임대사례, 매출자료, 원가자료 등이 있다. 이는 모두 시장의 수요·공급 상황과 매매·임대 가능성을 파악하기 위한 기초가 된다.

　　　(4)동태적 분석
　　　　시장분석과 시장성분석은 모두 동태적 분석에 기초한다. 부동산은 사회적, 경제적, 행정적 위치가 변함에 따라 그 가치도 변하기 때문이다. 따라서 부동산 감정평가를 위해서는 동태적인 시장의 분석이 요구된다.

　　2)차이점
　　　(1)목적
　　　　시장분석은 시장의 수요와 공급을 파악하는 것을 주된 목적으로 한다. 반면, 시장성분석은 대상부동산이 현재나 미래에 매매되거나 임대될 수 있는 가능성을 파악하는 것을 주된 목적으로 한다. 즉, 양자는 구체적인 목적에 차이가 있다.

　　　(2)범위
　　　　시장분석은 대상부동산이 속한 시장뿐만 아니라 대체·경쟁 부동산과 그 지역에 대한 분석이 이루어진다. 시장성분석은 시장의 차별화와 세분화를 기초로 세부적인 물리적, 법적, 경제적 사항을 분석한다. 즉, 양자는 분석의 범위에서 거시적이고, 미시적이라는 점에 차이가 있다.

　　　(3)절차
　　　　시장분석과 시장성분석은 최유효이용을 파악하기 위한 일련의 절차이다. 하지만 시장분석은 시장성분석보다 선행한다는 점에 차이가 있다. 시장성분석은 시장분석을 기초로 가격수준, 수요의 구매력 등을 파악한다.

　　　(4)방법
　　　　시장분석은 유추분석과 기초분석을 통해 시장의 수요, 공급, 동향 등을 분석한다. 하지만 시장성분석은 흡수율이나 흡수기간 등을 파악하여 대상부동산의 매매나 임대가능성을 예측한다. 즉, 양자는 구체적인 분석방법에 차이가 있다.

　　　(5)수단
　　　　시장분석은 경제기반분석을 활용하여 부동산 수요를 파악할 수 있다. 반면, 시장성분석은 입지분석, 부지분석, 갭분석 등을 활용하여 매매나 임대가능성을 파악할 수 있다. 즉, 양자는 구체적인 분석 수단에서도 차이가 있다.

Ⅲ.(물음2)부동산의 생산성

1. 부동산의 생산성
 1) 개념
  부동산의 생산성은 인간의 필요, 주거 경제활동, 공급 만족 및 쾌적성을 충족시킬 수 있는 서비스를 제공하는 부동산의 역량을 말한다. 즉, 인간이 부동산을 대상으로 활동하면서 얻는 효용을 의미한다.

 2) 특징
  부동산의 생산성은 다양하다. 부동산은 용도의 다양성이 있기 때문이다. 또한, 사람들이 선호하는 것은 경제활동의 변화에 따라 달라져왔다. 즉, 도시의 성장과 발전에 따라 변해왔다. 따라서 부동산의 생산성은 변동성도 지닌다.

2. 생산성과 도시의 성장·발전
 1) 도시의 성장·발전
  도시의 성장과 발전은 인간의 효용에 의해 이루어졌다. 즉, 부동산의 생산성은 용도에 따라 다양하고, 시기에 따라 변해왔다. 그러므로 부동산의 생산성은 도시의 성장 및 발전과 밀접한 관련을 갖는다.

 2) 용도별
  (1) 주거용
   주거용 부동산은 쾌적성을 충족시키기 위한 것이다. 도시가 형성되면서 주거용 부동산은 의식주의 기본적인 만족을 추구했다. 하지만 도시가 성장하면서 기본적인 욕구를 충족시키는 것 외에 휴식, 여가, 문화생활을 위한 효용을 추구하게 된다.

  (2) 상업용
   상업용 부동산은 수익성을 충족시키기 위한 것이다. 도시가 형성될 때는 높은 수익만을 추구했다. 하지만 도시가 성장하고 발전하면서 사람들은 안정적인 수익과 다양한 수익을 추구하게 된다. 그 결과 부동산은 투자의 대상으로도 이용된다.

  (3) 업무용
   업무용 부동산은 효율성을 추구한다. 도시가 성장하고 발전할수록 업무용 부동산은 유사한 업종끼리 모이기 시작했다. 이는 서비스를 제공하는 부동산의 공간이 밀집되어야 효율성이 높아지기 때문이었다.

  (4) 산업용
   산업용 부동산은 재화의 생산성을 추구한다. 도시가 형성되면서 재화를 공급하는 활동이 이루어졌다. 이후 도시가 성장하면서 공급뿐만 아니라 유통도 이루어졌다. 그 결과 산업용 부동산은 도심과의 접근성도 중요하게 작용하게 된다.

 3) 시기별
  (1) 2차 산업시대
   2차 산업시대는 인간의 주된 경제활동은 공업활동이었다. 따라서 부동산의 생산성은 효율적인 생산에 초점이 있었다. 특히 공장에서 생산된 제품이 시장에서 판매되기 위해서는 도심과의 접근성이 중요했다. 그러므로 도시가 성장하면서 부동산의 생산성은 효율적인 생산과 비용절감 등에 있었다.

  (2) 3차 산업시대
   3차 산업시대는 다양한 경제활동이 이루어졌다. 그리고 부가가치를 창출하기 위한 노력이 많아졌다. 따라서 부동산의 생산성은 다양한 서비스를 창출하기 위한 것을 추구하게 된다.

  (3) 4차 산업시대
   4차 산업시대는 유사 산업 간의 부동산 집적현상이 커지고 있다. 즉, 부동산의 생산성은 경제활동의 다양화, 과학기술의 발전, 건축 및 공간이용능력의 발전 등으로 근본적인 변화를 가져오고 있다. 그 결과 부동산의 생산성은 다양하고 복잡한 양상을 보이게 된다.

  (4) 최근
   최근에는 도시문제와 환경문제가 제기되고 있다. 그 결과 경제와 환경을 함께 고려하는 패러다임이 나타난다. 따라서 부동산의 생산성은 환경까지 고려하게 된다. 특히 지속이 가능한 개발을 위해 친환경 건축물, 탄소배출권 거래제 등도 시행된다.

Ⅳ. 결론
 부동산 감정평가는 부동산의 생산성을 어떻게 반영할지가 중요하다. 특히 도시의 성장과 발전으로 계속해서 변화하는 생산성은 부동산 시장분석과 시장성분석의 기초가 된다. 따라서 감정평가 시 생산성 분석에 유의한다. 〈끝〉

[제14회 문2]20점

Ⅰ.서설
투자란 미래의 불확실한 장래 이익을 위해 현재의 확실한 현금 소비를 희생하는 행위다. 부동산투자는 부채금융을 이용할 수 있다. 그 결과 투자수익률이 달라질 수 있다. 이하에서 레버리지와 관련하여 구체적으로 살펴본다.

Ⅱ.(물음1)지분수익률과 자본수익률의 상관관계
1.지분수익률과 자본수익률의 개념
 1)지분수익률
  지분수익률이란 지분투자에 대한 지분수익의 비율을 말한다. 즉, 부채금융을 이용하지 않는 자기자본에 대한 수익률을 의미한다.

 2)자본수익률
  자본수익률이란 총투자자본에 대한 총수익의 비율을 말한다. 총투자자본은 자기자본과 타인자본으로 구성된다. 따라서 자본수익률은 자기자본수익률과 타인자본수익률의 합으로 구할 수 있다.

2.양자의 상관관계
 1)예시
  부동산가치는 10억이고, 순수익이 2억이라고 가정한다. 이때 자기자본은 5억, 타인자본은 5억이고, 이자율은 10%라고 한다. 그렇다면 자본수익률은 2억/10억=20%이다. 지분수익률은 1.5억/5억=30%이다. 여기서 이자율이 20%로 올랐다고 하면, 자본수익률은 변하지 않는다. 하지만 지분수익률은 1억/5억=20%이다. 한편, 자기자본이 4억, 타인자본이 6억이고, 이자율이 10%라고 한다. 그렇다면 자본수익률은 여전히 20%이다. 하지만 지분수익률은 1.4억/4억=35%이다. 즉, 이자율과 저당비율에 따라 지분수익률은 변한다. 하지만 자본수익률은 그렇지 않음을 알 수 있다.

 2)상관관계
  지분수익률과 자본수익률은 결국 이자율이나 저당비율 등이 아니라, 차입여부에 따라 달라진다. 즉, 부동산투자 시 부채금융이 없다면 지분수익률과 자본수익률은 일치하게 된다.

Ⅲ.(물음2)지렛대효과
1.개념
지렛대효과란 부채금융이 지분수익에 미치는 효과를 의미한다. 부채금융이 지분수익을 증가시키는 경우를 정의 지렛대효과라고 한다. 반대로 부채금융이 지분수익을 감소시키는 경우를 부의 지렛대효과라고 한다. 한편, 부채금융이 지분수익에 영향을 주지 않는 경우를 중립적 지렛대효과라고 한다.

2.정의 지렛대효과와 부의 지렛대효과의 비교
 1)지렛대 효과의 발생
  정의 지렛대효과는 지분수익률이 자본수익률보다 크고, 자본수익률이 저당수익률(이자율)보다 큰 경우에 발생한다. 부의 지렛대효과는 지분수익률보다 자본수익률이 크고, 자본수익률보다 저당수익률(이자율)이 큰 경우에 발생한다.

 2)예시
  부동산가치는 10억이고, 순수익이 2억이라고 가정한다. 이때 자기자본은 5억, 타인자본은 5억이고, 이자율은 10%라고 한다. 그렇다면 자본수익률은 2억/10억=20%이다. 지분수익률은 1.5억/5억=30%이다. 이러한 경우 정의 지렛대효과가 나타난다. 만약, 이자율이 30%인 경우라고 하면, 지분수익률은 5천만/5억=10%이다. 따라서 이러한 경우에는 부의 지렛대효과가 나타난다.

 3)비교
  정의 지렛대효과가 있는 경우에는 더 많은 부채금융을 이용하는 것이 지분수익률을 높일 수 있다. 위의 예시에서, 자기자본은 4억, 타인자본은 6억인 경우 지분수익률이 30%에서 35%로 오른 것을 확인할 수 있다. 또한, 저당수익률(이자율)이 20%인 경우에는 지분수익률과 자본수익률이 모두 20%로 확인할 수 있다. 즉, 양자는 저당수익률(이자율), 저당비율 등에 따라 같거나 달라질 수 있다.

3.중립적 지렛대효과의 발생
중립적 지렛대효과는 위에서 살펴본 것과 같이 저당수익률(이자율)이 20%, 지분수익률과 자본수익률이 20%인 경우에 나타난다.

Ⅳ.결어
부채금융은 정의 지렛대효과가 발생하는 경우에 활용할 수 있다. 하지만 부동산투자는 대출규제나 투자자의 신용 등에 따라서도 달라진다. 〈끝〉

[제14회 문3]20점

Ⅰ. 서설

담보감정평가란 금융기관 등이 대출을 하거나 채무자가 대출을 받기 위하여 의뢰하는 담보물건에 대한 감정평가를 말한다. 담보물건이 수익성 부동산인 경우 수익환원법을 적용할 수 있다. 수익환원법은 자본환원방법에 따라 직접환원법과 할인현금흐름분석법으로 구분한다.

Ⅱ. (물음1) 담보가치의 비교

1. 두 감정평가방법의 개념

직접환원법이란 단일기간의 순수익을 적절한 환원율로 환원하여 대상물건의 가액을 산정하는 방법이다. 할인현금흐름분석법(DCF법)이란 대상물건의 보유기간에 발생하는 복수기간의 순수익과 보유기간 말의 복귀가액에 적절한 할인율을 적용하여 현재가치로 할인한 후 더하여 대상물건의 가액을 산정하는 방법이다.

2. 양자의 비교

1) 공통점

(1) 수익성

두 방법은 모두 수익환원법이다. 따라서 수익성의 원리에 기초한다. 즉, 어느 정도의 수익이나 효용을 얻을 수 있는지를 반영한다.

(2) 자본환원의 논리

자본환원은 수익을 토대로 가치를 추계하는 것을 말한다. 즉, 수익을 많이 창출할수록 가치가 크다는 것이다. 두 방법은 모두 자본환원의 논리에 기초하고 있다.

2) 차이점

(1) 자본환원율

직접환원법은 단일기간의 순수익을 환원율로 환원한다. 반면에 할인현금흐름분석법은 복수기간의 순수익 등을 할인율로 할인한다는 점에 차이가 있다. 복귀가액은 최종환원율로 환원한다는 점도 차이가 있다.

(2) 자본회수방법

직접환원법은 감가상각액으로 자본을 회수한다. 하지만 할인현금흐름분석법은 복귀가액 등으로 자본을 회수한다는 점에 차이가 있다.

Ⅲ. (물음2) 고려사항

1. 수익성

수익성 부동산의 담보가치는 수익이 충분히 발생하는지를 고려해야 한다. 수익은 매출액, 매출원가, 임대료, 보증금, 비율임대차 여부 등에 따라 달라진다. 담보가치는 안정적인 채권회수가 목적이다. 따라서 적절한 수익이 담보되어야 한다.

2. 환가성

담보물건이 환가성이 있는지를 고려해야 한다. 수익이 발생하고 있는 부동산이라도 채권회수에 문제가 있을 수 있기 때문이다. 따라서 시장에서 충분한 수요가 있는지, 유사한 물건이 많은지 등을 고려할 필요가 있다.

3. 담보 적격성

담보물건이 적격성이 있는지를 고려해야 한다. 부적절한 담보물건은 반려해야 하기 때문이다. 특히 규정에 의해 취득이 금지되거나 제한되는 물건은 유의해야 한다. 그밖에 리스기계, 소유권 유보부 기계 등도 담보감정평가 시 제외된다.

4. 협약

담보감정평가는 금융기관 등의 요청에 의해 이루어지는 경우가 일반적이다. 따라서 법률 규정외에 금융기관 등과의 협약 사항이 중요하다. 그러므로 협약서의 내용과 다른 경우가 있는지, 위반사항이 있는지 등을 고려해야 한다.

5. 제시외물건

담보가치는 제시외물건 등을 고려해야 한다. 제시외물건 등이 대상 담보가치에 영향을 미치는 경우 채권회수에 문제가 발생할 수 있기 때문이다. 따라서 대상물건을 확인하고 확정할 때 제시외물건 등을 확인하고, 가치에 영향을 미치는지 판단한다.

Ⅳ. 결어

수익성 부동산의 담보감정평가는 다양한 사항을 고려한다. 이는 금융기관 등에서 대출액을 결정하는 기준이 되기 때문이다. 하지만 담보감정평가는 채무자의 신용상태, 상환능력 등은 고려하지 않음에 유의한다. 이는 대출액을 결정할 때 판단할 사항이기 때문이다. 〈끝〉

[제14회 문4]20점

Ⅰ.(물음1)위험과 불확실성

1. 개념

1) 위험
위험은 장래 발생할 가능성이 있는 결과에 대해 충분한 정보를 가지고 있는 상태를 의미한다.

2) 불확실성
불확실성은 장래 발생할 가능성이 있는 결과에 대해 충분한 정보를 가지고 있지 않은 상태를 의미한다.

3) 종류
위험은 사업위험, 금융위험, 법적위험, 인플레이션위험, 유동성위험 등이 있다. 사업위험은 사업의 수익성을 방해하는 위험이다. 이는 시장위험, 입지위험, 운영위험 등이 있다.

2. 검증 혹은 고려할 수 있는 방법

1) 보수적인 예측
위험과 수익은 비례관계가 있다. 따라서 위험을 검증하기 위해서 수익을 보수적으로 예측할 수 있다. 이는 충분한 예측이 가능하다면 합리적인 투자의사결정을 할 수 있다.

2) 평균-분산 결정법
평균-분산 결정법은 평균-분산 지배원리에 따라 의사결정을 하는 방법이다. 평균-분산 지배원리란 같은 위험을 갖는 대안 중에서 기대수익률이 가장 큰 대안이 다른 대안을 지배하고, 같은 기대수익률을 갖는 대안 중에서 위험이 가장 낮은 대안이 다른 대안을 지배한다는 원리다. 이때 위험은 표준편차 등을 활용하여 고려한다.

3) 포트폴리오
포트폴리오는 여러 개의 투자 대상에 자금을 분산하여 투자하는 것이다. 이는 투자 위험을 낮추기 위한 것이다. 특히 구성 자산 수가 늘어날수록 위험이 낮아지는 효과가 있다. 이 경우도 표준편차 등을 활용하여 위험을 고려한다.

Ⅱ.(물음2)내부수익률의 장단점

1. 내부수익률의 개념
내부수익률이란 NPV가 0이 되는 수익률을 말한다. 이는 예상되는 미래의 현금흐름이 내부수익률로 재투자된다는 가정을 한다. 내부수익률은 요구수익률보다 크면 경제적 타당성이 있다고 판단한다.

2. 장점

1) 화폐의 시간가치 반영
화폐의 시간가치란 현재 소유하고 있는 현금이 미래에 수취하게 될 현금보다 큰 가치를 가진다는 것이다. 미래에 수취할 현금은 인플레이션, 구매력, 투자수익 등에 불확실성을 가지고 있다. 내부수익률은 현재가치를 기준으로 한다. 따라서 화폐의 시간가치를 반영하여 미래의 불확실성을 반영할 수 있는 장점이 있다.

2) 부채금융의 위험성 고려
부채금융은 타인자본을 이용하므로 시장상황, 금리 등에 따라 이자가 달라진다. 따라서 내부수익률과 이자율을 비교하여 부채금융에 대한 위험요소를 고려할 수 있다는 장점이 있다.

3. 단점

1) 가치가산원리의 미적용
가치가산의 원리란 여러 개의 투자 안을 복합적으로 평가한 값이 각 투자 안을 평가한 값의 합과 같다는 원리다. 가치가산의 원리가 성립한다는 건 모든 개별 투자 안을 독립적으로 평가할 수 있게 된다는 의미다. 내부수익률은 이러한 가치가산의 원리가 적용되지 않는다는 단점이 있다.

2) 비현실적인 가정
내부수익률은 재투자수익률을 가정한다. 하지만 이는 기회비용이 반영되지 않게 된다. 즉, 현실에서는 기회비용을 고려하여 투자가 이루어짐에도 이를 고려하지 않게 된다. 따라서 가정이 비현실적이라는 한계가 있다.

3) 기타
내부수익률은 해가 없거나 복수로 존재하는 경우가 발생한다. 이는 투자의사결정이 무의미해지는 단점이 있다. 그밖에 내부수익률이 요구수익률보다 크다는 것을 근거로 의사결정을 하더라고 최대수익을 보장할 수 없다는 한계가 있다. 〈끝〉

〈이 하 여 백〉

감정평가이론 기출문제 **제15회** 예시답안

[제15회 문1] 40점

Ⅰ. 서설

부동산가격은 고정성 등으로 인해 지역적 차원의 가격수준과 개별적 차원의 구체적 가격으로 나타난다. 따라서 부동산 감정평가는 지역분석과 개별분석이 중요한 절차이다. 이와 관련하여 가격수준과 구체적 가격의 단계를 살펴보고, 감정평가의 대상이 되는 지역 등을 살펴본다.

Ⅱ. (물음1) 부동산가격의 구체화·개별화 단계

1. 구체화·개별화 단계의 의미

부동산가격의 구체화·개별화 단계란 대상부동산의 특성을 파악하여 개별요인을 분석하고, 최유효이용을 판정하여 대상부동산의 구체적 가치에 미치는 영향을 파악하는 과정을 의미한다.

2. 구체화·개별화 단계의 내용

1) 개별성

개별성이란 물리적으로 동일한 부동산은 존재하지 않는다는 특성이다. 따라서 부동산시장은 불완전경쟁시장이 된다. 그 결과 시장의 수요와 공급은 개별적으로 나타난다. 그러므로 부동산가격도 개별적으로 나타난다.

2) 개별요인의 분석

개별요인이란 대상물건의 구체적 가치에 영향을 미치는 대상물건의 고유한 개별요인을 말한다. 이는 내용적으로 자연적, 사회적, 경제적, 행정적 요인을 의미한다. 따라서 부동산가격이 구체화되는 단계에서 개별요인 분석이 요구된다.

3) 최유효이용의 판정

최유효이용이란 객관적으로 보아 양식과 통상의 이용능력을 가진 사람이 대상부동산을 합법적이고 합리적이며 최고, 최선의 방법으로 이용하는 것을 말한다. 부동산가격은 개별요인 등을 분석하고 최유효이용을 판정하여 결정된다.

4) 부동산가치의 결정

감정평가는 개별요인의 분석, 최유효이용의 판정 등을 기초로 3방식을 적용한 시산가액을 도출하여 최종 감정평가액을 결정한다. 즉, 구체적인 부동산가치를 판정한다.

Ⅲ. (물음2) 부동산 가격수준의 단계

1. 가격수준 단계의 의미

부동산 가격수준의 단계는 대상부동산의 지역 등을 파악하여 지역요인을 분석하고 표준적이용을 판정하여 대상부동산의 일반적이고 평균적인 가격수준을 파악하는 과정을 의미한다.

2. 가격수준 단계의 내용

1) 지역성

지역성이란 부동산이 다른 부동산과 특정 지역을 구성하고 그 지역 내 다른 부동산과 상호관계를 통해 사회적, 경제적, 행정적 위치를 차지하는 특성을 말한다. 가격수준은 지역성을 파악하고 해당 지역의 특성과 변화를 분석해야 알 수 있다.

2) 일반요인의 분석과 지역지향성

일반요인이란 대상물건이 속한 전체 사회에서 대상물건의 이용과 가격수준 형성에 전반적으로 영향을 미치는 일반적인 요인이다. 지역지향성은 지역성으로 인해 일반요인이 지역적 차원에서 축소되는 것을 말한다. 따라서 가격수준은 일반요인과 지역지향성을 분석해야 한다.

3) 지역요인의 분석

지역요인이란 대상부동산이 속한 지역의 가격수준 형성에 영향을 미치는 자연적, 사회적, 경제적, 행정적 요인을 말한다. 따라서 가격수준을 파악하기 위해서는 대상부동산이 속한 지역과 대체·경쟁관계가 있는 지역의 요인들을 파악해야 한다.

4) 표준적이용의 판정

표준적이용이란 대상부동산이 속한 지역 내에 개별부동산들의 일반적이고 평균적인 이용상황을 말한다. 즉, 개별부동산의 개별성에 기초한 최유효이용이 어떤 것인지를 파악해야 한다. 이는 지역의 용도적 동질성 등이 가격수준에 영향을 미치기 때문이다.

5) 감정평가 시 활용

가격수준은 일반요인과 지역요인을 분석하고, 표준적인 이용을 통해 파악한다. 감정평가는 가격수준을 파악하여 시산가액의 합리성을 검토하고, 최종 감정평가액을 결정하는데 활용된다. 따라서 가격수준은 감정평가 시 중요한 역할을 한다.

Ⅳ. (물음3) 감정평가의 대상지역

1. 개념

1) 인근지역(감칙 제2조 제13호)
인근지역은 감정평가의 대상이 된 부동산이 속한 지역으로서 부동산의 이용이 동질적이고 가치형성요인 중 지역요인을 공유하는 지역을 말한다.

2) 유사지역(감칙 제2조 제14호)
유사지역은 대상부동산이 속하지 아니하는 지역으로서 인근지역과 유사한 특성을 갖는 지역을 말한다.

3) 동일수급권(감칙 제2조 제15호)
동일수급권은 대상부동산과 대체·경쟁관계가 성립하고 가치 형성에 서로 영향을 미치는 관계에 있는 다른 부동산이 존재하는 권역을 말하며, 인근지역과 유사지역을 포함한다.

2. 관련 지역

1) 대체성
대체성이란 부동산의 유용성과 가격을 비교하여 다른 부동산과 바꿀 수 있는 성질을 말한다. 인근지역과 유사지역은 지역특성, 표준적이용, 가격수준, 시장참가자의 행태 및 선호도 등이 대체가 가능하다.

2) 경쟁성
경쟁성이란 생활에 필요한 자원을 서로 차지하려는 시장참가자의 상호작용을 말한다. 인근지역 내 부동산과 대상부동산 간에는 용도적·기능적 동질성 측면에서 경쟁한다. 그리고 인근지역과 유사지역은 지역 간에 경쟁이 있다. 그밖에 동일수급권은 시장참가자의 선호도 등에 이용 및 가격이 경쟁이 나타난다.

3) 접근성
접근성은 특정 지역이나 대상부동산에 접근할 수 있는 정도를 말한다. 이는 시간, 거리, 비용 등에 따라 달라진다. 인근지역은 접근성이 가장 높다. 유사지역과 동일수급권은 최근 GTX 등으로 인해 접근성에 차이가 있다.

Ⅴ. (물음4) 부동산가격의 경제적 특성

1. 지역성
부동산은 지리적 위치가 고정되어 있다. 따라서 부동산시장은 공간이 작용하는 범위가 일정한 지역에 한정된다. 그 결과 부동산시장은 지역마다 다른 특성을 갖는다. 그러므로 부동산가격도 지역마다 다른 표준적 이용으로 인해 지역성을 갖는다.

2. 개별성
부동산은 개별성으로 인해 부동산시장에서 수요와 공급 기능이 제대로 발휘되기 어렵다. 그 결과 부동산가격은 개별 부동산마다 다르게 나타난다. 특히, 시장참가자의 선호도와 행태 변화는 부동산가격의 개별성을 심화시킨다.

3. 대체·경쟁성
부동산은 용도적 측면에서 대체가 가능하다. 대체가 가능해짐에 따라 부동산은 용도경쟁이 발생한다. 용도경쟁이 치열할수록 부동산가격은 높아질 수 있다. 즉, 부동산가격은 대체성과 경쟁성을 갖는다.

4. 변동성
부동산은 사회적, 경제적, 행정적 위치가 계속해서 변화한다. 사회적 위치는 부동산의 수요를 변화시킨다. 경제적 위치는 부동산의 수요와 공급 상황, 시장참가자의 유용성을 변화시킨다. 행정적 위치는 정부 규제 등으로 상대적 위치를 변화시킨다. 따라서 부동산가격은 인문적 위치에 따라 끊임없이 변하는 특징이 있다.

5. 다양성
부동산가격은 같은 부동산이라고 하더라도 감정평가의 목적 등에 따라 다양하다. 왜냐하면, 감정평가 목적 등에 따라 구체적인 대상 부동산의 확정, 기준시점, 기준가치 등이 달라지기 때문이다. 따라서 부동산가격은 다양성을 갖는다.

Ⅵ. 결어
부동산가격은 지역성 등으로 인해 가격수준과 구체적인 가격에 의해 결정된다. 따라서 감정평가는 가격수준과 가격의 구체화·개별화 단계를 거친다. 이는 부동산가격의 경제적 특성을 반영하여 합리적인 경제적 가치를 판정하기 위함이다. 그러므로 감정평가 시 지역분석과 개별분석은 중요하다.

〈끝〉

[제15회 문2]20점

Ⅰ.서설

감정평가방법의 선정 및 적용은 감정평가 3방식 중 하나 이상의 감정평가방법을 선정하고 대상물건의 시산가액을 도출하는 과정이다. 하지만 시장가격이 없는 물건은 3방식을 적용하는 데 한계가 있다. 그러므로 이하에서 비시장재화는 어떻게 감정평가하는지에 대해 살펴본다.

Ⅱ.비시장재화

1.개념

시장가격이 없는 부동산 혹은 재화는 비시장재화를 의미한다. 비시장재화는 일반적으로 시장에서 거래의 대상이 되지 않는다. 그 결과 거래가격이 존재하지 않는다. 이는 시장에서 거래는 되더라도 거래빈도가 매우 낮아 시장가격이 없는 경우를 포함한다.

2.특징

비시장재화는 시장가격이 없기 때문에 시장성이 결여되어 있다. 시장성이 결여되었다는 것은 시장성이 없거나 제한된 경우를 의미한다. 따라서 두 가지 경우로 나누어 감정평가방법을 살펴본다.

Ⅲ.감정평가방법

1.시장성이 없는 경우

1)조건부가치측정법(CVM법)

조건부가치측정법이란 가상적인 상황을 설정하고 그 상황에서 선택 가능한 가상가격에 대한 설문조사를 통해 해당 재화의 가치를 구하는 방법이다. 이는 환경재, 공공재, 행정서비스, 경관가치 등에 활용할 수 있다. 비시장재화는 최대지불액과 최소보상액을 검토하여 감정평가할 수 있다.

2)비용편익분석법(CBA법)

비용편익분석법은 대상과 관련되어 발생하는 유·무형의 비용과 편익을 계량화하여 그 차액으로 가치를 구하는 방법을 말한다. 이는 공공서비스, 대규모 개발사업 등에서 활용할 수 있다. 비시장재화는 그 재화로부터 발생하는 비용과 편익을 구하여 가치를 감정평가할 수 있다.

3)특성가격함수모형법(HPM법)

특성가격함수모형법은 회귀방정식을 적용하여 가치를 구하는 방법을 말한다. 회귀방정식은 회귀분석을 기초로 가치형성요인을 영향변수로 하여 구할 수 있다. 특성가격함수모형은 해당 재화의 특성에 의해 가치가 결정된다고 가정한다. 여기서 재화의 특성은 효용을 제공하는 재화의 구성요소를 말한다. 따라서 비시장재화를 통해 얻는 효용을 기초로 감정평가할 수 있다.

2.시장성이 제한된 경우

1)원가법

원가법이란 대상물건의 재조달원가에 감가수정을 하여 대상물건의 가액을 산정하는 감정평가방법을 말한다(감칙 제2조 제5호). 시장성이 제한된 경우로 비시장재화는 대상 재화의 재조달원가를 구한다. 그리고 시장성이 제한됨에 따른 감가수정을 구할 수 있다. 이는 시장성이 있는 경우와 없는 경우에 따른 격차를 활용할 수 있다.

2)수익환원법

수익환원법이란 대상물건이 장래 산출할 것으로 기대되는 순수익이나 미래의 현금흐름을 환원하거나 할인하여 대상물건의 가액을 산정하는 감정평가방법을 말한다(감칙 제2조 제10호). 시장성이 제한된 경우 비시장재화는 대상 재화에서 직접 발생하는 순수익이나 현금흐름을 구한다. 그리고 시장성이 제한됨에 따른 수익의 감소나 비용의 발생을 고려할 수 있다. 그밖에 환원율이나 할인율을 조정하여 반영할 수도 있다.

3)실물옵션가치평가법(ROPM법)

실물옵션가치평가법은 실물자산에 대한 투자 안의 가치를 평가하는 방법이다. 시장성이 제한된 비시장재화는 불확실성, 비가역성, 유연성 측면에서 감정평가할 수 있다. 옵션모형은 이항옵션, 블랙-숄즈모형, 몬테카를로시뮬레이션 모형 등이 있다.

Ⅳ.결어

비시장재화는 시장성이 없거나 제한되기 때문에 다양한 감정평가방법을 활용할 필요가 있다. 나아가 비시장재화에 대한 가치기준, 감정평가방법 등을 규정할 필요가 있다. 이는 다양한 감정평가의 수요에 대응하고, 객관적인 감정평가가 이루어질 수 있도록 지속적인 노력이 요구된다. 〈끝〉

[제15회 문3]20점

Ⅰ. 서설
감정평가는 주체, 목적, 시점, 강제성 등에 따라 다양하게 분류할 수 있다. 이는 감정평가의 공정성 등을 확보하기 위함이다. 특히 감정평가의 기준이 되는 원칙과 예외를 마련한 이유도 마찬가지다. 이와 관련하여 개별물건기준 원칙을 중심으로 이하에서 살펴본다.

Ⅱ. (물음1)분류목적
1. 감정평가의 공정성과 객관성
감정평가를 체계적으로 분류하는 것은 공정하고 객관적으로 하기 위함이다. 이는 감정평가활동의 목표를 명확하게 해준다. 그리고 체계적인 분류는 감정평가활동의 지침이 되므로 효율적인 감정평가활동에 도움을 준다. 그 결과 공정하고 객관적인 감정평가의 기준이 마련될 수 있다.

2. 감정평가의 합리성과 신뢰성
감정평가를 체계적으로 분류하는 것은 감정평가의 합리성과 신뢰성을 도모하기 위함이다. 특히 객관적인 기준은 기본적사항의 확정, 자료검토 및 가치형성요인의 분석, 감정평가방법의 선정 및 적용, 감정평가액의 결정 등의 절차가 합리적으로 이루어지도록 한다. 그 결과 의뢰인 등은 감정평가를 신뢰할 수 있다.

Ⅲ. (물음2)일괄감정평가 등
1. 개별물건기준 원칙
개별물건기준 원칙이란 감정평가는 대상물건마다 개별로 감정평가해야 한다는 것이다. 이는 감칙 제7조 제1항에서 규정하고 있다.

2. 일괄감정평가
1) 의의(감칙 제7조 제2항)
일괄감정평가란 둘 이상의 대상물건이 일체로 거래되거나 대상물건 상호 간에 용도상 불가분의 관계가 있는 경우에는 일괄하여 감정평가하는 것을 말한다.

2) 사례
일괄감정평가의 사례로 일단지가 있다. 일단지는 용도상 불가분의 관계에 있는 2필지 이상의 일단의 토지를 말한다. 이는 2필지 이상의 토지에 하나의 건축물 등이 있거나, 건축 중에 있는 토지나 건축허가 등을 받고 공사를 착수한 경우 등이 있다. 다른 사례로는 구분소유부동산에서 구분소유권의 대상이 되는 건물부분과 그 대지사용권이 있다.

3. 구분감정평가
1) 의의(감칙 제7조 제3항)
구분감정평가란 하나의 대상물건이라도 가치를 달리하는 부분은 이를 구분하여 감정평가하는 것을 말한다.

2) 사례
구분감정평가의 사례로 광평수토지가 있다. 광평수토지는 전면과 후면이 가치가 달라지는 경우가 있다. 이러한 경우 구분하여 감정평가할 수 있다. 그리고 하나의 필지라도 용도지역이 다른 경우가 있다. 이런 경우에는 용도지역별로 가치가 달라진다. 그밖에 하나의 필지에 도시계획시설 등에 저촉되는 경우가 있다. 저촉부분과 저촉되지 않은 부분은 가치를 달리한다.

4. 부분감정평가
1) 의의(감칙 제7조 제4항)
부분감정평가란 일체로 이용되고 있는 대상물건의 일부분에 대하여 감정평가하여야 할 특수한 목적이나 합리적인 이유가 있는 경우에는 그 부분에 대하여 감정평가하는 것을 말한다.

2) 사례
부분감정평가의 사례로 잔여지가 있다. 잔여지는 같은 소유자에게 속하는 일단의 토지의 일부가 취득되거나 사용됨으로 인하여 잔여지의 가격이 감소하거나 그 밖의 손실이 있는 경우 또는 같은 소유자에게 속하는 일단의 토지의 일부가 협의에 의하여 매수되거나 수용됨으로 인하여 잔여지를 종래의 목적에 사용하는 것이 현저히 곤란할 때 매수청구하는 경우 편입부분과 잔여부분을 부분감정평가할 수 있다.

Ⅳ. 결어
감정평가원칙은 감정평가의 공정성과 신뢰성을 향상시킨다. 따라서 시장가치기준 원칙, 현황기준 원칙, 개별물건기준 원칙을 준수하고 예외의 적용에 유의한다. 〈끝〉

[제15회 문4]10점

Ⅰ.개설
　시장실패란 부동산시장의 불완전성 등으로 인해 효율적인 자원 배분이 되지 않는 등의 문제가 나타나는 것을 말한다. 정부개입은 부동산시장의 시장실패를 치유하기 위함이다. 따라서 이하에서 시장실패의 구체적인 원인을 살펴본다.

Ⅱ.이유
1.규모의 경제
　규모의 경제란 기업이 대량으로 생산할 경우 평균비용이 줄어들어 발생하는 이익을 말한다. 부동산시장은 규모의 경제로 인해 자연독점이나 과점이 발생할 수 있다. 그 결과 효율적인 자원 배분을 방해한다. 따라서 정부가 개입하여 이를 해결하고자 하는 것이다.

2.정보의 비대칭
　정보의 비대칭이란 정보가 거래자 한쪽에만 치우친 상태를 말한다. 그 결과 도덕적 해이나 역선택 문제가 발생한다. 도덕적 해이란 사회 전체의 이익보다 사적인 이익을 추구하는 행동을 의미한다. 역선택이란 거래자 한쪽이 정상 이상의 이윤을 챙기거나 다른 한쪽에 정상 이상의 손해가 발생하는 행위다. 따라서 정부는 정보를 공개하는 등으로 이를 제거하고자 한다.

3.공공재
　공공재는 비경합성과 비배제성이 있다. 비경합성은 한 개인의 소비가 다른 사람의 소비를 감소시키지 않는다는 성질이다. 비배제성은 재화의 소비나 이용에 배제되지 않는 성질이다. 그 결과 무임승차 등의 문제가 발생한다. 따라서 사적시장에서 최적수준보다 과소생산이 이루어져 시장실패가 나타난다. 정부는 이를 방지하기 위해 개입한다.

4.외부효과
　외부효과란 시장 외적인 요인이 시장에 영향을 미치는 것이다. 정부는 부동산의 고정성 등으로 인해 발생하는 부정적인 외부효과를 제거하기 위해 개입한다. 특히 공공복리 등을 실현하기 위한 정책 등을 도입하게 된다. 〈끝〉

[제15회 문5]10점

Ⅰ.개설
　입지란 부동산이 점하고 있는 위치다. 상업지는 충분한 수익성을 줄 수 있는 입지가 중요하다. 상권은 대상부동산이 흡인할 수 있는 실질적 규모의 소비자가 존재하는 권역이다. 상권은 대상부동산을 중심으로 도시의 흡인력, 주변 관계, 관련 소매 및 서비스업활동의 위치, 규모, 밀집도 등에 의해 결정된다.

Ⅱ.결정요인
1.인구 및 구매력
　상업용 부동산은 상권의 분석과 예측이 중요하다. 특히 상업용 부동산의 수익성은 상권에 거주하는 인구가 많을수록 커진다. 그리고 소득수준이 높은 인구가 밀집한 경우 구매력이 높다. 따라서 상권의 범위는 연령분포, 인구의 전입과 전출, 소득수준과 소비패턴 등에 따라 달라진다. 이는 상업용 부동산의 입지를 결정하는 중요한 요인이다.

2.접근성
　상업용 부동산은 접근성이 중요하다. 접근성이란 대상부동산에 접근할 수 있는 시간적, 경제적, 물리적 거리 등을 의미한다. 상업용 부동산은 일반적으로 대중 교통시설, 편익시설, 기반시설 등이 갖춰진 입지가 수익성이 좋다. 따라서 대형 백화점, 대형 마트 등은 중심 상업지에 위치한다.

3.시장점유율
　상업용 부동산은 지속적인 수익을 창출하기 위해 시장점유율이 높은 입지에 위치한다. 시장점유율은 브랜드 이미지, 상품의 질, 매장면적, 상품구성 등에 따라 달라진다. 따라서 상업용 부동산의 입지는 시장점유율에 의해 결정된다.

4.주차공간 및 쾌적성
　최근 상업용 부동산은 주차공간의 확보가 중요한 입지결정요인이 된다. 그리고 상업용 부동산에 누릴 수 있는 쾌적성도 중요하다. 최근에는 상업용 부동산의 규모가 커지고, 그 시설에서 여가와 휴식활동 등이 함께 이루어지기 때문이다. 충분한 주차공간은 더 많은 고객을 유입시킬 수 있다. 그리고 여가와 휴식활동의 쾌적성은 더 많은 매출을 발생시킬 수 있다. 〈끝〉

〈이　하　여　백〉

감정평가이론 기출문제 **제16회** 예시답안

[제16회 문1]30점

Ⅰ.서론
　감정평가사의 직업윤리란 감정평가사가 감정평가 활동을 수행할 때 지켜야 할 규정과 행위규범 등을 말한다. 감정평가사는 공인이자 전문인이다. 특히 보상감정평가는 정당한 보상금을 지급하기 위한 것이므로 직업윤리가 중요하다. 이하에서 관련 내용을 구체적으로 살펴본다.

Ⅱ.(물음1)이론적 근거
1.감정평가의 사회성·공공성
　감정평가란 토지등의 경제적 가치를 판정하여 그 결과를 가액으로 표시하는 것을 말한다(감정평가법 제2조 제2호). 따라서 감정평가의 결과는 개인과 국가의 재산에 큰 영향을 미친다. 그러므로 감정평가는 사회성과 공공성이 요구된다. 그 결과 감정평가사의 사회적 역할이 중요하다. 직업윤리는 감정평가의 사회적 책임을 위해 강조된다.

2.전문자격사로서의 소양
　전문자격사 제도는 국가가 고도의 지식과 공공성이 있는 분야를 법으로 규율하여 국민들에게 안정적인 서비스를 제공하기 위한 것이다. 따라서 감정평가는 국가 정책의 효율적 수행과 국민들의 이해조정 등의 기능을 한다. 그러므로 감정평가사는 윤리적 성찰과 사회적 책임이 요구된다.

3.외부환경의 변화
　부동산시장의 환경 변화는 다양한 감정평가의 서비스를 요구하게 된다. 감정평가 서비스가 고도화되고 전문화될수록 감정평가사는 더 높은 수준의 지식과 판단 등이 요구된다. 즉, 다양한 감정평가의 서비스에 대응하기 위해 더 높은 수준의 전문성이 요구되고, 더 높은 수준의 직업윤리가 필요하게 된다.

Ⅲ.(물음2)법률적 근거
1.감정평가법
　감정평가법 제25조에는 성실의무 등을 규정하고 있다. 또한 동법 제26조에는 비밀엄수, 제27조에는 명의대여 등의 금지, 제28조에는 손해배상책임을 규정하고 있다. 또한 제36조에는 윤리규정을 두고 있고, 그 밖에 제32조에는 인가취소 등, 제39조에는 징계, 제41조에는 과징금, 제49조와 제50조에는 벌칙, 제52조에는 과태료 등에 관한 규정도 지니고 있다.

2.감칙
　감칙 제3조에 의하면 감정평가업자는 자신의 능력으로 업무수행이 불가능하거나 매우 곤란한 경우, 이해관계 등의 이유로 자기가 감정평가하는 것이 타당하지 아니하다고 인정되는 경우에는 감정평가를 하여서는 아니 된다고 규정하고 있다.

3.실무기준
　실무기준상에는 크게 기본윤리와 업무윤리로 규정하고 있다. 기본윤리에는 품위유지, 신의성실, 청렴, 보수기준 준수가 있다. 신의성실에는 부당한 감정평가의 금지, 자기계발, 자격증 등의 부당한 사용의 금지가 있다. 업무윤리에는 의뢰인에 대한 설명 등, 불공정한 감정평가 회피, 비밀준수 등 타인의 권리 보호가 규정되어 있다.

Ⅳ.(물음3)공인·전문인으로서의 직업윤리
1.공인 및 전문인의 의미
　공인이란 공적인 일에 종사하는 사람을 말한다. 전문인이란 국가의 자격 등을 취득함으로써 전문적인 지식을 통해 서비스를 제공하는 사람을 말한다. 따라서 공인과 전문인으로서의 직업윤리는 공정성과 전문성 등이 요구된다.

2.공인·전문인으로서의 직업윤리
1)공정성
　공정성이란 공평하고 정당한 성질을 말한다. 감정평가사는 공인으로서 공적인 이익을 위한 직업윤리가 필요하다. 예를 들어, 보상감정평가는 정당한 보상을 위한 것이다. 그러므로 토지소유자 등이 헌법 등에 근거한 정당한 보상을 받을 수 있도록 해야 한다.

2)합리성
　합리성이란 의사결정자의 욕구를 충족시킬 수 있는 것을 의미한다. 감정평가사는 전문인으로서 개인의 이익을 위한 직업윤리가 필요하다. 예를 들어, 과세를 위한 감정평가는 개인의 합리적인 과세를 위한 것이다. 그러므로 전문인으로서 합리적인 직업윤리가 요구된다.

3) 전문성
전문성이란 특정 영역의 고도화된 지식과 기술로 일반인들이 수행할 수 없는 수준의 성과를 내는 능력을 의미한다. 감정평가사는 감정평가자격시험을 통해 자격증을 취득한다. 따라서 감정평가사는 고도의 지식과 경험을 바탕으로 하기 때문에 일반인들보다 높은 수준의 직업윤리가 요구된다.

Ⅴ. (물음4) 토지소유자 추천제 등
1. 토지소유자 추천제의 의의
토지소유자 추천제란 토지보상법 제68조의 규정에 의하여 토지 등에 대한 보상액을 산정하려는 경우 토지소유자가 감정평가법인등을 선정할 수 있도록 하는 제도를 말한다. 이는 보상액 산정의 객관성과 타당성을 담보하는 취지가 있다.

2. 동업자 간 지켜야 할 직업윤리
1) 공공복리의 증진
토지보상법은 손실보상에 관한 사항을 규정함으로써 공익사업의 효율적인 수행을 통해 공공복리의 증진을 도모한다. 따라서 토지소유자 추천제에 의한 감정평가사는 공공복리의 증진을 지켜야할 필

요가 있다.

2) 재산권의 보호
보상감정평가는 공공복리의 증진뿐만 아니라, 토지소유자의 재산권을 보호하기 위한 목적도 있다. 특히 토지소유자 추천제는 재산권의 손실을 방지하기 위한 것이다. 따라서 감정평가사는 동업자 간에 과도한 손실이 발생하지 않도록 지켜야 할 직업윤리가 있다.

3) 과다 경쟁 방지
토지소유자 추천제는 시도지사 추천, 사업시행자 추천과 함께 객관적인 보상액을 산정하기 위한 것이다. 따라서 감정평가사 간에 과다한 경쟁으로 불리한 보상액이 지급되는 것을 방지하고자 한다. 따라서 동업자 간 직업윤리를 준수해야 한다.

Ⅵ. 결론
직업윤리가 결여된 감정평가는 다양한 이해관계인들에게 불측의 손해를 초래할 수 있다. 따라서 직업윤리가 무엇보다 중요하다. 〈끝〉

[제16회 문2] 20점
Ⅰ. 서설
토양오염이란 사업 활동이나 그 밖의 사람의 활동에 의하여 토양이 오염되는 것으로서 사람의 건강 재산이나 환경에 영향을 주는 상태를 말한다(토양환경보전법 제2조 제1호). 토양오염은 오염의 치유나 원상회복이 어렵기 때문에 감정평가 시 유의할 필요가 있다. 이하에서 관련 내용을 살펴본다.

Ⅱ. 토양오염이 부동산가치에 미치는 영향
1. 가치하락분의 발생
가치하락분이란 장기간 지속적으로 발생하는 소음 등으로 대상물건에 직접적 또는 간접적인 피해가 발생하여 대상물건의 객관적 가치가 하락한 경우 소음등의 발생 전과 비교한 가치하락분을 말한다. 토양오염은 부동산가치에 하락을 발생시킨다.

2. 직접적인 영향
토양오염은 오염물질을 제거하고 오염상태를 치유하기 위한 정화비용 등으로 부동산가치에 직접적인 영향을 미친다. 그리고 토양오염은 토지이용을 제한시킨다. 이는 토양환경보전법에서 규정한다.

따라서 토양오염으로 인한 객관적인 가치하락분은 부동산가치를 하락시킨다.

3. 간접적인 영향
토양오염은 부동산가치에 간접적인 영향도 미친다. 예를 들어, 토양오염으로 인해 발생하는 환경위험이나 스티그마 등이 있다. 스티그마는 토양오염으로 인해 발생하는 위험을 시장참가자들이 인식함으로써 부동산가치가 하락하는 효과를 의미한다. 즉, 토양오염은 간접적인 요인에 의해서 부동산가치를 하락시킨다.

4. 시간에 따른 영향
토양오염은 오염이 발생한 순간부터 부동산가치를 하락시킨다. 오염이 지속되는 시기에는 가치가 지속적으로 하락한다. 오염이 정화된 이후에는 가치가 어느 정도 회복되지만, 오염이 발생하기 전의 가치수준으로는 회복되지 않는다. 따라서 토양오염은 부동산가치에 지속적인 영향을 미친다.

Ⅲ. 감정평가 시 유의사항
1. 기본적사항의 확정시 유의사항

오염토지는 감정평가의 기본적 사항을 확정할 때 유의해야 한다. 특히 오염의 원인, 오염 시기, 복구 가능성과 시간, 복구방법과 비용 등은 감정평가 시 대상물건의 확정, 기준시점의 확정, 감정평가목적, 감정평가조건 등에 영향을 미친다.

2. 가치형성요인의 분석시 유의사항

가치형성요인이란 대상물건의 경제적 가치에 영향을 미치는 일반요인, 지역요인 및 개별요인 등을 말한다(감칙 제2조 제4호). 오염토지는 토지의 경제적 가치의 하락에 영향을 미친다. 따라서 오염이 발생하기 전과 후의 물리적, 경제적 상황뿐만 아니라, 오염토지에 대한 시장의 인식 등에 유의한다.

3. 전후비교법 적용시 유의사항

전후비교법은 가치하락이 발생하기 전과 발생한 후의 가치를 비교하는 방법이다. 이는 거래사례비교법과 수익환원법에 의해 구할 수 있다. 비준가액은 대상토지에 영향을 미치고 있는 오염과 같거나 비슷한 형태의 오염에 의해 가치가 하락한 상태로 거래된 사례를 선정함에 유의한다. 수익가액은 오염이 발생한 후의 순수익을 위험이 반영된 환원율로 환원할 때 유의한다.

4. 분리합산법 적용시 유의사항

분리합산법은 가치하락분을 직접 산정하는 경우로 오염을 복구하거나 관리하는 데 드는 비용과 원상회복이 불가능한 가치하락분을 고려하는 방법이다. 오염토지는 원상회복이 불가능한 비용을 구할 때 스티그마 등을 별도로 산정함에 유의한다. 스티그마는 조건부가치측정법, 특성가격함수모형 등에 의해 구할 수 있다.

5. 감정평가액의 결정시 유의사항

감칙 제25조는 가치하락분에 대해 주된 감정평가 방법을 규정하고 있지 않다. 따라서 오염토지의 감정평가는 시산가액 조정에 유의해야 한다. 특히 전후비교법과 분리합산법은 가중치를 부여할 때 객관적인 자료에 근거함에 유의한다.

Ⅳ. 결어

가치하락분의 감정평가는 가치하락의 실태, 허용 기준, 복구 시 책임 등도 중요하다. 따라서 관련 전문가에 의한 자문 등도 활용할 필요가 있다. <끝>

[제16회 문3] 20점

Ⅰ. 서론

공시지가기준법이란 감정평가의 대상이 된 토지와 가치형성요인이 같거나 비슷하여 유사한 이용가치를 지닌다고 인정되는 표준지의 공시지가를 기준으로 대상토지의 현황에 맞게 시점수정, 지역요인 및 개별요인 비교, 그 밖의 요인의 보정을 거쳐 대상토지의 가액을 산정하는 감정평가방법이다(감칙 제2조 제9호). 이하에서는 그 밖의 요인 보정을 중심으로 살펴본다.

Ⅱ. 그 밖의 요인 보정의 개념

1. 의의

그 밖의 요인 보정이란 시점수정, 지역요인 및 개별요인의 비교 외에 대상토지의 가치에 영향을 미치는 그 밖의 요인을 보정하는 작업이다. 이는 표준지공시지가의 정상화과정을 의미한다.

2. 필요성

공시지가기준법에 따라 토지를 감정평가하는 경우 적정한 시점수정, 지역요인 및 개별요인의 비교 과정을 거쳤음에도 불구하고 대상토지의 가치에 영향을 미치는 사항이 있을 수 있다. 이때 그 밖의 요인 보정이 필요하다. 이를 통해 감정평가의 객관성과 신뢰성을 확보할 수 있기 때문이다.

3. 방법

그 밖의 요인 보정 방법은 대상토지를 기준으로 산정하거나 표준지를 기준으로 산정하는 방법이 있다. 대상토지 기준 방식은 사례와 대상토지를 비교한 것을 표준지와 대상토지를 비교한 것으로 구한다. 표준지 기준 방식은 사례와 표준지를 비교한 것을 표준지에 시점수정한 것으로 구한다.

4. 결정

그 밖의 요인 보정치를 결정할 때는 격차율 외에 인근의 거래 시세, 경제지표 등을 종합적으로 고려한다. 그리고 결정 근거는 감정평가서에 구체적으로 기재해야 한다. 그 밖의 요인 보정치는 소수점 둘째 자리까지 표시한다.

Ⅲ. 그 밖의 요인 보정의 타당성

1. 관계 법규

감정평가관계법규에서는 토지의 감정평가와 관련

하여 시점수정, 지역요인 및 개별요인 비교 외에 대상토지의 가치에 영향을 미치는 사항이 있는 경우에 그 밖의 요인 보정을 할 수 있다고 규정하고 있다. 감칙 제14조 제2항 제5호에서는 그 밖의 요인 보정을 하는 경우에는 대상토지의 인근지역 또는 동일수급권 안의 유사지역의 가치형성요인이 유사한 정상적인 거래사례 또는 평가사례 등을 고려할 것으로 규정하고 있다. 따라서 그 밖의 요인 보정은 법률적 측면에서 타당하다.

2. 판례
헌법재판소와 대법원은 헌법상 정당한 보상은 피침해재산의 객관적인 재산가치를 완전하게 보상하여야 한다는 완전보상을 뜻하는 것으로 완전보상은 보상금액 뿐만 아니라 보상의 시기나 방법에 있어서도 어떠한 제한을 두어서는 안 된다고 하였고, 공시지가 공시기준일의 적정가격을 반영하지 못하고 있다면 기타사항의 참작에 의한 보정방법으로 조정할 수 있다고 하였다.(99헌바25병합 : 대법원 93누2131판결)

3. 목적
감정평가는 토지 등의 경제적 가치를 판정하여 그 결과를 가액으로 표시하는 것이다(감정평가법 제2조 제2호). 따라서 대상토지의 가치형성에 영향을 미치는 사항을 적정하게 반영하여야 한다. 그러므로 표준지공시지가의 정상화를 위해서는 그 밖의 요인을 보정하는 것이 타당하다.

4. 시장가치
표준지공시지가란 국토교통부장관이 토지이용상황이나 주변 환경, 그 밖의 자연적·사회적 조건이 일반적으로 유사하다고 인정되는 일단의 토지 중에서 선정한 표준지에 대하여 매년 공시기준일 현재의 단위면적당 적정가격을 말한다(부동산공시법 제3조 제1항). 하지만 공시지가기준법을 적용한 토지가액은 시장가치다. 따라서 그 밖의 요인 보정은 시장가치기준 원칙에 따른 것으로 타당하다.

Ⅳ. 결론
그 밖의 요인 보정은 토지의 감정평가 시 주된 방법인 공시지가기준법에서 중요하다. 따라서 그 밖의 요인 보정치 산정에 유의해야 한다. 〈끝〉

[제16회 문4] 10점

Ⅰ. 개설
담보감정평가는 금융기관 등이 대출을 하거나 채무자가 대출을 받기 위하여 의뢰하는 담보물건에 대한 감정평가를 말한다. 이는 안정적인 채권회수를 목적으로 한다. 그러므로 현장조사 및 자료분석을 기초로 담보가격의 결정에 대해 검토한다. 그 근거는 부동산가치가 시장에서 어떻게 형성되고 유지되는지에 관해 일정한 법칙성을 도출한 가격원칙에 따른다.

Ⅱ. 이론적 근거

1. 적합의 원칙 검토
적합의 원칙이란 부동산 효용이 최고로 발휘되기 위해서는 부동산 이용방법이 주위환경에 적합해야 한다는 원칙이다. 인근지역의 표준적이용은 40~50평형의 규모다. 하지만 대상부동산은 100평형이다. 그리고 분양성 악화가 우려되는 상황이다. 따라서 대상부동산의 담보가격은 분양예정가보다 낮게 결정하는 것이 타당하다.

2. 수요·공급의 원칙 검토
수요·공급의 원칙이란 부동산도 일반재화처럼 수요와 공급에 의해 가격이 결정되고, 그 가격은 다시 수요와 공급에 영향을 미친다는 원칙이다. 인근지역의 담보평가 가격수준은 평당 9백만원이다. 거래가능 가격수준은 평당 1천만원이다. 따라서 표준적인 규모를 기준으로 거래가능 가격의 90%수준으로 담보평가가 이루어졌음을 알 수 있다. 따라서 대상부동산 분양예정가는 평당 1천만원이고, 규모가 표준적인 규모보다 크므로 평당 9백만원보다 낮게 담보가격을 결정하는 것이 타당하다.

3. 최유효이용의 원칙 검토
최유효이용의 원칙이란 부동산가치는 최유효이용을 전제로 파악되는 가치를 표준으로 하여 형성된다는 원칙이다. 대상부동산은 인근지역의 최유효이용이 모인 표준적이용의 규모보다 크다. 그리고 거래가능 가격수준은 표준적인 이용을 기준으로 평당 1천만원이다. 따라서 대상부동산의 담보가격은 분양성 악화 우려, 과대 평수, 안정적인 채권회수 등을 고려할 때 평당 9백만원보다 낮게 결정하는 것이 타당하다. 〈끝〉

[제16회 문5] 10점

Ⅰ. 인근지역의 개념

1. 의의(감칙 제2조 제13호)

인근지역이란 감정평가의 대상이 된 부동산이 속한 지역으로서 부동산의 이용이 동질적이고 가치형성요인 중 지역요인을 공유하는 지역을 말한다.

2. 특징

인근지역은 대상부동산이 속하는 용도적 지역이다. 따라서 대상부동산의 가치형성에 직접적인 영향을 미친다. 또한, 지역은 시간의 흐름에 따라 계속해서 변한다. 따라서 인근지역도 변동성을 갖는다.

Ⅱ. 인근지역의 요건

1. 용도적 동질성

인근지역은 대상부동산이 속한 지역이다. 이때 부동산의 이용은 주거용, 상업용, 공업용 등의 용도를 의미한다. 즉, 부동산이용이 동질적이라는 것은 용도적 측면에서 같거나 유사하다는 의미이다.

2. 지역요인의 공유

지역요인이란 대상부동산이 속한 지역의 가격수준형성에 영향을 미치는 자연적, 사회적, 경제적, 행정적 요인이다. 즉, 인근지역은 대상부동산이 속한 지역의 가격수준형성에 영향을 미치는 요인이 유사해야 한다. 이는 지역성, 지역특성, 시장참가자의 선호도 등에 따라 판단한다.

Ⅲ. 인근지역의 경계와 범위

1. 개념

인근지역의 경계와 범위는 용도적 동질성이 있는 지역의 범위를 정하는 것이다. 이는 자연적 경계와 인문적 경계를 기준으로 설정한다. 자연적 경계는 지반, 지세, 지질, 하천, 산악 등에 의한다. 인문적 경계는 도로, 철도, 언어, 종교, 소득수준, 문화, 행정구역 등에 의한다.

2. 유의사항

인근지역은 변동성을 갖고, 지역요인을 공유하는 개념이다. 따라서 경계와 범위도 지역요인의 영향을 받아 결정됨에 유의한다. 또한, 경계와 범위가 너무 좁거나 넓지 않도록 유의한다. 왜냐하면, 자료의 신뢰성이나 가격수준의 파악이 어려울 수 있기 때문이다. 〈끝〉

[제16회 문6] 10점

Ⅰ. 개설

재건축사업이란 정비기반시설은 양호하나 노후·불량건축물에 해당하는 공동주택이 밀집한 지역에서 주거환경을 개선하기 위한 사업이다. 이하에서 재건축사업에서 매도청구에 대해 살펴본다.

Ⅱ. 매도청구

1. 개념

매도청구는 재건축사업을 시행할 때 조합설립에 동의하지 않은 자 등에 대해 그 소유 토지 등을 시가에 매도할 것을 청구하는 것이다. 매도청구권은 재건축에 참가하는 토지등 소유자가 재건축에 불참한 토지등 소유자에 대하여 일정한 절차를 거쳐 토지·건물의 매도를 청구하는 권리이다. 매도청구권을 행사하면 조합설립에 동의하지 않은 자와 사업시행자 사이에 매매계약이 성립한 것으로 본다.

2. 유형

매도청구 감정평가는 도시정비법 제64조에 의한 감정평가와 도시정비법 제73조에 의한 감정평가가 있다. 제64조에 의한 감정평가는 사업시행계획인가 고시일 후에 매도청구권을 행사한다. 제73조에 의한 감정평가는 현금청산 기간이 종료한 다음 날부터 60일 이내에 매도청구 소송을 제기한다.

Ⅲ. 시가의 개념

1. 의의

시가란 재건축사업으로 인해 발생할 것으로 예상되는 개발이익이 포함된 것을 의미한다. 즉, 재건축 등에 따라 시장에서 형성된 개발이익은 모두 반영한다. 다만, 기준시점에 현실화나 구체화되지 않은 개발이익이나 조합원의 비용부담을 전제로 한 개발이익은 반영하지 않는다.

2. 유의사항

개발이익은 어느 일방에 귀속시키지 않도록 유의해야 한다. 매도청구 소송에 의한 매매계약은 당사자가 자율적으로 체결한 매매가 아닌 사법절차에 의한 매매이기 때문이다. 또한, 개발이익 추정은 조합원의 비용부담, 사업추진의 리스크 부담 등을 전제로 한다. 하지만 이를 반영하기가 어렵다는 점에 유의한다. 〈끝〉

〈이 하 여 백〉

[제17회 문1]30점

Ⅰ. 서론

감정평가란 토지등의 경제적 가치를 판정하여 그 결과를 가액으로 표시하는 것을 말한다(감정평가법 제2조 제2호). 종별과 유형은 부동산을 분류하는 기준으로 활용된다. 종별과 유형에 따라 부동산의 경제적 가치가 달라지기 때문이다. 이하에서 관련 내용을 구체적으로 살펴본다.

Ⅱ. (물음1)종별 및 유형의 개념과 분류목적

1. 개념

1) 의의 및 판정

종별은 부동산 용도에 따른 분류를 말한다. 따라서 종별은 용도적 지역을 전제로 판정한다. 그 결과 종별은 가격수준과 관련된다. 유형은 부동산 이용 및 권리관계 태양에 따른 분류를 말한다. 따라서 유형은 구체적인 유용성을 전제로 판정한다. 그 결과 유형은 구체적인 가격과 관련된다.

2) 중요성

종별과 유형은 부동산의 경제적 가치를 결정한다. 경제적 가치의 본질은 부동산이용에 따른 유용성에서 발생한다. 따라서 종별과 유형에 따라 가치형성요인의 분석이 달라지고, 감정평가의 결과가 달라진다. 그러므로 종별과 유형에 대한 이해는 중요하다.

2. 분류목적

1) 객관성

종별과 유형의 분류는 감정평가의 객관성을 도모하기 위함이다. 부동산은 종별과 유형에 따라 특성이 다양하고, 가치형성요인의 분석이 달라지며, 최종 감정평가액이 달라진다. 따라서 종별과 유형을 분류함으로써 감정평가 시 객관적인 기준을 마련할 수 있다.

2) 합리성

종별과 유형의 분류는 감정평가의 합리성을 지지한다. 종별과 유형에 따른 가치형성요인 분석은 시장참가자의 선호와 행태를 반영한다. 또한, 종별과 유형에 따라 주된 감정평가방법이 달라진다. 그 결과 경제적 가치를 판정하는 과정에 합리성이 지지된다.

Ⅲ. (물음2)가치형성요인의 분석

1. 가치형성요인의 개념

가치형성요인이란 대상물건의 경제적 가치에 영향을 미치는 일반요인, 지역요인 및 개별요인 등을 말한다(감칙 제2조 제4호). 가치형성요인의 분석은 수집된 자료를 분석하여 감정평가의 근거로 활용한다. 특히 요인자료는 대상물건의 가치형성에 직접적으로 영향을 미치는지를 검토한다.

2. 일반요인의 분석

일반요인이란 대상물건이 속한 전체 사회에서 대상물건의 이용과 가격수준 형성에 전반적으로 영향을 미치는 일반적인 요인을 말한다. 부동산은 지역성으로 인해 지역마다 특성을 가진다. 특히 용도적 지역에 따라 지역특성이 상이하고 가치에 미치는 영향이 달라진다. 따라서 종별에 따른 가치형성요인 분석은 일반요인의 분석도 필요하다.

3. 지역요인의 분석

지역요인이란 대상물건이 속한 지역의 가격수준 형성에 영향을 미치는 자연적·사회적·경제적·행정적 요인을 말한다. 지역성은 부동산이 다른 부동산과 함께 특정 지역을 구성하고 그 지역과 상호 보완관계를 통해 사회적, 경제적, 행정적 위치를 차지하는 특성이다. 따라서 종별은 지역요인을 분석할 필요가 있다.

4. 개별요인의 분석

개별요인이란 대상물건의 구체적 가치에 영향을 미치는 대상물건의 고유한 개별요인을 말한다. 토지는 용도에 따라 다양하게 이용할 수 있다. 그리고 용도에 따라 유용성이 달라진다. 예를 들어, 주거지는 쾌적성, 편의성 등이 중요하다. 상업지는 수익성 등이 중요하다. 따라서 유형은 개별요인을 분석할 필요가 있다.

5. 지역분석과 개별분석의 상호작용

지역분석은 지역 내 표준적이용, 가격수준, 변동추이를 판정하는 것이다. 개별분석은 지역분석을 통해 판정된 내용을 기초로 대상부동산의 최유효이용을 판정하는 것이다. 따라서 종별과 유형은 지역분석과 개별분석의 상호작용을 분석하게 된다. 그 결과 대상부동산의 최유효이용과 구체적인 가치를 파악하게 된다.

Ⅳ.(물음3)감정평가 시 유의사항

1.대상물건의 확인시 유의사항

대상물건의 확인이란 대상물건을 조사하여 존재여부, 동일성 여부 등을 조사하는 과정이다. 종별과 유형은 대상물건의 확인을 통해 확정하게 된다. 따라서 감정평가 시 사전조사와 실지조사를 통해 종별과 유형의 물리적·법률적 상태를 확인할 때 유의해야 한다.

2.자료수집 및 정리시 유의사항

자료수집 및 정리란 대상물건의 물적사항, 권리관계, 이용상황에 대한 분석 및 감정평가액 산정을 위해 필요한 확인자료, 요인자료, 사례자료 등을 수집하고 정리하는 절차이다. 따라서 종별과 유형의 자료수집은 감정평가의 합리성과 논리성을 부여하는 기초가 된다. 그러므로 충분한 자료와 신뢰성 있는 자료를 수집함에 유의한다.

3.감정평가방법의 선정 및 적용시 유의사항

감정평가방법의 선정 및 적용이란 감정평가방식 중 하나 이상의 감정평가방법을 선정하고 대상물건의 시산가액을 도출하는 과정이다. 토지는 감정평가법 제3조 제1항 및 감칙 제14조에 따라 공시지가기준법을 주된 방법으로 한다. 그리고 다른 방법으로 합리성을 검토한다. 따라서 종별과 유형에 따른 감정평가 시 공시지가기준법을 주된 방법으로 하되, 충분한 합리성이 지지되는지 유의한다.

4.감정평가액의 결정시 유의사항

감정평가액의 결정이란 감정평가방법의 적용을 통해 산정된 시산가액을 합리적으로 조정하여 대상물건이 갖는 구체적인 가치를 최종적으로 결정하는 것이다. 따라서 종별과 유형에 따른 대상물건의 특성, 자료의 신뢰성, 감정평가목적, 시장상황 등을 고려함에 유의해야 한다.

Ⅴ.결론

종별과 유형은 부동산의 경제적 가치를 결정하는 데 중요한 역할을 한다. 따라서 종별과 유형의 개념을 이해하고, 감정평가 시 유의할 필요가 있다. 다만, 현재 우리나라는 종별과 유형에 대한 규정은 없고 대상물건의 종류를 감칙 제14조부터 제26조까지 규정하고 있다. 〈끝〉

[제17회 문2]30점

Ⅰ.서론

기준가치란 감정평가의 기준이 되는 가치를 말한다(감칙 제2조 제3호). 감정평가는 시장가치를 기준가치로 하고 있다(감칙 제5조 제1항). 그리고 일정한 경우 시장가치외의 가치로 할 수 있다(감칙 제5조 제2항). 따라서 감정평가는 가치다원론의 관점에서 다양한 감정평가액이 나타날 수 있다. 이하에서 관련 내용을 구체적으로 살펴본다.

Ⅱ.각 가치의 개념

1.시장가치

시장가치란 감정평가의 대상이 되는 토지등이 통상적인 시장에서 충분한 기간 동안 거래를 위하여 공개된 후 그 대상물건의 내용에 정통한 당사자 사이에 신중하고 자발적인 거래가 있을 경우 성립될 가능성이 가장 높다고 인정되는 대상물건의 가액을 말한다(감칙 제2조 제1호). 감정평가는 시장가치기준 원칙에 따른다.

2.투자가치

투자가치란 특정 투자자가 특정한 투자목적에 대해 부여되는 투자조건에 따라 투자 대상물건이 발휘하게 되는 가치다. 따라서 투자가치는 투자자의 차입능력, 금융조건, 세금 등을 고려한다. 투자자는 시장가치와 투자가치를 비교하여 의사결정을 하게 된다. 투자가치가 시장가치보다 크다고 판단되면 투자를 선택한다.

3.계속기업가치

계속기업가치란 기업이 설립되어 영업 등을 하고 있고 가까운 장래에 청산되지 않을 것을 전제로 갖고 있는 가치를 말한다. 청산가치는 기업이 청산의 대상으로 강제매각을 전제로 하는 가치로 계속기업가치와 구별된다. 감정평가 시 기업가치는 일반적으로 계속기업가치를 전제로 한다.

4.담보가치

담보가치란 담보감정평가에 의한 담보물의 가치를 말한다. 담보감정평가란 금융기관 등이 대출을 하거나 채무자가 대출을 받기 위하여 의뢰하는 담보물건에 대한 감정평가를 말한다. 따라서 담보가치는 안정적인 채권회수를 목적으로 한다.

Ⅲ. 가치개념 간의 차이점

1. 시장가치와 투자가치의 차이점

시장가치는 통상적인 시장과 대상물건의 내용에 정통한 당사자 사이에 신중하고 자발적인 거래를 전제한다. 하지만 투자가치는 특정 투자자의 투자목적을 전제한다. 따라서 시장가치는 객관적이나, 투자가치는 주관적인 경향이 있다.

2. 시장가치와 계속기업가치의 차이점

시장가치는 토지등의 다양한 대상물건을 대상으로 한다. 하지만 계속기업가치는 계속적인 운영을 전제로 하는 기업의 유·무형의 자산을 대상으로 한다는 점에 차이가 있다. 또한, 시장가치는 다양한 목적에 따라 달라지지만, 계속기업가치는 일반적으로 매입·매각 등을 목적으로 함에 차이가 있다.

3. 시장가치와 담보가치의 차이점

시장가치는 다양한 감정평가목적에 따라 달라진다. 하지만 담보가치는 안정적인 채권회수를 목적으로 함에 차이가 있다. 따라서 담보가치는 시장가치보다 안정적이고 보수적인 측면에서 접근한다.

4. 투자가치와 계속기업가치의 차이점

계속기업가치는 기업이 운영하는 기간에 발생하는 가치다. 반면, 투자가치는 투자자가 대상물건을 보유하고 처분하는 기간에 발생하는 가치다. 그리고 계속기업가치는 기업의 매출과 관련한 수익성에 관심이 있다. 하지만 투자가치는 임대수익과 매매차익을 모두 고려한다는 점에 차이가 있다.

5. 투자가치와 담보가치의 차이점

투자가치는 장래의 수익을 위해 현재의 소비를 희생하는 화폐의 시간가치가 중요하다. 하지만 담보가치는 장래의 수익이 아닌, 안정적인 채권회수가 중요하다는 점에 차이가 있다. 따라서 같은 부동산이라도 운용과 처분이 달라질 수 있다.

6. 계속기업가치와 담보가치의 차이점

계속기업가치는 계속적인 운영을 전제로 하므로 수익을 창출하는 다양한 대상물건이 영향을 미친다. 하지만 담보가치는 안정적인 채권회수를 목적으로 하므로 종물, 부합물, 제시외물건 등과 같은 물건은 감가 등이 이루어진다는 점에 차이가 있다.

Ⅳ. 가격다원론의 필요성

1. 가격다원론의 개념

가격다원론이란 대상물건의 가격은 감정평가목적 등에 따라 다양하게 나타날 수 있다는 이론이다. 감정평가는 다양한 측면에서 가격다원론을 지지하고 있다. 그 결과 시장가치, 투자가치, 계속기업가치, 담보가치 등이 나타난다. 그러므로 이하에서 가격다원론의 근거를 중심으로 살펴본다.

2. 가격다원론의 근거

1) 가치형성요인의 다양성

가치형성요인은 감정평가목적 등에 따라 달라진다. 가치형성요인이란 대상물건의 경제적 가치에 영향을 미치는 일반요인, 지역요인 및 개별요인 등을 말한다(감칙 제2조 제4호). 따라서 다양한 가치형성요인에 따라 다양한 가치가 나타난다.

2) 감정평가의 객관성

대상물건의 가격은 시장상황, 시장참가자의 선호도와 행태 등이 변함에 따라 끊임없이 변화한다. 따라서 감정평가의 객관성을 높이기 위해서는 가격다원론이 필요하다. 감정평가를 진행하는 과정에서 수집된 자료와 동태적 분석은 대상물건의 가격이 변화하는 것을 설명할 수 있게 해주기 때문이다.

3) 의뢰목적에 부응

감정평가는 다양한 의뢰인의 목적 등에 따라 정보를 제공한다. 따라서 가격다원론은 다양한 의뢰목적에 부합하는 근거로 활용된다. 특히 투자가치는 이익의 극대화 측면에서 시장가치와 달라질 수 있음을 설명할 수 있다.

4) 감정평가 기능의 발전

감정평가는 정책적, 경제적 기능 등을 수행한다. 투자가치는 합리적인 의사결정을 지원한다. 계속기업가치는 기업의 운영방향에 대한 기준을 제시해준다. 담보가치는 금융기관의 대출금액 결정에 대한 정보를 제공한다.

Ⅴ. 결론

가격다원론은 합리적인 감정평가를 위해 필요하다. 하지만 시장가치외의 가치에 대한 개념과 구체적인 규정은 아직 마련되어 있지 않다. 따라서 이에 대한 보완이 필요하다. 〈끝〉

[제17회 문3]20점

Ⅰ. 서설

가치형성요인이란 대상물건의 경제적 가치에 영향을 미치는 일반요인, 지역요인 및 개별요인 등을 말한다(감칙 제2조 제4호). 일반요인 중 행정적요인은 토지이용계획과 규제, 부동산 거래규제 등과 같은 법·제도적 요인을 말한다. 이하에서는 부동산 거래규제를 중심으로 살펴본다.

Ⅱ. 부동산 거래규제의 내용

1. 개념

1) 의의

부동산 거래규제란 정부가 정책적 목적을 달성하기 위해 부동산의 거래를 제한하는 일체의 행위를 말한다. 부동산은 악화성, 비가역성, 지속성, 복합성 등의 문제가 있다. 따라서 정부는 이를 해결하기 위해 개입하게 된다.

2) 시장실패의 치유

시장실패는 규모의 경제, 정보의 비대칭, 공공재, 외부효과 등에 원인이 있다. 따라서 정부는 시장실패를 치유하기 개입한다. 정부는 시장에 직접 개입하거나 간접적으로 목적을 달성하고자 한다.

2. 종류

1) 직접 규제

직접 규제란 부동산 거래를 정부가 직접 규제하는 것을 말한다. 이는 거래의 성립여부나 거래당사자를 제한하는 것을 포함한다. 직접 규제는 구체적으로 토지거래 허가제도, 토지 또는 주택투기지역 지정제도, 투기과열지구 지정제도, 주택거래신고제도, 임대주택의 매각제한 및 분양권 전매제한제도, 농지취득 자격제도 등이 있다.

2) 간접 규제

간접 규제는 부동산 거래를 직접 규제하는 것은 아니지만 거래를 규제하는 것과 동일 또는 유사한 효과를 갖는 것을 의미한다. 간접 규제는 구체적으로 부동산 실거래가신고제도, 부동산 전월세 신고 제도, 개발부담금 및 재건축 초과이익 환수 등의 각종 부담금 제도, 임대료 상한제도, 취·등록세 및 양도소득세의 제한과 관련한 제도, 다주택자 및 법인 등에 관한 세금 등이 있다.

Ⅲ. 감정평가에 미치는 영향

1. 대상물건의 확인에 미치는 영향

대상물건의 확인이란 대상물건을 조사하여 존재여부, 동일성 여부 등을 조사하는 과정이다. 이는 사전조사와 실지조사에 의해 이루어진다. 거래규제는 대상물건의 확인을 방해할 수 있다. 따라서 감정평가 시 대상물건 확정이 곤란할 수 있다.

2. 자료수집 및 정리에 미치는 영향

자료수집 및 정리란 대상물건의 물적사항, 권리관계, 이용상황에 대한 분석 및 감정평가액 산정을 위해 필요한 확인자료, 요인자료, 사례자료 등을 수집하고 정리하는 절차다. 거래규제는 규제의 내용에 따라 거래가격이 달라지게 한다. 따라서 감정평가 시 필요한 자료의 신뢰성에 영향을 미친다.

3. 가치형성요인 분석에 미치는 영향

거래규제는 행정적 요인이다. 하지만 가치형성요인은 상호관련성을 맺고 있다. 따라서 거래규제는 사회적, 경제적 요인 등에도 영향을 미친다. 그 결과 대상부동산의 경제적 가치가 달라질 수 있다.

4. 감정평가방법의 선정 및 적용에 미치는 영향

감정평가방법의 선정 및 적용이란 감정평가방식 중 하나 이상의 감정평가방법을 선정하고 대상물건의 시산가액을 도출하는 과정이다. 거래규제는 제한의 내용과 정도에 따라 거래가격에 영향을 미친다. 그 결과 감정평가 시 거래사례비교법의 합리성이나 신뢰성에 영향을 미칠 수 있다.

5. 감정평가액의 결정에 미치는 영향

감정평가액의 결정이란 감정평가방법의 적용을 통해 산정된 시산가액을 합리적으로 조정하여 대상물건이 갖는 구체적인 가치를 최종적으로 결정하는 것이다. 거래규제는 시장성 등에 영향을 미친다. 따라서 시산가액 조정 시 비준가액의 가중치가 달라질 수 있다.

Ⅳ. 결어

행정적 요인은 거래규제 외에 소유나 이용을 제한할 수 있다. 또한, 개발이익 환수나 개발손실 보상, 주택의 공급 정책, 주거 복지 정책 등 다양한 정책 감정평가에 영향을 미친다. 〈끝〉

[제17회 문4] 10점

Ⅰ. 개설

감가수정이란 대상물건에 대한 재조달원가를 감액하여야 할 요인이 있는 경우에 물리적 감가, 기능적 감가 또는 경제적 감가 등을 고려하여 그에 해당하는 금액을 재조달원가에서 공제하여 기준시점에 있어서의 대상물건의 가액을 적정화하는 작업을 말한다(감칙 제2조 제12호).

Ⅱ. 건물의 치유 불가능한 기능적 감가

1. 개념

기능적 감가란 대상물건의 효용이 변화함에 따라 발생하는 가치손실분을 말한다. 치유가 불가능한 감가는 물리적, 법적으로 가치손실을 없애거나 치유비용이 커서 경제적으로 타당성이 없는 것을 의미한다.

2. 사례

치유가 불가능한 감가는 부족, 대체, 과잉 등이 있다. 부족한 감가는 엘리베이터가 설치되지 않은 경우가 있다. 대체가 불가능한 감가는 사후 변경이 불가능한 층고가 있다. 또한, 내부구조가 적절하지 못한 경우가 있다. 과잉 감가는 건물 외관의 과도한 디자인 등이 있다.

Ⅲ. 감정평가 시 고려사항

1. 발생여부

감정평가 시 기능적 감가가 발생하는지를 판단해야 한다. 시장참가자의 선호도 및 행태는 시장상황에 따라 계속 변화한다. 따라서 기능적 감가는 현재와 미래의 효용 변화를 고려해야 한다. 예를 들어, 현재는 과대개량으로 판단했지만, 장래의 수요가 증가되는 경우 감가가 발생하지 않을 수 있다.

2. 이중감가와 치유가능성

감가요인은 요인 간에 복합성이 있다. 따라서 기능적 감가는 기능적 감가액만을 구해야 한다. 즉, 물리적 감가는 이미 물리적 감가액에 반영되어 있다. 그러므로 기능적 감가를 구할 때는 물리적 감가는 고려하지 않도록 유의해야 한다. 그리고 치유가능성은 경제적 측면을 고려해야 한다. 물리적으로 가능하더라도 비용이 편익보다 큰 경우가 있기 때문이다. 〈끝〉

[제17회 문5] 10점

Ⅰ. (물음1) 비상장주식의 감정평가

1. 비상장주식의 개념

비상장주식이란 주권비상장법인의 주권을 말한다. 주권비상장법인이란 주권상장법인을 제외한 법인이다. 비상장주식의 감정평가는 회사 경영권을 매입하는 투자의 경우, 국유주식의 처분, 상장을 위해 공개되는 경우의 공모가격, 상속세 및 과세를 위한 경우 등에 필요하다.

2. 자료의 수집 및 정리

비상장주식은 계속기업의 전제, 기업 재무제표, 소유지분의 비중 등을 조사하고 확인한다. 그리고 경제분석자료, 산업분석자료, 내부현황자료 등을 조사하고 수집한다.

3. 감정평가방법

비상장주식의 감정평가는 감칙 제24조 제1항 제2호에 따라 해당 회사의 자산·부채 및 자본 항목을 평가하여 수정재무상태표를 작성한 후 기업체의 유·무형의 자산가치에서 부채의 가치를 빼고 산정한 자기자본의 가치를 발행주식 수로 나누어 감정평가한다.

Ⅱ. (물음2) 사모주식투자펀드(PEF)

1. 개념

사모주식투자펀드란 소수의 투자자들로부터 사모 방식으로 자금을 모집하여 기업의 지분 등에 사적인 방법으로 투자하는 펀드를 말한다.

2. 종류

사모주식투자펀드는 투자전략에 따라 벤처캐피탈, 바이아웃, 메자닌, 부실채권 투자로 나눌 수 있다. 바이아웃은 기업의 경영권에 투자하여 기업가치를 높인 후 매각하는 것이다.

3. 특징

사모주식투자펀드는 기업에 투자할 때 대부분 차입매수를 통해 큰 수익을 남긴다. 불특정 다수를 대상으로 하는 공모펀드와 다르게 회원 구성을 제한한다. 일반적으로 정부 규제를 덜 받고 기대수익률이 높고 위험이 크다. 〈끝〉

〈이 하 여 백〉

감정평가이론 기출문제 **제18회** 예시답안

[제18회 문1] 30점

Ⅰ. 서론

부동산 감정평가는 부동산의 경제적 가치를 판정하여 그 결과를 가액으로 표시하는 것이다. 이때 경제적 가치는 시장가치를 기준으로 한다. 시장가치는 3방법과 기타방식 중 하나인 통계적 감정평가방법으로 구할 수 있다. 이하에서는 3방법에 의한 시산가액과 시장가치의 차이보다 통계적방법에 의한 시산가액과 시장가치의 차이가 크게 나타나는 이유에 대해 구체적으로 살펴본다.

Ⅱ. 관련 개념

1. 시장가치(감칙 제2조 제1호)

시장가치란 감정평가의 대상이 되는 토지등이 통상적인 시장에서 충분한 기간 동안 거래를 위하여 공개된 후 그 대상물건의 내용에 정통한 당사자 사이에 신중하고 자발적인 거래가 있을 경우 성립될 가능성이 가장 높다고 인정되는 대상물건의 가액을 말한다.

2. 통계적 감정평가방법

통계적 감정평가방법은 통계적 자료를 기초로 계량적으로 가치를 구하는 방법을 말한다. 일반적으로 회귀방정식을 적용하는 특성가격함수모형법을 이용한다. 그밖에 비준표를 적용하는 방법, 옵션을 이용하는 방법, 노선가식 평가법 등이 있다. 이하에서는 대표적인 특성가격함수모형법을 중심으로 차이가 나는 이유를 검토한다.

3. 감정평가 3방식

감정평가 3방식이란 원가방식, 비교방식, 수익방식을 말한다. 3방식에 의한 가격은 감정평가 시 가액을 의미한다. 따라서 가액을 구하는 3방법은 원가법, 거래사례비교법, 수익환원법을 말한다. 3방법에 의한 시산가액은 각각 적산가액, 비준가액, 수익가액을 의미한다. 이하에서는 이를 기준으로 차이가 나는 이유를 검토한다.

Ⅲ. 이유

1. 3방법의 유용성

1) 가치 3면성의 반영

가치 3면성이란 비용성, 시장성, 수익성을 말한다. 비용성은 어느 정도의 비용이 투입되어야 만들 수 있는지를 의미한다. 시장성은 어느 정도의 가격으로 시장에서 거래되는지를 의미한다. 수익성은 대상물건을 이용함으로써 어느 정도 수익을 얻을 수 있는지를 의미한다. 3방법은 가치 3면성의 논리에 기초한다. 따라서 3면성을 모두 반영하는 시장가치와 차이가 크지 않다.

2) 가치발생요인의 상호관련성

가치발생요인이란 부동산이 경제적 가치를 갖게 하는 요인과 요인 간의 상호작용을 말한다. 가치발생요인에는 효용, 상대적 희소성, 유효수요가 있다. 시장가치는 가치발생요인을 반영하고 있다. 3방법에 의한 시산가액도 가치발생요인을 고려하고 있다. 하지만 통계적 감정평가방법은 가치발생요인을 반영하지 못한다. 따라서 시장가치와 차이가 크게 날 수 있다.

3) 가치형성요인의 상호관련성

가치형성요인이란 대상물건의 경제적 가치에 영향을 미치는 일반요인, 지역요인 및 개별요인 등을 말한다(감칙 제2조 제4호). 시장가치와 3방법에 의한 시산가액은 가치형성요인의 상호작용을 반영한다. 특히 지역적 차원에서 가격수준과 개별적 차원에서 구체적 가격은 시장가치와 3방법에 의한 시산가액이 잘 반영하고 있다. 따라서 통계적 감정평가방법에 의한 가액과 차이가 날 수 있다.

4) 경제적 가치의 판정

감정평가는 토지등의 경제적 가치를 판정하여 그 결과를 가액으로 표시하는 것이다(감정평가법 제2조 제2호). 시장가치와 3방법에 의한 시산가액은 경제적 가치를 판정하는 과정을 거친다. 하지만 통계적 감정평가방법은 판정이 아닌 산정 과정을 거친다. 따라서 다양한 요인과 시장상황을 종합적으로 고려하는 시장가치와 3방법에 의한 시산가액은 차이가 크지 않다.

2. 통계적 감정평가방법의 한계

1) 부동산시장의 불완전성

부동산시장은 고정성, 부증성, 영속성, 개별성 등으로 불완전경쟁시장의 형태를 띤다. 통계적 감정평가방법은 해당 재화의 특성에 의해 가치가 결정된다고 가정한다. 여기서 재화의 특성은 효용을 제공하는 재화의 구성요소를 말한다. 따라서 부동산시장의 불완전성을 고려하기 어렵다. 그러므로 통계적 감정평가방법에 의한 가격이 시장가치와 차이가 크게 나타날 수 있다.

2) 부동산의 개별성
부동산은 개별부동산마다 고유한 특성을 지닌다. 통계적 감정평가방법은 통계적 분석을 통한 추정 또는 잠재된 가격을 구하게 된다. 따라서 특정한 개별 부동산을 통계적 감정평가방법에 의해 추정한 가격은 부동산의 개별성을 종합적으로 반영하는 데 한계가 있다. 그 결과 시장가치와 차이가 크게 나타날 수 있다.

3) 통계모형의 적절성
통계적 감정평가방법은 다양한 모형이 존재한다. 이러한 모형은 확률에 의한 분석에 의한다. 따라서 오류가 발생할 가능성이 있고, 특성 변수의 설정이나 통계치의 결과가 상이할 수 있다. 따라서 부동산 감정평가 시 잘못된 변수나 확률이 정규분포 등을 이루지 못한다면 설득력이 떨어진다. 그 결과 통계적 감정평가방법에 의한 가격이 시장가치와 차이가 날 수 있다.

4) 자료의 신뢰성
통계적 감정평가방법은 자료의 수집과 신뢰성이 중요하다. 하지만 부동산시장은 자료가 없거나 정보의 비대칭성 등으로 인해 신뢰성이 떨어지는 자료가 존재할 수 있다. 종속변수와 독립변수의 상관관계는 자료의 수집과 신뢰성에 좌우된다. 따라서 자료가 부족한 경우에는 통계적 감정평가방법에 의한 가격의 신뢰성을 떨어진다. 그 결과 시장가치와 3방법에 의한 시산가액의 차이보다 더 큰 차이가 날 수 있다.

Ⅳ. 결론
3방법에 의한 시산가액과 시장가치의 차이보다 통계적 감정평가방법에 의한 가격과 시장가치의 차이가 더 크게 나타날 수 있다. 하지만 통계적 감정평가방법은 3방법에 의한 시산가액과 병용하는 것이 합리적이다. 감정평가에 의한 시장가치는 객관적일수록 신뢰가 높다. 따라서 다양한 방법에 의해 합리성을 검토하는 것이 객관성을 높일 수 있기 때문이다. 〈끝〉

[제18회 문2] 20점
Ⅰ. 서설
부동산시장은 수요와 공급을 통해 경쟁적 이용에 의한 공간배분 및 토지이용패턴을 결정하는 부동산의 교환 및 가격결정의 공간이다. 따라서 지역분석과 개별분석을 통해 부동산가격이 부동산시장에서 구체화된다. 이하에서 관련 내용을 살펴본다.

Ⅱ. 지역분석을 통한 가격수준의 형성
1. 지역분석의 개념
지역분석이란 지역 내 표준적 이용, 가격수준, 변동추이를 판정하는 것이다. 즉, 대상부동산이 어떤 지역에 존재하는지, 그 지역이 어떤 특성을 갖는지, 그 특성은 지역 내 부동산의 이용과 가격수준에 어떤 영향을 미치는지를 분석하는 것이다.

2. 지역성
지역성이란 부동산이 다른 부동산과 함께 특정 지역을 구성하고 그 지역과 상호의존·보완 관계에 있으며, 그 지역 내 다른 부동산과 협동, 대체, 경쟁 등의 상호관계를 통해 사회적, 경제적, 행정적 위치를 차지하게 되는 특성이다.

3. 지역요인
지역요인은 대상물건이 속한 지역의 가격수준에 형성에 영향을 미치는 자연적, 사회적, 경제적, 행정적 요인이다. 이때 시장참가자가 어떤 속성을 가지고 어떤 관점에서 이용을 선택하며, 지역요인을 어떻게 판단하는지 파악해야 한다.

4. 표준적이용
표준적이용은 대상부동산이 속한 인근지역 내 개별부동산의 일반적이고 평균적인 이용상황을 말한다. 지역특성은 그 지역 내 부동산의 표준적이용에 의해 나타난다. 표준적이용은 최유효이용을 판정하는 기준이 된다.

5. 가격수준의 형성
가격수준은 그 지역의 평균적인 가격대를 말한다. 지역분석을 통해 지역성, 지역요인, 표준적이용을 파악함으로써 가격수준을 판정한다. 가격수준은 부동산가격이 부동산시장에서 구체화되는 과정을 파악하기 위한 토대가 된다.

Ⅲ. 개별분석을 통한 구체적 가격의 형성

1. 개별분석의 개념

개별분석이란 지역분석을 통해 판정된 내용을 기초로 대상부동산의 최유효이용을 판정하는 것이다. 즉, 대상부동산의 개별요인을 분석하고, 개별요인이 대상부동산의 최유효이용과 가치에 어떤 영향을 미치는지를 분석한다.

2. 개별성

개별성이란 대상부동산의 개별적인 특성을 말한다. 개별성은 부동산의 가치형성요인을 다르게 하여 부동산가격이 개별적으로 형성되게 한다. 이는 지역성과 관련되어 개별부동산의 이용과 구체적 가격에 영향을 미친다.

3. 개별요인

개별요인은 대상물건의 구체적 가격에 영향을 미치는 대상물건의 고유한 개별요인이다. 개별요인을 분석하는 경우 지역의 시장상황과 함께 대상부동산의 전형적인 시장참가자가 어떤 개별요인을 선호하는지 파악해야 한다.

4. 최유효이용

최유효이용은 객관적으로 보아 양식과 통상의 이용능력을 가진 사람이 대상부동산을 합법적이고 합리적이며 최고, 최선의 방법으로 이용하는 것을 말한다. 개별요인의 작용정도는 지역별로 다르다. 따라서 개별분석을 통해 최유효이용을 판정한다.

5. 가격의 구체화

부동산가격은 최유효효용을 전제로 형성된다. 개별분석을 통해 개별성, 개별요인, 최유효이용을 판정함으로써 구체적인 가격이 형성된다. 이는 다시 가격수준에도 영향을 미친다. 즉, 지역분석과 개별분석의 상호작용으로 부동산가격이 부동산시장에서 구체화된다.

Ⅳ. 결어

지역분석과 개별분석은 부동산의 경제적 가치를 판정하는 감정평가에서 중요하다. 부동산은 고정성 등으로 인해 지역적 차원과 개별적 차원의 가격이 형성되기 때문이다. 또한, 부동산은 용도의 다양성 등으로 인해 용도에 따라 효용이 달라지므로 가치가 달라진다. 〈끝〉

[제18회 문3] 20점

Ⅰ. 서설

부동산공시법은 부동산의 적정가격 공시에 관한 기본적인 사항과 부동산 시장·동향의 조사·관리에 필요한 사항을 규정함으로써 부동산의 적정한 가격형성과 각종 조세·부담금 등의 형평성을 도모하고 국민경제의 발전에 이바지함을 목적으로 한다. 대표적으로 공시되는 표준지공시지가와 표준주택가격을 비교한다.

Ⅱ. 양자의 의의

1. 표준지공시지가(부동산공시법 제3조 제1항)

표준지공시지가란 국토교통부장관이 토지이용상황이나 주변 환경, 그 밖의 자연적·사회적 조건이 일반적으로 유사하다고 인정되는 일단의 토지 중에서 선정한 표준지에 대하여 매년 공시기준일 현재의 단위면적당 적정가격을 말한다.

2. 표준주택가격(부동산공시법 제16조 제1항)

표준주택가격이란 국토교통부장관이 용도지역, 건물구조 등이 일반적으로 유사하다고 인정되는 일단의 단독주택 중에서 선정한 표준주택에 대하여 매년 공시기준일 현재의 적정가격을 말한다.

Ⅲ. 양자의 비교

1. 같은 점

1) 주체 및 공시시점

표준지공시지가와 표준주택가격은 모두 부동산공시법에 따라 국토교통부장관에 의해 공시되고 있다. 또한 국토교통부장관이 조사·평가 또는 조사·산정을 의뢰하도록 되어 있다. 그리고 양자는 모두 매년 공시기준일인 1월 1일을 기준으로 공시된다는 점이 같다.

2) 적정가격

적정가격이란 토지, 주택 및 비주거용 부동산에 대하여 통상적인 시장에서 정상적인 거래가 이루어지는 경우 성립될 가능성이 가장 높다고 인정되는 가격을 말한다(부동산공시법 제2조 제5호). 표준지공시지가와 표준주택가격 모두 적정가격을 기준으로 한다.

3) 참작사항

표준지공시지가와 표준주택가격 모두 인근의 거래

가격과 임대료, 조성에 필요한 비용추정액이나 건설에 필요한 비용추정액, 인근지역 및 다른 지역과의 형평성·특수성, 표준지 및 표준주택가격 변동의 예측 가능성 등 제반사항을 종합적으로 참작한다는 점에서 같다.

2. 다른 점
1) 주체
　표준지공시지가는 국토교통부장관이 둘 이상의 감정평가법에 따른 감정평가법인등에게 의뢰하여 진행하게 된다. 반면, 표준주택가격은 한국부동산원법에 따른 한국부동산원에게 의뢰하여 진행하게 된다. 즉, 양자는 주체가 감정평가법인등, 한국부동산원이라는 점에 차이가 있다.

2) 절차
　표준지공시지가는 조사·평가하게 되고, 표준주택가격은 조사·산정으로 이루어진다. 즉, 표준지공시지가는 평가에 의하지만, 표준주택가격은 평가가 아니라 산정에 의한다. 또한, 표준지공시지가는 표준지의 지번, 단위면적당 가격, 면적 및 형상, 표준지 및 주변토지의 이용상황을 공시한다. 반면, 표준주택가격은 지번, 대지면적 및 형상 외에 용도, 연면적, 구조 및 사용승인일 등을 공시한다는 점에 차이가 있다.

3) 효력
　표준지공시지가는 토지시장에 지가정보를 제공하고 일반적인 토지거래의 지표가 되며, 국가·지방자치단체 등이 그 업무와 관련하여 지가를 산정하거나 감정평가법인등이 개별적으로 토지를 감정평가하는 경우에 기준이 된다. 반면, 표준주택가격은 국가·지방자치단체 등이 그 업무와 관련하여 개별주택가격을 산정하는 경우에 그 기준이 된다는 점에 차이가 있다.

V. 결어
　표준지공시지가 외에 개별공시지가도 공시된다. 또한, 표준주택가격 외에 개별주택가격, 공동주택가격도 공시된다. 그밖에 비주거용 표준부동산가격, 비주거용 개별부동산가격, 비주거용 집합부동산가격 등도 공시된다. 이는 모두 부동산의 적정가격에 기여하고 있다. 〈끝〉

[제18회 문4] 30점
Ⅰ. (물음1) 복수감정평가의 필요성
1. 공적 감정평가의 개념
　공적 감정평가란 국가·지방자치단체 등의 공공기관 등이 주체가 되어 공익을 목적으로 하는 감정평가를 말한다. 예를 들어, 부동산공시법에 의한 표준지공시지가, 토지보상법에 의한 보상 감정평가, 국유재산법 등에 의한 국공유지 처분을 위한 감정평가 등이 있다.

2. 복수감정평가의 필요성
1) 객관성
　공적 감정평가는 공익을 목적으로 한다. 따라서 감정평가의 객관성이 중요하다. 객관성을 향상시키기 위해서는 둘 이상의 감정평가법인등에 의한 복수 감정평가가 필요하다. 둘 이상의 감정평가법인등이 감정평가를 진행하면 합리성을 검토하고, 적정성을 판단하는 데 신뢰할 수 있기 때문이다.

2) 재산권 보호
　공적 감정평가는 공익을 실현하기 위한 것이므로 재산권이 침해될 수 있다. 대표적으로 보상 감정평가는 헌법에 따른 정당한 보상액을 산정하기 위한 것이다. 그러므로 침해되는 사익을 보호하기 위해서는 둘 이상의 감정평가법인등이 감정평가해야 한다.

3) 사회성과 공공성
　공적 감정평가는 정책을 효율적으로 달성하기 위해 이루어지기도 한다. 부동산은 사회성과 공공성을 지니므로 공평하게 합리적으로 배분될 필요가 있다. 따라서 공적 감정평가는 둘 이상의 감정평가법인등이 요구된다.

4) 형평성
　공적 감정평가는 다양한 이해관계인들의 이해가 대립되는 것을 합리적으로 조정하여 이루어진다. 특히 과세의 기준이 되는 표준지공시지가 등은 형평성이 중요하다. 따라서 형평성과 공정성을 위한 복수 감정평가가 필요하다.

Ⅱ. (물음2) 동적 DCF법과 정적 DCF법의 비교
1. 양자의 개념
1) 동적 DCF법

동적 DCF법이란 정적 DCF법에 불확실성 등을 고려하는 방법이다. 즉, 정적 DCF법에 옵션 프리미엄 등을 더하여 구할 수 있다.

2) 정적 DCF법

정적 DCF법이란 대상물건의 보유기간에 발생하는 복수기간의 순수익과 보유기간 말의 복귀가액에 적절한 할인율을 적용하여 현재가치로 할인한 후 더하여 대상물건의 가액을 산정하는 방법이다.

2. 공통점

1) 자본환원의 논리

두 방법은 모두 자본환원의 논리에 근거한다. 자본환원은 수익을 토대로 가치를 추계하는 것이다. 즉, 수익을 많이 창출할수록 가치가 크다는 의미다. 이는 수익성의 사고방식이기도 하다.

2) 자본회수

두 방법은 모두 복귀가액으로 자본을 회수한다. 즉, 보유기간 말 처분하는 금액으로 자본을 회수한다. 또한, 보유기간 동안에 발생하는 순수익이나 현금흐름을 통해 자본을 회수하기도 한다.

3) 투자자의 행태

두 방법은 모두 투자자의 행태를 잘 반영한다. 투자자는 저당을 활용하여 지렛대 효과를 추구한다. 또한, 투자자는 지분수익과 세후 현금흐름에 더 관심이 있다.

3. 차이점

1) 불확실성의 반영방법

정적 DCF법은 불확실성을 할인율에 반영한다. 하지만 동적 DCF법은 순수익이나 현금흐름에 반영한다는 점에 차이가 있다.

2) 할인율

정적 DCF법은 투자자조사법 등에 의해 할인율을 구한다. 하지만 동적 DCF법은 확률분포 등을 이용하여 구한다는 점에 차이가 있다.

3) 변동성

정적 DCF법은 다양한 시나리오에 따른 시장상황의 변동을 반영하지 못한다. 반면, 동적 DCF법은 시뮬레이션 기법 등을 통해 변동성을 반영한다는 점에 차이가 있다.

Ⅲ. (물음3) 건부증가와 건부감가의 성립논리

1. 건부증가

1) 개념

건부증가란 건부지가 되면 토지가격이 높아진다는 것이다. 이는 건부감가에 대비되는 개념이다. 즉, 같은 토지라도 나지 상태일 때보다 건부지 상태일 때 가격이 더 높다는 의미이다. 이는 나지가 나지로서 그 효용을 제대로 발휘할 수 없기 때문이다.

2) 예시

건부감가의 성립논리는 개발제한구역 내 토지를 예로 살펴본다. 개발제한구역은 건축허가 등을 받는 것이 제한된다. 하지만 개발제한구역 내 건부지는 일정한 범위에서 용도변경 등이 가능하다. 그 결과 건부지가 나지보다 높은 가치를 지닌다.

3) 비적법이용

비적법이용이란 과거에는 적법하게 이용되던 부동산이 현재에는 적법하지 않은 이용을 말한다. 하지만 이는 불법적인 이용이 아니다. 그러므로 현재 건부지는 나지보다 효용이 발휘된다. 즉, 비적법이용은 그 자체가 토지의 최유효이용이 된다.

2. 건부감가

1) 개념

건부감가란 건부지가 되면 토지가격이 낮아진다는 것이다. 즉, 같은 토지라도 나지 상태일 때 가격이 더 높다는 의미다. 왜냐하면, 일반적으로 시장참가자들은 다양한 용도로 이용이 가능한 상태인 나지를 선호하기 때문이다.

2) 효용의 반영

건부지는 어떤 형태로든 최유효이용을 하기 위한 추가적인 노력이 필요하다. 하지만 나지는 추가적인 노력이 들지 않고 즉시 최유효이용이 가능하다. 따라서 건부지는 나지보다 효용이 떨어진다. 이를 반영하기 위한 것이 건부감가이다.

3) 처리방법

건부감가는 건부지인 토지와 나지인 최유효이용 상태의 토지를 비교하여 구할 수 있다. 그 밖에 건부지를 나지로 바꾸는 데 들어가는 철거비가 철거 후 잔재가치를 초과하는 경우 그 비용이 건부감가액이 될 수 있다. 〈끝〉

〈이 하 여 백〉

감정평가이론 기출문제 **제19회** 예시답안

[제19회 문1]40점

Ⅰ. 서론

일괄감정평가란 둘 이상의 대상물건이 일체로 거래되거나 대상물건 상호 간에 용도상 불가분의 관계가 있는 경우에는 일괄하여 감정평가하는 것을 말한다(감칙 제7조 제2항). 이는 개별물건기준 원칙의 예외에 해당한다. 따라서 일괄감정평가의 적용과 관련하여 이하에서 구체적으로 살펴본다.

Ⅱ. (물음1) 일괄감정평가의 이론적 근거와 감정평가방법

1. 이론적 근거

1) 일체 거래 관행

토지와 건물은 각각 독립적인 물건이다. 따라서 개별물건기준 원칙에 따라 토지와 건물을 개별로 감정평가해야 한다. 하지만 복합부동산은 시장참가자의 효용 등에 의해 일체로 거래되는 관행이 있다. 이는 토지와 건물이 결합하여 일체로 효용이 발휘된다고 보기 때문이다. 따라서 토지와 건물은 일체로 거래된다는 측면에서 일괄하여 감정평가할 수 있다.

2) 용도상 불가분의 관계

용도상 불가분의 관계란 둘 이상의 대상물건이 일단으로 이용 중인 상황이 사회적·경제적·행정적 측면에서 합리적이고 대상물건의 가치형성 측면에서 타당하다고 인정되는 관계를 말한다. 따라서 토지와 건물이 일단으로 이용 중인 상황이 합리적이고 가치형성이 타당한 경우에는 일괄하여 감정평가할 수 있다.

2. 감정평가방법

1) 거래사례비교법

거래사례비교법이란 대상물건과 가치형성요인이 같거나 비슷한 물건의 거래사례와 비교하여 대상물건의 현황에 맞게 사정보정, 시점수정, 가치형성요인 비교 등의 과정을 거쳐 대상물건의 가액을 산정하는 감정평가방법이다. 토지와 건물은 일체로 거래되는 관행을 반영하기 위해 거래사례비교법을 적용할 수 있다.

2) 수익환원법

수익환원법이란 대상물건이 장래 산출할 것으로 기대되는 순수익이나 미래의 현금흐름을 환원하거나 할인하여 대상물건의 가액을 산정하는 감정평가방법을 말한다. 토지와 건물은 용도상 불가분의 관계에 따라 일체의 효용이 발휘되므로 수익성에 기초한 수익환원법을 적용할 수 있다.

Ⅲ. (물음2) 합리적 배분기준

1. 일괄감정평가액의 배분

일괄감정평가에 의한 가액은 의뢰인의 요청 등에 의해 토지와 건물로 나누어 표시할 수 있다. 이는 감정평가목적, 의뢰인의 요청, 대상물건의 특성 등에 의해 필요한 경우가 있다. 따라서 객관적이고 합리적인 배분기준에 의해 표시할 수 있어야 한다. 이하에서는 비율방식과 공제방식을 중심으로 살펴본다.

2. 배분기준

1) 비율방식

비율방식은 토지와 건물의 일정한 기준에 따른 비율에 의해 토지와 건물의 가격을 배분하는 방식을 말한다. 이때 일정한 기준은 순수익, 면적 등이 있다. 순수익은 토지와 건물의 가격에 직접적으로 영향을 미친다. 따라서 토지순수익과 건물순수익이 차지하는 비율을 기초로 배분하는 것이 합리적일 수 있다. 면적도 토지와 건물의 가격에 영향을 미친다. 면적에 따라 단가가 달라질 수 있기 때문이다. 따라서 복합부동산에서 차지하는 토지와 건물의 면적비율을 기초로 배분하는 것이 합리적이다.

2) 토지가액의 공제방식

토지가액의 공제방식은 토지와 건물의 전체 부동산가격에서 토지가액을 공제하는 방식을 말한다. 이는 토지가액을 합리적으로 구할 수 있는 경우에 적용할 수 있다. 즉, 시장자료와 시장상황에 의해 객관적인 토지가액을 구한다면 이를 기준으로 배분하는 것이 합리적이다.

3) 건물가액의 공제방식

건물가액의 공제방식은 토지와 건물의 전체 부동산가격에서 건물가액을 공제하는 방식을 말한다. 이는 건물가액을 합리적으로 구할 수 있는 경우에 적용할 수 있다. 즉, 건물이 신축되었거나 신축된 지 오래되지 않은 경우에는 재조달원가 등을 객관적으로 구할 수 있다. 따라서 이를 기준으로 배분하는 것이 합리적이다.

Ⅳ. (물음3) 표준주택가격

1. (물음3-1) 조사·산정기준

1) 적정가격 기준
표준주택의 산정가격은 해당 표준주택에 대하여 통상적인 시장에서 정상적인 거래가 이루어지는 경우 성립될 가능성이 가장 높다고 인정되는 적정가격으로 결정한다. 이때 시장에서 형성되는 가격자료를 충분히 조사하여 표준주택의 객관적인 시장가치를 산정한다.

2) 실제용도 기준
표준주택가격의 산정은 공부상의 용도에도 불구하고 공시기준일 현재의 실제용도를 기준으로 산정한다. 다만, 일시적인 이용상황은 고려하지 않는다.

3) 사법상 제한상태 배제 상정
표준주택가격의 산정에서 전세권 등 그 표준주택의 사용·수익을 제한하는 사법상의 권리가 설정되어 있는 경우에는 그 사법상의 권리가 설정되어 있지 않은 상태를 상정하여 산정한다.

4) 공법상 제한상태 기준
표준주택가격의 산정은 국토계획법 등에 따른 제한이 있는 경우에는 제한받는 상태를 기준으로 산정한다.

5) 두 필지 이상에 걸쳐 있는 주택가격의 산정
두 필지 이상에 걸쳐 있는 주택은 대지면적을 합산하여 하나의 주택부지로 산정한다. 이때 주택은 부속건물을 포함한다. 그리고 부속토지가 인접토지와 용도상 불가분의 관계에 있는 경우에는 인접토지를 포함하여 하나의 주택부지로 산정한다.

6) 필지의 일부가 대지인 주택가격의 산정
필지의 일부가 대지인 주택은 그 대지면적만을 주택부지로 산정한다. 다만, 대지면적 이외의 토지의 이용상황을 고려하여 산정한다.

7) 용도혼합 주택가격의 산정
건물내부 용도가 주거용 부문과 비주거용 부문으로 혼재된 주택의 가격을 산정할 때는 건물의 크기, 층별 세부용도, 층별 효용 정도, 건물 내 주거용 부분이 차지하는 비중, 비주거용의 유형 등을 종합적으로 고려해야 한다.

2. (물음3-2) 3방식 적용의 타당성

1) 표준주택가격의 도입 취지
표준주택가격은 주택에 대한 과세기준가격을 공시하여 국가·지자체가 과세목적으로 개별주택가격을 산정하는 경우에 그 기준으로 적용하기 위함이다. 즉, 기존에는 종합토지세와 재산세로 분리하여 과세하였다. 하지만 이는 지역별·유형별로 과세의 불평등을 야기시켰다. 따라서 과세의 형평성을 위해 표준주택가격이 도입되었다.

2) 거래사례비교법의 타당성
표준주택가격의 일괄감정평가 시 거래사례비교법의 적용은 타당하다. 이는 일괄감정평가 시 일체의 효용을 위해 일체로 거래되는 관행을 반영할 수 있기 때문이다. 특히, 시장성이 있는 표준주택은 거래유형에 따른 인근 유사 주택의 거래가격 등을 고려한다. 따라서 시장성에 기초한 거래사례비교법의 적용은 타당하다.

3) 수익환원법의 타당성
표준주택가격의 일괄감정평가 시 수익환원법의 적용도 타당하다. 표준주택가격은 일체의 효용을 반영한다. 시장에서는 전세, 보증부월세, 월세 등의 임대형태가 이루어지고 있다. 따라서 일체의 효용을 반영하기 위해서는 임대 등의 수익성도 고려해야 한다. 그러므로 수익성에 기초한 수익환원법의 적용은 타당하다.

4) 원가법의 타당성
표준주택가격의 일괄감정평가 시 원가법의 적용도 타당하다. 표준주택가격을 원가법으로 감정평가하는 경우에는 토지와 건물가격을 합리적으로 배분해야 함에 유의한다. 이는 과세의 형평성을 위해 필요하기 때문이다. 또한, 거래사례비교법이나 수익환원법의 합리성을 검토하는 수단으로 활용될 수 있다. 따라서 비용성에 기초한 원가법의 적용도 타당하다.

Ⅴ. 결론
일괄감정평가는 개별감정평가의 예외이다. 따라서 예외에 해당하는 법률적, 이론적 근거가 필요하다. 또한, 일괄감정평가를 하더라도 3방식을 병용해야 한다. 이는 감정평가의 객관성과 신뢰성을 높일 수 있기 때문이다.

〈끝〉

[제19회 문2]20점

Ⅰ.서설
　부동산가격지수란 부동산의 가격이 변화하는 것을 지수로 표현한 것을 말한다. 부동산가격지수는 지가변동률, 임대가격지수, 투자수익률, 소득수익률, 자본수익률, 주택가격지수, 실거래가지수 등을 포함한다. 이하에서 관련 내용을 살펴본다.

Ⅱ.(물음1)부동산가격지수의 필요성과 기능
　1.필요성
　　1)정보 제공
　　　부동산은 그 특성으로 인해 부동산시장이 불완전하다. 그 결과 부동산의 적정한 가격을 파악하는 것이 어렵다. 또한, 부동산가격은 계속해서 변화한다. 그 결과 가격변화에 대응과 예측이 어렵다. 그러므로 부동산가격지수는 부동산의 적정한 가격을 파악하고 대응하기 위해 필요하다. 부동산가격지수는 객관적인 자료로서 정보를 제공하기 때문이다.

　　2)감정평가 시 활용
　　　감정평가는 부동산의 경제적 가치를 판정하여 그 결과를 가액으로 표시한다. 경제적 가치의 판정은 감정평가액을 결정하는 기준이 되는 날짜가 필요하다. 따라서 부동산가격지수는 감정평가의 기준이 되는 자료로 활용된다. 대표적으로 토지는 지가변동률, 건물은 건축비지수 등이 활용된다. 그러므로 객관적인 감정평가를 위해서는 부동산가격지수가 필요하다.

　2.기능
　　1)경제적 기능
　　　부동산가격지수는 부동산시장에 대한 정보를 제공한다. 이는 부동산을 효율적으로 이용하고 부동산 거래질서의 유지에 기여한다. 또한 합리적인 의사결정에도 기여한다. 부동산가격지수를 활용하여 적정한 가격수준을 파악하고 대응할 수 있기 때문이다. 그러므로 부동산가격지수는 경제적 측면에서 중요한 역할을 한다.

　　2)정책적 기능
　　　부동산가격지수는 부동산이라는 자원을 합리적이고 공평하게 배분하는 데 기여한다. 이는 부동산 적정가격을 유지하는 역할을 한다. 또한, 과세의 형평성이나 정당한 보상을 위한 기초자료로 정책적 목적을 달성할 수 있는 데 기여한다. 그러므로 부동산가격지수는 정책적 측면에서도 중요한 역할을 한다.

Ⅲ.(물음2)각 모형의 원리와 장단점
　1.특성가격모형
　　1)원리
　　　특성가격모형은 회귀방정식을 이용하여 가치를 구하는 방법이다. 따라서 특성가격모형은 통계적 자료 해석에 기초한다. 부동산가격지수는 특성변수가 부동산가격에 미치는 영향을 파악할 때 활용된다. 즉, 거래가격, 주택특성자료 등을 이용하여 회귀방정식을 도출하고 이를 기초로 부동산가격을 지수화한다.

　　2)장단점
　　　특성가격모형은 산식이 간단하여 적용이 쉽다는 장점이 있다. 하지만 지수를 산정하기 위한 자료의 신뢰성, 모형 선정의 자의성, 특성 변수가 누락될 가능성 등에 문제가 있다. 또한, 다공선성이 나타날 수 있다.

　2.반복매매모형
　　1)원리
　　　반복매매모형은 같은 부동산이 반복되어 거래되는 가격에 기초하여 산정하는 방법이다. 즉, 매매가 발생하는 시점의 가격차이를 부동산가격지수를 산정할 수 있다. 단, 매매가 발생하는 시점에 부동산의 이용이나 개별 특성이 변화하지 않는다고 가정하고 있다.

　　2)장단점
　　　반복매매모형은 같은 부동산을 이용하고 특성 등이 변화되지 않으므로 가격변동률을 정확히 구할 수 있다. 하지만 부동산은 이용과 개별 특성이 계속해서 변화하고, 주위 환경의 영향을 받아 가격이 달라질 수 있다는 점은 반영하지 못한다.

Ⅳ.결어
　부동산가격은 가격의 변화만으로 설명하는 데 한계가 있다. 따라서 부동산가격지수를 활용하되, 다양한 자료를 수집할 필요가 있다. 그러므로 부동산의 경제적 가치를 판정하는 감정평가가 필요하다.

〈끝〉

[제19회 문3] 20점

I. 서설

비상장주식은 주권비상장법인의 주권으로서, 거래소, 코스닥 등에 자본금 조달 등을 위하여 상장 또는 등록되어 거래되는 상장주식 외의 주식을 말한다. 따라서 비영리법인인 A기업의 주식가치는 비상장주식의 감정평가에 의한다. 또한 자본금 전액이 자산이고, 그 자산은 무형자산으로 계상되었다. 그러므로 이하에서 당해 기업의 주식가치는 무형자산의 감정평가를 중심으로 살펴본다.

II. A기업의 감정평가

1. 관련 규정의 검토

비상장주식의 감정평가는 해당 회사의 자산·부채 및 자본 항목을 평가하여 수정재무상태표를 작성한 후 기업체의 유·무형자산가치에서 부채의 가치를 빼고 산정한 자기자본의 가치를 발생주식 수로 나눈다(감칙 제24조 제1항 제2호). A기업의 자본은 무형자산이므로 감칙 제23조 제3항에 따른다.

2. 수익환원법

1) 적용 및 근거

무형자산은 감칙 제23조 제3항에 따라 수익환원법을 적용하는 것이 원칙이다. 무형자산의 수익환원법은 대상 무형자산이 장래 산출할 것으로 기대되는 순수익이나 미래의 현금흐름을 환원하거나 할인하여 대상 무형자산의 가액을 산정한다. 이는 현금흐름할인법, 증분 현금흐름법, 직접 현금흐름법, 로열티면제법 등으로 구할 수 있다.

2) 장단점

수익환원법은 미래 예상되는 경제적 이익의 예측 및 현가화를 통한 객관적 가치를 산정할 수 있다는 장점이 있다. A기업은 자본금 전액을 기술개발에 투자하였다. 따라서 수익환원법의 적용은 합리적인 의사결정을 위한 목적에 적합하다. 하지만 미래 경제적 이익의 예측은 위험을 고려하는 과정에서 자의성이 반영될 수 있다. 또한, 현가화 과정에서 할인율은 시장상황 등에 따라 달라질 수 있다.

3. 거래사례비교법

1) 적용 및 근거

무형자산은 감칙 제12조 제2항에 따라 거래사례비교법을 적용할 수 있다. 무형자산의 거래사례비교법은 대상 무형자산과 가치형성요인이 같거나 비슷한 무형자산의 거래사례와 비교하여 대상 무형자산의 현황에 맞게 사정보정, 시점수정, 가치형성요인 비교 등의 과정을 거쳐 대상 무형자산의 가액을 산정한다. 그 밖에 시장배수법, 시장로열티법 등을 이용하여 구할 수 있다.

2) 장단점

거래사례비교법은 무형자산의 특성, 시장참가자의 선호도와 행태, 시장의 수요와 공급 원리 등을 잘 반영한다. 이는 거래된 무형자산의 법적 소유권 묶음의 내용, 거래 관련 금융조건, 거래의 공정성과 효율성, 시장조건 등을 분석한다. 따라서 객관적이라는 장점이 있다. 하지만 비영리법인인 A기업의 무형자산은 시장자료의 신뢰성이 떨어질 수 있다. 특히 시장배수는 신뢰할 수 있는 정보나 효율성이 있다는 것을 전제로 한다. 그러므로 비상장주식의 감정평가에서는 합리성이 결여될 수 있다.

4. 원가법

1) 적용 및 근거

무형자산은 감칙 제12조 제2항에 따라 원가법을 적용할 수 있다. 무형자산의 원가법은 대상 무형자산의 재조달원가에서 감가수정을 하여 대상 무형자산의 가액을 산정한다. 이는 대상 무형자산이 가져오는 미래 경제적 이익을 다시 창출하기 위해 필요한 금액으로 구하는 것이다. A기업은 자본금 전액을 기술개발에 지출하였다. 따라서 이 비용을 근거로 원가법을 적용할 수 있다.

2) 장단점

원가법은 대상 무형자산의 직접적인 비용을 구할 수 있다는 장점이 있다. 하지만 그 비용이 적정한지는 문제가 된다. 또한, 장래 기대되는 이익과 투자에 대한 위험, 사업 성장의 전망 등에 대한 반영이 어렵다는 단점이 있다. 특히 A기업은 전자제품을 개발, 생산, 판매하기 위해 설립된 것임에도 기술개발에만 비용을 지출하였다.

IV. 결어

A기업의 주식가치는 무형자산을 기준으로 수익환원법이 적합하다. 다른 방법은 현재 A기업의 상황을 고려할 때 합리성이 다소 떨어진다. 그러므로 감정평가 시 주의가 필요하다. 〈끝〉

[제19회 문4] 10점

Ⅰ. 각 가격의 의의

1. 보상평가가격
보상평가가격이란 토지보상법 및 각종 개별법령에 따라 공익사업을 목적으로 취득 또는 사용하는 토지등에 대한 손실보상액을 감정평가한 가격이다.

2. 적정가격
적정가격이란 토지, 주택 및 비주거용 부동산에 대하여 통상적인 시장에서 정상적인 거래가 이루어지는 경우 성립될 가능성이 가장 높다고 인정되는 가격을 말한다(부동산공시법 제2조 제5호).

3. 실거래가격
적정한 실거래가란 「부동산 거래신고에 관한 법률」에 따라 신고된 실제 거래가격으로서 거래시점이 도시지역은 3년 이내, 그 밖의 지역은 5년 이내인 거래가격 중에서 감정평가업자가 인근지역의 지가수준 등을 고려하여 감정평가의 기준으로 적용하기에 적정하다고 판단하는 거래가격을 말한다(감칙 제12조의 2).

Ⅱ. 각 가격과의 관계

1. 보상평가가격과 적정가격의 관계
보상평가가격은 정당한 보상액을 산정하기 위한 것이므로 적정가격을 지향한다. 특히 토지의 보상평가는 적정가격을 위해 표준지공시지가를 정상화하는 그 밖의 요인 보정이 이루어진다. 토지의 보상평가가격은 공시지가기준법에 따르기 때문이다.

2. 보상평가가격과 실거래가격과의 관계
보상평가가격은 그 밖의 요인 보정을 통해 표준지공시지가를 정상화한다. 이때 실거래가격은 그 밖의 요인 보정이 적정한지 검토하는 수단이 된다. 따라서 실거래가격은 그 밖의 요인 보정을 위한 사례로서 보상평가가격과 관련된다.

3. 적정가격과 실거래가격과의 관계
적정가격은 통상적인 시장에서 정상적인 거래를 기준으로 한다. 실거래가격은 매도인과 매수인의 합의를 기준으로 한다. 따라서 부동산 거래는 적정가격을 기준으로 합의에 따라 이루어진다. 즉, 실거래가격은 적정가격을 기준으로 판단한다는 점에서 관련된다. 〈끝〉

[제19회 문5] 10점

Ⅰ. 개설
허프모형은 소매인력법칙과 분기점 모형을 응용하여 고객의 행동력을 분석한 이론이다. 이는 상업지의 결정과 관련된다. 상권은 대상부동산이 흡인할 수 있는 실질적 규모의 소비자가 존재하는 권역이다. 이하에서 관련 내용을 살펴본다.

Ⅱ. 허프모형의 원리

1. 소매인력법칙
소매인력법칙은 도시 규모와 거리를 통해 상권의 범위를 확정하기 위한 이론이다. 각 점포가 미치는 상권의 범위는 점포가 포함된 도시의 인구에 비례하고 거리의 제곱에 반비례한다. 이를 통해 두 도시 사이에 있는 도시에서 각 도시로 향할 흡인력을 구한다. 허프모형은 매장 면적에 비례하고 거리의 제곱에 반비례한다.

2. 분기점 모형
분기점 모형은 소매인력법칙을 응용하여 두 점포의 상권이 구분되는 분기점을 찾는 모형이다. 즉, 두 점포 사이의 연결선에서 두 점포 각각으로의 흡인력이 같아지는 지점을 찾는 것이다. 허프모형은 해당 매장으로 구매하러 갈 확률인 시장점유율을 구하게 된다.

Ⅲ. 허프모형의 실무적용상 장·단점

1. 장점
중심지이론은 중심지의 형태와 구조가 결정되는 과정을 설명한 이론이다. 허프모형은 중심지의 형태와 구조에 상권이론으로 발전시켰다는 장점이 있다. 또한, 소매인력법칙과 분기점 모형이 갖는 유용성을 모두 반영하였다는 장점이 있다.

2. 단점
허프모형은 고정된 상권을 놓고 경쟁하기 때문에 제로섬게임이 된다는 한계가 있다. 즉, 현실은 상권이 다양한 요인에 의해 계속해서 달라지기 때문이다. 또한 허프모형은 점포가 많아질수록 기존의 점포 고객이 줄어든다고 하고 있다. 하지만 실제로는 일정한 지역에 점포가 밀집할수록 상권이 더 커지는 경우가 많다. 따라서 허프모형은 현실을 설명하기에는 한계가 있다. 〈끝〉

〈이 하 여 백〉

감정평가이론 기출문제 **제20회** 예시답안

[제20회 문1]40점

Ⅰ. 서설

지상권이 설정된 토지란 타인의 토지에 건물 기타 공작물이나 수목을 소유하기 위해 그 토지를 사용하는 권리인 지상권이 설정된 토지를 말한다. 대상물건은 지상권이 설정된 토지로서 담보와 보상이라는 감정평가목적 등에 따라 감정평가액은 차이가 날 수 있다. 이하에서 관련 내용을 살펴본다.

Ⅱ. (물음1) 지상권이 설정된 토지의 담보 감정평가

1. 담보감정평가의 개념

담보감정평가란 금융기관 등이 대출을 하거나 채무자가 대출을 받기 위하여 의뢰하는 담보물건에 대한 감정평가를 말한다. 따라서 담보감정평가는 안정적인 채권회수를 목적으로 한다. 그러므로 지상권이 설정된 토지는 어떻게 채권회수를 할 것인지에 대한 주의가 필요하다.

2. 유의할 점

1) 환가성

담보감정평가는 안정적인 채권회수를 목적으로 하므로 담보물의 환가성에 유의해야 한다. 지상권이 설정된 토지는 지상권이 설정된 토지의 면적, 지상권이 토지에 미치는 제한의 정도, 지상권이 설정된 토지의 이용상황과 주위환경 등에 따라 환가성이 달라진다.

2) 지상권의 제한정도

지상권이 설정된 토지는 지상권에 따른 제한을 반영함에 유의한다. 이때 지상권에 따른 제한정도는 지상권 가치를 구하여 차감하거나, 일정비율을 적용하여 구할 수 있다. 지상권 가치는 정상적인 지료와 실제 지료의 차이를 현가하여 구할 수 있다. 그 밖에 지상권이 설정된 토지가액과 지상권이 설정되지 않은 토지가액의 차이로도 구할 수 있다.

3) 저당권자가 설정한 경우

저당권자가 채권확보를 위해 지상권을 설정한 경우에는 지상권의 제한정도 등을 고려하지 않고 정상적으로 감정평가한다. 통상적으로 저당권자는 해당 토지의 사용이나 수익을 위한 것이 아니라 채권확보를 위해 설정한 것에 불과하기 때문이다. 따라서 해당 토지의 이용 등에 제한이 없으므로 정상평가함에 유의한다.

3. 감가 또는 증가요인

1) 건축 및 시설제한

지상권이 설정된 토지는 건물이나 시설물의 설치에 제한을 받는다. 이는 건물의 접근상태, 건축의 금지나 제한, 건물의 이격거리 등에 따라 제한의 정도가 달라진다. 그 결과 지상권이 설정된 토지는 담보물로서 환가성을 저하시키므로 감가요인으로 작용한다.

2) 권리 제한

지상권이 설정된 토지는 지상권자 등이 행위가 제한된다. 또한, 지상권이 설정된 토지가 최유효이용으로 제한을 받지 않는다고 하더라도 담보권 설정이 어려울 수 있다. 그리고 건축허가를 받기 위해서는 심의를 거쳐야 하는 등의 규제가 있다. 그 결과 지상권이 설정되지 않은 토지가치보다 감가가 발생한다.

3) 장래 기대이익의 상실

지상권이 설정된 토지는 지상권이 설정됨으로 인해 장래 기대이익이 상실되므로 감가가 발생한다. 현재 농지나 임야로 이용 중이라고 하더라도 장래 도시지역에 포함되거나 대지로의 전환가능성이 있기 때문이다.

Ⅲ. (물음2) 지상권이 설정된 토지의 보상 감정평가

1. 보상감정평가의 개념

보상감정평가란 토지보상법 및 다른 법령에 따라 공익사업을 목적으로 취득 또는 사용하는 물건에 대한 손실보상을 위한 감정평가를 말한다. 이는 정당한 보상액을 산정하기 위한 목적이다.

2. 검토사항

1) 토지보상법 시행규칙의 검토

(1) 제29조의 검토

지상권이 설정된 토지는 취득하는 토지에 설정된 소유권외의 권리의 목적이 되고 있는 토지에 대하여는 당해 권리가 없는 것으로 하여 동규칙 제22조 내지 제27조의 규정에 의하여 평가한 금액에서 제28조의 규정에 의하여 평가한 소유권외의 권리의 가액을 뺀 금액으로 평가한다.

(2) 제28조의 검토

취득하는 토지에 설정된 소유권외의 권리에 대하

여는 당해 권리의 종류, 존속기간 및 기대이익 등을 종합적으로 고려하여 평가한다. 이 경우 점유는 권리로 보지 않는다. 소유권외의 권리에 대하여는 거래사례비교법에 의하여 평가함을 원칙으로 하되, 일반적으로 양도성이 없는 경우에는 당해 권리의 유무에 따른 토지의 가격차액 또는 권리설정계약을 기준으로 평가한다.

2)기타
 (1)보상대상이 아닌 경우
　지상권이 보상대상이 되는 권리가 아닌 경우에는 지상권으로 인한 제한 등을 고려하지 않고 감정평가한다는 점을 고려해야 한다. 정당한 보상없이 토지를 사실상 사용하고 있는 경우에는 지상권자가 지료를 지급하지 않거나 정상지료보다 낮은 지료를 지급하는 경우가 있다. 하지만 이는 반사적 이익에 불과하므로 보상대상이 되는 권리가 아니다.

 (2)완전소유권
　보상감정평가는 지상권자를 관계인으로 본다. 따라서 사업시행자는 토지의 완전한 소유권을 취득한다. 그러므로 지상권은 사업시행자의 취득 대상이 아니다. 그러므로 지상권 가치는 완전 소유권을 상회하는 보상은 이루어지지 않는 점을 고려한다.

Ⅳ.(물음3)감정평가액의 차이가 나는 이유
 1.가치다원론의 개념
　가치다원론이란 부동산가치는 감정평가목적 등에 따라 다양하게 나타날 수 있다는 이론이다. 즉, 같은 물건이라고 하더라도 감정평가목적 등에 따라 감정평가액이 차이가 날 수 있다는 의미이다. 이는 감정평가목적 등에 따라 기준가치, 기준시점, 감정평가조건 등이 달라져 감정평가의 기능에 차이가 나기 때문이다.

 2.정책적 기능
　1)자원의 배분
　감정평가는 부동산 등의 자원이 합리적이고 공평하게 배분될 수 있게 도와준다. 부동산은 사회성과 공공성을 가지고 있기 때문이다. 자원의 배분은 감정평가목적 등에 따라 달라진다. 그 결과 감정평가액이 차이가 날 수 있다.

　2)적정한 가격형성 유도
　감정평가는 부동산의 경제적 가치를 공정하고 객관적으로 판정한다. 따라서 불완전한 부동산시장에서의 거래가 적정하게 이루어질 수 있도록 유도한다. 적정성의 판단은 감정평가목적 등에 따라 다르다. 그러므로 감정평가액이 차이가 날 수 있다.

　3)정당한 보상
　보상감정평가는 정당한 보상액이 지급되도록 도와준다. 보상은 법률로써 하도록 되어 있다. 따라서 지상권이 설정된 토지가 같은 물건이라도 토지보상법에 따르는 경우인지에 의해 감정평가액이 달라질 수 있다.

 3.경제적 기능
　1)시장의 효율성 향상
　부동산은 고정성, 부증성 등으로 인해 그 시장의 수요와 공급이 제대로 작용하지 못한다. 감정평가는 이러한 수요와 공급 작용 등을 원활하게 할 수 있도록 도와준다. 특히 용도적 측면에서 대체가능성은 공급의 비탄력성을 완화시킨다. 감정평가목적 등에 따라 완화의 정도가 차이가 있다. 그 결과 감정평가액이 달라질 수 있다.

　2)의사결정의 기준
　감정평가는 다양한 의사결정을 위한 판단기준을 제시하는 역할을 한다. 지상권이 설정된 토지의 경우 지상권자와 지상권설정자의 의사결정이 달라진다. 이는 지상권자와 지상권설정자의 이용목적 등에 차이가 있기 때문이다. 그 결과 의뢰인의 목적 등에 따라 감정평가액이 차이가 날 수 있다.

　3)이해조정
　감정평가는 다양한 이해관계인들의 이해를 합리적으로 조정하는 데 기여한다. 감정평가는 공정하고 객관적인 기준에 의해 이루어지기 때문이다. 담보감정평가는 금융기관 등이 대출을 해 줄 것인지, 담보물로서 적정한지 등에 대한 의견과 가치를 알려준다. 하지만 보상감정평가는 사업시행자와 토지 등 소유자에 따라 이해가 달라진다. 그러므로 감정평가액의 차이가 날 수 있다.

Ⅴ.결어
　부동산가치는 감정평가목적 등에 따라 달라진다. 이는 같은 물건이라도 감정평가목적 등에 따라 유의할 점 등이 달라지기 때문이다. 〈끝〉

[제20회 문2]20점

Ⅰ. 서론
부동산정책은 부동산문제를 해결하기 위해 공적차원에서 수립하는 것이다. 정부는 부동산시장의 실패를 치유하기 위해 개입한다. 시장실패란 부동산시장의 불완전성 등으로 인해 효율적인 자원 배분이 되지 않는 등의 문제가 나타나는 것이다. 이하에서 관련 내용을 살펴본다.

Ⅱ. 분양가상한제
1. 의의(주택법 제57조 제1항)
분양가상한제란 사업주체가 제54조에 따라 일반인에게 공급하는 공동주택 중 공공택지, 공공택지 외의 택지에서 주택가격 상승 우려가 있는 지역에서 공급하는 주택은 분양가격 이하로 공급하는 것을 말한다.

2. 취지
분양가상한제는 시장실패를 치유하는 수단으로 정책 목적을 달성하기 위한 것이다. 특히 과도한 집값상승으로 인해 현금이 부족한 저소득층은 내집 마련이 어려운 상황을 해결해주기 위한 것이다. 또한, 신규 공급아파트의 분양가를 낮추면서 공급업자는 적정한 이윤을 보장받을 수 있도록 하기 위함이다.

3. 문제점
분양가상한제는 도입취지와 다르게 집값이 안정되지 못하였다. 오히려 로또청약으로 투기수요가 발생하였다. 또한, 공급업자는 기존의 이윤을 유지하기 위해 건설자재 등의 질을 떨어뜨리는 문제가 발생하였다. 그리고 장기적으로 공급시장은 위축될 것이라는 우려도 있었다.

4. 분양가격 산정방식
분양가상한제 적용주택의 분양가격 산정방식은 기본형건축비에 건축비 가산비용을 더하고 택지비를 더하여 산정한다. 이는 공동주택분양가규칙 제7조 제1항에 근거한다. 택지비는 공공택지의 택지 공급가격, 공공택지 외의 택지의 감정평가 가액, 공공택지 외의 택지 매입가격 등에 의한다.

Ⅲ. 감정평가사의 역할
1. 택지비 감정평가
택지비의 감정평가는 공공택지 외의 택지에서 주택건설 사업계획승인을 신청한 후 입주자모집승인 신청일 이전에 시장·군수 또는 구청장에게 택지가격의 감정평가를 신청하여 이루어진다. 이때 택지비는 부동산공시법에 따른 표준지공시지가를 기준으로 감칙 제2조 제9호에 따른 공시지가기준법에 따라 감정평가한다. 표준지공시지가는 해당 토지의 신청일 당시 공시된 표준지공시지가 중 신청일에 가장 가까운 시점의 표준지공시지가를 기준한다.

2. 정책적 역할
토지는 사회성과 공공성을 갖는다. 따라서 토지는 합리적이고 공평하게 배분되어야 한다. 택지비는 공동주택의 효율적 이용과 관리를 도모해야 한다. 따라서 감정평가는 분양가상한제의 목적을 지원하고, 주택가격의 안정화를 도모한다. 그러므로 감정평가사는 객관적이고 공정한 기준에 따라야 한다.

3. 경제적 역할
택지비는 저소득층의 주거 안정과 공급업자의 적정이윤이라는 이해를 합리적으로 반영해야 한다. 따라서 감정평가사는 이해관계인의 이해를 조정하는 역할을 하게 된다. 또한, 적정한 택지비의 감정평가는 공동주택의 거래질서 확립과 유지에 기여한다. 이는 집값 안정이라는 공익에도 부합한다.

4. 직업윤리
감정평가사의 직업윤리란 감정평가사가 감정평가 활동을 수행할 때 지켜야 할 규정과 행위규범 등을 말한다. 택지비의 감정평가는 분양가상한제의 도입 취지와 정책적·경제적 역할을 수행하므로 감정평가사의 직업윤리가 중요하다. 특히, 부당한 감정평가의 금지, 청렴, 불공정한 감정평가 회피, 비밀준수 등 타인의 권리 보호는 택지비의 감정평가에서 중요하다.

Ⅳ. 결론
분양가상한제는 제도의 도입 취지와 달리 문제점을 가진다. 따라서 감정평가사는 전문자격사로서 이를 보완하고 지원하는 역할을 한다. 그 결과 업무 수행의 권한이 배타적으로 보장받는다. 그러므로 감정평가사는 더 높은 수준의 윤리적 성찰과 사회적 책임이 요구된다. 〈끝〉

[제20회 문3]20점

I. 서설

감정평가는 감칙 제7조 제1항에 따라 개별물건기준 원칙에 의한다. 개별감정평가란 대상물건마다 개별로 감정평가해야하는 것을 말한다. 하지만 둘 이상의 대상물건이 일체로 거래되거나 대상물건 상호 간에 용도상 불가분의 관계가 있는 경우에는 일괄하여 감정평가할 수 있다. 이하에서 일괄감정평가하는 일단지에 대해 구체적으로 살펴본다.

II. (물음1) 일단지

1. 개념

1) 의의

일단지란 용도상 불가분의 관계에 있는 2필지 이상의 일단의 토지를 말한다. 이때 용도상 불가분의 관계란 2필지 이상의 토지가 일단으로 이용 중인 상황이 사회적·경제적·행정적 측면에서 합리적이고 해당 토지의 가치형성 측면에서 타당하다고 인정되는 관계를 말한다.

2) 용도상 불가분의 관계 판단

용도상 불가분의 관계는 최유효이용의 판정기준을 고려하여 개별토지의 용도별로 구체적으로 판정되어야 한다. 최유효이용이란 객관적으로 보아 양식과 통상의 이용능력을 가진 사람이 대상토지를 합법적이고 합리적이며 최고, 최선의 방법으로 이용하는 것이다.

2. 고려사항

1) 소유자 및 지목

일단지는 토지소유자가 동일할 것을 고려하지 않는다. 토지소유자가 다른 경우에도 민법 제262조에서 규정한 공유관계로 보아 일단지로 보기 때문이다. 또한, 일단지는 지목도 동일할 것을 고려하지 않는다. 일단지는 지목에 따라 판단하는 것이 판단하는 것이 아니기 때문이다.

2) 일시적 이용상황 및 인정시점

일시적 이용상황은 일단지로 보지 않는다. 일시적 이용상황은 가설 건축물의 부지, 조경수목 재배지, 골재 야적장 등이 있다. 일단지는 건축물 등이 있거나 건축 중에 있는 토지, 건축허가 등을 받고 공사를 착수한 경우에는 인정될 수 있다.

III. (물음2) 일단지 감정평가

1. 토지가격에 미치는 영향

1) 합리성

일단지는 일단지로 이용 중인 상황이 사회적·경제적·행정적 측면에서 합리적이어야 한다. 이는 2필지 이상의 토지가 사회적인 측면에서 획지로서 인정되어야 한다. 또한, 경제적 측면에서 최유효이용에 부합해야 한다. 그리고 행정적 측면에서 필지 전체가 건물의 대지권에 등재되는 등에 적합해야 한다.

2) 타당성

일단지는 해당 토지의 가치형성 측면에서 타당성이 인정되어야 한다. 해당 토지의 가치형성은 일단지로 이용할 때 증분가치가 나타날 수 있다. 즉, 개별 필지별로 감정평가한 금액을 더한 것보다 더 큰 가치를 지닐 수 있다.

2. 사례

1) 2필지 이상의 토지에 하나의 건축물이 있는 경우

2필지 이상의 토지에 하나의 건축물이 있는 경우에는 일단지로 감정평가할 수 있다. 이는 하나의 건축물이 2필지 이상의 토지와 용도상 불가분의 관계가 있기 때문이다. 건축물이 완공되지 않더라도 건축 중인 경우에도 일단지로 볼 수 있다.

2) 골프장용지

골프장용지는 체육활동에 적합한 시설과 형태를 갖춘 골프장의 토지와 부속시설물의 부지를 말한다. 골프장용지는 개발지와 원형보존지의 등록된 면적으로 일단지로 감정평가한다. 골프장용지는 위치, 교통편의 및 접근성 등의 가치형성요인이 일단의 토지를 기준으로 형성되기 때문이다.

3) 개발단계의 나지

개발단계의 나지는 건축허가를 받고 공사에 착수한 경우 일단지로 감정평가할 수 있다. 다만, 토지의 형질을 대지로 먼저 변경하고 건축허가를 받은 경우에는 일단지로 본 판례가 있다.

IV. 결어

일단지는 일괄감정평가로서, 개별물건기준 원칙의 예외에 해당한다. 따라서 일괄감정평가의 적용은 주의가 필요하다.   〈끝〉

[제20회 문4] 10점

Ⅰ. 개설

비주거용 부동산가격공시제도란 비주거용 부동산에 대한 적정가격을 공시하는 제도를 말한다. 이때 비주거용 부동산이란 주택을 제외한 건축물이나 건축물과 그 토지의 전부 또는 일부를 말한다(부동산공시법 제2조 제4호).

Ⅱ. 도입 필요성

1. 가격공시의 일원화

건물은 국세 기반의 건물기준시가와 지방세 기반의 건물시가표준액의 두 가지 과세표준이 있다. 따라서 행정의 비효율성 등이 문제된다. 그러므로 비주거용 부동산가격공시제도의 도입은 과세표준을 일원화하여 행정의 효율성 등을 개선하기 위해 도입할 필요가 있다.

2. 적정가격 공시

적정가격이란 토지, 주택 및 비주거용 부동산에 대하여 통상적인 시장에서 정상적인 거래가 이루어지는 경우 성립될 가능성이 가장 높다고 인정되는 가격을 말한다(부동산공시법 제2조 제5호). 비주거용 부동산은 그 적정가격을 공시함으로써 적정한 가격형성을 도모하고자 한다.

3. 과세의 형평성

비주거용 건물은 종합부동산세 과세대상에 포함되지 않는다. 이는 부동산공시법의 목적인 각종 조세와 부담금 등의 형평성을 도모하는 것에 부합하지 않는다. 따라서 주거용과 달리 비주거용 건물만 종합부동산세에 포함되지 않는 것은 과세의 형평성이 문제된다. 그러므로 이를 개선하기 위해 도입이 필요하게 되었다.

4. 평가체계의 정립

비주거용 부동산가격공시제도는 시가 평가체계의 정립을 위해 도입되었다. 상속 등 무상 이전으로 인한 취득세 과세표준 산정 시 상증세법과 달리 보상가액을 시가에 규정하지 않는 등 세목별 복잡한 평가체계로 혼돈을 유발하고 있기 때문이다. 따라서 부동산가격을 체계적으로 관리할 수 있는 조세목적의 부동산 평가시스템도 도입될 필요성이 제기되고 있다. 〈끝〉

[제20회 문5] 10점

Ⅰ. 개설

주택시장은 주택의 매매나 임대가 일어나는 시장을 말한다. 주택은 고가성을 지니므로 일반적으로 차입이 발생한다. 따라서 금리는 주택시장에 큰 영향을 미친다. 그러므로 저금리가 유지되는 상황이 주택시장에 어떤 변화를 가져오는지 살펴본다.

Ⅱ. 주택시장의 변화

1. 매매시장

1) 단기

금리가 낮게 유지되면 단기적으로 주택을 매수하려는 수요가 증가한다. 주택의 매입자금은 금융기관 등의 담보대출을 통해 이루어지는 경우가 많기 때문이다. 따라서 금리가 낮으면 대출금에 대한 이자부담이 적어질 수 있으므로 매수수요가 늘어날 수 있다.

2) 장기

금리가 낮게 유지되는 것이 장기화되면 공급업자 등은 주택의 공급을 증가시킨다. 공급업자도 주택을 건설할 때 차입을 통해 자금을 조달하기 때문이다. 공급증가는 장기적으로 주택가격을 하락시킬 수 있다.

2. 임대시장

1) 단기

금리가 낮게 유지되면 단기적으로 전세나 월세가 올라갈 수 있다. 저금리는 전세대출 등의 수요를 일으키고, 이는 더 나은 주택으로 이동하려는 수요를 일으키기 때문이다. 이자비용이 줄기 때문에 같은 자본으로 더 나은 주거생활을 누릴 수 있기 때문이다.

2) 장기

금리가 낮게 유지되는 것이 장기화되면 이는 매매가격의 상승을 가져올 수 있다. 전세수요가 증가하면 전세금 등이 상승하고, 이는 다시 매매가격을 상승시키는 요인으로 작용하기 때문이다. 하지만 매매시장에서 주택공급이 증가함에 따라 전세공급도 증가할 수 있다. 그 결과 전세가격이 오히려 떨어지는 현상이 나타날 수도 있다. 〈끝〉

〈이 하 여 백〉

감정평가이론 기출문제 **제21회** 예시답안

[제21회 문1]40점

Ⅰ. 서론

가치형성요인은 대상물건의 경제적 가치에 영향을 미치는 일반요인, 지역요인 및 개별요인 등을 말한다(감칙 제2조 제4호). 출생률 저하, 핵가족화는 모두 가치형성요인 중 사회적 요인에 해당한다. 기후변화는 가치형성요인 중 자연적 요인에 해당한다. 그러므로 이하에서 가치형성요인의 변화가 부동산 시장, 부동산가치, 감정평가에 미치는 영향을 중심으로 살펴본다.

Ⅱ. (물음1)영향 및 감정평가 시 유의사항

1. 출생률 저하, 핵가족화의 의미

출생률 저하와 핵가족화는 인구구조의 변화를 의미한다. 인구는 부동산의 수요와 공급에 큰 영향을 주는 요인이다. 출생률 저하와 핵가족화는 1인 가구의 증가와 세대 분리 현상을 심화시킨다. 이는 주거용 부동산에 대한 선호를 변화시킨다. 따라서 선호변화는 주거용 부동산시장과 감정평가에도 영향을 미친다.

2. 주거용 부동산 시장에 미치는 영향

1) 시장참가자의 선호 변화

출생률 저하와 핵가족화는 가구원 수가 감소되는 현상이다. 이는 주거용 부동산의 선호를 바꾼다. 예를 들어, 가구원 수가 감소하면 대형 주택보다 소형 주택을 선호하게 된다. 그 결과 수요와 공급의 양상이 달라지게 된다.

2) 수요의 변화

가구원 수가 감소하면 대형 주택의 수요는 줄어든다. 반면, 소형 주택의 수요는 증가한다. 이는 지역별로 다르게 나타난다. 예를 들어, 직장과의 접근성이 좋은 지역은 원룸이나 오피스텔 같은 소형 주택의 수요가 더 크게 나타난다. 또한, 실수요자 중심으로 시장이 변한다. 그 결과 전세나 월세 등의 임대시장이 활성화된다.

3) 공급의 변화

가구원 수가 감소하면 대형 주택의 공급은 줄어든다. 반면, 소형 주택의 공급은 증가한다. 수요가 늘어나기 때문이다. 그 결과 공급자는 새로운 시장 분석이 요구된다. 또한, 직장과의 접근성이 좋은 지역은 더 많은 공급이 이루어질 수 있다. 따라서 지역 간에 수요와 공급의 불균형이 심화될 수 있다. 그 밖에 공급의 유형은 소형 아파트, 오피스텔, 다세대, 생활형 숙박시설 등 다양한 형태로 나타날 수 있다.

4) 경제적 요인의 변화

사회적 요인의 변화는 다른 가치형성요인에도 영향을 미친다. 특히 사회적 요인은 경제적 요인과 밀접하게 관련된다. 출생률 저하와 핵가족화는 인구의 이동에만 영향을 미치는 것이 아니라, 소득수준이나 교육수준 등의 질적인 변화도 가져오기 때문이다.

5) 행정적 요인의 변화

사회적 요인의 변화는 부동산 정책 등에도 영향을 미친다. 예를 들어, 정부는 출생률 저하나 핵가족화를 해결하기 위해 주택청약 시 신혼 부부, 다자녀 가구, 노부모 특별공급 등을 마련하였다. 또한, 준주택 제도와 도심형 생활주택을 도입하여 공급대책도 마련하고 있다.

3. 주거용 부동산 감정평가 시 유의사항

1) 대상물건의 확정 및 확인시 유의사항

주택은 공동주택, 단독주택 등으로 구분한다. 주거용 부동산에 대한 선호가 다양해지면서 대상물건의 확정과 확인에 유의해야 한다. 특히, 복층이나 테라스 등은 거주자에게 큰 영향을 미친다. 또한, 공용면적으로 되어 있으나, 실제 전용하여 쓰이는 부분은 감정평가 시 주의가 필요하다.

2) 자료수집 및 분석시 유의사항

자료수집 및 분석시 새로운 주택 유형에 대한 분석에 유의한다. 준주택이나 도심형 생활주택의 유형은 자료가 많지 않을 수 있기 때문이다. 또한, 전세나 월세 등의 임대시장에 대한 자료의 양과 신뢰성에 유의해야 한다. 주택시장에서 임대자료는 정보의 비공개성 등으로 임대인과 임차인의 사정이 개입될 수 있기 때문이다.

3) 자료검토 및 가치형성요인 분석시 유의사항

주거용 부동산의 감정평가 시 지역요인과 개별요인의 분석에 유의해야 한다. 시장참가자의 선호는 지역마다 다르게 나타나기 때문이다. 특히 주택은 학군에 대한 선호가 가격에 큰 영향을 미친다. 신혼부부나 다자녀부부의 경우에는 그 영향이 더 크다. 이는 주거공간의 이용에 영향을 미치기 때문이다. 예를 들어, 자녀가 있는 부부는 육아 공간이 필요하다. 홀로 거주하는 직장인은 휴식 공간이 더 의미가 있다. 그 결과 가치에 영향을 미치는 정도가 달라질 수 있다.

4) 감정평가방법의 선정 및 적용시 유의사항

감정평가방법의 선정 및 적용은 감정평가 3방식 중 하나 이상의 감정평가방법을 선정하고 대상물건의 시산가액을 도출하는 과정이다. 주거용 부동산은 복합부동산인 경우 원가법, 구분소유부동산인 경우 거래사례비교법을 주로 적용한다. 하지만 주거용 부동산의 수요가 증가하면서 전세나 월세 등으로 수익을 창출하는 경우도 많아지고 있다. 따라서 보증금, 전세, 월세, 관리비 등을 통해 수익환원법에 대한 합리성 검토에 유의해야 한다.

5) 시산가액 조정시 유의사항

시산가액 조정이란 주된 방법을 적용하여 산정한 시산가액을 다른 방법으로 산출한 시산가액과 비교한 결과, 합리성이 없다고 판단되는 경우 시산가액을 조정하여 감정평가액을 결정하는 것을 말한다. 주거용 부동산은 주거용으로서의 쾌적성, 자료의 신뢰성, 수요와 공급의 시장상황, 감정평가목적 등에 따라 감정평가액이 달라질 수 있다. 따라서 출생률 저하와 핵가족화로 인해 달라지는 사항을 종합적으로 고려함에 유의해야 한다.

6) 감정평가액의 결정시 유의사항

감정평가액의 결정이란 감정평가방법의 적용을 통하여 산정된 시산가액을 합리적으로 조정하여 대상물건이 갖는 구체적인 가치를 최종적으로 결정하는 것을 말한다. 따라서 시장참가자의 선호가 쾌적성, 수익성으로 변화하고, 지역마다 다른 양상이 나타나며, 정책과 시장상황의 변화 등을 고려하여 최종 감정평가액을 결정함에 유의한다.

Ⅲ. (물음2) 부동산 가치형성요인에 미칠 영향

1. 기후 변화의 의미

기후 변화는 가치형성요인 중 자연적 요인이다. 이는 인간이 부동산을 대상으로 하는 활동에 영향을 미친다. 그 결과 부동산 가치형성요인도 달라진다. 이하에서 구체적으로 살펴본다.

2. 가치형성요인에 미칠 영향

1) 일반요인

일반요인이란 대상물건이 속한 전체 사회에서 대상물건의 이용과 가격수준 형성에 전반적으로 영향을 미치는 일반적인 요인이다. 기후변화는 인간의 생활과 건축양식 등에 영향을 미친다. 여름과 겨울의 기온 격차가 커지면 냉·난방 설비 및 에너지 효율성이 부동산 가치에 영향을 미친다. 또한, 장마철에 게릴라성 집중 호우 피해를 막기 위해서는 배수 시설의 정비와 관리가 필요하다. 이처럼 공공시설의 정비 상태는 부동산 가치형성에 큰 영향을 미친다.

2) 지역요인

지역요인이란 대상물건이 속한 지역의 가격수준의 형성에 영향을 미치는 자연적, 사회적, 경제적, 행정적 요인이다. 과거에 기후는 주거지의 선천적인 결정요인이었다. 하지만 과학과 기술의 발전에 따라 선천적인 기후문제를 해결하기 시작했다. 그 결과 주거용 부동산은 어느 지역에나 입지가 가능해졌다. 하지만 그럼에도 불구하고 시장참가자들은 일조량이 풍부한 지역, 온도와 습도가 적당한 지역 등을 여전히 선호한다. 따라서 선호하는 지역은 부동산 가치형성에 영향을 미친다.

3) 개별요인

개별요인이란 대상물건의 구체적 가격에 영향을 미치는 대상물건의 고유한 개별요인이다. 기후변화는 개별요인에도 큰 영향을 미친다. 예를 들어, 중국의 황사는 건물의 부식을 증가시키고 사람들의 호흡기 질환을 가중시킨다. 이를 막기 위해 건물의 내·외장재의 설치, 공기 조화설비의 설치 등이 이루어지고 있다. 또한, 냉·난방 설비, 조명 등은 쾌적한 환경을 위해 선호되고 있다. 이처럼 다양한 개별요인은 부동산 가치형성에 영향을 미친다.

Ⅳ. 결론

주거용 부동산에 대한 변화는 사람들의 선호를 변화시킨다. 그 결과 부동산의 경제적 가치를 판정하는 감정평가도 시장참가자들의 선호, 가치형성요인의 분석, 수요와 공급 상황 등을 파악해야 한다. 이는 감정평가의 객관성과 신뢰성과 직결되기 때문이다.

〈끝〉

[제21회 문2] 30점

Ⅰ. 서론

비상장법인 A주식회사는 특허권을 가진 공장과 임대업을 하는 업무용빌딩을 소유하고 있다. 당기순이익은 특허권을 가진 공장에서 더 크게 나타난다. 따라서 A주식회사는 무형자산의 비중이 더 큰 기업이다. A주식회사의 주식은 비상장주식이므로 이하에서 이를 기준으로 감정평가방법에 대해 구체적으로 살펴본다.

Ⅱ. (물음1) 감정평가방법 및 장단점

1. 감칙 제24조 제1항 제2호의 검토

비상장주식의 감정평가는 해당 회사의 자산·부채 및 자본 항목을 평가하여 수정재무상태표를 작성한 후 기업체의 유·무형의 자산가치에서 부채의 가치를 빼고 산정한 자기자본의 가치를 발생주식 수로 나누어 구한다.

2. 자기자본가치법

1) 기업가치의 감정평가

기업가치의 감정평가는 감칙 제24조 제3항에 따라 수익환원법을 원칙으로 한다. 수익환원법은 할인현금흐름분석법, 직접환원법, 옵션평가모형 등으로 구한다. 그 밖에 거래사례비교법이나 원가법 등을 적용할 수 있다. 거래사례비교법은 유사기업이용법, 유사거래이용법, 과거거래이용법 등으로 구한다.

2) 자기자본가치의 산정

수정재무상태표는 회계상 재무제표에 기재된 자산과 부채를 적용하는 것이 아니다. 이는 각각의 자산, 부채, 자본을 기준시점 현재 공정가치로 감정평가한다. 자산은 기업가치를 통하여 계산한다. 하지만 실질가치가 없는 무형자산이나 회수가능성이 낮은 채권에 대해서는 별도의 처리가 필요하다. 부채도 실질적인 규모를 산정하여 총자산에서 총부채를 차감하여 자기자본가치를 산정한다.

3. 장단점

1) 장점

자기자본가치법은 기업의 재무제표를 기초로 평가가 이루어지므로 회계적 시각을 반영한다는 장점이 있다. 동시에 재무제표의 자산이 갖는 원가성의 한계를 보완하여 기준시점에 현실성 있는 가치를 반영하는 장점이 있다. 또한, 기준시점에서 기업의 자기자본가치가 과소 또는 과대계상되는 문제를 미연에 방지할 수 있다.

2) 단점

자기자본가치법은 신규 기업인 경우 안정적인 매출이 확보되지 않아 기업가치를 수익환원법으로 감정평가하는 것에 문제가 될 수 있다. 그리고 기업의 자산 구성형태가 무형자산의 비중이 큰 경우에는 주관성이 반영될 수 있다는 한계가 있다. 왜냐하면 무형자산의 비중이 큰 경우 자산가치는 위험을 어떻게 반영할지에 대한 판단이 요구되기 때문이다.

4. A주식회사

A주식회사는 감칙에서 인정하는 자기자본가치법에 따라 주식을 감정평가할 수 있다. 하지만 비상장주식이므로 자기자본가치를 의결권이 있는 보통주의 가치로 구할 수 있다. 보통주는 자기자본가치에서 우선주 가치를 차감하여 구한다. 즉, 기업가치에서 부채가치와 우선주 가치를 차감하여 구할 수 있다.

Ⅲ. (물음2) 다른 방법 및 타당성

1. 혼합법

1) 적용

혼합법은 상속세 및 증여세법 시행령 제54조 제1항에 따라 1주당 순손익가치와 1주당 순자산가치를 각각 3과 2의 비율로 가중평균한 가액으로 구할 수 있다. 1주당 순손익가치는 1주당 최근 3년간의 손익액의 가중평균액을 3년 만기 회사채의 유통수익률을 고려한 기획재정부령으로 정하는 이자율로 나누어 구한다. 1주당 순자산가치는 당해 법인의 순자산가액을 발생주식 총수로 나누어 구한다.

2) 타당성

상속세 및 증여세법은 공정한 과세, 납세의무의 적정한 이행 확보 및 재정수입의 원활한 조달에 이바지함을 목적으로 한다. 동법 시행령 제54조는 비상장주식등의 평가와 관련된다. A주식회사의 경우 상속이나 증여 등의 목적으로 주식을 감정평가하는 경우에 해당하지 않는다. 따라서 혼합법은 자기자본가치법을 보충하는 수단으로 활용하는 것이 타당하다.

2. 상대가치평가법

1) 적용

상대가치평가법은 대상주식과 비교성이 있는 거래사례 등을 수집하여 감정평가하는 방법이다. 비교성은 자본구조, 신용상태, 경영관리의 질, 기업의 성숙도, 장부가치, 산업에서의 위치 등으로 판단한다. 이는 유사기업이용법, 유사거래이용법, 과거거래이용법 등으로 구할 수 있다.

2) 타당성

A주식회사는 비상장기업이므로 유사기업이용법은 적용이 어렵다. 유사기업이용법은 상장된 주식을 전제로 하기 때문이다. 이는 기업의 매출구조, 규모와 경영구조, 기업의 성숙도 등에서 차이가 있다. 반면, A주식회사가 경영권이 있는 주식의 형태라면 유사거래이용법의 적용이 타당하다. 이는 기업 전체 또는 사업단위 경영권이 매매됨을 전제로 하기 때문이다.

3. 수익가치평가법

1) 적용

수익가치평가법은 대상주식으로부터 발생하는 현금흐름을 기초로 감정평가하는 방법이다. 대표적으로 배당금평가모형이 있다. 이는 주주에게 지급될 배당금과 장래 주식의 처분가격을 투자자의 요구수익률로 할인한 것으로 보통주 가치를 구한다.

2) 타당성

A주식회사는 수익구조가 이원화되어 있다. 따라서 배당정책의 일관성이 전제된다면, 수익가치평가법의 적용이 가능하다. 전자제품의 50억 원과 임대수익 20억 원으로 예정된 배당금을 적정율로 할인하면 대상의 특수성 즉, 개별성을 잘 반영할 수 있기 때문이다.

Ⅳ. 결론

A주식회사는 특허권을 통한 수익과 임대를 통한 수익이 발생한다. 따라서 감칙상 자기자본가치법을 원칙으로 적용하되, 보통주 가치법, 수익가치평가법, 상대가치평가법 등으로 합리성을 검토하는 것이 타당하다. 그 밖에 보충적인 방법으로 혼합법을 활용할 수 있다. 다양한 감정평가방법은 감정평가의 객관성과 신뢰성을 높여줄 수 있기 때문이다.

〈끝〉

[제21회 문3] 30점

Ⅰ. 서설

부동산은 경제재이자 사회재·공공재이다. 따라서 부동산가치는 경제재와 사회재·공공재의 특징을 동시에 갖는다. 그러므로 부동산가치는 수요와 공급에 의해 형성되기도 하고, 고유한 가치형성과정인 발생요인과 형성요인의 상호작용에 의해 형성되기도 한다. 이하에서 관련 내용을 살펴본다.

Ⅱ. (물음1) 부동산가치의 본질

1. 경제재로서의 본질

경제재는 인간의 욕구를 만족시키면서 동시에 경제적 비용을 지불해야 하는 재화를 말한다. 부동산은 부동산의 소유나 이용을 통해 효용을 추구하고 비용을 지불해야 한다. 따라서 부동산가치는 효용에 대한 지불금액이라는 측면에서 경제재로서의 성질을 갖는다.

2. 사회재·공공재로서의 본질

사회재·공공재는 사람들에게 공평하고 합리적으로 배분되어야 하는 재화를 말한다. 부동산은 사회성과 공공성을 지니므로 소유나 이용에 제한이 될 수 있다. 따라서 부동산가치는 이를 반영하여 사회재이자 공공재로서의 성질을 갖는다.

Ⅲ. (물음2) 부동산가치의 특징 및 가치형성원리

1. 부동산가치의 특징

1) 지역성

지역성이란 부동산이 자연적·인문적 특성을 공유하는 다른 부동산과 함께 하나의 지역을 구성하고 그 지역 및 지역 내 타부동산과 의존, 보완, 협동, 대체, 경쟁의 관계를 통하여 사회적, 경제적, 행정적 위치가 결정된다는 특성을 말한다. 부동산가치는 이러한 지역성을 갖는다.

2) 다양성과 변동성

부동산가치는 고정성과 개별성 등으로 인해 지역별, 용도별로 다양하게 나타난다. 부동산은 고정성으로 인해 다른 부동산과 대체·경쟁 관계를 맺으며 지역성을 갖는다. 부동산은 개별성으로 인해 물리적으로는 대체가 어렵지만, 용도의 다양성으로 인해 용도적 측면에서 대체가 가능하다. 그리고 부동가치는 인문적 위치의 가변성으로 인해 끊임없이 변화하는 특징이 있다.

2. 부동산가치의 가치형성원리
 1) 가격수준의 형성
  부동산은 지역성에 의해 해당 지역의 표준적이용과 가격수준이 형성된다. 즉, 지역요인은 일반요인의 지역지향성으로 인해 일반요인이 지역적 차원으로 축소되어 영향을 받는다. 그리고 해당 지역은 지역요인의 영향으로 지역특성을 지닌다. 그 결과 해당 지역의 표준적이용과 가격수준으로 나타나는 것이다. 가격수준은 지역의 표준적 이용에 따른 표준적이고 평균적인 가격의 범위를 의미한다.

 2) 구체적 가격의 형성
  부동산은 부동산가격의 개별성에 의해 대상 부동산의 최유효이용과 구체적 가격이 형성된다. 대상 부동산의 최유효이용은 대상 부동산이 속한 지역의 표준적이용과 가격수준의 영향을 받는다. 그리고 대상 부동산의 개별요인에 따라 구체적 가격이 형성된다. 그 결과 부동산가치는 가격수준과 구체적 가격의 상호작용에 의해 형성된다.

Ⅳ. (물음3) 부동산가치와 기준시점 간의 관계
 1. 기준시점의 개념

  기준시점이란 대상물건의 감정평가액을 결정하는 기준이 되는 날짜를 말한다(감칙 제2조 제2호). 기준시점은 감칙 제9조 제2항에 따라 대상물건의 가격조사를 완료한 날짜로 한다. 다만, 기준시점을 미리 정하였을 때에는 그 날짜에 가격조사가 가능한 경우에만 기준시점으로 할 수 있다.

 2. 양자의 관계
  1) 현재 기준상 관계
   부동산은 사회적, 경제적, 행정적 위치의 가변성으로 인해 그 가치가 계속해서 변화한다. 그 결과 부동산가치는 동태적인 분석이 요구된다. 따라서 감정평가는 동태적 분석을 위해 기준이 되는 날짜가 필요하다. 일반적으로는 현재를 기준으로 한다. 이는 가격조사를 완료한 날짜이다.

  2) 과거 기준상 관계
   부동산가치는 계속해서 변화한다. 하지만 감정평가는 감정평가목적 등에 따라 기준시점이 달라지기도 한다. 과거의 특정시점을 기준으로 감정평가하는 것을 소급평가라고 한다. 이는 소송 등에서 부당이득금을 산정하기 위한 목적 등에서 이루어진

다. 이러한 경우에는 그 날짜에 가격조사가 가능해야 한다. 그 결과 부동산가치는 과거시점을 기준으로 나타낼 수도 있다. 양자는 과거를 기준으로 연결되어 있다.

  3) 미래 기준상 관계
   부동산가치의 감정평가는 미래를 기준으로 이루어지기도 한다. 이를 기한부평가라고 한다. 일반적으로 기한부평가는 조건부평가에 의해 이루어진다. 감정평가조건은 기준시점의 가치형성요인을 실제와 다르게 가정하거나 특수한 경우로 한정하는 것이다. 따라서 부동산가치는 미래시점을 기준으로 나타낼 수도 있다. 부동산가치와 기준시점은 미래를 기준으로 연결될 수도 있다.

Ⅴ. (물음4) 특정가격과 한정가격의 개념
 1. 특정가격
  특정가격이란 시장성을 갖는 부동산에 대해 법령 등에 따른 사회적 요청을 배경으로 하는 감정평가목적 하에서 정상가격의 전제가 되는 제조건을 만족시키지 않는 경우에 부동산의 경제적 가치를 적정히 나타내는 가격을 말한다. 이는 일본감정평

가기준에 따라 시장가치외의 가치의 개념이다.

 2. 한정가격
  한정가격이란 시장성을 갖는 부동산에 대해 부동산과 취득할 타 부동산과의 병합 또는 부동산의 일부를 취득할 때, 분할 등으로 인하여 합리적인 시장에서 형성될 수 있는 시장가치와 괴리됨으로써 시장이 상대적으로 한정되는 경우, 취득 부분이 당해 시장에 한정되는 데 근거하여 시장가치를 적정하게 표시하는 가격이다. 이는 일본감정평가기준에 따른 개념이다.

Ⅵ. 결어
 감정평가의 주된 대상인 부동산은 경제재이자 사회재·공공재이다. 따라서 부동산가치는 경제재로의 특징과 사회재·공공재로의 특징을 모두 갖는다. 그러므로 감정평가사는 부동산가치의 본질과 부동산가치가 어떻게 형성되는지 충분한 이해가 요구된다. 이는 감정평가의 합리성과 신뢰성에 직결되기 때문이다. 〈끝〉

〈이 하 여 백〉

감정평가이론 기출문제 **제22회** 예시답안

[제22회 문1]40점

Ⅰ. 서설

부동산가치는 가치발생요인과 가치형성요인의 다양한 요인에 의해 영향을 받아 형성된다. 특히, 시장참가자의 효용, 대상물건의 특성, 정부의 정책, 부동산시장의 변화 등은 부동산가치에 큰 영향을 미친다. 따라서 부동산의 경제적 가치를 판정하는 감정평가 시 주의가 필요하다. 이하에서 관련 내용을 살펴본다.

Ⅱ. (물음1) 송전선로부지의 보상평가방법 등

1. 감정평가관계법규의 검토

송전선로부지란 토지의 지상 또는 지하 공간으로 송전선로가 통과하는 토지를 말한다. 「송전선로부지 등 보상평가지침」제6조에 따르면 「전기사업법」 제90조의2 또는 「전원개발촉진법」 제6조의2에 따른 토지의 지상 또는 지하 공간을 사용하는 경우에 있어서 그 손실보상을 위한 감정평가는 토지의 지상 또는 지하 공간의 사용료를 감정평가하는 것으로 한다. 사용료의 감정평가는 토지의 지상 또는 지하 공간을 일정한 기간 동안 한시적으로 사용하는 경우와 구분지상권을 설정하여 사실상 영구적으로 사용하는 경우로 구분된다.

2. 송전선로부지의 보상평가방법

1) 지상 공간의 한시적 사용을 위한 감정평가

송전선로의 건설을 위하여 송전선로부지의 지상공간을 한시적으로 사용하는 경우에 있어서 사용료의 감정평가액은 해당 토지의 단위면적당 토지사용료에 감가율을 곱하고, 지상 공간의 사용면적을 곱하여 결정한다. 이때 단위면적당 토지사용료는 표준지공시지가를 기준으로 한 해당 토지의 적정가격에 입체이용저해율을 곱한 금액으로 한다.

2) 지상 또는 지하 공간의 사실상 영구적 사용을 위한 감정평가

송전선로의 건설을 위하여 해당 토지의 지상 공간에 구분지상권을 설정하는 등 사실상 영구적으로 사용하는 경우에 있어서 사용료의 감정평가액은 해당 토지의 단위면적당 토지가액에 감가율을 곱하고, 지상 공간의 사용면적으로 곱하여 결정한다. 해당 토지의 단위면적당 토지가액은 해당 송전선로의 건설로 인한 지가의 영향을 받지 아니하는 토지로서 인근 지역에 있는 유사한 이용상황의 표준지를 기준으로 감정평가한다. 적용공시지가의 선정은 토지보상법 제70조 제3항 또는 제4항을 준용한다.

3. 송전선로 설치에 따른 보상되지 않는 손실

1) 가치하락분

현재 「송전선로부지 등 보상평가지침」에 따르면 송전선로 주변지역 토지의 재산적 보상 등을 위한 감정평가가 규정되어 있다. 송·변전설비 주변지역 내 재산적 보상지역에 속한 토지는 이러한 규정에 의해 보상을 받을 수 있다. 그러나 간접손실로 인한 보상이나 추가보정률에서 고려하고 있지 않은 요인에 대한 가치하락분은 보상되지 못하고 있다.

2) 타인토지의 무단사용

송전선로의 설치를 위한 과정에서 타인토지의 무단점유와 무단사용이 빈번하게 이루어지고 있다. 타인토지의 출입이 상시적으로는 이루어지지 않고 있으나 이로 인한 토지의 이용 등에 제한이 있는 경우 등에 대한 손실을 규정이 되어 있지 않다. 따라서 이러한 손실은 송전선로 설치에 따른 보상이 이루어지지 않고 있다.

Ⅲ. (물음2) 수익형 부동산의 특징과 가치형성원리

1. 수익형 부동산의 개념

수익형 부동산이란 부동산을 통해 운영수익이나 자본수익을 실현하기 위한 부동산을 말한다. 수익형 부동산은 오피스텔, 도시형 생활주택, 생활형 숙박시설, 상가, 오피스 등 다양하다.

2. 수익형 부동산의 특징

1) 수익성

수익형 부동산은 수익을 창출하기 위한 목적을 갖는다. 따라서 어느 정도의 수익이나 효용을 얻을 수 있는지에 관한 수익성을 갖는다. 수익형 부동산은 보유하는 기간 동안에 발생하는 순수익이나 현금흐름, 보유기간 말 처분에 의해 발생하는 매매차익을 통해 수익을 실현한다.

2) 다양성

수익형 부동산의 수익은 다양하게 창출된다. 수익은 보증금 운용수익, 임대료, 관리비, 주차수입, 광고수입, 권리금 등에 의해 발생한다. 하지만 시장참가자들은 순수익, 세전현금흐름, 세후현금흐름 등에 더 관심을 갖는다. 따라서 인건비, 수도광열비, 수선유지비, 대체충당금 등을 제외하고, 저당지불액, 소득세 등을 제외한다.

3) 변동성

  수익형 부동산의 시장참가자는 수익을 극대화하는 데 목적이 있다. 따라서 수익의 변화에 민감하다. 그 결과 수익형 부동산은 시장상황과 시장참가자의 선호도에 따라 계속해서 달라지는 특징이 있다. 또한, 주식이나 채권 등의 부동산과 대체성이 있는 자본시장의 변화에도 민감하다.

3. 수익형 부동산의 가치형성원리

1) 자본환원의 논리

  수익형 부동산은 자본환원의 논리에 기초한다. 자본환원은 수익을 토대로 가치가 형성된다는 것이다. 즉, 수익을 많이 창출할수록 그 가치는 크다. 그러므로 수익형 부동산의 경제적 가치는 자본환원의 논리를 토대로 형성된다.

2) 가격수준의 형성

  수익형 부동산은 수익을 극대화하기 위해 운영수익과 자본수익을 최대로 창출할 수 있는 지역을 선호한다. 따라서 수익형 부동산은 인근 교통시설과의 접근성, 백화점 및 대형상가의 수와 연면적, 배후지의 인구와 범위, 고객의 구매력, 상가의 전문화 및 집단화, 고객의 통행량과 이동패턴 등에 영향을 받는다. 그 결과 수익형 부동산은 해당 부동산이 속한 지역의 표준적이용과 가격수준에 의해 가치가 형성된다.

3) 구체적 가격의 형성

  수익형 부동산은 최고의 수익을 창출하는 최유효이용으로 이용된다. 최유효이용이란 객관적으로 보아 양식과 통상의 이용능력을 가진 사람이 대상부동산을 합법적이고 합리적이며 최고, 최선의 방법으로 이용하는 것이다. 이는 수익형 부동산이 속한 가격수준의 영향을 받아 결정된다. 특히, 수익형 부동산은 업종, 업태, 전면부 여부, 임대료수준과 관리비 등에 따라 구체적인 가격이 형성된다. 이는 다시 수익형 부동산의 가격수준을 형성하는데 영향을 준다.

Ⅳ. (물음3) 수익형 부동산의 감정평가방법

1. 수익환원법의 적용

  수익환원법이란 대상물건이 장래 산출할 것으로 기대되는 순수익이나 미래의 현금흐름을 환원하거나 할인하여 대상물건의 가액을 산정하는 감정평가방법을 말한다(감칙 제2조 제10호). 수익형 부동산은 수익성을 반영하는 것이 핵심이므로 수익성에 기초한 수익환원법을 적용한다.

2. 거래사례비교법의 적용

  거래사례비교법이란 대상물건과 가치형성요인이 같거나 비슷한 물건의 거래사례와 비교하여 대상물건의 현황에 맞게 사정보정, 시점수정, 가치형성요인 비교 등의 과정을 거쳐 대상물건의 가액을 산정하는 감정평가방법을 말한다(감칙 제2조 제7호). 수익형 부동산은 시장참가자의 선호도와 행태, 시장상황 등의 변화에 민감하다. 따라서 수익의 구조, 시장참가자의 소득수준과 소비패턴 등이 유사한 사례를 비준하는 거래사례비교법을 적용한다.

3. 원가법의 적용

  원가법이란 대상물건의 재조달원가에 감가수정을 하여 대상물건의 가액을 산정하는 감정평가방법을 말한다(감칙 제2조 제5호). 원가법은 수익형 부동산의 감정평가 시 수익환원법과 거래사례비교법의 합리성을 검토하는 수단으로 적용할 수 있다. 원가법은 비용성의 논리에 기초하기 때문이다. 따라서 수익의 다양성과 변동성을 고려할 때 적정수준을 파악하는 자료로 활용할 수 있다.

4. 시산가액의 조정

  시산가액의 조정이란 주된 방법을 적용하여 산정한 시산가액을 다른 방법으로 산출한 시산가액과 비교한 결과, 합리성이 없다고 판단되는 경우 시산가액을 조정하여 감정평가액을 결정하는 것을 말한다. 수익형 부동산은 수익환원법을 주된 방법으로 하고 거래사례비교법 등으로 합리성을 검토하여 수익가액을 지지하는지 검토할 수 있다.

Ⅴ. 결어

  부동산가치는 수익형 부동산의 특징과 가치형성, 송전선로부지의 손실보상 등에 따라 다양하게 나타난다. 따라서 대상물건의 특성, 정부 정책, 시장의 변화, 가치형성원리 등을 고려하여 감정평가해야 한다.

〈끝〉

[제22회 문2] 30점

Ⅰ. 서론

사회·경제 환경의 변화는 감정평가의 수요를 다양하게 한다. 그 결과 감정평가의 객관성과 신뢰성은 더 강조되고 있다. 이를 위해서는 다양한 감정평가 방법이 활용될 필요가 있다. 특히 전통적인 3방식 외에 계량적인 감정평가방법의 병용은 감정평가의 객관성을 향상시킨다. 이하에서 관련 내용을 구체적으로 살펴본다.

Ⅱ. (물음1) 특성가격함수모형

1. 개념

1) 의의
특성가격함수모형이란 회귀방정식을 적용하여 가치를 구하는 방법을 말한다. 회귀방정식은 회귀분석을 기초로 부동산 가치형성요인을 영향변수로 하여 구한다.

2) 특징
특성가격함수모형은 통계적 자료 해석에 기초한다. 또한, 부동산가치는 효용 등에 의해 발생하고 효용의 크기에 의해 결정된다는 시장의 수요와 공급작용을 반영한다.

3) 가치추정 논리
특성가격함수모형은 해당 재화의 특성에 의해 가치가 결정된다고 가정한다. 여기서 재화의 특성은 인간에게 효용을 제공하는 재화의 구성요소를 의미한다. 따라서 특성가격함수모형은 특성의 자료를 분석하여 특성가격을 추정하는 논리에 기초한다.

2. 주관적 감정평가와 비교한 장·단점

1) 주관적 감정평가의 의미
주관적 감정평가란 전통적인 3방식을 의미한다. 이는 원가방식, 비교방식, 수익방식을 말한다. 계량적 방법에 비해 정성적인 방법이다.

2) 장점
특성가격함수모형은 주관적 감정평가보다 객관적이다. 주관적 감정평가는 전문적인 지식과 경험에 의한 주관성을 갖고 있다. 하지만 특성가격함수모형은 정량적인 방법에 의하기 때문이다.

3) 단점
특성가격함수모형은 주관적 감정평가보다 가치의 다양성과 상호작용성을 반영하기 어렵다. 부동산 가치는 가치 3면성을 기초로 가치발생요인과 가치형성요인의 상호작용성에 의해 형성되기 때문이다.

Ⅲ. (물음2) 세계경제위기와 감정평가

1. 국내 부동산시장에 미치는 영향

1) 부동산시장의 개념
부동산시장은 부동산 거래를 위해 매도인과 매수인이 만나는 장이다. 시장참가자들은 의사결정시 부동산시장과 자본시장을 함께 고려한다. 자본시장은 이자율이나 수익률을 매개변수로 부동산시장과 연결되기 때문이다. 따라서 세계경제의 위기는 공간시장과 자산시장으로 나누어 살펴본다.

2) 공간시장에 미치는 영향

(1) 수요
공간시장의 수요는 물리적 공간의 필요량을 결정한다. 왜냐하면 국가 및 지방경제상황을 반영하기 때문이다. 세계경제위기는 이자율을 상승시킬 수 있다. 그 결과 수요자는 부동산의 구매능력이 떨어진다. 또한, 투자자는 불확실성의 증가로 투자가 위축된다. 이는 수요곡선을 좌측으로 이동시켜 부동산시장의 거래량이 줄어들게 한다.

(2) 공급
공간시장의 공급은 물리적 공간의 수량을 결정한다. 왜냐하면 건설산업의 활동에 대한 결과이기 때문이다. 세계경제위기는 이자율과 물가를 상승시킬 수 있다. 그 결과 공급가격은 올라가고 이는 공급곡선을 좌측으로 이동시킨다.

3) 자산시장에 미치는 영향

(1) 수요
수요자는 운영수익이나 자본수익을 위해 부동산을 매입한다. 세계경제위기는 이자율상승 등으로 인해 매입자금을 부족하게 한다. 또한, 불확실성의 증가는 투자자의 요구수익률을 높게 만든다. 그 결과 세계경제위기는 자금의 흐름이 부동산시장으로 유입되기 어렵게 한다.

(2) 공급
세계경제위기는 부동산을 보유하고 있는 사람들에게 더 이상 이자비용을 감당할 수 없어 매도하게 한다. 하지만 자금의 흐름이 주식이나 채권보다 안전한 부동산으로 유입될 수도 있다.

2. 감정평가 시 유의점
 1) 비교방식
  (1) 사례선정
   세계경제위기로 인해 부동산시장은 수축될 수 있다. 그 결과 부동산거래는 줄어든다. 또한, 거래가격은 이전의 거래가격보다 낮게 이루어질 수 있다. 따라서 감정평가 시 사례선정에 유의해야 한다.

  (2) 사정보정
   세계경제위기로 인해 급매 등의 사정이 개입된 거래사례가 늘어날 수 있다. 따라서 감정평가 시 사정이 개입되지 않거나 정상화가 가능한 거래사례를 보정함에 유의한다.

 2) 원가방식
  (1) 재조달원가
   세계경제위기로 인해 재조달원가가 너무 높거나 낮을 수 있음에 유의한다. 따라서 충분한 건축사례를 조사하고, 지역시장의 동향과 수요 등을 예측

해야 한다.

  (2) 감가수정
   세계경제위기로 인해 기능적, 경제적 감가가 증가할 수 있음에 유의한다. 부동산의 효용은 시장이 수축국면일 때 더 크게 떨어지기 때문이다.

 3) 수익방식
  (1) 순수익이나 현금흐름
   세계경제위기로 인해 순수익이나 현금흐름은 보수적으로 접근해야 함에 유의한다. 불확실성의 증가는 장래 기대되는 수익을 저하시키기 때문이다.

  (2) 환원율
   세계경제위기로 환원율은 높아질 수 있음에 유의한다. 환원율은 자본시장의 수익률과 관련되고, 기회비용인 금리 등도 반영되기 때문이다.

Ⅳ. 결론
 세계경제위기와 같은 경제적 상황의 변화는 부동산의 경제적 가치를 판정할 때 중요하다. 따라서 다양한 감정평가방법을 활용할 필요가 있다. 〈끝〉

[제22회 문3] 20점
Ⅰ. 서설
 재개발사업이란 정비기반시설이 열악하고 노후·불량건축물이 밀집한 지역에서 주거환경을 개선하거나 상업지역·공업지역 등에서 도시기능의 회복 및 상권활성화 등을 위하여 도시환경을 개선하기 위한 사업을 말한다(도시정비법 제2조 제2호 제나목). 이하에서 관련 내용을 구체적으로 살펴본다.

Ⅱ. (물음1) 단계별 감정평가업무
 1. 사업시행인가 전
  사업시행인가 전에는 사업시행계획을 수립함을 목적으로 한다. 따라서 사업시행계획에 포함될 정비기반시설의 무상양도, 무상귀속의 감정평가가 이루어진다. 이는 새로이 설치되는 정비기반시설과 정비사업으로 인해 그 기능이 대체되어 용도가 폐지되는 종래의 정비기반시설의 가액을 측정하기 위한 것이다.

 2. 관리처분계획인가 전
  1) 종전자산과 종후자산의 감정평가
   관리처분계획을 수립하기 위해서는 조합원의 부담금 산정 기준 등을 위해 종전자산과 종후자산의 감정평가가 필요하다. 종전자산의 감정평가는 조합원별 조합출자 자산의 상대적 가치비율 산정의 기준이 된다. 종후자산의 감정평가는 조합원 분양분 등을 산정하기 위함이다.

  2) 국공유재산의 처분을 위한 감정평가
   정비구역 안의 국공유지는 정비사업 외의 목적으로 매각되거나 양도될 수 없다. 사업시행계획인가 고시일로부터 3년 이전인 경우에는 사업시행계획인가고시가 있은 날의 현황을 기준으로 감정평가한다. 사업시행계획인가고시일로부터 3년 이후인 경우에는 매매계약을 체결하기 위해 가격조사완료일의 현황을 기준으로 감정평가한다.

  3) 토지등의 수용 등에 따른 감정평가
   토지등의 수용 등에 따른 감정평가는 분양신청을 하지 않은 등의 토지등을 강제로 수용하기 위한 것이다. 따라서 보상절차에 따라 협의, 재결 등의 단계를 통해 감정평가가 이루어진다.

 3. 관리처분계획인가 후

관리처분계획인가 후에는 일반분양을 위한 감정평가, 조합원 이외의 자에 대한 손실보상을 위한 감정평가가 있다. 이는 적정한 가격을 산정하여 원활한 분양을 위한 목적과 조합원이 아닌 세입자 등에 대한 별도의 손실보상을 위한 목적을 갖는다.

Ⅲ. (물음2) 종전자산과 종후자산의 관계

1. 양자의 의의

종전자산이란 도시정비법 제72조 제1항 제1호 및 제74조 제1항 제5호에 따라 실시되는 종전의 토지 또는 건축물을 말한다. 종후자산이란 도시정비법 제74조 제1항 제3호에 따라 실시되는 분양예정인 대지 또는 건축물을 말한다.

2. 양자의 관계

1) 비례율 산정상 관계

비례율이란 종후자산의 감정평가액에서 총사업비를 공제한 것을 종전자산의 감정평가액으로 나눈 것을 말한다. 비례율은 종전자산과 종후자산의 상대적 가치를 합리적으로 산정하기 위한 목적이다. 따라서 종전자산과 종후자산은 비례율의 산정과정에서 상호 연결된다. 이는 개발이익을 반영한다는 점에서도 관련되어 있다.

2) 분담금 결정상 관계

조합원의 종전자산은 해당 사업 초기에 발생하는 사업자금의 성격이다. 즉, 조합원 개개인이 사업에 투자한 자본금의 성격을 갖는다. 조합원의 권리가액은 종전자산의 감정평가액에 비례율을 곱한 금액으로 산정된다. 분담금은 분양가격에 권리가액을 공제한 금액이 된다. 따라서 분담금은 종전자산과 종후자산의 크기에 따라 달라진다. 그러므로 종전자산과 종후자산은 분담금을 결정하기 위한 과정에서 밀접한 관련을 맺고 있다.

Ⅳ. 결어

재개발사업은 도시정비법에 따라 다양한 이해관계인들의 이해가 대립한다. 따라서 사업의 원활한 진행과 재산권의 보호 등을 위해 감정평가가 필요하다. 그러므로 재개발사업에서 이루어지는 감정평가는 사업의 단계별로 그 목적에 부합해야 한다. 특히 종전자산과 종후자산의 감정평가는 조합원들의 재산권과 밀접하게 연결되므로 주의가 필요하다.

〈끝〉

[제22회 문4] 10점

Ⅰ. 개설

최유효이용이란 객관적으로 보아 양식과 통상의 이용능력을 가진 사람이 대상부동산을 합법적이고 합리적이며 최고·최선의 방법으로 이용하는 것을 말한다. 최유효이용의 판단은 물리적, 법적, 경제적으로 타당한 이용 중에서 최대의 수익을 창출하는 이용으로 결정한다.

Ⅱ. (물음1) 최유효이용 판단 시 유의사항

1. 물리적 가능성 및 법적 가능성

물리적 가능성은 대상부동산이 물리적 측면에서 이용할 수 있다는 것이다. 이는 개발비용과 시간에 유의해야 한다. 법적 가능성은 대상부동산이 법적 측면에서 합법적으로 이용할 수 있다는 것이다. 이는 사법상 계약, 규제의 변경 가능성 등을 검토해야 함에 유의한다.

2. 경제적 타당성 및 최대수익성

경제적 타당성은 대상부동산이 경제적 측면에서 타당성이 있다는 것이다. 따라서 시장참가자의 선호도와 행태에 유의한다. 최대수익성은 최대 수익을 창출하는 이용을 말한다. 최대 수익은 시장증거에 뒷받침되어야 함에 유의한다.

Ⅲ. (물음2) 최유효이용의 장애요인

1. 부동산시장의 불완전성

부동산시장은 부동산의 자연적 특성 등으로 인해 불완전성을 지닌다. 고정성은 부동산의 지역적 이동을 방해한다. 또한, 개별성은 정보의 수집을 어렵게 한다. 즉, 시장의 불완전성은 부동산시장에서 대체와 경쟁을 방해한다. 그 결과 최대 수익을 얻을 수 있는 최유효이용에 장애가 된다.

2. 정부의 행정적 규제

정부의 행정적 규제는 최유효이용을 방해한다. 왜냐하면 부동산은 사회성과 공공성을 가지므로 부동산의 효율적 이용을 제한하기 때문이다. 따라서 토지자원을 할당하거나 공공복리의 증진을 위해 사익이 제한된다. 그 결과 최유효이용은 합법적인 한도 내에서 사업자는 이윤을 극대화하려고 하고, 가계는 효용을 극대화하려고 한다. 〈끝〉

〈이 하 여 백〉

[제23회 문1]40점

Ⅰ. 서설

감정평가에 관한 규칙(이하'감칙')은 시대적 상황의 변화에 따라 시장가치의 개념을 변화시켜왔다. 특히 2012년 감칙의 전면개정은 감정평가의 기준이 되는 가치인 시장가치를 확립하였다. 따라서 그 개념의 변천과정을 살펴봄으로써 감정평가의 기준이 어떻게 달라져왔는지를 살펴본다.

Ⅱ. (물음1)시장가치 개념의 변천과정

1. 정상시가

(구)감정평가의 기준에 관한 규칙은 정상시가라는 용어를 활용했다. 정상시가란 시장성이 있는 물건을 합리적인 자유시장에서 충분한 기간 방매된 후 물건의 내용에 정통한 매매 당사자 간에 자유의사로 합의될 수 있는 매매가능가격을 말한다.

2. 정상가격

1) 의의

(구)감정평가에 관한 규칙은 정상시가라는 용어를 정상가격으로 변경했다. 정상가격은 평가대상 토지 등이 통상적인 시장에서 충분한 기간 거래된 후 그 대상물건의 내용에 정통한 거래 당사자 간에 통상 성립한다고 인정되는 적정가격을 말한다.

2) 정상시가와의 차이

적정가격에서 정상시가로의 용어 변경은 '시장성이 있는'이 삭제되었다. 또한, '합리적인 자유시장'은 '통상적인 시장'으로 변경되었다. 그리고 '방매된 후'는 '거래된 후'로, '매매 당사자'는 '거래 당사자'로 변경되었다. 그 밖에 '자유로운 의사로 합의될 수 있는'은 '통상 성립한다고 인정되는'으로, '매매가능가격'은 '적정가격'으로 변경되었다.

3) 적정가격의 반영

정상가격으로의 용어 변경은 부동산공시법의 제정으로 적정가격 개념이 정상시가에 반영된 것으로 보인다. 즉, 정상시가에서 '매매가능가격'이 정상가격에서 '적정가격'으로 변경된 것이 중요했다. 다른 부분의 변경은 이를 보완하고 설명하기 위한 개념이다.

4) 적정가격과 정상가격

(1) 적정가격의 의의(부동산공시법 제2조 제5호)

적정가격이란 토지, 주택 및 비주거용 부동산에 대하여 통상적인 시장에서 정상적인 거래가 이루어지는 경우 성립될 가능성이 가장 높다고 인정되는 가격을 말한다.

(2) 적정가격과의 동일성 여부

부동산공시법은 적정가격을, (구)감칙에서는 정상가격이라는 상이한 용어를 활용하면서 문제가 된다. 이는 두 가격이 당위가격인지, 존재가격인지에 대한 논의와 관련된다. 적정가격은 부동산가격의 공시를 위한 목적이므로 당위가격으로 본다. 정상가격은 부동산 거래에서 지향해야 할 가격이라는 측면에서는 당위가격으로 본다. 하지만 정상가격은 시장가격으로 존재가격으로 본다는 견해가 대립한다. 그 결과 정상가격의 용어 변경에 대한 문제가 계속해서 제기되었다.

3. 시장가치

1) 의의(감칙 제2조 제1호)

시장가치란 감정평가의 대상이 되는 토지등이 통상적인 시장에서 충분한 기간 동안 거래를 위하여 공개된 후 그 대상물건의 내용에 정통한 당사자 사이에 신중하고 자발적인 거래가 있을 경우 성립될 가능성이 가장 높다고 인정되는 대상물건의 가액을 말한다.

2) 정상가격과의 차이

정상가격에서 시장가치로의 용어는 '거래된 후'에서 '거래를 위하여 공개된 후'로, '통상 성립한다고'에서 '성립될 가능성이 가장 높다고'로 변경되었다. 또한, 당사자 사이에 '신중하고 자발적인 거래가 있을 경우'가 추가되었다. 그리고 '적정가격'을 '대상물건의 가액'으로 변경했다.

3) 변경의 취지

정상가격에서 시장가치로의 용어 변경은 시장의 패러다임을 반영하기 위한 것이다. 이는 적정가격과의 동일성 여부에 대한 문제를 해결하기 위한 것이기도 했다. 또한, 국제 감정평가기준에 부합하기 위한 노력이기도 하다. 그리고 통계학적 개념을 도입하여 시장지향적이고 현실적인 가치를 반영하게 된 것이다.

Ⅲ. (물음2)시장가치 정의의 통계학적 의미

1. 통계학
   1) 개념
   통계학이란 산술적 방법을 기초로 하여, 주로 다량의 데이터를 관찰하고 정리 및 분석하는 방법을 말한다. 즉, 대상과 관련된 자료를 수집하고 그 자료를 정리하여 불확실한 사실에 대한 결론이나 일반적인 규칙성을 이끌어 내는 방법을 의미한다. 확률이란 어떤 일이 일어날 가능성 또는 개연성이다.

   2) 평균
   평균은 다량의 데이터를 요약하여 표현하는 통계치로 사용되는 개념이다. 이는 산술평균, 기하평균, 조화평균 등이 있다. 산술평균은 주어진 수의 합을 수의 개수로 나눈 값이다. 기하평균은 각 관측치를 곱하고 관측치의 수만큼의 제곱근으로 구한 값이다. 조화평균은 개별 데이터의 역수의 평균에 대한 역수이다.

   3) 중위치
   중위치란 통계 자료에서 변량을 크기 순서대로 나열했을 때 정중앙에 있는 값을 말한다. 즉, 전체를 이등분한 위치에 있는 값으로 통계 자료에서 대푯값의 하나이다.

   4) 최빈치
   최빈치는 통계학에서 주어진 값 중에서 가장 자주 나오는 값을 말한다. 이는 주어진 자료나 관측치의 값이 모두 다른 경우에는 존재하지 않는다. 하지만 최빈치는 주어진 자료에서 평균이나 중위치를 구하기 어려운 경우에 유용하다.

2. 최종평가가치의 표현방법
   1) 감정평가액의 표시
   감정평가액의 표시란 시산가액 조정 등을 거쳐 결정된 감정평가액을 표시하는 것을 말한다. 이때 시산가액 조정은 주된 방법을 적용하여 산정한 시산가액을 다른 방법으로 산출한 시산가액과 비교한 결과, 합리성이 없다고 판단되는 경우 시산가액을 조정하여 감정평가액을 결정하는 것을 말한다.

   2) 점추정
   점추정이란 최종 감정평가액을 하나의 수치로 표시한 것이다. 점추정으로 표시한 감정평가액은 적정한 유효숫자까지 표시한다. 일반적으로 억 단위의 감정평가액은 천만 또는 백만 원까지 표시한다. 만약, 시장사례 자료가 풍부하여 시산가액의 정확성이 높다면 유효숫자를 더 표시할 수 있다.

   3) 구간추정
   구간추정이란 최종 감정평가액을 일정한 범위나 상하 관계 등으로 표시한 것이다. 이때 기준금액의 상하 관계를 표시한 것을 관계가치라고도 한다. 예를 들어, 10억 원이하라고 표시하는 것을 말한다. 좁은 범위의 구간추정은 점추정보다 감정평가의 신뢰성을 높이기도 한다.

3. 시장가치 정의의 통계학적 의미
   1) 최고가격 논의
   시장가치 정의에서 통계학적 의미는 '성립될 가능성이 가장 높다고 인정되는'을 말한다. 따라서 과거에는 시장가치를 화폐액으로 표시한 최고가격으로 보는 견해가 있었다. 이는 경쟁시장에서 최고의 입찰가격을 제시한 사람에게 낙찰된다는 의견이었다. 하지만 이는 시장가치에 적합한 가격을 제시하는 것이지 무조건 높은 가격을 제시하지는 않는다.

   2) 최빈치로서의 의미
   현재 '성립될 가능성이 가장 높다고 인정되는'은 통계학적 확률 개념에 해당한다. 그리고 이는 시장가치의 정의에서 최빈치를 의미한다. 최고가격의 논의가 있었지만, 유사매매사례 중에서 가장 높은 가격을 의미하는 것이 아니기 때문이다.

   3) 점추정과 구간추정에서의 의미
   감정평가액의 표시는 점추정과 구간추정으로 할 수 있다. 성립될 가능성이 가장 높다고 인정되는 가액을 점추정에 의할 경우 의뢰인의 수요나 감정평가목적에 더 부합할 수 있다. 또한, 구간추정에 의할 경우에는 다양한 의사결정의 기준이 될 수 있다. 따라서 시장가치 정의에서 통계학적 의미는 감정평가액의 표시와 관련된다.

IV. 결어
시장가치는 사회적·시대적 환경의 변화에 따라 계속해서 변화한다. 현재 감정평가는 시장가치를 기준가치로 하고 있다. 하지만 시장가치외의 가치에 대한 의의나 유형에 대한 규정 등은 아직 미흡하므로 지속적인 발전이 요구된다. 〈끝〉

[제23회 문2] 30점

Ⅰ. 서론

수익성 부동산이란 부동산을 통해 임대수익이나 매매수익을 실현하기 위한 것을 말한다. 최근 시장참가자들은 시세차익보다 운영을 통한 수익을 선호하고 있다. 특히 우리나라는 전세, 보증부월세, 월세 등의 임대차형태가 존재하므로 수익성 부동산의 감정평가 시 임대료가 중요하게 되었다. 이하에서 관련 내용을 살펴본다.

Ⅱ. (물음1) 수익성 부동산의 감정평가절차

1. 수익환원법의 적용

수익환원법이란 대상물건이 장래 산출할 것으로 기대되는 순수익이나 미래의 현금흐름을 환원하거나 할인하여 대상물건의 가액을 산정하는 감정평가방법을 말한다(감칙 제2조 제10호). 수익성 부동산은 수익성에 기초하므로 이하에서 수익환원법을 적용할 때의 감정평가 절차를 살펴본다.

2. 자본환원방법의 결정

수익환원법으로 감정평가할 때는 직접환원법이나 할인현금흐름분석법 중에서 감정평가목적이나 대상물건에 적절한 방법을 선택하여 적용한다. 다만, 부동산의 증권화와 관련한 감정평가 등 매기의 순수익을 예상해야 하는 경우에는 할인현금흐름분석법을 원칙으로 하고 직접환원법으로 합리성을 검토한다.

3. 자본환원율의 결정

자본환원율은 대상물건의 기대수익을 현재 시점의 가치로 변환시켜주는 이율이다. 수익성 부동산을 수익환원법으로 감정평가할 때 직접환원법을 적용하는 경우에는 환원율을 적용한다. 반면, 할인현금흐름분석법을 적용하는 경우에는 할인율과 최종환원율을 적용한다.

4. 순수익 등의 산정

수익성 부동산을 수익환원법으로 감정평가할 때는 순수익 등을 산정해야 한다. 순수익은 가능총수익, 유효총수익, 순수익, 세전 현금흐름, 세후 현금흐름 등으로 구분한다. 순수익은 감가상각비를 공제하지 않은 상각 전 순수익을 기준으로 한다. 이는 일반적이고 표준적이며 객관적인 수익을 기준한다.

Ⅲ. (물음2) 보증금의 처리방법과 문제점

1. 보증금의 개념

보증금이란 임대료의 연체나 미지급을 대비하기 위해 임차인이 임대인에게 지불하는 금액을 말한다. 주된 임대차계약의 형태인 보증부월세는 월 임대료 등을 별도로 지급하면서 보증금은 임대개시 시점에 지급한 후 종료시점에 돌려받는 계약형태를 말한다.

2. 보증금의 처리방법

1) 보증금 운용이율을 적용하는 방법

(1) 안전이율의 적용

보증금은 월세 미납이 없는 경우 계약 종료시점에 돌려주어야 하는 금액이다. 따라서 보증금은 안전자산의 성격을 지니므로 보증금 운용이율을 안전이율을 적용하여 처리할 수 있다. 안전이율은 예금금리, 정기적금 이자율, 국공채 이자율 등을 고려하여 결정한다.

(2) 시장이자율의 적용

보증금은 임대인이 임차인에게 무이자로 돈을 빌리는 것과 같은 효과를 갖는다. 따라서 보증금 운용이율은 돈을 빌려줄 때의 이자율인 시장이자율을 적용할 수 있다. 이는 시장상황 등에 따른 기준금리의 변동에 따라 달라질 수 있다.

(3) 전월세 전환율의 적용

보증금은 월세로 전환이 가능하다. 따라서 보증금 운용이율은 전월세 전환율을 적용할 수 있다. 전월세 전환율은 지역별·용도별로 달라진다. 또한, 전월세 전환율은 월세 미납에 대한 리스크가 존재하므로 이를 반영하여 나타난다. 그리고 임대차시장의 수급상황, 지역별 보증금과 월세의 비율, 임대인과 임차인의 협상력 등에 따라 달라진다.

2) 수익과 비용으로 처리하는 방법

보증금은 임대개시시점에 전액을 지급받는다. 따라서 보증금이 입금되는 시기에 총수익으로 계상할 수 있다. 한편, 보증금은 임대계약 종료시점에 전액을 돌려준다. 따라서 보증금을 돌려주는 시기에 총비용으로 계상할 수 있다. 이는 보증금 유입시 현금유입의 현가액과 보증금 반환시 현금유출의 현가액 차이로 나타난다. 그 결과 보증금을 할인율로 운용한 것과 같은 효과가 나타난다.

3.문제점
1)보증금 운용이율의 결정
(1)안전이율
 안전이율을 적용하는 경우에 보증금은 원금을 보장하기 위한 접근이다. 하지만 합리적인 투자자는 원금을 보장하기 위해서 투자하지 않는다. 즉, 전형적인 투자자의 행태에 부합하지 않는다는 문제가 있다.

(2)시장이자율
 시장이자율을 적용하는 경우에 보증금은 차입금의 성격으로 보는 관점이다. 하지만 대출금은 차입자의 신용도, 대출규제, 시장상황 등에 따라 달라진다. 그 결과 객관적인 기준의 적용이 어렵다.

(3)전월세 전환율
 전월세 전환율은 지역별·용도별 등에 따라 달라진다. 따라서 보증금 운용이율을 적용할 때 일관된 기준이 없다. 또한, 월세 미납에 대한 리스크를 얼만큼 반영할지에 대한 문제도 있다.

2)부동산가치와 보증금과의 상관성
 수익환원법은 수익이 큰 부동산일수록 부동산가치는 커진다는 논리에 근거한다. 그러나 보증금의 크기는 부동산 가치와의 상관성보다 임차인의 신용, 임대인의 상황 등에 따라 달라질 가능성이 크다. 따라서 보증금운용이율을 적절하게 결정한다고 하더라도 수익의 크기는 부동산 가치를 반영하는데 한계가 있다.

3)보증금과 월세의 적정 비율
 보증금과 월세의 적정 비율을 구하기 어려운 문제가 있다. 보증금을 낮추면 월세는 더 받을 수 있다. 하지만 월세가 커지면 월세 미납에 대한 리스크가 커진다. 따라서 전월세 전환율과 보증금 운용이율이 다른 경우에는 보증금과 월세의 비중에 따라 수익의 크기가 달라지는 문제가 있다.

Ⅳ.결론
 수익성 부동산의 감정평가는 수익환원법에 의해 구할 수 있다. 수익성의 핵심인 보증금과 월세는 일반적으로 보증금 운용수익으로 처리하고 있다. 하지만 보증금과 관련한 다양한 문제가 발생하므로 감정평가 시 주의가 필요하다. 〈끝〉

[제23회 문3]20점
Ⅰ.(물음1)실물옵션
1.개념
1)의의
 옵션이란 미래에 특정 자산을 약정한 가격에 매매할 수 있는 권리다. 즉, 옵션은 특정 자산 즉, 기초자산의 가격변동에 따라 거래할 수 있는 기회다. 실물옵션은 옵션을 실물자산에 적용하여 투자의사결정에 활용된다. 따라서 투자 안의 위험은 옵션에서 기초자산의 변동성과 같은 맥락으로 이해한다.

2)유형
 콜옵션은 일정액의 외국통화를 특정가격으로 특정 만기일에 매입할 수 있는 권리다. 풋옵션은 일정액의 외국통화를 특정가격으로 특정 만기일에 매도할 수 있는 권리다. 아메리칸옵션은 만기일 또는 만기일 이전에 언제라도 행사할 수 있는 권리다. 유로피안옵션은 만기일에 한하여 행사할 수 있는 권리다.

2.유용성
1)NPV법과 IRR법의 한계
 전통적인 투자의사결정 기법은 NPV법과 IRR법이다. 이는 확실성에 바탕을 둔 기법이다. 즉, 하나의 시나리오에 의해서만 평가가 이루어진다. 그 결과 잘못된 투자의사결정이 나타날 수 있다.

2)부동산의 실물옵션 적용 가능성
 부동산시장은 자연적 특성 등으로 인해 불확실성이 높다. 실물옵션은 유리한 경우 투자 안을 선택하고, 불리한 경우 투자 안을 기각할 수 있는 기회가 된다. 따라서 상황별 전략적 가치를 수립하고 선택권의 가치를 창출할 수 있는 실물옵션의 적용은 유용하다.

3)실물옵션에 의한 투자의사결정
 실물옵션에 의한 가치평가는 NPV법과 IRR법의 한계를 극복할 수 있다. 투자자는 투자를 계속할지, 추가로 지출을 할지, 포기할지 등을 선택할 수 있는 기회를 갖는다. 따라서 투자자는 다양한 시나리오를 예측하고 준비하고 있어야 신속한 대응을 할 수 있다. 그 결과 불확실성은 회피의 대상이 아니라, 기회의 대상으로 가치에 반영된다.

Ⅱ.(물음2)매도청구소송 감정평가

1.개념

재건축사업에서의 매도청구 감정평가는 도시정비법 제64조에 의한 것을 말한다. 이는 조합설립에 동의하지 않은 자 등에 대해 그 소유 토지 등을 시가에 매도할 것을 청구하는 권리를 행사할 때 시가 결정의 합의를 위한 감정평가다. 매도청구권은 형성권으로 당사자의 동의 없이 일방적으로 행사할 수 있다.

2.기준시점

매도청구 감정평가의 기준시점은 법원에서 제시하는 날을 기준으로 한다. 매도청구권은 형성권이므로 매도청구의 의사표시가 상대방에게 도달한 시점이 매매계약 체결시점이 된다. 매도청구의 소장에 최고서를 첨부하여 송달하는 경우는 최고서 송달일로부터 2개월이 경과한 다음 날 매매계약의 체결이 의제된다.

3.시가의 의미

1)개발이익의 반영

매도청구 감정평가는 개발이익을 반영하여 감정평가한다. 다만, 기준시점에 현실화·구체화되지 않은 개발이익이나 조합원의 비용부담을 전제로 한 개발이익은 반영하지 않는다.

2)판례

판례는 "재건축사업으로 인해 발생할 것으로 예상되는 개발이익이 포함된 시가는 철거 예정에 있는 노후화된 건물의 감가를 모두 인정하고 토지자산에 준하는 상태의 가격, 즉 노후되어 철거될 상태를 전제로 한 가격이 아니라, 토지와 건물이 일체로 거래되는 가격, 즉 재건축 결의 및 조합설립인가에 따라 시장에서 형성되는 개발이익 모두를 반영하라는 의미"라고 하였다.

3)영업손실 등

매도청구 감정평가 시 시가에는 종래의 생활환경이 손상됨에 따른 손실상당액이 포함되어야 한다는 주장이 있다. 하지만 매도청구소송 감정평가의 시가는 토지보상법을 준용할 수 있는 공익사업에 해당하지 않으므로 영업손실보상금 등이 포함될 수 없다.

〈끝〉

[제23회 문4]10점

Ⅰ.개설

적정한 실거래가란 「부동산 거래신고 등에 관한 법률」에 따라 신고된 실제 거래가격으로서 거래시점이 도시지역은 3년 이내, 그 밖의 지역은 5년 이내인 거래가격 중에서 감정평가법인등이 인근지역의 지가수준 등을 고려하여 감정평가의 기준으로 적용하기에 적정하다고 판단하는 거래가격을 말한다(감칙 제12조의2).

Ⅱ.실거래가 자료축적의 의의

실거래가 자료축적은 다양하고 풍부한 거래정보를 얻을 수 있게 한다. 그 결과 불완전한 부동산시장에서 정보의 비대칭성을 완화하는데 기여한다.

Ⅲ.한계극복을 위한 감정평가사의 역할

1.실거래가 자료축적의 한계

1)자료의 신뢰성

실거래가는 신고금액의 신뢰성이 문제될 수 있다. 실거래가는 공장 내 설비나 상가 매매 시 영업권 등이 포함될 수 있기 때문이다. 그 결과 왜곡된 정보를 전달할 수 있는 한계가 있다.

2)사정개입 가능성

실거래가는 매도인과 매수인이 합의에 의한 거래가격이다. 따라서 절세를 위한 신고금액, 친인척 간의 거래, 급매 등의 사정이 개입될 수 있다. 이는 적정한 실거래라고 할 수 없다.

2.감정평가사의 역할

1)실거래가의 적정성 검토

감정평가사는 실거래가의 적정성을 검토하여 자료의 신뢰성을 판단할 수 있다. 그 결과 왜곡된 정보가 아닌 신뢰할 수 있는 정보를 전달할 수 있다. 이는 국토교통부의 정책을 지원하는 역할을 한다.

2)의사결정의 기준 제시

감정평가사는 이해관계인 간의 이해를 조정하는 역할을 한다. 특히 사정이 개입된 실거래가는 감정평가에 의해 정상적인 상태로 보정하여 적용할 수 있다. 그 결과 올바른 시장가치를 판정하고 시장참가자의 의사결정에 기준을 제시할 수 있게 한다.

〈끝〉

〈이　하　여　백〉

감정평가이론 기출문제 **제24회** 예시답안

[제24회 문1]40점

Ⅰ. 서설

감정평가란 토지등의 경제적 가치를 판정하여 그 결과를 가액으로 표시하는 것을 말한다(감정평가법 제2조 제2호). 경제적 가치를 판정하는 것은 대상 부동산의 이용과 밀접하게 관련된다. 경제적 가치를 판정하는 기준이 최유효이용이기 때문이다. 최유효이용은 시장참가자의 선호도 및 행태와 시장상황에 따라 달라진다. 이하에서 관련 내용을 살펴본다.

Ⅱ. (물음1) 최유효이용의 개념과 성립요건

1. 최유효이용의 개념

최유효이용이란 객관적으로 보아 양식과 통상의 이용능력을 가진 사람이 대상 부동산을 합법적이고 합리적이며 최고, 최선의 방법으로 이용하는 것을 말한다. 이는 이용과 가치의 상호관계를 포함하는 개념이다.

2. 성립요건

1) 물리적, 법적 가능성

물리적 가능성은 대상 부동산이 물리적 측면에서 이용이 가능하다는 것이다. 즉, 토양의 하중이나 지지력 등에 적합해야 한다. 법적 가능성은 대상 부동산이 법적 측면에서 이용이 가능하다는 것이다. 즉, 개발에 대한 각종 법적 규제에 적합해야 한다.

2) 경제적 타당성, 최대 수익성

경제적 타당성이란 대상 부동산이 경제적으로 타당해야 한다는 것이다. 즉, 당해 용도에 대한 수익이 개발비용보다 커야 한다는 기준이다. 최대 수익성은 물리적, 법적, 경제적으로 가능한 이용 중에서 최대 수익을 창출하는 이용을 말한다. 이는 시장증거에 의해 뒷받침되어야 한다.

Ⅲ. (물음2) 최유효이용을 전제로 판단해야 하는 이유

1. 인간의 합리성 추구

부동산은 지리적 위치의 고정성과 부증성으로 인해 제한된 자원을 효율적으로 이용해야 한다. 합리적인 경제 주체인 인간은 객관적으로 양식과 통상의 이용능력을 갖는다. 따라서 제한된 자원을 효율적으로 이용하기 위해서는 합리성을 추구한다. 그러므로 최유효이용을 전제로 판단해야 한다.

2. 토지 할당

부동산은 용도의 다양성으로 인해 다양한 용도 간에 대체와 경쟁이 발생한다. 인간은 합리성을 추구하기 때문에 대체와 경쟁이 가능한 이용 중에서 최대의 수익을 얻을 수 있는 용도로 이용하려고 한다. 그 결과 자유경쟁 시장의 메커니즘은 수익을 극대화할 수 있는 용도에 토지자원을 할당하게 된다. 따라서 최유효이용을 전제로 판단한다.

3. 최유효이용의 강제

부동산은 영속성 등으로 인해 악화성, 비가역성, 지속성 등의 문제가 나타난다. 또한, 부동산은 사회성과 공공성을 갖는다. 따라서 국가나 사회는 사회성과 공공성이 제대로 발휘될 수 있도록 규제를 한다. 그 결과 최유효이용이 강제되기도 한다. 그러므로 최유효이용을 전제로 판단해야 한다.

4. 최유효이용의 원칙에 부합

최유효이용의 원칙이란 부동산 가치는 최유효이용을 전제로 파악되는 가치를 표준으로 하여 형성된다는 원칙이다. 따라서 최유효이용에 미치지 못하는 경우 그만큼 가치는 떨어진다. 감정평가는 객관적이고 표준적인 시장가치를 기준으로 한다. 따라서 최유효이용을 전제로 부동산 가치를 판단해야 객관적이고 공정한 시장가치를 판정할 수 있다.

Ⅳ. (물음3) 최유효이용의 원칙과의 상호관련성

1. 기초·토대

1) 예측의 원칙

예측의 원칙이란 부동산 가치는 끊임없이 변하므로 요인의 추이나 동향에 대한 예측을 해야 한다는 것이다. 최유효이용의 원칙은 시장상황과 미래예측을 토대로 판단한다. 따라서 양자는 부동산 가치 판정의 기초가 된다는 점에서 연결된다.

2) 변동의 원칙

변동의 원칙이란 부동산 현상과 활동, 가치형성과정의 요인 등은 시간에 따라 변하므로 부동산 가치도 그에 따라 변한다는 원칙이다. 부동산이 속한 지역과 대상 부동산의 특성 등은 계속해서 변화하므로 최유효이용의 원칙도 달라진다.

2. 내부적 측면

1) 균형의 원칙

균형의 원칙이란 부동산 가치가 최고가 되기 위해서는 내부 구성요소들이 적절한 균형을 이루고 있어야 한다는 원칙이다. 부동산 가치는 토지와 건물의 균형이 잘 잡혀야 최유효이용이 되므로 양자는 내부적 측면에서 연결된다.

2) 기여의 원칙

기여의 원칙은 부동산 가치는 부동산을 구성하는 각 요소가 가치에 기여하는 공헌도의 영향을 받아 결정된다는 원칙이다. 최유효이용의 원칙은 공헌도가 최고가 되는 상태이므로 양자는 연결된다.

3. 외부적 측면

1) 적합의 원칙

적합의 원칙은 부동산 효용이 최고로 발휘되기 위해서는 부동산 이용방법이 주위환경에 적합해야 한다는 것이다. 최유효이용은 시장참가자의 선호도가 최고로 발휘되는 이용이다. 따라서 양자는 외부적 측면에서 관련된다.

2) 수요·공급의 원칙

수요·공급의 원칙이란 부동산도 일반재화처럼 수요와 공급에 의해 가격이 결정되고, 그 가격은 다시 수요와 공급에 영향을 미친다는 원칙이다. 최유효이용은 수요와 공급 상황에 따라 달라진다. 따라서 양자는 시장상황 측면에서 연결된다.

V. (물음4) 최유효이용의 판단 시 유의사항

1. 침체국면의 의미

부동산시장이란 부동산 거래를 위해 매도인과 매수인이 만나는 장이다. 이러한 부동산시장은 확장과 수축을 반복한다. 침체국면은 부동산시장이 후퇴와 수축이 나타나는 시기를 의미한다. 침체국면은 거래빈도, 거래가격의 추이 등이 달라지므로 최유효이용을 판단할 때 주의가 필요하다.

2. 유의사항

1) 법적 가능성

침체국면은 시장의 활성화를 위한 정부 정책이 이루어진다. 예를 들어, 부동산 공급을 늘리기 위해 건폐율이나 용적률을 완화해주거나, 세금 등을 감면해주기도 한다. 또한, 부동산 수요를 늘리기 위해 세금 혜택, 대출 규제의 완화 등이 이루어진다. 따라서 침체국면에서 최유효이용을 판단할 때 법적인 측면에서 유리한 상황 등이 있는지에 유의해야 한다.

2) 경제적 타당성

침체국면은 시장참가자의 효용이 줄어든다. 특히, 부동산을 개발하는 경우 수입이 비용보다 더 큰 상황이 발생할 수 있다. 따라서 최유효이용을 판단할 때 수요분석을 검토하여 경제적 타당성을 충분히 검토해야 한다. 침체국면은 거래량이 줄어들어 매수인 중심의 시장이 형성될 수 있기 때문이다.

3) 최대 수익성

침체국면은 최대 수익이 창출되기 어려울 수 있다. 부동산 거래는 잘 이루어지지 않고, 개발보다는 현재 상태대로 이용하려는 경향이 많기 때문이다. 또한, 임대수입이 줄어들 수 있고, 시세차익을 누리기도 어렵다. 따라서 최유효이용을 판단할 때 수익성은 보수적으로 접근할 필요가 있음에 유의해야 한다.

4) 중도적이용

침체국면은 현재 부동산의 이용을 다른 용도로 전환할 타당성이 떨어진다. 그 결과 중도적이용 등의 특수한 상황에서 최유효이용이 되는 경우가 있다. 특히 중도적이용은 가까운 장래에 새로운 최유효이용이 도래할 것으로 예상될 때 대기과정에 있는 이용이다. 따라서 비교우위를 극대화하거나 비교열위를 극소화하는 방안도 고려할 필요가 있다는 점에 유의한다.

5) 투기적이용

투기적이용은 투기 목적에 의한 이용이다. 부동산 투자는 통상적으로 취득, 운영, 처분에 의한다. 투기는 운영이 없는 자금 투입행위를 의미한다. 침체국면은 투기적이용이 줄어든다. 특히 투기적이용은 잠재 용도별 수입과 지출의 일반적인 수준을 파악하는데, 침체국면에서는 그 수준을 파악하기 어려울 수 있다.

VI. 결어

최유효이용은 감정평가에서 전제가 된다. 따라서 최유효이용의 성립요건과 판단에 특히 주의가 필요하다. 최유효이용은 시장상황, 시장참가자의 선호도 등에 따라 계속해서 달라지기 때문이다. <끝>

[제24회 문2]30점
Ⅰ.서설
  부동산시장은 수요와 공급을 통해 경쟁적 이용에 의한 공간배분 및 토지이용패턴을 결정하는 부동산의 교환 및 가격 결정의 공간이다. 부동산시장은 고정성 등으로 인해 국지성, 불완전성, 수급조절의 곤란성 등을 갖는다. 따라서 감정평가 시 시장에 대한 분석이 요구된다. 이와 관련하여 시장분석과 지역분석을 중심으로 살펴본다.

Ⅱ.(물음1)시장분석
1.의의 및 필요성
 1)의의
  (1)시장분석
   시장분석은 대상 부동산에 대한 시장지역을 획정하고, 가치에 영향을 줄 수 있는 시장상황을 연구하는 것이다. 시장분석은 감정평가의 기초자료가 되므로 중요한 의미를 갖는다.

  (2)분석 수준
   시장분석은 유추분석(일반시장분석)과 기초분석(부분시장분석)으로 구분한다. 유추분석은 거시적 관점에서 지역 전체의 부동산시장을 분석한다. 기초분석은 미시적 관점에서 특정 부동산이 다른 부동산과 경쟁하는 부동산시장을 분석한다.

  (3)한계
   시장분석은 감정평가의 기초자료가 된다. 하지만 자료는 과거의 현상만을 보여준다는 한계가 있다. 또한, 관련 없는 자료가 활용되면 잘못된 의사결정을 할 수 있다.

 2)필요성
  (1)경제재의 특성 반영
   부동산은 경제재다. 따라서 부동산가격은 시장체계 내에서 수요와 공급의 상호작용을 통해 나타난다. 따라서 부동산시장에서 수요와 공급의 상호작용을 파악하기 위해서는 시장분석이 필요하다.

  (2)가치형성과정의 특성 반영
   부동산은 다른 부동산과 일정한 지역을 구성하고 그 지역에 속한 다른 부동산과의 상호작용 관계를 갖는다. 따라서 부동산가격은 다른 부동산 및 지역과의 상호작용에 의해 나타난다. 그러므로 시장분석은 이러한 상호작용을 파악할 필요가 있다.

  (3)시장 및 시장참가자의 특성 반영
   부동산시장은 용도, 지역 등에 따라 구분할 수 있다. 또한, 부동산시장은 용도, 지역별로 시장참가자의 선호도와 행태가 다양하게 나타난다. 그러므로 시장지역을 획정하고, 지역별 시장상황을 파악하기 위해서는 시장분석이 필요하다.

2.시장분석 6단계
 1)생산성 분석
  생산성 분석은 시장지역 내 부동산 특성을 분석하여 대상 부동산의 잠재적 용도를 분석한다. 즉, 대상 부동산과 경쟁 부동산들의 물리적, 법적, 입지적 특성을 조사하여 대상 부동산이 공급할 수 있는 효용이나 서비스능력을 파악한다.

 2)시장획정
  시장획정은 부동산의 유형, 용도, 위치 등에 따라 세분하여 연구하는 단계다. 시장세분화는 소비자의 특성에 따라 소비자를 범주화한다. 시장차별화는 상품의 특성에 따라 부동산을 범주화한다.

 3)수요분석
  수요분석은 세부 시장별로 대상 부동산의 잠재적 수요자를 조사하는 단계다. 수요분석은 수요자의 특성, 선호도와 행태 등을 조사한다. 이는 부동산 유형별로 다르게 나타난다.

 4)공급분석
  공급분석은 시장지역 내 기존 및 신규 부동산의 공급을 조사하는 단계다. 이는 경쟁 부동산의 목표시장, 건축의 질, 내부시설 수준 등의 경쟁력을 파악하기 위함이다.

 5)균형분석
  균형분석은 현재와 미래에 수요와 공급의 상호작용을 분석하는 단계다. 이론적으로 수요와 공급은 단기에는 불균형이지만, 장기에는 균형을 이룬다. 하지만 현실에서는 시장의 불완전성 등으로 인해 균형을 이루지 못한다. 따라서 한계수요와 한계공급 등을 파악해야 한다.

 6)포착률 예측
  포착률 예측은 세부 시장 내에서 차지하는 대상

부동산의 경쟁력을 분석하는 단계다. 포착률은 유추분석과 기초분석을 통한 대상 부동산의 예상 시장점유율을 의미한다.

Ⅲ. (물음2) 지역분석 등

1. 지역분석

1) 의의

지역분석이란 지역 내 표준적이용, 가격수준, 변동추이를 판정하는 것이다. 즉, 대상 부동산이 어떤 지역에 존재하는지, 그 지역이 어떤 지역특성을 갖는지, 그 특성은 지역 내 부동산 이용형태와 가격형성에 어떤 영향을 미치는지를 분석하고 판정하는 것이다.

2) 필요성

지역분석은 지역성, 지역특성, 지역의 변화 등을 파악하기 위해 필요하다. 지역성은 부동산이 다른 부동산과 함께 특정 지역을 구성하고 그 지역과 상호관계에 있는 다른 부동산과의 대체·경쟁관계 등으로 인해 사회적, 경제적, 행정적 위치를 갖는 특성이다.

2. 지역분석과 시장분석의 관계

1) 목적상 관계

지역분석과 시장분석은 결국 최유효이용을 파악하기 위한 목적을 갖는다. 지역분석은 표준적이용과 가격수준 등을 통해 최유효이용을 파악한다. 시장분석은 수요와 공급의 상호작용 등을 통해 최유효이용을 파악한다. 따라서 양자는 목적상 상호 관련된다.

2) 범위상 관계

지역분석과 시장분석은 결국 감정평가의 대상이 되는 지역을 분석한다. 감정평가의 대상이 되는 지역은 인근지역, 유사지역, 동일수급권이다. 양자는 지역을 분석하여 수요와 공급상황, 표준적이용, 가격수준 등을 파악하므로 상호 연결된다.

Ⅳ. 결어

시장분석과 지역분석은 감정평가에서 최유효이용을 판정하기 위한 과정이다. 따라서 각 분석을 이해하고 감정평가의 기초자료로 적용할 때 적정성 등을 판단할 필요가 있다. 〈끝〉

[제24회 문3] 20점

Ⅰ. 서론

감정평가이론상 토지의 감정평가방법은 거래사례비교법, 원가법, 수익환원법 등이 있다. 하지만 감정평가법 제3조 및 감칙 제14조에서는 공시지가기준법을 적용하도록 하고 있다. 이와 관련하여 이론상 3방식에 의한 시산가액과 법규상 공시지가기준가액에 대해 살펴본다.

Ⅱ. (물음1) 시산가액 간의 관계

1. 감정평가법 제3조 및 감칙 제14조의 검토

감정평가법 제3조 제1항은 토지를 감정평가하는 경우에는 그 토지와 이용가치가 비슷하다고 인정되는 부동산공시법에 따른 표준지공시지가를 기준으로 하도록 하고 있다. 동조 제2항은 일정한 경우에는 임대료, 조성비용 등을 고려할 수 있도록 하고 있다. 감칙 제14조 제1항은 감정평가법 제3조 제1항에 따라 토지를 감정평가할 때에는 공시지가기준법을 적용해야 한다고 한다.

2. 관계

1) 감칙 제12조 측면

감칙 제12조 제1항은 주된 방법을 적용하여 감정평가해야 한다. 토지는 공시지가기준법을 주된 방법으로 한다. 감칙 제12조 제2항은 다른 방법으로 산출한 시산가액과 비교하여 합리성을 검토하도록 한다. 토지는 거래사례비교법, 원가법, 수익환원법 등으로 합리성을 검토한다. 따라서 양자는 감칙 제12조상 상호 연결된다.

2) 가치 3면성 측면

비준가액은 시장성을, 적산가액은 비용성을, 수익가액은 수익성을 기초로 한다. 공시지가기준가액은 이러한 가치 3면성을 모두 고려한다. 또한, 상관조정의 원리에 따라 3방식에 의한 시산가액과 공시지가기준가액은 상호 연결된다. 따라서 양자는 가치 3면성 측면에서 관련된다.

3) 표준지공시지가 측면

공시지가기준가액은 표준지공시지가를 기준으로 한다. 표준지공시지가는 적정가격으로 구한다. 이때 적정가격은 거래사례비교법, 원가법, 수익환원법 등에 의한 가액을 활용하여 결정한다. 따라서 양자는 표준지공시지가를 기준으로 연결된다.

Ⅲ.(물음2)발생 가능한 문제와 대책
1.발생 가능한 문제
 1)적정가격과 시장가치의 차이
  표준지공시지가는 적정가격으로 구한다. 적정가격은 부동산의 사회성과 공공성을 실현하기 위한 것으로 정책가격 또는 당위가치의 성격을 갖는다. 하지만 시장가치는 감정평가의 기준이 된다. 이는 객관적인 시장자료를 바탕으로 하므로 현실가치 또는 존재가치의 성격을 갖는다. 그 결과 표준지공시지가는 시장가치를 반영하지 못할 수 있다.

 2)현실화율
  표준지공시지가가 시장가치를 반영하지 못하는 경우에는 가치의 성격뿐만 아니라, 현실화율을 반영하지 못한다는 것을 포함한다. 표준지공시지가는 매년 1월 1일 공시기준일을 기준으로 하고 있기 때문이기도 하다. 따라서 가치의 변화 등을 반영할 필요가 있다.

2.대책
 1)그 밖의 요인 보정
  표준지공시지가를 기준으로 공시지가기준법을 적용할 때 그 밖의 요인 보정을 통해 시장가치를 반영할 수 있다. 그 밖의 요인 보정이란 시점수정, 지역요인 및 개별요인의 비교 외에 대상 토지의 가치에 영향을 미치는 그 밖의 요인을 보정하는 작업이다. 즉, 표준지공시지가의 정상화 과정을 의미한다.

 2)시산가액 조정
  공시지가기준가액이 시장가치에 미치지 못하는 경우도 있다. 이러한 경우에는 감정평가이론상 3방식을 활용하여 시산가액을 조정할 수 있다. 이는 감칙 제12조 제3항에 근거한다. 또한, 실무기준에는 시산가액을 조정할 때 가중치를 부여하도록 하고 있다.

Ⅳ.결론
 토지를 감정평가할 때는 관련 법령과 이론에 따라야 한다. 이는 감정평가의 객관성과 합리성을 높이기 위함이다. 특히, 시산가액 간의 합리성을 검토하고 조정하는 과정은 감정평가의 신뢰성에 기여한다. 〈끝〉

[제24회 문4]10점
Ⅰ.개설
 부동산업이란 표준산업분류 상 부동산개발공급업 및 임대업, 그리고 부동산 서비스업 등을 의미한다. 부동산업을 법인형태로 영위한다는 것은 부동산 관련 유·무형자산을 보유하며 부동산 매매·개발·중개업 등을 운영하는 법인을 의미한다. 업종의 특징에 따른 개별성을 반영할 수 있으나 해당 법인의 상장유무는 알 수 없으므로 모두 살펴본다.

Ⅱ.주식가치 감정평가방법
1.상장주식
 1)거래사례비교법
  상장주식의 감정평가는 감칙 제24조 제1항 제1호에 따라 거래사례비교법을 적용한다. 거래사례비교법을 적용할 때는 대상 상장주식의 기준시점 이전 30일간 실제 거래가액의 합계액을 30일간 실제 총 거래량으로 나누어 감정평가한다.

 2)비상장주식의 감정평가방법 준용
  상장주식으로서 자본시장법 제373조의2에 따라 허가를 받은 거래소 등의 시세가 없는 경우에는 비상장주식의 감정평가방법을 준용한다.

2.비상장주식
 1)자기자본가치법
  비상장주식의 감정평가는 감칙 제24조 제1항 제2호에 따라 해당 회사의 자산·부채 및 자본 항목을 평가하여 수정재무상태표를 작성한 후 기업체의 유·무형의 자산가치에서 부채의 가치를 빼고 산정한 자기자본의 가치를 발행주식 수로 나눈다.

 2)보통주 가치법
  보통주 가치법은 의결권이 보통주의 가치를 구하는 방법이다. 보통주는 자기자본가치에서 우선주 가치를 차감하여 구한다.

 3)상증세법 시행령 제54조에 의한 방법
  상속세 및 증여세법 시행령 제54조 제1항에 따라 1주당 순손익가치와 1주당 순자산가치를 각각 3과 2의 비율로 가중평균한 가액으로 구한다. 이는 보충적인 평가방법이다. 〈끝〉

〈이 하 여 백〉

[제25회 문1]40점

Ⅰ.서설

부동산시장의 환경변화는 부동산의 경제적 가치를 변화시킨다. 특히 부동산을 어떻게 이용할지에 관한 의사결정이나 소음, 진동 등의 환경오염, 정부정책의 변화 등은 부동산의 경제적 가치에 큰 영향을 미친다. 따라서 객관적인 감정평가를 위해서는 일정한 기준과 원칙에 따라야 한다. 이하에서 관련 내용을 살펴본다.

Ⅱ.(물음1)리모델링 부동산 감정평가시 유의사항

1.리모델링의 개념

건축법상 리모델링이란 건축물의 노후화를 억제하거나 기능 향상 등을 위하여 대수선하거나 건축물의 일부를 증축 또는 개축하는 행위를 말한다(건축법 제2조 제10호). 주택법상 리모델링이란 허가 등에 따라 건축물의 노후화 억제 또는 기능 향상 등을 위한 대수선, 증축 등의 행위를 말한다(주택법 제2조 제25호).

2.원가방식 적용시 유의사항
1)재조달원가

리모델링 부동산은 리모델링 공사비용을 토대로 건물의 용도, 면적 등의 변동사항을 반영함에 유의해야 한다. 특히, 설계와 설비의 추가 공사 여부, 에너지절감 및 지능형 건축물의 사항 등에 따라 재조달원가의 수준을 조정할 수 있음에 유의한다.

2)감가수정

리모델링 부동산은 감가수정시 내용연수 조정에 유의해야 한다. 특히, 증축부분은 기존부분의 내용연수 한도 내에서 조정해야 한다. 또한, 건물과 부지의 적합성 등에 따라 기능적 감가가 발생하지 않을 수 있음에 유의한다.

3.비교방식 적용시 유의사항
1)사례선정

리모델링 부동산은 리모델링의 상태 등이 유사한 사례를 선정해야 한다. 리모델링의 상태 등은 개별성이 강하기 때문이다.

2)가치형성요인 비교

리모델링 부동산은 건물의 외관, 내부 인테리어, 등급, 층수, 세대수, 관리체계 등의 노후도 등에 따라 가치가 달라진다. 따라서 가치형성요인 비교시 이에 유의한다.

4.수익방식 적용시 유의사항
1)순수익 등

리모델링 부동산에서 리모델링비용은 자본적지출이다. 따라서 순수익 등을 산정할 때 운영경비에서 제외되어야 함에 유의한다. 다만, 부동산의 효용이나 가치를 유지시키는데 드는 비용은 유지수선비로 운영경비에 포함한다.

2)자본환원율

리모델링 부동산은 환원율이나 할인율을 결정할 때 부동산의 경제적 가치를 증가시키는데 기여한 부분을 반영함에 유의한다.

Ⅲ.(물음2)토양오염이 의심되는 토지

1.토양오염의 개념

토양오염이란 사업활동이나 그 밖의 사람의 활동에 의하여 토양이 오염되는 것으로서 사람의 건강·재산이나 환경에 피해를 주는 상태를 말한다(토양환경보전법 제2조 제1호). 토양오염이 의심되는 토지는 이러한 토양오염이 발생하였거나 발생할 우려가 있는 토지를 의미한다.

2.감정평가안건의 처리방법
1)대상물건의 확정

토양오염이 의심되는 토지는 토양오염이 발생하였는지를 먼저 확인해야 한다. 토양오염이 발생하였다면, 오염의 범위와 정도, 오염물질의 오염도, 대상토지의 이용상태 등을 파악해야 한다.

2)기준시점

기준시점은 대상물건의 감정평가액을 결정하는 기준이 되는 날짜를 말한다(감칙 제2조 제2호). 토양오염지는 오염이 발생한 시기, 복구기간 등에 따라 감정평가액이 달라질 수 있다. 따라서 기준시점을 의뢰인 등과 협의하여 명확히 할 필요가 있다.

3)감정평가조건

감정평가조건은 기준시점의 가치형성요인 등을 실제와 다르게 가정하거나 특수한 경우로 한정하는 조건을 말한다. 토양오염지는 복구기간, 복구비용, 오염의 정도 등에 따라 가치가 달라진다. 따라서 감정평가조건을 부가할 것인지를 판단해야 한다.

4) 관련 전문가에 대한 자문 등
감칙 제9조 제3항에 따르면 감정평가법인등은 필요한 경우 관련 전문가에 대한 자문등을 거쳐 감정평가할 수 있다. 토양오염지는 기초조사, 개황조사, 정밀조사 등이 필요하다. 따라서 관련 전문가에 대한 자문등을 토대로 감정평가할 필요가 있다.

5) 가치형성요인의 분석
토양오염지는 가치형성요인의 분석시 정화비용, 스티그마 효과, 환경 리스크 등을 파악해야 한다. 이를 파악하기 위해서 조건부가치측정법, 특성가격함수모형 등을 이용할 수 있다.

6) 감정평가방법의 선정 및 적용
토양오염지는 토양오염이 발생하기 전의 가치에서 가치하락분을 차감하여 구할 수 있다. 이때 가치하락분은 전후비교법과 분리합산법 등에 의해 구할 수 있다. 전후비교법은 거래사례비교법이나 수익환원법 등으로 구할 수 있다.

7) 감정평가액의 결정
토양오염지의 가치하락분은 감칙 제25조에 따르면 주된 감정평가방법이 없다. 따라서 시산가액 조정이 필요하다. 그 결과 최종 감정평가액은 각 시산가액을 가중평균하여 결정하게 된다.

IV. (물음3) 당해 토지 및 주변부 토지의 경제적 손실

1. 경제적 손실
공익사업을 위해 수용될 지구에 포함되어 장기 미사용 중이던 토지가 해당 공익사업의 중단으로 지구지정이 해제되면, 당해 토지와 주변부 토지의 경제적 손실은 매우 크다. 이러한 경제적 손실은 부동산가치가 어떻게 형성되는지에 관한 법칙성을 도출한 부동산평가원리에 의해 살펴볼 수 있다.

2. 당해 토지
1) 예측·변동의 원칙
예측의 원칙은 부동산가치가 끊임없이 변하므로 요인의 추이나 동향에 대한 예측을 해야 한다는 것이다. 변동의 원칙은 부동산 현상과 활동, 가치형성과정의 요인 등은 시간에 따라 변하므로 부동산가치도 그에 따라 변한다는 것이다. 사안은 가치형성요인 중 행정적 요인인 지구지정이 해제가 이루어졌으므로 경제적 손실이 발생한다. 특히 당해 토지는 토지이용의 제한으로 인한 개발손실, 보상금에 대한 기대손실, 이주대책 등의 상실로 인한 손실, 예상보상금을 전제로 빌린 대출금 이자손실 등이 있다.

2) 최유효이용의 원칙
최유효이용의 원칙은 최유효이용을 전제로 파악되는 가치를 표준으로 하여 형성된다는 것이다. 당해 토지의 경우 공익사업의 시행으로 장기간 토지이용에 제한을 받아 왔다. 그 결과 정상적인 이용을 하는 토지에 비해 낮은 임대료 수준, 증축 또는 리모델링 등의 의사결정을 할 수 없는 손실이 발생하였다. 그럼에도 장래 기대이익을 위해 수인한 부분이 있는데 이러한 손실을 보상받을 수 없게 되므로 경제적 손실이 나타나게 된다.

3. 주변부 토지
1) 적합의 원칙
적합의 원칙은 부동산 효용이 최고로 발휘되기 위해서는 부동산 이용방법이 주위환경에 적합해야 한다는 것이다. 사안의 경우 주변부 토지는 공익사업이 시행되지 않게 됨에 따라 배후지로서의 기능쇠퇴, 주거생활의 쾌적성 저하 등이 지속될 수 있다. 그 결과 주변부 토지에서도 지가 불안정성 등의 경제적 손실이 나타난다.

2) 외부성의 원칙
외부성의 원칙은 부동산가치는 외부적 요인에 의해 긍정적·부정적 영향을 받는다는 것이다. 사안은 해당 공익사업의 중단으로 지구지정이 해제되면서 부정적인 영향을 받는다. 이러한 외부 불경제로 인하여 경제적 손실, 즉 가치하락이 나타난다. 이는 주변부 토지에 일방적인 영향을 주므로 양방향적인 관계를 보이는 적합의 원칙과는 차이가 있게 된다.

V. 결어
부동산시장의 환경변화는 이처럼 부동산가치에 다양한 영향을 미친다. 따라서 부동산의 경제적 가치를 판정하는 감정평가시 주의가 필요하다. 이를 위해 감정평가는 객관적인 기준과 원리에 따른다.

〈끝〉

[제25회 문2] 35점

Ⅰ. 서설

구분점포는 그 특성과 시장동향에 따라 경제적 가치가 달라진다. 따라서 구분점포의 감정평가는 감정평가방법의 선정 및 적용, 시산가액 조정이 중요하다. 이하에서 관련 내용을 구체적으로 살펴본다.

Ⅱ. (물음1) 구분점포의 감정평가방법

1. 구분점포의 개념

1) 의의(집합건물법 제1조의2 제1항)

구분점포란 일정한 요건에 해당하는 방식으로 여러 개의 건물부분으로 이용상 구분된 경우에 그 건물부분을 말한다.

2) 요건

첫째, 구분점포의 용도가 건축법의 판매시설 및 운수시설이어야 한다. 둘째, 경계를 명확하게 알아볼 수 있는 표지를 바닥에 견고하게 설치해야 한다. 셋째, 구분점포별로 부여된 건물번호표지를 견고하게 붙여야 한다.

2. 거래사례비교법의 적용

1) 개요

(1) 감칙 제16조의 검토

집합건물법에 따른 구분소유권의 대상이 되는 건물부분과 그 대지사용권을 일괄하여 감정평가하는 경우 등 감칙 제7조 제2항에 따라 토지와 건물을 일괄하여 감정평가할 때에는 거래사례비교법을 적용해야 한다.

(2) 거래사례비교법의 의의(감칙 제2조 제7호)

거래사례비교법이란 대상물건과 가치형성요인이 같거나 비슷한 물건의 거래사례와 비교하여 대상물건의 현황에 맞게 사정보정, 시점수정, 가치형성요인 비교 등의 과정을 거쳐 대상물건의 가액을 산정하는 감정평가방법을 말한다.

2) 적용상 한계

(1) 사례선정

대상 구분점포는 근린형 쇼핑센터 내에 있다. 하지만 인근에 경쟁적인 초대형 쇼핑센터가 입지함에 따라 구분점포의 거래가 감소하고 있다. 따라서 인근지역에 적절한 거래사례를 찾는 것이 어려울 수 있다.

(2) 가치형성요인 비교

사안의 경우에는 유사지역이나 동일수급권의 거래사례를 찾을 수 있다. 하지만 거래사례를 적용할 때 대상 구분점포의 시장동향 등에 따른 외부요인, 대상 구분점포의 특성 등에 따른 내부요인이나 호별요인 등을 비교함에 어려움이 있다.

3) 거래조건보정

(1) 의의

거래조건보정이란 거래사례에 특수한 사정이나 개별적 동기가 반영되어 있거나 거래당사자가 시장에 정통하지 않은 등 수집된 거래사례의 가격이 적절하지 못한 경우에 그러한 사정이 없었을 경우의 적절한 가격수준으로 정상화하는 것을 말한다.

(2) 사안의 경우

대상 구분점포는 인근에 초대형 쇼핑센터가 입지함에 따라 상권이 위축되어 거래가 감소하게 되었다. 그 결과 급매, 정보부족, 영업상 한계 등으로 거래조건보정이 필요할 수 있다.

3. 수익환원법의 적용

1) 개요

(1) 감칙 제12조 제1항의 검토

감칙 제12조 제1항은 대상물건별로 정한 감정평가방법을 적용하여 감정평가하도록 한다. 다만, 주된 방법을 적용하는 것이 곤란하거나 부적절한 경우에는 다른 감정평가방법을 적용할 수 있다. 대상 구분점포는 적용상 한계 등이 있으므로 일괄감정평가할 수 있는 수익환원법을 적용할 수 있다.

(2) 수익환원법의 의의(감칙 제2조 제10호)

수익환원법이란 대상물건이 장래 산출할 것으로 기대되는 순수익이나 미래의 현금흐름을 환원하거나 할인하여 대상물건의 가액을 산정하는 감정평가방법을 말한다.

2) 적용시 유의사항

(1) 순수익 등

대상 구분점포는 고객흡인력이 급격히 감소하고, 상권이 위축되고 있다. 그 결과 인근에 초대형 쇼핑센터보다 매출액이 떨어지고, 임대료 수준이나 운영경비 등에서 차이가 클 수 있다. 따라서 순수익 등을 산정할 때 유사 업종, 임대면적, 인건비 등의 비교에 유의해야 한다.

(2)자본환원율
대상 구분점포는 인근 초대형 쇼핑센터와 다른 양상의 수익을 창출한다. 따라서 환원율이나 할인율 등을 결정할 때 위험 등을 반영하여야 함에 유의한다.

4.원가법의 적용
1)개요
원가법이란 대상물건의 재조달원가에 감가수정을 하여 대상물건의 가액을 산정하는 감정평가방법을 말한다. 구분점포의 원가법은 1동의 전체 부동산가치를 구한 뒤 층별·위치별 효용비율을 곱하여 산정할 수 있다.

2)적용시 유의사항
대상 구분점포는 층별·위치별 효용비율을 적용할 때 시장동향을 반영함에 유의한다. 대상과 유사한 환경이나 특성 등에 따라 효용비율이 달라지기 때문이다.

Ⅲ.(물음2)시산가액 조정
1.의미
1)시산가액 조정의 의의
시산가액 조정이란 주된 방법을 적용하여 산정한 시산가액을 다른 방법으로 산출한 시산가액과 비교한 결과, 합리성이 없다고 판단되는 경우 시산가액을 조정하여 감정평가액을 결정하는 것이다.

2)시산가액 조정의 필요성
시산가액 조정은 가치 3면성이 부동산의 가치형성에 상호 연결되어 있으므로 필요하다. 특히 사안의 경우처럼 시장환경의 변화는 감정평가액에 큰 영향을 미치기 때문이다.

2.기준
1)대상물건의 특성
시산가액은 대상물건의 특성에 따라 주된 감정평가방법이 달라진다. 따라서 이를 기준하여 시산가액을 조정해야 한다.

2)자료의 신뢰성
시산가액 조정은 자료의 양과 질에 따라 달라진다.

그러므로 충분한 양의 자료와 정확한 양의 자료를 확보하여야 한다.

3.재검토 사항
1)시산가액의 합리성
각 시산가액의 합리성을 재검토할 필요가 있다. 사안은 상권위축, 거래감소 등으로 비준가액과 수익가액의 합리성이 떨어질 수 있기 때문이다. 따라서 적산가액과도 비교하여 시산가액을 조정할 필요가 있다.

2)시장상황
초대형 쇼핑센터의 입지는 근린형 구분점포의 상권을 위축시킨다. 따라서 구체적인 시장분석을 통해 시산가액 조정에 반영할 필요가 있다.

Ⅳ.결어
부동산시장의 환경변화는 대상 부동산의 경제적 가치에 큰 영향을 미친다. 또한, 대상물건이 갖는 특성은 감정평가방법의 선정과 적용에 영향을 미친다. 따라서 감정평가시 이러한 요인 등을 고려할 필요가 있음에 유의한다. 〈끝〉

[제25회 문3]15점
Ⅰ.개설
평가검토는 감정평가서의 정확성과 논리적인 합리성을 점검하고, 도덕적 위험의 예방을 위해 이루어진다. 이하에서 관련 내용을 구체적으로 살펴본다.

Ⅱ.평가검토
1.개념
1)의의
평가검토란 다른 감정평가사가 행한 작업의 질에 관하여 의견을 개진하거나 교환하는 행위 또는 과정을 말한다.

2)심사와의 구별
감정평가심사란 감정평가사가 감정평가서를 발급하기 전에 해당 감정평가의 적정성에 대하여 실시하는 것을 말한다. 이는 감정평가서가 발급되기 전에 이루어지는 것으로 사전 검토 절차라는 점에 차이가 있다.

2.목적
1)일관성과 정확성

평가검토는 감정평가서의 합리성을 검증하여 의뢰인에게 신뢰성 있는 보고서를 제공하는 데 목적이 있다. 따라서 감정평가방법이 감정평가목적에 적합한지, 감정평가서 내용의 논리적 일관성과 수치의 정확성을 체크해야 한다.

2) 위험의 관리

평가검토는 감정평가서에 제시되어 있는 시장상황 및 시장의 변화추이를 확인하고, 민감도 분석 등을 통하여 의사결정에 수반되는 위험을 판단한다. 따라서 평가검토는 위험에 대한 평가와 관리를 하기 위한 목적을 가진다.

3. 종류

1) 현장검토와 탁상검토

현장검토는 실제 현장조사를 통해 이루어지는 것이다. 탁상검토는 실제 현장조사를 거치지 않고, 사무실 내에서 서류검토로 완성되는 것이다. 이는 대상부동산이 일정금액 이상의 고액이거나 감정평가서상 중대한 실수나 의문사항이 있을 경우에 행하게 된다.

2) 총괄검토

총괄검토란 독립적인 입장의 감정평가사가 최소한 원감정평가사와 동등한 자격을 갖추고 자료를 수집하여 대상부동산의 평가절차와 평가논리가 감정평가 실무기준 등을 따르고 있는지를 종합적으로 검토하는 것이다.

4. 기능

평가검토는 감정평가정보가 기술적으로 정확한지, 감정평가절차가 실무기준 등을 따르고 있는지, 가치결론이 채택될 수 있는 감정평가논리에 따라 도출되었는지 등을 검토한다. 그 결과 평가검토는 감정평가의 객관성과 신뢰성을 높이는데 기여한다.

5. 한계

평가검토는 대상부동산에 대해 제2의 가치의견을 제공할 수 없다. 물론 사소한 잘못이나 기타 명백한 오류에 대한 수정은 할 수 있으나, 원평가사와 확인하고 검증을 거쳐야 한다. 즉, 검토자는 자신의 판단에 근거해서 보고서의 분석이나 결론과는 다른 대안적 의견을 제시할 수 없는 한계가 있다.

〈끝〉

[제25회 문4] 10점

Ⅰ. 개설

상가권리금은 현재 상가임대차법에 따라 시행되고 있다. 이하에서 관련 내용을 살펴본다.

Ⅱ. 상가권리금

1. 의의(상가임대차법 제10조의3 제1항)

권리금이란 임대차 목적물인 상가건물에서 영업을 하는 자 또는 영업을 하려는 자가 영업시설·비품, 거래처, 신용, 영업상의 노하우, 상가건물의 위치에 따른 영업상의 이점 등 유형·무형의 재산적 가치의 양도 또는 이용대가로서 임대인, 임차인에게 보증금과 차임 이외에 지급하는 금전 등의 대가를 말한다.

2. 종류

권리금은 시설권리금, 영업권리금, 바닥권리금 등이 있다. 시설권리금은 영업을 위한 건물의 구조변경 등 유형물에 대한 대가를 말한다. 영업권리금은 영업을 영위하며 발생하는 영업이익에 대한 무형의 재산적 가치에 대한 권리금이다. 바닥권리금은 영업장소가 위치한 장소적 이점에 대한 대가를 말한다.

3. 조사 및 확인사항

권리금 거래자료 수집 시 거래내역, 동종 또는 이종 업종으로의 변경 여부, 기존 영업시설의 활용 정도, 추가 영업시설의 필요 여부 등을 확인해야 한다. 거래자료가 없는 경우에는 인근의 비교가능성이 있는 방매자료를 수집하여 감정평가에 활용할 수 있다. 수익자료 수집 시 상가의 업종, 임차인의 영업능력, 경쟁상가 동향, 임대차 현황 등을 확인하고 검토해야 한다.

4. 감정평가방법

권리금을 감정평가할 때는 유형·무형의 재산마다 개별로 감정평가해야 한다. 권리금을 개별로 감정평가하는 것이 곤란하거나 적절하지 아니한 경우에는 일괄하여 감정평가할 수 있다. 유형재산은 원가법을 원칙으로 적용한다. 무형재산은 수익환원법을 원칙으로 적용한다. 일괄감정평가는 수익환원법을 원칙으로 적용한다.

〈끝〉

〈이 하 여 백〉

감정평가이론 기출문제 **제26회** 예시답안

[제26회 문1] 40점

I. 서론

감정평가는 객관성과 신뢰성을 위해 일정한 원칙을 마련하고 있다. 사안은 개별물건기준의 원칙과 예외, 현황기준의 원칙과 예외와 관련된다. 이하에서 감정평가관계법규와 감정평가이론에 근거하여 사안을 검토한다.

II. (물음1) 복합부동산의 감정평가방법

1. A법인의 부동산 감정평가

1) 개별물건기준 원칙 (감칙 제7조 제1항)

개별물건기준 원칙이란 감정평가는 대상물건마다 개별로 감정평가하는 것을 원칙으로 한다는 것이다. 즉, 대상물건을 각각 독립된 개별물건으로 취급하고 이에 대한 경제적 가치를 감정평가하는 것을 원칙으로 한다.

2) 사안의 경우

A법인의 업무용 건물은 집합건물이 아니라고 제시되었고, 물음에서 토지 및 건물이라고 명확히 밝혔다. 즉, 복합부동산에 해당한다. 따라서 개별물건기준 원칙에 따라 토지와 건물로 각각 감정평가하는 것이 타당하다. 또한, A법인의 업무용 건물은 구조상·이용상 독립성은 인정될 수도 있으나, 구분행위가 이루어지지 않았다. 따라서 예외적으로 일괄감정평가를 할 수 있는 경우에도 해당하지 않는다. 그러므로 A법인의 복합부동산은 개별로 감정평가한다.

2. 토지의 감정평가

1) 공시지가기준법의 적용

토지는 감칙 제14조 제1항에 따라 공시지가기준법을 적용해야 한다. 공시지가기준법이란 감정평가의 대상이 된 토지와 가치형성요인이 같거나 비슷하여 유사한 이용가치를 지닌다고 인정되는 표준지의 공시지가를 기준으로 대상토지의 현황에 맞게 시점수정, 지역요인 및 개별요인 비교, 그 밖의 요인의 보정을 거쳐 대상토지의 가액을 산정하는 감정평가방법을 말한다(감칙 제2조 제9호).

2) 적정성

대상 복합부동산의 토지는 공시지가기준법을 적용하는 것이 원칙이다. 물론 감칙 제12조에 따라 다른 감정평가방법을 적용하여 합리성을 검토하고, 합리성이 결여된 경우에는 시산가액을 조정할 수 있다. 하지만 사안은 구체적인 사실관계 등이 제시되지 않았다. 따라서 원칙을 그대로 따라 공시지가기준법을 적용하는 것이 적정하다.

3. 건물의 감정평가

1) 원가법의 적용

건물은 감칙 제15조 제1항에 따라 원가법을 적용해야 한다. 원가법이란 대상물건의 재조달원가에 감가수정을 하여 대상물건의 가액을 산정하는 감정평가방법을 말한다(감칙 제2조 제5호).

2) 적정성

대상 복합부동산의 건물은 원가법을 적용하는 것이 원칙이다. 건물도 감칙 제12조에 따라 거래사례비교법이나 수익환원법 등을 적용하여 합리성을 검토하고, 합리성이 결여된 경우에는 시산가액을 조정할 수 있다. 하지만 사안은 구체적인 사실관계가 제시되지 않았다. 따라서 원칙을 그대로 따라 원가법을 적용하는 것이 적정하다.

III. (물음2) 본건 감정평가의 타당성

1. 부분감정평가의 타당성

1) 의의 (감칙 제7조 제4항)

부분감정평가란 일체로 이용되고 있는 대상물건의 일부분에 대하여 감정평가하여야 할 특수한 목적이나 합리적인 이유가 있는 경우에는 그 부분에 대하여 감정평가할 수 있다.

2) 타당성

(1) 특수한 목적

사안은 임차인 C가 101호를 전세로 임차하기로 한 상태에서 전세금액 및 전세권 설정에 참고하기 위한 목적으로 건물 일부분에 대한 감정평가를 의뢰한 것이다. 따라서 임차인 C의 의뢰목적을 고려할 때 부분감정평가가 가능한 것으로 보인다.

(2) 합리적인 이유

전세권 설정은 소유자의 동의를 구한 후 그 건물의 대지부분에도 설정하는 것이 일반적이다. 전세금액 및 전세권 설정에 참고하기 위한 것으로 부분감정평가할 합리적인 이유도 있다고 보인다. 따라서 부분감정평가할 수 있다. 다만, 건물의 대지부분을 포함할지는 다시 확인받을 필요가 있다.

2. 전세금액 감정평가의 타당성

1) 전세금액의 감정평가

전세권은 건물 일부를 목적으로 설정이 가능하다. 하지만 전세권의 효력은 건물의 대지에는 미치지 않는다. 특히 전세금액을 확보하기 위해 건물 전체에 대한 경매신청은 불가능하다. 이는 다른 권원에 의한 경매가 이루어지는 경우 건물의 매각가격으로만 배당을 받을 수 있다. 그러므로 전세권 목적물의 범위 설정이 문제가 될 수 있다.

2) 타당성

전세권 목적물의 범위 설정이 문제가 없는 경우에는 전세권을 설정하는 것이 법적·현실적으로 가능하다. 이때는 임대사례비교법이나 적산법을 활용하여 전세금액을 감정평가할 수 있다. 하지만 임대사례가 없거나 101호 부분만의 기초가액을 산정할 수 없는 경우에는 타당성이 결여될 수 있다.

IV. (물음3) 제시외건물이 소재하는 토지의 감정평가방법

1. 임의경매 감정평가

임의경매란 담보권의 실행을 위한 경매를 말한다. 이때 토지와 지상 정착물의 소유권이 다른 경우에는 법정지상권이 문제될 수 있다. 법정지상권은 당사자의 동의없이 법률이 지상권을 부여한 것을 말한다. 법정지상권은 건물소유자에게 법률상 토지를 이용할 수 있도록 하기 위함이다. 저당권 실행을 위한 경매 시 법정지상권을 원인으로 토지와 건물 소유자가 달라지는 경우에는 관습법상 법정지상권이 성립할 수 있다.

2. 사안의 경우

사안은 토지에 저당권을 설정할 당시 토지 위에 건물이 존재하지 않았다. 따라서 법정지상권은 성립하지 않는다. 그러나 법원은 토지와 건물을 일괄하여 매각할 수도 있다. 토지만 경매가 이루어지는 경우에는 철거나 임대차계약 체결까지 토지소유자와 건물소유자가 상이하므로 토지의 이용에 제한이 발생한다. 그러므로 토지만을 기준으로 나지를 상정한 가액으로 감정평가하고, 제시외건물이 존재함에 따라 토지에 미치는 불리한 정도를 고려한 가액을 병기하는 것이 타당하다.

V. (물음4) 조건부 감정평가의 가능성

1. 조건부 감정평가의 개념

1) 의의 (감칙 제6조 제2항)

감정평가조건이란 기준시점의 가치형성요인 등을 실제와 다르게 가정하거나 특수한 경우로 한정하는 조건을 붙여 감정평가하는 것을 말한다.

2) 감칙 제6조 제2항 및 제3항

감정평가조건을 붙일 수 있는 경우는 법령에 다른 규정이 있는 경우, 의뢰인이 요청하는 경우, 감정평가의 목적이나 대상물건의 특성에 비추어 사회통념상 필요하다고 인정되는 경우이다. 그리고 조건을 붙일 때에는 감정평가조건의 합리성, 적법성 및 실현가능성을 검토해야 한다.

2. 사안의 경우

1) 감칙 제6조 제2항의 검토

사안은 해당 토지와 주변 토지의 용적률만 제시되었다. 따라서 법령에 다른 규정이 있는 경우에는 해당하지 않는다. A법인이 의뢰한 경우에 해당하므로 의뢰인이 요청하는 경우에 해당한다. 따라서 감정평가조건을 붙일 수 있는 경우이므로 이하에서 검토사항을 살펴본다.

2) 감칙 제6조 제3항의 검토

(1) 적법성이 없는 경우

사안은 합리성에 대한 사실관계가 보이지 않는다. 용적률은 국토계획법 및 건축법 등에 의한 법적인 사항이다. 사안에서 구체적인 용도지역 등은 제시되지 않았다. 만약, 해당 토지의 용적률이 법적으로 50%인데, 이를 100%를 조건으로 하는 경우라면 적법성은 인정되지 않는다. 그 결과 적법성이 결여되었으므로 감칙 제6조 제4항에 따라 의뢰를 거부하거나 수임을 철회할 수 있다.

(2) 적법성이 있는 경우

사안에서 구체적인 용도지역 등은 제시되지 않았지만, 해당 토지의 용적률이 100%가 가능한데 50%만 활용한 상태라면 적법성이 인정된다. 이러한 경우에는 실현가능성을 검토해야 한다. 이에 대한 사실관계도 제시되지 않았으므로 실현가능성이 인정된다면, 조건부 감정평가가 가능하다.

VI. 결론

감정평가는 객관적이어야 하므로 예외에 해당하지 않는 한 원칙을 따라야 한다. 〈끝〉

[제26회 문2]30점

Ⅰ.서설

감정평가목적이란 의뢰인이 감정평가의뢰를 통해 달성하고자 하는 목적을 말한다. 감정평가액은 동일한 대상물건이라고 하더라도 감정평가목적에 따라 대상물건의 확정, 기준가치, 기준시점, 감정평가방법 등에 따라 달라진다. 이하에서 관련 내용을 살펴본다.

Ⅱ.(물음1)목적별 감정평가방법 등

1.목적별 감정평가방법

1)보상평가

보상평가란 토지보상법 등에 따라 공익사업을 목적으로 취득하는 토지등의 손실보상액을 산정하기 위한 감정평가를 말한다. 보상평가는 헌법 제23조 제3항에 의한 정당보상과 토지보상법 제67조 제2항에 의한 개발이익·손실의 배제를 목적으로 한다.

2)경매평가

경매평가란 해당 집행법원이 경매의 대상이 되는 물건의 경매에서 최저매각가격을 결정하기 위해 의뢰하는 감정평가를 말한다. 민사집행법은 최저매각가격을 규정하여 공정한 경매가 이루어지도록 하고 있다.

3)담보평가

담보평가란 금융기관 등이 대출을 하거나 채무자가 대출을 받기 위하여 의뢰하는 담보물건에 대한 감정평가를 말한다. 담보평가는 금융기관 등이 안정적인 채권회수를 하기 위한 목적이다. 따라서 담보평가는 환가성과 안정성을 중시한다.

2.감정평가금액의 격차가 큰 사례와 이유

1)도로

도로인 경우 담보평가는 금융기관과의 협약 및 환가성 등을 고려하여 감정평가외 처리를 한다. 경매평가는 도로의 유용성 등을 고려하여 인근의 표준적인 이용상황의 토지에 일정비율을 적용하여 감정평가한다. 보상평가는 도로가 공도인지, 사도법상 사도인지, 사실상 사도인지 등에 따라 일정비율이 달라진다. 이는 토지보상법 시행규칙 제26조에 근거한다. 즉, 감정평가목적에 동일한 도로라고 하더라도 감정평가금액의 격차가 발생한다.

2)도시계획시설에 저촉된 토지

도시계획시설에 저촉된 토지는 담보평가와 경매평가 시 저촉되는 부분과 저촉되지 않는 부분을 구분하여 감정평가한다. 저촉되는 부분은 저촉되지 않는 상태를 기준으로 일정비율을 적용한다. 담보평가는 금융기관 등이 협약에 따라 감정평가 외로 처리되기도 한다. 보상평가는 토지보상법 시행규칙 제23조에 따라 저촉되지 않는 상태를 기준으로 감정평가한다.

3)지상권이 설정된 토지

지상권이 설정된 토지는 담보평가 시 금융기관 등의 협약에 따라 일반적으로 감정평가에서 제외된다. 경매평가는 지상권이 설정됨으로 인하여 토지에 미치는 영향을 고려하여 감정평가한다. 보상평가의 경우 지상권자는 관계인에 해당하므로 지상권이 설정되지 않은 상태를 기준으로 한다.

4)제시외건물이 소재하는 토지

제시외건물이 소재하는 토지는 담보평가의 경우 금융기관 등의 협약에 따라 일반적으로 감정평가 하지 않는다. 하지만 금융기관 등의 요청이 있는 경우에는 구애없이 감정평가하는 경우도 있다. 경매평가는 제시외건물이 있는 경우와 없는 경우를 모두 기재한다. 즉, 나지를 상정한 가액과 토지에 미치는 불리한 정도를 고려한 가액을 병기한다. 보상평가는 토지보상법 시행규칙 제22조에 따라 건축물등이 없는 상태를 상정하여 감정평가한다.

5)타인점유부분이 있는 토지

타인점유부분이 있는 토지는 담보평가 시 금융기관 등의 협약에 따라 감정평가외 처리한다. 경매평가는 타인점유로 인해 대상 토지의 사용·수익이 제한되는 정도를 고려하여 감정평가한다. 보상평가는 토지보상법 시행규칙 제22조에 따라 건축물등이 없는 상태를 상정하므로 타인점유부분에 대한 영향을 고려하지 않는다.

6)주거용건축물

주거용건축물은 담보평가와 경매평가를 할 때 일반적인 건물로 원가법으로 감정평가한다. 하지만 보상평가는 토지보상법 시행규칙 제33조에 따라 거래사례비교법으로 감정평가하는 경우가 있다.

Ⅲ.(물음2)공제방식과 가산방식

1.입목을 벌채 중인 임야의 감정평가

대상 토지는 주거용 건물을 신축하기 위해 건축허가를 득하여 도로를 개설하고 입목을 벌채 중인 임야이다. 즉, 택지로 조성하기 위한 토지이다. 사안은 입목을 벌채 중인 상태로 공사 초반부에 해당한다. 따라서 공사 중인 상태대로 가격이 형성되지 않은 상태이다. 그러므로 공제방식이나 가산방식의 적용이 적용된다.

2.보상평가

보상평가는 정당보상과 개발이익·손실의 배제를 목적으로 한다. 현재 대상 토지는 건축허가를 득하고 도로를 개설한 상태이다. 따라서 허가비용과 도로공사비용, 벌채비용 등이 들어갔다. 토지보상법의 취지 등을 고려할 때 사업인정 전에 공사에 착수한 상태라면 현재 들어간 비용 등을 반영할 필요가 있다. 다만, 공사 초입부에 해당하므로 소지가액에 개발비용을 가산하는 방식이 더 적절하다고 판단된다.

3.경매평가

대상 토지 인근에 주택지대로의 전환이 이루어지는 상태라면 경매에 참여하는 시장참가자는 개발에 대한 기대가치가 있다. 따라서 이러한 경우에는 공제방식을 적용하는 것이 적절해 보인다. 하지만 대상 토지만 개발되는 상황이라면 기대가치를 모두 반영하기는 어렵다. 따라서 이러한 경우에는 가산방식을 적용하는 것이 적절해 보인다.

4.담보평가

담보평가는 산림전용허가비, 도로점용허가비 등을 고려하되, 환가성을 함께 고려해야 한다. 따라서 입목을 벌채 중인 임야인 토지가 공사를 계속하지 않은 경우 환가성이 현저히 떨어질 수 있다. 그러므로 보수적인 측면에서 가산방식을 적용하는 것이 적절해 보인다.

Ⅳ.결어

동일한 대상물건이라도 감정평가목적에 따라 감정평가액은 차이가 있다. 목적에 따라 대상물건에 포함할지, 감가할지 등이 달라지기 때문이다. 따라서 감정평가 시 감정평가목적을 명확히 해야한다.

〈끝〉

[제26회 문3]20점

Ⅰ.서설

토지가 국·공유화되어 있는 국가에서는 소유권이 국가 등에 있다. 토지의 장기사용권은 처분에 관한 권리가 없고, 사용과 수익에 관한 권리만 있는 것이다. 그러므로 장기사용권의 가치는 소유권의 가치와 차이가 있다. 이하에서 장기사용권 가치의 산정방법을 살펴본다.

Ⅱ.토지의 장기사용권 가치 산정방법

1.원가방식

1)개념

원가방식이란 원가법 및 적산법 등 비용성의 원리에 기초한 감정평가방식을 말한다(감칙 제11조 제1호).

2)원가법

(1)의의(감칙 제2조 제5호)

원가법이란 대상물건의 재조달원가에 감가수정을 하여 대상물건의 가액을 산정하는 감정평가방법을 말한다.

(2)장기사용권의 경우

장기사용권의 가치는 기준시점에서 새로 취득하기 위해 필요한 예상비용에서 감가액을 공제하여 구할 수 있다. 이때 예상비용은 장기사용권을 사용하는 기간에 발생하는 사용료 등을 기준으로 토지의 사용과 수익에 제한되는 부분 등을 고려한다. 또한, 장기사용권을 사용·수익하는 데 제한이 있는 요인 등을 고려하여 산정한다. 그밖에 장기사용권의 가치는 대상 사용권의 취득에 든 비용을 물가변동률 등에 따라 기준시점으로 수정하는 방법으로 구할 수 있다.

2.비교방식

1)개념

비교방식이란 거래사례비교법, 임대사례비교법 등 시장성의 원리에 기초한 감정평가방식 및 공시지가기준법을 말한다(감칙 제11조 제2호).

2)거래사례비교법

(1)의의(감칙 제2조 제7호)

거래사례비교법이란 대상물건과 가치형성요인이 같거나 비슷한 물건의 거래사례와 비교하여 대상물건의 현황에 맞게 사정보정, 시점수정, 가치형성요인 비교 등의 과정을 거쳐 대상물건의 가액을 산정하는 감정평가방법을 말한다.

(2) 장기사용권의 경우
장기사용권은 거래되고 있다. 따라서 장기사용권만의 거래사례를 대상의 장기사용권과 비교하여 구할 수 있다. 이때 대상과 같거나 비슷한 이용상황의 사례를 선정한다. 또한, 사용기간이나 잔존기간, 사용에 관한 특수성 등을 가치형성요인 비교 시 반영한다. 특히, 사용권의 거래사례는 사용에 관한 계약의 특수성이 정상적인지 등을 검토하여 사정보정이 필요한 경우에 유의해야 한다.

3. 수익방식
 1) 개념
  수익방식이란 수익환원법 및 수익분석법 등 수익성의 원리에 기초한 감정평가방식을 말한다(감칙 제11조 제3호).

 2) 수익환원법
  (1) 의의(감칙 제2조 제10호)
  수익환원법이란 대상물건이 장래 산출할 것으로 기대되는 순수익이나 미래의 현금흐름을 환원하거나 할인하여 대상물건의 가액을 산정하는 감정평가방법을 말한다.

  (2) 장기사용권의 경우
  장기사용권의 가치는 사용과 수익에 관한 사용료를 기준으로 순수익 등을 구할 수 있다. 특히, 국가 등에 지불하는 계약 사용료를 초과하여 얻는 사용권자의 사용기간 만료까지 지속가능한 초과수익은 가치에 큰 영향을 미친다. 이때 환원율이나 할인율은 사용기간, 세금 등을 고려함에 유의한다. 다만, 처분에 관한 권리가 없으므로 매매차익 등의 이익은 반영하지 않도록 한다.

Ⅲ. 결어
 토지의 장기사용권 가치는 소유권의 가치와 차이가 있다. 따라서 차이가 나는 부분을 감정평가시 어떻게 반영하지가 중요하다. 특히, 사용기간과 사용·수익에 제한이 있는 경우에는 감가 등에 유의한다.
 〈끝〉

[제26회 문4] 10점

Ⅰ. 개설
 부동산 보유세란 부동산을 보유하고 있는 사람에게 부과되는 세금으로 재산세와 종합부동산세를 통칭한다. 재산세는 토지나 주택, 건물 등을 소유한 사람에게 지방자치단체가 부과하는 지방세이다. 종합부동산세는 일정한 가격 이상의 토지와 주택 소유자에게 별도의 누진세율을 적용하는 국세이다.

Ⅱ. 부동산시장에 미치는 영향
 1. 부동산시장의 개념
  부동산시장이란 부동산 거래를 위해 매도인과 매수인이 만나는 장이다. 부동산 거래는 매매와 임대를 포함한다. 따라서 보유세율 상승은 매매시장과 임대시장에 따라 다른 영향을 미친다. 그러므로 이하에서 매매와 임대시장으로 구분하여 살펴본다.

 2. 매매시장에 미치는 영향
  부동산의 보유세율 상승은 단기적으로 부동산을 보유하고 있는 사람들에게 비용부담이라는 위험을 인식하게 한다. 즉, 세금을 추가적으로 부담해야 하기 때문이다. 그 결과 부동산을 보유하고 있는 사람들은 단기에 해당 부동산을 매도하려고 한다. 그러므로 급매 등의 거래사례가 발생한다. 따라서 부동산가격은 단기적으로 하락하게 된다. 하지만 장래 기대되는 이익이 큰 부동산은 오히려 기회로 인식될 수 있다. 그 결과 이런 부동산은 선호가 증가하여 부동산가격이 상승할 수도 있다.

 3. 임대시장에 미치는 영향
  부동산의 보유세율 상승은 임대시장에도 영향을 미친다. 부동산을 보유하고 있는 사람은 세금 등의 비용이 증가하므로 임대수익률이 감소한다. 따라서 임대수익률을 증가시키기 위해 임대료를 상승시키려고 한다. 이는 임차인의 임대료 부담을 증가시킨다. 그 결과 해당 부동산의 거래는 더 낮아지고, 공실은 더 길어질 수 있다. 또한, 매매시장에서 부동산가격이 계속해서 하락하면 임대료도 떨어질 수 있다. 그 결과 부동산의 자산가치는 더 하락할 수 있다. 즉, 보유세율 상승은 부동산의 매매시장과 임대시장에 상호 작용하여 더 큰 영향을 미치게 된다.
 〈끝〉

〈이 하 여 백〉

감정평가이론 기출문제 **제27회** 예시답안

[제27회 문1] 40점

Ⅰ. 서설

기업가치란 해당 기업체가 보유하고 있는 유·무형의 자산가치를 말한다. 이는 계속기업가치를 전제하거나, 청산가치를 전제하여 감정평가한다. 계속기업가치란 기업이 계속적으로 영업활동 등을 하는 상태의 기업가치를 의미한다. 이하에서는 이를 기준으로 살펴본다.

Ⅱ. (물음1) 기업가치의 감정평가

1. 기업가치의 구성요소

1) 자산합계법

기업가치의 구성요소는 자산을 기준으로 접근할 수 있다. 이는 재무상태표의 차변을 기준으로 한다. 즉, 기업이 영업활동에 필요한 자산은 영업자산이 되고, 영업활동에 필요하지 않은 자산은 비영업자산이 된다. 이때 영업자산은 유형자산과 무형자산 등으로 구성된다.

2) 자본합계법

기업가치는 재무상태표의 우변을 기준으로 접근할 수도 있다. 이는 자본의 조달방법으로 접근하는 것이다. 기업의 자본 조달방법은 자기자본과 타인자본으로 이루어진다. 즉, 기업가치는 자기자본 가치와 타인자본 가치로 구성된다.

2. 감정평가시 유의사항

1) 무형자산의 상대적 비중

계속기업가치는 수익을 얻기 위하여 영업활동에 투자하므로 경제적 이익을 얻는 것에 의미가 있다. 경제적 이익은 기업이 갖는 자산들의 결합에 의해 발생한다. 무형자산의 비중이 증가하는 것은 영업권 등의 비중이 높아지게 되는 것이다. 따라서 자가창설 영업권 등의 인정여부 등에 유의해야 한다.

2) 자기자본의 상대적 비중

계속기업가치에서 타인자본은 투자자가 언제든지 자본을 회수할 수 있다. 따라서 자기자본의 비중에 따라 계속기업가치가 달라질 수 있다. 그 결과 계속기업가치는 자기자본 가치만으로 접근하기도 한다. 자기자본 가치는 의결권이 있는 보통주 가치가 중요하다. 그러므로 감정평가시 의결권 여부 등에 유의해야 한다.

Ⅲ. (물음2) 기업가치의 감정평가방법

1. 이론적 배경

1) 자산 및 자본 접근법의 한계

자산합계법과 자본합계법은 재무상태표를 기준으로 접근하는 방법이다. 따라서 회계학적 접근만으로 계속기업가치를 감정평가하는 것은 한계가 있다. 특히, 무형자산의 상대적 비중이 증가함에 따라 영업권 외에 지식재산권 등의 비중도 커지면서 이를 반영하는데 한계가 있다.

2) 3방식에 의한 접근법의 필요성

계속기업가치는 가치의 3면성에 기초한다. 따라서 회계학적 접근 외에 3방식에 의한 접근이 필요하다. 왜냐하면, 계속기업가치는 가치 3면성에 의한 상호 결합에 의해 발생하기 때문이다. 그러므로 계속기업가치의 감정평가는 감칙 및 실무기준에서 3방법에 의해 이루어지도록 하고 있다.

2. 감정평가방법

1) 감칙 제24조 제3항 등의 검토

감칙 제24조 제3항은 기업가치를 감정평가할 때에 수익환원법을 적용해야 한다고 규정한다. 그리고 감정평가 실무기준에서는 구체적인 수익환원법과 다른 감정평가방법에 대해서도 규정하고 있다. 이하에서 관련 내용을 살펴본다.

2) 수익환원법

(1) 적용

수익환원법을 적용할 때는 할인현금흐름분석법, 직접환원법, 옵션평가모형 등으로 감정평가한다. 할인현금흐름분석법을 적용할 때는 대상 기업의 현금흐름을 기준으로 한 단계별 예측기간의 영업가치와 예측기간 후의 영구영업가치를 합산하여 전체 영업가치를 산정한 후, 비영업용 자산가치를 더하여 기업가치를 산정한다.

(2) 유의사항

할인현금흐름분석법을 적용할 때 현금흐름은 예측기간을 5년 이상 충분히 고려함에 유의한다. 또한, 영구성장률은 과거 5년치 평균 성장률을 넘지 않도록 추정함에 유의한다. 그리고 환원율이나 할인율은 현금흐름이 발생되는 시점, 위험요소, 성장성 및 화폐의 시간가치 등을 종합적으로 고려함에 유의한다.

(3) 장단점
수익환원법은 계속기업의 원천인 경제적 이익을 잘 반영할 수 있다. 또한, 무형자산을 포괄할 수 있고, 실물옵션 등에 대한 가치변화를 고려할 수 있다. 그러나 미래수익과 현금흐름의 추정, 영속적 기업의 수익 시점을 예측하기 어려운 점 등의 한계가 있다.

3) 거래사례비교법
(1) 적용
거래사례비교법을 적용할 때는 유사기업이용법, 유사거래이용법, 과거거래이용법 등으로 감정평가한다. 유사기업이용법은 대상기업과 비슷한 상장기업들의 주가를 기초로 산정된 시장배수를 이용하여 대상기업의 가치를 산정한다.

(2) 유의사항
거래사례비교법을 적용할 때 유사기업은 대상기업과 동일한 산업에 속하거나, 동일한 경제 요인에 의해 영향을 받는 산업에 속해야 함에 유의한다. 유사기업의 선정을 위해서는 사업 특성, 입수가능한 자료의 양과 검증가능성, 유사기업의 가격이 독립적인 거래를 반영하는지 여부 등에 유의한다.

(3) 장단점
거래사례비교법은 시장성을 반영하여 시장참가자의 행태를 잘 반영할 수 있다. 따라서 거래사례가 있는 경우에는 설득력이 높다. 그러나 유사기업의 선정이 어렵고, 불완전한 시장에서는 가치의 왜곡 문제 등이 발생할 수 있는 한계가 있다.

4) 원가법
(1) 적용
원가법을 적용할 때는 대상기업의 유·무형의 자산가치를 합산하여 감정평가한다. 이때 모든 자산은 기준시점에서 공정가치를 기준으로 한다. 즉, 재무상태표의 자산과 부채를 감정평가하여 총자산가치에서 총부채가치를 차감하여 구한다.

(2) 유의사항
계속기업을 전제로 감정평가할 때는 원가법만을 적용해서는 안된다는 점에 유의한다. 원가법만을 적용한 경우에는 정당한 근거를 감정평가서에 기재해야 함에 유의한다.

(3) 장단점
원가법은 대상기업이 영업활동을 하지 않고 부동산이나 타 회사의 지분을 보유함으로써 이익을 얻는 지주회사이거나 청산을 전제로 한 기업인 경우에 설득력이 있다. 그러나 결합에 의해 발생하는 경제적 이익 등은 반영하기 어려운 한계가 있다.

Ⅳ. (물음3) 시산가액 조정 등
1. 시산가액 조정
1) 의의
시산가액 조정이란 주된 방법을 적용하여 산정한 시산가액을 다른 방법으로 산출한 시산가액과 비교한 결과, 합리성이 없다고 판단되는 경우 시산가액을 조정하여 감정평가액을 결정하는 것을 말한다.

2) 수익가액의 가중치
계속기업가치는 기업의 경제적 이익을 창출하는 능력이 중요하다. 계속기업가치의 수익성이 높아질수록 무형자산의 비중은 상대적으로 커진다. 특히, 영업권의 비중이 더 커진다. 따라서 시산가액을 조정할 때는 수익가액에 가중치를 부여할 수 있다.

2. 구성요소별 배분 방법
1) 공제법
공제법은 유형자산을 감정평가하여 전체 기업가치에서 공제하여 남는 가치를 무형자산으로 배분하는 방법이다. 이때 무형자산은 영업권, 지식재산권 등으로 이루어지므로 추가 배분을 고려할 필요가 있다.

2) 비율법
비율법은 대상기업과 유사한 기업의 재무상태표를 기준으로 유·무형의 비율을 추출하여 적용하는 방법이다. 이때 무형자산도 영업권과 지식재산권의 비율을 추출하여 적용할 수 있다. 특히, 무형자산의 비중이 큰 기업일수록 영업권의 비율을 추출하는 것이 중요하다.

Ⅴ. 결어
지식정보사회로의 이행에 따라 첨단기업일수록 무형자산의 비중이 더 커지고 있다. 따라서 계속기업가치의 감정평가시 무형자산의 비중에 유의할 필요가 있다. 또한, 청산을 전제로 기업가치를 감정평가할 때도 주의가 필요하다. 〈끝〉

[제27회 문2]30점

Ⅰ.서설

재무보고 감정평가란 외감법 제5조의 회계처리기준에 따른 재무보고를 목적으로 하는 공정가치의 추정을 위한 감정평가를 말한다. 재무보고 감정평가는 자산 및 부채의 공정가치 감정평가뿐만 아니라, 자산의 분류와 계상, 감가상각 목적을 위한 자산 가액의 안분 등을 위해서도 이루어진다. 이하에서 관련 내용을 살펴본다.

Ⅱ.(물음1)본건 감정평가의 기준가치 등

1.본건 감정평가의 기준가치

1)기준가치

기준가치란 감정평가의 기준이 되는 가치를 말한다(감칙 제2조 제3호). 본건은 재무보고목적의 감정평가를 진행하려 한다. 감정평가 실무기준은 재무보고목적의 감정평가시 기준가치는 공정가치를 적용하도록 하고 있다. 따라서 본건 감정평가의 기준가치는 공정가치이다.

2)공정가치의 개념

공정가치란 한국채택국제회계기준에 따라 자산 및 부채의 가치를 추정하기 위한 기본적 가치기준으로서 합리적인 판단력과 거래의사가 있는 독립된 당사자 사이의 거래에서 자산이 교환되거나 부채가 결제될 수 있는 금액을 말한다. 국제평가기준에서 공정가치는 시장에 정통하고, 정상적인 거래를 하고자 하는 당사자 사이에 자산 교환을 하거나 채무청산을 할 경우에 결정될 수 있는 가액을 말한다.

2.시장가치기준 원칙과의 관계

1)시장가치기준 원칙

감칙 제5조 제1항에 따르면 대상물건에 대한 감정평가액은 시장가치를 기준으로 결정한다. 하지만 본건은 재무보고목적을 위한 감정평가로 외감법에 규정이 있는 경우에 해당한다. 따라서 본건의 공정가치는 시장가치 외의 가치를 기준으로 결정한다.

2)공정가치와 시장가치의 관계

공정가치는 시장가치보다 광범위한 개념이다. 일반적으로 특정 당사자 사이에서 공정한 의미가 있는 가격은 다른 시장참여자에게도 공정한 의미가 있다. 그러나 공정가치 산정 시 고려하는 사항 중 일부는 시장가치에서는 고려하지 않는다. 따라서 공정가치는 시장가치기준 원칙의 예외로서 관련된다.

Ⅲ.(물음2)할인율과 최종환원율

1.할인현금흐름분석법의 의의

할인현금흐름분석법이란 대상물건의 보유기간에 발생하는 복수기간의 순수익과 보유기간 말의 복귀가액에 적절한 할인율을 적용하여 현재가치로 할인한 후 더하여 대상물건의 가액을 산정하는 방법을 말한다.

2.할인율과 최종환원율의 개념

1)할인율

할인율이란 미래의 수익을 현재의 가치로 변환하는 비율을 말한다. 이는 현재의 투하자본과 미래수익의 현재가치를 같게 만드는 내부수익률이다. 할인율은 할인현금흐름분석법에서 현재가치로 할인하는 데 적용되는 이율이다. 이러한 할인율은 대상물건의 지역, 용도, 유형 등에 따라 다양하게 나타난다. 이는 대체성이 있는 자산의 수익률, 금융시장의 환경, 거시경제 변수 등을 고려하여 결정한다.

2)최종환원율

환원율은 대상이 창출한 단일기간의 순수익과 대상물건의 가액의 비율을 말한다. 즉, 환원율은 순수익을 가치로 자본화하는 비율을 의미한다. 최종환원율은 보유기간 말 복귀가액을 구하기 위한 것이다. 즉, 보유기간 말의 순수익을 가치로 자본화하기 위한 것이다. 따라서 일반적인 환원율에 장기위험프리미엄, 성장률, 소비자물가상승률 등을 고려하여 결정한 이율이다.

3.할인율과 최종환원율의 관계

1)업무용 부동산시장의 경기변동

업무용 부동산시장의 경기변동은 업무용 부동산이 확장과 수축 국면이 반복되어 나타나는 현상을 말한다. 특히, 업무용 부동산은 주거용 부동산에 비해 경기변동에 더 민감하게 나타난다. 따라서 할인율과 최종환원율의 양상은 주거용 부동산시장과 다르게 나타난다.

2)확장시 관계

업무용 부동산시장이 확장국면인 경우 업무용 공간에 대한 수요의 지표로 공실률, 임대료 동향 등을 통해 확인할 수 있다. 확장국면에서는 업무용 공간에 대한 수요가 시장에서 지지된다. 따라서 공실률은 낮고, 오피스 임대료 상승률이 마이너스를 보이지 않는 한 보유기간 말 복귀가액이 현재보다 상승할 가능성이 높다. 이러한 경우 최종환원율은 할인율보다 작아지는 관계가 있다. 미래에 대한 수익이 현재보다 크다면 최종환원율을 낮추어 복귀가액을 크게 예측하기 때문이다.

3) 수축시 관계

업무용 부동산시장이 수축국면인 경우 공실률과 임대료 동향은 확장국면과 반대로 나타난다. 즉, 공실률은 커지고 보유기간 말 복귀가액은 현재보다 하락할 가능성이 높다. 이러한 경우 최종환원율은 할인율보다 높아지는 관계가 있다. 미래에 대한 위험이 커질수록 최종환원율은 높아지기 때문이다. 즉, 최종환원율은 장기위험프리미엄 등을 고려하여 결정되기 때문이다.

Ⅳ. (물음3) 보정방법
1. 그 밖의 요인 보정

사안의 경우 공시지가기준법에서 그 밖의 요인을 보정하는 방법이 있다. 그 밖의 요인 보정이란 시점수정, 지역요인 및 개별요인의 비교 외에 대상토지의 가치에 영향을 미치는 사항이 있는 경우에 실시하는 표준지공시지가의 정상화과정을 말한다. 따라서 사안의 경우처럼 기준가치에 도달하지 못한 경우 그 밖의 요인을 보정하여 기준가치에 도달할 수 있다.

2. 합리성 검토

그 밖의 요인을 보정하더라고 공시지가기준가액이 기준가치에 도달하지 못할 수도 있다. 이러한 경우에는 감칙 제12조에 따라 거래사례비교법, 원가법 등을 적용한 시산가액과 합리성을 검토하여 시산가액을 조정할 수 있다. 이때 합리성이 결여된 경우에는 각 시산가액에 가중치를 부여하여 최종 감정평가액을 결정하여 기준가치에 도달하게 할 수 있다.

Ⅴ. 결어

시장가치기준 원칙은 객관적인 감정평가를 위한 것이다. 따라서 예외적으로 시장가치 외의 가치를 적용할 때는 주의가 필요하다. 〈끝〉

[제27회 문3] 20점

Ⅰ. 서론

부동산 가치는 주위의 여러 요인에 따라 변한다. 특히 소음·환경오염 등으로 인한 토지 등의 가치는 하락과 관련된다. 가치하락분은 감칙 제25조에서 규정하고 있다. 이하에서 관련 내용을 구체적으로 살펴본다.

Ⅱ. (물음1) 가치하락분
1. 가치하락분의 개념
1) 의의

소음등으로 인한 대상물건의 가치하락분이란 장기간 지속적으로 발생하는 소음·진동·일조침해 또는 환경오염 등(이하 '소음등')으로 대상물건에 직접적 또는 간접적인 피해가 발생하여 대상물건의 객관적 가치가 하락한 경우 소음등의 발생 전과 비교한 가치하락분을 말한다.

2) 가치하락분 산정의 일반적인 원리

가치하락분은 소음등이 발생하기 전 가치에서 소음등이 발생한 후 가치를 차감하여 산정한다. 즉, 가치하락분은 소음등이 발생 전과 후의 차이를 통해 산정하게 된다.

3) 가치하락분의 제외요인 및 포함요인

가치하락분은 객관적인 가치하락분을 대상으로 한다. 즉, 관련 법령 등에 따른 허용사항 및 원상회복에 소요되는 비용과 스티그마 효과가 해당된다. 다만, 일시적이거나 정신적인 피해 등 주관적인 가치하락은 가치하락분에 포함되지 않는다. 그러나 소음등으로 인하여 가축이나 생명체에 발생한 피해는 가치하락분에 포함될 수 있다.

2. 부동산 가격원칙과의 연관성
1) 예측 및 변동의 원칙

예측의 원칙이란 부동산 가치는 끊임없이 변하기 때문에 요인의 추이나 동향에 대한 예측을 해야 한다는 것이다. 변동의 원칙이란 부동산 현상과 활동, 가치형성과정의 요인 등은 시간에 따라 변하므로 부동산 가치도 그에 따라 변한다는 것이다. 가치하락분은 시간의 흐름에 따라 가치하락의 정도, 원상회복의 가능성, 시장참가자의 선호 및 행태 등이 달라진다. 따라서 예측 및 변동의 원칙과 밀접한 관련이 있다.

2)기여 및 균형의 원칙

기여의 원칙이란 부동산 가치는 부동산을 구성하는 각 요소가 가치에 기여하는 공헌도의 영향을 받아 결정된다는 원칙이다. 가치하락분은 부동산 구성요소가 가치에 기여하는 공헌도가 떨어지므로 기여의 원칙과 관련된다. 균형의 원칙은 부동산 가치가 최고가 되기 위해서는 내부 구성요소들이 적절한 균형을 이루고 있어야 한다는 것이다. 가치하락분은 소음등으로 인해 균형성이 무너졌으므로 균형의 원칙과 관련된다.

3)최유효이용의 원칙

최유효이용의 원칙이란 부동산 가치는 최유효이용을 전제로 파악되는 가치를 표준으로 하여 형성된다는 것이다. 최유효이용이란 객관적으로 보아 양식과 통상의 이용능력을 가진 사람이 부동산을 합법적이고 합리적이며 최고, 최선의 방법으로 이용하는 것이다. 가치하락분은 소음등의 실태, 물리적 영향과 그 정도, 가치하락을 유발한 원인으로부터의 복구 가능성 및 복구에 걸리는 기간, 복구방법과 비용 등으로 최유효이용에 미치지 못하게 된다.

Ⅲ.(물음2)스티그마효과

1.개념

스티그마란 무형의 또는 양을 잴 수 없는 불리한 인식을 말한다. 즉, 스티그마는 환경오염으로 인해 발생하는 위험을 시장참가자들이 인식함으로 인하여 부동산 가치가 하락하는 부정적인 효과를 의미한다. 이는 오염 및 정화 등에 의한 최유효이용의 제한이나 감가와 구별된다.

2.특징

정화 전의 스티그마 감가는 정화 후의 스티그마 감가보다 크다. 스티그마 감가는 주거용에서 가장 크게 나타난다. 또한, 스티그마 감가는 오염원으로부터 멀어짐에 따라 감소한다. 정화 후 스티그마는 시간이 경과함에 따라 감소하고 소멸한다.

Ⅳ.결론

스티그마는 소음등이 발생하기 전 가치에서 소음등이 발생한 후 가치에 포함된다. 하지만 가치하락분을 원상회복이 가능한 비용과 원상회복이 불가능한 비용으로 산정할 경우 별도의 처리가 필요함에 유의한다. 〈끝〉

[제27회 문4]10점

Ⅰ.개설

기준금리란 한국은행이 금융기관과 거래를 할 때 기준이 되는 정책금리를 말한다. 시중금리는 기준금리를 기준으로 책정한다. 이는 공간시장과 자산시장을 연결하는 매개변수로 작용한다.

Ⅱ.부동산시장에 미치는 영향

1.4사분면 모형의 검토

1)자산시장

4사분면 모형은 공간시장과 자산시장의 작동과 장기균형에 대해 설명하는 모형이다. 금리가 인하하면 2사분면에서 자본투자에 대한 요구수익률로서 외생변수인 자본환원율이 시계 반대 방향으로 움직인다. 그 결과 단기적으로 자산가격의 상승을 가져오고, 장기적으로 건설물량이 증가하게 된다.

2)공간시장

장기적으로 건설물량이 증가하게 되면 4사분면에서 재고량이 증가하게 된다. 그 결과 1사분면에서 공간사용에 대한 비용인 임대료가 하락한다. 그러나 장기적으로 공간재고가 변하지 않는 상태가 되면 신규공급량과 감가상각 및 멸실량이 일치하는 수준에서 결정될 수 있다.

2.수요와 공급의 검토

1)수요

금리는 자금의 이용을 위한 기회비용을 의미한다. 따라서 금리가 인하하면 기회비용이 적어지게 되고, 부동산에 대한 투자수익률이 상대적으로 커진다. 그 결과 자금은 주식이나 채권시장에서 부동산시장으로 유입된다. 이는 부동산 수요를 증가시켜 부동산 가치를 상승하게 하는 원인이 된다.

2)공급

부동산 공급은 단기에는 부증성으로 인해 비탄력적이다. 하지만 장기에는 용도의 다양성으로 인해 경제적 공급이 가능해지므로 탄력성이 생긴다. 금리 인하는 공급자의 투자비용 하락으로 증가를 가져오기도 한다. 그리고 장기에는 부동산 투자개발에 있어서 기회비용 등을 낮추어 부동산 건설 등이 이루어질 수 있게 한다. 〈끝〉

〈이 하 여 백〉

감정평가이론 기출문제 **제28회** 예시답안

[제28회 문1]40점

Ⅰ. 서설

감정평가는 최유효이용의 분석을 통해 감정평가원칙을 기준으로 이루어진다. 사안은 적절한 최유효이용분석이 이루어지지 않은 것으로 보이므로 관련 내용을 검토한다.

Ⅱ. (물음1) 최유효이용 분석방법

1. 최유효이용의 판단 기준

1) 최유효이용의 의의

최유효이용이란 객관적으로 보아 양식과 통상의 이용능력을 가진 사람이 대상부동산을 합법적이고 합리적이며 최고, 최선의 방법으로 이용하는 것을 말한다.

2) 판단기준

(1) 물리적 가능성

물리적 가능성이란 대상 부동산이 물리적 측면에서 이용이 가능하다는 것이다. 즉, 토양의 하중이나 지지력, 지형, 지세 등에 적합해야 한다.

(2) 법적 가능성

법적 가능성이란 대상 부동산이 법적 측면에서 이용이 가능하다는 것이다. 즉, 각종 법적 규제에 적합해야 한다. 이때 규제의 변경 가능성도 검토해야 한다.

(3) 경제적 타당성

경제적 타당성이란 대상 부동산이 경제적으로 타당해야 한다는 것이다. 즉, 당해 용도에 대한 수입이 개발비용보다 커야 한다는 것이다.

(4) 최대 수익성

최대 수익성이란 물리적, 법적, 경제적으로 가능한 이용 중에서 최대 수익을 창출하는 이용을 말한다. 이때 최대 수익을 창출하는 이용은 시장증거에 의해 뒷받침되어야 한다.

3) 사안의 경우

사안은 물리적 가능성은 제시되지 않았으므로 문제되지 않는 것으로 본다. 법적 가능성은 일반상업지역의 건폐율과 용적률 등을 기준으로 가능한 범위로 보인다. 경제적 타당성은 구체적으로 제시되지 않았으나, 광평수로 이용하는 경우 주상용, 표준적인 규모로 이용하는 경우 상업용으로 이용하는 것이 합리적으로 보인다. 최대 수익성은 제시되지 않았으므로 이에 따라 최유효이용은 달라질 수 있다.

2. 최유효이용의 분석 방법

1) 최유효이용 분석의 의의

최유효이용 분석이란 지역분석과 개별분석을 통해 대상 토지가 최대의 수익을 창출할 수 있는 용도를 찾아내는 작업이다. 토지는 나지 상태인 경우와 개량물이 있는 상태인 경우에 따라 달라진다. 이하에서 2가지의 경우로 나누어 검토한다.

2) 나지 상태인 경우

(1) 개념

나지 상태의 최유효이용 분석은 개량물이 있더라도 없는 것으로 간주하고 토지가치를 극대화하는 용도를 확인하는 작업이다. 즉, 토지가치가 현재의 이용뿐만 아니라 잠재적 이용을 반영한다는 의미이다.

(2) 분할이용

대상토지는 인근지역의 대지면적보다 규모가 과대하다. 따라서 표준적인 규모로 분할하여 이용하는 것이 최유효이용일 수 있다. 이런 경우 분할에 필요한 비용 등으로 감가가 이루어질 수 있다.

(3) 단독이용

대상토지와 대지면적이 유사한 주상용이 입주 중에 있다. 즉, 대상토지에 대한 상대적 희소성이 증가하여 수요가 있을 수 있다. 그 결과 표준적인 규모의 가격수준을 초과할 수 있다. 이런 경우 대상토지의 가치는 증가할 수 있다.

3) 개량물이 있는 상태인 경우

(1) 개념

개량물이 있는 상태의 최유효이용 분석은 토지와 개량물이 결합해서 최고의 가치를 창출하는 이용을 최유효이용으로 판정한다. 현존 개량물이 최유효이용에 부합하지 않는 경우 전환비용 등을 고려하여 전체 가치를 극대화하는 이용으로 판정한다.

(2) 현황

대상물건은 토지와 건물로 구성된 업무용 부동산

이다. 구체적인 사실관계가 주어지지 않았으나, 전환비용 등이 큰 경우에는 현재 상태로 이용하는 것이 최유효이용일 수 있다.

(3) 철거 후 신축

사안에서 증축이나 리모델링은 제시되지 않았으므로 고려하지 않는다. 철거 후 신축은 분할이용인 경우 2층 규모의 상업용으로, 단독이용인 경우 20층 규모의 주상용으로 이용하는 것이 최유효이용이 된다.

Ⅲ. (물음2) 최유효이용분석 결과가 다른 이유

1. 분석결과가 다른 경우

나지 상태인 경우와 개량물이 있는 상태의 최유효이용 분석 결과는 달라질 수 있다. 개량물이 있는 상태의 최유효이용 분석은 전환비용을 고려하기 때문이다. 즉, 수익성을 극대화하지 못하는 결과가 나타나기 때문이다. 이하에서 구체적으로 살펴본다.

2. 분석 결과가 다른 이유

1) 전환비용

전환비용이란 기존 개량물의 철거비용, 신축비용, 건설기간 동안의 임대료 손실 등의 각종 비용을 의미한다. 사안의 경우 철거 후 신축을 고려할 때 분할비용, 철거비용, 신축비용 등이 달라진다. 그 결과 나지 상태인 경우와 분석결과가 달라진다.

2) 중도적이용

중도적이용이란 가까운 장래에 새로운 최유효이용이 도래할 것으로 예상될 때 대기과정에 있는 이용이다. 중도적이용은 현재 상황에서 다른 잠재적 이용 중에 비교우위를 극대화하거나 비교열위를 극소화하는 대안이 된다. 사안의 경우 철거 후 신축을 위한 전환비용이 크다면, 현황 업무용 부동산으로 이용하는 것이 최유효이용일 수 있다. 그 결과 나지 상태인 경우와 차이가 있다.

3) 건부감가

건부감가란 건부지가 되면 토지가격이 낮아진다는 것이다. 즉, 같은 토지라도 나지 상태일 때 가격이 더 높다는 것이다. 사안의 경우 개량물이 있는 상태이므로 건부감가가 발생할 수 있다. 그 결과 나지 상태의 최유효이용 분석결과와 달라질 수 있다.

Ⅳ. (물음3) 적산가액의 타당성 등

1. 적산가액의 타당성

1) 감정평가원칙의 반영

대상물건은 토지와 건물로 구성된 업무용 복합부동산이다. 따라서 개별물건기준 원칙에 따라 토지와 건물로 감정평가한다. 예외에 해당하는 사실관계는 보이지 않으므로 원칙을 따르는 것이 타당하다. 그리고 현황기준 원칙에 따라 감정평가한다. 예외에 해당하는 감정평가조건을 부가할 수 있는 경우에 해당하지 않으므로 역시 원칙을 따르는 것이 타당하다.

2) 수익가액의 합리성 결여

시장가치기준 원칙은 대상물건은 시장가치를 기준으로 감정평가하여야 한다는 것이다. 그러나 대상물건의 수익방식에 의한 시산가치는 시장 임대료가 아닌, 계약 임대료를 기준으로 산출되었다. 따라서 시장가치기준 원칙에 부합하지 않으므로 수익가액은 합리성이 떨어진다. 그러므로 원가방식에의 의한 시산가치가 높게 산출된 것은 타당하다.

2. 올바른 원가방식의 적용방법

1) 토지

토지는 감정평가법 제3조 및 감칙 제14조에 따라 공시지가기준법을 적용하는 것이 원칙이다. 사안의 경우 최유효이용 분석 결과를 토대로 표준적인 규모의 상업용을 기준한 것은 타당하다. 그러나 공시지가기준가액이 아닌, 매매사례 단가를 적용한 것은 타당하지 않다.

2) 건물

건물은 감칙 제15조에 따라 원가법을 적용하는 것이 원칙이다. 이때 감가수정은 물리적, 기능적, 경제적 감가 등을 고려해야 한다. 그러나 사안은 30년이 경과된 건물이고, 주위환경 등을 고려하지 않고 물리적 감가만을 행하였다. 따라서 감가수정시 기능적, 경제적 감가 등을 고려해야 한다.

Ⅴ. 결어

최유효이용의 분석 결과에 따라 감정평가액은 달라진다. 또한, 최유효이용 분석 결과를 토대로 하였더라도 올바른 감정평가방법을 적용하지 않으면 문제가 될 수 있다. 따라서 감정평가시 주의가 필요하다.

〈끝〉

[제28회 문2]30점

Ⅰ. 서론
　시산가액 조정이란 주된 방법을 적용하여 산정한 시산가액을 다른 방법으로 산출한 시산가액과 비교한 결과, 합리성이 없다고 판단되는 경우 시산가액을 조정하여 감정평가액을 결정하는 것을 말한다. 이하에서 관련 내용을 살펴본다.

Ⅱ. (물음1)시산가액 조정의 법적 근거
1. 감칙 제12조 제1항
　해당 규정은 대상물건별로 정한 감정평가방법을 적용하여 감정평가해야 하도록 되어 있다. 다만, 주된 방법을 적용하는 것이 곤란하거나 부적절한 경우에는 다른 감정평가방법을 적용할 수 있다.

2. 감칙 제12조 제2항
　해당 규정은 대상물건의 감정평가액을 결정하기 위하여 제1항에 따라 어느 하나의 감정평가방법을 적용하여 산정한 가액(이하 '시산가액')을 감정평가 3방식 중 다른 감정평가방식에 속하는 하나 이상의 감정평가방법으로 산출한 시산가액과 비교하여 합리성을 검토하도록 되어 있다. 다만, 대상물건의 특성 등으로 인하여 다른 감정평가방법을 적용하는 것이 곤란하거나 불필요한 경우에는 그렇지 않다.

3. 감칙 제12조 제3항
　동조 제2항에 따른 검토 결과 동조 제1항에 따라 산출한 시산가액의 합리성이 없다고 판단되는 경우에는 주된 방법 및 다른 감정평가방법으로 산출한 시산가액을 조정하여 감정평가액을 결정할 수 있다.

Ⅲ. (물음2)양자의 관련성
1. 시산가액 조정의 전제
　시산가액 조정은 상관조정의 원리를 전제한다. 상관조정의 원리란 가치 3면성이 부동산 가치형성과정에서 상호 연결되어 있으므로 시산가액을 조정해야 한다는 것이다. 즉, 부동산시장은 불완전성, 자료의 미비 등으로 각 시산가액의 유용성과 한계를 상호 보완하여 최종 감정평가액을 결정해야 한다는 의미다.

2. 물건별 감정평가방법의 규정방식

　감칙 제14조부터 제26조까지의 규정은 대상물건별로 주된 감정평가방법을 정하고 있다. 즉, 대상물건의 특성 등에 따라 주된 감정평가방법만을 다르게 규정하고 있다. 다만, 토지는 공시지가기준법, 거래사례비교법을 적용할 수 있고, 임대료와 조성비용 등을 고려하여 감정평가할 수 있도록 되어 있다. 이는 감칙 제12조와 연결되어 다른 감정평가방법을 적용할 수 있다는 의미도 포함된다.

3. 양자의 관련성
1)대상물건의 특성 등
　물건별 감정평가방법의 규정방식은 주된 감정평가방법만을 정하고 있다. 그러나 이는 주된 감정평가방법만을 써야한다는 의미는 아니다. 시산가액 조정은 상관조정의 원리를 전제하기 때문이다. 따라서 다른 감정평가방법으로 구한 시산가액의 유용성과 한계를 함께 고려해야 한다. 이때 시산가액 조정은 대상물건의 특성, 자료의 신뢰성, 감정평가 목적, 시장상황 등을 기준으로 한다. 즉, 상관조정의 원리 등에 따라 다양한 감정평가방법을 검토한다는 의미에서 양자는 관련되어 있다.

2)가치 3면성
　가치 3면성은 비용성, 시장성, 수익성 등을 말한다. 비용성이란 어느 정도의 비용이 투입되어야 만들 수 있는지를 말한다. 시장성이란 얼마에 시장에서 거래될 수 있는지를 말한다. 수익성이란 어느 정도의 수익이나 효용을 얻을 수 있는지를 말한다. 이러한 가치 3면성은 상관조정의 원리에 기초한다. 그리고 물건별 감정평가방법의 규정방식은 가치 3면성에 따라 다양한 방법을 적용할 수 있다. 따라서 양자는 가치 3면성 측면에서 상호 연결된다.

3)합리성
　감칙 제12조 제2항과 제3항을 볼 때 주된 방법에 의한 시산가액과 다른 방법에 의한 시산가액의 합리성을 검토하게 된다. 이때 주된 방법에 의한 시산가액이 다른 방법에 의한 시산가액으로 합리성이 지지되지 않는 경우 시산가액을 조정한다. 따라서 합리성을 검토하는 과정에서 상관조정의 원리와 다른 방법에 의한 시산가액이 연결된다. 또한, 시산가액 조정시 가중치를 부여하는 경우에도 합리성이 활용되므로 양자는 상호 관련되어 있다.

Ⅳ.(물음3)감정평가액의 표시방법

1.감정평가액의 결정 및 표시

1)의의

감정평가액의 결정 및 표시란 감정평가방법의 적용을 통하여 산정된 시산가액을 합리적으로 조정하여 대상물건이 갖는 구체적 가치를 최종적으로 결정하고 감정평가서에 그 가액을 표시하는 절차를 말한다.

2)최종 감정평가액의 표시

최종 감정평가액은 반드시 하나의 수치로 결정하는 것이라고 볼 수 없다. 하나의 수치가 대상 부동산의 가치를 정확하게 반영하고 있다고 볼 수 없기 때문이다. 따라서 최종 감정평가액은 하나의 수치로 표시하는 점추정과 범위로 표시하는 구간추정으로 가능하다.

2.표시방법

1)점추정

점추정이란 최종 감정평가액을 하나의 수치로 표시한 것을 말한다. 점추정으로 표시한 감정평가액은 적정한 유효숫자까지 표시한다. 일반적으로 억 단위의 감정평가액은 천만 또는 백만원까지 표시하고, 천만 단위의 감정평가액은 백만원 또는 십만원 단위까지 표시한다. 만약, 시장사례 자료가 풍부하여 시산가액의 정확성이 높다면 유효숫자를 더 표시할 수 있다.

2)구간추정

구간추정이란 최종 감정평가액을 범위로 표시하는 것을 말한다. 이는 기준금액의 상하관계로 표시하는 관계가치를 포함하는 의미다. 예를 들어, 가격을 10억원 이상이라고 표현하는 것을 관계가치라고 한다. 경우에 따라서는 하나의 수치를 산정한다는 것이 별다른 의미를 지니지 못하기도 한다. 오히려 넓은 범위의 가치 표시는 의미가 없다. 그러나 좁은 범위의 가치 표시는 점추정치보다 감정평가의 신뢰성을 높여줄 수도 있다.

Ⅴ.결론

시산가액 조정은 자료의 선택과 검토, 활용의 적정성, 단가와 총액의 적정성, 가치형성요인 판단과 분석의 적절성, 지역분석과 개별분석의 적절성 등도 검토함에 유의한다. 〈끝〉

[제28회 문3]20점

Ⅰ.서설

정비사업이란 도시정비법에서 정한 절차에 따라 도시기능을 회복하기 위하여 정비구역에서 정비기반시설을 정비하거나 주택 등 건축물을 개량 또는 건설하는 주거환경개선사업, 재개발사업, 재건축사업을 말한다. 이하에서는 관리처분계획을 수립하기 위한 감정평가 중 종후자산 감정평가에 대해 살펴본다.

Ⅱ.(물음1)종후자산 감정평가의 기준가치

1.종후자산 감정평가의 개념

종후자산 감정평가란 도시정비법 제74조 제1항 제3호에 따라 실시되는 분양예정인 대지 또는 건축물에 대한 관리처분계획 수립을 위한 감정평가를 말한다. 종후자산 감정평가는 종전자산 감정평가와 함께 관리처분을 위한 기준이 된다. 따라서 상대적인 가격균형의 유지가 중요하다.

2.종후자산 감정평가의 기준가치

1)기준가치의 의의(감칙 제2조 제3호)

기준가치란 감정평가의 기준이 되는 가치를 말한다.

2)감칙 제5조 제1항의 검토

대상물건에 대한 감정평가액을 시장가치를 기준으로 결정한다. 이를 시장가치기준 원칙이라고 한다. 종후자산 감정평가는 그 목적이 종전자산과의 상대적 균형을 위한 것이다. 따라서 시장가치 외의 가치로 할 수 있는지를 검토한다.

3)감칙 제5조 제2항의 검토

감칙 제5조 제2항에서는 법령에 다른 규정이 있는 경우, 의뢰인이 요청하는 경우, 감정평가의 목적이나 대상물건의 특성에 비추어 사회통념상 필요하다고 인정되는 경우에는 시장가치 외의 가치를 기준으로 결정할 수 있도록 하고 있다. 종후자산의 감정평가는 도시정비법에 따른 절차로 이루어지므로 시장가치 외의 가치를 기준으로 할 수 있다.

4)감칙 제5조 제3항의 검토

종후자산의 감정평가는 법령에 다른 규정이 있는 경우에 해당한다. 따라서 감칙 제5조 제3항의 단서에 해당하여 해당 시장가치 외의 가치의 성격과 특징, 시장가치 외의 가치를 기준으로 하는 감정평가의 합리성 및 적법성을 검토하지 않는다.

Ⅲ. (물음2) 종후자산 감정평가의 성격

1. 비용성

종후자산의 감정평가는 총사업비 등의 비용성을 고려한다. 이때 총사업비 등은 사업시행자가 제시한 원가의 산출근거를 고려한다. 따라서 종후자산의 감정평가는 원가방식과 관련된다. 다만, 도시정비법 규정의 개정 연혁, 감정평가 관계법규와 이론 등에 비추어 볼 때 다른 감정평가방법으로 합리성을 검토할 필요가 있다.

2. 시장성

종후자산의 감정평가는 상대적 균형이 중요하다. 이는 시장에서의 수요성과 관련된다. 수요성은 인근지역이나 동일수급권 안의 유사지역에 있는 유사물건의 분양사례, 거래사례, 평가사례 등을 고려한다. 또한, 분양예정 공동주택을 감정평가할 경우 규모별, 층별, 위치별, 향별 효용의 차이를 고려해야 한다. 그러므로 종후자산의 감정평가는 비교방식과 관련된다.

3. 수익성

종후자산의 감정평가는 기준시점 현재 착공 전 상태이다. 따라서 기준시점 당시 실제로 존재하지 않는 대상물건을 적법하게 완공된 상태를 전제로 하는 조건부 감정평가이다. 종후자산은 조합원 분양분, 일반 분양분, 임대주택, 근린생활시설 등의 분양으로 이루어진다. 일반적으로 조합원 분양분 등은 수익방식을 적용하지 않는다. 그러나 근린생활시설은 수익성이 있는 부동산으로 수익방식과 관련된다. 또한, 조건부 감정평가를 위한 수익성도 관련된다.

Ⅳ. 결어

종후자산의 감정평가는 실무상 시장가치를 기준으로 하고 있다. 따라서 기준가치의 혼란을 방지하기 위해서 구체적인 규정을 마련할 필요가 있다. 또한, 시장가치 외의 가치에 대한 개념과 구체적인 유형을 마련하여 감정평가시 객관성을 유지할 필요가 있다. 그리고 종후자산의 감정평가는 종전자산의 감정평가와도 상대적인 균형을 유지할 필요가 있음에 유의한다. 〈끝〉

[제28회 문4] 10점

Ⅰ. 양자의 의의

1. 영업권

영업권이란 대상기업이 경영상의 유리한 관계 등 배타적 영리기회를 보유하여 같은 업종의 다른 기업들에 비하여 초과이익을 확보할 수 있는 능력으로서 경제적 가치가 있다고 인정되는 권리다.

2. 권리금 (상가임대차법 제10조의3 제1항)

권리금이란 임대차 목적물인 상가건물에서 영업을 하는 자 또는 영업을 하려는 자가 영업시설·비품, 거래처, 신용, 영업상의 노하우, 상가건물의 위치에 따른 영업상의 이점 등 유형·무형의 재산적 가치의 양도 또는 이용대가로서 임대인, 임차인에게 보증금과 차임 이외에 지급하는 금전 등의 대가를 말한다.

Ⅱ. 양자의 비교

1. 유·무형

영업권은 무형자산이다. 권리금은 유형재산과 무형재산으로 구분된다. 따라서 무형적인 측면은 유사하지만, 권리금은 유형적인 측면도 있다는 점에 차이가 있다.

2. 법적보호

영업권은 시장에서 거래의 객체로 인정되고 있지만, 법적인 보호를 받지 못한다. 하지만 권리금은 상가임대차법에 근거하여 경제생활의 안정을 보장함을 목적으로 하므로 법적인 보호를 받는다.

3. 감정평가방법

영업권과 권리금은 모두 가치 3면성에 기초하여 수익환원법, 거래사례비교법, 원가법 등을 적용한다. 또한, 영업권은 수익환원법을 원칙으로 적용하고, 권리금 중 무형재산도 수익환원법을 원칙으로 적용한다는 점이 같다. 그러나 수익환원법의 구체적인 적용에서는 차이가 있다.

4. 한계

영업권은 법적 근거, 가치형성요인의 비교, 외부요인 등으로 감정평가시 어려움이 있다. 권리금도 영업활동의 관련성, 업종의 기준 등으로 감정평가시 어려움이 있다. 〈끝〉

〈이 하 여 백〉

감정평가이론 기출문제 **제29회** 예시답안

[제29회 문1]40점

Ⅰ. 서론

감정평가는 토지등의 경제적 가치를 판정하여 그 결과를 가액으로 표시하는 것을 말한다(감정평가법 제2조 제2호). 여기서 부동산의 경제적 가치는 교환의 대가인 가액과 용익의 대가인 임대료를 포함한다. 부동산가격은 교환의 대가로 매도인과 매수인이 합의한 지불금액을 의미한다. 따라서 가격과 가치는 구별되므로 이하에서 이를 기준으로 살펴본다.

Ⅱ. (물음1) 가치발생요인과 가격결정요인

1. 가치발생요인과 가격결정요인

1) 부동산 가치발생요인

부동산 가치발생요인이란 부동산이 경제적 가치를 갖게 하는 요인과 요인 간의 상호작용을 말한다. 이는 가치형성요인에 의해 영향을 받아 끊임없이 변한다. 부동산 가치발생요인은 효용, 상대적 희소성, 유효수요로 구분된다.

2) 부동산 가격결정요인

부동산 가격결정요인이란 부동산이 거래되는 금액을 갖게 하는 요인과 요인 간의 상호작용을 말한다. 이는 부동산이 경제재로서의 본질도 갖고 있기 때문에 나타난다. 부동산 가격결정요인은 수요와 공급으로 구분된다.

2. 상호관련성

1) 수요측면

수요는 재화나 용역에 대한 구매욕구를 말한다. 부동산 가치발생요인은 수요측면에서 효용과 유효수요가 있다. 효용은 인간의 욕구를 만족시켜 줄 수 있는 능력이다. 효용의 가치는 효용을 위해 지불하는 금액으로 나타난다. 부동산은 고가성을 지니므로 구매력과 구매욕구가 수반된 유효수요로 나타난다. 따라서 양자는 수요측면에서 상호 관련된다.

2) 공급측면

공급은 상품을 판매하고자 하는 욕구를 말한다. 부동산 가치발생요인은 공급측면에서 상대적 희소성이 있다. 부동산은 물리적인 측면에서 부증성이 있으므로 공급이 제한된다. 그러나 용도적인 측면에서 다양성이 있으므로 공급이 완화된다. 따라서 양자는 공급측면에서 상호 관련된다.

Ⅲ. (물음2) 가격결정과정과 가치의 3면성

1. 가격결정과정과 가치의 3면성

1) 부동산 가격결정과정

부동산 가격결정과정이란 부동산의 수요와 공급에 의해 균형가격이 결정되는 과정을 말한다. 이는 단기적으로 수요와 공급의 변화에 따라 균형가격이 달라진다. 그리고 장기적으로 새로운 균형가격이 결정되는 일련의 과정을 포함한다. 즉, 수요와 공급에 의해 가격이 결정되고, 그 가격은 다시 수요와 공급에 영향을 미치는 과정을 의미한다.

2) 부동산 가치의 3면성

부동산 가치의 3면성이란 비용성, 시장성, 수익성을 말한다. 비용성이란 어느 정도의 비용이 투입되어야 만들 수 있는지를 말한다. 시장성이란 얼마에 시장에서 거래될 수 있는지를 말한다. 수익성이란 어느 정도의 수익이나 효용을 얻을 수 있는지를 말한다. 부동산 가치는 이러한 3면성의 상호작용에 의해 달라진다. 이론적으로는 3면성에 의한 가치는 같지만, 부동산시장은 불완전성을 지니므로 현실에서는 일치하지 않는다.

2. 상호관련성

1) 수요과 공급

비용성은 부동산의 공급과 관련된다. 수익성은 부동산의 수요와 관련된다. 그리고 시장성은 수요와 공급에 의한 균형가격과 관련된다. 그 결과 이론상 가치 3면성은 3면 등가와 연결된다. 그리고 어떤 요인으로 인해 수요와 공급이 변화하면 새로운 가격결정과정을 거쳐 균형가격을 이루게 되는 것이다. 따라서 양자는 수요와 공급 측면에서 상호 연결된다.

2) 가격수준과 구체적가격

부동산은 지역성을 가지므로 표준적인 이용과 가격수준을 형성한다. 그리고 이는 대상부동산의 개별성과 관련하여 최유효이용과 구체적인 가격을 형성하게 된다. 이 과정에서 수요와 공급이 개별적으로 작용한다. 그 결과 일반적이고 평균적인 가격수준이 나타난다. 이는 다시 개별적이고 구체적인 가격을 형성하게 한다. 따라서 양자는 부동산 가치의 형성과정에서 상호 연결된다.

Ⅳ. (물음3) 가치의 3면성과 3방식 6방법

1. 3방식 6방법
 1) 원가방식
  (1) 원가법(감칙 제2조 제5호)
   원가법이란 대상물건의 재조달원가에 감가수정을 하여 대상물건의 가액을 산정하는 감정평가방법을 말한다.

  (2) 적산법(감칙 제2조 제6호)
   적산법이란 대상물건의 기초가액에 기대이율을 곱하여 산정된 기대수익에 대상물건을 계속하여 임대하는 데에 필요한 경비를 더하여 대상물건의 임대료를 산정하는 감정평가방법을 말한다.

 2) 비교방식
  (1) 거래사례비교법(감칙 제2조 제7호)
   거래사례비교법이란 대상물건과 가치형성요인이 같거나 비슷한 물건의 거래사례와 비교하여 대상물건의 현황에 맞게 사정보정, 시점수정, 가치형성요인 비교 등의 과정을 거쳐 대상물건의 가액을 산정하는 감정평가방법을 말한다.

  (2) 임대사례비교법(감칙 제2조 제8호)
   임대사례비교법이란 대상물건과 가치형성요인이 같거나 비슷한 물건의 임대사례와 비교하여 대상물건의 현황에 맞게 사정보정, 시점수정, 가치형성요인 비교 등의 과정을 거쳐 대상물건의 임대료를 산정하는 감정평가방법을 말한다.

 3) 수익방식
  (1) 수익환원법(감칙 제2조 제10호)
   수익환원법이란 대상물건이 장래 산출할 것으로 기대되는 순수익이나 미래의 현금흐름을 환원하거나 할인하여 대상물건의 가액을 산정하는 감정평가방법을 말한다.

  (2) 수익분석법(감칙 제2조 제11호)
   수익분석법이란 일반기업 경영에 의하여 산출된 총수익을 분석하여 대상물건이 일정한 기간에 산출할 것으로 기대되는 순수익에 대상물건을 계속하여 임대하는 데에 필요한 경비를 더하여 대상물건의 임대료를 산정하는 감정평가방법을 말한다.

2. 상호관련성
 1) 비용성
  (1) 원가법과의 관련성
   재조달원가는 대상물건을 기준시점에 재생산하거나 재취득하는 데 필요한 적정원가의 총액을 말한다. 이는 대상물건을 일반적인 방법으로 생산하거나 취득하는 데 드는 비용으로 한다. 따라서 비용성과 직접적으로 관련된다.

  (2) 적산법과의 관련성
   적산법에서 필요제경비란 임차인이 사용·수익할 수 있도록 임대인이 대상물건을 적절하게 유지·관리하는 데에 필요한 비용을 말한다. 따라서 비용성과 연결된다.

 2) 시장성
  (1) 거래사례비교법과의 관련성
   사정보정이란 거래사례에 특수한 사정이나 개별적 동기가 반영되어 있거나 거래당사자가 시장에 정통하지 않은 등 수집된 거래사례의 가격이 적절하지 못한 경우에 그러한 사정이 없었을 경우의 적절한 가격수준으로 정상화하는 작업을 말한다. 시장성은 적절한 가격수준과 관련된다.

  (2) 임대사례비교법과의 관련성
   임대사례는 임대차 계약의 특수성이 유사해야 한다. 특히 임대료의 지급형태, 관리비의 납부형태 등은 시장상황에 따라 달라진다. 그러므로 시장성에 따라 임대료수준, 보증금과 월세의 비율, 전월세 전환율 등이 달라지므로 양자는 관련된다.

 3) 수익성
  (1) 수익환원법과의 관련성
   순수익은 대상물건에 귀속하는 적정한 수익을 말한다. 따라서 수익성과 직접적으로 관련된다.

  (2) 수익분석법과의 관련성
   수익분석법에서의 순수익은 일반기업 경영에 의해 발생하는 경우에 유용하다. 따라서 수익성과 관련된다.

V. 결론
 부동산 가격과 부동산 가치는 그 요인과 결정과정, 가치 3면성 및 감정평가방식과 연결된다. 따라서 이에 대한 이해가 요구된다. 〈끝〉

[제29회 문2]30점

Ⅰ.서설

최근 GTX 등의 광역 교통망이 개통하거나 예정된 상태이다. 광역 교통망의 개설은 주위환경에 사회적, 경제적, 행정적으로 큰 변화를 가져온다. 그 결과 부동산시장과 부동산가격에 미치는 영향은 매우 크다. 그러므로 이하에서는 전철개통이 지역분석과 유형별 부동산시장에 미치는 효과를 중심으로 살펴본다.

Ⅱ.(물음1)전철 역세권의 지역분석

1.지역분석의 개념

1)의의

지역분석이란 지역 내 표준적이용, 가격수준, 변동추이를 판정하는 것이다. 즉, 대상부동산이 어떤 지역에 존재하는지, 그 지역이 어떤 특성을 갖는지, 그 특성은 지역 내 부동산 이용형태와 가치형성에 어떤 영향을 미치는지를 분석하고 판정한다.

2)필요성

지역분석은 지역성, 지역특성과 지역의 변화, 최유효이용 판정방향의 제시 등을 위해 필요하다. 특히 지역성은 부동산이 다른 부동산과 함께 특정 지역을 구성하고 그 지역과 상호 의존·보완 관계에 있으며, 그 지역 내 다른 부동산과 대체, 경쟁 등의 상호관계를 통해 사회적, 경제적, 행정적 위치를 차지하는 것이므로 지역분석이 필요하다.

2.전철 역세권의 지역분석

1)대상지역

지역분석의 대상지역은 인근지역, 유사지역, 동일수급권이다. 이때 대상 부동산이 속하는 시장특성, 지역요인, 표준적이용, 가격수준 등을 함께 파악해야 한다. 사안의 경우 인근지역은 기성도시인 B도시이다. 유사지역은 B도시와 비슷한 거리에 있고, 인구도 유사한 지역이 될 수 있다. 그러나 광역 교통망이 개통됨에 따라 전철 역세권을 중심으로 새로운 인근지역의 범위가 설정될 수 있다. 또한, 광역 전철 역세권이 있는 유사지역이나 동일수급권도 분석의 대상이 된다.

2)표준적이용

표준적이용은 인근지역의 지역특성에 의한 개별부동산의 일반적이고 평균적인 이용을 말한다. 지역특성은 그 지역 내 부동산의 표준적이용에 의해 나타난다. 사안의 경우 전철이 개통됨으로 인하여 역세권이 생겼다. 따라서 역세권을 중심으로 상업용 부동산의 효용이 증가하고, 대도시인 A시로의 출퇴근이 편해짐에 따라 주거용 부동산의 효용도 증가할 수 있다. 따라서 전철 역세권의 표준적이용은 상업용과 주거용이 될 수 있다.

3)가격수준

가격수준은 B도시의 전철 역세권과 역세권이 아닌 지역에 따라 달라진다. 전철 역세권은 고객의 유동성, 배후지의 크기, 상업시설 및 공공시설과의 접근성 등에 따라 새로운 가격수준이 나타날 수 있다. 또한, 기성도시에서 대도시로의 출퇴근을 위해 오피스텔이나 도시형 생활주택 등의 수요가 증가할 수 있다. 그 결과 역세권의 주거용 부동산 가격수준도 역세권이 아닌 지역과 차이가 날 수 있다.

Ⅲ.(물음2)부동산시장에 미치는 효과

1.관련 개념

1)부동산시장

부동산시장이란 부동산 거래를 위해 매도인과 매수인이 만나는 장이다. 이는 수요·공급을 통해 경쟁적 이용에 의한 공간배분 및 토지이용패턴을 결정하는 부동산의 교환 및 가격 결정의 공간이다. 부동산시장은 주거용, 상업용, 업무용, 공업용 등의 유형별로 세분할 수 있다. 이하에서는 전철 역세권의 지역분석을 통해 판정된 주거용과 상업용 부동산 시장을 중심으로 살펴본다.

2)접근성

접근성이란 물리적 거리, 시간적 거리, 운임 거리, 의식 거리 등을 통한 대상물건과의 상대적인 거리 관계를 의미한다. 이는 부동산의 위치가 주위환경의 변화에 따라 사회적, 경제적, 행정적으로 달라지기 때문이다. 따라서 접근의 대상과 접근 정도, 활용 용도 등에 따라 부동산시장과 부동산가격에 큰 영향을 미치게 된다. 특히, 사안의 경우처럼 광역 교통망으로 접근성이 크게 개선되는 경우에는 부동산시장과 부동산가격에 더 큰 영향을 미친다.

2.주거용 부동산시장에 미치는 효과

1)긍정적 효과

기성도시인 B도시는 접근성의 개선으로 인해 대도

시인 A시로의 접근이 편리해진다. 대도시인 A시는 B도시보다 상대적으로 주거용 부동산의 가격수준이 높을 수 있다. 따라서 접근성이 개선됨에 따라 B도시에 거주하면서 A시로 출퇴근을 하는 사람들의 수요가 증가할 수 있다. 특히, 1인 가구나 사회초년생, 신혼부부 등의 수요가 클 수 있다. 이는 B도시에 인구가 유입되면서 부동산 수요를 늘리는 효과가 있다. 그 결과 주거용 부동산 가격은 상승할 수 있다.

2) 부정적 효과
접근성 개선은 주거용 부동산시장에 부정적인 효과도 가져올 수 있다. 전철 역세권이 생기면서 역 주변에는 많은 사람들이 이동하게 되고, 상권이 발달할 수 있다. 그 결과 역 주변에 노래방, 술집 등의 유흥업소가 증가함에 따라 주거용 부동산에 거주하는 사람들에게는 부정적인 효과가 나타날 수 있다. 또한, 인구가 유입되면 차량 등의 증가로 교통이 혼잡해지고 소음이나 진동 등의 부정적인 효과도 나타날 수 있다.

3. 상업용 부동산시장에 미치는 효과

1) 긍정적 효과
접근성 개선은 전철 역세권에 새로운 상권을 형성하게 할 수 있다. 이는 상업용 부동산의 시장참가자에게 긍정적인 효과를 가져온다. B도시에서 A시로의 출퇴근을 하려는 사람들이 증가함에 따라 역 주변에 음식점, 편의점, 술집 등의 수요가 증가할 수 있기 때문이다. 즉, 상업용 부동산의 수익성이 향상될 수 있다.

2) 부정적 효과
B도시는 기성도시이기 때문에 오히려 상권에 부정적인 효과가 나타날 수도 있다. 예를 들어, 역 주변에 노숙자가 증가할 수 있다. 또한, 단란주점이나 불법 마사지 등의 증가는 역 주변의 쾌적성을 방해하는 효과가 나타날 수도 있다. 그 결과 상업용 부동산의 수익성이 저해될 수도 있다.

Ⅳ. 결어
접근성의 개선은 부동산시장과 부동산가격에 큰 영향을 미친다. 따라서 감정평가시 지역분석, 개별분석 등을 토대로 충분한 시장조사가 요구된다.

〈끝〉

[제29회 문3] 20점
Ⅰ. 서설
최근 공인회계사가 토지를 감정평가한 것이 회계에 관한 감정에 해당하는지가 문제되었다. 감정평가는 감정평가법에 의해 감정평가법인등이 행하여야 한다. 따라서 감정평가와 감정평가의 기준이 되는 시장가치 등의 개념을 이해할 필요가 있다. 이하에서 관련 내용을 살펴본다.

Ⅱ. (물음1) 개념 차이
1. 양자의 개념
1) 감정평가
감정평가란 토지등의 경제적 가치를 판정하여 그 결과를 가액으로 표시하는 것을 말한다(감정평가법 제2조 제2호).

2) 회계에 관한 감정
회계에 관한 감정이란 공인회계사법 제2조에 의한 공인회계사의 직무로서 회계처리의 대상이 실제로 존재하는지 여부에 대한 진위, 회계처리의 적부를 판정하는 것을 말한다.

2. 양자의 차이
1) 목적
감정평가는 국민의 재산권을 보호하고 국가경제 발전에 기여함을 목적으로 한다. 회계에 관한 감정은 국민의 권익보호와 기업의 건전한 경영 및 국가경제의 발전에 이바지함을 목적으로 한다. 따라서 양자는 그 목적에 차이가 있다.

2) 법적 근거 및 직무
감정평가는 감정평가사법에 따라 타인의 의뢰를 받아 토지등을 공정하고 객관적으로 감정평가한다. 회계에 관한 감정은 공인회계사법에 따라 재무제표 요소를 화폐로 계량화하는 것이다. 따라서 양자는 법적 근거와 직무에 차이가 있다.

Ⅲ. (물음2) 가치의 비교
1. 각 가치의 개념
1) 공정가치
공정가치란 한국채택국제회계기준에 따라 합리적인 판단력과 거래의사가 있는 독립된 당사자 사이의 거래에서 자산이 교환되거나 부채가 결제될 수 있는 금액을 말한다.

2) 시장가치(감칙 제2조 제1호)
시장가치란 감정평가의 대상이 되는 토지등이 통상적인 시장에서 충분한 기간 동안 거래를 위하여 공개된 후 그 대상물건의 내용에 정통한 당사자 사이에 신중하고 자발적인 거래가 있을 경우 성립될 가능성이 가장 높다고 인정되는 대상물건의 가액을 말한다.

3) 회계상 가치
회계상 가치란 회계학에서 측정에 의한 가치를 말한다. 이때 측정이란 인식, 측정, 전달의 회계과정 중 하나로 재무제표의 기본요소를 화폐액으로 계량화하는 것을 말한다. 즉, 회계단위에 대한 원가액을 의미한다.

2. 비교
1) 공정가치와 시장가치
일반적으로 특정 당사자 사이에서 공정한 의미가 있는 가격은 다른 시장참여자에게도 공정한 의미가 있다. 그러나 공정가치 산정 시 고려하는 사항 중 일부는 시장가치에서 고려하지 않는다. 즉, 공정가치가 시장가치보다 넓은 개념이다.

2) 공정가치와 회계상 가치
공정가치는 재무보고 감정평가의 기준가치이다. 회계상 가치는 현재 유형자산 등의 가치가 충분히 반영된 경우 공정가치와 같아질 수 있다. 그러나 회계상 가치는 역사적 원가에 기반한다는 점에 차이가 있다.

3) 시장가치와 회계상 가치
시장가치와 회계상 가치는 재무제표의 분석에서 출발한다는 점은 유사하다. 그러나 회계상 가치는 시장가치의 개념요소를 필요조건으로 하지 않는다. 또한, 시장가치는 회계상 가치에서 감가상각, 재고자산 및 유·무형자산 등에 대한 조정을 함으로써 경제적 가치로 나타낸다는 점에 차이가 있다.

Ⅳ. 결어
감정평가는 회계상 감정과 다른 개념이다. 따라서 회계에 관한 감정에 감정평가는 포함되지 않는다. 그러므로 토지의 공정가치를 감정평가하는 것은 공인회계사가 아니라, 감정평가법에 따른 감정평가사만이 할 수 있다.   〈끝〉

- 17 -   - 18 -

[제29회 문4] 10점
Ⅰ. 개설
감정평가는 토지등의 경제적 가치를 판정하여 그 결과를 가액으로 표시하는 것을 말한다(감정평가법 제2조 제2호). 경제적 가치의 판정은 공정하고 객관적으로 이루어져야 한다. 이하에서 관련 내용을 살펴본다.

Ⅱ. 감정평가의 공정성과 감정평가행위의 독립 필요성
1. 사회성과 공공성
감정평가의 대상이 되는 토지등은 사회성과 공공성이 있다. 사회성과 공공성은 공평하고 합리적으로 배분되어야 할 성질을 말한다. 그 결과 부동산은 그 이용에 제한을 받는다. 따라서 국민의 재산권과 관련되므로 공정한 감정평가가 요구된다. 공정한 감정평가가 이루어지기 위해서는 감정평가행위의 독립성이 보장되어야 한다.

2. 거래의 특수성
부동산은 고정성, 개별성, 고가성 등으로 인해 권리를 통해 거래가 이루어진다. 또한, 거래정보는 잘 공개되지 않는다. 그 결과 거래금액이 적정한

지 판단이 어렵다. 따라서 경제적 가치를 판정하는 전문가인 감정평가가 필요하다. 이는 제3자의 입장에서 독립적으로 이루어져야 객관적인 가치를 판단할 수 있다.

3. 시장의 불완전성
부동산시장은 고정성, 부증성 등으로 인해 불완전경쟁시장의 형태를 지닌다. 그 결과 수요와 공급에 의한 가격 형성이 어렵다. 따라서 시장참가자는 합리적인 의사결정이 어렵다. 그러므로 감정평가는 공정하고 객관적인 입장에서 독립적으로 행해져야 합리적인 의사결정에 기준으로 작용할 수 있다.

4. 가치형성의 상호작용성
부동산가치는 부동산의 특성, 부동산시장의 불완전성 등으로 일반 경제재와 다른 형성과정을 거친다. 특히 부동산가치는 다양한 가치형성요인의 상호작용에 의해 형성된다. 그러므로 객관적인 경제적 가치를 판정하기 위해서는 공정성과 독립성이 요구된다.   〈끝〉

〈 이   하   여   백 〉

감정평가이론 기출문제 **제30회** 예시답안

[제30회 문1] 40점

Ⅰ. 서설

택지란 택지개발촉진법에서 정하는 바에 따라 개발·공급되는 주택건설용지 및 공공시설용지를 말한다(택지개발촉진법 제2조 제1호). 택지는 조성상태 등에 따라 그 가치가 달라진다. 이하에서는 택지의 감정평가방법을 중심으로 살펴본다.

Ⅱ. (물음1) 택지의 감정평가방법

1. 선분양방식의 개념

선분양방식이란 주택이 완공되기 전에 입주자에게 먼저 분양하여 건설비용에 충당하는 방식을 말한다.

2. A사가 조성한 택지의 감정평가방법

1) 감정평가 실무기준의 검토

택지 등 조성 공사 중에 있는 토지는 조성 중인 상태대로 가격이 형성되어 있는 경우에는 비교방식 등을 통하여 감정평가한다. 즉, 공시지가기준법, 거래사례비교법 등으로 구할 수 있다. 조성 중인 상태대로 가격이 형성되어 있지 않은 경우에는 가산방식이나 공제방식 등으로 구할 수 있다.

2) 공시지가기준법

A사가 조성한 택지는 소지를 신규로 취득하고 조성비용을 직접 투입하여 택지로 조성한 상태이다. 그러므로 사안의 경우 조성 중인 상태대로 가격이 형성되어 있을 가능성이 크다. 이러한 경우 감칙 제14조에 따른 공시지가기준법을 적용하여 감정평가하는 것이 원칙이다.

3) 거래사례비교법

사안의 경우 조성 중인 상태대로 가격이 형성되어 있을 가능성이 크므로 비교방식인 거래사례비교법을 적용할 수 있다. 이는 대상 주택과 유사한 사례를 기준으로 토지와 건물로 배분한 뒤 비준하여 구할 수 있다.

4) 가산방식

가산방식은 소지 가액에 개발비용을 더하여 대상 토지의 가치를 구하는 방식이다. 이는 토지를 가공하여 부가가치를 창출한다는 점에서 원가방식의 사고를 기초로 한다. 이때 택지로서의 성숙도 등을 고려하여 성숙도 수정 등이 이루어진다.

Ⅲ. (물음2) 감정평가방법의 제안

1. 후분양방식의 개념

후분양방식은 주택의 건설공정이 60~80% 정도 이루어진 후에 입주자에게 분양하는 방식을 말한다.

2. 감정평가방법의 제안

1) 최유효이용의 개념

최유효이용이란 객관적으로 보아 양식과 통상의 이용능력을 가진 사람이 대상 토지를 합법적이고 합리적이며 최고, 최선의 방법으로 이용하는 것을 말한다. 후분양방식은 건설공정이 어느정도 이루어진 후에 분양하므로 공제방식이 최유효이용의 관점에서 적절한 방식으로 보인다.

2) 공제방식

(1) 개념

공제방식이란 예상되는 분양대금에서 개발비용을 공제하여 대상 토지의 가치를 구하는 방식이다. 이는 비용성, 시장성, 수익성을 혼용한 방법이다. 일반적으로 분양대금은 거래사례비교법과 수익환원법을 이용하고, 개발비용은 원가법을 이용하기 때문이다.

(2) 종류

신축 개발하는 경우는 대상 획지가 일체로 이용하는 것이 합리적이라고 인정되는 경우 최유효이용의 건물이 신축될 것을 상정한다. 따라서 개발비용에는 통상의 신축비와 부대비용이 포함된다. 택지를 조성하는 경우는 택지를 조성하여 분할 이용하는 것이 합리적이라고 인정되는 경우 대상 획지를 표준적인 택지로 분양할 것을 상정하는 것이다. 따라서 개발비용에는 통상의 조성비와 부대비용이 포함된다.

(3) 사안의 경우

사안은 개발사업을 후분양방식으로 진행하면서 택지에 대한 감정평가를 실시하는 경우이다. 따라서 대상 획지를 표준적인 택지로 분양할 것을 상정한다. 그러므로 분양대금은 거래사례비교법과 수익환원법으로 구하고, 개발비용은 통상의 조성비와 부대비용을 포함하여 원가법으로 구할 수 있다. 즉, 후분양방식으로 분양하는 경우 최유효이용의 관점에 부합하는 것으로 보인다.

Ⅳ. (물음3) 현재가치 산정시 고려할 점

1. 분양대금의 현재가치
   1) 분양단가의 시점
   분양단가는 분양가격이 결정되는 시점에서 결정된다. 분양가격이 결정되는 시점은 분양계약체결 개시 시점이나 분양공고 시점 등에 의한다. 따라서 분양단가는 시점수정을 분양대금 결정 시점으로 함에 유의한다. 그 결과 조건부 감정평가가 이루어질 수 있다. 만약, 소지의 기준시점에서 분양이 가능하고 분양가격이 결정된다면 개발획지의 기준시점과 동일하게 된다. 즉, 선분양 후개발의 경우가 이에 해당한다.

   2) 분양계약시점 및 분양대금 입금시기
   분양단가가 결정되었다고 하더라도 분양계약 시점과 분양대금의 입금시기에 따라 분양대금의 현재가치는 달라질 수 있음에 유의한다. 분양계약이 실제적으로 체결되는 시점에서의 예측은 흡수율분석을 통해 이루어진다. 흡수율분석은 공급된 부동산이 일정기간 동안 시장에서 얼마나 흡수되었는가를 분석하는 것을 말한다. 그리고 분양대금 입금시기는 분양계약서상의 입금스케줄에 따라 결정된다. 이때 부실채권의 발생 여부를 검토할 필요가 있음에 유의한다.

   3) 분양단가, 흡수율 등의 상호관련성
   단위당 분양가격, 흡수율, 분양대금 입금스케줄 등은 상호 밀접하게 관련되므로 그 관련성에 주의가 필요하다. 분양단가가 높다면 흡수율이 낮게 되고, 흡수율이 낮으면 분양대금 입금스케줄은 늦어지게 된다. 또한, 분양단가가 높다면 광고선전비 등 판매비용이 증가하고, 고급건축자재 등의 사용으로 개발비용이 올라간다.

   4) 개발계획의 수립
   택지는 일반적으로 법령상 허용되는 용적률에 따라 가치가 달라진다. 그러므로 대상 획지의 형상, 도로, 위치관계 등의 조건, 건축법 등에 적합한 건물의 설계, 배치 등에 관한 개발계획을 수립해야 함에 유의한다. 이를 기준으로 작성된 사업실시계획에 의해 분양대금 등을 산정해야 한다.

2. 개발비용의 현재가치
   1) 개발비용의 산정
   개발비용은 대상 획지의 일체 이용을 상정하는 경우에는 통상의 건축비 상당액, 발주자가 직접 부담해야 할 통상의 부대비용을 말한다. 대상 획지의 분할 이용을 상정하는 경우에는 통상의 조성비 상당액, 발주자가 직접 부담해야 할 통상의 부대비용을 말한다. 공제방식은 토지를 가공하여 부가가치를 창출하고 그 수익에서 투하된 원가를 공제하는 방식이다. 따라서 개발비용에는 수익을 창출하기 위하여 투하된 통상의 모든 비용이 포함된다는 점에 유의한다.

   2) 수급인의 적정이윤
   조성비 또는 건축비는 도급방식을 상정하여 산정한다. 그러므로 수급인의 적정이윤은 개발비용에 포함되어야 함에 유의한다. 실제 공사비 지출은 도급이냐 자가공사냐에 따라 차이가 난다. 그러나 자가공사의 경우에는 분양대금에서 발생한 부가가치를 제거하기 때문에 도급을 기준으로 파악해야 함에 유의한다.

   3) 이자비용 및 개발업자의 적정이윤
   이자비용 및 개발업자의 적정이윤은 개발비용에 포함되지 않음에 유의한다. 분양대금에서 부가된 부가가치 총액을 제거하여 소지가격을 구하기 위해서는 이자비용 및 개발업자의 적정이윤은 개발비용에 포함된다. 그러나 공제방식에서는 이자비용 및 개발업자의 적정이윤은 시장할인율로 할인함으로써 이자비용 및 개발업자의 적정이윤을 개발비용에 포함시키는 것과 동일한 결과를 얻고 있기 때문이다.

   4) 세금 등
   사안은 대상 획지의 분할 이용을 상정할 경우이다. 따라서 통상적 조성비에는 조성공사비, 감리비 및 관리비, 도급자의 부담 간접비용 등도 포함된다. 또한, 발주자가 직접 부담해야 할 통상의 부대비용에는 광고 등의 판매 및 일반관리비, 개발부담금 등의 세금과 공과 등도 포함됨에 유의해야 한다.

V. 결어
   조성 공사 중인 택지가 택지개발촉진법상 택지개발사업시행지구 안에 있는 경우에는 확정예정지번이 부여되었는지에 따라 감정평가가 달라질 수 있음에 유의한다. 〈끝〉

[제30회 문2] 30점

Ⅰ. 서설

시장가치는 시장경제의 발전과 감정평가이론의 발달로 정립되어 왔다. 따라서 시장가치의 개념도 여러 차례 변화되었다. 그 변화의 과정 중에서 논란이 되었던 쟁점 등을 중심으로 살펴본다.

Ⅱ. (물음1) 성립될 가능성이 가장 많은 가격

1. 시장가치의 정의(감칙 제2조 제1호)

시장가치란 감정평가의 대상이 되는 토지등이 통상적인 시장에서 충분한 기간 동안 거래를 위하여 공개된 후 그 대상물건의 내용에 정통한 당사자 사이에 신중하고 자발적인 거래가 있을 경우 성립될 가능성이 가장 높다고 인정되는 대상물건의 가액을 말한다.

2. 성립될 가능성이 가장 많은 가격의 의미

1) 평균치

평균은 다량의 데이터를 요약하여 표현하는 통계치로 사용되는 개념이다. 이는 산술평균, 기하평균, 조화평균 등이 있다. 산술평균은 주어진 수의 합을 수의 개수로 나눈 값이다. 기하평균은 각 관측치를 곱하고 관측치의 수만큼의 제곱근으로 구한 값이다. 조화평균은 개별 데이터의 역수의 평균에 대한 역수이다.

2) 중위치

중위치란 통계 자료에서 변량을 크기 순서대로 나열했을 때 정중앙에 있는 값을 말한다. 즉, 전체를 이등분한 위치에 있는 값으로 통계 자료에서 대푯값의 하나이다.

3) 최빈치

최빈치는 통계학에서 주어진 값 중에서 가장 자주 나오는 값을 말한다. 이는 주어진 자료나 관측치의 값이 모두 다른 경우에는 존재하지 않는다. 하지만 최빈치는 주어진 자료에서 평균이나 중위치를 구하기 어려운 경우에 유용하다.

4) 최빈매매가격

성립될 가능성이 가장 많은 가격은 통계학적 의미를 볼 때 결국 일어날 수 있는 빈도수가 높은 거래가능가격을 의미한다. 즉, 최빈치를 의미한다.

Ⅲ. (물음2) 양자의 비교

1. 시장가치 개념의 변화

1) 과거 AI의 시장가치

과거 AI의 시장가치는 매도자와 매수자는 충분한 지식을 가지고 사려 깊게 행동하고, 가격이 어떤 부당한 자극에 의해 영향을 받지 않는 것으로 가정되는 공정한 매매가 성립되기 위한 필수적인 모든 조건이 충족된 공개된 경쟁시장에서 어떤 부동산이 형성할 최고가격을 화폐액으로 표시한 것이었다.

2) 현재 AI의 시장가치

현재 AI의 시장가치는 공정한 거래가 이루어질 수 있는 모든 조건이 충족된 경쟁시장에서 특정한 부동산의 권리가 합리적인 기간 시장에 방매되어 자신의 이익을 위해 사려 깊게 행동하는 거래당사자가 충분한 정보와 지식을 갖고, 어떠한 강박조건이 존재하는 않는 상황 하에서 특정일을 기준으로 성립될 가능성이 가장 높은 가격을 현금, 현금등가 기준 또는 기타 정확히 명시된 조건으로 나타낸 가격이라고 하고 있다.

2. 양자의 비교

1) 공통점

부동산시장이 경쟁시장이 되기 위해서는 경쟁할 수 있을 정도의 충분한 매도자와 매수자가 존재해야 한다. 경쟁시장에서는 최고의 입찰가격을 제시하는 사람에게 대상부동산이 낙찰된다. 충분한 정보와 지식을 가지고 있는 전형적인 가능매수자는 대상부동산의 시장가치에 적합한 가격을 제시하지 무조건 높은 가격을 제시하지는 않는다. 따라서 전형적인 매수자들이 제시하는 가격은 대상부동산에 성립될 가능성이 가장 많은 가격이다. 즉, 최고가격은 성립될 가능성이 가장 높은 가격이라는 의미로 본다.

2) 차이점

과거 AI의 시장가치 개념을 볼 때 최고가격은 거래사례 중에서 가장 높은 가격을 의미한다고 보았다. 경쟁시장에서 최고의 가격을 제시하여 거래가 되는 것으로 보기 때문이다. 그 결과 최고가격은 성립될 가능성이 가장 높은 가격과 차이가 있다고 본다. 그러나 현재는 양자를 달리 해석할 여지는 없다고 보고 있음에 유의한다.

Ⅳ.(물음3) 감정평가방법별 특징

1. 가치이론과 가치추계이론의 관계

가치이론은 가치의 본질이 무엇인지에 관한 이론이다. 가치추계이론은 가치를 추계하는 원리나 방법에 관한 이론이다. 따라서 가치이론을 토대로 가치추계이론이 나타나므로 양자는 논리상 상호 연결되어 있다. 이는 비용성, 수익성, 시장성의 원리에 기초하므로 이하에서 구체적으로 살펴본다.

2. 고전학파와 원가방식

고전학파는 생산비가 가치를 결정하고 투입된 비용만큼 효용이 증가한다고 가정한다. 따라서 재화의 효용은 생산비에 해당하는 만큼의 가치를 지닌다고 한다. 즉, 공급측면에서 비용과 가치의 관계를 파악하므로 원가방식과 관련된다. 원가방식은 어느 정도의 비용이 투입되어야 만들 수 있는지를 파악한다.

3. 한계효용학파와 비교방식

한계효용학파는 재화의 가치는 한계효용에 의해 결정된다고 한다. 즉, 수요측면에서 효용과 가치의 관계를 파악하므로 비교방식과 관련된다. 비교방식은 어느 정도의 가격으로 시장에서 거래되고 있는지를 파악한다.

4. 신고전학파와 수익방식

신고전학파는 단기에는 효용이나 수요의 힘이 재화의 가치에 영향을 미치지만, 장기에는 생산비나 공급의 힘이 재화의 가치에 영향을 미친다고 한다. 또한, 장래 기대되는 편익이 가치를 결정한다고 본다. 따라서 어느 정도의 수익을 얻을 수 있는지를 파악하는 수익방식과 관련된다. 특히 마샬은 고전학파와 한계효용학파의 이론은 통합하여 수요와 공급의 조정에 있어 시간을 강조하면서, 3방식의 토대를 마련하였다.

Ⅴ. 결어

감정평가 3방식 6방법은 가치이론에서 출발하여 가치추계이론을 토대로 성립되었다. 또한, 시장가치의 개념이 변화하면서 감정평가의 기준이 되는 가치도 달라지고 있다. 그러므로 감정평가시 과거부터 현재까지의 변화 과정을 이해하고 있어야 객관적인 경제적 가치를 판정할 수 있다. 〈끝〉

[제30회 문3] 20점

Ⅰ. 서설

시장가치기준 원칙이란 대상물건에 대한 감정평가액은 시장가치를 기준으로 결정한다는 것을 말한다(감칙 제5조 제1항). 예외적으로 감칙 제5조 제2항에 해당하는 경우에는 시장가치 외의 가치를 기준으로 결정할 수 있다. 이하에서 관련 내용을 구체적으로 살펴본다.

Ⅱ. 시장가치 외의 가치

1. 개념

시장가치 외의 가치는 감칙 규정에 마련되어 있지 않다. 현재 감칙 규정의 태도를 볼 때 시장가치 외의 가치는 시장가치의 개념요소를 충족하지 못하는 가치로 볼 수 있다.

2. 감칙 제5조 제2항

1) 법령에 다른 규정이 있는 경우

감정평가의 기준을 법령에서 정하고 있는 경우에는 해당 법령에서 정한 절차 등을 따라야 한다. 예를 들어, 공정가치가 있다. 재무보고 감정평가는 외부감사법 제5조에 회계처리기준에 따른 재무보고를 목적으로 하는 공정가치의 추정을 위한 감정평가를 말한다. 이때 공정가치란 K-IFRS에 따라 합리적인 판단력과 거래의사가 있는 독립된 당사자 사이의 거래에서 자산이 교환되거나 부채가 결제될 수 있는 금액을 말한다. 즉, 공정가치는 외부감사법에 따르므로 시장가치 외의 가치를 기준으로 할 수 있다.

2) 의뢰인이 요청한 경우

의뢰인이 시장가치 외의 가치를 기준으로 감정평가 해주기를 요청하는 경우가 있다. 예를 들어, 투자가치가 있다. 투자가치란 특정 투자자가 특정 투자목적에 대해 부여되는 투자조건에 따라 투자 대상물건이 발휘하는 가치를 말한다. 즉, 투자조건에 따라 의뢰인이 요청하는 경우에는 시장가치 외의 가치를 기준으로 할 수 있다.

3) 사회통념상 필요하다고 인정되는 경우

감정평가의 목적이나 대상물건의 특성에 비추어 사회통념상 필요하다고 인정되는 경우에는 시장가치 외의 가치를 기준으로 할 수 있다. 예를 들어, 특수가치가 있다. 특수가치란 일반적인 매수자들에 의한 거래가 아니라 특정매수자나 제한된 범주의 매수자에 의해 나타나는 가치를 말한다.

3. 감칙 제5조 제3항

시장가치 외의 가치를 기준으로 감정평가할 때에는 해당 시장가치 외의 가치의 성격과 특징, 시장가치 외의 가치를 기준으로 하는 감정평가의 합리성 및 적법성을 검토해야 한다.

4. 유형 등

1) 외국의 시장가치 외의 가치 유형

국제평가기준에 따르면 시장가치외의 가치는 투자가치, 공정가치, 특별가치, 시너지가치 등을 제시하고 있다. 미국 AI에 따르면 공정가치, 사용가치, 투자가치, 계속기업가치, 공익가치, 과세가치, 보험가치, 청산가치, 처분가치 등을 제시하고 있다. 일본 부동산감정평가기준에 따르면 한정가격, 특정가격, 특수가격을 제시하고 있다.

2) 감칙 규정의 문제점

감칙 규정은 예외적인 경우 시장가치외의 가치를 인정하고 있다. 그러나 현행 감칙 규정은 시장가치 외의 가치에 대한 개념이 없고, 시장가치 외의 가치에 대한 유형 등의 구체적인 설명이 없는 상태이다. 또한, 외국의 규정과 달리 원칙과 예외의 관계로 나타나고 있어 그 적용에 제한 등이 있다. 즉, 현행 감칙은 시장가치 외의 가치에 대한 규정을 마련할 필요가 있다.

3) 규정 마련의 필요성

현행 감칙 규정은 구체적인 시장가치 외의 가치가 무엇인지, 가치의 종류나 성격 등에 대한 것이 정립되어 있지 않다. 이를 해결하기 위해서는 시장가치 외의 가치에 대한 개념을 정립하고, 구체적인 유형 등을 제시할 필요가 있다. 또한, 원칙과 예외의 관계가 아니라 병렬적인 관계로 대등한 지위를 가질 필요가 있다.

Ⅲ. 결어

기준가치란 감정평가의 기준이 되는 가치를 말한다(감칙 제2조 제3호). 현행 감칙은 이를 기준으로 시장가치와 시장가치 외의 가치로 구분하고 있다. 따라서 가치의 기본측정이 되는 가치기준이라는 용어로 변경할 필요도 있다. 〈끝〉

[제30회 문4] 10점

Ⅰ. 개설

조사·평가란 토지등의 경제적 가치를 판정하여 그 결과를 가액으로 표시하는 것이다. 조사·산정이란 표준주택 등의 가격을 비준표 등에 의해 계산하는 것을 말한다.

Ⅱ. 양자의 비교

1. 유사점

1) 목적

조사·평가와 조사·산정은 모두 부동산공시법을 근거로 한다. 이는 부동산의 적정가격 공시에 관한 기본적인 사항 등을 규정함으로써 부동산의 적정한 가격형성과 각종 조세·부담금 등의 형평성을 도모하고자 한다. 즉, 양자는 모두 부동산공시법의 목적을 달성하기 위한 것이다.

2) 기준

조사·평가와 조사·산정은 모두 적정가격을 기준으로 한다. 적정가격이란 토지, 주택 및 비주거용 부동산에 대하여 통상적인 시장에서 정상적인 거래가 이루어지는 경우 성립될 가능성이 가장 높다고 인정되는 가격을 말한다(부동산공시법 제2조 제5호).

2. 차이점

1) 주체

표준지공시지가의 조사·평가는 국토교통부장관이 감정평가법에 따른 감정평가법인등에게 의뢰한다. 그러나 표준주택가격 등의 조사·산정은 국토교통부장관이 한국부동산원법에 따른 한국부동산원에게 의뢰한다는 점에 차이가 있다.

2) 절차

표준지의 적정가격 조사·평가는 부동산공시법 시행령 제2조 제2항에 따른 표준지의 선정 및 관리지침에서 정한 지역분석 등을 실시한 후에 공부조사 등의 절차에 따라 실시한다. 그러나 표준주택가격의 조사·산정은 부동산공시법 제16조 제1항 등에 따른 표준주택의 선정 및 관리지침에서 정한 지역분석 등을 실시한 후에 공부조사 등의 절차에 따라 수행한다는 점에 차이가 있다. 〈끝〉

〈 이 하 여 백 〉

감정평가이론 기출문제 **제31회** 예시답안

[제31회 문1]40점

Ⅰ.서론

부동산은 고정성 등의 특성으로 인하여 시장에서 수요와 공급에 의한 균형가격을 파악하기 어렵다. 따라서 경제적 가치를 판정하는 감정평가가 무엇보다 중요한 역할을 한다. 이하에서 관련 내용을 구체적으로 살펴본다.

Ⅱ.(물음1)감정평가의 개념 등

1.감정평가의 개념

1)의의(감정평가법 제2조 제2호)

감정평가란 토지등의 경제적 가치를 판정하여 그 결과를 가액으로 표시하는 것을 말한다.

2)기능

감정평가는 공적 측면에서 안정성을 수행함과 동시에 사적 측면에서 효율성을 수행한다. 따라서 감정평가는 공적인 기능과 사적인 기능을 모두 갖고 있다. 공적인 기능은 부동산 등이 합리적이고 공평하게 배분될 수 있도록 도와준다. 사적인 기능은 시장이 효율적으로 작동할 수 있도록 도와준다.

3)감정평가목적

감정평가목적은 의뢰인이 감정평가의뢰를 통해 달성하고자 하는 목적을 말한다. 감정평가목적에 따라 대상물건, 기준가치, 감정평가방법 등이 달라진다. 이는 기능과 관련하여 크게 공적인 목적과 사적인 목적으로 구분한다. 공적인 목적은 보상감정평가 등의 법적인 감정평가와 주로 관련된다. 사적인 목적은 담보감정평가 등의 사적인 감정평가와 주로 관련된다.

4)가치의 다양성

부동산 가치는 부동산의 특성, 부동산 시장의 불완전성 등으로 인해 일반재화에서 나타나는 수요와 공급에 의한 가격으로 결정되지 않는다. 특히 부동산은 다양한 가치형성요인의 상호작용에 의해 형성된다. 또한, 같은 대상물건이라도 감정평가목적 등에 따라 감정평가액은 다양하게 나타날 수 있다. 이는 하나의 수치로 표시될 수도 있고, 구간으로 표시될 수도 있다.

2.기준가치 확정의 필요성

1)기준가치의 개념

기준가치란 감정평가의 기준이 되는 가치를 말한다(감칙 제2조 제3호). 기준가치의 확정은 감정평가의 기준이 되는 가치를 시장가치로 할 것인지, 시장가치 외의 가치로 할 것인지를 정하는 것을 의미한다.

2)필요성

(1)시장가치기준 원칙의 필요성

대상물건에 대한 감정평가액은 시장가치를 기준으로 결정하도록 감칙 제5조 제1항에 규정하고 있다. 따라서 기준가치의 확정은 법적인 측면에서 필요하다.

(2)가치의 다양성에 의한 필요성

감칙 제5조 제2항에서는 법령에 다른 규정이 있는 경우, 의뢰인이 요청하는 경우, 사회통념상 필요하다고 인정되는 경우에는 대상물건의 감정평가액을 시장가치 외의 가치를 기준으로 결정할 수 있도록 하고 있다. 이때 시장가치 외의 가치의 성격과 특징, 시장가치 외의 가치를 기준으로 하는 감정평가의 합리성 및 적법성을 검토해야 한다. 즉, 기준가치를 원칙과 다르게 결정할 수 있도록 규정함으로써 가치의 다양성을 인정하고 있다. 그러므로 기준가치의 확정이 필요하다.

3.복수감정평가의 필요성

1)복수감정평가의 개념

복수감정평가란 둘 이상의 감정평가법인등이 감정평가하는 것을 말한다. 이는 공정하고 객관적인 감정평가를 하기 위해서 이루어진다.

2)필요성

(1)감정평가의 공정성

복수감정평가는 단수감정평가보다 공정하게 이루어지기 위해서 필요하다. 특히, 공적인 목적과 기능을 하는 감정평가는 그 기준과 절차 등이 명확해야 하기 때문이다.

(2)감정평가의 객관성

복수감정평가는 단수감정평가보다 객관성을 높이기 위해서 필요하다. 특히, 정당한 보상금을 산정하기 위해서는 사업시행자, 토지등소유자 등의 입장을 객관적으로 보아야 하기 때문이다.

Ⅲ. (물음2) 시장가치와 시장가격의 개념 등

1. 개념 비교

1) 개념

(1) 시장가치(감칙 제2조 제1호)

시장가치란 감정평가의 대상이 되는 토지등이 통상적인 시장에서 충분한 기간 동안 거래를 위하여 공개된 후 그 대상물건의 내용에 정통한 당사자 사이에 신중하고 자발적인 거래가 있을 경우 성립될 가능성이 가장 높다고 인정되는 대상물건의 가액을 말한다.

(2) 시장가격(거래가격)

시장가격이란 부동산 거래등에서 매도자와 매수자가 상호 합의한 실제 거래가격을 말한다. 거래등에는 부동산의 매매계약, 택지개발촉진법 등에 따른 부동산에 대한 공급계약 등이 포함된다.

2) 비교

(1) 시장의 통상성

시장가치와 시장가격은 모두 시장이라는 공간을 대상으로 한다. 그러나 시장가치는 통상적인 시장을 의미하고, 시장가격은 통상적이지 않은 시장도 포함한다는 점에 차이가 있다.

(2) 거래 기간과 공개

시장가치와 시장가격은 모두 거래 기간이 있다. 그러나 시장가치는 충분한 기간 동안 거래를 위해 공개되어야 한다. 반면, 시장가격은 급매나 거래의 비공개 등이 존재한다는 점에 차이가 있다.

(3) 당사자의 정통성과 거래의 자발성

시장가치와 시장가격은 대상물건의 내용을 토대로 거래 등이 이루어진다. 그러나 시장가치는 대상물건의 내용에 당사자가 정통해야 하고 자발적인 거래를 기준으로 한다. 반면, 시장가격은 당사자의 정통성이나 거래의 자발성을 요구하지 않는다는 점에 차이가 있다.

(4) 가액과 가격

시장가치는 경제적 가치를 판정한 가액이다. 그러나 시장가격은 가치의 판정과 관계없이 실제 거래된 가격을 말한다는 점에 차이가 있다. 가치가 충분히 반영되어 있는 경우에는 시장가치와 시장가격이 같아질 수도 있다.

2. 감정평가의 필요성

1) 시장가격의 한계

부동산거래신고법에 의해 신고된 금액 즉, 시장가격은 시장의 통상성, 당사자의 정통성, 거래의 자발성 등이 이루어지지 않을 수 있다. 이러한 경우에는 적정한 시장가격으로 거래되지 않을 가능성이 크다. 따라서 시장가격이 적정한 것인지를 판단하기 위해서는 감정평가가 필요하다.

2) 사회성과 공공성

부동산은 사회성과 공공성을 가지고 있다. 즉, 합리적이고 공평하게 배분되어야 할 성질을 가지므로 부동산을 이용할 때 제한을 받을 수 있다. 시장가격은 거래당사자의 이해에 의해 형성된다. 따라서 제한 등이 고려되지 않을 가능성이 크다. 그러므로 제한이 있는지, 있다면 어느 정도를 반영할지를 판단하기 위해서는 감정평가가 요구된다.

3) 거래의 특수성

시장가격은 시장상황 등에 따라 매수인 또는 매도인 중심으로 형성될 수 있다. 또한, 거래내역의 특수성이 반영될 수 있다. 그러므로 시장상황, 거래의 특수성을 정상적으로 판단하기 위해서는 감정평가가 필요하다.

4) 시장의 불완전성

부동산시장은 부동산의 특성 등으로 인해 불완전경쟁시장의 형태를 지닌다. 그 결과 수요와 공급에 의한 균형가격의 성립이 어렵다. 그러므로 거래가 적절하게 이루어졌는지를 판단하기 위해서는 부동산의 가격형성과정을 분석하는 감정평가가 반드시 필요하다.

5) 의사결정의 기준

시장가격은 거래당사자의 의사가 합치된 결과이다. 그러나 투자가치 등을 판단하기 위해서는 다양한 이해를 확인할 필요가 있다. 따라서 의사결정의 기준을 제시할 수 있는 감정평가가 필요하다.

Ⅳ. 결론

시장가치는 시장가격뿐만 아니라, 비용성과 수익성 등을 고려하여 판정한다. 즉, 시장가치는 공정하고 객관적인 감정평가에 의해 이루어진다. 그러므로 경제적 가치를 판정하는 감정평가가 중요하다.〈끝〉

[제31회 문2] 30점

Ⅰ. 서론

보상감정평가란 토지보상법 등에 따라 공익사업을 목적으로 취득하는 토지등의 손실보상액을 산정하기 위한 감정평가를 말한다. 이는 재산권의 침해를 받는 토지소유자등이 정당한 보상액을 받을 수 있도록 하기 위함이다. 이하에서 사안을 검토하여 질의에 답한다.

Ⅱ. (물음1) 질의에 대한 이유

1. 개념

1) 표준지공시지가 (부동산공시법 제3조 제1항)

표준지공시지가란 국토교통부장관이 토지이용상황이나 주변 환경, 그 밖의 자연적·사회적 조건이 일반적으로 유사하다고 인정되는 일단의 토지 중에서 선정한 표준지에 대하여 매년 공시기준일 현재의 단위면적당 적정가격을 말한다.

2) 개별공시지가 (부동산공시법 제10조 제1항)

개별공시지가란 시장·군수 또는 구청장이 국세·지방세 등 각종 세금의 부과, 그 밖의 다른 법령에서 정하는 목적을 위한 지가산정에 사용되도록 하기 위하여 시·군·구 부동산가격공시위원회의 심의를 거쳐 매년 공시지가의 공시기준일 현재 관할 구역 안의 개별토지의 단위면적당 가격을 말한다.

2. 표준지공시지가 적용이 타당한 이유

1) 헌법 제23조 제3항

헌법 제23조 제2항은 공공필요에 의한 재산권의 수용·사용 또는 제한 및 그에 대한 보상은 법률로서 하되, 정당한 보상을 지급하여야 한다고 규정하고 있다. 이는 보상감정평가를 위한 구체적인 기준을 정함으로써 정당한 보상을 실현하기 위한 것이다. 따라서 정당보상을 위해서는 손실보상의 법률인 토지보상법에 따라야 한다.

2) 토지보상법 제70조 제1항

토지보상법 제70조 제1항은 협의나 재결에 의하여 취득하는 토지에 대하여는 부동산공시법에 따른 공시지가를 기준으로 하여 보상하도록 하고 있다. 따라서 이를 근거로 비교 표준지 공시지가를 기준한 공시지가기준법을 적용한 것은 타당하다.

3. 개별공시지가 적용이 타당하지 않은 이유

1) 목적

보상감정평가는 손실보상액을 산정하기 위한 것이다. 이때 적용하는 표준지공시지가는 적정가격으로 보상하도록 되어 있다. 그러나 개별공시지가는 그 목적이 국세·지방세 등 각종 세금의 부과와 그 밖의 다른 법령에서 정하는 목적을 위한 지가산정에 사용되도록 하기 위함이다. 따라서 목적이 다르므로 보상감정평가에서 개별공시지가를 기준으로 적용하는 것은 타당하지 않다.

2) 기준

표준지공시지가는 토지시장에 지가정보를 제공하고 일반적인 토지거래의 지표가 된다. 또한, 감정평가법인등이 개별적으로 토지를 감정평가하는 경우에 기준이 된다. 보상감정평가는 정당보상을 위해 기준이 되는 표준지공시지가를 적용한다. 그러나 개별공시지가는 표준지공시지가를 기준으로 토지가격비준표를 사용하여 산정한 것에 불과하다. 따라서 보상감정평가의 기준으로 적용하는 것은 타당하지 않다.

Ⅲ. (물음2) 질의에 대한 이유

1. 개념

1) 시장가격

시장가격이란 부동산 거래등에서 매도자와 매수자가 상호 합의한 실제 거래가격을 말한다. 거래등에는 부동산의 매매계약, 택지개발촉진법 등에 따른 부동산에 대한 공급계약 등이 포함된다.

2) 거래사례비교법 (감칙 제2조 제7호)

거래사례비교법이란 대상물건과 가치형성요인이 같거나 비슷한 물건의 거래사례와 비교하여 대상물건의 현황에 맞게 사정보정, 시점수정, 가치형성요인 비교 등의 과정을 거쳐 대상물건의 가액을 산정하는 감정평가방법을 말한다.

2. 공시지가기준법 적용이 타당한 이유

1) 토지보상법 제67조 제2항

토지보상법 제67조 제2항에서 보상액을 산정할 경우에 해당 공익사업으로 인하여 토지등의 가격이 변동되었을 때에는 이를 고려하지 아니한다고 규정하고 있다. 시장가격은 해당 공익사업으로 인하여 토지등의 가격이 변동하는 것이 반영되어 있다. 따라서 개발이익과 손실을 배제한 공시지가기준법을 적용하는 것이 타당하다.

2) 그 밖의 요인 보정
그 밖의 요인 보정이란 시점수정, 지역요인 및 개별요인의 비교 외에 대상 토지의 가치에 영향을 미치는 그 밖의 요인을 보정하는 작업이다. 즉, 표준지공시지가의 정상화 과정을 의미한다. 보상감정평가에서 그 밖의 요인 보정치를 결정할 때는 인근의 거래 시세, 경제지표 등을 종합적으로 고려한다. 따라서 시장가격은 공시지가기준법에서 그 밖의 요인 보정에 반영된다. 그러므로 공시지가기준법을 적용하는 것은 타당하다.

3. 거래사례비교법 적용이 타당하지 않은 이유
1) 시장가격의 한계
시장가격은 시장의 통상성, 거래 기간의 충분성, 당사자의 정통성, 거래의 자발성 등이 무분별하게 나타난다. 보상감정평가는 손실보상을 위해 정당한 보상이 이루어져야 한다. 따라서 시장가격은 적정 가격인지, 정당한 금액인지에 한계가 있다. 그러므로 거래사례비교법을 주방식으로 적용하는 것은 타당하지 않다.

2) 정상거래가격의 반영
표준지공시지가가 시장가격과 비교하여 낮은 수준이라는 이유로 이를 반드시 참작해야 하는 것은 아니다. 판례는 인근 유사 토지가 거래된 사례가 존재하고 그 가격이 정상적인 것으로 적정한 보상액 평가에 영향을 미칠 수 있는 것이 입증된 경우에 참작할 수 있다고 하였다. 이때 정상거래가격은 그 토지가 수용 대상 토지의 인근지역에 위치하고 용도지역, 지목, 등급, 이용상황 등 자연적·사회적 조건이 수용 대상 토지와 동일하거나 유사한 토지에 관하여 통상의 거래에서 성립된 가격으로, 개발이익이 포함되지 않고, 투기적인 거래에서 형성된 것이 아닌 가격을 말한다. 따라서 거래사례비교법을 주방식으로 하는 것은 타당하지 않다.

Ⅳ. 결론
보상감정평가는 정당보상의 실현과 개발이익·손실을 배제해야 한다. 따라서 법률에 근거한 감정평가가 요구된다. 그러므로 甲이 주장하는 개별공시지가를 기준으로 하거나, 거래사례비교법을 주방식으로 적용하는 것은 타당하지 않다. 〈끝〉

[제31회 문3] 20점
Ⅰ. 서설
재개발사업이란 정비기반시설이 열악하고 노후·불량건축물이 밀집한 지역에서 주거환경을 개선하거나 상업지역·공업지역 등에서도 도시기능의 회복 및 상권활성화 등을 위하여 도시환경을 개선하기 위한 사업을 말한다(도시정비법 제2조 제2호 제나목). 이하에서 재개발사업의 종전자산 및 손실보상의 감정평가를 구체적으로 살펴본다.

Ⅱ. (물음1) 종전자산 및 손실보상의 감정평가
1. 종전자산의 감정평가
1) 개념
종전자산의 감정평가란 도시정비법 제72조 제1항 제1호 및 제74조 제1항 제5호에 따라 실시되는 종전의 토지 또는 건축물에 대한 관리처분계획 수립을 위한 감정평가를 말한다.

2) 기준시점
종전자산 감정평가의 기준시점은 사업시행인가의 고시가 있은 날이다.

3) 성격
종전자산의 감정평가는 조합원별 조합출자 자산의 상대적 가치비율 산정의 기준이 된다. 따라서 대상 물건의 유형·위치·규모 등에 따라 감정평가액의 균형이 유지되어야 한다.

4) 고려할 점
종전자산의 감정평가는 사업시행인가고시일 이전 시점을 공시기준일로 하는 공시지가로서 사업시행인가고시일에 가장 가까운 시점에 공시된 공시지가를 기준으로 한다.

2. 손실보상(현금청산)의 감정평가
1) 개념
손실보상의 감정평가는 손실보상 협의 등을 위한 감정평가를 말한다.

2) 기준시점
손실보상 감정평가의 기준시점은 현금청산 협의성립(예정)일 또는 수용재결일이다.

3) 성격

손실보상의 감정평가는 도시정비법에 특별한 규정 있는 경우를 제외하고 토지보상법을 준용한다. 따라서 정당보상의 성격을 갖는다.

4) 고려할 점
손실보상의 감정평가는 토지보상법 제70조 제3항 내지 제5항을 적용하여 적용공시지가를 기준으로 한다.

Ⅲ. (물음2) 개발이익의 반영여부
1. 개발이익의 개념
개발이익이란 공익사업의 계획 또는 시행이 공고 또는 고시되거나 공익사업의 시행 기타 공익사업의 시행에 따른 절차로서 행하여진 토지 이용계획의 설정·변경·해제 등으로 인하여 토지소유자가 자기의 노력에 관계없이 지가가 상승되어 현저하게 받은 이익으로서 정상지가상승분을 초과하여 증가된 부분을 말한다.

2. 개발이익의 반영여부
1) 종전자산 감정평가
(1) 종전자산 감정평가의 목적
종전자산의 감정평가는 관리처분계획을 수립하기 위하여 조합원들 사이에 분배의 기준이 되는 권리가액을 산정하는 데 주된 목적이 있다.

(2) 개발이익 반영
종전자산의 감정평가는 상대적 가치비율의 합리적 산정을 목적으로 하므로 개발이익을 반영하여 감정평가할 수 있다.

2) 손실보상(현금청산)의 감정평가
(1) 손실보상 감정평가의 목적
손실보상(현금청산)의 감정평가는 정비사업을 시행할 때 정당한 보상액을 산정하는 데 주된 목적이 있다.

(2) 개발이익 배제
손실보상의 감정평가는 토지보상법을 준용하므로 해당 정비사업으로 인한 개발이익은 배제한다.

Ⅳ. 결어
종전자산과 손실보상의 감정평가는 그 목적 등에 따라 감정평가액이 달라짐에 유의한다. 〈끝〉

[제31회 문4] 10점
Ⅰ. 개설
현황기준 원칙이란 감정평가는 기준시점에서의 대상물건의 이용상황(불법적이거나 일시적인 이용은 제외한다) 및 공법상 제한을 받는 상태를 기준으로 하는 것을 말한다(감칙 제6조 제1항). 그러나 일정한 경우에는 기준시점의 가치형성요인 등을 실제와 다르게 가정하거나 특수한 경우로 한정하는 조건을 붙여 감정평가할 수 있다.

Ⅱ. 현황기준 원칙의 예외
1. 감칙 제6조 제2항의 검토
1) 법령에 다른 규정이 있는 경우
법령에 다른 규정이 있는 경우 감정평가조건을 붙일 수 있다. 토지보상법이나 다른 법률 등의 규정에 따라 감정평가하는 경우가 해당한다. 예를 들어, 토지보상법 제67조 제2항에 따라 보상액을 산정할 경우에 해당 공익사업으로 인하여 토지등의 가격이 변동되었을 때에는 이를 고려하지 않는다.

2) 의뢰인이 요청하는 경우
의뢰인이 감정평가조건을 제시하고 제시된 조건의 실현을 가정하여 감정평가할 것을 요청하는 경우가 있다. 예를 들어, 현황은 건물이 없는 상태나 건물이 준공될 것을 전제로 감정평가하는 경우가 있다.

3) 사회통념상 필요하다고 인정되는 경우
감정평가의 목적이나 대상물건의 특성에 비추어 사회통념상 필요하다고 인정되는 경우에는 감정평가조건을 붙일 수 있다. 예를 들어, 감정평가목적과 관련하여 국·공유지의 처분을 위한 감정평가는 지목 및 이용상황이 구거 또는 도로부지인 토지를 인접 토지소유자 등에게 매각할 때, 현실적인 이용상황이 아닌 용도폐지를 전제로 하여 감정평가할 수 있다.

2. 감칙 제6조 제3항의 검토
감정평가법인등은 감정평가조건의 합리성, 적법성이 결여되거나 사실상 실현 불가능하다고 판단할 때에는 의뢰를 거부하거나 수임을 철회할 수 있다.
〈끝〉

〈이 하 여 백〉

감정평가이론 기출문제 **제32회** 예시답안

[제32회 문1]40점

Ⅰ.서설
부동산시장은 부동산가치가 결정되는 공간을 말한다. 부동산가치는 교환의 대가인 가격과 사용·수익의 대가인 임대료로 구분한다. 따라서 부동산시장은 매매시장과 임대시장으로 구분할 수 있다. 또한, 부동산시장은 가격과 임대료가 결정되는 공간시장과 자산시장으로도 구분할 수 있다. 이하에서 부동산시장의 경제적, 행정적 환경변화에 따른 영향을 중심으로 살펴본다.

Ⅱ.(물음1)공간시장과 자산시장
1.개념
 1)공간시장
  공간시장이란 공간서비스에 대한 수요와 공급에 의해 임대료가 결정되는 시장이다. 공간시장에서 수요자는 매수인 또는 임차인이고, 공급자는 매도인 또는 임대인이다.

 2)자산시장
  자산시장은 부동산 자체에 대한 수요와 공급에 의해 가격이 결정되는 시장이다. 자산시장에서 수요자는 운영수익이나 자본수익을 위해 부동산을 매입하고, 공급자는 자본수익을 실현하거나 자금을 회수한다.

2.관계
 1)부동산 건설 산업의 역할
  공간시장과 자산시장은 상호 연결된다. 이를 연결하는 매개체는 부동산 건설 산업이다. 부동산 건설 산업은 금융 및 물적 자원을 동원하여 새로운 공간을 건설한다. 따라서 부동산 건설 산업은 금융자본을 물적 자본으로 전환하는 역할을 한다.

 2)부동산 자산가치의 결정
  자산시장은 공간시장에서 공급된 부동산 현금흐름이 작동하는 시장이다. 현금흐름은 환원율과 상호작용하여 시장가치를 결정하게 된다. 환원율은 투자자가 위험과 수익률을 판단하여 결정하기 때문이다. 즉, 자산시장과 공간시장은 상호 연결된다.

 3)부동산 시스템의 반응고리
  부동산 시스템의 반응고리는 자산시장이 개발 산업으로 흐르는 금융자본의 양을 조절하는 것이다. 예를 들어, 신규 개발이 공간시장에서 초과공급이 예상되면 투자자는 미래 임대수익이 감소할 것으로 예상한다. 그 결과 자산가치는 떨어지고 추가적인 건설이 이루어지지 않게 된다. 따라서 부동산 시스템의 반응고리는 공간시장의 수요와 공급이 균형상태를 유지할 수 있게 한다.

3.이자율 상승이 시장에 미치는 영향
 1)이자율 상승의 의미
  이자율은 공간시장과 자산시장을 연결하는 매개변수이다. 따라서 주택담보대출 이자율이 상승한다는 것은 대출을 하는 사람의 이자비용이 늘어난다는 의미이다. 이는 4사분면 모형을 통해 구체적으로 살펴본다.

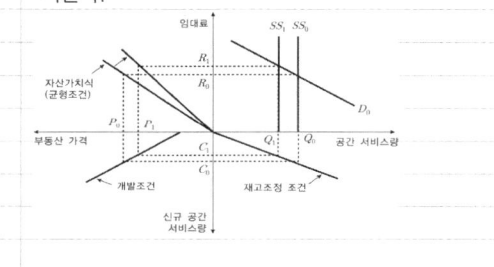

 2)자산시장에 미치는 영향
  (1)2사분면
   2사분면은 임대료를 통해 부동산가격을 결정한다. 여기서 직선은 임대료와 가격의 비율인 자본환원율을 의미한다. 따라서 이자율 상승은 자본환원율을 상승시켜 시계방향으로 기울기가 이동한다. 그 결과 자산가격은 하락하게 된다.

  (2)3사분면
   3사분면은 건설 산업에서 신규부동산에 대한 공급을 결정한다. 여기서 직선은 건설곡선이다. 2사분면에서 자산가격의 하락은 신규 건축량을 감소시킨다.

 3)공간시장에 미치는 영향
  (1)4사분면
   4사분면의 직선은 신규 건축량을 연평균으로 나타낸 것이다. 즉, 연간 신규 건축량은 부동산의 장기 재고량으로 전환된다. 따라서 3사분면에서 신규 건축량의 감소는 재고량을 감소시킨다.

  (2)1사분면

1사분면은 임대료를 결정한다. 여기서 직선은 수요곡선을 말한다. 따라서 4사분면의 재고량 감소는 임대료를 상승시킨다. 그 결과 최초의 균형보다 임대료는 높아지고, 나머지는 낮아진다.

Ⅲ.(물음2)부동산시장에 미치는 영향
1.양도소득세의 개념
양도소득세란 개인이 토지, 건물 등 부동산이나 주식 등과 파생상품의 양도 또는 분양권과 같은 부동산에 관한 권리를 양도함으로 인하여 발생하는 이익(소득)을 과세대상으로 하여 부과하는 세금을 말한다.

2.매매시장에 미치는 영향
1)단기
양도소득세 상승은 단기적으로 부동산을 매도하려는 사람들에게 이익을 줄이게 된다. 그 결과 부동산의 거래량이 줄고, 가격이 하락할 수 있다. 특히 매매차익이 큰 지역의 부동산이나 주거용 및 상업용 부동산은 그 영향이 더 클 수 있다.

2)장기
양도소득세 상승은 장기적으로 부동산 공급에 영향을 미친다. 예를 들어, 거래가 지연되거나 매물을 회수하는 등으로 인해 공급이 원활하게 이루어지지 않게 된다. 그 결과 오히려 부동산 가격이 급등하는 경우도 발생한다.

3.임대시장에 미치는 영향
1)단기
양도소득세 상승은 단기적으로 임차인에게는 큰 영향이 없다. 임대차 계약은 일반적으로 1년이나 2년 등의 기간을 기준으로 하기 때문이다. 부동산 가격이 하락하는 경우나 입주장에 등장하는 매물 등은 오히려 저렴한 임대료로 계약할 수 있는 기회가 되기도 한다.

2)장기
양도소득세 상승은 장기적으로 임대료 상승을 가져올 수 있다. 부동산 공급이 줄어들어도 실거주를 하는 수요는 유지될 수 있기 때문이다. 이러한 경우에는 오히려 새로운 임대차 계약을 통해 임대료를 높게 받을 수 있다.

Ⅳ.(물음3)감정평가시 유의사항
1.경기변동의 개념
부동산 경기변동이란 확장 및 수축국면이 반복되어 나타나는 현상을 말한다. 경기변동에 따라 3방식의 유용성과 한계가 달라진다. 이하에서 관련 내용을 살펴본다.

2.감정평가시 유의사항
1)원가방식 적용시 유의사항
원가방식이란 원가법 및 적산법 등 비용성의 원리에 기초한 감정평가방식을 말한다(감칙 제11조 제1호). 재조달원가는 확장 및 수축국면에 따라 적정원가의 보정에 유의해야 한다. 또한, 감가수정 시 기능적감가 및 경제적감가 등의 반영에 유의한다. 특히, 원가방식은 수축국면일 때 합리성 검토수단으로 유용하다.

2)비교방식 적용시 유의사항
비교방식이란 거래사례비교법, 임대사례비교법 등 시장성의 원리에 기초한 감정평가방식 및 공시지가기준법을 말한다(감칙 제11조 제2호). 사례는 경기변동에 따라 자료의 양과 질이 달라진다. 따라서 사례 선정에 유의해야 한다. 특히, 비교방식은 확장 및 수축국면에 따라 거래 등의 상한과 하한의 기준으로 작용할 수 있다는 점에 유의한다.

3)수익방식 적용시 유의사항
수익방식이란 수익환원법 및 수익분석법 등의 수익성의 원리에 기초한 감정평가방식을 말한다(감칙 제11조 제3호). 순수익등과 자본환원율은 경기변동에 따라 달라진다. 특히, 표준적인 공실률, 장기위험 등을 고려한 환원율 등의 결정에 유의한다. 수익방식은 확장국면시 비교방식의 적정성을 지원하는 수단으로 유용하다.

4)시산가액 조정시 유의사항
시산가액 조정은 시장상황 등에 따라 가중치를 달리 적용할 수 있음에 유의한다. 특히, 확장국면은 비교방식과 수익방식의 합리성이 높을 수 있고, 수축국면은 원가방식의 합리성이 높을 수 있다.

Ⅴ.결어
부동산시장의 경제적, 행정적 환경변화는 결국 감정평가에 영향을 미치므로 주의가 필요하다.<끝>

[제32회 문2]30점

Ⅰ. 서설

감정평가의 절차란 감정평가법인등이 합리적이고 능률적인 감정평가를 위하여 일련의 과정에 따라 감정평가하는 것을 말한다. 감정평가법인등의 윤리란 감정평가법인등이 감정평가 활동을 수행할 때 지켜야 할 규정과 행위규범 등을 말한다. 이하에서 감정평가 업무를 수행할 때 준수해야 할 절차와 윤리규정을 감칙 및 감정평가실무기준을 중심으로 살펴본다.

Ⅱ. (물음1)감정평가의 절차

1. 감정평가 의뢰와 수임

감정평가 의뢰와 수임은 실무기준에 근거한다. 이는 감정평가에 영향을 미칠 수 있는 객관적 사항과 주관적 요구 등을 확인하는 과정이다.

2. 기본적 사항의 확정(감칙 제9조 제1항)

기본적 사항의 확정은 감정평가의뢰를 받을 때 의뢰인, 대상물건, 감정평가목적, 기준시점, 감정평가조건 등에 관한 사항을 확정하는 것이다.

3. 처리계획 수립

처리계획 수립이란 대상물건의 확인에서 감정평가액의 결정 및 표시에 이르기까지 일련의 작업과정에 대한 계획을 수립하는 절차이다.

4. 대상물건 확인(감칙 제10조)

대상물건 확인이란 기본적 사항의 확정에서 정해진 대상물건을 조사하여 존재여부, 동일성여부 등을 조사하는 과정이다.

5. 자료수집 및 정리

자료수집 및 정리란 대상물건의 물적사항, 권리관계, 이용상황에 대한 분석 및 감정평가액 산정을 위해 필요한 확인자료, 요인자료, 사례자료 등을 수집하고 정리하는 절차이다.

6. 자료검토 및 가치형성요인의 분석

자료검토 및 가치형성요인의 분석이란 자료의 신뢰성, 충실성 등을 검증하고 가치형성요인을 분석하는 절차이다.

7. 감정평가방법의 선정 및 적용

감정평가방법의 선정 및 적용이란 감정평가 3방식 중 하나 이상의 감정평가방법을 선정하고 대상물건의 시산가액을 도출하는 과정이다.

8. 감정평가액의 결정 및 표시

감정평가액의 결정 및 표시란 감정평가방법의 적용을 통하여 산정된 시산가액을 합리적으로 조정하여 대상물건이 갖는 구체적인 가치를 최종적으로 결정하고 감정평가서에 그 가액을 표시하는 작업을 말한다.

Ⅲ. (물음2)감정평가법인등의 윤리

1. 기본윤리

1) 품위유지

감정평가법인등은 감정평가 업무를 수행할 때 전문인으로서 사회에서 요구하는 신뢰에 부응하여 품위 있게 행동해야 한다.

2) 신의성실

(1) 부당한 감정평가의 금지

감정평가법인등은 신의를 좇아 성실히 업무를 수행해야 하고, 고의나 중대한 과실로 부당한 감정평가를 해서는 아니 된다. 고의나 중대한 과실 여부는 감정평가의 결과가 이해관계에 영향을 주었는지와 무관하다. 고의나 중대한 과실이 있었던 것이 명백할 경우에 그 책임이 있다.

(2) 자기계발

감정평가법인등은 전문인으로서 사회적 요구에 부응하고 감정평가에 관한 전문지식과 윤리성을 함양하기 위해 지속적으로 노력해야 한다.

(3) 자격증 등의 부당한 사용의 금지

감정평가법인등은 자격증·등록증이나 인가증을 타인에게 양도·대여하거나 이를 부당하게 행사해서는 아니 된다. 이는 제3자에게 발생할 수 있는 불이익이나 사회적·경제적 손실을 방지하기 위함이다.

3) 청렴

감정평가법인등은 감정평가법에 따른 수수료와 실비 외에는 어떠한 명목으로도 그 업무와 관련된 대가를 받아서는 아니 된다. 감정평가법인등은 감정평가 의뢰의 대가로 금품·향응, 보수의 부당한 할인, 그 밖의 이익을 제공하거나 제공하기로 약속해서는 아니 된다.

4) 보수기준 준수

감정평가법인등은 감정평가법에 따른 수수료의 요율 및 실비에 관한 기준을 준수하여야 한다. 수수료의 요율 및 실비기준은 감정평가법인등이 지켜야 할 직업윤리를 확보할 수 있게 한다.

2. 업무윤리

1) 의뢰인에 대한 설명 등

감정평가법인등은 감정평가 의뢰를 수임하기 전에 감정평가목적, 감정평가조건, 기준시점 및 대상물건 등에 대하여 의뢰인의 의견을 충분히 듣고 의뢰인에게 설명하여야 한다. 감정평가법인등은 대상물건에 대한 조사 과정에서 의뢰인이 제시한 사항과 다른 내용이 발견된 경우에는 의뢰인에게 이를 설명하고 적절한 조치를 취해야 한다. 감정평가법인등은 감정평가서를 발급할 때나 발급이 이루어진 후 의뢰인의 요청이 있는 경우에는 의뢰인에게 설명해야 한다.

2) 불공정한 감정평가 회피

감정평가법인등은 객관적으로 보아 불공정한 감정평가를 할 우려가 있다고 인정되는 대상물건에 대하여 감정평가를 해서는 아니 된다. 불공정한 감정평가의 내용은 첫째, 대상물건이 담당 감정평가사 또는 친족의 소유이거나 그 밖에 불공정한 감정평가를 할 우려가 있는 경우, 이해관계 등의 이유로 자기가 감정평가하는 것이 타당하지 않다고 인정되는 경우이다.

3) 비밀준수 등 타인의 권리 보호

감정평가법인등은 감정평가 업무를 수행하면서 알게 된 비밀을 정당한 이유 없이 누설하여서는 아니 된다. 감정평가법인등은 공적·사적 업무를 수행하면서 정당한 절차 없이 타인에게 손해를 입히는 행위를 하지 말아야 한다.

Ⅳ. 결어

감정평가는 공정성과 객관성을 위해 절차와 윤리 규정을 마련하고 있다. 즉, 절차를 준수함으로써 감정평가의 합리성을, 윤리규정을 준수함으로써 공정성을 확보하고 있다. 〈끝〉

[제32회 문3] 20점

Ⅰ. 서설

규모가 과대한 토지란 인근지역의 표준적인 이용규모를 훨씬 초과하는 토지를 말한다. 즉, 광평수 토지란 해당 토지가 속해 있는 시장지역에서 일반적으로 사용하는 표준적 규모보다 훨씬 더 크다고 인식되는 토지를 말한다. 이하에서 관련 내용을 살펴본다.

Ⅱ. (물음1) 토지의 가치에 미치는 영향

1. 감정평가 실무기준의 검토

광평수 토지는 대상토지의 면적과 비슷한 규모의 표준지공시지가를 기준으로 감정평가한다. 다만, 그러한 표준지공시지가가 없는 경우에는 규모가 과대한 것에 따른 불리한 정도를 개별요인 비교시 고려하여 감정평가하도록 규정하고 있다.

2. 영향

1) 규모와 가치의 관계

토지는 면적에 따라 효용성이 달라지므로 가치에 영향을 미친다. 따라서 토지의 면적은 최유효이용을 기준으로 한다. 그러므로 최유효이용이 단독이용인 경우에는 토지면적은 증가요인으로, 분할이용인 경우에는 감가요인으로 작용한다. 실무기준도 불리한 정도를 고려하도록 규정하고 있다.

2) 감가

광평수 토지는 비슷한 규모의 표준지공시지가가 없는 경우 등에는 거래가 희소하다. 이러한 경우 광평수 토지는 규모가 과대한 것에 따른 불리한 정도가 작용한다. 불리한 정도는 거래를 위해 표준적인 규모로 분할하는 데 필요한 감보율, 분할비용 등으로 구할 수 있다.

3) 증가

광평수 토지는 대상토지의 면적과 비슷한 규모의 표준지공시지가가 있거나 인근지역의 가격수준과 무관하게 거래되는 경우가 있다. 이러한 경우 광평수 토지는 규모가 과대한 것에 따른 불리한 정도가 아니라 오히려 증가 요인으로 작용한다. 즉, 대규모 아파트용지나 주상용용지 등은 상대적 희소성의 증가로 효용이 발생하고 더 많은 가격을 지불해서라도 구입을 하려고 하기 때문이다.

Ⅲ.(물음2)광평수토지의 감정평가방법
1.단독이용의 의미
　단독이용이란 인근지역의 용도와 전혀 다름에도 최유효이용이 되는 이용을 말한다. 이는 시장수요와의 관계에서 파악한다. 즉, 광평수 토지가 단독이용이라는 것은 인근지역 내 충분한 수요가 있으므로 주변의 표준적인 규모와 관계없이 가치가 증가할 수 있음을 의미한다.

2.단독이용시 광평수토지의 감정평가방법
1)공시지가기준법
　광평수 토지는 대상물건이 토지이므로 감칙 제14조 등에 따라 공시지가기준법을 원칙으로 적용한다. 비슷한 규모의 표준지공시지가가 있다면 이를 기준으로 한다. 그러나 비슷한 규모의 표준지공시지가가 없다면 그 밖의 요인 보정 등을 통해 단독이용으로서의 증가요인을 반영할 필요가 있다.

2)거래사례비교법
　인근지역에 광평수 토지가 거래되는 사례가 없다면 유사지역 및 동일수급권의 거래사례를 기준으로 감정평가할 수 있다. 이는 대상토지와 유사한 용도, 가치의 증가 등을 고려하여야 한다. 특히, 개별요인 비교시 규모 등에 의한 요인은 단독이용으로의 효용을 반영할 필요가 있다.

3)공제방식
　공제방식은 예상되는 분양대금에서 개발비용을 공제하여 대상 토지의 가치를 구하는 방식이다. 이는 비용성, 시장성, 수익성을 모두 고려한 방식이다. 따라서 단독이용으로서 가치가 증가하는 부분을 반영하기 쉽다. 다만, 광평수토지를 단독으로 이용하는 경우이므로 택지를 조성하여 분할 이용하는 것은 고려하지 않는다. 즉, 신축 개발로 대상토지가 일체로 이용하는 것이 합리적으로 인정되는 경우를 기준으로 한다.

Ⅳ.결어
　광평수토지는 초과토지와 잉여토지가 되는 경우가 있다. 이는 최유효이용 면적인 적정면적, 분리가능성 등에 따라 토지의 가치에 미치는 영향이 달라진다. 따라서 광평수토지의 감정평가시 면적 등에 대한 판단에 유의한다.　　　　　　　　〈끝〉

[제32회 문4]10점
Ⅰ.개설
　감정평가법 제7조는 감정평가의 심사와 검토에 대해 규정하고 있다. 양자는 유사하면서 차이가 있으므로 이하에서 구체적으로 살펴본다.

Ⅱ.양자의 비교
1.개념
1)감정평가심사
　감정평가심사란 감정평가사가 감정평가서를 발급하기 전에 해당 감정평가의 적정성에 대하여 실시하는 것을 말한다.

2)감정평가검토
　감정평가검토란 감정평가사가 작성한 감정평가서를 다른 자격 있는 감정평가사가 검토하는 것을 말한다.

2.비교
1)공통점
　감정평가심사와 감정평가검토는 모두 감정평가의 신뢰성을 높이기 위한 목적을 가지고 있다. 또한, 감정평가가 합리적으로 이루어졌는지를 살펴보기 위해 감정평가방식의 적합성, 감정평가방법 적용의 적정성, 감정평가액 산출과정의 합리성, 감정평가 관계법규의 준수여부, 그 밖에 계산의 잘못이나 기록의 잘못 등 감정평가서 작성의 충실성 등을 검토한다는 점에 유사성을 갖는다. 또한, 양자 모두 감정평가법에 근거하여 행해지고 있다는 점에서 공통점을 갖는다.

2)차이점
　감정평가심사는 일반적으로 감정평가서의 품질관리를 위해 의뢰인에게 감정평가를 발급하기 전에 내부적으로 이루어진다. 그러나 감정평가검토는 감정평가를 발급하기 전이나 발급한 후에 외부적으로 이루어진다는 점에 차이가 있다. 또한, 감정평가검토를 하는 검토평가사는 검토 결정에 대한 책임을 지고, 대상물건에 대해 제2의 가치 의견을 제공할 수 없다. 따라서 감정평가심사보다 더 높은 수준의 전문성과 독립성 등을 필요로 한다는 점에 차이가 있다.　　　　　　　〈끝〉

〈이　　하　　여　　백〉

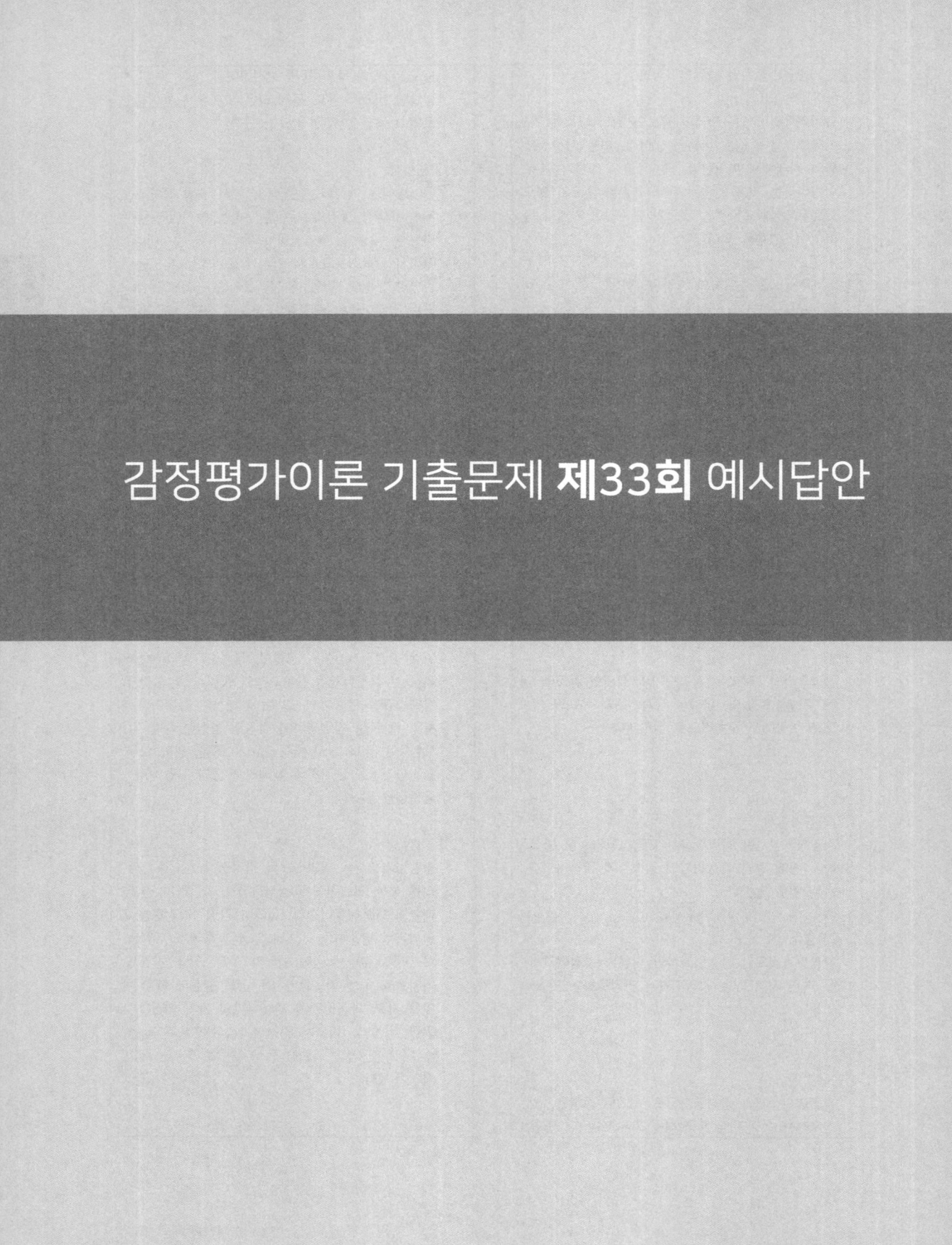

감정평가이론 기출문제 **제33회** 예시답안

[제33회 문1]40점

Ⅰ.서설
　최근 산업사회에서 지식사회로 탈바꿈하면서 무형자산이 중요해지고 있다. 특히, IT기술 등의 발달로 지식재산권에 대한 독점적 권리를 주장하면서 분쟁이 증가하고 있다. 그 결과 지식재산권에 대한 감정평가의 수요도 늘고 있다. 이하에서 지식재산권의 감정평가에 대해 살펴본다.

Ⅱ.(물음1)지식재산권의 개념
1.개념
　1)의의
　　지식재산권이란 특허권·실용신안권·디자인권·상표권 등 산업재산권 또는 저작권 등 지적창작물에 부여된 재산권에 준하는 권리를 말한다.

　2)특징
　　지식재산권은 무형자산이다. 따라서 식별 가능성, 자원에 대한 통제 가능성, 미래 경제적 이익이 창출된다는 특징이 있다.

2.종류

　1)산업재산권
　　특허권은 특허법에 따라 독점적으로 이용할 수 있는 권리이다. 실용신안권은 실용신안법에 따라 등록한 실용신안을 독점적으로 이용할 수 있는 권리이다. 디자인권은 디자인보호법에 따라 등록한 디자인을 독점적으로 이용할 수 있는 권리다. 상표권은 상표법에 따라 등록한 상표를 독점적으로 이용할 수 있는 권리이다.

　2)저작권
　　저작권이란 저작권법에 따라 저작권자가 가지는 권리를 말한다.

3.가격자료
　1)거래사례, 비용자료, 시장자료
　　거래사례는 특허권 등의 거래가격 등을 말한다. 비용자료는 특허권 등의 취득을 위해 드는 비용 등을 말한다. 시장자료는 경제성장률, 물가상승률, 금리, 환율 등을 말한다.

　2)수익자료 등
　　수익자료는 사용·수익, 수익률, 라이센스계약에 따른 수익 및 실시료율, 재무제표 등이 있다. 그밖에 감정평가액 결정에 참고가 되는 자료가 있다.

Ⅲ.(물음2)3방식의 성립근거와 각 방식간의 관계
1.3방식의 의미
　감정평가 3방식이란 감칙 제11조에 따른 원가방식, 비교방식, 수익방식을 말한다. 원가방식은 비용성의 논리에 기초한다. 비교방식은 시장성의 논리에 기초한다. 수익방식은 수익성의 논리에 기초한다.

2.비용성과 원가방식
　비용성이란 어느 정도의 비용이 투입되어야 만들 수 있는지에 관한 것이다. 지식재산권은 대상 지식재산권을 제작하거나 취득하는 데 들어간 비용을 고려할 수 있다. 또한, 대상 지식재산권을 새로 취득하기 위해 필요한 예상비용을 파악해야 한다. 따라서 비용성은 지식재산권의 원가방식을 적용할 때 근거로 관련된다.

3.시장성과 비교방식
　시장성이란 어느 정도의 가격으로 시장에서 거래될 수 있는지에 관한 것이다. 지식재산권은 대상 지식재산권과 비슷한 지식재산권의 거래사례와 비교하여 시장성을 고려할 수 있다. 또한, 대상 지식재산권과 비슷한 현금흐름을 비교하여 시장성을 고려할 수 있다. 따라서 시장성은 지식재산권의 비교방식을 적용할 때 근거로 관련된다.

4.수익성과 수익방식
　수익성이란 어느 정도의 수익을 얻을 수 있는지에 관한 것이다. 지식재산권은 대상 지식재산권으로 인한 현금흐름을 통해 수익을 파악할 수 있다. 또한, 지식재산권을 보유한 기업 전체에 대한 영업가치를 통해 수익을 파악할 수도 있다. 따라서 수익성은 지식재산권의 수익방식을 적용할 때 근거로 작용한다. 특히, 수익방식은 지산재산권의 특성 등으로 인해 주된 감정평가방법으로 적용하게 된다.

Ⅳ.(물음3)지식재산권의 감정평가방법
1.관련 규정의 검토
　감칙 제23조 제3항 및 실무기준에 따르면 지식재산권을 감정평가할 때는 수익환원법을 적용해야 한다. 그러나 수익환원법으로 감정평가하는 것이 곤란하거나 적절하지 아니한 경우에는 거래사례비교법이나 원가법 등으로 감정평가할 수 있다.

2. 수익환원법

1) 적용

(1) 현금흐름을 할인하거나 환원하는 방법

이는 해당 지식재산권만의 현금흐름을 할인하거나 환원하는 방법을 말한다.

(2) 기술기여도법

기술기여도법은 기업 전체의 영업 가치에 해당 지식재산권의 기술기여도를 곱하여 구하는 방법이다.

2) 유의사항

(1) 현금흐름

해당 지식재산권으로 인한 현금흐름은 절감 가능한 사용료를 기준으로 산정하는 방법, 해당 지식재산권으로 인해 증가된 현금흐름을 기준으로 산정하는 방법, 기업의 총이익 중에서 해당 지식재산권에 일정비율을 배분하여 현금흐름을 산정하

는 방법 등이 있다. 따라서 대상 지식재산권으로 파악할 수 있는 방법을 적용함에 유의한다.

(2) 기술기여도

기술기여도는 기업의 경제적 이익 창출에 기여한 유·무형의 자산 중에서 해당 지식재산권이 차지하는 상대적 비율을 말한다. 기술기여도를 구하는 방법은 비슷한 지식재산권의 기술기여도를 해당 지식재산권에 적용하는 방법, 산업기술요소 등을 고려한 기술요소법 등이 있다. 따라서 대상 지식재산권과 관련한 요소, 수익률, 상대적 비율 등에 유의한다.

3. 거래사례비교법

1) 적용

(1) 지식재산권의 거래사례가 있는 경우

이는 비슷한 지식재산권의 거래사례와 비교하는 방법이다.

(2) 실시료율법

실시료율법은 매출액이나 영업이익 등에 시장에서 형성되고 있는 실시료율을 곱하여 산정된 현금흐름을 할인하거나 환원하여 산정하는 방법을 말한다.

2) 유의사항

(1) 사례선정

지식재산권은 배타적이고 독점적인 권리이다. 따라서 비슷한 거래사례를 선정함에 유의한다. 비슷한 거래사례가 없는 경우에는 적용이 어려울 수 있다는 점도 유의해야 한다.

(2) 실시료율

실시료율은 지식재산권을 배타적으로 사용하기 위해 제공하는 기술사용료의 산정을 위한 것을 말한다. 즉, 사용기업의 매출액이나 영업이익 등에 대한 비율이다. 그러므로 실시료율 산정시 지식재산권의 개발비, 특성, 수익에 대한 기여도, 실시의 난이도, 사용기간 등에 유의해야 한다.

4. 원가법

1) 적용

(1) 감가액을 공제하는 방법

이는 기준시점에서 새로 취득하기 위해 필요한 예상비용에서 감가요인을 파악하고 그에 해당하는 금액을 공제하는 방법이다.

(2) 제작이나 취득비용을 시점수정하는 방법

이는 대상 지식재산권을 제작하거나 취득하는 데 들어간 비용을 물가변동률 등에 따라 기준시점으로 수정하는 방법이다.

2) 유의사항

(1) 감가요인

지식재산권은 무형자산이므로 적용될 수 있는 감가요인의 파악에 유의해야 한다. 특히, 경제적 감가의 파악과 그 정도에 유의한다.

(2) 시점수정

시점수정은 물가변동률, 금리, 수익률, 소비자물가지수 등을 종합적으로 고려함에 유의한다.

V. 결어

지식재산권은 독점성, 경제적 유효성 등으로 상관조정의 원리를 통해 합리적인 감정평가가 요구된다.

〈끝〉

[제33회 문2]30점

Ⅰ. 서설

소득접근법이란 감칙 제2조 제10호에 따른 수익환원법을 말한다. 수익환원법은 대상물건이 장래 산출할 것으로 기대되는 순수익이나 미래의 현금흐름을 환원하거나 할인하여 대상물건의 가액을 산정하는 감정평가방법을 말한다. 수익환원법 중 직접환원법과 관련한 자본환원율은 대상이 창출한 단일기간의 순수익과 대상물건의 가액의 비율을 말한다. 이하에서 관련 내용을 살펴본다.

Ⅱ. (물음1)투자결합법 등

1. 투자결합법

1) 개념

투자결합법이란 대상 부동산에 대한 구성요소별 환원율을 가중평균하여 구하는 방법을 말한다. 이는 물리적 구성요소와 금융적 구성요소에 따라 달리 구한다.

2) 물리적 투자결합법

(1) 개념

물리적 투자결합법은 토지와 건물의 구성비율에 따라 각 환원율을 곱하여 산정하는 방법이다. 이는 토지와 건물에 따라 수익 창출이 달라지고 분리할 수 있다는 점에 기초한다.

(2) 내용

물리적 투자결합법은 토지와 건물의 구성비율에 토지환원율과 건물환원율을 곱하여 종합환원율을 구하게 된다. 여기서 건물환원율은 투하자본에 대한 자본회수를 고려하고 있다.

3) 금융적 투자결합법

(1) 개념

금융적 투자결합법은 지분과 저당의 구성비율에 따라 각 환원율을 곱하여 산정하는 방법이다. 이는 지분투자자의 요구수익률과 저당투자자의 요구수익률이 다르다는 점에 기초한다.

(2) 내용

Ross에 의한 방법은 저당이자율을 저당환원로 사용하므로 저당투자자의 자본회수가 고려되지 않는다. Kazdin에 의한 방법은 지분투자자와 저당투자자의 자본회수를 모두 고려하는 방법이다.

2. 엘우드법과의 비교

1) 엘우드법의 개념

(1) 의의

엘우드법이란 자본환원율을 산정할 때 매기간 동안의 현금흐름, 보유기간 동안의 부동산 가치의 상승 또는 하락, 보유기간 동안의 지분형성분을 고려한 방법이다.

(2) 가정

엘우드법에서 부동산 투자자는 타인자본을 이용하고, 지분수익에 관심을 둔다고 가정한다. 또한, 경제적 내용연수가 아니라 일정한 보유기간만 보유하고, 부동산의 가치변동을 예측하여 지불가치를 결정한다고 가정한다.

2) 공통점

(1) 자본환원율의 적용

투자결합법과 엘우드법은 모두 단일기간의 순수익을 적절한 환원율로 환원하여 대상물건의 가액을 산정하는 직접환원법에서 환원율을 구하는 방법으로 적용된다.

(2) 자본의 회수

투자결합법과 엘우드법은 모두 감가상각액으로 자본을 회수하는 방법으로 자본회수율을 이용하고 있다. 자본회수율은 매기 회수해야 하는 자본의 크기를 나타내는 비율이다. 자본회수율에 따라 직선법, 연금법, 상환기금법 등으로 구분한다.

3) 차이점

(1) 보유기간

투자결합법은 경제적 내용연수 등으로 부동산을 보유함을 기준으로 한다. 그러나 엘우드법은 전형적인 투자자는 경제적 내용연수동안 부동산을 보유하는 것이 아니라 일정한 기간동안에만 보유함을 전제로 한다는 점에 차이가 있다.

(2) 가치변동

투자결합법은 부동산의 가치가 상승하거나 하락하는 것에 대한 예측 등을 고려하지 않는다. 그러나 엘우드법은 부동산 가치의 변동을 고려하여 지불가치를 결정한다는 점에 차이가 있다.

Ⅲ. (물음2)자본환원율의 조정

1. 조정의 필요성
   1) 순수익의 종류
   순수익은 영속성 여부, 상각 여부, 세공제 여부 등에 따라 달라진다. 따라서 환원율도 순수익의 종류에 따라 조정할 필요가 있다.

   2) 순수익의 증감
   순수익은 대상물건의 경제적 내용연수 등에 따라 달라진다. 따라서 순수익의 증감을 반영하기 위한 방법으로 환원율을 조정할 필요가 있다.

   3) 부동산 가치의 증감
   부동산 가치의 증감은 자본회수율을 변화시킨다. 보유기간 말의 복귀가액 등으로 자본의 회수를 고려해야 하기 때문이다. 따라서 이를 반영하기 위한 환원율의 조정이 필요하다.

2. 조정 방법
   1) 순수익 증감에 따른 조정
   순수익이 매기 일정액씩 증감하는 경우 환원율은 J계수를 통해 조정한다. 그리고 순수익이 매기 일정한 비율로 증감하는 경우 환원율은 K계수를 통해 조정한다. 또한, 순수익이 매년 일정비율로 영구적으로 증가할 것으로 예상되는 경우에는 이를 고려하여 조정한다.

   2) 투자위험도에 따른 조정
   합리적인 투자자는 예상되는 수익을 얼마나 확실하게 보장받을 수 있는지에 근거하여 의사결정을 한다. 따라서 장래 불확실성이 높은 부동산에는 높은 환원율로 조정하여 반영한다.

   3) 인플레이션에 대한 조정
   인플레이션은 화폐의 구매력이 떨어지는 것을 말한다. 구매력은 일정한 금액으로 재화 등을 구매할 수 있는 척도이다. 그러므로 실질이자율은 명목이자율에서 인플레이션율을 증감하여 나타낸다. 이를 반영하여 환원율을 조정할 수 있다.

Ⅳ. 결어
환원율은 장래 수익에 영향을 미치는 요인의 변동 예측과 예측에 수반한 불확실성 등을 포함한다. 따라서 수익환원법을 적용할 때 환원율의 결정에 유의한다. 〈끝〉

[제33회 문3]20점
Ⅰ. 서설
사안은 차량 2대의 주차가 불가능함에 따른 손해액을 구하기 위한 감정평가이다. 따라서 감칙 제25조 소음등으로 인한 대상물건의 가치하락분에 대한 감정평가에 근거하여 살펴본다.

Ⅱ. (물음1)손해액의 감정평가방법
1. 시장자료를 구할 수 있는 경우
시장자료는 시장에서 시장참가자들이 어느 정도의 가격으로 거래될 수 있는지에 대한 자료를 의미한다. 따라서 가치하락이 발생하기 전과 발생한 후의 가치를 차감하여 구할 수 있다.

2. 손해액의 감정평가방법
1) 거래사례비교법
시장자료를 구할 수 있는 경우 손해액을 구하기 위한 감정평가방법은 거래사례비교법을 적용할 수 있다. 이는 손해가 발생하기 전의 가치에서 손해가 발생한 후의 가치를 차감하여 구할 수 있다.

2) 사안의 경우
사안은 부지 내의 공간부족으로 현실적으로 주차가 불가능하다. 그리고 인근지역이 소규모 사무실로 변화하는 특성에 따라 단독주택에서 근린생활시설로 수선을 한 상태이다. 따라서 사무소를 기준으로 최유효이용인 차량 2대의 주차 공간이 확보된 비준가액과 확보되지 않은 비준가액을 비교하여 그 차액으로 손해액을 구할 수 있다.

3. 해당 감정평가방법의 유용성 및 한계점
1) 유용성
시장자료를 구할 수 있는 경우에는 시장참가자의 선호도와 행태 등을 객관적으로 파악할 수 있다. 따라서 대상물건의 특성, 시장상황 등이 가치에 잘 반영되어 있다.

2) 한계점
시장자료를 구할 수 있는 경우라도 거래가격이 차이가 나는 원인이 차량 2대의 주차 공간 부족에 국한되지 않을 수 있다. 즉, 다른 가치형성요인과 상호작용으로 인해 발생하는 손해액을 분리하기가 어렵다는 한계가 있다.

Ⅲ.(물음2)손해액의 다른 감정평가방법 등
1.시장자료를 구할 수 없는 경우
　　시장자료를 구할 수 없는 경우에는 수익성, 비용성 등에 기초하여 감정평가할 수 있다. 이때 손해액의 상한은 기회비용을 반영하여 판단할 수 있다.

2.손해액의 다른 감정평가방법
　1)수익환원법
　　시장자료가 없는 경우에는 주차장 수입이나 임대료 등을 활용한 수익환원법을 적용할 수 있다. 이때 손해액은 손해가 발생하기 전의 수익가액에서 손해가 발생한 후의 수익가액을 차감하여 구할 수 있다.

　2)원가법
　　시장자료가 없는 경우에 손해가 발생하기 전의 상태로 회복하기 위한 비용 등을 고려한 원가법을 적용할 수 있다. 이때 비용은 임대료 손실분, 용도변경 비용, 최유효이용을 위한 철거비용이나 신축비용, 스티그마 등으로 원상회복이 가능한 비용과 불가능한 비용을 포함한다.

3.손해액 상한의 판단방법
　1)수익성
　　손해액 상한은 수익을 기준으로 판단할 수 있다. 이때 수익은 인근에 표준적인 주차장 수입을 조사하여 판단할 수 있다. 또한, 주차공간의 부족으로 발생하는 임대료 손실분을 기준으로 판단할 수도 있다. 이때 경제적 잔존내용연수가 10년이므로 이 기간을 기준으로 판단할 수 있다.

　2)비용성
　　사안은 현장조사 결과 공간 협소로 물리적으로 원상회복이 어렵다. 또한, 사무소로 수선을 한 상태이다. 따라서 최유효이용으로 전환하기 위한 비용이 클 수 있다. 그러므로 손해액 상한은 관련 비용을 기준으로 판단할 수도 있다.

Ⅳ.결어
　　손해액은 대상물건의 특성, 자료의 신뢰성, 시장상황 등을 모두 고려하여 판단하여야 한다. 따라서 3방법 외에 CVM법, CBA법 등을 활용하여 다양한 관점에서 합리성을 검토할 필요가 있다.
〈끝〉

[제33회 문4]10점
Ⅰ.개설
　　토지는 최유효이용 면적을 기준으로 감정평가한다. 규모가 과대한 토지는 초과토지와 잉여토지로 나눌 수 있다.

Ⅱ.초과토지와 잉여토지
1.개념
　1)초과토지
　　초과토지란 현존 개량물에 필요한 적정면적 이상의 토지를 말한다. 이는 건부지와 다른 용도로 분리되어 독립적으로 사용될 수 있으므로 건부지와 별도로 평가되어야 한다. 건부지에 정상적으로 필요한 면적은 대상부동산의 최유효이용에 해당되는 만큼의 토지면적이므로 초과토지 부분의 최유효이용은 건부지의 적정면적과는 다를 수 있다.

　2)잉여토지
　　잉여토지는 기존 개량물부지와 독립적으로 분리되어 사용될 수 없고, 별도의 최유효이용 용도에 사용할 수 없는 토지를 말한다. 비록 대상부지가 필요 이상으로 크다 하더라도, 그것이 특정한 용도로 분리되어 사용될 수 있는 경우 잉여토지가 아니라, 초과토지로 간주된다.

2.판정 시 유의사항
　1)적정면적
　　초과토지는 따로 분리하여 사용할 수 있는지 여부를 고려하여 평가된다. 따라서 정상 필요면적 만큼의 토지가치와 초과부분의 토지가치는 별도로 추계하여 전체 토지의 가치를 결정한다. 그러므로 적정면적에 대한 판단은 지역분석을 통하여 파악된 전형적인 유사 개량물의 건폐율을 바탕으로 이루어짐에 유의한다.

　2)합병 가능성
　　초과토지와 잉여토지의 판정은 인근 유사토지의 표준적인 이용상황, 건폐율, 도로진입 가능 여부 등에 따라 달라진다. 잉여토지의 경우 정상적 토지보다 낮게 평가되는 것이 일반적이다. 그러나 인접토지와의 합병이 가능한 경우에는 오히려 효용증가로 높게 평가될 수 있음에 유의한다. 〈끝〉

〈이 하 여 백〉

감정평가이론 기출문제 **제34회** 예시답안

[제34회 문1]40점

Ⅰ.서설

수익환원법이란 대상물건이 장래 산출할 것으로 기대되는 순수익이나 미래의 현금흐름을 환원하거나 할인하여 대상물건의 가액을 산정하는 감정평가방법을 말한다(감칙 제2조 제10호). 수익환원법으로 감정평가할 때에는 직접환원법이나 할인현금흐름분석법 중에서 감정평가목적이나 대상물건에 적절한 방법을 선택하여 적용한다. 이하에서 관련 내용을 살펴본다.

Ⅱ.(물음1)두 방법의 개념 및 가정 비교

1.의의

1)직접환원법

직접환원법이란 단일기간의 순수익을 적절한 환원율로 환원하여 대상물건의 가액을 산정하는 방법을 말한다. 이는 전통적인 직접환원법과 잔여환원법으로 구분할 수 있다.

2)할인현금흐름분석법

할인현금흐름분석법이란 대상물건의 보유기간에 발생하는 복수기간의 순수익(이하 '현금흐름')과 보유기간 말의 복귀가액에 적절한 할인율을 적용하여 현재가치로 할인한 후 더하여 대상물건의 가액을 산정하는 방법을 말한다.

2.개념 비교

1)공통점

직접환원법과 할인현금흐름분석법은 모두 수익환원법이다. 따라서 수익성의 원리에 기초한다. 수익성은 어느 정도의 수익이나 효용을 얻을 수 있는지를 말한다. 또한, 두 방법은 자본환원의 논리에 기초한다. 자본환원이란 수익을 토대로 가치를 추계하는 것을 말한다. 즉, 수익을 많이 창출할수록 가치가 크다는 것이다.

2)차이점

직접환원법은 단일기간의 순수익을 환원율로 환원한다. 그러나 할인현금흐름분석법은 복수기간의 순수익 등을 할인율로 할인한다는 점에 차이가 있다. 또한, 직접환원법은 감가상각액으로 자본을 회수한다. 그러나 할인현금흐름분석법은 복귀가액 등으로 자본을 회수한다는 점에 차이가 있다.

3.가정 비교

1)공통점

직접환원법과 할인현금흐름분석법은 모두 순수익 등을 대상으로 한다. 그리고 두 방법은 부동산에 대한 보유기간을 가정하고 있다. 또한, 보유기간에 발생하는 가치의 변동을 고려하고 있다는 점에서 유사하다.

2)차이점

(1)성격

직접환원법은 순수익이 일정하고 영속적일 것을 가정한다. 즉, 안정화된 순수익을 기준으로 한다. 그러나 할인현금흐름분석법은 순수익, 세전 현금흐름, 세후 현금흐름 등의 다양한 현금흐름을 기준으로 한다. 또한, 순수익 등은 가변적이다.

(2)기간

직접환원법은 단일기간을 기준으로 한다. 그러나 할인현금흐름분석법은 전형적인 보유기간을 기준으로 한다. 보유기간은 지분과 저당 등 시장참가자의 행태 등에 따라 달라진다.

Ⅲ.(물음2)투하자본의 회수 비교

1.투하자본 회수의 인식

1)직접환원법

직접환원법은 투하자본을 감가상각액으로 회수하려고 한다. 이는 투하자본의 회수를 자본회수율로 인식하여 처리하게 된다.

2)할인현금흐름분석법

할인현금흐름분석법은 투하자본을 복귀가액 등으로 회수하려고 한다. 이는 투하자본의 회수를 보유기간 말 처분 등을 통해 인식하여 처리한다.

2.투하자본 회수의 처리방법

1)자본회수율

(1)개념

자본회수율은 매기 회수해야 하는 자본의 크기를 나타내는 비율을 말한다. 이는 상각자산이 시간이 지남에 따라 가치가 감소하므로 그 자산의 가치가 만료되는 경우 투자한 자금이 소멸하기 때문에 회수하기 위한 것이다.

(2)직선법

직선법은 순수익을 상각률을 고려한 환원율로 환원하는 방법이다. 이는 순수익이 일정하게 감소하고 잔존 내용연수까지 보유하며 재투자를 고려하지 않는다. 따라서 환원율은 상각 후 환원율에 상각률을 더한 상각 전 환원율이 적용된다.

(3) 연금법

연금법은 순수익을 감채기금계수를 고려한 환원율로 환원하는 방법이다. 이는 순수익이 일정하게 감소하고 동종사업에 동종수익률로 재투자한다고 가정한다. 따라서 환원율은 상각 후 환원율에 감채기금계수를 더한 상각 전 환원율이 적용된다.

(4) 상환기금법

상환기금법은 순수익을 감채기금계수를 고려한 환원율로 환원하는 방법이다. 이는 순수익이 일정하게 감소하고 위험이 수반되지 않는 수익률로 재투자 한다고 가정한다. 따라서 환원율은 상각 후 환원율에 축적이율을 적용한 감채기금계수를 더한 상각 전 환원율이 적용된다.

2) 복귀가액

(1) 개념

복귀가액은 보유기간 말 대상물건의 매도를 통해 얻게 되는 순매도액을 말한다. 이는 보유기간 만료 시 소유자가 받을 수 있는 가치의 예측이다. 이는 저당지분환원법, 할인현금흐름분석법 등에서 활용된다.

(2) 내부추계법

내부추계법은 보유기간 경과 후 초년도의 순수익을 추정하여 최종 환원율로 환원한 후 매도비용을 공제하는 방법이다. 이때 최종 환원율은 장기 위험프리미엄 등을 고려하여 결정한다.

(3) 외부추계법

외부추계법은 가치와 여러 변수의 관계 등을 고려하여 산정하는 방법이다. 이는 과거의 성장추세로부터 산정하는 경우 성장률, 인플레이션의 관계 등에 유의하여 결정한다.

Ⅳ. (물음3) DCF법의 한계 및 확률적 DCF법

1. DCF법의 한계

1) 불확실성의 한계

DCF법은 현금흐름 등을 현재가치로 할인하는 것이 중요하다. 그러나 현금흐름 등은 시장상황, 금리 등으로 인한 불확실성을 반영하기 어렵다. 할인율도 장래 불확실성이나 가치변동 등에 대한 고려가 없다. 따라서 불확실성을 고려한 의사결정에 어려움이 있다.

2) 시나리오의 한계

DCF법은 전형적인 보유기간과 투자자의 행태를 기준으로 한다. 그러나 투자자 등은 세금, 신용도, 미래에 대한 예측 등이 다양하다. 따라서 다양한 시나리오에 대한 분석이 필요하다. 그럼에도 할인현금흐름분석법은 이를 고려하지 못하고 있다.

2. 확률적 DCF법

1) 개념

확률적 할인현금흐름분석법이란 다양한 시나리오에 따라 불확실성을 반영하는 방법을 말한다. 즉, 일반적인 할인현금흐름분석법의 한계를 극복할 수 있는 방법이다. 확률적 할인현금흐름분석법은 동적 DCF법, 민감도분석법 등이 있다.

2) 동적 DCF법

동적 DCF법은 현금흐름 등의 불확실성을 극복하는 방법이다. 특히, 투자안을 선택하거나 포기할 수 있는 기회는 불확실성이 커질수록 오히려 커질 수 있다. 그 결과 선택권의 가치를 창출할 수 있게 된다. 이는 투자기간 동안에 발생할 수 있는 상황에 대해 유연하게 대처할 수 있기 때문이다.

3) 민감도분석법

민감도분석법은 분석 단계별로 가정한 각 변수들에 대한 위험의 정도를 고려하여 대응하고자 하는 것이다. 변수들의 조건을 달리하여 시나리오를 작성하고 상황별로 투자의 결과를 예측해서 분석하기 때문이다. 그 결과 투자수익률에 영향을 미치는 요인을 판별하여 여러 위험을 최소화할 수 있다.

Ⅴ. 결어

부동산의 증권화와 관련한 감정평가 등 매기의 순수익을 예상해야 하는 경우에는 DCF법을 원칙으로 하고 직접환원법으로 합리성을 검토한다.

〈끝〉

[제34회 문2]30점

Ⅰ.서론

택지비의 감정평가는 공공택지 외의 택지에서 주택건설 사업계획승인을 신청한 후 입주자모집승인 신청일 이전에 시장·군수 또는 구청장에게 택지가격의 감정평가를 신청하여 이루어진다. 이때 택지비는 공시지가기준법에 따라 감정평가한다. 이하에서 관련 내용을 살펴본다.

Ⅱ.(물음1)기준가치

1.중요성

1)기준가치의 의의(감칙 제2조 제3호)

기준가치란 감정평가의 기준이 되는 가치를 말한다. 대상물건에 대한 감정평가액을 시장가치를 기준으로 결정한다(감칙 제5조 제1항).

2)법적 측면

기본적 사항의 확정은 감정평가의뢰를 받을 때 의뢰인, 대상물건, 감정평가목적, 기준시점, 감정평가조건, 기준가치, 관련 전문가에 대한 자문 또는 용역에 관한 사항 등을 확정하는 절차이다. 따라서 감칙 제9조에 따라 기준가치를 확정하는 것은 법적인 측면에서 중요하다.

3)이론적 측면

기준가치의 확정은 시장가치인지, 시장가치 외의 가치인지를 결정하는 것이다. 부동산은 가치형성요인이 다양하고, 다양한 감정평가목적 등에 따라 경제적 가치가 달라진다. 따라서 기준가치는 이론적인 측면에서도 중요한 의미를 갖는다.

2.택지비 감정평가의 기준가치

1)시장가치의 의의(감칙 제2조 제2호)

시장가치란 감정평가의 대상이 되는 토지등이 통상적인 시장에서 충분한 기간 동안 거래를 위하여 공개된 후 그 대상물건의 내용에 정통한 당사자 사이에 신중하고 자발적인 거래가 있을 경우 성립될 가능성이 가장 높다고 인정되는 대상물건의 가액을 말한다.

2)시장가치기준 원칙(감칙 제5조 제1항)

시장가치기준 원칙이란 대상물건에 대한 감정평가액을 시장가치를 기준으로 결정하는 것을 말한다.

3)시장가치 외의 가치

(1)감칙 제5조 제2항

법령에 다른 규정이 있는 경우, 감정평가 의뢰인이 요청하는 경우, 감정평가의 목적이나 대상물건의 특성에 비추어 사회통념상 필요하다고 인정되는 경우에는 대상물건의 감정평가액을 시장가치 외의 가치로 결정할 수 있다.

(2)감칙 제5조 제3항

시장가치 외의 가치를 기준으로 감정평가할 때에는 해당 시장가치 외의 가치의 성격과 특징, 시장가치 외의 가치를 기준으로 하는 감정평가의 합리성 및 적법성을 검토해야 한다.

4)사안의 경우

택지비 감정평가는 공동주택분양가규칙 제11조 제1항에 따르면 표준지공시지가를 기준으로 감칙 제2조 제9호에 따른 공시지가기준법에 따라야 한다. 이는 토지의 조성에 필요한 비용추정액을 고려하여 합리성을 검토해야 한다. 따라서 시장가치 외의 가치로 할 수 있는 경우가 보이지 않으므로 원칙에 따라 시장가치를 기준가치로 한다.

Ⅲ.(물음2)지역요인

1.개념

1)지역요인

지역요인이란 대상물건이 속한 지역의 가격수준의 형성에 영향을 미치는 자연적, 사회적, 경제적, 행정적 요인을 말한다.

2)지역요인의 비교

지역요인의 비교는 비교표준지가 있는 지역의 표준적인 획지의 최유효이용과 대상토지가 있는 지역의 표준적인 획지의 최유효이용을 판정·비교하는 것이다. 사안은 그 밖의 요인 보정에서 지역요인의 비교이므로 사례가 있는 지역의 표준적인 획지의 최유효이용과 비교하게 된다.

2.비교 내용의 적정성

1)격차율 산정의 적정성

(1)접근조건

사안에서 비교내용을 보면 표준지와 사례를 직접 비교하고 있다. 지역요인 비교의 개념을 볼 때 표준적인 획지의 최유효이용과의 비교가 필요하다. 또한, 도시철도와의 거리 및 편익시설 배치 상태에서 우세하다고 하였지만, 구체적인 가격수준의 차이가 나는 자료나 격차율 산정 근거가 부족한 것으로 보인다. 따라서 표준적인 획지에서의 도시철도와의 거리에 따른 가격수준 격차, 편익시설 배치 상태에 따른 가격수준 격차 등이 제시되어야 한다.

(2) 환경조건
환경조건도 표준지와 사례를 직접 비교하고 있다. 또한, 조망 및 획지의 상태에서 우세하다고 하였지만, 구체적인 가격수준의 격차는 보이지 않고 있다. 따라서 조망에 따른 가격수준의 차이, 획지의 상태에 따른 가격수준의 차이 등이 제시되어야 한다.

2) 재검토의 적정성
(1) 사례선정
비교사례의 선정에 대한 재검토가 요구된다. 사례는 비교가능성이 높은 근거로 지리적 근접성, 토지이용계획 및 감정평가목적의 유사성 등을 들고 있다. 그러나 지역요인의 비교는 지역성 등이 유사한 사례를 선정해야 한다. 따라서 주어진 사

실관계 등을 볼 때 비교사례의 선정이 문제가 될 수 있다. 그러므로 더 많은 사례자료의 제시와 선정근거를 제시할 필요가 있다.

(2) 합계치
지역요인의 비교에 따른 격차율 합계는 1.44로 제시되어 있다. 이에 대한 재검토가 필요할 것으로 보인다. 일반적으로 144%의 격차율이 있는 경우라면 유사성이 인정되기 어려울 것으로 판단하기 때문이다. 따라서 합리적인 자료와 판단 근거가 요구된다.

Ⅳ. 결론
택지비의 감정평가는 적정한 분양가 산정을 위한 목적을 지닌다. 따라서 법령 등에 근거한 원칙을 준수할 필요가 있다. 그러므로 합리적인 이유나 구체적인 산출의견이 요구된다. 특히, 사안의 경우처럼 감정평가를 심사할 때 그 적정성이 문제되지 않도록 주의가 필요하다. 그러므로 택지비 감정평가는 시장가치를 기준으로 하고, 구체적인 산출의견을 기재할 필요가 있다. 〈끝〉

[제34회 문3] 20점
Ⅰ. 서설
담보감정평가란 금융기관 등이 대출을 하거나 채무자가 대출을 받기 위하여 의뢰하는 담보물건에 대한 감정평가를 말한다. 이하에서 관련 내용을 살펴본다.

Ⅱ. (물음1) 감정평가의 공정성과 독립성
1. 공정성과 독립성의 필요성
1) 금융시장의 건전성
감정평가는 금융기관 등이 대출을 실행하기 위해 금융시장의 건전성을 확보할 필요가 있다. 이를 위해서는 공정하고 독립적인 감정평가가 요구된다. 감정평가의 결과는 거래질서의 확립과 유지에 기여하기 때문이다.

2) 담보물의 환가성과 안정성
담보물의 경제적 가치는 감정평가로 판단한다. 담보감정평가는 안정적인 채권회수를 목적으로 하므로 환가성과 안정성이 요구된다. 따라서 안정적인 채권을 회수하기 위해서는 공정성과 독립성이 요구된다.

3) 의사결정의 기준
담보감정평가액은 금융기관 등이 채무자의 상태 등에 따라 대출실행을 위한 금액 결정의 기준이 된다. 따라서 담보감정평가는 공정하고 독립적인 입장에서 객관적인 경제적 가치를 판정한다. 이를 기준으로 대출금액이 결정된다.

2. 공정성과 독립성의 확보 수단
1) 감정평가관계법규 및 협약
담보감정평가의 공정성과 독립성을 확보하기 위해서는 감정평가관계법규 및 협약에 따라야 한다. 감정평가관계법규 및 협약에 따라야 안정적인 채권회수와 문제가 있을 경우 책임소재를 명확히 할 수 있기 때문이다.

2) 감정평가의 검토 및 심사
감정평가의 검토란 감정평가사가 작성한 감정평가서를 다른 자격 있는 감정평가사가 검토하는 것이다. 감정평가심사란 감정평가사가 감정평가서를 발급하기 전에 해당 감정평가의 적정성에 대하여 실시하는 것이다. 이를 통해 감정평가의 공정성과 독립성을 확보할 수 있다.

3) 직업윤리
감정평가사의 직업윤리란 감정평가사가 감정평가 활동을 수행할 때 지켜야 할 규정과 행위규범 등을 말한다. 이를 통해 감정평가가 공정하고 독립적으로 이루어질 수 있다.

Ⅲ. (물음2) 심사 감정평가사의 역할
1. 감정평가의 신뢰성
감정평가심사는 감정평가서의 합리성을 검증하여 의뢰인에게 보다 신뢰성 있는 보고서를 제공할 수 있게 한다. 특히, 감정평가서 내용의 논리적 일관성과 수치의 정확성을 확인하여 감정평가의 신뢰성에 기여한다.

2. 의사결정의 근거
담보 감정평가서는 담보물의 경제적 가치를 판정함으로써 금융기관이 대출을 실행할지, 실행한다면 이자율 등은 어떻게 결정할지 등에 관한 의사결정에 기여한다. 따라서 감정평가심사를 거친 감정평가서를 바탕으로 보다 확실한 의사결정을 할 수 있게 된다.

3. 금융기관의 위험관리
감정평가심사는 감정평가서에 제시된 시장상황 및 시장의 변화추이를 확인한다. 또한, 민감도분석 등을 통해 의사결정에 수반되는 위험의 정도를 판단한다. 따라서 별도의 투자위험에 대한 관리기관이 없는 금융기관은 감정평가서에 제시된 내용을 바탕으로 위험을 관리할 수 있게 된다.

4. 감정평가의 질적 발전
감정평가를 심사함으로써 더 수준 있는 감정평가서를 작성할 수 있게 한다. 이를 통해 신뢰성있는 감정평가서를 제공할 수 있고, 사회적으로 감정평가사에 대한 신뢰와 위상이 높아질 수 있다. 그 결과 감정평가심사는 감정평가사의 전문성을 높이고, 감정평가업의 발전을 도모하는 촉진제로서 기여할 수 있다.

Ⅳ. 결어
담보감정평가는 안정적인 채권회수를 목적으로 한다. 따라서 감정평가심사 등을 통해 공정성과 독립성을 확보하여 보다 신뢰할 수 있는 감정평가를 할 수 있도록 해야 한다. 〈끝〉

[제34회 문4] 10점

Ⅰ. 개설
거래사례비교법으로 감정평가할 때는 거래사례를 수집하여 적정성 여부를 검토한 후 요건을 모두 갖춘 하나 또는 둘 이상의 적절한 사례를 검토하여야 한다. 이하에서 다세대주택을 중심으로 살펴본다.

Ⅱ. 거래사례의 요건과 각 요건별 고려사항
1. 거래사례의 요건
거래사례는 첫째, 사정보정이 가능한 사례여야 한다. 둘째, 기준시점으로 시점수정이 가능한 사례여야 한다. 셋째, 대상물건과 위치적·물적 유사성이 있어 가치형성요인의 비교가 가능한 사례여야 한다.

2. 요건별 고려사항
1) 사정보정
사정보정의 가능성은 거래 사정이 정상이라고 인정되는 사례나 정상적인 것으로 보정이 가능한 것을 말한다. 이는 시장가치로 거래되었거나 시장가치로 보정이 가능함을 의미한다. 다세대주택은 전세, 보증부 월세 등의 임대차 여부, 소유권 외의 권리가 설정되어 있는지, 정상적으로 신고가 되었는지, 프리미엄이 있는지 등을 고려한다.

2) 시점수정
시점수정의 가능성은 거래 시점이 분명하고, 거래시점으로부터 기준시점까지의 변동률 등을 구할 수 있는 것을 말한다. 다세대주택은 최근 1년 이내의 사례를 기준으로 가격변동률을 고려한다. 다세대주택은 시장상황, 금리 등에 따라 가격변동이 크게 변할 수 있기 때문이다.

3) 위치적·물적 유사성
위치적·물적 유사성은 대상물건과 지역적 위치가 유사하고, 개별 물적 사항이 유사한 것을 말한다. 다세대주택은 교통시설, 편의시설, 학군, 병원 등과의 접근성을 고려해야 한다. 또한, 층별·호별·향별에 따른 선호도 등을 고려해야 한다. 이러한 요인 등에 따라 가격수준이 크게 달라질 수 있기 때문이다. 〈끝〉

〈이 하 여 백〉

감정평가이론 기출문제 **제35회** 예시답안

[제35회 문1]40점

Ⅰ.서설

원가법이란 대상물건의 재조달원가에 감가수정을 하여 대상물건의 가액을 산정하는 감정평가방법을 말한다(감칙 제2조 제5호). 이는 비용성의 원리에 기초한다. 따라서 원가법은 가치의 본질을 비용과 가치 간의 상관관계를 파악하는 것으로 원가의 집합으로 본다. 이하에서 관련 내용을 살펴본다.

Ⅱ.(물음1)재조달원가

1.정의

1)의의

재조달원가란 대상물건을 기준시점에 재생산하거나 재취득하는 데 필요한 적정원가의 총액을 말한다. 이는 재생산원가와 재취득원가로 구분한다.

2)재생산원가의 의미

재생산원가란 대상물건을 다시 생산하는 데 필요한 적정원가의 총액을 의미한다. 이는 물리적 관점의 복제원가와 경제적 관점의 대체원가로 구분한다.

2.구성요소

1)표준적 건설비

재생산원가 측면에서 재조달원가는 대상물건을 일반적인 방법으로 생산하는 데 드는 비용으로 한다. 일반적인 방법으로 생산하는 데 드는 비용은 표준적인 건설비 등이 있다. 표준적 건설비는 직접 공사비, 간접 공사비, 건설업자의 적정이윤 등이 있다. 즉, 건축에 사용되는 노동, 원자재, 하청 회사의 간접비용과 이윤 등이 포함된다.

2)통상적 부대비용

재생산원가 측면에서 재조달원가는 제세공과금 등과 같은 일반적인 부대비용을 포함한다. 통상적 부대비용은 설계감리비, 건설자금이자, 공조공과, 도급인이 부담하는 부대비용과 적정이윤 등이 있다. 일반적으로 표준적 건설비의 일정비율로 나타낸다. 이는 자금이자, 시중금리, 시장상황 등에 따라 달라진다.

3.산정방법

1)직접법

직접법은 대상부동산에서 직접 구하는 방법이다.

직접법에는 총량조사법, 구성단위법 등이 있다. 총량조사법은 대상물건에 대한 자재비, 노동비, 부대비용 등을 구하여 더하는 방법이다. 이는 정확도가 높지만 시간과 비용이 든다. 따라서 재생산비용 등을 정확히 구할 수 있는 경우에만 제한적으로 적용한다. 구성단위법은 대상물건에 대한 중요 구성 부분에 따라 표준단가를 구하고 부대비용을 더하는 방법이다. 총량조사법보다 시간과 비용이 절약되지만, 정확성이 떨어진다.

2)간접법

간접법은 건설사례나 유사부동산의 재조달원가를 비교하여 구하는 방법이다. 간접법은 단위비교법, 비용지수법 등이 있다. 단위비교법은 단위면적을 기준으로 대상물건과 유사물건의 공사비를 비교하여 구하는 방법이다. 이는 시간과 비용이 절약되지만 정확성이 떨어진다. 비용지수법은 직·간접 공사비, 수급인의 이윤, 도급인의 부대비용 등의 변동률을 구한 후 시점수정 등을 거쳐 구하는 방법이다. 최근 신축된 경우일수록 유용하다.

Ⅲ.(물음2)감가수정과 감가상각의 비교

1.개념

감가수정이란 대상물건에 대한 재조달원가를 감액하여야 할 요인이 있는 경우에 물리적 감가, 기능적 감가 또는 경제적 감가 등을 고려하여 그에 해당하는 금액을 재조달원가에서 공제하여 기준시점에 있어서의 대상물건의 가액을 적정화하는 작업을 말한다(감칙 제2조 제12호). 감가상각이란 감가자산에 대한 비용을 합리적으로 배분하는 손익계산을 말한다.

2.목적상 비교

감가수정은 기준시점 현재 최유효이용을 상정하여 적산가액을 적정화하기 위한 것이다. 감가상각은 기업회계와 관련하여 적정한 손익을 산출하기 위한 비용을 배분하기 위한 것이다. 즉, 양자는 모두 적정성을 반영하는 과정이다. 하지만 감가상각은 최유효이용을 상정하지 않는다는 차이가 있다.

3.방법 및 감가요인상 비교

감가수정은 내용연수법, 관찰감가법, 시장추출법 등으로 구할 수 있다. 감가상각도 내용연수법, 시장추출법 등으로 구할 수 있다. 하지만 감가상각은 관찰감가법이나 분해법 등은 인정하지 않고 있다. 이는 감가상각이 경제적 감가요인을 고려하지 않기 때문이다.

4. 적용범위상 비교

감가수정은 상각자산과 비상각자산에 적용된다. 왜냐하면 감가수정은 법률적, 경제적 하자로 인한 감가가 인정되기 때문이다. 그 결과 토지의 건부감가나 경제적 감가가 인정된다. 감가상각은 상각자산에만 적용된다. 즉, 감가수정과 감가상각은 상각자산에 모두 적용된다. 하지만 감가상각은 비상각자산에 적용되지 않는다는 차이가 있다.

5. 기준 및 내용연수상 비교

감가수정과 감가상각은 모두 내용연수를 고려한다. 하지만 감가수정은 경제적 잔존연수에 중점을 두고, 감가상각은 경과연수에 중점을 둔다는 점에 차이가 있다. 또한, 감가수정은 재조달원가를 기준으로 하지만 감가상각은 취득가격을 기준으로 한다는 점에 차이가 있다.

IV. (물음3) 감가요인

1. 감가요인의 개념

감가요인은 감가가 발생하는 요인을 말한다. 이때 감가란 신규 또는 최유효이용 상태에서 실현되는 원가의 감소분을 말한다. 건물은 취득 또는 준공일 때 최유효이용 상태에 있다. 따라서 건물은 시간의 경과나 사용 등에 따라 경제적 가치와 유용성이 감소한다. 감가요인은 물리적, 기능적, 경제적 감가요인 등이 있다.

2. 물리적 감가요인

1) 의의

물리적 감가요인이란 대상물건의 물리적 상태변화에 따른 감가요인을 말한다. 이는 시간의 경과 등에 따른 자연적인 가치 상실분을 의미한다.

2) 내용

물리적 감가요인은 시간의 경과, 사용으로 인한 마모 또는 파손, 재해 등 우발적 사고로 인한 손상, 기타 물리적인 하자 등이 있다. 물리적으로 결함이 있는 부분은 즉각적인 교체나 보수가 필요한지, 보수가 필요하다면 소요되는 비용, 보수

후의 경제적 유용성이나 잔존 내용연수 등에 검토 등이 필요하다. 그리고 보수 등이 필요가 없는 경우라도 부동산의 경제적 내용연수가 만료되기까지 교체의 필요성, 치유와 교체 등에 수반되는 비용 등에 검토는 필요하다.

3. 기능적 감가요인

1) 의의

기능적 감가요인이란 대상물건의 기능적 효용변화에 따른 감가요인을 말한다. 이는 부동산 사용자의 관리나 건설 당시의 설계와 같은 인위적인 요소가 작용해서 발생한다.

2) 내용

기능적 감가요인은 형식의 구식화, 설비의 부족 및 불량, 능률의 저하, 기타 기능적인 하자 등이 있다. 치유에 소요되는 비용과 회복이나 증대되는 가치를 비교하여 경제적 타당성을 검토할 필요가 있다. 그리고 인근지역의 변화 등의 환경변화에 적응할 수 있는지 등에 검토도 함께 이루어져야 한다.

4. 경제적 감가요인

1) 의의

경제적 감가요인이란 대상물건의 가치에 영향을 미치는 경제적 요소들의 변화에 따른 감가요인을 말한다. 이는 부동산의 자연적 특성인 고정성에 의해 발생한다.

2) 내용

경제적 감가요인은 주위환경과의 부적합성, 인근지역의 쇠퇴, 시장성의 감퇴, 기타 경제적인 하자 등이 있다. 이는 외부적 요인에 의한 가치의 상실로 치유가 불가능한 감가요인이다. 즉, 부동산 자체에 감가요인이 없더라도 외부적 요인에 의해 가치가 상실되는 경우를 포함한다.

V. 결어

원가법에 의한 시산가액은 적정한 재조달원가와 감가수정에 의해 결정된다. 따라서 다양한 산정방법과 다양한 요인을 고려할 필요가 있다. 감정평가는 객관적인 자료에 근거하므로 재조달원가와 감가수정을 파악할 때 자료의 양과 질에 유의할 필요가 있다. 〈끝〉

[제35회 문2] 30점

I. 서론

개별물건기준 원칙은 감칙 제7조 제1항에 따라 대상물건마다 개별로 감정평가하는 것을 원칙으로 한다는 것이다. 즉, 대상물건을 각각 독립된 개별물건으로 취급하고, 이에 대한 경제적 가치를 감정평가하는 것을 원칙으로 한다. 따라서 예외에 해당하지 않는 한 원칙을 따라야 한다. 이하에서 사안을 검토한다.

II. (물음1) 개별평가의 결정 이유

1. 개별감정평가의 개념

개별감정평가란 감정평가는 대상물건마다 개별로 하여야 한다는 것이다(감칙 제7조 제1항). 사안은 자료7에서 감정평가 대상물건을 202호, 203호, 204호로 제시하였으므로 이를 기준으로 개별감정평가로 결정한 이유에 대해 검토한다.

2. 결정 이유

1) 개별 등기(자료1)

본건은 토지와 건물로 구성된 부동산이다. 그러나 이는 집합건물법 시행 전에 소유권이전등기가 된 것으로 실질은 구분건물이다. 그리고 현재 건물은 호수별로 등기되어 있다. 또한, 토지도 별도로 등기되어 있다. 따라서 구분건물로서 감정평가 대상물건이 호별로 각각 등기가 되어 있으므로 개별로 감정평가하는 것이 타당하다.

2) 개별 거래(자료4)

사안에서 감정평가 대상물건인 202호는 5년 전, 203호는 3년 전, 203호는 1년 전에 교회 앞으로 각각 소유권이전등기가 되었다. 또한, 건물과 함께 토지 역시 일정 지분이 동시에 교회 앞으로 소유권이전등기가 되었다. 즉, 대상물건로 거래가 각각 이루어졌다. 그러므로 개별로 감정평가하는 것이 타당하다.

3) 독립성(자료5,6)

사안에서 건물은 호별로 구조상 독립성과 이용상 독립성이 유지되고 있다. 또한, 토지도 호별 면적에 비례하여 적정한 지분으로 각 건물소유자들이 공유하고 있다. 따라서 호별로 독립성을 가지고 있으므로 대상물건별로 감정평가하는 것이 타당하다.

III. (물음2) 일괄평가의 결정 이유

1. 일괄감정평가의 개념

일괄감정평가란 둘 이상의 대상물건이 일체로 거래되거나 대상물건 상호 간에 용도상 불가분의 관계가 있는 경우에는 일괄하여 감정평가하는 것을 말한다(감칙 제7조 제2항). 사안은 용도상 불가분의 관계가 있을 수 있다고 하였으므로 일괄감정평가로 결정한 이유에 대해 검토한다.

2. 결정 이유

1) 소유자의 동일성(자료2)

사안에서 본건 부동산은 1층과 2층이 각각 5개호로 구성된 상가로, 현재 평가대상 물건인 202호, 203호, 204호는 교회 A가 소유하고 있다. 따라서 동일한 소유자가 하나의 효용을 누리기 위한 것으로 일괄감정평가가 타당하다고 결정할 수 있다.

2) 용도상 불가분의 관계(자료3)

용도상 불가분의 관계란 둘 이상의 대상물건이 일체로 이용 중인 상황이 사회적, 경제적, 행정적 측면에서 합리적이고 해당 물건의 가치형성측면에서 타당하다고 인정되는 관계를 말한다. 평가 대상물건인 202호, 203호, 204호는 교회의 부속시설로 이용 중이다. 따라서 교회의 효용에 기여하고 있는 상황이 합리적이라고 보여 일괄로 감정평가하는 것이 타당하다고 결정할 수 있다.

3) 일체의 거래 가능성(자료7)

대상물건은 202호, 203호, 204호로, 감정평가목적은 시가참고용이다. 즉, 3개 호수에 대한 시가가 얼마인지를 알기 위한 감정평가다. 그러므로 일체로 거래될 가능성이 있을 수 있다. 따라서 둘 이상의 대상물건이 일체로 거래될 가능성을 볼 때 일괄로 감정평가하는 것이 타당하다고 결정할 수 있다.

IV. (물음3) 대상물건의 평가방법

1. 개별감정평가의 타당성

주어진 자료에 근거할 때 대상물건은 호별로 개별감정평가하는 것이 타당하다. 일괄감정평가의 결정 이유로 제시한 근거를 살펴보면 첫째, 소유자의 동일성은 용도상 불가분의 관계에서 요구하지 않는다. 둘째, 용도상 불가분의 관계를 볼 때 교회의 효용에 기여하고 있는 상황이 합리적이라고 보일지라도 대상물건의 가치형성측면에서 타당하다고 인정하기는 어려워 보인다. 대상물건은 구조상 독립성과 이용상 독립성 등을 가지고 있기 때문이다. 마지막으로 일체로 거래될 가능성이 있다고 하더라도 현재 개별로 거래된 상황을 볼 때 합리적이라고 보기 어렵다. 따라서 대상물건은 개별로 감정평가하는 것이 타당하다.

2. 대상물건의 감정평가방법

1) 거래사례비교법

본건 부동산은 토지와 건물로 구성된 복합부동산이지만, 실질은 구분건물이다. 따라서 일체의 효용을 가진 구분건물로서 감칙 제16조에 따라 호별로 거래사례비교법을 적용하는 것이 원칙이다. 즉, 구분소유권의 대상이 되는 건물부분과 그 대지사용권을 일괄하여 감정평가한다.

2) 수익환원법

평가 대상물건인 202호, 203호, 204호는 구분건물로서 수익환원법을 적용할 수 있다. 이때 호별로 감정평가하되, 건물부분과 그 대지사용권은 일괄로 감정평가한다. 각 호별 수익가액은 교회에서 발생하는 순수익 등을 기준으로 직접환원법 등을 적용할 수 있다. 다만, 사안의 경우 교회의 부속시설로 이용한다는 점에서 수익가액은 한계가 있다.

3) 원가법

구분건물로서 원가법은 토지와 건물로 구성된 전체 부동산의 가치를 구한 후 층별효용비율과 위치별효용비율을 곱하여 호별 적산가액을 구할 수 있다. 사안의 경우 2층인 점을 고려하여 층별효용비율을 구할 때 자료수집에 유의한다. 또한, 대상물건의 위치별효용은 주어진 자료로는 파악이 어렵다. 그러므로 호별 위치효용비율의 적용에 유의한다.

V. 결론

감정평가의 기준이 되는 원칙은 객관적인 감정평가를 위해서 지켜야 할 필요가 있다. 사안의 경우 교회의 부속시설로 이용한다는 사정만으로는 예외를 적용하는 데 한계가 있다. 그러므로 감정평가시 예외의 적용에 주의가 필요하다. 〈끝〉

[제35회 문3] 20점

I. 서설

탁상자문은 정식 감정평가가 이루어지기 전에 대략적인 금액을 파악하여 의사결정을 원활하게 하기 위한 감정평가 서비스이다. 그러나 정식 감정평가가 아님에도 탁상자문을 기준으로 책임이나 수수료 등이 문제가 되고 있다. 이하에서 관련 내용을 살펴본다.

II. (물음1) 탁상자문의 개념 및 방식

1. 개념

1) 의의

탁상자문은 감정평가 의뢰인이 정식 감정평가를 진행하기 전에 실지조사를 하지 않고 예상되는 감정평가액을 제공하는 것을 말한다. 이는 의뢰인이 정식 감정평가를 진행할지, 수수료 등의 비용은 어느 정도가 발생하는지 등을 파악하여 의사결정에 도움이 되기 위한 감정평가 서비스이다.

2) 절차

탁상자문은 대상물건의 소재지, 감정평가목적 등을 의뢰인에게 전달받는다. 그리고 본건의 공부자료인 등기사항전부증명서, 대장, 토지이용계획확인서 등을 통해 대상물건을 파악한다. 이후 본건의 평가전례, 거래사례 등을 파악한다. 그리고 주위에 최근 평가전례, 거래사례 등을 파악한다. 마지막으로 본건과 사례 등을 비교하여 예상금액의 범위를 결정한다.

2. 방식

1) 문서 방식

문서 방식이란 탁상자문의 결과를 문서로 제공하는 것을 말한다. 즉, 예상 감정평가액의 범위를 문서로 하여 전달하는 방식이다. 해당 방식은 담보 감정평가 등에서 의뢰인의 불공정 행위 등이 문제되고 있다. 예를 들어, 문서로 제공한 예상감정평가액이 정식 감정평가액과 크게 차이가 나는 경우 책임 등을 묻고 있다.

2) 구두 방식

구두 방식이란 탁상자문의 결과를 구두로 제공하는 것을 말한다. 즉, 예상 감정평가액의 범위를 전화 등으로 전달하는 방식이다. 해당 방식은 법률상 규정된 행위가 아니고, 일종의 서비스 형태로 이루어지고 있다. 구두 방식도 탁상자문의 결과와 정식 감정평가의 결과가 차이가 나는 경우 의뢰인의 불공정 행위 등이 이루어진다.

Ⅲ.(물2)탁상자문과 정식 감정평가의 차이
 1.대상물건의 확인(감칙 제10조)
  정식 감정평가는 실지조사를 하여 대상물건을 확인해야 한다. 다만, 천재지변, 전시·사변, 법령에 따른 제한 및 물리적인 접근 곤란 등으로 실지조사가 불가능하거나 매우 곤란한 경우, 유가증권 등 대상물건의 특성상 실지조사가 불가능하거나 불필요한 경우에는 실지조사를 하지 않을 수 있다. 그러나 탁상자문은 실지조사를 하지 않는다는 점에 차이가 있다.

 2.법적 책임
  탁상자문은 법률상 책임이 없다. 하지만 정식 감정평가는「감정평가 및 감정평가사에 관한 법률」제28조에 따라 손해배상책임이 있다. 그리고 정식 감정평가는 감정평가법 제25조 성실의무 등, 제26조 비밀엄수, 제27조 명의대여 등의 금지, 제28조의2 감정평가 유도·요구 금지 등에 책임이

있다는 점에 차이가 있다. 또한, 정식 감정평가는 형사상 책임과 행정상 책임 등도 수반된다는 점에 차이가 있다.

 3.기타
  탁상자문은 일반적으로 감정평가사, 직원 등에 의해 이루어진다. 그러나 정식 감정평가는 반드시 감정평가사에 의해 이루어진다는 점에 차이가 있다. 그리고 탁상자문은 감정평가사 등의 서명이 없지만, 정식 감정평가사는 담당 감정평가사의 서명이 필요하다. 또한, 탁상자문은 별도의 형식이 없지만, 정식 감정평가는 감칙에서 정하는 감정평가서의 발급을 통해 이루어진다.

Ⅳ.결어
  탁상자문은 정식 감정평가와 차이가 있다. 따라서 정식 감정평가와 동일한 책임 등이 발생하지 않는다. 그럼에도 탁상자문의 결과를 토대로 금융기관 등이 책임을 묻는 행위 등은 문제가 된다. 따라서 법적인 측면에서 탁상자문에 대해 규정함으로써 감정평가 활동에 불측의 손해가 발생하지 않도록 준비할 필요가 있다. 〈끝〉

[제35회 문4]10점
Ⅰ.ESG의 구성요소
 1.환경요인
  환경요인은 기업이 지속가능한 비즈니스를 달성하기 위한 요인 중 환경과 관련된 요인이다. 구체적으로는 기후변화, 탄소배출 감소, 재생에너지, 친환경건축물, 에너지 효율 등이 있다.

 2.사회요인
  사회요인은 기업이 갖는 사회적 책임과 관련된 요인이다. 구체적으로는 고객만족, 기회와 평등, 인권, 지역사회 관계, 데이터 보호, 프라이버시 등이 있다.

 3.지배구조요인
  지배구조요인은 기업의 투명한 지배구조와 관련된 요인이다. 구체적으로는 경영윤리, 준법 및 준수, 이사회 독립성, 공정경쟁, 반부패 등이 있다.

Ⅱ.친환경인증을 받은 건축물의 감정평가 시 고려사항
 1.원가법 적용시 고려사항
  추가 투입비용은 재조달원가에 가산비율을 적용하거나 부대설비 보정단가에 항목을 추가하여 고려할 수 있다. 또한, 수명관리항목 등은 건물의 경제적 내용연수나 잔존 내용연수 결정에 반영하여 고려할 수 있다.

 2.거래사례비교법 적용시 고려사항
  건물의 쾌적성, 환경성, 경제성 등의 효용 증가 요인은 가치형성비교에서 고려할 수 있다. 이는 개별요인에서 세부 항목별로 고려하거나 인증등급을 기준으로 대항목에 고려할 수 있다. 특히, 인증등급은 건축물의 경제적 가치 상승에 기여할 수 있기 때문이다.

 3.수익환원법 적용시 고려사항
  친환경 인증을 받은 건축물은 임차수요 증가, 임대료 상승 등으로 수익성을 증가시키면서 위험성을 감소시킨다. 따라서 순수익 비교 시 개별요인에 고려할 수 있다. 또한 위험성의 감소, 에너지 효율 증대에 따른 관리의 난이성 감소 등을 위험할증률에 고려할 수 있다. 〈끝〉

〈이   하   여   백〉

MEMO

MEMO

MEMO

최동진

약력
서울시립대학교 국어국문학 학사

현 해커스 감정평가이론 전임교수
현 세경감정평가법인(주) 이사/감정평가사

저서
해커스 감정평가사 최동진 감정평가이론 2차 기본서
해커스 감정평가사 최동진 감정평가이론 2차 기출문제집
감정평가이론 단권화 핵심정리, 윌비스
PRIME 감정평가이론 기본서 1,2,3편, 좋은책
PRIME 감정평가이론 핵심요약, 좋은책
PRIME 감정평가이론 체계와 의의, 좋은책
PRIME 감정평가이론 기출문제, 좋은책
PRIME 감정평가이론 종합 및 심화문제, 좋은책

2025 최신판

해커스 감정평가사
최동진 감정평가이론 2차 기출문제집

초판 1쇄 발행 2025년 1월 2일

지은이	최동진 편저
펴낸곳	해커스패스
펴낸이	해커스 감정평가사 출판팀
주소	서울특별시 강남구 강남대로 428 해커스 감정평가사
고객센터	1588-2332
교재 관련 문의	publishing@hackers.com
	해커스 감정평가사 사이트(ca.Hackers.com) 1:1 고객센터
학원 강의 및 동영상강의	ca.Hackers.com
ISBN	979-11-7244-642-0 (13360)
Serial Number	01-01-01

저작권자 ⓒ 2025, 최동진
이 책의 모든 내용, 이미지, 디자인, 편집 형태는 저작권법에 의해 보호받고 있습니다. 서면에 의한 저자와 출판사의 허락 없이 내용의 일부 혹은 전부를 인용, 발췌하거나 복제, 배포할 수 없습니다.

한 번에 합격!
해커스 감정평가사 ca.Hackers.com

🏛 해커스 감정평가사

- 최동진교수님의 **본 교재 인강**(교재 내 할인쿠폰 수록)
- 해커스 스타강사의 **감정평가사 무료 특강**